실습개념
으로 구성

컴파일러

Compiler

김상욱 지음

도서출판 홍릉

Compiler
컴파일러

인 쇄 : 2023년 11월 1일 초판 1쇄
발 행 : 2023년 11월 9일 초판 1쇄

저 자 : 김상욱
발행인 : 송 준
발행처 : 도서출판 홍릉
주 소 : 01093 서울시 강북구 인수봉로 50길 10
등 록 : 1976년 10월 21일 제5-66호

전 화 : 02-999-2274~5, 903-7037
팩 스 : 02-905-6729
e-mail : hongpub@hongpub.co.kr
http://www.hongpub.co.kr
ISBN : 979-11-5600-136-2(93000)

정 가 : 39,000원

PREFACE

컴파일러 과목은 대학의 학부 과정의 컴퓨터과학 분야에서 핵심 과목으로 컴퓨터과학 분야의 초기부터 다루어 온 매우 중요한 과목이다. 저자가 수년간 컴파일러 과목을 강의하면서 느낀 점은 학생들이 컴파일러의 원리나 개념을 이해하는데 매우 어려워한다는 것이다.

그 동안 컴파일러 이론과 기술을 다루는 책은 많았지만 대부분 학부 과정에서는 양이 많고, 최근에는 '의미 분석' 등에서 깊이 다루고 있다. 즉, 언어 이론, 오토마타, 파싱 이론, 의미 분석, 코드 최적화 부분을 너무 이론적으로 접근하거나 인공지능 분야와 관련된 고수준의 내용을 다루고 있다.

오늘날 컴퓨터과학 및 공학 분야는 전자공학, 통신공학, 소프트웨어공학, 모바일 시스템, 임베디드 시스템, 사용자 인터페이스, 인공지능, 자연어 처리, 심리학, 통계학, 데이터과학 등 여러 학문과 융합되고 있다. 컴파일러 과목이 여러 분야에서 필요한 주요 과목이면서도 컴퓨터과학 학문 분야 외에는 접근하기 어려운 요소가 많았다. 또한 자신의 분야에 컴파일러를 적용하기 어려웠다.

모바일이나 임베디드 시스템 분야, 소프트웨어 공학 분야에서는 코드 최적화, 제어와 데이터 흐름 분석 등이 중요하기 때문에 컴파일러 개념을 이해하는 것이 좋다. 또한 사용자 인터페이스, 데이터베이스 검색과 질의, 브라우저 기술에도 컴파일러나 인터프리터 기술이 사용된다. 빅데이터 분석, 데이터 마이닝, 자연어 처리, 음성 인식, 인공지능 등에도 컴파일러 기술이 필요하다. 뿐만 아니라, 운영체제의 명령어 해석이나 실행 오류 진단과 컴퓨터 보안에서의 포렌식이나 모바일 장치의 제스처 입력과 해석도 컴파일러 기술 없이는 어렵다. 이와 같이 컴퓨터과학의 어떤 분야도 컴파일러와 깊게 연관되어 있다.

이와 같이 컴퓨터과학의 환경 변화에 따라 컴파일러의 기본 원리와 개념을 전반적으로 다루고 초보자가 쉽게 이해할 수 있는 학습용 교재를 개발하는 것은 의미 있는 일이다. 즉, 컴파일러에는 관심이 많지만 처음 접하는 초보자가 실습을 통해 컴파일러를 쉽게 학습할 수 있도록 하는 교재가 필요했다.

이 책은 실습을 통해 컴파일러를 이해하기 쉽도록 새로운 개념으로 구성한 책이다. 각 장마다 쉬운 실습을 통해 이론과 실습을 동시에 다루어 독자들이 관심을 가지도록 했다.

이 책을 쉽게 이해하려면 C/C++/자바/파이썬 등 프로그래밍 언어의 특성, 프로그래밍 기술, 자료구조, 어셈블리어, 컴퓨터구조, 운영체제 등을 이해하고 있는 것이 좋다. 이 책에서는 간략하게 다루지만, 오토마타나 형식언어도 개념적으로 이해하고 있으면 도움이 된다.

이 책은 세계적으로 널리 사용되는 교재인 'Compilers; Principles, Techniques and Tools(A. Aho, M. Lam, R. Sethi, J. Ullman, Addison-Wesley, 1986)'의 용어를 사용하였으며, 컴파일러 과목에서 공통적으로 많이 사용하는 예를 일부 발췌하였다.용어는 가능하면 우리말로 표기하였으며, 학술적인 의미와 국제적인 소통을 위해 국제적으로 많이 사용하는 표현을 부록으로 기술하였다. 또한 '컴파일러 설계(김상욱, 홍릉과학출판사, 2009)'를 보완하고 추가했으며 전체 구성과 내용은 아래와 같다.

제1장에서는 고급 프로그래밍 언어의 특성을 알아본다. 프로그래밍 언어에 따라 컴파일 방법이 달라질 수 있다. 제2장에서는 컴퓨터 시스템과 관련하여 컴파일러의 전체 구성을 간단하게 기술한다. 제3장과 제4장에서는 유한 상태 자동 기계의 이론으로 언어를 표현하는 방법과 문법을 살펴본다.

제5장과 제6장에서는 어휘 분석 과정과 Lex 사용하기를 통해 어휘 분석을 실습한다. 제7장에서 제10장까지는 구문 분석의 개념을 기술하고, 구체적인 방법으로 하향식 파싱 기법과 상향식 파싱 기법을 설명한다. 이어서 FIRST와 FOLLOW 터미널 집합 구하는 과정을 설명한다. 제11장과 제12장에서는 LR 파서를 설명하고, LR 파서의 개념을 이해하도록 Yacc를 사용하여 LR 파싱 기법을 실습한다.

제13장은 의미 분석과 속성 문법을 기술하고, 제14장은 중간 코드 생성 과정을 기술한다. 이어서 제15장에서는 기계어 코드 생성을 설명하고, 제16장에서 생성한 코드를 최적화는 과정을 설명한다. 제17장은 번역한 코드가 올바르게 실행하도록 운영체제와 관련 시스템이 지원하는 과정을 설명한다.

제18장에서는 컴파일러 구동의 전반적인 흐름과 구성을 이해하도록 인터프리터를 개념적으로 설명하고 리커시브 디센트 파서를 통해 구현한다. 제19장은 컴파일러가 생성한 기계어 코드가 실제 컴퓨터 구조에서 어떻게 실행하는지를 살펴보기 위해 컴퓨터 구조에 대한 시뮬레이터를 구현한다. 이를 위해 컴퓨터 구조와 작동 과정을 프로그램으로 구현하는 과정을 기술하고, 이 시뮬레이터에 주어진 고급 언어 프로그램의 기계어 코드를 실행해 본다.

18장의 리커시브 디센트 파서를 통해 문법 구조와 컴파일과 인터프리팅 과정을 쉽게 이해할 수 있으며, 19장 시뮬레이터를 통해 컴퓨터 조직에서 프로그램이 어떻게 실행하는지를 이해할 수 있을뿐만 아니라 컴퓨터 구조도 학습할 수 있다.

이 프로그램들은 간단하지만 잘 응용하면 컴퓨터 관련 과목과 언어처리 분야의 학습에 도움이 되는 것은 물론, 컴파일러를 개발하는데도 도움이 될 수 있다.

이 책은 컴파일러의 기초 이론과 개념을 통해, 컴파일러가 무엇인지, 왜 필요한지, 어떻게 설계해야 하는지의 원리와 개념을 설명한다. 이를 통해 컴파일러의 기본 개념을 전반적으로 살펴보고, 컴파일러를 설계하고 개발하는 능력을 배양하도록 한다.

끝으로 이 책이 출판되도록 애써주신 도서출판 홍릉 여러분과 도와주신 분들께 감사드린다.

감사합니다.

2023. 5

저자

CONTENTS

CHAPTER

01 프로그래밍 언어와 번역

CHAPTER

02 컴파일러 개요

CHAPTER

03 언어를 표현하는 방법

CHAPTER

04 언어와 문법

CHAPTER

05 어휘 분석

CHAPTER

06 Lex 사용하기: 어휘 분석기

CHAPTER

07 구문 분석

CHAPTER

08 하향식 파싱

CHAPTER

09 상향식 파싱

CHAPTER

10 FIRST와 FOLLOW 터미널 집합 구하기

CHAPTER

11 LR 파서

CHAPTER

12 Yacc 사용하기: 파서 생성기

CHAPTER

13 의미 분석과 속성 문법

CHAPTER

14 중간 코드 생성

CHAPTER

15 기계어 코드 생성

CHAPTER

16 코드 최적화

CHAPTER

17 실행 환경 지원

CHAPTER
18 인터프리터

CHAPTER
19 기계어 코드 실행 시뮬레이션

제01장
프로그래밍 언어와 번역

프로그래밍 언어와 번역

인간이 컴퓨터나 휴대 전화 같은 정보기기를 이용하여 원하는 일을 수행하도록 가장 기본 방법이 프로그래밍 언어를 사용하는 것이다. 즉, 프로그래밍 언어로 프로그램을 작성하고, 컴퓨터 시스템에 입력하여 실행하도록 했다. 컴파일러 원리는 고급 프로그래밍 언어의 번역은 물론이며 아래와 같은 모든 컴퓨터과학 분야에 적용되고, 관련 도구를 개발하는데 매우 중요하게 사용한다.

- 운영체제의 명령어 해석
- 데이터베이스 질의어 해석
- 인터넷 웹 브라우저 해석
- 모바일 단말기의 명령어 인식
- 인공지능의 규칙 해석
- 자연어 처리
- 어떤 자연어를 다른 자연어로 번역
- 임베디드 시스템의 코드 최적화
- 빅데이터 분석, 데이터마이닝 문서 분류, 의미 추출, 요약, 웹 페이지 분석
- HWP 파일을 MS-WD나 HTML파일로 변환 등

이와 같이 **컴파일러**는 모바일 단말 장치를 포함한 컴퓨터 사용자와 컴퓨터 시스템 사이를 연결하는 **시스템 소프트웨어**이다.

먼저, 이 장에서는 컴파일러의 구조를 알아보기 위해 각 시대별로 프로그래밍 언어의 진화 과정, 특성, 구조 등을 살펴본다. 즉, 프로그래밍 언어가 무엇이지, 각 프로그래밍 언어마다 어떠한 특징이 있는지를 분석하고, 컴파일러를 어떻게 설계하면 좋은지 등을 살펴본다. 그리고 이러한 프로그래밍 언어의 번역과 컴퓨터 시스템의 관계를 통하여 컴파일러의 역할과 구조를 설명한다.

1.1 자동번역기

이미 알고 있듯이 컴파일러는 컴퓨터가 주어진 일을 수행하도록 작성한 고급 프로그래밍 언어를 기계어로 변환하는 **번역** 소프트웨어이다. 여기서 정의 1.1과 같이 번역기를 정의한다.

정의 1.1

> **번역기**는 문자로 입력되는 어떤 언어를 같은 의미를 가지는 다른 언어의 문자로 변환하는 **프로그램**이나 **시스템 소프트웨어**이다

정의 1.1에 따르면 영어로 쓰여진 문자를 한국어로, 또는 한국어로 쓰여진 문자를 다른 언어로 변환하는 프로그램이다. 마찬가지로 **파스칼** 프로그래밍 언어나 C 프로그래밍 언어로 작성된 프로그램을 특정 컴퓨터의 어셈블리어나 기계어로 변환하는 시스템 소프트웨어도 번역기이다. 또는 **하이퍼텍스트 마크업 언어**로 작성된 웹 페이지를 인간이 브라우저로 볼 수 있도록 변환하기도 한다.

시스템 소프트웨어로 번역하는 과정을 알아보기 위해, 먼저 보통 사용하는 탁상용 계산기를 살펴보자. 탁상용 계산기는 사칙 연산자 + (더하기), − (빼기), * (곱하기), / (나누기)를 사용하는 산술 수식을 자동으로 번역하고 실행하고 보여 준다. 이 탁상용 계산기에 아래와 같은 산술 수식을 입력한다.

$$23 + 98 \hookleftarrow$$

이 수식을 계산하기 위해 탁상용 계산기는 각 문자 '23', '+', '98', '↲'을 직접 입력받아 인간이 생각하는 의미에 따라 계산하고 결과 값 121을 직접 출력한다. 즉, 탁상용 계산기는 번역이라는 과정을 통해 **더하기 한다**는 의미에 따라 연산한 후에 결과를 출력한다. 탁상용 계산기는 이러한 원리를 적용하여 자동으로 수식을 계산하도록 시스템을 구축한 것이다.

아래 수식을 살펴보자.

$$513 + 66 * 73 - 14 \hookleftarrow$$

탁상용 계산기는 이 수식의 수나 연산자(맨 뒤의 ↲는 입력 끝을 나타낸다. 즉, '리턴' 혹은 '엔터' 키)를 **문자열** 하나로 취급하고 한 개씩 읽어 들인다. 그러므로 맨 처음에는 문자 513을 읽기

위해 **읽기 포인터**가 아래와 같이 문자 513을 가리킨다(각 숫자는 문자로 읽어 들이지만, 탁상용 계산기 내부에서 각 수에 해당하는 값으로 변환한다).

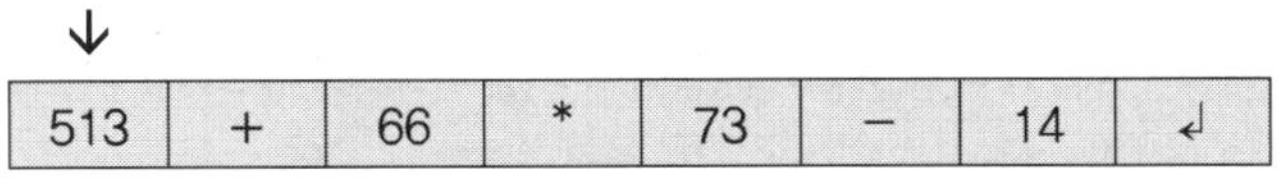

단계 1: 이렇게 하여 첫 번째 문자 513을 읽는다. 그러나 이 문자는 연산자가 아니므로 아직 계산을 수행할 수 없다. 방금 읽은 값 513은 나중에 계산에 쓰기 위해 **스택의 톱**에 저장한다. 그러면 문자열과 스택 내용은 아래와 같다.

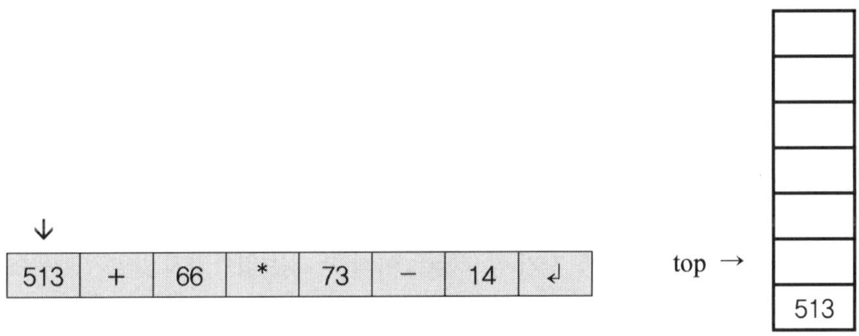

단계 2: 이제 읽기 포인터는 +를 읽어 들인다.

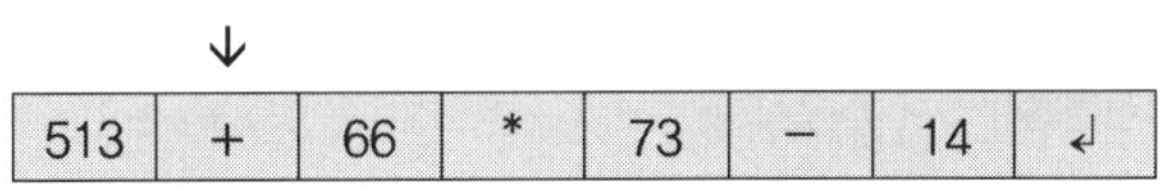

여기서 + 연산자는 더하기 할 피연산자 두 개가 필요하다. 피연산자 한 개는 이미 읽어 들인 513이고, 나머지 한 개는 아직 입력하지 않았기 때문에 스택에 +를 저장하고 읽기 포인터를 다시 문자 66로 이동한다.

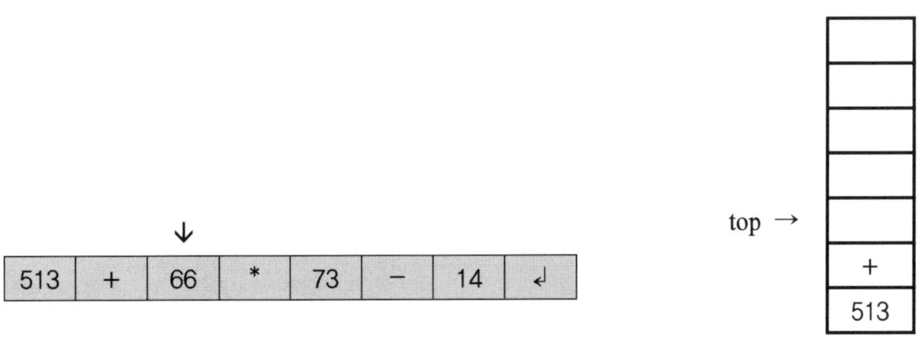

단계 3: 이제 읽어 들인 문자는 66이다. 그러므로 + 연산자는 이미 읽어 들인 두 개의 피연산자인 513과 방금 읽어 들인 피연산자 66를 계산한다. 그러나 이 수식 전체를 살펴보면 66 * 73의 수식이 존재하다. 즉, 513 + 66를 계산하기 전에 **연산자 우선순위 규칙**에 따라 66 * 73을 먼저 계산한 후에 513을 더해야 한다. 그러므로 66를 스택에 **저장**하고, 읽기 포인터는 다시 *로 이동하여 *를 읽어 들이다. 그러면 아래와 같다.

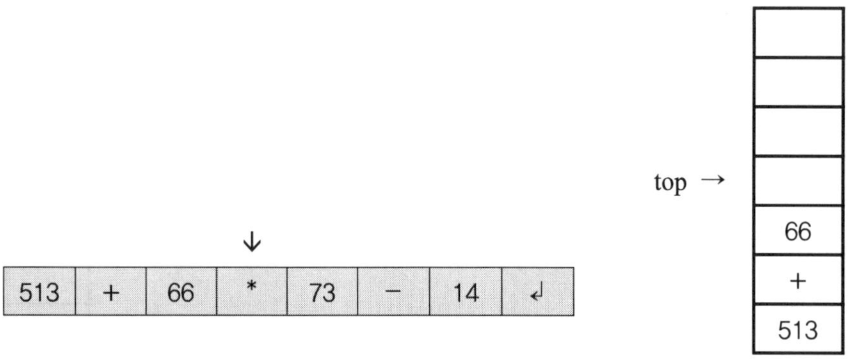

단계 4: 연산자 *도 두 개의 피연산자가 필요한데, 아직 한 개는 입력되지 않았기 때문에 * 연산자도 스택에 저장한다. 마찬가지 방법으로 읽기 포인터가 피연산자 73을 읽어 들인다. 이런 과정을 반복하여 읽기 포인터가 −를 가리킨다.

그러면 아래와 같다.

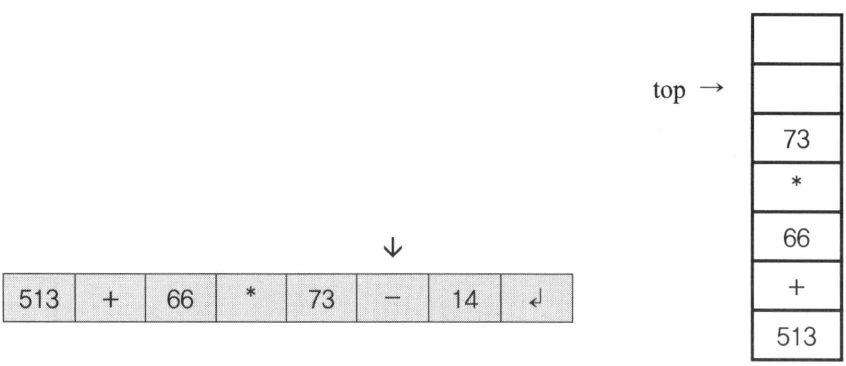

단계 5: 여기서 방금 읽어 들인 – 연산자는 * 연산자 보다 운선 순위가 낮기 때문에, 현재 스택에 저장되어 있는 문자를 톱부터 아래로 세 개 항목인 73 * 66를 꺼내어 계산하여 4,818을 만든다. 이러한 과정을 **환원**(혹은 **축소**, 스택 길이가 축소 됨)이라 한다. 그러면 스택 내용은 아래와 같다.

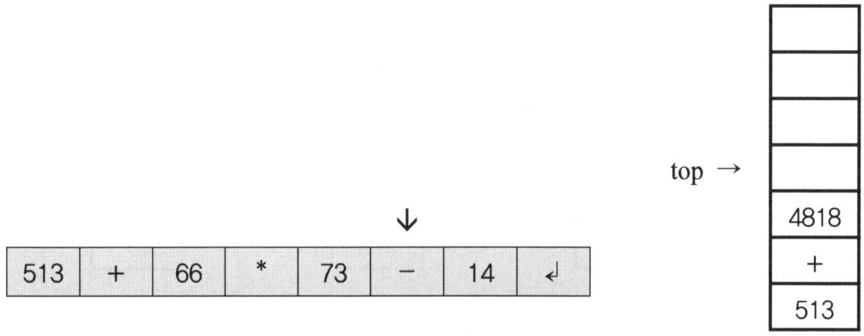

저장되어 있는 내용에서 연산자 –와 연산자 +의 우선순위를 비교한다. 이 때 우선순위가 같기 때문에 입력 문자를 스택에 저장할 수도 있고, 스택 내용을 계산하여 환원할 수도 있다. 여기서는 스택에 저장한 내용을 줄이기 위해 스택 내용을 계산한다(+ 연산자가 계속 나타나면 계속 저장하기도 어렵다. 즉, 100개 정도 나타난다면?).

단계 6: 연산자 –도 피연산자가 두 개 필요하므로 읽기 포인터를 이동한다. 이러한 과정을 문장 마침 기호 ↲가 나타날 때 까지 계속하여 반복한다. 그러면 최종적인 입력 형식과 스택 모양은 아래와 같다.

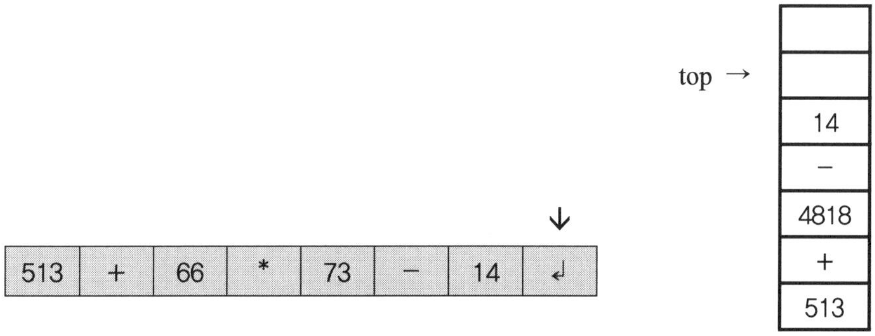

단계 7: 읽기 포인터가 입력 문자열의 끝을 알리는 기호 ↲에 도달했기 때문에 더 이상 읽어올 문자는 없다. 그러므로 스택에 저장된 내용은 아래처럼 계산된다.

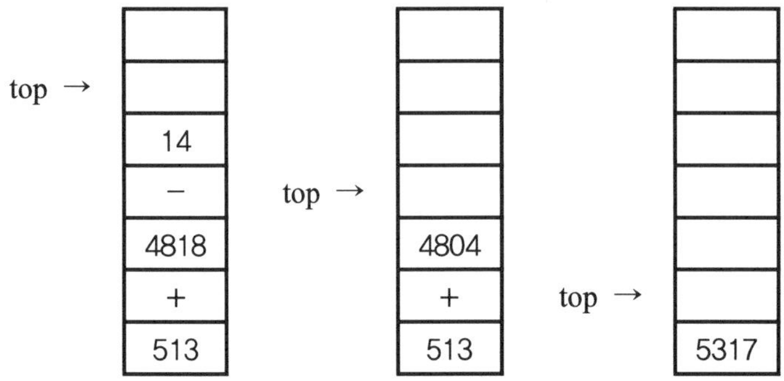

이와 같이 산술 수식 513 + 66 * 73 − 14↲가 계산되었다. 이것이 탁상용 계산기 안에서 수식을 처리하는 과정이다. 다만, 발견된 몇 개의 고려 사항을 살펴보자.

(1) 입력 문자열은 스택에 입력되는 순서로 저장된다.

(2) 연산자 우선순위에 따라 계산된 결과 값이 저장되고 스택은 축소된다.

(3) 연산자 우선순위를 어떻게 알 수 있는가?

(4) −4와 같은 단항 연산자는 어떻게 연산하는가?

(5) **4−+7**과 같이 연산자가 중복으로 입력한 수식은 어떻게 처리하는가?

(6) 6345나 730과 같이 한 자리 수가 아닌 수를 어떻게 하나의 값으로 인식할 것인가?

이외에도 고려해야 할 사항은 많은데, 번역기는 이러한 고려 사항을 여러 기술로 처리한다.

또한 연산자에 대해 우선순위뿐 아니라 **연관규칙**도 중요한데, 아래 산술 수식을 예로 살펴보자.

$$14 - 6 - 20$$

이 수식은 같은 등급의 연산자를 아래처럼 왼쪽부터 오른쪽으로 차례로 연산하여 결과는 −12이다.

$$(14 - 6) - 20 = -12$$

그리고 x^3와 같은 제곱 연산(예로 어떤 프로그램에서는 x^3와 같이 표기)은 가장 오른쪽부터 왼쪽으로 가면서 계산하기도 한다. 즉, 5^2^3는 아래와 같이 연산한다.

$$5\text{\textasciicircum}2\text{\textasciicircum}3 = 5^{(2^3)} = 5^8 = 390{,}625$$

만약 $5\text{\textasciicircum}2\text{\textasciicircum}2 = (5^2)^3 = 25^3 = 15{,}625$와 같이 연산하면 틀린 결과가 나온다.

물론 모든 수식에서 괄호 속의 우선순위가 높다.

이와 같이 탁상용 계산기 같은 기계가 사람이 입력한 수식의 의미를 파악하고 자동으로 실행할 수 있도록 하려면 고려해야 할 사항이 많다. 또한 입력하는 형식이나 의미도 다양하기 때문에 자동으로 번역하기에는 더욱 어렵다.

예를 들어, 위의 수식에 대해 아래의 세 경우를 살펴보자. 즉, 보통은 탁상용 계산기에 아래와 같이 입력한다.

23 + 98 ↲

그러나 어떤 프로그래밍 언어는 아래와 같이 입력할 수도 있다.

+ 23 98 ↲

마찬가지로 아래와 같이 입력할 수도 있다.

23 98 + ↲

즉, 어떤 프로그래밍 언어는 연산자에 대해 **중위 표기법**을 사용하고, 어떤 언어는 **전위 표기법**, 어떤 언어는 **후위 표기법**을 사용할 수도 있다. 결과적으로 의미나 실행 결과는 같다. 이것은 프로그래밍 언어의 용도가 무엇인지, 혹은 처리 성능이 어떤지에 따라 다양하게 설계될 수 있다.

어떤 프로그래밍 언어도 결국은 탁상용 계산기(혹은 컴퓨터, 기계) 안에서 실행해야하기 때문에 기계가 이해할 수 있도록 해야 한다. 즉, 입력되는 수식을 정해진 규칙에 따라서 기계가 **기계어 코드**로 번역해야 한다.

위에서 살펴본 것과 같이 탁상용 계산기는 번역을 수행하는 소프트웨어를 포함한 기계이기 때문에, 인간이 자연어로 대화하는 방법과는 다르게 기계적인 번역 과정이 필요하다. 다시 말하면, 고급 프로그래밍 언어로 작성된 **원시 프로그램**(앞에서 탁상용 계산기 입력 수식)을 컴퓨터가 실행할 수 있는 **목적 프로그램**(기계어 코드)으로 변환한다. 이때 주어진 규칙에 따라 번역하는데, 이것이 **자동번역기**가 필요한 이유이다.

결과적으로 어떤 프로그래밍 언어 L로 작성된 프로그램 $prog$를 번역되어질 프로그램이라 하고, i를 입력이라 하자. 그러면 자동번역기는 함수 $Ipret$이고, 입력을 i로 하는 $prog$의 번역 결과는 아래와 같다.

$$L_1 = Ipret^L(prog, i)$$

또한 $Trans$가 자동번역기이면 프로그래밍 언어 M의 번역 $Trans(prog)$를 입력 스트림 i에 적용하여 같은 결과를 얻는다.

$$L_2 = Ipret^M(Trans(prog), i)$$

여기서 $L_1 = L_2$이다. 즉, 어떤 프로그래밍 언어를 자동으로 번역한 결과와 어떤 번역기를 통해 번역하여 얻은 결과를 다시 번역한 결과는 같다.

이것을 그림으로 나타내면 그림 1.1과 같다. 자동번역기는 그림 1.1와 같이 특정 언어(L_1)를 입력하여 다른 언어(L_0)로 변환하는 시스템 소프트웨어이다.

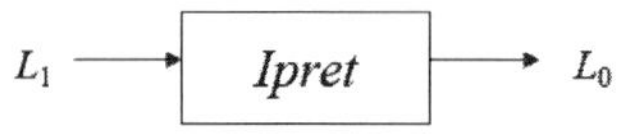

그림 1.1 어떤 원시 언어 L_1을 목적 언어 L_0로 변환하는 자동번역기

그림 1.1에서 보듯이 자동번역기 $Ipret$는 원시 언어 L_1를 목적 언어 L_0로 변환한다. 이러한 방법으로 자동번역기는 그림 1.2와 같이 어떤 언어를 다른 목적 언어로 변환하거나 여러 단계를 거쳐 새로운 목적 언어로 변환할 수 있다.

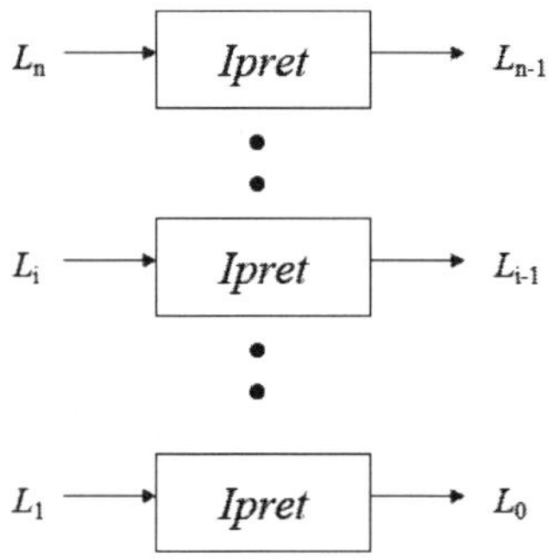

그림 1.2 어떤 언어를 다른 목적 언어로 번역하는 자동번역기

이와 같이 원시 프로그램을 목적 프로그램으로 변환하는 자동번역기를 대부분 고급 프로그래밍 언어에서는 **컴파일러**라 한다. 그러나 베이직 초기버전, 스몰톡, 루비, 펄, 하이퍼 텍스트 전처리기, 파이썬 등의 프로그래밍 언어에서는 **인터프리터**라 한다. 어떤 프로그래밍 언어는 컴파일러와 인터프리터 둘 다 제공한다.

실습문제

1 시스템 소프트웨어를 설명하시오.

2 탁상용 계산기에 23 + 98↲와 같이 입력한 문자열에서 '23'을 어떻게 23이라는 십진수 값으로 알 수 있는지 설명하시오.

3 513 + 66 * 73 − 14↲와 같이 입력한 수식에서 연산자 '*'의 우선순위가 가장 높은지를 번역기가 어떻게 알 수 있는지 설명하시오.

4 수식 3 + 5와 수식 + 3 5의 차이는 무엇인지 설명하시오.

5 어떤 프로그래밍 언어에서 할당문 y = x^3는 $y = x^3$의 의미이다. 또 y = 5^2^3는 $y = 5^{(2^3)}$의 의미이다. 이 프로그래밍 언어에서 아래를 계산하시오.

(1) y = x^3^2

(2) y = 2
x = 1
y = y + x − (x^x^2)

(3) y = 0^3^2

6 컴파일러와 인터프리터의 차이를 명확히 설명하시오.

1.2 프로그래밍 언어의 진화

이 절에서는 고급 프로그래밍 언어와 관련되는 컴파일러 역사를 간략하게 살펴본다. 현재는 여러 유형의 프로그래밍 언어를 사용하지만, 오늘날 까지 주로 사용한 프로그래밍 언어는 컴퓨터의 구동 원리에 종속되는 언어를 주로 사용해 왔다. 즉, 제어를 중심으로 하는 **폰 노이만**의 **내장 프로그램** 개념에 따라, 프로그램 인스트럭션이 순서에 따라 **차례**로 혹은 **명령**에 따라 실행하기 때문이다. 그러므로 고급 프로그래밍 언어가 어떻게 개발되어 진화되어 왔는지를 살펴보면, 컴파일러의 원리는 물론 왜 그렇게 설계해야 하는지를 이해하기 쉬울 것이다.

자연어에 가까운 문장으로 구성되어 컴퓨터 사용자가 이해하거나 프로그램을 작성하기 편하도록 생성된 프로그래밍 언어를 **고급 프로그래밍 언어**라 한다. 그러므로 이미 사용하거나 알고 있는 고급 프로그래밍 언어는 아래와 같이 여러 유형이 있으며, 컴파일러도 유형에 따라 적용되는 기법이 다르며 각각 다른 특징을 가지고 있다.

- 절차형 언어(명령형 언어)
- 함수형 언어
- 객체 지향 언어
- 논리 프로그래밍 언어
- 병렬 언어
- 분산 언어
- 시각 언어
- 스크립트 언어
- 마크업 언어 등

이와 같이 프로그래밍 언어는 다양하지만, 컴퓨터 프로그래밍 언어라는 개념을 가진 맨 처음 언어는 1946년 독일에서 개발된 플랜 칼쿨이다. 그리고 얼마 후에 "손으로 직접" 컴파일했으며, 최초의 컴파일 언어라 할 수 있는 언어는 **짧은 코드**이며 실제로 컴퓨터에 사용되었다.

지금부터 시대별로 대표적인 프로그래밍 언어의 유형과 특성, 그리고 컴파일러의 출현 배경을 살펴보자[17].

1.2.1 1950년대

이 시기는 프로그래밍 언어가 기계어에서 어셈블리어로 변화되고 다시 고급 프로그래밍 언어로 진화하는 과정이다. 이 때 처음으로 등장한 고급 프로그래밍 언어가 **절차형 프로그래밍 언어**와 **함수형 언어**이다.

절차형 프로그래밍 언어는 어셈블리어 인스트럭션으로 구성되는 프로그램 일부를 같은 의미의 자연어에 가까운 문장으로 표현하는 언어이다. 즉, 폰 노이만의 개념에서 컴퓨터의 주소나 인스트럭션을 지정하기 위해 어셈블리어 처럼 주소를 사용자가 직접 지정하지 않아도 된다. 수학 공식 사용하듯이 프로그램에서 변수나 상수를 선언하면 컴파일러가 스스로 주소를 지정하게 된 것이다. 다만, 프로그램이 실행되려면 고급 프로그래밍 언어로 작성된 프로그램이 문장의 순서에 따라 실행되어야 하는 것은 폰 노이만의 개념에서 벗어나지 않는다.

함수형 프로그래밍 언어는 절차형 프로그래밍 언어에 대응되는 언어이다. 이 언어는 튜링이 제시한 프로그래밍에 대한 **추상화 모델**(튜링 기계)을 기반으로 하고 있다. 즉, 제어의 흐름에 따라 프로그램 인스트럭션을 차례로 실행하지 않고, 수식에 입력되는 데이터를 중심으로 하여 **데이터 흐름**에 따라 병렬로 실행한다. 그러므로 심볼이라는 데이터를 처리하기 쉽도록 하여 **인공지능 언어**라고도 한다.

- 맨 처음으로 컴파일러라 할 수 있는 A−0가 설계되었는데, 몇 년 후에 이 언어가 배포되었을 때는 매쓰−매틱으로 불리어졌지만 전문성이 떨어지고 초보 수준이어서 잘 알려지지 않았다. 이와 동시에 오토코드라는 컴파일러가 나왔다.
- **포트란** 언어는 수학식으로 표현된 문제나 수식을 표현하지 좋도록 만들어진 프로그래밍 언어이다. 이 언어는 한 마디로 수학적으로 표현된 공식 번역기이다. 이 포트란은 빠르게 진화되어 **모듈 프로그래밍** 개념의 시초가 되는 **서브루틴**을 사용하게 되었다. 나중에는 알골 언어 스펙도 나왔다.
- 이때 함수형 언어인 **리스프**가 나왔으며, 이어서 LISP 1.5가 나왔으며, 함수형 프로그래밍 언어가 정착되었다. 또한 코볼이 나타났는데, **크기가 정해진 자료를 처리하기 좋은 언어**로 여러 개의 새로운 자료형을 제시하였다.

1.2.2 1960년대

이 시기는 컴퓨터 사회적으로 이슈를 가지는 시대이고 컴퓨터과학 관련 학과가 대학에 신설되는 시대이다. 그러므로 프로그래밍 언어는 물론 자료구조, 알고리즘 등 주요 과목을 학습해야 했고, 사회나 기업에서 컴퓨터 과련 인재를 많이 요구하는 시기이다. 이에 누구나 공통으로 활용하고, 자료구조나 알고리즘 관련 기술을 표현하기 좋은 언어가 요구되었다. 이에 유니버셜 프로그래밍 언어로 알골이 발표되었다.

- 알골 60이 프로그램 자체 보다는 일반적인 알고리즘을 표현하기 좋은 언어로 개발되었으며 최초로 **문법 체계**를 가지는 언어이다. 이것은 프로그래밍 언어도 언어이므로 자연어처럼 문법을 가지면 편리하겠다는 언어학적인 철학 때문이다. 이어 프로그래밍 언어를 **인식기계** 개념으로 문법 체계에 따라 자동으로 인식할 수 있는 컴파일러를 개발할 수 있게 되었다. 이 알골은 나중에 파스칼 언어의 뿌리가 된다[15].
- 또한 에이피엘이라는 언어는 수학 연산, 특히 벡터와 행렬을 편리하게 할 수 있도록 제안되었으며 특수 문자 셋을 이용해야만 했다.
- 스노볼과 관련 컴파일러가 출현되었으며, 더불어 포트란 IV가 나왔다. 또한 시뮬라가 설계되었다. 이 시뮬라는 시스템을 모델화하는 언어로 상호작용하는 프로세스의 모음이다. 즉, 순서에 따라 다중 프로시저에 의해 표현된다.
- 다양한 언어의 출현으로 프로그래밍 언어의 사용이 불편하기도 하고 새로 학습해야 하는 경우도 발생했다. 이에 좋은 특성을 가진 프로그래밍 언어만 있으면 좋겠다는 요구가 나타난 것이다. 그 결과로 포트란, 알골, 코볼의 좋은 특성을 모두 결합하여 개발한 **프로그래밍 언어**-1이라는 의미의 피엘/1이 제안되었으며 나중에 다른 언어의 기초를 이루게 된다.

이제 프로그래밍 언어는 급속도로 진화하게 되었는데, 베이직, 스노볼3, 포트란66, 리스프2, 스노볼4가 나타나고, 안정성 있는 시뮬라가 배포된다.

- 알골68이 나타났는데 알골60의 후속으로 **복합문**을 사용하였고, **레코드형** 같은 새로운 자료형이 추가되었으며, 이러한 문장들이 나중에 개발되는 여러 언어에도 적용되었다. 새로운 언어로 단순한 구조를 가지는 파스칼이 나타났으며, 포트란의 여러 유형도 나타났다. 또한 ANSI가 코볼 언어의 출현을 공식적으로 인정했다.

이와 같이 1960년대는 여러 프로그래밍 언어가 출현되었으며, 동시에 컴파일러를 개발하는 것에 관심이 많은 시기였다.

1.2.3 1970년대

1970대 초에는 여러 유형의 언어는 물론 프롤로그라는 논리형 언어와 더불어 스몰톡이 연구되기 시작했다. 이때의 초기 버전으로 스몰톡−72, 스몰톡−74, 스몰톡−76이 있으며 스노볼4의 후속인 아이콘이 나타났다.

- C 언어도 개발되었지만 참조 매뉴얼은 70년대 중반에야 만들어졌다. 이 C 언어는 어셈블리어처럼 시스템 프로그램을 개발하기 편리하도록 설계된 언어이다. 유닉스(UNIX) 운영체제가 대중적으로 널리 쓰이면서 이 언어도 널리 사용하게 되었다. 또한 프롤로그가 처음으로 구현되었다.
- 중반에는 타이니 베이직이 구현되어 마이크로 컴퓨터(2KB RAM)에서 실행되었다. 그 후 이 베이직 버전을 8080 기반 마이크로 컴퓨터인 알테어에 공급되었다. 이어서 스킴을 개발되었는데, 리스프와 문법이나 의미가 유사하지만 단순하고 일관성이 있다. 이어서 파스칼 사용자 지침서와 기존 포트란을 발전시킨 라트포를 기술했는데, 이는 포트란에 C의 if ... then ... else의 제어 구조를 추가한 것이다. 계속하여 포스트스크립트를 선도한 디자인 시스템 언어가 나타났다.
- 70년대 후반에는 에이다 언어가 설계가 시작되었는데, 대규모이고 복잡한 언어로 절차적 언어 중에는 가장 늦게 설계되었다고 볼 수 있다. 이어서 캘리포니아 샌디에고 대학 파스칼이 개발되어, 미니컴퓨터 PDP−11와 마이크로 컴퓨터 Z80−기반 컴퓨터에서 실행하도록 했다. 역시 파스칼 후속인 모듈라 개발을 시작하여 나중에 모듈라−2로 발전되었다.
- 유닉스에서 처음 개발된 일반 스크립트 언어로 **문자 처리를 중심**으로 하는 오크가 설계되었다.

1.2.4 1980년대

컴퓨터 프로그래밍 언어의 관점에서 1980년대는 **객체−지향 프로그래밍 언어**의 특성을 정착시키는 시기라 할 수 있다. 객체−지향 프로그래밍 언어는 여러 속성을 가진 객체들로 구성되고 프로그램은 제어의 흐름 보다는 객체의 구동에 초점을 두고 있다. 각 **객체**는 잘 작성된 독립된 코드이며, **메소드**를 통해서만 접근할 수 있는 자신만의 데이터를 가지고 있다. 이런 개념을 **캡슐화**라 한다. 또 하나의 중요 개념은 **상속**인데, 자신의 수퍼 클래스에서 상태와 행위를 상속하는 객체들을 가진다.

학문적으로 객체-지향 프로그래밍 언어 개념의 시작점은 1960년대의 시뮬라67이라 할 수 있는데, 시뮬라 67의 가장 중요한 개념은 **클래스**의 사용이기 때문이다. 이 개념은 나중에 스몰톡, C++ 같은 객체-지향 프로그래밍 언어 등에도 사용된다.

- 1980년대 초반에 스몰톡-80이 맨 처음으로 실제 구현되었다. 이 스몰톡 프로그래밍은 리스프와 시뮬라의 영향을 받았다.
- "클래스가 있는 C 언어(C With Classes)"를 개발되었는데 이 언어가 바로 C++이다. C++는 C 프로그래밍 언어에 개체-지향 개념을 추가하기 위해 만들었으며, 절차형 언어와 객체-지향 프로그래밍 언어의 개념을 둘 다 지원하기 때문에 **혼합 언어**라고도 한다. 이어서 여러 곳에서 여러 유형과 다양한 버전의 리스프가 사용되었는데, 이 리스프들을 하나로 통일하고자 공통 리스프를 설계하기 시작했다.
- 1980년대 중반(1984년~1985년)이 컴퓨터 프로그래밍 언어에서는 매우 중요한 해이다. 개인용 컴퓨터에 사용할 수 있는 **라인 지향** 스몰톡인 메소드가 나타난다. 객체-지향 파스칼이 출시되어 파스칼 언어가 대중화되고, 터보 프롤로그가 널리 보급된다.

마이크로소프트 윈도우즈용 응용 프로그램 개발을 지원하는 객체-지향 프로그래밍 언어인 액터와 에펠이 나타난다. 이 에펠은 객체-지향 프로그래밍 개념을 지원하면서 소프트웨어 공학에 초점 맞추고 있다. 모듈라-2의 후속으로 오베론이 완성된다.

이와 같은 프로그래밍 언어의 진화 속에서 1989년에는 여러 언어나 C 같은 언어에 변화된 사양이 추가되고, C++ 언어도 마찬가지로 다중 상속이나 멤버에 대한 포인터 같은 기능이 추가된다.

1.2.5 1990년대

이 시기는 기존 사용하던 프로그래밍 언어의 보완이나 기능을 추가하는 시기이다. 그러므로 기존 언어의 특성 결합과 플랫폼 개발로 어어진다. 이 시기에 탄생한 특별한 언어는 시각 언어(비쥬얼 언어) 유형, 파이썬 등이다. 또한 인터넷과 브라우저 관련된 언어로 하이퍼텍스트 마크업 언어나 자바가 중요하게 부각된다.

- 1990년대 초반에는 1980년대 후반에과 마찬가지로 C++에 템플릿과 예외 처리 같은 기능이 계속하여 변화되거나 추가되고, 포트란 90이 파생 자료형이나 case 문 같은 요소가 새로 추가된다. 에이피엘90이 발표된다. 스킴과 유사한 객체-지향 언어인 딜런이 출시되고, ANSI는 객체-지향 코볼 언어의 초안을 발표한다.
- 1990년대 중반에는 에이다 언어의 개정판인 에이다95가 나오는데 객체-지향 프로그래밍 기능과 실시간 처리 기능이 지원된다. 이 시점에 1990년대 초반부터 시작한 자바 언어가 발표되는데, 객체-지향 프로그래밍 언어로 구문은 C++와 유사하다. 자바는 이식성이 강한 **바이트 코드**라는 것으로 컴파일하므로 웹을 개발하는데 편리하다. 그리고 1990년대 후반에 여러 부분이 업데이트되었다. 자바는 가전제품 내에 탑재할 수도 있으며, 여러 웹 애플리케이션 개발에 많이 사용한다. 자바 가상머신으로 실행하므로 다양한 컴퓨터에 독립적으로 실행할 수 있다.

1.2.6 2000년대

1990년대까지 나온 고급 프로그래밍 언어는 지금까지도 분야 별로 사용되고 있다. 또한 컴파일러 설계 이론과 개발에 많은 영향을 주었다. 그러나 컴퓨팅 환경이 다양화되고 기술이 진화하면서 프로그래밍 언어도 다양하게 변화하거나 진화되었다. 병렬 처리, 분산 환경, 객체-지향, 시각 언어, 마크업 언어, 모바일 기기 언어, 인터넷 관련 언어, 동적 할당과 처리 언어 등 다각도로 출시된다.

이에 따라 컴파일 기술도 진화하게 되는데 구문 분석 기술 보다는 특히 의미 분석 부분과 실행 환경 부분에서 많은 변화가 있다. 절차형 프로그래밍 언어에 대한 컴파일러 이론과 기술로는 의미 부분(특히 자료의 동적 실행과 할당, 라이브러리 연결 등)에서 차원이 다른 새로운 방법을 사용해야하기 때문에 컴파일 기법에 한계가 있다.

여기서는 새로운 고급 프로그래밍 언어가 컴파일러의 의미 분석에서 어떻게 달라져야 하는지를 알기 위해 몇 개의 고급 프로그래밍 언어에 대해 강력한 특성을 살펴본다.

2000년대 중반부터 2019년도 까지는 자바 스크립트, 자바, 루비, PHP, 파이썬, CSS, C++, C#, C, HTML 등의 언어가 꾸준하게 사용되고 있다[28]. 2000년대 중반(특히 2006년~2007년)에는 새로운 웹 프로그래밍 언어들이 대중화되는데 루비, 파이썬, PHP이다. 이 언어들은 이미 1990년대에 설계 배포되었지만 이 시점에 대중화되어 사용된다.

이 언어들을 사용할 수 있도록 프레임워크도 같이 개발되었는데, 트위터는 루비, 구글과 유튜브는 파이썬, 페이스북은 PHP로 웹 사이트를 구축했다(유데미, UDEMY). 루비는 이미 1990년대 중반에 에이다, C++ CLU, 딜란, 에펠, 리스프, 펄, 파이썬의 특성을 결합하여 재미있게 프로그래밍할 수 있도록 설계했다. 파이썬은 1990년대 초반부터 ABC, 알골 68, C, C++, 아이콘, 자바, 리스프, 펄의 영향을 받아 생산성 향상과 코드 가독성을 높이기 위해 설계되었다. PHP는 1990년대 중반에 C, TCL, C++, 펄, 자바의 특성을 모아 **동적 웹 페이지**(사용자의 컴퓨팅 환경에 따라 웹 페이지가 적응됨)를 개발하도록 했다.

1.2.7 2010년대

2010년대 초기에는 모바일과 분산 환경이 지배적이어서 프로그래밍 언어도 모바일과 **빅데이터** 처리에 관련된 언어들이 많이 출현한다. 따라서 안드로이드와 블랙베리 앱은 자바 언어로, 아이오에스(iOS)는 오브젝티브-C언어로, 윈도우폰 앱은 C#를 기반으로 개발할 수 있다. 또한 안드로이드는 자바 환경에서 자바를 대체할 수 있도록 코틀린을, 애플은 스위프트(Swift) 언어를 차세대 프로그래밍 언어로 공개한다[13]. 이 동시에 자바 같은 기존 언어도 계속하여 사용된다.

이어서 2010년대 중반에는 빅데이터나 **데이터과학**의 발전으로 데이터과학과 관련된 언어들이 대중화된다. 특히 빅데이터 분석에 편리한 주요 언어로 파이썬과 R이 있다. 이 언어들은 데이터의 의미를 분석하는 도구로 활용하기도 하고, 데이터 사이의 관계를 여러 방법으로 표현하거나 시각화하기 편리하도록 설계되었다. 파이썬은 지역변수나 전역 변수라는 활동 범위의 의미보다는 프로그램 실행 중에 방금 실행한 자료 값을 **동적으로 할당**한다. 즉, 방금 실행한 자료를 다음 실행 문이나 함수(객체)에 연결한다.

이렇게 2000~2010년대의 주요 언어들은 대부분 **시각적이거나 직관적이어서 배우기 쉽도록** 만들어졌다. 더불어 컴파일러 개발 기법도 다양하게 변화되어 각종 알고리즘이 변화되거나 추가되었다. 또한 프로그래밍 언어의 개념과 특성에 따라 컴파일 방법의 어려움으로 다른 방법(예, 인터프리터)으로 번역하기도 한다.

지금까지 역사적으로 프로그래밍 언어의 진화 과정을 간략하게 살펴보았다. 프로그래밍 언어의 이러한 진화 과정을 연도순으로 정리하면 그림 1.3과 같다.

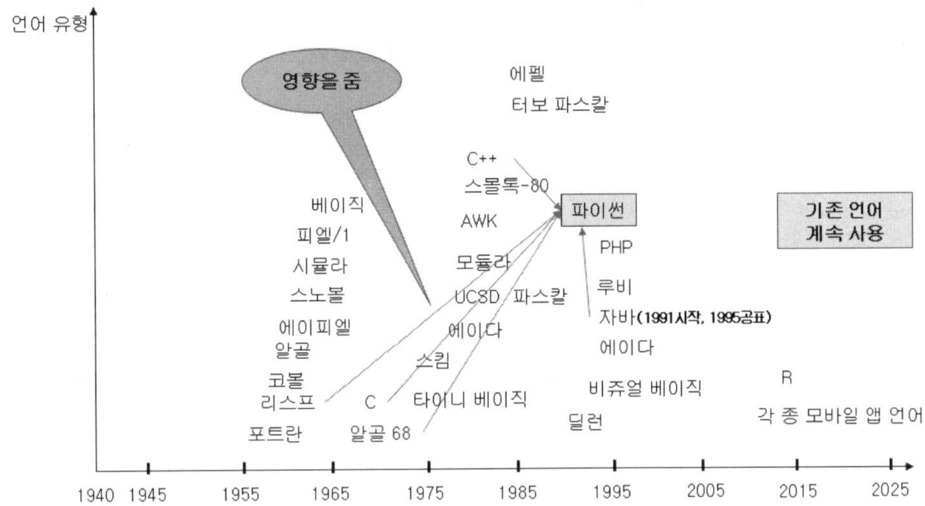

그림 1.3 프로그래밍 언어의 진화 과정

실습문제

1 폰 노이만 컴퓨터 개념을 설명하시오.

2 프로그래밍 언어를 개발하는 초창기에는 왜 폰 노이만 컴퓨터 개념이 중요했는지 설명하시오.

3 고급 프로그래밍 언어는 왜 '고급'이라는 이름이 붙었는지 설명하시오.

4 튜링 기계를 무엇인지 설명하고, 이 기계가 언어를 인식하는 것과 어떠한 관계가 있는지, 그리고 왜 중요한지 설명하시오.

5 맨 처음 문법이라는 체계를 가진 프로그래밍 언어는 무엇입니까?

6 프로그래밍 언어가 문법이라는 체계를 가진다는 것은 어떤 의미가 있는지 설명하시오.

7 함수형 프로그래밍 언어에서는 절차형 언어가 중요하게 여기는 메모리라는 것이 필요 없다. 그 이유를 설명하시오.

8 포트란 프로그래밍 언어의 서브루틴을 설명하시오.

9 동적 할당과 정적 할당을 설명하고 예를 드시오.

10 파이썬은 어떤 언어의 영향을 받았는지 설명하시오. 그리고 영향을 받은 각 언어의 어떤 특성을 가지고 있는지 분석하시오.

1.3 몇 언어의 구문 구조와 특성

현재 많이 사용하는 언어가 개념과 특성은 다르더라도 대부분 1950년대에서 1960년대에 나온 절차형 프로그래밍 언어나 함수형 프로그래밍 언어의 기본 개념이나 문법 체계를 따르고 있다. 즉, 절차형 프로그래밍 언어인 포트란, 알골, C, C++, 자바, 파이썬 같은 언어는 외형적으로 유사한 구문 구조를 가지고 있다. 그러나 함수형 프로그래밍 언어인 리스프, 스킴 같은 언어는 외형적으로 유사하게 보인다. 또한 코볼, 에이피엘, 프롤로그, 스몰톡 같은 언어는 개념과 특성도 다르지만 외형적으로 전혀 다른 문법 구문으로 구성된다.

이 절에서는 몇 언어의 구문 구조를 예로 들고 특성을 살펴본다. 이 책을 읽는 독자들은 이미 여러 언어를 경험했기 때문에 프로그램의 개념은 이해하고 있을 것이다. 그러므로 여기서는 프로그램의 내용 보다는 독자들이 경험하지 않은 몇 언어의 구문 구조와 특성만 살펴본다. 언어의 구문 구조를 살펴보는 것이 중요한 이유는 컴파일러가 각 언어의 개념 특성에 따라 문장의 의미를 어떻게 번역하는지와 직접 관련이 있기 때문이다. 즉, 어떤 알고리즘이 중요한지, 컴파일 시간을 어떻게 줄일 것인지, 컴파일 결과가 정확한지, 에러를 어떻게 줄일 것인지, 디버깅 시간을 어떻게 줄일 것인지 등 다양하다.

1.3.1 포트란

포트란은 절차형 프로그래밍 언어 시초로 이미 언급한 것처럼 수식을 변환하기 쉽도록 설계된 프로그래밍 언어이다. 이 언어로 이차 방정식 근 구하기 공식 $x = \frac{-b \pm \sqrt{b^2 - 4ac}}{2a}$을 이용하여 작성한 프로그램 구조를 살펴보자.

```
      program test
*       comment
      real:: a, b, c, disc, x1, x2
      print *, "a, b, c를 입력하시오:"
      read *, a, b, c
      disct = b**2−4*a*c
      if ( disc > 0 ) then
        x1=(−b+sqrt(disc))/ (2*a)
        x2=(−b−sqrt(disc))/(2*a)
        print *, "실근,   ", x1, x2
          else if ( disc ==0 ) then
              x1=−b/(2*a)
              print *, "중근,    "  x1
                else
                  print *, "근이 없음."
        end if
      end test
```

보기와 같이 초기의 포트란은 8칸부터 각 문장을 작성해야만 했고, 각 문장은 한 줄에만 기술해야 했다. 즉, 8번째 칸부터 72번째 칸 사이에만 문장 하나를 기술한다. 맨 앞의 첫 번째 칸에는 * 혹은 C 등의 문자를 기술하여 코멘트로 사용했으며, 6번째 칸에는 빈칸이 아닌 어떤 문자를 기술하면 윗줄에 기술한 긴 문장이 이 줄까지 계속 연결한다는 의미이다. 2와 6번째 칸 사이는 **레이블**(Label)을 숫자로 기술하여 이 **문장으로 간다** 혹은 이 **범위까지 반복하라**는 의미를 나타낸다. 나중에 한 줄에 한 문장씩 기술하는 제약이 약간 자유롭게 되었다. 이렇게 칸에 제약을 많이 둔 것은 컴파일러에게 정보를 많이 주어 컴파일하기 편리하도록 한다.

1.3.2 알골

알골도 마찬가지로 절차형 프로그래밍 언어이다. 포트란으로 작성한 근 구하기 프로그램 구조는 알골에서는 아래와 같다.

```
program test;
real a, b, c, disc, x1, x2;
comment 근 구하기
begin
 print ‘a, b, c를 입력하시오:’;
 read a, b, c;
 disct := b**2−4*a*c;
 if ( disc > 0 ) then
  begin
   begin
    x1:=(−b+sqrt(disc))/ (2*a);
    x2:=(−b−sqrt(disc))/(2*a);
    print ‘실근,   ’, x1, x2;
   end
       else if ( disc == 0 ) then
          begin
            x1:=−b/(2*a);
            print ‘중근,    ’ x1;
          end
             else
                print  ‘근이 없음.’;
   end
end
```

눈으로 봐서 알겠지만 알골 프로그램의 전체 구조는 포트란과 유사한 흐름으로 구성된다. 다만 프로그램 전체는 begin으로 시작하고 end로 마친다. 즉, 맨 밖의 begin과 end 사이가 한 개의 프로그램 혹은 한 개의 프로시저(procedure, 부 프로그램, 일종의 함수)이다. 또 여러 개의 문장을 begin...end를 사용하여 하나로 묶는 **복합문**을 사용한다는 것도 큰 특징이다. begin...end이 포트란에서 한 줄에 한 문장을 기술해야만 하는 제약에서 벗어나게 한 것이다.

그러므로 알골은 한 줄에 한 문장을 기술하지 않고 자유롭게 프로그램을 기술할 수 있게 된 것이다. 한 문장이 어디까지인지 알 수 있도록 각 문장 마다 세미콜론(;)를 기술한다. 그러므로 복합문은 begin...end 사이의 여러 문장을 한 문장으로 간주한다. 이것은 알골이 바로 문법 체계를 가지는 언어이기 때문에 가능한 것이다(문법에 대해서는 뒤에서 다룬다). 또 할당 기호도 포트란의 할당기호(=)와 다르게 :=를 사용한다. 또 이것은 관계 연산자 중에서 같은지를 비교하는 연산자 =(혹은 ==, 나중에 변함)와 구별하기 위함이다.

1.3.3 코볼

아래는 1부터 500까지 정수를 더하고, 결과를 출력하는 절차형 프로그래밍 언어인 코볼의 구조이다.

```
*----TOTAL of 1 to 500. and Average----*
IDENTIFICATION DIVISION.
PROGRAM-ID. TOTAL-1-to-500.
*----------MS-SUN은 임의의 컴퓨터------*
ENVIRONMENT DIVISION.
CONFIGURATION MS-SUN.
SOURCE-COMPUTER. MS-SUN.
OBJECT-COMPUTER. MS-SUN.
*-------------------------------------*
DATA DIVISION.
WORKING-STORAGE SECTION.
77 TOTAL PIC 9(7)    VALUE 0.
77 K     PIC 9(5)    VALUE 0.
77 Ave   PIC 999999 VALUE 0.
*-------------------------------------*
PROCEDURE DIVISION.
START.
   ADD 1 TO K.
   ADD K TO TOTAL.
   IF K < 500 GO TO START.
   DIVIDE 500 INTO TOTAL.
```

```
MOVE TOTAL  TO  Ave.
DISPLAY  "TOATAL = "  TOTAL.
DISPLAY  "Average = "  Ave.
STOP RUN.
```

코볼 프로그램의 전체 구조는 각각 역할을 수행하는 네 개의 디비전으로 나누어진다. 즉, IDENTIFICATION, ENVIRONMENT, DATA, PROCEDURE 디비전이다. 이 구조는 포트란이나 알골 프로그램 구조와 전혀 다른 형식이다. 이미 언급한 것처럼 **크기가 정해진 자료를 처리하기 좋은 언어**로 DATA 디비전에 숫자나 문자 등의 여러 자료형과 크기를 기술한다. 즉, 99999는 십진 정수 5자리를 정의하는 의미이고, AAA는 문자 세 자리를 의미한다. 마찬가지로 XXXXXX는 문자와 수의 혼합으로 여섯 자리를 의미한다. 또한 실행 부분은 PROCEDURE 디비전 부분에 있는데 '영어' 문장처럼 기술하여 이해하기 쉽도록 한다. 아래 문장은 TOTAL 이라는 곳(TOTAL이라는 이름을 가진 메모리의 위치, 변수)에 K에 저장 된 값을 더하여 TOTAL에 다시 저장하라는 의미이다. 즉, TOTAL = TOTAL + K이다.

```
ADD  K  TO  TOTAL.
```

1.3.4 에이피엘

에이피엘은 특별히 제작된 글자판을 사용해야 한다. 그러므로 현재 사용하는 문자를 사용하는 것이 아니라, 수학 연산을 위한 수학 연산자가 들어간 글자판이다. 즉, 영어 문자, 0~9까지 수, 사칙 연산자, (,)와 더불어 α, ω, ϵ, ρ, $\supset$, $\subset$, ~, →, ←, ↑, ↓, ▽, △, ∪, ∩, ι.... 등의 기호를 같이 사용한다.

연산 규칙도 수식의 **오른쪽에서부터 왼쪽**으로 계산한다. 몇 개의 수식을 예를 들어 본다.

- +/1 2 3 4와 같이 수식을 표현하면 수열을 합한다.
- v ← 12 55 66 37은 백터 값 {12 55 66 37}를 변수 v에 할당한다.
- 아래는 프로그램 수행 중에 현재까지의 벡터나 행렬 v 속에 있는 값을 화면에 출력한다.

```
v
12 55 66 37
```

- v←5+ ι5은 1에서 5까지의 여러 값을 제어문이나 순환구조 없이 배열 v에 저장한다. 그러므로 아래는 40을 출력한다. 또한 에이피엘의 계산 우선순위는 오른쪽부터 왼쪽으로 계산한다. 먼저 ι4로 배열[1, 2, 3, 4, 5]를 생성하고, 5을 더한 후에 합하여 출력한다. 그러므로 아래는 6+7+8+9+10=40이다. $v = \sum_{i=1}^{5}(i+5)$과 같다.

```
v←+/(5+ ι5)
v
40
```

- 마찬가지로 우선순위에 대해 수식 (~R∈R∘.×R)/R←1↓ιR를 살펴보자[12]. 이 수식도 오른쪽부터 왼쪽으로 실행하는데, ιR는 1부터 R까지의 정수를 포함하는 벡터를 생성한다. 그러므로 벡터 (1, 2, 3, 4, 5, 6)가 생성된다. 그 후에 1↓는 벡터의 첫 번째 원소를 버린다는 의미이로, (2, 3, 4, 5, 6)가 된다. R←는 새로운 벡터 R=(2, 3, 4, 5, 6)을 만든다. 그리고 /를 연산해야 하는데 이것은 이항 감소 연산자로 왼쪽에 있는 괄호 속 내용을 먼저 계산한다. 괄호 속의 연산자 ∘.×R는 R의 외적을 구한다. 여기서 모든 연산자를 설명하기는 어렵다. 이와 같이 에이피엘은 대부분의 언어와 다른 연산자 기호, 글자판을 사용하고, 우선순위도 오른쪽부터 왼쪽으로 수행하도록 되어 있다.

이러한 특징은 기존 컴파일러 방식으로 기계어 코드를 생성하기 어렵게 만든다. 그러므로 다른 방식(인터프리터 같은)으로 실행할 수 있는 코드를 만들어야 한다.

1.3.5 리스프

함수형 프로그래밍 언어인 리스프도 문법 구문은 수학의 함수 형식으로 기술한다. 또한 연산의 우선순위 규칙은 **전위 표기법**을 사용하는데 아래와 같이 괄호를 사용하여 기술한다.

(연산자　피연산자1　피연산자2)

예를 들어, (+ 16　38)은 전위 표기법으로 연산자 +를 맨 앞에 쓰는데 **더하기 함수**를 의미한다. 즉, 리스트 (　) 속의 **원소**(아톰)인 피연산자 16과 38을 각각 인자로 하여 더하기 함수(plus, +)를 수행하라는 의미로 수행 결과는 54이다.

아래와 같이 다른 예를 살펴보자. 아래는 주어진 값(전화 번호)이 같은지를 비교하는 함수를 정의한 것이다.

```
(defun EQUAL (TelNo)
  (
   IF (=  TelNo   5156−5555) '찾았습니다 '발견할 수 없습니다)
  )
```

그러므로 사용자가 이 함수를 사용하려면 EQUAL (TelNo)를 호출하도록 아래와 같이 사용한다. >>는 화면의 프롬프트이다.

```
>> (EQUAL 3335−7778)?
   발견할 수 없습니다.
>> (EQUAL 5156−5555)?
   찾았습니다.
```

이와 같이 리스프의 문법 구문은 함수 형식을 가지므로 C/C++나 자바와 유사하지 않다. 함수형 프로그래밍 언어인 스킴도 리스프와 유사하게 함수 구조를 가진다. 변수는 동적으로 선언되고 할당된다.

1.3.6 프롤로그

논리형 프로그래밍 언어인 프롤로그는 **사실**, **관계**, **규칙**을 정의하고, **질의**를 통해 추론한 결과를 사용자에게 출력한다. 아래 예를 살펴보자.

프롤로그에서 "정수는 공부를 좋아한다"는 사실과 "수미는 수학을 좋아한다"는 사실을 정의해 보자.

```
likes(Jungsu, Study).
likes(Sumi, Mathematics).
```

여기서 likes는 좋아한다는 사실에서 Jungsu와 Study 사이의 관계이다. 수미에 대해서도 마찬가지다. 이러한 사실과 관계로 규칙을 만들 수도 있다. 즉, "공부를 좋아하는 학생은 성적이 좋을 수 있다"와 같은 새로운 사실을 정의할 수도 있다.

이와 같이 프롤로그는 지식베이스에 사실을 정의 혹은 선언하는 선언적 언어이고 질의를 통해 추론한다. 그러므로 지식베이스를 생성하려면 컴파일러가 아닌 다른 방법으로 실행하도록 해야 한다.

프롤로그를 사용하면 사용자는 지식베이스를 호출한 후 아래와 같이 질의한다.

?−likes(Jungsu, Study).

그러면 결과는 "YES" 혹은 "TRUE"가 출력된다. 그러나 만약 아래와 같이 질의하면 결과는 "NO" 혹은 "FALSE"로 출력한다(지식베이스에 아래 사실이 정의되지 않았다면).

?−likes(Jungsu, Mathematics).

1.3.7 스몰톡

이어서 객체 지향 프로그래밍 언어인 스몰톡의 메시지 구문을 간단하게 반복 순환 구조로 살펴보자.

```
"반복 순환 구조 to: do: 메시지 사용."
1 to: 100 do: [: number | number printString, ' −iteration';
cr.
]
```

보면 알 수 있듯이 변수 number를 1에서 100까지 값을 할당하고 반복하여 출력하라는 의미의 반복 순환 구조이다. 아무 말이 없으면 '1' 씩 증가하고 특별히 주어진 값의 크기로 증가시키려면 by:를 사용한다. 결과는 아래와 같이 출력된다.

```
  1 −iteration
  2 −iteration
  3 −iteration
   ......
   ......
 99 −iteration
100 −iteration
```

1.3.8 파이썬

통합 프로그래밍 언어라 할 수 있는 파이썬 구문으로 n!을 구하는 예를 살펴보자. 즉, 팩토리얼을 구하는 함수 Nfact를 아래처럼 정의한다.

```
def Nfact(n):
  if n <= 1:
    return 1
  return n * Nfact(n − 1)

print("10 팩토리얼 =", Nfact(10))
```

이 프로그램을 실행하면 결과는 아래와 같다.

10 팩토리얼 = 3,628,800

이 파이썬 프로그램은 블록을 구별하기 위해 C/C++, 자바, 알골 같은 언어에서 사용하는 {...}나 begin...end를 사용하지 않는다. 파이썬은 코딩에서 블록(**코딩 블록**)을 구별하기 위해 반드시 **들여쓰기**를 해야 한다. 또한 코딩 블럭을 시작하는 문장(if, for, def,...) 끝에는 반드시 콜론(:)을 쓴다. 같은 블록의 들여쓰기는 같은 수의 공백을 써야만 한다. 이렇게 하면 프로그램을 작성하기에 불편할 수도 있지만 컴파일에는 편리할 수도 있다. 또 들여 쓰기로 블록을 구별하기 때문에 프로그램 구조를 이해하기 쉽고 코드를 읽기가 편리할 수 있다.

이 파이썬은 아래의 특성을 지니기 때문에 컴파일에서 고려할 사항이 많다.

- 자료형의 동적 결정(즉, 실행 중에 자료형이 결정됨)
- 플랫폼에 독립
- 다양한 객체를 자료형으로 내장하고 있음(메모리 자동으로 관리함) 등

지금까지 포트란, 알골, 코볼, 에이피엘, 리스프, 스킴, 프롤로그, 스몰톡, 파이썬 등의 언어의 구문적인 구조와 특성을 간략하게 살펴보았다. 이와 같이 구문 구조와 특성을 살펴보는 것은 컴파일러가 각 언어의 의미를 어떻게 분석하고, 기계어를 어떻게 생성할 것인지에 대한 방법을 고려해야하기 때문이다.

실습문제

1 포트란 프로그래밍 언어로 수식 $y=5\sqrt{(c-kpi^3-elec)^4}$ 를 계산하는 프로그램을 작성하시오. $y, c, kpi, elec$는 변수이다.

2 알골 프로그래밍 언어로 수식 $y=5A-time-45algle$를 계산하는 프로그램을 작성하시오. $y, A, time, algle$는 변수이다.

3 프로그래밍 언어가 문법을 가지는 것이 컴파일러 개발에 왜 중요한지 설명하시오.

4 알골이나 C 프로그래밍 언어는 **포인터**라는 것을 사용한다. 포인터의 의미와 포인터가 프로그래밍 언어의 특성에서 중요한 이유를 설명하시오.

5 코볼 프로그래밍 언어가 구문이나 프로그램 구조에서 다른 언어와의 명확한 차이는 무엇입니까?

6 에이피엘 프로그래밍 언어가 연산자에 대해 전위 표기법을 사용한다. 이것이 가지는 의미를 설명하시오.

7 에이피엘 프로그래밍 언어에서 v ← 1 2 3 4 5를 실행한 결과를 쓰시오.

8 리스프 프로그래밍 언어로 사각형의 면적을 구하는 함수를 정의하시오.

9 프롤로그 프로그래밍 언어로 아래 사실을 정의하시오.

"다이어몬드는 빛난다."
"금은 비싸다."

10 선언적 언어를 설명하고 어떤 언어들이 있는지 예를 드시오.

11 객체-지향 프로그래밍 언어에서 '객체'가 무엇인지 설명하시오.

12 객체-지향 프로그래밍 언어에서 객체는 무엇으로 구성됩니까?

13 파이썬 프로그래밍 언어는 자료형이 동적으로 결정된다. 파이썬 프로그램으로 자료형이 동적으로 결정되는 예를 보이시오.

1.4 프로그래밍 언어의 실행

이 절에서는 컴파일러를 이해하기 위해 자동번역기인 컴파일러가 프로그램과 컴퓨터 시스템 사이에서 어떤 역할을 하는지 살펴본다. 이 책에서는 이미 앞에서 기술한 자동번역기를 프로그래밍 언어에 한정하여 컴파일러라 한다.

먼저, 그림 1.4와 같은 간단한 컴퓨터 시스템을 생각해 보자. 이 컴퓨터는 메모리 장치와 관련 레지스터가 있으며, 산술/논리 연산 장치에는 연산처리장치와 필요한 레지스터(R0, R1, R2, ..., 제어 코드 레지스터)가 있다. 또한 제어 장치는 이 컴퓨터의 각 구성 장치를 제어하는 것으로 프로그램 카운터, 인스트럭션 레지스터, 인스트럭션 디코더 등이 있다. 물론 모든 데이터와 정보를 입출력하는 장치가 있다. 각 구성 장치는 주소 버스와 데이터 버스로 연결한다. 이 컴퓨터에서는 사용자가 입력한 프로그램을 메모리에 저장하고 제어 장치의 제어에 따라 필요한 인스트럭션을 수행한다.

이 컴퓨터는 처리기가 수행하는 인스트럭션을 어셈블리어(기계어 대신 이해하기 쉽도록)로 표현한다. 보통 인스트럭션은 처리기가 동작을 수행하는 최소 단위의 코드이다. 즉, 처리기는 아래와 같은 동작들을 수행하도록 한다.

(1) 메모리 지정 주소에 있는 값을 레지스터에 있는 값과 연산(+, −, *, /)
(2) 메모리의 지정 주소에 있는 값(내용)을 처리기의 레지스터로 이동(load, store)
(3) 연산한 값 사이의 크기 비교(compare)

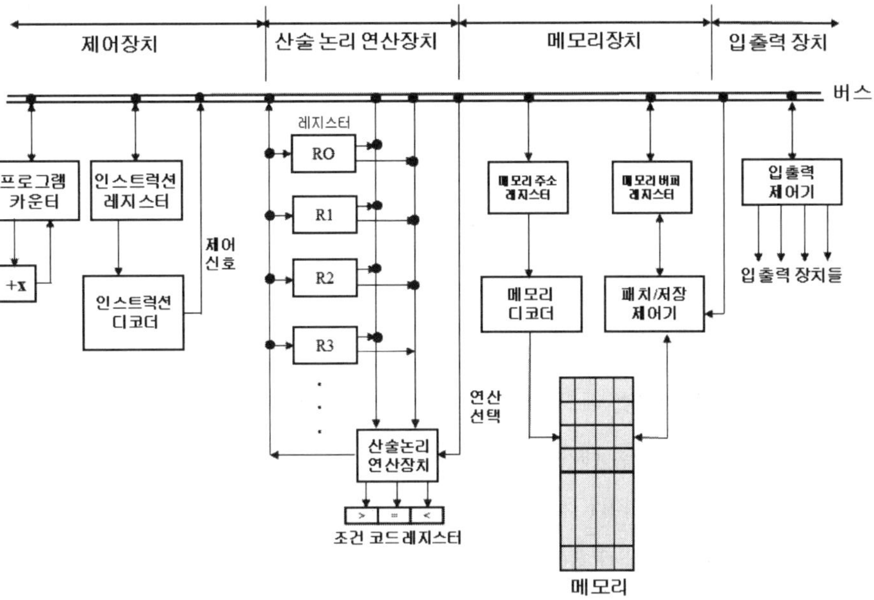

그림 1.4 컴퓨터 구조 블록 다이어그램

이러한 컴퓨터 시스템에 아래와 같은 C 프로그래밍 언어로 작성한 프로그램을 저장해 보자.

```
program test(input, output);
int a, b, c, k;
{
 a = 3;
 b = 4;
 k = a + b;
}
```

이 프로그램은 정수형 변수 a, b, c, k 를 선언하여 각 변수에 값을 저장하도록 메모리 공간을 할당한다. 그러면 a =3 이나 b = 4 문장을 실행하여 변수 a와 b에 할당한 공간에 각각 3과 4를 정수형으로 저장한다. 그 후에 문장 k = a + b; 를 수행하면 a 값 3과 b 값 4를 메모리 공간에서 꺼내어 산술 연산 장치에서 연산을 수행한 결과 값인 7을 정수형 변수 k에 할당한 공간에 저장한다.

이 때 고급 언어로 작성한 문장

```
k = a + b;
```

를 실행하려면 아래와 같은 순서로 작성한 인스트럭션을 수행할 수 있다(컴퓨터 메모리에 저장한 기계어 인스트럭션은 사용자가 이해하기 어렵기 때문에 어셈블리어로 표현한다).

```
lod  R0, a    -----(1)
lod  R1, b    -----(2)
add  R1, R0   -----(3)
sto  R1, k    -----(4)
```

이 인스트럭션이 번호 순서로 실행하면 의미는 아래와 같다.

(1) 메모리의 a 주소 내용을 레지스터 R0로 이동하여 저장하라.
(2) 메모리의 b 주소 내용을 레지스터 R1로 이동하여 저장하라.
(3) 저장한 레지스터 R0와 R1 내용을 더하여 R1에 저장하라.
(4) 레지스터 R1에 저장한 내용(값 7)을 메모리 주소 k로 이동하여 저장하라.

인간이 고급언어로 작성한 프로그램을 컴퓨터는 이해할 수 없기 때문에 이와 같이 컴퓨터가 이해할 수 있는 기계어 인스트럭션으로 번역하여 실행하도록 한다. 이와 같이 수식이나 문장 하나라도 연산하려면 컴퓨터 내부에 기계어 인스트럭션으로 표현해야 한다.

그림 1.5는 컴퓨터 내부에 저장하는 기계어 대신에 인간이 이해할 수 있도록 어셈블리어로 나타낸다. 이미 언급한 것처럼 이와 같이 고급 언어를 컴퓨터가 이해할 수 있는 기계어로 번역하는 기술을 컴파일 기술이라 하고 번역하는 소프트웨어를 **컴파일러**라 한다.

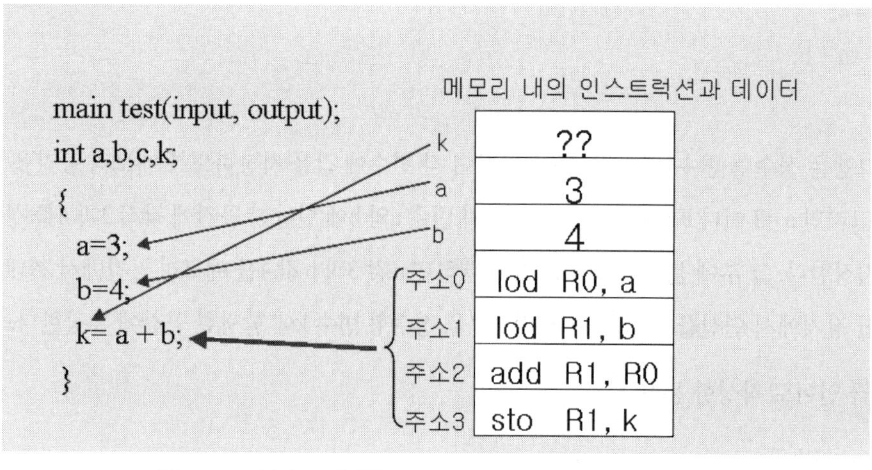

그림 1.5 C 언어로 작성한 프로그램 번역한 메모리 내의 어셈블리어 예

이와 같이 컴파일러는 고급 프로그래밍 언어의 문장을 읽어서 기계어로 된 여러 인스트럭션으로 번역하고 메모리에 할당하여 실행하도록 한다. 다시 말하면, 고급언어로 작성된 Y = Y + 7 과 같은 문장을 처리하려면 컴파일러가 직접 "더하기" 연산을 수행하는 것이 아니라, "더하기"를 할 수 있는 인스트럭션과 "더하기" 실행에 필요한 관련 인스트럭션을 생성한다. 즉, 아래와 같은 여러 인스트럭션을 생성한다. 여기서 '=7'는 상수 값 7을 표기한다.

```
lod  R0, Y
add  R0, =7
sto  R0, Y
```

마찬가지로 앞에서의 탁상용 계산기에 입력한 수식 23 + 98 ↲ 는 탁상용 계산기가 계산할 수 있도록 아래와 같이 같은 의미의 기계어 코드로 변환한다. 그 후에 이 변환된 코드를 처리기가 한 개씩 실행하여 최종 결과 값 121을 만든다.

```
lod   23   // 메모리에서 값 23을 가져와라   //
add   98   // 값 98을 더하라               //
sto   121  // 결과 값 121을 메모리에 저장하라 //
```

다음 장부터 컴파일러에 대해 구체적으로 살펴본다.

실습문제

1 컴파일러를 정의하시오.

2 어셈블러를 설명하시오.

3 본문의 그림 1.4에서 '프로그램 카운터'의 역할을 설명하시오.

4 아래 프로그램이 있다.

```
program test(input, output);
    int a, b, c, k;
    {
     a = 11;
     b = 7;
     k = a + b;
    }
```

위 프로그램은 컴파일 과정을 거쳐 메모리 안에 아래와 같은 인스트럭션(어셈블리어로 표현)으로 저장될 수 있다. 이 저장된 어셈블리어의 각 인스트럭션을 설명하시오. 또 실행한 후에 각 변수 a, b, c, k와 각 레지스터 R0, R1에 저장된 결과를 보이시오.

```
lod  R0, a
lod  R1, b
add  R1, R0
sto  R1, k
```

제02장

컴파일러 개요

컴파일러 개요

앞에서 살펴본 것처럼 고급언어는 역사적으로 다양한 분야와 기술 변화에 따라 적응되면서 진화되었다. 서로 다른 특성을 가진 모든 프로그래밍 언어를 같은 방법으로 자동으로 번역하기는 어렵다. 번역 과정에서 프로그래밍 언어의 어떤 부분은 같은 방법으로 번역할 수 있지만, 어떤 부분은 언어별로 의미(예, 정적 할당, 동적 할당 등)가 다르기 때문이다.

이 책에서는 모든 프로그래밍 언어에 적용될 수 있는 부분에 대해서 자동번역, 즉, 컴파일하는 기본 과정을 기술한다. 이 장에서는 자동번역기의 하나인 컴파일러의 전체 구조와 각 구성 요소를 간략하게 살펴본다.

2.1 고급 프로그래밍 언어와 컴퓨터 시스템의 연결

고급 프로그래밍 언어는 컴퓨터 안에서 실행하기 위해서는 컴퓨터가 이해할 수 있는 언어인 기계어로 번역되어야 한다. 즉, 인간이 프로그램으로 수행하고자 하는 일을 컴퓨터에 지시하고, 컴퓨터를 편리하게 사용할 수 있도록 프로그램과 컴퓨터 시스템 사이를 연결해 준다. 이것은 인간과 컴퓨터 사이에서 편리한 **상호작용**을 지원하는 것이다. 이런 의미에서 컴파일러를 아래와 같이 정의한다.

정의 2.1

> **컴파일러**는 어떤 고급 프로그래밍 언어로 작성된 프로그램을 특정 컴퓨터에 같은 의미를 가지는 어셈블리어나 기계어로 번역하는 시스템 소프트웨어이다

그림 2.1은 인간이 두뇌에서 구상하는 연산 방법을 표현한 프로그램과 컴파일러가 기계어 프로그램으로 번역한 결과를 나타낸다. 즉, 고급 프로그래밍 언어로 작성한 원시 프로그램과 컴퓨터 시스템과의 연결 과정을 보인다.

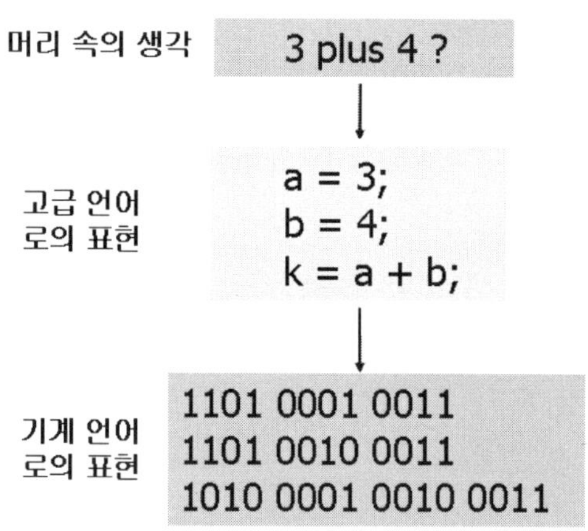

그림 2.1 고급 프로그래밍 언어와 컴퓨터 시스템의 연결

지금까지 살펴본 것처럼 컴파일러가 고급언어로 작성한 프로그램을 입력으로 받아서 기계어 인스트럭션을 생성하고 실행하는 컴퓨터를 목적 컴퓨터라 한다. 그러므로 고급 프로그래밍 언어로 작성한 프로그램과 기계어로 구성된 두 프로그램은 같은 입력에 대해서는 같은 결과를 출력한다. 이 때 고급 프로그래밍 언어로 작성한 프로그램을 **원시 프로그램**이라 하고 원시 프로그

램을 작성한 언어를 원시 언어라 한다. 또한 생성한 기계어 프로그램을 **목적 프로그램**이라 한다. 결국, 컴파일러는 원시 언어로 작성한 원시 프로그램을 같은 결과를 생성하는 목적 프로그램으로 번역하는 **시스템 소프트웨어**이다.

C 언어는 C 컴파일러가, 자바 언어는 자바 컴파일러(인터프리터)가 번역하는데, C 나 자바 같은 고급 프로그래밍 언어는 어셈블리어로 번역된 후 다시 기계어로 번역될 수 있다(자바는 바이트 코드로 번역). 예를 들어 C 프로그래밍 언어의 할당문인 A = B * C + D;는 아래와 같은 어셈블리어 인스트럭션으로 번역할 수 있다.

```
lod  R1, B        /* 주소 B의 값을 R1 레지스터에 넣어라 */
mul  R1, C        /* 주소 C의 값과 R1 레지스터 값을 곱하고 결과를 R1에 저장 */
sto  R1, TMP1     /* TMP1에 결과를 저장하라 */
lod  R1, D        /* 주소 D의 값을 R1 레지스터에 넣어라 */
add  R1, TMP1     /* 임시 저장 주소 TMP1의 값과 R1 레지스터 값을 더하여 */
                  /* 결과를 R1에 저장하라 */
sto  R1, A        /* R1에 저장된 값을 주소 A에 저장하라 */
```

위의 수식에서 *(곱하기) 연산이 +(더하기) 연산 보다 먼저 실행해야하므로, 컴파일러는 연산자의 우선순위에 따라 인스트럭션으로 명확히 번역해야한다. 즉, 컴파일러는 입력 프로그램을 기계어 인스트럭션으로 정확하게 생성하는 것이 중요하며, 프로그램이 정확한지 검사해야한다. 프로그램이 문법에 따라 정확하게 작성되지 않았으면 에러 메시지를 통보한다. 이처럼 입력한 원시 프로그램을 정해진 문법과 비교하여 정확하게 작성되었는지 아닌지를 검사하는 일을 컴파일러의 **구문 분석**이라 한다.

컴파일러가 원시 프로그램을 목적 프로그램으로 번역하고 나면, **로더**라는 시스템 소프트웨어가 목적 프로그램을 **실행 가능**한 프로그램으로 만든 후에 메모리에 탑재한다. 그러면 운영체제는 실행 가능한 프로그램을 실행한다. 컴파일러가 원시 프로그램을 번역하는 과정에 탐지 못한 에러가 프로그램이 실행하는 동안 탐지되면 **실행 에러**라 한다. 그림 2.2는 원시 프로그램이 컴퓨터 시스템 안에서 실행할 때까지의 과정이다.

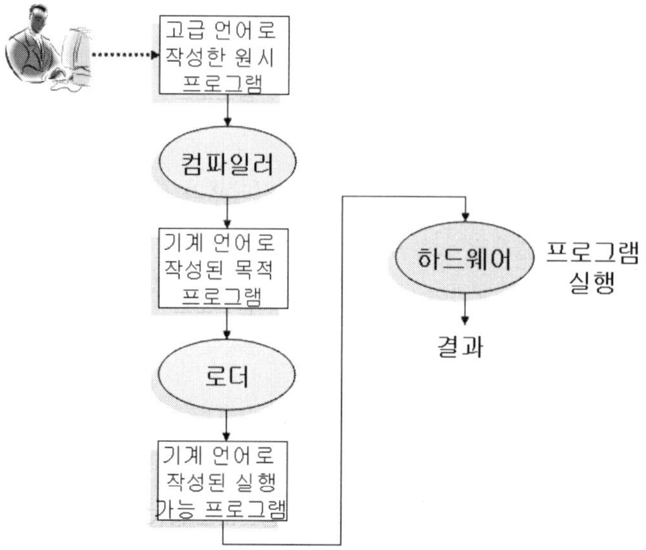

그림 2.2 원시 프로그램이 컴퓨터 시스템에서 번역, 탑재, 실행하는 과정

아래 C 언어 프로그램의 일부에서 컴파일하는 동안 발생하는 에러와 실행하는 동안 발생하는 에러를 살펴보자.

```
    ......
s1:  X = 0;
s2:  phi = 3.14;
s3:  B = (X * Y + 120;
s4:  6 = B * B * phi;
s5:  if (B > A) B = B −1 else B = A;
s6:  Y = Y / X * 2 * phi * R;
s7:  value = Y * p;    /*  변수 p는 프로그램에 선언되지 않았다고 가정   */
    .....
```

문장 s3과 s4 는 컴파일하는 동안에 발견하는 에러이다. 문장 s3에서는 왼쪽 괄호에 대응하는 우측 괄호 ‘)’가 빠졌고, 문장 s4에서는 할당문의 왼쪽에 상수가 와서 오른쪽 수식에서 계산한 값을 저장할 수 없다. 즉, 할당문의 왼쪽에는 변수나 배열원소가 있어야 한다. 이러한 에러는 문장 구조가 이 문장의 문법에 맞지 않기 때문에 컴파일하는 동안 에러를 탐지할 수 있다.

또한 문장 구조는 문법에 맞지만 컴파일 과정에서는 탐색되지 않은 에러도 있다. 즉, 연산 도중 특정 값을 알 수 없어서 실행을 올바르게 할 수 없는 경우가 있다. 문장 s6에서는 변수 Y를 X로 나누는데 X 값은 이미 문장 s1에서 0이므로 나누기를 할 수 없다(계산 불능).

최종으로 문장 s7에서는 p 값이 프로그램에 선언되지 않았기 때문에 Y * p를 수행할 수 없으므로 실행하는 도중에 에러가 발생한다.

실습 2.1

아래 C 언어로 작성한 원시 프로그램 문장을 어셈블리어 인스트럭션으로 변환하시오.

k = a * b + c;

이 문장은 아래의 어셈블리어 인스트럭션으로 변환할 수 있다.

```
  .....
lod  R0, a
lod  R1, b
mul  R0, R1
add  R0, c
sto  R0, k
  .....
```

실습 2.2

아래 C 언어로 작성한 원시 프로그램 문장을 어셈블리어 인스트럭션으로 변환하시오.

c = (a − b) * k − (a + b);

이 문장은 아래의 어셈블리어 인스트럭션으로 변환할 수 있다.

```
  .....
lod  R0, a
lod  R1, b
sub  R0, R1
mul  R0, k
lod  R2, a
lod  R3, b
add  R2, R3
sub  R0, R2
sto  R0, c
  .....
```

컴파일러 외에도 특정 고급 프로그래밍 언어로 작성한 원시 프로그램을 목적 프로그램으로 번역하는 소프트웨어로 **인터프리터**가 있다. 이 인터프리터도 원시 프로그램을 목적 프로그램으로 번역하지만 원시 프로그램의 각 문장을 번역과 동시에 직접 실행한다. 그러므로 인터프리터의 출력은 기계어 프로그램보다는 원시 프로그램의 실행결과이다. 그림 2.3은 같은 원시 프로그램 입력에 대한 컴파일러와 인터프리터의 실행 과정과 결과이다.

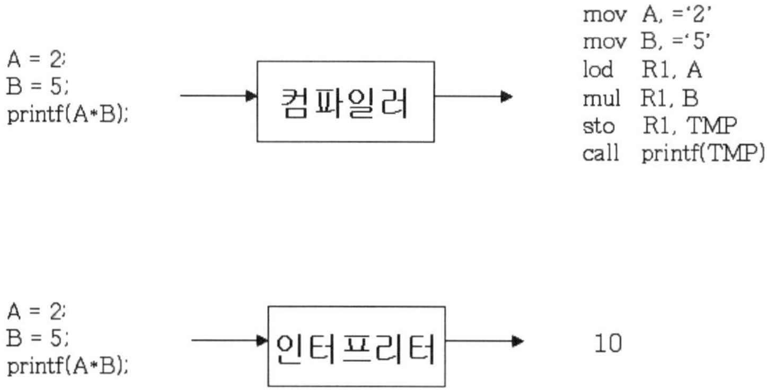

그림 2.3 같은 입력에 대한 컴파일러와 인터프리터의 실행 결과

그림 2.3에서 보듯이 컴파일러는 일단 기계어 프로그램(코드)을 생성한다. 그 후에 **로더**가 이 기계어 프로그램을 메모리에 탑재하고, 운영체제와 협조하여 기계어 프로그램이 독자적으로 실행한다. 인터프리터는 원시 프로그램을 한 문장씩 번역하면서 번역한 문장(필요하면 데이터도 직접 입력)마다 직접 실행한다.

그러나 원시 프로그램을 목적 프로그램으로 번역하는 과정이나 사용하는 여러 기법은 컴파일러와 인터프리터 둘 다 유사하다. 또한 여러 개의 함수 프로그램으로 구성된 큰 프로그램은 각 함수를 따로 컴파일할 수 있으며 여러 블록으로 관리한다.

실습 2.3

아래 고급 프로그래밍 언어로 작성한 문장을 컴파일한 결과를 보이시오.

```
a = 3;
b = 4;
c = 5;
a = a * b + c;
printf(a);
```

컴파일러가 위 문장을 어셈블리어 인스트럭션(4-바이트)으로 번역하면 아래와 같다.

주소	프로그램 인스트럭션	설명
	.....	
121020	lod R0, a	
121024	lod R1, b	
121028	mul R0, R1	
121032	add R0, c	
121036	sto R0, a	
121040	call printf(a)	
	.....	
131050	3	3이 저장된 주소 심볼 a
131054	4	4가 저장된 주소 심볼 b
131058	5	5가 저장된 주소 심볼 c
	.....	

실습 2.4

아래 고급 프로그래밍 언어로 작성한 문장의 인터프리터 출력 결과를 보이시오.

```
a = 2;
b = 7;
c = 3;
a = a * (b + c);
printf(a);
```

인터프리터는 위 문장들을 번역하면서 동시에 실행하므로 결과는 아래와 같다.

```
20
```

여기에서 고급 프로그래밍 언어와 기계어를 비교하여 보자.

(1) 기계어는 프로그램을 작성하기 어렵고 사용하기도 불편하다.

(2) 고급 프로그래밍 언어는 컴퓨터 구조나 제품이 다르더라도 실행할 수 있다.

(3) 컴퓨터가 다르더라도 프로그램을 새로 작성할 필요가 없다.

(4) 고급 프로그래밍 언어는 데이터나 프로그램을 추상화할 수 있다.

그러나 고급 프로그래밍 언어만 사용하면 컴퓨터 구조를 이해하기 어렵거나 컴파일러가 최적화하지 않은 기계어 인스트럭션을 생성할 수도 있다.

실습문제

1 어셈블리어나 기계어에 비하여 고급 프로그래밍 언어의 장점을 설명하시오.

2 아래 각 인스트럭션의 의미를 설명하시오.

```
lod  R1, B
mul  R1, C
sto  R1, TMP1
lod  R1, D
add  R1, TMP1
```

3 로더가 무엇인지와 기능을 설명하시오.

4 아래 수식을 어셈블리어 인스트럭션으로 변환하시오.

```
y = x * x + (a + b * c);
```

5 아래 고급 프로그래밍 언어로 작성한 프로그램 일부에 대해 컴파일러 결과와 인터프리터 결과를 각각 보이시오.

(1)
```
A = 10;
B = 5;
C = A +B + B * 3.14;
if (C < A) printf(C) else  printf(A, B);
```

(2)
```
A = 3;
```

```
B = 4;
while (B < A) do
    {
     A = A + 3;
     printf(A, B);
    }
printf(A, B);
```

2.2 컴파일러 구성

컴파일러 구성은 수행 기능에 따라 여러 단계로 나눈다. 즉, 크게 어휘 분석 단계, 구문 분석 단계, 의미 분석 단계, 코드 생성 단계, 최적화 단계로 나눈다. 그림 2.4는 컴파일러의 전체 구성과 제어 흐름을 나타내며 각 단계에서는 컴파일러 수행에 필요한 자료나 정보가 만들어진다. 여기에서 코드 최적화 단계는 생략할 수도 있다.

어휘 분석 단계는 원시 프로그램을 분석하여 컴파일 과정에서 사용할 토큰으로 분리한다. 즉, 프로그램을 구성하는 모든 문장이 토큰으로 쪼개져서 일련의 스트링을 구성한다. 그러면 구문 분석 단계에서는 토큰 스트링에서 토큰을 차례로 가져와서 프로그램 문장 구조가 문법에 맞는지를 검사한다. 이 때 문법에 맞으면 그 문장에 따른 중간 코드를 생성하고 맞지 않으면 에러를 통보한다. 프로그램이 문법에 맞아서 올바르면 의미를 분석하여 각 문장에 해당하는 중간 코드를 생성한다.

그 다음 단계에서는 기계어 프로그램이 컴퓨터 안에서 효율적으로 실행하도록 중간 코드를 최적화하고, 코드 생성 단계에서는 기계어 인스트럭션을 만든다. 이 때 목적 프로그램의 실행 속도나 메모리 공간을 개선하기 위해 기계어 인스트럭션 코드에 대해서도 여러 기법으로 분석하고 최적화한다.

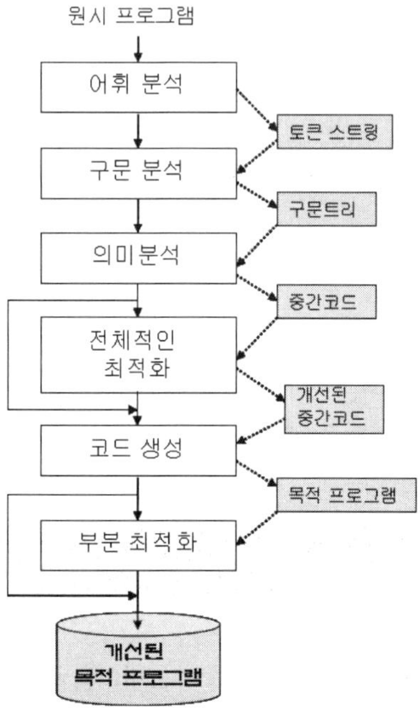

그림 2.4 컴파일러 구성과 각 단계

지금부터 컴파일러의 각 단계에서 하는 일과 기법을 간략하게 살펴보자.

2.2.1 어휘 분석: 프로그램 문장에서 어휘를 분류하기

일반적으로 컴파일러는 원시 언어로 작성한 프로그램을 입력으로 하지만, 컴파일러 입장에서의 원시 프로그램은 단지 **문자의 연속**일 뿐이다. 그러므로 컴파일러가 맨 처음 할 일은 이러한 문자의 연속에서 특정 속성을 가진 단어를 구별하여 분류하는 것이다. 이와 같이 단어 분류를 수행하는 단계를 **어휘 분석 단계**라 하며 이 모듈을 **스캐너**라고도 한다. 즉, 어휘 분석이란 입력된 원시 프로그램의 각 문장을 속성을 가지는 **단어**별로 분리하는 것을 의미하며 분리한 단어를 **토큰**이라 한다. 토큰은 다른 단어와 속성을 구별하는 **기본 단위**이다.

아래 프로그램 구조에서 토큰을 분리하자.

```
main test(input, output);
int a, b, c, k;
{
 a = 3;
```

```
  b = 4;
  k = a + b;
}
```

위의 프로그램에서 빈칸이나 다른 속성이 있는 기호(=, +, ; 등)를 기준으로 각 문장의 단어를 분리하면 아래와 같다.

```
main    test    (
input   ,       output
)       ;       int
a       ,       b
,       c       ,
k       ;       {
a       =       3
;       b       =
4       ;       k
=       a       +
b       ;       }
```

이와 같이 분리한 단어는 표 2.1처럼 예약어, 식별자, 분리문자, 상수, 연산자 등의 속성별로 분류할 수 있다.

표 2.1 속성별로 분류한 단어 예

분리한 단어	속성
main input output int	예약어(의미를 가짐)
test a b c k	식별자 (함수이름, 변수)
(,) ; { = }	분리문자
3 4	상수(정수형)
+	연산자(+)

이처럼 어휘 분석 단계에서는 프로그램 스트링을 분리하여 속성별로 분류한 단어(토큰)를 생성한다. 일반적으로 고급 프로그래밍 언어로 작성한 프로그램에는 토큰도 많고 속성도 더 많다. 표 2.2는 고급 프로그래밍 언어에서 속성별로 분류할 수 있는 토큰 예이다.

표 2.2 고급 프로그래밍 언어의 토큰 종류 예

속성	토큰 예	의미
예약어	main, function, while, if, for, int, float, case, switch, do, return 등	실행 코드 생성이나 자료형 등의 정보를 제공
식별자	test, a, tax, sum 등	사용자가 선언한 값들, 즉, 변수나 함수 이름
연산자	+, *, −, /, %, ||, &&, != 등	수식 연산 코드생성
상수	134, 15, 0.054−E3, 345.56, −23.3, 0 등	상수와 정수
문자	'a', 'A' 'Com' “Small World” “동해” 등	단일 문자나 따옴표(“ ”) 안의 문자 스트링
분리문자	. ( ) , ; : 등	다른 문자와 구별하는 문자들
주석	// 스트링, { 스트링 }, /* 스트링 */	프로그램에 다는 설명문, 프로그램의 실행에는 영향을 주지 않음

앞에서 살펴본 것과 같이 어휘 분석 단계에서는 속성을 지정한 **토큰 스트링**을 만들고, 다음 단계인 구문 분석에서 사용할 여러 정보 **테이블**을 생성하는데, 그 중 하나가 **심볼 테이블**이다. 심볼 테이블은 원시 프로그램에서 사용한 모든 식별자의 속성과 관련 정보를 저장한다.

표 2.3은 위 프로그램에서 사용한 식별자 test, a, b, c, k 각각의 속성과 관련 정보를 저장한 심볼 테이블이다.

표 2.3 식별자의 심볼 테이블 예

식별자	속 성	식별자가 있는 메모리 주소(포인터)
test	사용자가 선언한 함수 이름은 test	•
a	이름은 a,정수형, 16−비트, 단일 변수	•
b	이름은 b,정수형, 16−비트, 단일 변수	•
c	이름은 c,정수형, 16−비트, 단일 변수	•
k	이름은 k,정수형, 16−비트, 단일 변수	•

C 언어 같은 블록 구조 언어의 심볼 테이블은 구문 분석 단계에서 만들어지기도 하는데, 프로그램의 블록과 블록에서 식별자의 사용 범위가 중요하게 다루어진다.

실습 2.5

아래 C 프로그래밍 언어 문장을 어휘 분석한 토큰과 속성을 나타내시오.

```
ave = sum / student;
grade = rate * (ave + score) * 0.3;
```

위 두 문장을 어휘 분석하여 토큰을 생성한 결과는 아래와 같다.

토큰	속 성
ave	식별자
=	할당기호
sum	식별자
/	연산자
student	식별자
;	분리기호
grade	식별자
=	분리기호
rate	식별자
*	연산자
(	분리기호
ave	식별자
+	연산자
score	식별자
)	분리기호
*	연산자
0.3	상수
;	분리기호

2.2.2 구문 분석: 프로그램에 있는 문장을 문법과 대조하기

구문 분석 단계를 **파싱**이라고도 하고 이 모듈을 **파서**라고 한다. 이 단계는 프로그램 문장을 주어진 문법과 대조하여 문법에 맞는지 맞지 않은지를 검사하고 문법에 맞지 않으면 에러 메시지를 통보하는 단계이다. 이 구문 분석은 문법에 따라 원시 프로그램의 기본 구조를 파악하여 **파스 트**

리를 생성한다. 파스 트리는 원시 프로그램의 파싱 과정이나 문법 구조를 나타내며 기계어 인스트럭션으로 직접 대응할 수 있는 **중간 코드**도 생성할 수 있다. 중간 코드는 구조가 다른 어떠한 컴퓨터 인스트럭션으로도 변환할 수 있도록 **고정된 형식**의 코드이다.

중간 코드는 **신택스 트리(추상 신택스 트리)**로 표현할 수 있는데 이 신택스 트리는 파스 트리와 달리 프로그램의 문법 구조나 파싱 과정을 나타내는 것이 아니라, 중간 코드의 의미를 나타내는 트리로 중간 노드는 연산자나 제어 구조를 나타내고, 잎 노드는 피연산자를 나타낸다. 그림 2.5는 산술 수식의 신택스 트리 예이다.

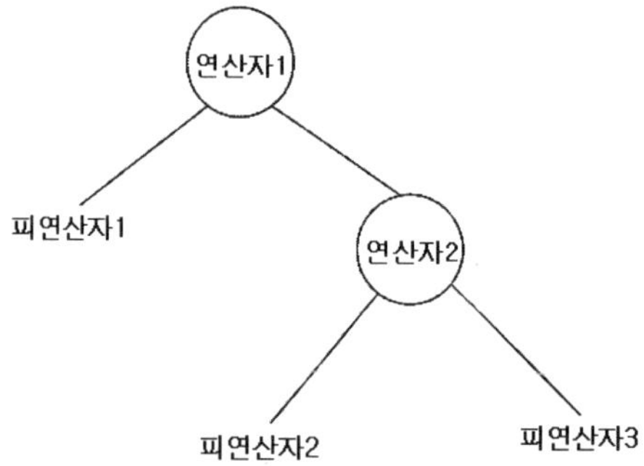

그림 2.5 산술 수식의 신택스 트리 예

신택스 트리의 기본 구조에 따라 할당문 A = B + C * D 를 신택스 트리로 나타내면 그림 2.6과 같다.

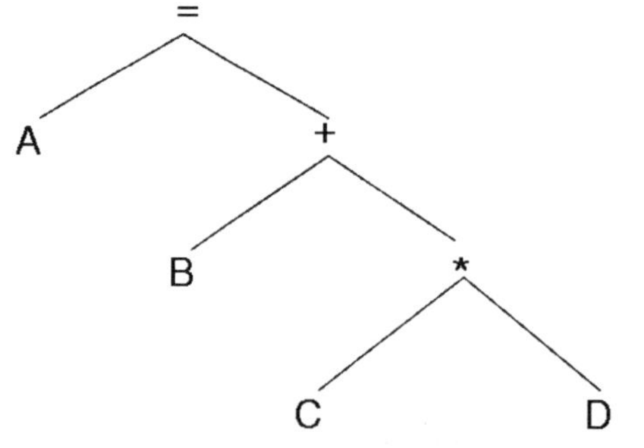

그림 2.6 A = B + C * D 의 신택스 트리

아래와 같은 if 제어 문장은 세 개의 자식 노드가 있는 신택스 트리로 구성할 수 있다. 즉, 불리언 수식을 계산하는 서브트리, 불리언 수식의 계산 결과가 '참'인 경우에 수행하는 '블록1' 서브트리, 불리언 수식의 계산 결과가 '거짓'일 때 수행하는 '블록2' 서브트리이다.

if (불리언 수식)
    블록1

  else
    블록2

그림 2.7 제어문 중에서 if 구조의 신택스 트리이다.

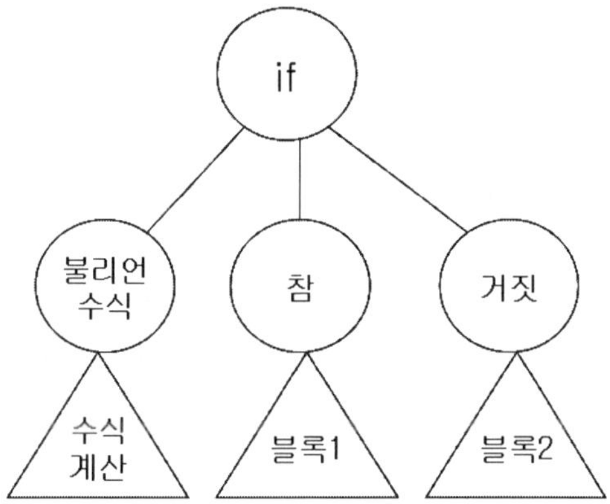

그림 2.7 제어 문장 if에 대한 신택스 트리

또한 while 문장은 두 개의 자식 노드가 있는데, 순환 조건을 나타내는 서브트리와 반복될 순환을 나타내는 서브트리이다.

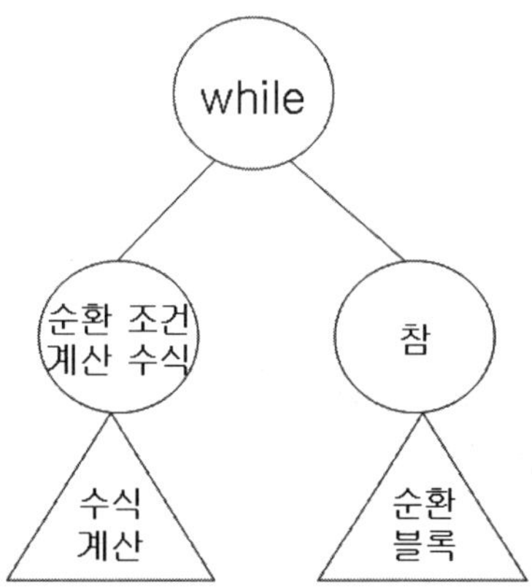

그림 2.8 제어 문장 while에 대한 신택스 트리

실습 2.6

아래 C 프로그램 일부인 if 문장의 신택스 트리를 보이시오.

```
if (inp_char == 'A')
  {
    cur_char = get_next( );
  }
 else
  {
    cur_char = inp_char;
  }
```

이 if 문은 입력한 값(inp_char)이 문자 'A' 이면 다음 읽어들인 문자(get_next)를 현재의 값으로 하고, 아니면 입력한 값 'A'을 현재의 값으로 한다는 의미이다. 그러므로 이 문장의 신택스 트리는 그림 2.9와 같다.

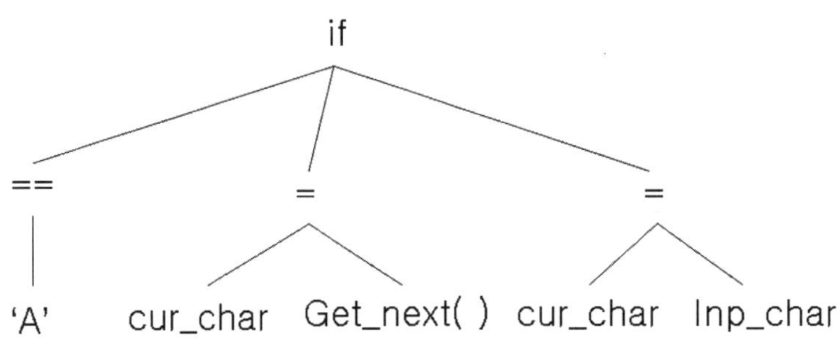

그림 2.9 실습 2.6의 문장에 대한 신택스 트리

2.2.3 의미 분석: 선언한 변수에 자료형과 속성을 할당하고 중간 코드 생성하기

구문 분석에서 신택스 트리가 생성되면 **의미 분석 단계**를 거친다. 의미 분석 단계에서는 식별자인 변수에 **자료형**과 **속성**을 할당하며, 기계어 인스트럭션 코드를 생성하기 전에 다양한 구조의 목적 컴퓨터에 적용할 수 있는 중간 코드를 생성한다.

자료형이나 속성 할당은 컴퓨터의 하드웨어 구조에 맞는 자료의 형식을 지정하는 것으로 정수형, 유동소수점형, 문자형, 배열형등 여러 자료형이 있으며, 피연산자의 자료형에 따라 연산해야한다. 자료형 지정은 올바른 인스트럭션 코드를 생성하고 연산을 올바르게 수행하도록 해야하므로 자료형(데이터 타입)을 검사하여 필요할 때는 자료형을 변경하기도 한다. 또한 0으로 나누기, 인덱스의 배열 범위 벗어나기, 다른 프로그램으로의 점프와 같이 계산할 수 없거나 의미나 제어가 잘못된 경우에도 에러를 탐지한다.

중간 코드는 곱하기, 더하기, 자료이동 등과 같이 인스트럭션으로 직접 번역할 수 실행 단위로 여러 형식을 가질 수 있다. 여기에서는 이해를 돕기 위해 피연산자가 세 개인 중간 코드를 사용하며, 기계어 코드와 구별하기 위해 (   )로 표기한다.

주소가 세 개인 중간 코드는 아래와 같은 형식으로 피연산자(주소)가 세 개 있다. 즉, A1과 A2의 주소 내용을 mul 동작 코드로 동작하여 A3에 저장하라는 의미이다. 다른 동작 코드에 대해서도 같은 개념이다.

(mul   A1, A2, A3)

실습 2.7

아래 프로그램의 원시 문장을 주소가 세 개인 중간 코드로 변환하시오.

A = B * C + D;

원시 문장의 수식에서 곱하기 연산이 더하기 연산보다 우선 연산해야하므로 B * C를 먼저 연산하도록 코드를 만들고 연산 결과를 T1에 임시 저장한다. 이 T1 값을 다시 D과 더하여 결과를 T2에 일시적으로 저장한다. T2에 있는 결과를 A에 이동한다. 이 때 더하기 동작 코드는 add, 곱하기 동작 코드는 mul, 이동 동작 코드는 mov 이다.

```
(mul   T1,  B, C)
(add   T2,  D, T1)
(mov   A,  T2)
```

원시 프로그램에는 산술 수식이나 할당문 같은 순차 문장 외에도 프로그램의 흐름을 변경하는 if 나 for 같은 제어 문장이 있다. 그러므로 if, for, while 같이 프로그램의 흐름을 변경하거나 제어하는 문장의 중간 코드를 구현하려면 제어를 위한 조건 수식을 계산하여 참과 거짓을 판단하는 것과 제어를 전달받는 곳을 '레이블'로 지정하는 것이 중요하다.

레이블을 나타내는 동작 코드 'label'로 제어를 전달받아 다음 실행할 '위치'가 L1이라는 의미이다.

(label L1)

제어에서 중간 코드를 사용할 때는 '조건 건너뛰기'나 '무조건 건너뛰기'와 같은 동작코드와 같이 사용한다. 즉, 조건을 계산한 수식의 결과에 따라 제어를 전달하는 방법을 의미한다. 예를 들어 (jmp L1)은 무조건 위치 L1으로 '건너뛰기'를 실행하라는 의미이다. 또 동작코드 (comp A, le B, L2) 는 비교 연산 수식 A <= B의 결과에서 A 값이 B보다 작거나 같으면 다음 실행할 위치 L2로 건너뛰라는 의미이다. 그러나 (label L1)이라 쓰는 대신

L1: (코드)

처럼 쓸 수도 있다.

실습 2.8

아래 프로그램의 할당문과 제어 문장 if의 중간 코드를 보이시오.

```
score = score * 0.3;
if (score >= 90) grade = 'A'
    else grade = 'C';
```

이 구조는 먼저 score = score * 0.3;를 계산하고, 저장한 score 값에 따라 다음 실행할 코드를 결정하는데 score가 90보다 크거나 같으면 grade에 문자 'A'를 저장하고 아니면 문자 'C'를 저장한다. 그러므로 중간 코드 (comp SCORE, ge, =90, L1)에서 SCORE와 상수 90을 비교하여 참이면 (SCORE 값이 크거나 같으면) 레이블 L1로 가서 GRADE에 문자 상수 ='A'를 저장한다. 거짓이면 (SCORE 값이 작으면) 다음 중간 코드에서 GRADE에 문자 상수 ='C'를 저장하고 L2 가 있는 중간 코드로 가서 실행한다. L1이 있는 중간 코드를 또 실행하면 안 되기 때문이다. =90은 상수 값을 의미하는 것이고 ='A'는 문자 상수 값을 의미한다.

```
    (mul   T1, SCORE, =0.3)
    (mov   T1, SCORE)
    (comp  SCORE, ge, =90, L1)
    (mov   ='C', GRADE)
    (jmp   L2)
L1: (mov   ='A', GRADE)
L2: ......
```

이러한 중간 코드는 신택스 트리를 **후위 순회**하여 생성하며, 코드 생성기는 중간 코드를 기계어 인스트럭션으로 변환한다.

2.2.4 전역 코드 최적화

구문 분석과 의미 분석 단계를 통하여 생성한 중간 코드에는 기계어 프로그램 실행에서 사용하지 않는 중간 코드나 중복되는 중간 코드가 있을 수 있다. 이러한 사용하지 않는 중간 코드나 중복되는 중간 코드들은 목적 프로그램의 실행 속도를 떨어뜨리기도 하고 메모리 용량을 많이 차지하기도 한다. 그러므로 이러한 중간 코드를 찾아서 제거하거나 다른 중간 코드로 변경하여 목적 프로그램을 효율적으로 개선할 필요가 있다.

이와 같이 목적 프로그램의 효율을 개선하는 개념을 **코드 최적화**라 한다. 이 코드 최적화는 두 단계로 수행하는데 기계어 인스트럭션을 생성하기 전인 중간 코드를 최적화하는 것을 **전역 코드 최적화**, 목적 컴퓨터에 맞게 생성한 기계어 인스트럭션을 최적화하는 것을 **지역 코드 최적화**라 한다.

예를 들어, 중간 코드로 작성한 프로그램 일부를 살펴보자.

```
L1: ....
   (comp  SCORE,  le, AVE, L2)  -----------(1)
   (mov   ='A', GRADE)
   (jmp   L3)  -------------------------(2)
   (mul   T1,  B, C)
   (add   T2,  D, T1)
   (mov   T2, A)
L2:
   (mul   SCORE, SCORE, =0.3)
   (jmp   L1)
L3: ....
```

위의 프로그램에서 굵게 표현된 코드 부분은 번호 (1)과 (2)의 코드에서 레이블 L2와 L3으로 건너뛰기 때문에 실행하지 않는다. 이와 같이 실행할 수 없는 코드가 메모리에 많으면 불필요한 용량을 차지하므로 실행되지 않을 코드는 미리 제거한다. 위의 프로그램 일부는 다음과 같이 최적화할 수 있다.

```
L1: ....
   (comp  SCORE,  le, AVE, L2)
   (mov   ='A', GRADE)
   (jmp   L3)
L2:
   (mul   SCORE, SCORE, =0.3)
   (jmp   L1)
L3: ....
```

이와 같이 컴파일러가 원시 프로그램을 최적화하여 개선된 목적 프로그램으로 바꿔더라도 프로그램의 의미는 최적화하기 전과 같다.

2.2.5 코드 생성

코드 생성 단계는 중간 코드에서 목적 컴퓨터에 맞는 기계어 인스트럭션을 생성하고 레이블같은 '심볼 주소'를 메모리 주소로 번역한다. 뿐만 아니라, 레지스터가 여러 개있는 컴퓨터에서는 **레지스터 할당** 기술도 사용한다. 이러한 인스트럭션 코드는 컴퓨터 구조에 따라 형식이 다른데 중간 코드와 마찬가지로 피연산자가 없는 형식, 한 개인 형식, 두 개인 형식, 세 개 인 형식 등 다양하다. 또한 의미도 다를 수 있다.

예를 들어, 인스트럭션 형식을 살펴보자.

lod R1, A

와

lod A, R1

는 형식은 다르지만 의미는 둘 다 같은 "A의 메모리 주소 위치에서 값을 꺼내어 레지스터 R1에 넣는다"는 의미이다.

아래와 같이 두 개의 피연산자와 레지스터를 사용하는 인스트럭션을 살펴보자.

```
lod   R1, A    /* R1 ← val(A) */
add   R1, B    /* R1 ← val(R1) + val(B)  */
sto   R1, C    /* C ← val(R1)  */
```

이 인스트럭션 각각은 아래의 의미가 있다.

맨 처음 인스트럭션

```
lod   R1, A
```

는 "두 번째 항목의 피연산자인 A의 메모리 주소 위치에서 값을 꺼내어 레지스터 R1에 넣어라" 라는 의미이다.

두 번째 인스트럭션

```
add   R1, B
```

는 "두 번째 항목의 피연산자인 B의 메모리 주소 위치에서 값을 꺼내어 레지스터 R1에 있는 값과 더하고 그 결과를 레지스터 R1에 넣어라" 라는 의미이다.

마지막 인스트럭션

```
sto   R1, C
```

는 "레지스터 R1의 값을 두 번째 항목의 피연산자인 C의 메모리 주소 위치에 넣어라" 라는 의미이다.

실습 2.9

아래 중간 코드에서 피연산자가 두 개인 인스트럭션(어셈블리어 형식)을 보이시오.

```
(add   Temp1, A, B )
(mul   Temp2, Temp1, Temp1)
(mov  Temp2,  B)
```

위 중간 코드를 인스트럭션으로 변환하면 다음과 같다.

```
lod   R0, A
lod   R1, B
add   R0, R1
sto   R0, Temp1
lod   R0, Temp1
mul   R0, R0
sto   R0, Temp2
mov  Temp2, B
```

여기에서 보듯이 mov 인스트럭션은 첫 번째 피연산자 주소의 내용을 두 번째 피연산자의 주소로 이동한다. 이렇게 메모리에서 메모리로 값을 이동할 수도 있지만 바로 위 인스트럭션까지 연산할 결과가 이미 레지스터 R0에 있기 때문에 레지스터 R0에서 메모리 주소 B로 직접 저장할 수 있다. 그러므로 인스트럭션들은 같은 의미를 가지지만 다른 방법으로 구성할 수 있다.

```
lod   R0, A
lod   R1, B
add   R0, R1
sto   R0, Temp1
lod   R0, Temp1
mul   R0, R0
sto   R0, B
```

2.2.6 지역 코드 최적화

지역 코드 최적화는 컴퓨터 처리기의 구조에 따라 인스트럭션을 최적하는 것을 말하는데, 이 단계에서는 목적 프로그램을 더욱 효율적으로 개선한다. 즉, 여러 방법으로 원시 프로그램에서 불필요하거나 중복된 인스트럭션을 제거하거나 실행 속도나 메모리 공간을 개선하는 인스트럭션으로 변경한다.

아래 목적 프로그램에서 지역 코드 최적화를 살펴보자.

원시 프로그램의 할당 문장과 수식 K = A + B * C 는 목적 프로그램에서 여러 개의 인스트럭션 코드로 변환한다.

```
lod  R1, B    /* 주소 B의 내용(값)을 R1에 넣어라 */
mul  R1, C    /* 주소 C의 내용(값)을 R1 내용과 곱하고 결과를 R1에 넣어라 */
sto  R1, T1   /* 곱한 결과인 R1 값을 주소 T1 에 임시로 저장하라 */
lod  R1, T1   /* 주소 T1 내용(값)을 레지스터 R1에 넣어라 */
add  R1, A    /* 주소 A의 내용(값)을 R1 내용과 더하고 결과를 R1에 넣어라 */
sto  R1, K    /* 더한 결과인 R1의 값을 주소 K에 저장하라 */
```

위의 인스트럭션 구성으로 목적 프로그램 일부에서 굵게 표현한 인스트럭션 코드를 살펴보자.

우선 R1에 저장한 값을 인스트럭션

sto R1, T1

로 임시저장 공간인 T1 주소에 넣는다. 그 후, 바로 다음 인스트럭션인

lod R1, T1

로 R1 레지스터에 주소 T1 값을 넣는다.

이 경우는 R1에 그냥 두어도 되는 결과 값을 임시 주소 T1 에 넣었다가, 다시 R1에 넣는 동작을 불필요하게 실행한다. 이 두 인스트럭션은 프로그램 전체의 실행에는 영향을 주지 않지만 실행 시간만 낭비하는 결과를 가져온다. 그러므로 지역 코드 최적화 방법으로 이 두 인스트럭션을 제거하면 아래처럼 프로그램 길이가 줄어들고 실행 속도도 향상할 수 있다.

```
lod  R1, B
mul  R1, C
add  R1, A
sto  R1,  K
```

실습문제

1 아래 어떤 프로그래밍 언어의 문장에서 에러가 있으면 컴파일 동안에 발생하는 에러인지 실행하는 동안 발생하는 에러인지를 지적하고 이유를 설명하시오.

(1) K + T = B = R10 − 3 ;

(2) *if* (X < 3) A = 0; *else* A = Y + X;

(3) *if* (A > 0) X = 3 *else if* A > 0 X = 0 *else* X = X / 0;

(4) I = 0;

A[I−1] = I * 30;

(5) *for* (for = 1; for > 100; for++)

sum = for + 1;

2 아래 고급 프로그래밍 언어의 각 문장을 두 개의 피연산자를 사용하는 어셈블리어로 번역하시오(본문의 동작 코드 사용).

(1) A = B * C + A

(2) A = (B − C) * (C + D)

(3) X = (X1 + X2 + X3 + X4) / Y

(4) *for* (m = 1; m <= 100; m++) K = SUM + m;

(5) *if* (SCORE[J] < AVE) GRADE = 'Pass'

else GRADE = 'Fail'

3 아래 원시 프로그램의 각 문장을 어휘 분석한 토큰 스트링을 보이시오.

(1) *int* a=4, b=6; c=34;

(2) A = ((S * 3.14e−4+56.7) +TEST) / G − R * C;

(3) *if* (SCORE >= 90) CREDIT[i] = 'A' *else printf*("error");

(4) *for* (I = 1; I <= 100; I++) *do* SUM[I] = SUM[I] + I;

4 아래 원시 프로그램의 각 문장을 파싱한 신택스 트리와 중간 코드를 보이시오.

(1) A = B * (C + D)

(2) G = (S * 3.14e−4) / R * C;

(3) *if* (SCORE >= 90) CREDIT[i] = 'A' *else* CREDIT[i] = 'F';

(4) *while* (X <= 100) *do*

```
{
 X = X +1;
 SUM =  SUM + X;
}
```

(5) *for* (I = 1; I<=100; I++) S = S +I;

5 아래 원시 프로그램의 각 문장에 대하여 중간 코드를 생성하고 코드를 전역적으로 최적화하시오.

```
(1) A = 20;
    B = 45;
    X = K +56 − A;
    Y = X * (A + B * B) − X;

(2) for ( I = 1; I<=100; I++)  {
        SUM = SUM + I;
        SCORE[I] = SCORE[I−1];
        CIR = 2 * PHI * R;
        printf("CIR is %d", CIR);
    }

(3) if (A > 0) X = Y + 5
           else Y = X − 7;
```

6 아래 중간 코드 스트링 전체를 하나의 프로그램 일부로 보고 임의의 고급 프로그래밍 언어 문장으로 변환하시오.

```
      .........
      (mul   A, B, T1)
      (add   C, D, T2)
      (comp  T1, lt, T2, L1)
      (jmp   L2)
   L1:
      (mov   A,  K)
      (jmp   L3)
   L2:
      (mov   B,  K)
```

```
L3:  .....
     .........
```

7 아래의 각 목적 프로그램 코드를 지역적으로 최적화하시오.

```
(1)  lod   R1, A
     add   R1, B
     sto   R1, T1
     lod   R1, T1
     sub   R1, C
     sto   R1, K
(2)  lod   R1, A
     add   R1, B
     sub   R1, B
     sto   R1, K
     mov   C, K
(3)  comp  A, B
     add   A, C
     jmp   L1
     mov   A, =1
 L1: mov   A, =0
 L2: mul   A, B
```

8 아래 원시 프로그램에 대하여 어휘 분석 결과, 신택스 트리, 중간 코드를 보이시오.

```
#include <stdio.h>
main()
  {
  int a,b,k,i,j;
  scanf("%d",&k);
  a=0;
  b=0;
  for(i=0;i<=k; i++)
```

```
for(j=0; j<=k; j++)
    {
     a = a + 2 * i;
     b = b + 3 * j;
    }
     printf("%d, %d",a, b);
}
```

2.3 컴파일러 설계와 개발

컴파일러도 어떤 언어로 작성한 소프트웨어이다. 즉, 특정 언어(L_1)를 입력으로 하여 변환된 다른 언어(L_0)를 결과로 하는 프로그램이다. 이 때 L_1은 원시언어이며 L_0는 컴파일러가 번역한 L_1의 목적 언어이다.

이러한 컴파일러를 개발하려면 앞에서 언급한 컴파일러의 각 단계를 이해하고, 기능을 설계한 후 지정한 언어로 구현한다. 물론 각 단계의 기능은 물론이며 필요한 이론과 자료구조를 이해해야한다.

각 기능을 이해하면 혼자서 처음부터 이론과 기능에 따른 알고리즘을 작성하고 구현하는 방법이 있고, 자동으로 컴파일러가 만들어지는 컴파일러 개발 도구를 사용하는 방법도 있다.

이 절에서는 컴파일러를 개발하는 방법을 간단하게 설명한다.

2.3.1 혼자서 설계하고 구현하기

컴파일러의 어휘 분석 단계에서 필요한 이론은 형식언어, 오토마타, 정규 수식, 정규 문법, 유한 상태 기계 등이다. 또한 구문 분석 단계의 이론은 형식언어, 오토마타, 정규 문법과 언어, LR 파싱 이론, LR 아이템, 파싱 테이블 등이다. 의미 분석 단계에서는 중간 코드를 생성하는 액션 루틴, 속성 문법, 컴퓨터 구조 등의 이론이 필요하다. 최적화 단계에서는 프로그램 제어와 자료 흐름 분석 이론이 요구되며, 코드 생성에서는 컴퓨터의 구조, 운영체제, 레지스터 할당 등에 대한 이론이 필요하다.

그러므로 이 책을 다음 장부터 차례로 학습하면서 개념과 이론을 습득하면 컴파일러의 각 단계에서 필요한 이론을 이해할 수 있다. 각 장에는 이론과 실습이 있으며 이것을 바탕으로 구성한 알고리즘과 프로그램 일부가 있기 때문에 혼자서 컴파일러를 설계하고 구현할 수 있다.

2.3.2 컴파일러-컴파일러 도구로 설계하고 구현하기

앞 절에서와 같이 스스로 구현하려면 이론을 숙지하더라도 프로그래밍에서 시간을 많이 소요한다. 그러나 유닉스(리눅스, 윈도우즈) 운영체제 환경에서 **특정 유틸리티**를 사용하면 쉽게 컴파일러를 설계하고 구현할 수 있다. 즉, 원시 언어의 '규격과 사양'을 특정 방법으로 표기하여 유틸리티에 입력하면 목적 컴퓨터에 맞는 컴파일러가 자동으로 만들어진다. 이와 같이 컴파일러를 자동으로 만드는 도구를 **컴파일러-컴파일러**라 한다.

컴파일러를 쉽게 구현하도록 유닉스 운영체제에서 제공하는 유틸리티는 Lex와 Yacc인데, Lex는 어휘 분석기를 생성하고, Yacc은 구문 분석기를 생성한다. Lex는 토큰에 대한 단어를 정규 수식으로 정의하면 C 언어로 된 어휘 분석기 yylex( )를 만들어 낸다. 또한 Yacc은 프로그래밍 언어의 문법을 정의하면 C 언어로 된 구문 분석기 yyparse( )를 만들어 낸다. 실행할 때는 Lex가 Yacc을 같이 사용한다.

Lex는 컴파일러뿐 아니라, 어휘 분석이 필요한 아래와 같은 여러 소프트웨어를 개발할 수 있다.

- 데스크 탑 계산기 시뮬레이터
- 워드 프로세서의 수학공식이나 수식을 표현하는 도구
- 특정 언어로 작성한 소프트웨어를 다른 언어로 변환하는 도구
- 메뉴 컴파일러
- SQL 같은 데이터베이스 질의어
- 자연어 번역기
- 역 컴파일러
- 인공지능의 규칙 해석기
- 컴파일러 이식
- 휴대폰 같은 모바일 단말기의 프로세서를 위한 최적화 도구
- 실행 중인 프로그램의 진단기와 분석기 등

Lex와 Yacc 사용법은 뒤에서 자세히 다룬다.

실습문제

1 컴파일러를 구현하기 위해 필요한 이론은 어떠한 것들이 있는지 알아보고 각 이론을 간략하게 설명하시오.

2 크로스 컴파일링이 무엇인지 설명하시오.

3 컴파일러 이식이 무엇인지 설명하시오.

4 컴파일러-컴파일러를 설명하시오. 또 어떻게 사용하는지 설명하시오.

5 Lex의 입력과 출력 결과는 무엇입니까?

6 Yacc의 입력은 무엇이며, 출력 결과는 무엇입니까?

7 자신의 컴퓨터에 Lex과 Yacc을 설치하시오.

제03장
언어를 표현하는 방법

언어를 표현하는 방법

이 장에서는 컴파일러의 어휘 분석 기법을 구현하는데 필요한 기초 이론을 살펴본다. 앞장에서 살펴보았듯이 어휘 분석 단계는 원시 프로그램에서 단어를 분리하여 토큰으로 만들어 구별한다. 그러므로 각 토큰에 속성을 알 수 있도록 식별번호와 해당하는 값을 할당하는데, 이렇게 하려면 식별자를 모은 심볼 테이블과 상수 값을 모은 상수 테이블을 만든다. 이 토큰들은 어휘 분석 다음 단계인 구문 분석 단계에 입력되어 문법 구조와 대조하면서 프로그램이 올바르게 작성되었는지를 검사한다.

어휘 분석 단계를 구현하려면 프로그래밍 언어를 수학적으로 표현하는 **형식 언어**를 이해하는 것이 좋다. 이 형식 언어는 **유한 상태기계**, **오토마타**, **정규 수식** 등의 이론적인 배경과 함께 쓰이는데, 원시 프로그램에 쓰인 단어를 분리하고 속성을 자동으로 분리하는데 기초가 된다.

이와 같이 언어를 수학적인 이론이나 도구로 표현하는 이유는 컴퓨터는 언어를 인간처럼 융통성 있게 이해할 수 없기 때문이다. 즉, 컴퓨터는 프로그램에 의해 정해진 규칙이나 방법으로만 언어를 이해할 수 있기 때문에, 정해진 방법에 따라서만 이해할 수 있도록 일정한 수학적 규칙으로 표현한다.

3.1 형식 언어

형식 언어는 언어의 구조와 특성을 수학적으로 표현한다(여기서 언어는 자연어와 프로그래밍 언어 모두 의미함). 이때 언어의 구조를 외형적으로만 표현할 뿐이지, 언어 속에 포함된 **의미**는 나타내지 않는다.

아래는 "부정관사+명사+동사+부정관사+명사+마침표"와 같이 어떤 언어의 문법 구조에 맞도록 단어와 기호를 나열하여 표현한 것이지만 의미와는 관계없다.

> An apple is an orange.
> 다이아몬드는 빛난다.

이와 같이, 형식 언어는 언어의 구조를 주어진 **틀**(수학 표현식이나 문법 형식)로 표현하는 도구이다. 많이 사용하는 프로그래밍 언어 C의 문법 구문도 형식적으로 표현할 수 있다.

여기서는 언어를 수학식으로 표현하기 위한 기본 용어를 정의한다[2]. 기본 용어는 이산 수학이나 오토마타 같은 과목에서 이미 학습하였지만 다시 간략하게 살펴본다.

정의 3.1

집합은 개체의 모임으로 S = {개체1, 개체2, .., 개체n}로 표기한다. 개체는 집합을 이루는 **원소**로 각 원소는 한 개씩 존재한다. 원소가 여러 개 있을 때는 순서가 있을 수도 있다. 개체는 무한개가 있을 수 있다. 그러나 원소가 하나도 없는 집합이면 **공집합**이라 하고 { }나 ∅ 로 표기한다

정의에 따르면 L1 = {학교, 집, 산, 강}나 L2 = {school, house, mountain, river}는 언어 L1과 L2를 구성하는 단어의 집합으로 { 와 } 속에 각 객체인 원소를 나열하여 표현한다.

정의 3.2

알파벳 λ는 기호(심볼)의 유한 집합이다

λ1 = {ㄱ, ㄴ, ㄷ,..., ㅎ, ㅏ, ㅑ, ··· , ㅡ, ㅣ}는 한글 자음과 모음 기호의 유한 집합으로 알파벳이며, λ2 = {A, B, C, ··· , Z }는 영어 자음 기호의 유한 집합으로 알파벳이다.

정의 3.3

> **스트링**은 알파벳으로 만들 수 있는 기호의 나열이다. 스트링에 기호가 나열될 때는 기호가 나열된 순서에 의미가 있다. **빈스트링**은 문자가 하나도 없는 스트링이며 ϵ(혹은 λ)로 표기한다

예를 들어, 알파벳 $\lambda 2 = \{a, b, c, ..., z\}$가 영어 자음을 나타내는 알파벳이면 'a', 'b', 'h' 나 'hjk', 'parasite'는 각각 스트링이다. 또한 'abc', 'bac', 'cba'은 같은 기호를 나열한 스트링이지만 알파벳의 나열 순서에 따라 의미가 있는 서로 다른 스트링이다. 그러므로 'a', 'aa', 'aaa', 'aab'도 다른 스트링이다. 만약 0과 1만 있는 알파벳 $N = \{0, 1\}$으로 여러 스트링을 만들 수 있는데 ϵ도 0과 1로 구성되는 스트링에 속한다.

결국, 정의 3.2의 알파벳으로 '가다', '학교', 'variable−X', 'phi', '00001111', ϵ와 같이 스트링을 구성할 수 있다. 이것은 곧 의미는 가지지 않지만 하나의 단어가 될 수 있다. 이와 같이 자연어의 단어와 마찬가지로 프로그래밍 언어에서 사용하는 각 예약어나 변수들도 형식 언어로 표현할 수 있다. 단어의 연결이 곧 **언어**라고 한다면 언어도 형식적으로 표현된다.

정의 3.4

> **스트링 길이**는 스트링 ω을 구성하고 있는 기호의 개수이며 $|\omega|$로 표기한다.

스트링 $\omega = 0$의 길이는 $|\omega| = |0|$로 표기하고 길이는 1 이고, 스트링 $\omega = 1$의 길이는 $|\omega| = |1|$로 마찬가지로 1 이다. 또한 스트링 $\omega = 01$의 길이 $|01|$은 2이며, 스트링 $\omega = 1010011$의 길이는 $|1010011|$로 7 이다.

정의 3.5

> **언어** L은 알파벳의 각 기호를 조합하여 만들 수 있는 스트링의 집합이다. 즉, 알파벳 λ의 원소로 만들어지는 언어 L은 λ^*의 부분집합으로 $L \subseteq \lambda^*$ 이다

정의에 따르면 우리가 말하는 언어라는 것은 알파벳에 있는 기호를 조합하여 만들 수 있는 모든 스트링이라는 의미이다. 즉, 알파벳 $A = \{a, b\}$ 일 때 스트링 a, aa, aaa, ...는 언어이며, 스트링 b, bb, bbb, ... 도 언어이다. 물론 스트링 abab, abb, aaab, ... 도 언어이다. 알파벳 K = {ㄱ, ㄴ, ㅏ, ㅓ}이면 스트링 ㄱㄱㄱㄱ ...는 언어이며, 스트링 ㄴ, ㄴㄴㄴ, ㄴㄴㄴㄴ ... 도 언어이다. 그러므로 스트링 가가, 나나, 가나나, 거거거가나.... 도 언어이다.

다만, 표기 λ^*는 알파벳 λ에 있는 기호로 만들 수 있는 스트링 집합을 말하면서 여기에는 **빈스트링**도 포함한다는 것을 의미한다. 즉, 알파벳 A = {a, b} 일 때의 언어 A^* = { ϵ, a, aa, aaa, ..., b, bb, bbb, ..., abab, abb, aaab, ... } 이다. 그러므로 언어 L = { ϵ, a, aa, aaa, ..., b, bb, bbb, ..., abab, abb, aaab, ... }로 당연히 $L \subseteq \lambda^*$ 이다. 또한 λ^+는 알파벳 λ의 기호로 만들어지는 스트링 집합에서 **빈스트링은 포함하지 않는다**는 것을 의미한다. 그러므로 λ^*와 λ^+의 관계는 아래와 같다.

$$\lambda^+ = \lambda^* - \{\epsilon\}$$

이와 같이, 정의에 의하면 (형식)**언어**란 알파벳으로부터 만들어지는 스트링의 집합이다. 여기에서 λ^*는 반사 이행적 폐포, λ^+는 이행적 폐포이다(λ-스타 와 λ-대거라 읽는다).

예 3.1 기호 0과 1을 원소로 하는 알파벳, λ = {0, 1}에서 언어를 만들어 보자. 우선 0 과 1을 결합하여 아래와 같이 여러 스트링을 만들 수 있다.

0
1
01
10
00
111
1010011

또한, 0과 1을 결합하지 않는 경우도 있으므로 아래의 공집합도 있다.

$\varnothing$

위 두 경우는 알파벳 λ에서 만들 수 있는 언어로서 빈스트링이 없는 유한 집합이지만, 언어는 반드시 유한하지만 않으며 무한하게 생성할 수 있다.

예 3.2 아래는 빈스트링을 포함하는 언어의 무한 집합이다.

{ϵ, 0, 00, 000, 0000, 00000, ... }
{ϵ, 1, 11, 111, 1111, 11111, ... }

이와 같이 언어는 수학적으로 표현할 수 있으며 서술적으로도 표현할 수 있다.

예 3.3 빈스트링을 포함하는 언어의 무한 집합을 수학적으로 표현하지 않고 아래처럼 서술적으로 표현할 수도 있다.

(1) 수학적으로 표현한 언어 {ϵ, 0011, 111100, ...}를 서술적으로 나타내면 아래와 같다.
0과 1로 이루어지지만 0이 짝수 개, 1이 짝수 개 있는 스트링 집합"

(2) 수학적으로 표현한 언어 {ϵ, 11100, 001110, ...}를 서술적으로 나타내면 아래와 같다.
"0과 1로 이루어지고 1이 홀수 개 있는 스트링 집합"

지금까지 여러 예를 통해 알파벳으로 언어를 생성하는 유한 집합과 무한 집합을 살펴보았다. 그러나 언어를 표현하는 스트링을 실제로 무한하게 나타내기는 어렵다. 다시 말하면, 언어를 서술적으로 무한하게 나타내면 명확하지 않기 때문에 어떤 스트링이 그 언어에서 생성되는 것인지 아닌지를 알기 어렵다.

어떤 알파벳에서 만들 수 있는 언어를 일반적으로 표현하는 방법을 살펴보자. 어떤 언어와 다른 언어를 결합하려면 어떻게 하는지, 주어진 조건이나 제약에 따른 언어는 어떻게 표현하는지 등이다. 이 때 두 경우를 고려할 수 있다.

- 하나는 "언어를 어떻게 효율적으로 표현할 것인가" 이고,
- 또 하나는 "모든 언어를 모두 유한하게 표현할 수 있는가"이다.

우선, 어떤 언어를 일반적으로 표현하는 방법에서 그 언어가 유한하다면 수학의 대수 법칙으로 쉽게 표현할 수 있다.

한 알파벳을 이루는 집합은 λ_1이고 다른 알파벳을 이루는 집합을 λ_2라 하면 두 알파벳 사이에서는 대수적인 관계가 성립한다.

(1) $\lambda_1 \cup \lambda_2$는 λ_1과 λ_2의 원소를 합하여 만들어지는 스트링 집합이다(**결합**).

(2) $\lambda_1 \cdot \lambda_2$는 λ_1 원소 뒤에는 반드시 λ_2 원소가 접속하여 붙은 스트링 집합이다(**접속**).

(3) λ_1^n는 λ_1 원소 n 개로 구성하는 스트링의 집합이다(**반복**).

(4) λ_1^*는 λ_1 원소로 이루어지는 스트링 집합으로 빈스트링 ϵ을 포함한다.

(5) λ_1^+는 λ_1 원소로 이루어지는 스트링 집합으로 빈스트링 ϵ을 포함하지 않는다.

(6) $\lambda_1(\lambda_1 \cup \lambda_2)$는 맨 앞에는 반드시 λ_1 원소로 시작하고, 그 뒤부터는 λ_1 원소와 λ_2 원소가 섞여서 이루어지는 스트링 집합이다.

위의 대수적 관계를 이용하여 예를 살펴보자.

예 3.4 영어 문자의 집합을 λ = { A, B,⋯,Z, a, b, .., z }라 하고, 정수 집합을 π = {0, 1, ⋯, 9}라 하자. 이 때 두 집합 사이에서는 아래의 대수적 관계가 성립한다.

(1) $\lambda \cup \pi$ 은 영어 문자와 정수를 합하여 이루어지는 스트링 집합이다. 그러므로 $\lambda \cup \pi$ = {A, B,⋯, Z, a, b, .., z, 0, 1, ⋯, 9} 이다.
(2) $\lambda \bullet \pi$ 는 영어 각 문자 뒤에 반드시 정수가 접속하여 붙은 스트링이다. 그러므로 $\lambda \bullet \pi$ = {A0, A1, B5, h8, k0, ⋯, Z2, a1, b0,...., z9} 이다.
(3) λ^3 는 영어 문자 3 개로 이루어지는 스트링 집합이다. 그러므로 λ^3 = {AAA, BBB, aaa, ggg, ABC, aBp, ..., zzz} 이다. 마찬가지로, π^4 = {0000, 1234, 5555, 7899, 0123, 4656, ..., 9999} 이다.
(4) λ^* 는 영어 문자로 이루어지는 스트링 집합으로 빈스트링 ϵ을 포함한다. 그러므로 λ^* = {ϵ, A, B, ..., Z, AB, AAA, BCBB, aCaa, AAAggg, ABC, aBp, ..., zzz} 이다.
(5) λ^+는 영어 문자로 이루어지는 스트링 집합으로 빈스트링 ϵ을 포함하지 않는다. 그러므로 λ^+ = {A, B, ..., Z, AB, AAA, BCBB, aCaa, ΛΛΛggg, ABC, aBp, ..., zzz} 이다.
(6) $\lambda(\lambda \cup \pi)^*$ 는 맨 앞에는 반드시 영어 문자로 시작하고, 그 뒤부터는 영어 문자나 십진 정수만 오거나, 영어 문자와 십진 정수가 섞여서 이루어지는 스트링 집합이다. 그러므로 $\lambda(\lambda \cup \pi)$ = {Abd, Bdr, K123, H0072, G7Krt, aBC877Computer, ... } 이다.

이와 같이 언어는 수학적(대수적) 방법으로 표현할 수 있다. 이처럼 수학적인 방법으로 표현하면 컴퓨터로 하여금 언어를 자동으로 번역하는 도구(컴파일러 같은 소프트웨어)를 만들기 쉬울 뿐만 아니라, 어떠한 언어에도 이 도구를 적용할 수 있다. 다만, 언어를 표현하려면 언어가 유한하여야 한다. 만약, 언어가 무한하다면 아래와 같은 방법으로 유한하게 표현할 수 있다.

- 집합에 의한 표현 방법
- 문법에 의한 표현 방법
- 인식기에 의한 표현 방법

그러나 모든 언어를 유한하게 표현할 수 있는 것은 아니다. 지금부터 언어를 표현하는 방법을 좀 더 구체적으로 살펴본다.

실습문제

1 알파벳과 언어를 서술적으로 설명하시오.

2 빈스트링 ϵ의 개념을 명확히 설명하시오.

3 알파벳 A = {a, b, c, ..., z}와 N = {0, 1}가 있다. 각 알파벳으로 스트링을 다섯 개 이상 생성하시오.

4 스트링 ω = 1010011의 길이는 7이다. 컴파일러가 프로그램을 분석할 때, 스트링의 길이가 왜 중요한지 설명하시오.

5 "언어는 알파벳 λ의 원소로 만들어지므로 언어 L은 λ^*의 부분집합이다."를 대수적으로 표현하시오.

6 알파벳 L = {a, b} 일 때의 언어는 L^* = { ϵ, a, aa, aaa, ..., b, bb, bbb, ..., abab, abb, aaab, ... }이다. 이때 언어 L에 ϵ이 포함된 의미를 설명하시오.

7 "0과 1로 이루어지지만, 0이 반드시 세 개만 있고, 1이 짝수 개 있는 스트링 집합"을 수학적으로 표현한 언어를 쓰시오.

8 수학적으로 표현한 언어 {ϵ, 10100101, 1010010101, ...}를 서술적으로 나타내시오.

9 영어 문자의 집합을 $\lambda = \{ A, B, \cdots, Z, a, b, .., z \}$라 하고, 정수 집합을 $\pi = \{0, 1, \cdots, 9\}$라 하자. 이 때 아래 각 경우를 구하시오.

(1) $\lambda \cup \pi$
(2) $\lambda \bullet \pi$
(3) λ^5
(4) $\lambda(\lambda \cup \pi)^*$

10 프로그래밍 언어를 왜 형식 언어로 표현하는지 설명하시오.

3.2 정규 수식

형식 언어에서는 언어를 집합으로 표현했다. 언어를 집합으로 무한하게 표현하는 것은 가능하지만 그 언어가 생성하는 스트링을 알아내기 어렵다. 즉, 어떤 스트링이 그 언어에서 만들어진 것인지 아닌지를 알아내려면 언어가 유한으로 표현되어야만 한다. 그러므로 언어를 유한하게 표현하기 위해 수학적으로 표현하거나 다른 방법으로 표현할 수 있다.

언어를 정의하는 여러 방법 중에 **정규 수식**이 있다. 정규 수식은 대수적으로 표현한 언어를 세 개의 **결합**, **접속**, **반복** 연산을 행하여 새로운 언어를 생성하는 표현식이다. 각 연산의 속성을 살펴보자.

3.2.1 결합

언어는 집합으로 표현할 수 있는데 결합 연산은 여러 집합에 있는 원소를 합하여 한 집합으로 만든다. 결합 연산은 '+' 로 표기하고 아래와 같다.

{a, aa, aaa, ab} + {b, bb, bbb, ab} = {a, aa, aaa, b, bb, bbb, ab}
{a, aa, aaa, ab} + { } = {a, aa, aaa, ab}

처음 두 집합의 결합에서 ab는 중복하므로 하나만 원소가 된다. 공집합과의 결합은 원소가 있는 집합이 결과가 된다. 즉, 어떤 언어 집합 L과 공집합과의 결합 결과는 L이다(L = L + { }).

3.2.2 접속

두 언어의 접속 연산은 한 언어에 있는 스트링을 다른 언어에 있는 스트링과 접속하여 새로운 언어를 구성한다. 이 연산은 점(•)으로 표기(생략가능)하고 아래와 같이 연산한다. 빈스트링과 접속한 스트링은 스트링이다($s = s \bullet \epsilon$).

즉, $\forall u, v \in \lambda^*$, $uv \in \lambda^*$ 이면, $|uv| = |u| + |v|$이다. 또한, $u\epsilon = u = \epsilon u$ 이다.
그러므로 $u = a_1a_2a_3...a_n$, $v = b_1b_2b_3...b_m$ 이면 $u \bullet v = a_1a_2a_3...a_nb_1b_2b_3...b_m$ 이다($u \bullet v$를 보통 uv 로 표기).

아래는 $u, v \in \lambda^*$인 u와 v의 접속 연산 예이다.

(1) $u = \{a\}$이고 $v = \{b\}$이면, $u \bullet v = \{a\} \bullet \{b\} = \{ab\}$이다.

(2) $u = \{a\}$이고 $v = \{\ \}$이면, $u \bullet v = \{a\} \bullet \{\ \} = \{a\}$이다.

(3) $u = \{a, b, c\}$이고 $v = \{b, \epsilon\}$이면,

$$u \bullet v = \{a, b, c\} \bullet \{b, \epsilon\}$$
$$= \{a \bullet b, a \bullet \epsilon, b \bullet b, b \bullet \epsilon, c \bullet b, c \bullet \epsilon\}$$
$$= \{ab, a, bb, b, cb, c\}$$

이다.

(4) u = {ㄱ, ㄹ, ㅎ}이고 v = {ㅏ, ㅗ}이면,

u• v = {ㄱ, ㄹ, ㅎ}• {ㅏ, ㅗ}

= {ㄱ• ㅏ, ㄱ• ㅗ, ㄹ• ㅏ, ㄹ• ㅗ, ㅎ• ㅏ, ㅎ• ㅗ}

= {ㄱㅏ, ㄱㅗ, ㄹㅏ, ㄹㅗ, ㅎㅏ, ㅎㅗ}

이다.

(5) $u = \{0, 1\}$이고 $v = \{a, b, \epsilon\}$이면,

$$u \bullet v = \{0, 1\} \bullet \{a, b, \epsilon\}$$
$$= \{0 \bullet a, 0 \bullet b, 0 \bullet \epsilon, 1 \bullet a, 1 \bullet b, 1 \bullet \epsilon\}$$
$$= \{0a, 0b, 0, 1a, 1b, 1\}$$

이다.

(6) $u = \{01, 0, 1\}$이고 $v = \{1, \epsilon\}$이면,

$$
\begin{aligned}
u \bullet v &= \{01, 0, 1\} \bullet \{1, \epsilon\} \\
&= \{01 \bullet 1, 01 \bullet \epsilon, 0 \bullet 1, 0 \bullet \epsilon, 1 \bullet 1, 1 \bullet \epsilon\} \\
&= \{011, 01, 0, 11, 1\}
\end{aligned}
$$

이다.

위 예 (6)에서 $01 \bullet \epsilon$와 $0 \bullet 1$의 결과인 스트링 '01'는 중복하므로 두 번 기술할 필요는 없다. 언어 L_1과 L_2에서, $L_1 . L_2$ 와 $L_2 . L_1$ 가 반드시 같을 필요도 없다. 또한 $L \bullet \{\epsilon\} = L$ 이지만 $L \bullet \varnothing = \varnothing$ 이다.

3.2.3 반복

반복 연산은 원소를 연속으로 나열하는 횟수를 말하며 별표(*)를 연산자로 사용한다. L이 언어이면 반복 연산은 아래와 같다.

a^n = aaaaa...aa 같이 연속하는 n개의 a를 말하며 $a^0 = \epsilon$ 이다. 언어 L에 대해서도 아래와 같이 반복적으로 정의 할 수 있다. 여기에서 주의할 것은 $\varnothing^* = \{\epsilon\}$이다.

$$
\begin{aligned}
&L^0 = \{\epsilon\} \\
&L^n = LL^{n-1}, n \geq 1
\end{aligned}
$$

이 반복 연산에서 L^*는 아래와 같이 계산한다.

$$
\begin{aligned}
L^* &= L^0 + L^1 + L^2 + L^3 + L^4 + L^5 + \ldots\ldots \\
&= L^0 \cup L^1 \cup L^2 \cup \ldots \cup L^n \cup \cdots \\
&= \bigcup_{i=0}^{\infty} L^i
\end{aligned}
$$

또한, L^+는 아래와 같다.

$$
\begin{aligned}
L^+ &= L^1 \cup L^2 \cup \ldots \cup L^n \cup \ldots \\
&= L^* - L^0 \\
&= \bigcup_{i=1}^{\infty} L^i
\end{aligned}
$$

결국, 언어 L의 반복 연산 L^*는 스트링이 하나도 없거나, 스트링을 여러 개 접속하여 새로운 스트링을 만든다는 것을 알 수 있다.

예 3.5 언어 L의 반복 연산 L^0, L^1, L^2 각각은 아래와 같이 계산한다.

$L^0 = \{\epsilon\}$
$L^1 = L$
$L^2 = L \cdot L$

지금까지의 정규 수식을 집합으로 나타내 보자.

x가 알파벳에 있는 문자 하나이면 {x}처럼 정규 수식을 집합으로 간단하게 나타낼 수 있다. 그러므로 x = {x}이며 길이가 1 인 스트링 한 개가 있는 집합이다. 아래는 정규 수식을 집합으로 나타낸 예이다.

(1) a + b = { a } + { b } = { a, b}

(2) 01 + 10 = { 01 } + { 10 } = { 01, 10}

(3) $q + \epsilon = \{ q \} + \{ \epsilon \} = \{ q, \epsilon \}$

지금까지 살펴본 것처럼 정규 수식은 세 개의 연산자를 포함하는 대수식으로 언어를 표현한다. 그러므로 연산자의 우선순위를 따라야 하며, 괄호 안 수식을 먼저 연산한다. 괄호를 사용하지 않으면 반복, 접속, 결합의 순으로 우선순위가 있다(반복이 제일 높고 결합이 제일 낮다). 또한, 연산자가 연속으로 있으면 앞(왼쪽)에서부터 차례로 연산한다.

아래는 언어 L_1, L_2, L_3 에 대한 정규 수식의 연산자 우선순위이다.

$L_1 + L_2 . L_3 = L_1 + (L_2 . L_3)$
$L_1 + L_2 + L_3 = (L_1 + L_2) + L_3$
$L \cdot L \cdot L = (L \cdot L) \cdot L$
$L_1 . L_2^* = L_1 . (L_2^*)$

그러나 반복(*) 연산이 여러 개있으면 각 반복을 따로 연산한다. 즉, 정규 수식 $(a^*b)^*$에서 a^*를 연산한 후에 $(a^*b)^*$를 연산한다.

예 3.6 정규 수식 $(a^*b)^1$와 $(a^*b)^2$에서 반복 연산으로 스트링 만드는 과정을 살펴보자.

(1) 정규 수식이 $(a^*b)^1$ 일 때,

$(a^0b)^1$는 b
$(a^1b)^1$는 ab
$(a^2b)^1$는 aab
$(a^3b)^1$는 aaab
......
$(a^*b)^1$는 ϵaaa....b

(2) 정규 수식이 $(a^*b)^2$ 일 때,

$(a^0b)^2$는 bb
$(a^1b)^2$는 abab
$(a^2b)^2$는 aabaab
$(a^3b)^2$는 aaabaaab
......
$(a^*b)^2$는 ϵaaa....bϵaaa....b

예 3.7 **예 3.7** 정규 수식 $(a+b)^*$에서 만들어지는 스트링을 살펴보자. 이 정규 수식은 $\{a, b\}^*$처럼 집합으로 나타낼 수 있다. 그러므로 언어 L = {a, b}라 하면 L^*를 구하는 것과 같다. 즉, 언어 L에서 만들어지는 스트링은 어떠한 것들이 있는지 알아보자.

$L^0 = \{\epsilon\}$
$L^1 = \{a, b\}$
$L^2 = L \bullet L^1 = \{aa, ab, ba, bb\}$
$L^3 = L \bullet L^2 = \{aaa, aab, aba, abb, baa, bab, bba, bbb\}$
......
$L^* = \{\epsilon, a, b, aa, ab, ba, bb, aaa, aab, aba, abb, baa, bab, bba, bbb, aaaa, ...\}$

이와 같이 정규 수식 $(a+b)^*$에서 "a와 b의 조합으로 이루어지는 스트링 집합"을 만들 수 있다.

예 3.8 정규 수식 a• (a + b)*• b에서 만들어지는 스트링을 살펴보자. 이 정규 수식은 집합 $\{a\}\{a,b\}^*\{b\}$로 나타낼 수 있다. 집합 $\{a\}\{a,b\}^*\{b\}$에서 만들어지는 스트링은 예 3.7처럼 $\{a, b\}^*$에서 만들어지는 스트링에 앞에는 {a}를, 뒤에는 {b}를 접속한다. 그러므로 이 정규 수식으로 표현한 언어는 아래와 같은 스트링을 만든다.

$$L = \{a\}\{a, b\}^*\{b\}$$
$$= \{a\}\{\epsilon, a, b, aa, ab, ba, bb, aaa, aab, aba, abb, baa, bab, bba, bbb, aaaa, ...\}\{b\}$$
$$= \{a\epsilon b, aab, abb, aaab, aabb, abab, abbb, ...\}$$
$$= \{ab, aab, abb, aaab, aabb, abab, abbb, ...\}$$

정규 수식 a• (a + b)*• b에서 만들 수 있는 스트링은 "a와 b의 조합으로 만들어지는 스트링에 맨 앞에는 반드시 a가 오고 맨 뒤는 반드시 b가 오는 스트링의 집합" 이다.

실습 3.1

어떤 언어를 아래 각 정규 수식으로 표현할 수 있다. 이 언어로 만들 수 있는 스트링을 보이시오.

(1) $(0(1 + 0)^*)^*1$

이 정규 수식은 아래와 같은 과정으로 스트링을 전개할 수 있다. 우선순위에 따라 가운데의 정규 수식 $(1 + 0)^*$ 에서 스트링을 구한다.

$$L = \{1, 0\}^* = \{\epsilon, 1, 0, 11, 10, 01, 00, 111, 110, 101, 100, 011, 010, 001, 000, ...\}$$

생성한 스트링의 맨 앞에 0이 오도록 정규 수식 $0(1 + 0)^*$의 스트링을 구한다.

$$L = \{0\}\{\epsilon, 1, 0, 11, 10, 01, 00, 111, 110, 101, 100, 011, 010, 001, 000, ...\}$$
$$= \{0, 01, 00, 011, 010, 001, 000, 0111, 0110, 0101, 0100, 0011, 0010, 0001, ...\}$$

정규 수식 $(0(1 + 0)^*)^*$에 의해 0이 접속된 스트링을 반복 연산하여 새로운 스트링을 생성한다.

$$L = \{0, 01, 00, 011, 010, 001, 000, 0111, 0110, 0101, 0100, 0011, 0010, 0001, ...\}^*$$
$$= \{\epsilon, 0, 01, 00, 011, 010, 001, 000, 0111, 0110, 0101, 0100, 0011, 0010, 0001, ...\}$$

마지막으로 생성한 스트링의 맨 뒤에 1이 오도록 정규 수식 $(0(1 + 0)^*)^*1$의 스트링을 구하면 아래와 같다.

$$L = \{\epsilon, 0, 01, 00, 011, 010, 001, 000, 0111, 0110, 0101, 0100, 0011, ...\}\{1\}$$
$$= \{1, 01, 011, 001, 0111, 0101, 0011, 011011, ...\}$$

(2) $(0 + 1)^{*\cdot} (0 + 1)$

이 정규 수식은 집합 $L = \{0, 1\}^*\{0, 1\}$로 나타낼 수 있으며 위의 방법으로 스트링을 구하면 아래와 같다.

$L = \{0, 1, 00, 011, 1010, 101, ... \}$

(3) $(0^*1^*)^*$

이 정규 수식은 $(0^*1^*)^* = (0 + 1)^*$ 이다. 그러므로 $L = \{0, 1\}^*$로 나타낼 수 있으며 위의 방법으로 스트링을 구하면 아래와 같다.

$L = \{\epsilon, 0, 1, 01, 10, 00, 11, 001, ... \}$

실습 3.2

아래에 글로 설명한 언어를 정규 수식으로 나타내시오.

"0과 1로 이루어진 스트링으로 1이 연속으로 세 개 있다(1이 세 개씩 여러 번 있을 수 있다)"

이 언어는 1이 연속으로 세 개가 있어야하므로 '111'이 있도록 먼저 기술한다. 이 '111'의 앞과 뒤에 0과 1의 조합으로 이루어진 어떠한 스트링도 있을 수 있으므로 이미 살펴본 정규 수식 $(0 + 1)^*$를 접속한다. 그러면 아래 정규 수식을 얻는다.

$(0 + 1)^*111(0 + 1)^*$

실습 3.3

아래에 글로 설명한 언어를 정규 수식으로 나타내시오.

"a와 b로 이루어지며 a가 반드시 세 개만 있는 스트링"

a가 반드시 세 개만 있으므로 세 개의 a를 먼저 기술하고, 이 a의 앞과 뒤에는 b로 구성될 수 있는 정규 수식 b^*를 접속한다. 그러면 a는 세 개만 있고 나머지는 b로 이루어지는 스트링을 만드는 아래 정규 수식을 얻는다.

$b^*ab^*ab^*ab^*$

예 3.9 {A, B,⋯, Z, a, b, ..,z}는 영어 알파벳 집합이고, {0, 1, 2, ⋯, 9}는 수의 집합이다. 이 두 집합의 정규 수식을 살펴보자.

$$\{A, B, \cdots, Z, a, b, .., z\}(\{A, B, \cdots, Z, a, b, .., z\} + \{0, 1, 2, \cdots, 9\})^*$$

이 정규 수식에서 아래 수식은 영어 알파벳 집합과 수의 조합으로 이루어지는 스트링이다.

$$(\{A, B, \cdots, Z, a, b, .., z\} + \{0, 1, 2, \cdots, 9\})^*$$

그러므로 이 수식으로 만들어지는 스트링 앞에 다시 아래 영어 알파벳 집합이 접속한다.

$$\{A, B, \cdots, Z, a, b, .., z\}$$

최종적으로 위 정규 수식은 "영어 알파벳이 반드시 맨 앞에 있고, 그 뒤는 영어 알파벳과 수의 조합으로 이루어지는 스트링을 만든다". 즉, A, B,⋯, Z, a, b, .., z 의 문자 중에서 하나가 반드시 맨 앞에 있다. 그 뒤부터는 A, B,⋯, Z, a, b, .., z 중에서 문자 하나가 오거나, 0, 1, 2, ⋯, 9 중에서 숫자 하나가 오거나, 문자 하나나 숫자 하나가 반복하거나, 문자와 숫자가 조합하거나 조합이 반복하여 나타난다.

이와 같이 예 3.9의 정규 수식으로 만들어지는 스트링은 아래와 같이 이미 잘 알고 있는 프로그래밍 언어의 **식별자**가 된다.

COMPILER, Program, K007, WorldCup, T0n1, U12yi921, s23k, APL123

그러나 이 정규 수식에서 아래 스트링은 생성할 수 없다.

2020FEB, HAKBUN_2021, %TTL, *Sami_mail&

84JUN은 8이 숫자이므로 정규 수식에서 맨 앞에는 영어 알파벳이 와야 하므로 숫자는 나타날 수 없다. 또 %TTL는 정규 수식에 문자 %를 정의하지 않는다.

정의 3.6 **정규 정의**는 정규 수식에 **이름 = 정규 수식**과 같이 **이름**을 붙인 것을 말한다. 각 정규 수식에 대한 정규 정의는 $D_i = R_i$ (i=1, 2, ..., n)이다. 여기서 D_i는 R_i의 정규 정의 이름이고, R_i는 정규 수식이다

그러므로 정규 정의는 정규 수식의 표현식이 긴 경우에 아래처럼 사용할 수 있다.

$D_1 = R_1$
$D_2 = R_2$
.....
$D_n = R_n$

정의에 따라 정규 수식 $(0+1)^*111(0+1)^*$ 은 아래처럼 정규 정의로 나타낼 수 있다.

oneorzero = (0 + 1)
threeone = 111

그러므로 원래의 정규 수식은 아래와 같이 정규 정의 이름으로 대체하여 줄여 쓸 수 있다.

oneorzero* threeone oneorzero*

실습 3.4

{A, B,⋯, Z, a, b, ..,z }는 영어 알파벳 집합이고, {0, 1, 2, ⋯, 9}는 수의 집합이다. 이 두 집합을 이용하여 프로그래밍 언어의 식별자를 나타내는 정규 정의를 쓰시오.

우선, 각 집합을 정규 정의로 나타내면 아래와 같다.

letter = {A, B,⋯, Z, a, b, .., z }
digit = {0, 1, 2, ⋯, 9 }

이 정규 정의에서 프로그래밍 언어의 식별자를 나타내려면 맨 앞에는 반드시 영어 문자(letter)가 오고 그 뒤에는 영어와 수(digit)가 조합, 반복하여 나타나야하므로 아래처럼 쓸 수 있다.

letter(letter + digit) *

그러므로 이 **정규 정의**는 letter = {A, B,⋯, Z, a, b, .., z}, digit = {0, 1, 2, ⋯, 9}로 이름을 가지고 의미는 아래와 같다.

{A, B,⋯, Z, a, b, .., z}({A, B,⋯, Z, a, b, .., z} +{0, 1, 2, ⋯, 9})*

지금까지 살펴본 언어를 표현하는 정규 수식 외에 다른 방법을 알아보자.

실습문제

1 물음에 답하시오.

(1) 알파벳 {x, y}에 대해 y가 짝수 개 있는 스트링 집합에 포함하는 것을 고르시오.

xyxy   xyxxyyx ϵ yyxzyy   xxxx

(2) 알파벳 {x, y, z}에 대해 |x|=|y|=|z| 인 스트링의 집합에 포함하는 것을 고르시오.

ϵ xxxyy   yzx   xzzzyyxxy   xxxyyyzzz

(3) 정규 수식 $(y + xx)^*y$로 만들어지는 스트링을 고르시오.

ϵ yxxy   xy   xxy   yyy

2 정규 수식 $x + y(x^*yx)^*$로 생성할 수 있는 언어를 보이시오.

3 정규 수식 $y(x^*)^* + xy$로 생성할 수 있는 언어를 보이시오.

4 정규 수식 $(0(1 + 0)^*)^*1$로 생성할 수 있는 언어를 보이시오.

5 "x와 y로 이루어지며 x가 반드시 한 개만 있는 스트링"을 생성하는 정규 수식을 쓰시오.

6 "0과 1로 이루어지며 1이 반드시 맨 뒤에 있는 스트링"을 생성하는 정규 수식을 쓰시오.

7 정규 수식 $(xx)^*z(yy)^*$로 생성할 수 있는 언어를 보이시오.

8 정규 수식 $y(x^*)^* + xy$를 정규 정의로 다시 쓰시오.

9 정규 수식 $(xx)^*z(yy)^*$를 정규 정의로 다시 쓰시오.

10 일반적으로 알고 있는 프로그래밍 언어의 변수를 정규 수식으로 쓰시오.

3.3 유한 상태 기계

언어를 집합이나 정규 수식 외에 **유한 상태 기계**로 표현할 수 있다. 이 절에서는 유한 상태 기계를 이용하여 언어를 표현하는 방법을 알아보자.

유한 상태 기계(이 기계는 실제로 눈에 보이는 기계가 아닌 가상 기계이다)는 언어를 명확하게 나타내기 위하여 수학 기호를 사용하는데 **오토마타 이론**을 바탕으로 한다[2].

3.3.1 상태 기계

정의 3.7

> 알파벳 λ의 **유한 상태 기계**(M)는 M = (S, λ, Γ, s_0, F)처럼 다섯 개 요소로 이루어지는 시스템이다. 각 요소는 아래와 같다.
>
> S : 상태의 유한 집합(빈상태는 없음)
>
> λ : 입력하는 알파벳의 유한 집합
>
> Γ : 현재의 상태에서 입력한 새 알파벳에 따라 다른 상태로 전이하는 상태 전이 함수,
>
> $\Gamma : S \times \lambda \rightarrow 2^S$
>
> s_0 : 시작 상태로, $s_0 \in S$
>
> F : 수락 상태의 유한 집합으로, $F \subseteq S$

정의와 같이 유한 상태 기계는 시작을 나타내는 시작 상태, 전이를 마치는 수락 상태의 유한 집합과 현재의 상태에서 입력하는 알파벳의 원소에 따라 다른 상태로 이동하는 상태 전이 함수로 구성되는 상태 기계이다. 이 때 시작 상태는 다시 수락 상태가 될 수 있으며, 상태 전이 함수의 결과는 새로운 상태가 된다. 즉, 현재 상태 s에서 알파벳 원소 x를 입력받으면 상태 전이 함수 Γ는 $(s, x) = \{p_1, p_2, \dots, p_n\}$ 이다. 그러므로 $\{p_1, p_2, \dots, p_n\}$의 각 원소 $p_1, p_2, \dots, p_n$는 전이에 의한 새로운 상태이다.

다섯 개 요소로 이루어진 어떤 유한 상태 기계 M = ($\{s_0, s_1, s_2, s_3\}$, {x, y, z, w}, Γ, s_0, $\{s_3\}$)를 예를 들어보자.

이 기계의 상태 집합은 $\{s_0, s_1, s_2, s_3\}$이며, 입력 심볼 집합은 {x, y, z, w}이다. 시작 상태는 s_0, 마지막 상태 집합은$\{s_3\}$ 이며 상태 전이 함수 Γ는 아래와 같다.

$\Gamma(s_0, x) = s_1$ $\Gamma(s_0, y) = s_2$ $\Gamma(s_0, w) = s_3$
$\Gamma(s_1, y) = s_3$ $\Gamma(s_1, z) = s_2$
$\Gamma(s_2, y) = s_3$ $\Gamma(s_2, z) = s_0$

이 기계에 여러 스트링 w, xzy, yzw, xzzyzxzy, xyzw 이 입력되어 들어올 때, 각 스트링을 이 기계로 표현할 수 있는지 살펴보자.

(1) 먼저 w를 입력하면 $\Gamma(s_0, w) = s_3$ 로 수락 상태로 간다. 그러므로 w는 이 기계로 표현할 수 있는 언어이다.

(2) xzy를 입력하면 $\Gamma(s_0, xzy) = \Gamma(s_1, zy) = \Gamma(s_2, y) = s_3$ 로 수락 상태로 간다. 그러므로 xzy는 이 기계로 표현할 수 있는 언어이다.

(3) yzw를 입력하면 $\Gamma(s_0, yzw) = \Gamma(s_2, zw) = \Gamma(s_0, w) = s_3$ 로 수락 상태로 간다. 그러므로 yzw는 이 기계로 표현할 수 있는 언어이다.

(4) xzzyzxzy를 입력하면 $\Gamma(s_0, xzzyzxzy) = \Gamma(s_1, zzyzxzy) = \Gamma(s_2, zyzxzy) = \Gamma(s_0, yzxzy) = \Gamma(s_2, zxzy) = \Gamma(s_0, xzy) = \Gamma(s_1, zy) = \Gamma(s_2, y) = s_3$ 로 수락 상태로 간다. 그러므로 xzzyzxzy는 이 기계로 표현할 수 있는 언어이다.

(5) 끝으로 xyzw를 입력하면 $\Gamma(s_0, xyzw) = \Gamma(s_1, yzw) = \Gamma(s_3, zw) = ???$ 로 z를 입력하는 순간 s_0 에서는 상태 전이가 일어나지 않는다. 그러므로 xyzw는 이 기계로 표현할 수 있는 언어가 아니다.

유한 상태의 동작을 수학적인 기호로 나타내면 이해하기 어려울 수 있다. 유한 상태 기계의 동작을 이해하기 쉽도록 시각적으로 나타내 보자. 이러한 시각적인 방법에 상태 전이 다이어그램과 상태 전이 테이블이 있다.

3.3.2 상태 전이 다이어그램

그림 3.1은 상태 다이어그램을 구성하는 기본 요소이다. 각 상태는 원으로 나타내며, 시작 상태는 자신 앞에는 다른 상태가 없기 때문에 화살표만 있는 원이며, 수락(종료) 상태는 이중원으로 나타낸다. 또한 상태 전이는 알파벳의 입력 심볼이 위에 있는 화살표로 나타내는데 한 상태에서 입력 심볼에 의해 다른 상태로 전이(이동)한다는 의미이다.

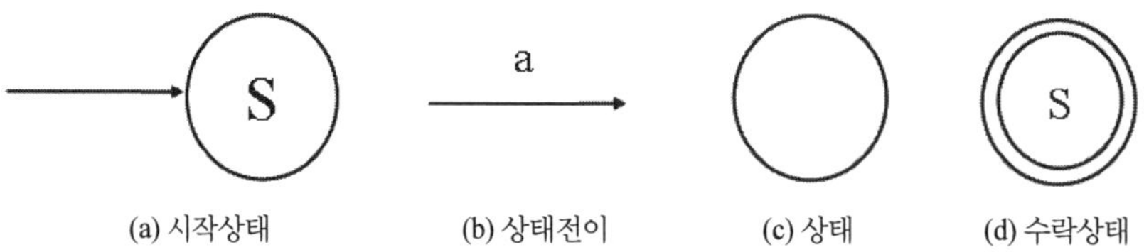

그림 3.1 상태 전이 다이어그램을 구성하는 기본 요소

상태 전이 다이어그램의 기본 요소를 사용하여 그림 3.2와 같이 유한 상태 기계를 간단하게 그려볼 수 있다.

그림 3.2는 {0, 1}을 알파벳으로 사용하고, 0을 입력하거나 1을 입력할 때 마다 상태가 이동하는 유한 상태 기계의 동작이다. 즉, A 상태에서 1을 입력하면 상태 전이 함수에 따라 B 상태로 이동하고, 0을 입력하면 A 상태에 있다는 의미이다. 또 B 상태에서 0을 입력하면 B 상태에 그냥 있고, 1를 입력하면 A 상태로 이동한다는 의미이다. 상태 전이가 계속 일어나서 상태가 변하다가 마지막으로 입력한 원소에 따라 수락 상태가 되면 더 이상 상태 전이는 일어나지 않는다.

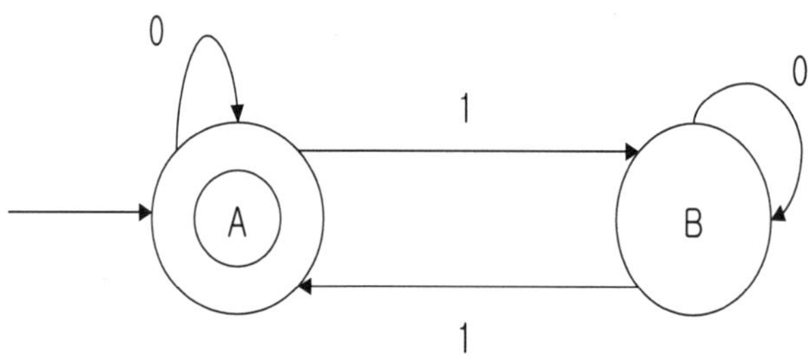

그림 3.2 유한 상태 기계 예

이와 같이, 기계는 시작 상태에서 시작하여 알파벳에서 만들어진 스트링을 입력으로 받는다. 현재 상태와 방금 들어온 심볼 사이의 전이 함수에 의해 새로 지정된 다음 상태로 이동한다. 이러한 과정을 반복하면서 입력 스트링을 모두 읽고 나면, 기계 상태는 수락상태가 되거나 수락이 아닌 상태가 된다. 즉, 수락 상태이면 입력 스트링을 **수락한다**고 하고, 수락 상태가 아니면 입력 스트링을 **수락하지 않는다**고 한다.

그림 3.2의 유한 상태 기계는 "0과 1로 이루어진 스트링에서 1이 반드시 짝수 개 있는 스트링"만 수락한다는 의미이다. 그러므로 이 기계가 수락할 수 있는 스트링 집합은 {ϵ, 011, 001100, 10111, 1110111, ... }이다. 그러나 1이 홀수 개있는 001, 10, 1101 와 같은 스트링은 수락하지 않는다.

실습 3.5

입력하는 알파벳이 {0, 1} 이며, 아래 글로 표현한 언어의 유한 상태 기계를 상태 전이 다이어그램으로 나타내시오.

"0과 1로 이루어지는 스트링에서 0이 반드시 홀수 개만 있는 스트링"

이 언어를 수락하는 유한 상태 기계는 0에 의해 수락 상태로 가도록 해야 한다. 그러므로 시작 상태에서 0이 한 개일 때부터 수락 상태로 가도록 한다. 그 후 0이 두 번째로 들어오면(짝수이면) 아무 상태로든 가도록 한다. 또 다시 0이 들어오면(홀수이면) 다시 수락 상태가 되도록 한다. 그러나 1을 입력하면 자신의 상태를 유지하도록 한다.

이렇게 하면 그림 3.3과 같은 상태 다이어그램을 그릴 수 있다. 이 때 들어오는 스트링은 {ϵ, 011, 011100, 1011, 1000101011, ... }이다.

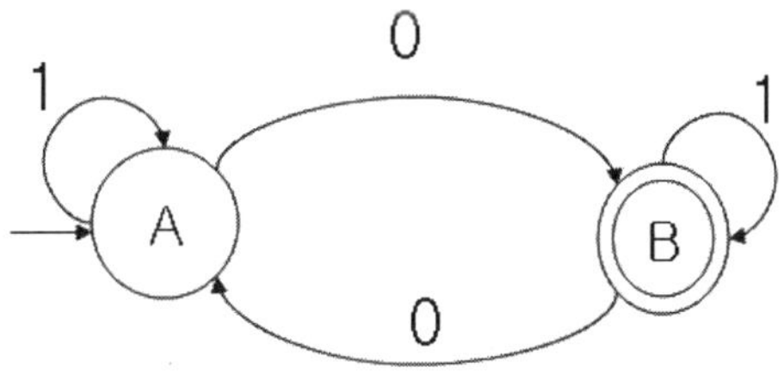

그림 3.3 홀수개의 0을 수락하는 상태 전이 다이어그램

실습 3.6

그림 3.2는 입력 알파벳 {0, 1}을 사용하여 "0과 1로 이루어진 스트링에서 1이 반드시 짝수 개 있는 스트링" 만 수락한다. 이 의미의 언어를 나타내는 상태 전이 다이어그램을 그림 3.2와 다르게 나타내시오.

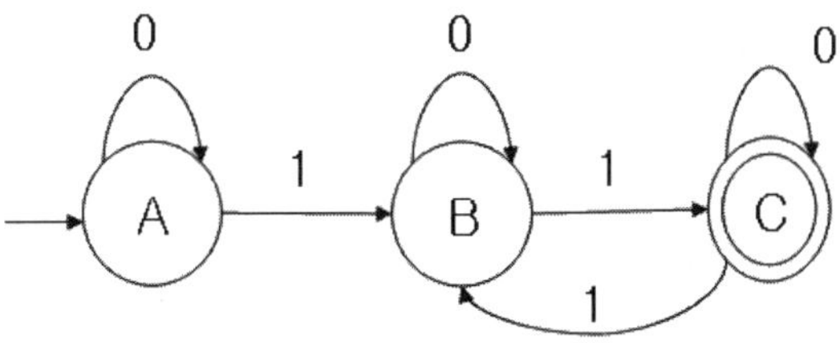

그림 3.4 실습 3.6의 상태 전이 다이어그램

유한 상태 기계를 상태 전이 다이어그램으로 나타내는 다른 예를 살펴보자. 그림 3.5는 입력 알파벳이 {0, 1}이고, 시작 상태는 A, 수락 상태는 C 이다. 이 기계에서 수락 상태로 가려면 시작과 끝이 반드시 0인 스트링이어야 한다. 그러므로 이 기계는 "0과 1로 이루어진 스트링으로 반드시 0으로 시작하고 반드시 0으로 끝나는 스트링"을 수락한다.

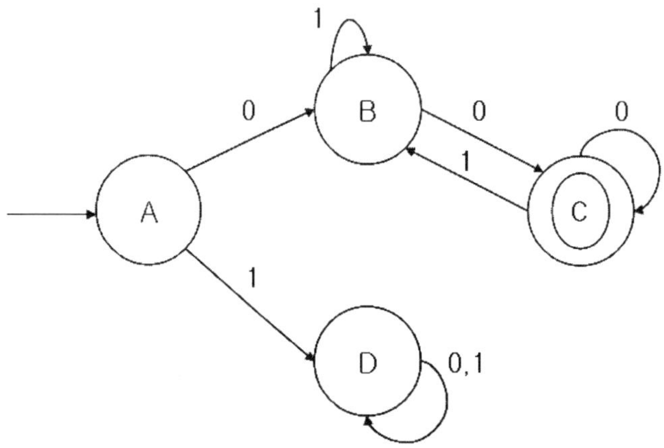

그림 3.5 반드시 0으로 시작하고 0으로 끝나는 스트링을 수락하는 상태 전이 다이어그램

아래 스트링은 그림 3.5의 유한 상태 기계에서 수락할 수 있는 스트링들이다.

010, 0100, 01010, 01110, 010110

즉, 스트링 0100은 $A \rightarrow^0 B \rightarrow^1 B \rightarrow^0 C \rightarrow^0 C$ 처럼 상태가 변하면서 0으로 시작하여 0으로 끝나는 스트링으로 수락할 수 있다. 마찬가지로 스트링 010110은 $A \rightarrow^0 B \rightarrow^1 B \rightarrow^0 C \rightarrow^1 B \rightarrow^1 B \rightarrow^0 C$로 상태가 변하면서 스트링을 수락할 수 있다. 그러나 아래 스트링들은 수락할 수 없다.

101, 011, 101, 0101, 1101

그러나 스트링 101은 $A \rightarrow^1 D \rightarrow^0 D \rightarrow^1 D$처럼 상태가 변하지만 원소를 모두 읽을 때까지 수락 상태인 C로 이동하지 않으므로 이 스트링을 수락할 수 없다.

위의 두 예를 통하여 유한 상태 기계의 동작을 살펴보았다. 유한 상태 기계가 어떤 스트링을 수락한다는 것은 그 스트링을 생성하는 언어를 인식한다고 할 수 있다.

정의 3.8

어떤 유한 상태 기계가 입력 스트링을 수락하면, 그 스트링을 생성하는 **언어를 인식**한다고 한다. 또는 그 **언어를 정의**한다고 한다.

실습 3.7

{0, 1}을 입력 알파벳으로 하는 아래 언어를 인식하는 유한 상태 기계를 상태 전이 다이어그램으로 나타내시오.

"스트링이 0과 1로 이루어지며 1 세 개가 연속으로 나타나는 스트링(1 세 개가 연속으로 여러 번 나올 수 있다)"

이 언어를 수락하는 상태 전이 다이어그램은 0이나 1로 시작하고 또한 0이나 1에 의해 수락 상태가 되어야 한다. 그리고 1을 받은 상태에서는 다음 상태와 그 다음 상태로 1을 두 번 연속으로 받을 수 있도록 상태 변화를 주어야 한다. 그리고 1이 연속으로 오지 않으면 0이 온다는 의미이므로 0을 받는 상태로 전이가 일어나도록 한다. 그러므로 시작 상태에서 0이 들어오면 자신의 상태로 1이 들어오면 다음 상태로 가서 1이 두 번 더 들어오도록 하고 0이 들어오면 시작 상태로 가도록 한다. 1이 세 번 연속으로 들어온 후에는 수락 상태로 이동한다.

이렇게 하면 그림 3.6과 같은 상태 다이어그램을 그릴 수 있다. 이 때 들어오는 스트링은 01110, 010111, 01111, 11101110, 0110111001110 등이다.

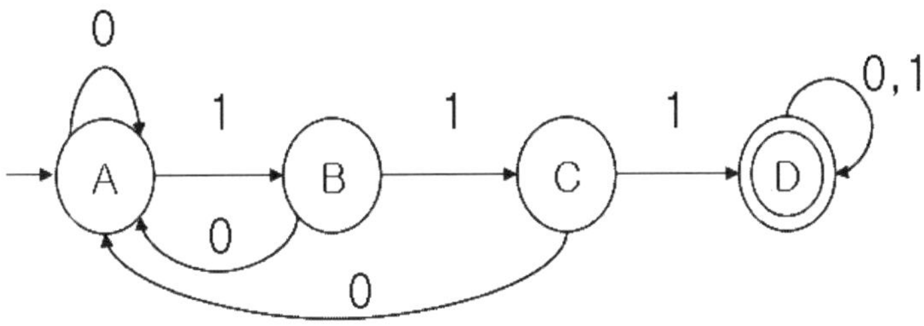

그림 3.6 1 세 개가 연속으로 나타나는 스트링을 인식하는 상태 전이 다이어그램

실습 3.8

{0, 1}을 입력 알파벳으로 하는 아래 언어를 인식하는 유한 상태 기계를 상태 전이 다이어그램으로 나타내시오.

"0과 1로 이루어지며 1이 반드시 세 개만 있는 스트링"

이 상태 다이어그램은 1이 반드시 세 개만 있어야 하므로, 1이 세 개 이하이거나 이상 나오면 수락하지 않도록 해야 한다. 그러므로 이 언어를 수락하는 상태 전이 다이어그램은 시작 상태에서는 0이나 1로 시작하고, 수락 상태는 0이나 1로 수락하여야 한다. 그리고 중간에는 1을 받아들이는 상태가 세 개만 있어야 한다. 1을 받는 상태에서 1이 들어오면 상태가 변해야 하고 0이 들어오면 자신의 상태를 유지한다. 시작 상태, 수락 상태, 중간 상태의 다이어그램을 결합하면 그림 3.7과 같은 상태 다이어그램을 그릴 수 있다. 그러므로 스트링 01110, 0101010, 111000, 101010000를 수락할 수 있다. 그러나 스트링 0110, 010, 01010101는 수락할 수 없다.

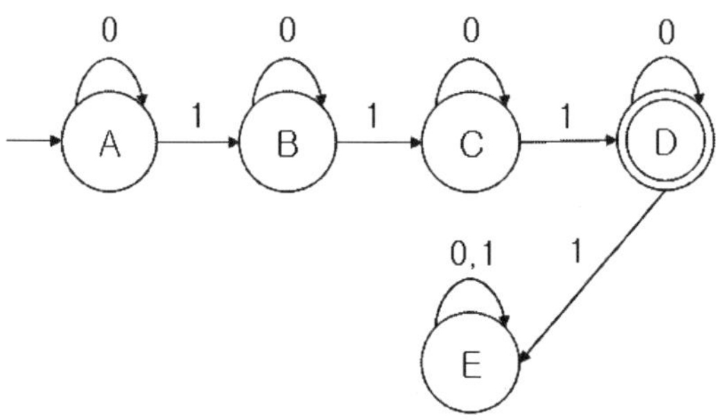

그림 3.7 1이 반드시 세 개만 있는 스트링을 인식하는 상태 전이 다이어그램

3.3.3 상태 전이 테이블

유한 상태 기계를 나타내는 다른 방법으로 상태 전이 테이블을 살펴보자. 즉, 유한 상태 기계의 상태인 A, B, C, ...를 테이블의 맨 왼쪽 열에 넣고, 알파벳 원소는 맨 위의 행에 나열한다. 그러면 테이블의 각 셀(내용)은 현재 상태와 입력 심볼에 따라 전이가 일어날 다음 상태가 들어있다. 그림 3.8은 그림 3.2와 그림 3.5의 유한 상태 기계를 상태 전이 테이블로 나타낸 것이다.

그림 3.8에서 시작 상태는 테이블의 맨 왼쪽 처음에 있고, 수락 상태는 원으로 표시된 상태 이름이다.

	0	1
Ⓐ	A	B
B	B	A

	0	1
A	B	D
B	C	B
Ⓒ	C	B
D	D	D

그림 3.8 그림 3.2와 그림 3.5의 상태 전이 다이어그램에 대한 상태 전이 테이블

이와 같이 유한 상태 기계를 상태 전이 테이블로 나타내면 각 칸에 상태 이름이 한 개씩 들어간다. 이처럼 어떤 상태에서 입력 심볼 한 개에 따라 이동할 상태가 하나만 있으면 **결정적**이라 한다. 즉, 현재의 상태에서 새로 입력된 심볼에 대해서 어떤 상태로든 반드시 이동할 다음 상태가 정해져 있다는 의미이다. 만약 이동할 상태가 존재하지 않거나 여러 개 존재하여 이동할 다음 상태가 확실하지 않으면 **비결정적**이다. 그러므로 위의 상태 전이 테이블로 나타낸 유한 상태 기계는 결정적이다. 이러한 상태 전이 테이블을 이용하면 이동할 다음 상태가 확실하기 때문에 결정적 유한 상태 기계를 컴퓨터 프로그램으로 구현하기 쉽다.

정의 3.9

결정형 유한 상태 기계는 어떤 상태에서 입력 심볼 한 개에 대해 다른 상태로의 전이가 **반드시** 한개만 존재하는 유한 상태 기계이다.

위에서 살펴본 유한 상태 기계는 어떠한 입력에 대해 다른 상태로 반드시 이동한다. 즉, 어떤 입력 심볼이 들어오더라도 반드시 상태 전이가 일어나며 다음 상태로 가는 길이 반드시 **한 개**는 있다는 의미이다.

실습 3.9

실습 3.5의 상태 전이 다이어그램을 상태 전이 테이블로 나타내면 아래와 같다.

	0	1
A	B	A
Ⓑ	A	B

실습 3.10

실습 3.6의 상태 전이 다이어그램을 상태 전이 테이블로 나타내면 아래와 같다.

	0	1
A	A	B
B	B	C
Ⓒ	C	B

실습 3.11

실습 3.7의 상태 전이 다이어그램을 상태 전이 테이블로 나타내면 아래와 같다.

	0	1
A	A	B
B	A	C
C	A	D
Ⓓ	D	D

실습 3.12

실습 3.8의 상태 전이 다이어그램을 상태 전이 테이블로 나타내면 아래와 같다.

	0	1
A	A	B
B	B	C
C	C	D
Ⓓ	D	E
E	E	E

실습문제

1 알파벳 λ의 유한 상태 기계(M)는 $M = (S, \lambda, \Gamma, s_0, F)$처럼 다섯 개 요소로 이루어지는 시스템이다. 각 요소를 설명하시오.

2 어떤 유한 상태 기계 $M = (\{s_0, s_1, s_2, s_3\}, \{x, y, z, w\}, \Gamma, s_0, \{s_3\})$의 상태 집합은 $\{s_0, s_1, s_2, s_3\}$이며, 입력 심볼 집합은 $\{x, y, z, w\}$이다. 시작 상태는 s_0, 마지막 상태 집합은$\{s_3\}$ 이며 상태 전이 함수 Γ는 아래와 같다.

$\Gamma(s_0, x) = s_1$ $\Gamma(s_0, y) = s_2$ $\Gamma(s_0, w) = s_3$
$\Gamma(s_1, y) = s_3$ $\Gamma(s_1, z) = s_2$
$\Gamma(s_2, y) = s_3$ $\Gamma(s_2, z) = s_0$

이 기계에 여러 스트링 wwww, yzw, xxzy, x0001 이 입력될 때, 각 스트링을 이 기계로 표현할 수 있는지 살펴보시오.

3 아래 각 정규 수식으로 정의되는 언어를 인식하는 유한 상태 기계를 구성하시오.

(1) $(0 + 1)^*1$
(2) $(x + y)x^*$
(3) $(x^*y^*)^*$
(4) $((x + y)(z + w))^*$

4 알파벳 {0, 1}에 대해 아래 각 스트링을 만드는 유한 상태 기계를 보이시오.

(1) 1이 홀수 개 있고, 0이 홀 수 개 있는 스트링
(2) 반드시 1 로 시작하고 반드시 1 로 끝나는 스트링
(3) 1이 연속으로 두 개 있고 스트링 안에 반드시 두 번만 나타나는 스트링
(4) 반드시 0으로 시작하고 0으로 끝나는 스트링에서, 0과 1 이 각각 연속으로 세 개씩 존재하는 스트링(예; 000111000111 와 같은 패턴)

5 아래 각 테이블로 표현한 유한 상태 기계를 전이 다이어그램으로 나타내고, 이 기계가 인식할 수 있는 언어를 보이시오. 알파벳은 {x, y} 이다.

(1)

	x	y
A	A	D
B	C	B
Ⓒ	C	C
D	D	D

(2)

	x	y
A	A	D
B	A	B
C	B	C
Ⓓ	C	A

(3)

	x	y
A	B	A
B	C	C
C	B	D
Ⓓ	C	A

(4)

	x	y
A	A	B
B	C	A
Ⓒ	B	C

제04장

언어와 문법

언어와 문법

앞에서 자연어와 프로그래밍 언어를 수학적으로 표현할 수 있다는 것을 살펴보았다. 이미 언급하였듯이 수학적으로 형식을 가지는 언어는 컴파일러가 규칙에 따라 자동으로 번역할 수 있다. 그러나 프로그래밍 언어의 구조나 특성에 따라 컴파일러가 번역하기에는 한계가 있기 때문에 번역 과정에 제한이 적고, 모든 언어를 표현하기 편리한 새로운 방법이 필요하다. 이 방법이 언어를 문법으로 표현하는 것이다.

이 장에서는 언어를 나타내는 다른 방법으로 **문법**에 대해 살펴본다. 이 문법은 집합이나 정규 수식보다 언어의 구조나 속성을 표현하기 편리하다. 또한 규칙이 명확하기 때문에 대부분의 언어를 표현하는데 사용된다. 컴파일러는 이 문법의 규칙에 따라 프로그램이 올바르게 작성되었는지를 분석한다. 이 장에서는 문법의 개념과 특성, 불명확한 문법, 언어 인식기 등을 살펴본다.

4.1 문법 표현

먼저, 컴파일러의 구문 분석 단계에서 사용하게 될 문법의 개념과 특성을 살펴보자.

4.1.1 문법

앞에서 언어란 스트링의 집합으로 정의하여 정규 수식과 유한 상태 기계로 표현하였다. 여기에서는 언어를 다른 방법인 **문법**으로 표현해 보자. 문법이란 어떤 언어의 스트링을 생성하는 규칙으로 **언어에 나타나지 않는** 스트링은 만들 수 없다.

정의 4.1

문법(G)은 $G = (V_N,\ V_T,\ P,\ S)$와 같이 네 개의 요소로 구성한다. 여기에서 각 구성요소는 아래와 같다.

1. V_N 은 넌터미널 심볼의 유한 집합이다.
2. V_T 은 터미널 심볼의 유한 집합이다.
3. P는 생성규칙의 유한 집합으로 $\alpha \to \beta$ ($\alpha \in V^+$, $\beta \in V^*$) 형식인데 α는 **널**(Null)이 아니다.
4. S는 시작 심볼로 넌터미널 심볼이다($S \in V_N$).

여기에서 넌터미널 심볼과 터미널 심볼은 같은 것이 없고($V_N \cap V_T = \varnothing$), 넌터미널 심볼과 터미널 심볼 모두를 알파벳 집합(V)이라 한다($V = V_N \cup V_T$)

정의 4.1에 의하면 $\alpha \to \beta$에서 α와 β는 넌터미널 스트링과 터미널 스트링(β는 ϵ 포함)을 나타내는데 언어에 있는 스트링을 어떻게 생성하는지를 의미한다.

예 4.1

문법 $G1 = (\{S,\ T\},\ \{x,\ y\},\ P,\ S)$을 살펴보자. 이 문법의 각 원소는 아래와 같다.

1. 넌터미널 심볼 집합, $\{S, T\}$
2. 터미널 심볼 집합, $\{x, y\}$
3. 시작 심볼, S

4. 생성규칙, $P : S \rightarrow yTS$
$S \rightarrow y$
$T \rightarrow SxT$
$T \rightarrow xy$
$T \rightarrow SS$

예 4.1에 사용한 문법 표기와 같이 영어 대문자($A, B, C, S, T \cdots$)는 넌터미널 심볼, 소문자(a, b, c, r, t, x, y, …)는 터미널 심볼, 특별히 지정하지 않으면 S는 시작 넌터미널이다. 또한 같은 넌터미널에서 정의하는 생성규칙은 아래와 같이 표현할 수 있다. 기호 | 는 여러 개 중에서 선택할 수 있다는 의미이다.

$$P : S \rightarrow yTS \mid y$$
$$T \rightarrow SxT \mid xy \mid SS$$

정의 4.2

유도는 생성규칙에서 문장을 생성하는 과정으로 시작 심볼에서 시작하여 기호(→)의 왼쪽 심볼을 기호(→)의 오른쪽에 있는 심볼들로 대치한다. S는 시작 넌터미널, α, β, γ는 넌터미널 혹은 터미널 스트링, x는 터미널 스트링이면, 유도 기호(⇒)를 사용하여 아래처럼 $\alpha_1 \Rightarrow \alpha_2$ 같이 표기한다.

$$S \Rightarrow \alpha \Rightarrow \beta \Rightarrow \gamma \Rightarrow .... \Rightarrow \mathrm{x}$$

유도에 아래 규칙이 있다.

(1) $\alpha_1 \Rightarrow \alpha_2$ 는 단계 하나만 유도한 경우이다. 즉, $A \rightarrow \gamma \in P$이고 $\alpha, \beta \in V^*$ 이면, $\alpha A \beta \Rightarrow \alpha\gamma\beta$ 이다.
(2) $\alpha_1 \Rightarrow^* \alpha_2$ 는 유도가 한 번도 없거나 여러 단계를 유도한다. 즉, $\forall \alpha \in V^*$인 α에 대해 $\alpha \Rightarrow^* \alpha$이다. 또한 $\alpha \Rightarrow^* \beta$이고 $\beta \Rightarrow \gamma$ 이면 $\alpha \Rightarrow^* \gamma$ 이다.
(3) $\alpha_1 \Rightarrow^+ \alpha_2$ 는 유도가 한 번 이상 여러 단계를 유도한다

유도는 생성규칙을 시작 넌터미널 부터 터미널 스트링으로 끝날 때 까지 연속으로 적용하기 때문에 문법이 스트링을 유도한다고 한다. 그러므로 유도를 하면 스트링이 문법에 속하는지 아닌지 알 수 있다.

예를 들어, 어떤 문법에서 생성규칙이 아래와 같다. 이 때 스트링 $xyyy$를 유도해 보자.

$$P : S \rightarrow Sy$$
$$S \rightarrow x$$
$$S \rightarrow \epsilon$$

시작 넌터미널 S에서 시작하여 S를 Sy로 대치하면 Sy이다. 여기에서 S 를 다시 Sy로 대치하면 Syy 이다. 또다시 S 를 Sy로 대치하면 $Syyy$ 이다. 마지막으로 S 를 x로 대치하면 $xyyy$ 이다. 즉, $S \Rightarrow Sy \Rightarrow Syy \Rightarrow Syyy \Rightarrow xyyy$와 같이 유도할 수 있다. 그러므로 터미널 스트링 $xyyy$은 이 문법으로 유도가능하고 이 문법에 속한다.

정의 4.3

언어는 어떤 문법 G의 시작 넌터미널 심볼 S로부터 유도 $\Rightarrow^+$를 적용하여 생성하는 터미널 스트링으로 $L(G)$로 표기한다. 그러므로 언어 $L(G)$안에 있는 스트링은 아래와 같이 문법 G의 터미널 심볼로만 구성한다.

$$L(G) = \{\omega \mid S \Rightarrow^+ \omega, \omega \in V_T^*\}$$

예 4.2

문법 $G2 = (\{S\}, \{y\}, P, S)$을 살펴보자. 이 문법에서 생성규칙이 $P : S \rightarrow yS \mid y$ 이면 아래처럼 언어를 생성할 수 있다.

$S \Rightarrow y$ $\quad y \in L(G2)$

$S \Rightarrow yS \Rightarrow yy$ $\quad yy \in L(G2)$

$S \Rightarrow yS \Rightarrow yyS \Rightarrow yyy$ $\quad yyy \in L(G2)$

......

그러므로 이 문법이 유도할 수 있는 언어는 $L(G2) = \{a^n \mid n \geq 1\}$ 이다.

예 4.3

문법 $G3 = (\{S\}, \{0,1\}, P, S)$를 살펴보자. 생성규칙이 아래와 같을 때 이 문법에서 언어를 유도해 보자.

$$P : S \rightarrow 0S0 \mid 1S1 \mid 0 \mid 1$$

이 문법에서 언어 하나를 유도하면 아래와 같다.

$$S \Rightarrow 0S0 \Rightarrow 00S00 \Rightarrow 001S100 \Rightarrow 0010100$$

즉, 0010100는 이 문법으로 생성할 수 있는 여러 스트링 중의 하나이며 $L(G3)$에 속하는 언어이다.

정의 4.4

$S \Rightarrow^* \alpha$이고 $\alpha \in V^*$이면 α를 문법 G의 **문장형식**이라 하고, $S \Rightarrow^* \alpha$이고 $\alpha \in V_T{}^*$이면 α는 문법 G 의 **문장**이라 한다

정의에 따르면 시작 넌터미널로 부터 유도하는 과정에 넌터미널 심볼과 터미널 심볼이 혼합(V^*에 속한다)된 스트링을 문장형식이라 하고, 문장형식 안에 넌터미널은 더 이상 없고 터미널 스트링($V_T{}^*$에만 속한다)만 있는 경우를 문장이라 한다. 그러므로 이때의 문장은 이 문법이 생성한 언어이다.

예 4.4 문법 $G4 = (\{S, A, B\}, \{0, 1, \epsilon\}, P, S)$에서 생성규칙이 아래와 같을 때 문장 0110을 유도하면서 문장 형식을 알아보자.

$P : S \rightarrow 0A|1B|\epsilon$
$A \rightarrow 1S$
$B \rightarrow 0S$

이 문법에서 문장 0110를 유도하는 과정은 아래와 같다.

$S \Rightarrow 0A$ (생성규칙 $S \rightarrow 0A$ 적용)
$\Rightarrow 01S$ (생성규칙 $A \rightarrow 1S$ 적용)
$\Rightarrow 011B$ (생성규칙 $S \rightarrow 1B$ 적용)
$\Rightarrow 0110S$ (생성규칙 $B \rightarrow 0S$ 적용)
$\Rightarrow 0110$ (생성규칙 $S \rightarrow \epsilon$ 적용)

유도 과정에서 생성되는 $S, 0A, 01S, 011B, 0110S$는 문장형식이고, 터미널 스트링만으로 구성된 0110 은 문장이다.

실습 4.1

생성규칙이 아래와 같은 문법 $G5 = (\{S\}, \{0,1\}, P, S)$가 있다. 이 문법에서 홀수 개의 0이나 1이 있고, 그 왼쪽과 오른쪽에 동시에 0과 1이 같은 순서로 있는 언어를 유도하시오.

$P : S \rightarrow 0S0$
$S \rightarrow 1S1$
$S \rightarrow 0$
$S \rightarrow 1$

이 문법으로 생성할 수 있는 언어는 아래와 같다.

$$L(G) = \{0, 1, 000, 010, 111, 00000, \dots\}$$

예 4.5 아래 생성규칙이 있는 문법 $G6 = (\{S, A, B\}, \{x, y, \epsilon\}, P, S)$에서 문장 $xxyy$를 유도해 보자.

$$\begin{aligned} P : S &\to ASB \\ S &\to \epsilon \\ A &\to x \\ B &\to y \end{aligned}$$

이 문법에서는 문장 $xxyy$를 아래 과정을 거쳐서 유도할 수 있다.

$$\begin{aligned} S &\Rightarrow ASB && (\text{생성규칙 } S \to ASB) \\ &\Rightarrow AASBB && (\text{생성규칙 } S \to ASB) \\ &\Rightarrow AxSBB && (\text{생성규칙 } A \to x) \\ &\Rightarrow AxBy && (\text{생성규칙 } S \to \epsilon) \\ &\Rightarrow Axyy && (\text{생성규칙 } B \to y) \\ &\Rightarrow xxyy && (\text{생성규칙 } A \to x) \end{aligned}$$

그러므로 유도한 문장 $xxyy$는 $L(G6)$에 속하는 언어이다. 이 생성규칙에 따르면 문법 $G6$는 x와 y로 구성되는 스트링이지만, x 개수와 y 개수가 같고 x가 y보다 반드시 앞에 와야 한다. 물론 x나 y가 하나도 없는 널스트링도 있을 수 있다. 그러므로 이 언어를 집합으로 표현하면 아래와 같다.

$$L(G6) = \{\epsilon, xy, xxyy, xxxyyy, xxxxyyyy, xxxxxyyyyy, \dots\} = \{x^n y^n\}, n \ge 0$$

정의 4.5 어떤 두 문법 G_i과 G_j가 같은 언어를 만들면 두 문법은 서로 **동치**이다. 즉, $L(G_i) = L(G_j)$ 인 두 문법 G_i와 G_j가 존재하면 문법 G_i와 G_j는 서로 동치이다

지금까지 스트링을 생성하는 여러 문법을 살펴보았다. 이 때 유도하는 과정은 한 경우에 대해서만 적용하였다. 그러나 실질적으로는 어떤 스트링을 생성하는 유도 과정은 여러 개가 적용될 수 있다. 다시 말하면, 같은 스트링을 만드는데 생성규칙을 여러 방법(혹은 다른 순서)으로 적용할 수 있다.

실습 4.2

생성규칙이 아래와 같은 문법 $G7 = (\{S, A, B\}, \{1,0\}, P, S)$에서 여러 개의 유도과정으로 다양한 스트링을 생성하시오.

$P : S \rightarrow 1SA$
$S \rightarrow BA$
$A \rightarrow 10$
$B \rightarrow 0A$

이 문법에서는 아래와 같이 여러 유도 과정을 통하여 다양한 스트링을 생성할 수 있다.

$S \Rightarrow BA \Rightarrow 0AA \Rightarrow 010A \Rightarrow 01010$
$S \Rightarrow BA \Rightarrow B10 \Rightarrow 0A10 \Rightarrow 01010$
$S \Rightarrow 1SA \Rightarrow 1BAA \Rightarrow 1B10A \Rightarrow 1B1010 \Rightarrow 10A1010 \Rightarrow 10101010$
$S \Rightarrow 1SA \Rightarrow 1S10 \Rightarrow 1BA10 \Rightarrow 10AA10 \Rightarrow 1010A10 \Rightarrow 10101010$
$S \Rightarrow 1SA \Rightarrow 11SAA \Rightarrow 11SA10 \Rightarrow 11S1010 \Rightarrow 11BA1010 \Rightarrow 110AA1010$
$\Rightarrow 11010A1010 \Rightarrow 11010101010$
$S \Rightarrow 1SA \Rightarrow 11SAA \Rightarrow 11BAAA \Rightarrow 110AAAA \Rightarrow 11010AAA \Rightarrow 1101010AA$
$\Rightarrow 110101010A \Rightarrow 11010101010$

이 유도 과정을 살펴보면 같은 스트링을 생성하는데 여러 개의 유도 과정이 있다는 것을 알 수 있다. 즉, 스트링 01010, 10101010, 11010101010는 유도 과정이 각각 두 개씩 있다.

4.1.2 문법의 분류

인간이 사용하는 언어를 수학적으로 표현하는 여러 이론이 있는데, 촘스키는 언어를 복잡한 정도에 따라 분류하는 방식을 제안하였다[22]. 이 등급은 컴퓨터 프로그래밍 언어에도 적용되어 컴파일러가 언어를 자동으로 번역할 수 있게 되었다.

촘스키는 모든 언어를 문법으로 표현할 수 있는 방법과 제한에 따라 아래의 네 등급으로 분류하였다.

- 무제한 문법(타입 0 문법)
- 문맥-민감 문법(타입 1 문법)
- 문맥-자유 문법(타입 2 문법)
- 우-선형 문법(타입 3 문법)

무제한 문법은 상위 계층 문법으로 자연언어처럼 표현을 제한하지 않는 방법이고, **우-선형 문법**은 하위 계층 문법으로 제한이 많기 때문에 기계어 같은 제한된 언어를 표현한다. 우-선형 문법으로 자연언어를 표현하기는 어렵다. 그리고 **문맥-자유 문법**은 프로그래밍 언어 같이 어느 정도의 제한이 있는 언어를 표현하기 쉽고 컴파일러가 번역하기도 쉽다.

그림 4.1은 이와 같이 분류한 문법의 계층인데, 무제한 등급은 문맥-민감 문법을 포함하고, 문맥-민감 문법은 문맥-자유 문법을 포함한다. 또한 문맥-자유 문법은 최하위 계층인 우-선형 문법을 포함한다.

그러므로 문맥-민감 문법은 문맥-민감 언어를 생성하고, 문맥-자유 문법은 문맥-자유 언어를 생성한다. 마찬가지로 우-선형 문법은 우-선형 언어를 생성한다.

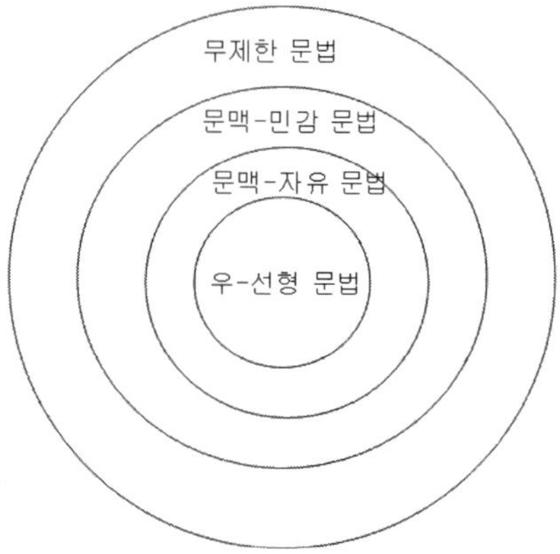

그림 4.1 문법의 분류

여기에서, 촘스키의 문법 분류를 좀 더 구체적으로 살펴보자.

$A, B, C, X, Y, Z, \ldots$는 넌터미널, x, y, z, w, ...는 터미널, $\alpha, \beta, \gamma, \ldots$는 넌터미널과 터미널의 혼합 스트링을 나타낸다. 그러면 각 문법 등급은 아래처럼 표현할 수 있다.

- **무제한 문법**은 타입 0 문법이라고도 하며, 생성규칙에 제한이 없는 문법으로 각 생성규칙의 화살표(→) 양쪽(왼쪽과 오른쪽)에는 임의의 넌터미널과 터미널 스트링이 있다. 단, ϵ 는 화살표의 오른쪽에만 올 수 있다. 아래는 무제한 문법의 생성규칙 예이다.

$$A \times B \rightarrow \mathrm{y}A \mid \epsilon$$

- **문맥-민감 문법**은 타입 1 문법이라고도 하며, 아래와 같은 생성규칙으로 구성되며 실제 컴파일러에서는 사용할 수 없다. 언어를 생성하는 도중에 문맥을 분석해야하므로, 문맥에 따라 유도 과정이 다양하게 변하기 때문이다.

$$\alpha \rightarrow \beta$$

여기에서 $|\alpha| \leq |\beta|$ 로 화살표 오른쪽 스트링 β의 길이가 α의 길이와 같거나 더 길다. 아래는 문맥-민감 문법의 생성규칙 예이다.

1. $A \rightarrow \mathrm{x}ABC$
2. $A \rightarrow \epsilon$
3. $\mathrm{x}B \rightarrow \mathrm{xy}$
4. $\mathrm{y}B \rightarrow \mathrm{yy}$
5. $\mathrm{z}B \rightarrow \mathrm{zy}$
6. $\mathrm{y}C \rightarrow \mathrm{xz}$
7. $C \rightarrow C\mathrm{z}$

아래는 이 문맥-민감 문법으로 생성할 수 있는 언어이며 다른 유도로 여러 스트링을 생성할 수 있다.

$$A \Rightarrow \mathrm{x}\underline{ABC} \Rightarrow \mathrm{xx}\underline{ABC}BC \Rightarrow \mathrm{xx}\epsilon BCBC \Rightarrow \mathrm{xx}BCBC \Rightarrow \mathrm{xxy}CBC \Rightarrow \mathrm{xxy}\underline{C}\mathrm{z}BC \Rightarrow \mathrm{xxy}C\mathrm{zy}C$$
$$\Rightarrow \mathrm{xxy}\underline{C}\mathrm{zzy}C \Rightarrow \mathrm{xxy}C\mathrm{zzy}\underline{C}\mathrm{z} \Rightarrow \mathrm{xxxzzzy}C\mathrm{z} \Rightarrow \mathrm{xxxzzzxzz}$$

- **문맥-자유 문법**은 타입 2 문법이라고도 하며, 언어를 생성하는 도중에 문맥을 분석하지 않도록 생성규칙을 구성한다. 그러므로 문맥에 제한되지 않고 주어진 생성규칙에 따라 유도한다. 아래는 문맥-자유 문법의 생성규칙이다.

$$A \rightarrow \alpha$$

여기에서 $|A|=1$ 이고, $|A| \le |\alpha|$이다. 즉, A는 **반드시 넌터미널로 한 개**이고, α는 넌터미널과 터미널이 혼합된 스트링이다. 아래는 문맥-자유 문법의 생성규칙 예이다.

$S \rightarrow \mathrm{x}AS$
$S \rightarrow \mathrm{x}$
$A \rightarrow S\mathrm{y}A$
$A \rightarrow \mathrm{yx}$
$A \rightarrow SS$

대부분의 프로그래밍 언어는 이 문맥-자유 문법 형식으로 표현한다. 이 책에서 기술하는 문법도 문맥-자유 문법으로 설명한다.

- **우-선형 문법**은 타입 3 문법이라고도 하며, 아래와 같은 생성규칙으로 구성된다.

$$A \rightarrow \mathrm{x}B \text{ 또는 } A \rightarrow \mathrm{x}$$

이 생성규칙에서 A와 B는 넌터미널이고, x는 터미널이다. 우-선형 문법은 제한이 많기 때문에 단순한 언어를 정의한다. 그러므로 식별자, 상수, 예약어 같은 단순한 어휘를 정의한다.

실습 4.3

아래의 여러 생성규칙이 있다. 촘스키의 분류에 따른 무제한 문법, 문맥-민감 문법, 문맥-자유 문법, 우-선형 문법 각각의 생성규칙을 찾아보자.

1. $\mathrm{x}S\mathrm{y} \rightarrow \mathrm{x}A\mathrm{y}B\mathrm{z}$ 2. $A \rightarrow \mathrm{y}B$ 3. $A\mathrm{y} \rightarrow \mathrm{z}C$
4. $\mathrm{y} \rightarrow AB$ 5. $S \rightarrow \mathrm{x}A\mathrm{yz}$ 6. $AB \rightarrow BAC$

이 생성규칙에서 무제한 문법은 $\mathrm{y} \rightarrow AB$와 $AB \rightarrow BAC$ 이고, 문맥-민감 문법은 $\mathrm{x}S\mathrm{y} \rightarrow \mathrm{x}A\mathrm{y}B\mathrm{z}$와 $A\mathrm{y} \rightarrow \mathrm{z}C$이다. 또 문맥-자유 문법은 $S \rightarrow \mathrm{x}A\mathrm{yz}$이고 우-선형 문법은 $A \rightarrow \mathrm{y}B$이다.

실습 4.4

어떤 언어, $L(G) = \{\epsilon, \mathrm{xyz}, \mathrm{xxyyzz}, \mathrm{xxxyyyzzz}, \ldots\} = \{\mathrm{x}^n\mathrm{y}^n\mathrm{z}^n\}$, $n \geq 0$, 는 x뒤에는 y가, y뒤에는 z가 오지만, x, y, z 각각의 개수가 반드시 같은 스트링의 집합이다. 이 언어를 생성하는 문맥-민감 언어를 구성해 보자.

이 언어는 아래와 같이 생성규칙을 만들 수 있다.

1. $A \rightarrow \mathrm{x}ABC$
2. $A \rightarrow \epsilon$
3. $CB \rightarrow CX$
4. $CX \rightarrow BX$
5. $BX \rightarrow BC$
6. $\mathrm{x}B\mathrm{z} \rightarrow \mathrm{xyz}$
7. $\mathrm{y}B\mathrm{z} \rightarrow \mathrm{yyz}$
8. $C \rightarrow C\mathrm{z}$

그러므로 이 문법은 $A \Rightarrow \mathrm{x}ABC \Rightarrow \mathrm{xx}ABCBC \Rightarrow \mathrm{xx}BCBC \Rightarrow \mathrm{xx}BCXC \Rightarrow \mathrm{xx}BBXC \Rightarrow \mathrm{xx}BBCC$ $\Rightarrow \mathrm{xxy}BCC \Rightarrow \mathrm{xxyy}CC \Rightarrow \mathrm{xxyy}C\mathrm{z} \Rightarrow \mathrm{xxyyzz}$ 와 같이 유도할 수 있다.

실습문제

1 문법 정의에서 터미널 심볼의 유한 집합인 V_T는 실제 프로그램에서 무엇을 말하는지 설명하시오. 그리고 예를 드시오.

2 언어는 어떤 문법 G의 시작 넌터미널 심볼 S로부터 유도 $\Rightarrow^+$를 적용하여 생성하는 터미널 스트링 $L(G) = \{\omega | S \Rightarrow^+ \omega, \omega \in V_T^*\}$이다. 여기서 ω는 실제 프로그램에서 무엇을 말하는지 설명하시오.

3 문법 $G3 = (\{S\}, \{0,1\}, P, S)$를 살펴보자. 생성규칙이 아래와 같을 때 이 문법에서 언어 11110100를 유도하시오. 또 0110010를 생성할 수 있는지 확인하시오.

4 문법 $G4 = (\{S, A, B\}, \{0, 1, \epsilon\}, P, S)$에서 생성규칙이 아래와 같을 때 문장 110110을 유도하면서 문장 형식을 모두 쓰시오.

$P : S \rightarrow 0A | 1B | \epsilon$
$A \rightarrow 1S$
$B \rightarrow 0S$

5 문항4의 문법 $G3$에서 생성한 언어 11110100를 집합으로 표현하시오.

6 아래의 각 문법을 촘스키 정의에 따라 분류하시오.

(1) $S \rightarrow \text{x}S\text{y} \mid \text{y}A\text{z}$
$A \rightarrow \text{y}S\text{z} \mid \text{z}$

(2) $S \rightarrow \text{x}B\text{z}$
$A \rightarrow AB \mid \text{x}$
$B \rightarrow BA \mid \epsilon$

(3) $S \rightarrow ySBx$

$ySA \rightarrow ySzz$

$Bx \rightarrow Ax$

$Sz \rightarrow z$

$A \rightarrow z$

(4) $S \rightarrow xy$

$x \rightarrow xAyB$

$AyB \rightarrow \epsilon$

7 아래 각 문법에서 넌터미널 S 에서 시작하는 유도 과정 여러 개를 보이시오.

(1) $S \rightarrow xS$

$S \rightarrow yA$

$A \rightarrow yS$

$A \rightarrow z$

(2) $S \rightarrow xSBz$

$xSA \rightarrow xSyy$

$Bz \rightarrow Az$

$Sy \rightarrow y$

8 수식 x + x + x * x + x를 유도하는 문맥-자유 문법 $CFG = (\{E, O\}, \{x, +, *\}, P, E)$의 생성규칙을 구성하시오.

4.2 문맥-자유 문법으로 프로그래밍 언어 표현하기

문맥-자유 문법은 컴파일러에 입력하는 프로그래밍 언어를 표현하는데 적당한 문법이다. 이 문맥-자유 문법은 프로그래밍 언어의 문장이나 구조를 **반복 구조로 표현**한다. 그러나 정규 수식으로는 프로그래밍 언어의 문장이나 구조를 반복적으로 표현하기 어렵다.

예를 들어, 조건문을 만드는 아래 규칙을 정규 수식으로 표현할 수 있는지 살펴보자.

「 S_1과 S_2이 각각 문장이고, E 가 수식이면 "if (E) S_1 else S_2;" 는 문장이다 」

이미 알고 있듯이 정규 수식은 대수식으로 언어를 표현하거나 생성하기 때문에 어휘 분석기에서 토큰을 분리하기에 적당한 도구이다. 그러므로 이와 같은 조건이나 반복 같은 계층 구조에 대한 규칙을 대수식이나 대수 연산으로 표현하려면 매우 어렵다. 즉, 위 규칙인 조건문의 S_1과 S_2같이 반복으로 나타나는 것이나 계층 구조는 표현할 수 없다.

그러나 이러한 반복 구조와 계층 구조도 문법의 생성규칙으로 쉽게 표현할 수 있다. 즉, 위의 규칙에서 **문장의 종류를 나타내는 이름**을 S 로, **수식을 나타내는 이름**은 E로 아래와 같이 문법으로 표현할 수 있다.

$$S \rightarrow Decl\ \ Var\ ;$$
$$S \rightarrow \mathrm{var} = A;$$
$$S \rightarrow \mathrm{if}\,(E\,)\,S\ \mathrm{else}\,S\ ;$$
$$S \rightarrow \mathrm{while}\,(E\,)\,S\ \mathrm{do}\,\{\,S\,\}\,;$$

이와 같이 정규 수식으로는 표현하기 어려운 언어도 문맥-자유 문법으로는 표현하기 쉽다.

예 4.6 수식 x + x + x + x + x 와 같이 더하기를 반복으로 연산하는 문법 $G = (\{E\}, \{\mathrm{x}, +\}, P,\ E)$를 구성해 보자. 이 수식에서 터미널 심볼은 x와 연산자 + 이고, 더하기 연산만 반복한다. 그러므로 수식을 표현하려면 터미널 심볼 x는 넌터미널 E에서 유도하고, 터미널 심볼 +는 넌터미널 E 에서 $E + E$를 유도하도록 아래와 같이 반복한다.

$$E \Rightarrow E + E \Rightarrow^{*} E + E + E + E + E \Rightarrow^{*} \mathrm{x} + \mathrm{x} + \mathrm{x} + \mathrm{x} + \mathrm{x}$$

이렇게 하려면 아래와 같은 생성규칙을 구성한다.

$$P: E \rightarrow E + E$$
$$E \rightarrow \mathrm{x}$$

수식 x+x+x+x+x 을 이 생성규칙으로 아래와 같이 유도할 수 있다(밑줄 있는 넌터미널 심볼을 대치한다).

$$E \Rightarrow \underline{E} + E$$
$$\Rightarrow \underline{E} + E + E$$
$$\Rightarrow \underline{E} + E + E + E$$

$\Rightarrow \underline{E} \quad +E \quad +E+E+E$

$\Rightarrow x+\underline{E} \quad +E \quad +E+E$

$\Rightarrow x+x \ +\underline{E} \quad +E+E$

$\Rightarrow x+x+x+\underline{E} \ +E$

$\Rightarrow x+x+x+x+\underline{E}$

$\Rightarrow x+x+x+x+x$

> **예 4.7** 수식 x + x − x * x / x 와 같이 사칙 연산을 수행할 수 있는 문법 $G = (\{E, O\}, \{x, +, -, *, /\}, P, E)$를 구성해 보자. 이 수식에서 터미널 심볼은 x와 연산자 +, −, *, / 이다. 그러므로 이 수식을 표현하려면 터미널 심볼 x는 넌터미널 E에서 유도하고, 터미널 심볼 +, −, *, / 는 산술 연산자를 생성하는 넌터미널 O에서 유도하도록 아래와 같이 반복한다.
>
> $$E \Rightarrow E \quad OE \Rightarrow^{*} E \quad OE \quad OE \quad OE \quad OE \Rightarrow^{*} x+x-x*x/x$$

이 유도 과정은 아래의 생성규칙을 따른다.

$P: E \rightarrow E \ O \ E$

$E \rightarrow x$

$O \rightarrow +$

$O \rightarrow -$

$O \rightarrow *$

$O \rightarrow /$

수식 x + x − x * x / x 은 이 생성규칙으로 아래와 같이 유도할 수 있다(밑줄 친 넌터미널 심볼을 대치한다).

$E \Rightarrow \underline{E} \quad OE$

$\Rightarrow \underline{E} \quad OE \quad OE$

$\Rightarrow \underline{E} \quad OE \quad OE \quad OE$

$\Rightarrow \underline{E} \quad OE \quad OE \quad OE \quad OE$

$\Rightarrow x \quad OE \quad OE \quad OE \quad OE$

$\Rightarrow x+\underline{E} \quad OE \quad OE \quad OE$

$\Rightarrow x+x \quad OE \quad OE \quad OE$

$\Rightarrow x+x-\underline{E} \quad OE \quad OE$

$\Rightarrow x+x-x OE \quad OE$

$\Rightarrow x+x-x*\underline{E} \quad OE$

$\Rightarrow x+x-x*x \ OE$

$\Rightarrow x + x - x * x / \underline{E}$

$\Rightarrow x + x - x * x / x$

지금까지 어떤 문법으로 해당 언어를 생성할 수 있다는 것을 살펴보았다. 그리고 위 예 4.6이나 예 4.7과 같이 생성규칙의 → 기호 왼쪽에 넌터미널이 **한 개만 오도록** 하면, 유도 과정에서 대치할 넌터미널이 한 개만 있기 때문에 문맥의 어느 부분을 대치할 것이지를 의식할 필요가 없다. 즉, 문맥에서 벗어나 자유롭게 유도한다. 그러므로 이러한 문법으로 프로그래밍 언어를 표현할 수 있도록 문법을 정의해 보자.

정의 4.6

문맥-자유 문법은 $CFG = (V_N,\ V_T,\ P,\ S)$로 구성한다. 여기에서 각 구성요소는 아래와 같다.

1. V_N 은 넌터미널 심볼의 유한 집합이다.
2. V_T 은 터미널 심볼의 유한 집합으로 $V_N \cap V_T = \varnothing$, $V_N \cup V_T = V$ 이다. V는 알파벳 집합이다.
3. P 는 생성규칙의 유한 집합으로 아래 형식이다.
   $A \rightarrow \alpha$, ($A \in V_N$, $\alpha \in V^*$, $|A|=1$ 이고 $|A| \leq |\alpha|$)
4. S 는 시작 심볼이며 $S \in V_N$ 이다.

예 4.8 정의에 따라 괄호와 음수를 포함하는 산술 수식을 생성하는 문맥-자유 문법을 구성하자. 연산에 사용할 연산자는 터미널 심볼로 $V_T = \{x, +, -, *, /, (,)\}$이며, 넌터미널 심볼은 $V_N = \{E, O\}$이다. 그러므로 문맥-자유 문법 $CFG = (\{E, O\}, \{x, +, -, *, /, (,)\},\ P,\ E)$의 생성규칙은 아래와 같이 구성할 수 있다.

$P : E \rightarrow E \quad O\, E$

$E \rightarrow (E\ )$

$E \rightarrow -E$

$E \rightarrow x$

$O \rightarrow +$

$O \rightarrow -$

$O \rightarrow *$

$O \rightarrow /$

실습 4.5

문맥-자유 문법 $CFG = (\{E, O\}, \{x, +, -, *, /, (,)\}, P, E)$에서 아래의 각 산술 수식을 유도하는 과정을 보이시오. 생성규칙은 다음과 같다.

$$P : E \rightarrow E\ O\ E \mid (E) \mid -E \mid x$$
$$O \rightarrow + \mid - \mid * \mid /$$

(1) x * x * x

$\underline{E} \Rightarrow E\ O\underline{E} \Rightarrow E\ O\ E\ O\underline{E} \Rightarrow E\ O\ E\ \underline{O}x \Rightarrow E\ O\underline{E}\ *x \Rightarrow E\ \underline{O}x\ *x$
$\Rightarrow \underline{E}\ *x\ *x \Rightarrow x\ *x\ *x$

(2) x −(−x) − x

$\underline{E} \Rightarrow E\ O\underline{E} \Rightarrow E\ O\ E\ O\underline{E} \Rightarrow E\ O\ E\ \underline{O}x \Rightarrow E\ O\underline{E}\ -x \Rightarrow E\ O(\underline{E})-x$
$\Rightarrow E\ O(-\underline{E})-x \Rightarrow E\ \underline{O}(-x)-x \Rightarrow \underline{E}\ -(-x)-x \Rightarrow x-(-x)-x$

(3) x + x * x

$\underline{E} \Rightarrow E\ O\underline{E} \Rightarrow E\ O\ E\ O\underline{E} \Rightarrow E\ O\ E\ \underline{O}x \Rightarrow E\ O\underline{E}\ *x \Rightarrow E\ \underline{O}x\ *x$
$\Rightarrow \underline{E}\ +x\ *x \Rightarrow x\ +x\ *x$

(4) x * x − x

$\underline{E} \Rightarrow E\ O\underline{E} \Rightarrow E\ O\ E\ O\underline{E} \Rightarrow E\ O\ E\ \underline{O}x \Rightarrow E\ O\underline{E}\ -x \Rightarrow E\ \underline{O}x\ -x$
$\Rightarrow \underline{E}\ *x\ -x \Rightarrow x\ *x\ -x$

(5) x − x / (x +x)

$\underline{E} \Rightarrow E\ O\underline{E} \Rightarrow E\ O\ E\ O\underline{E} \Rightarrow E\ O\ E\ O(\underline{E}) \Rightarrow E\ O\ E\ O(E\ O\underline{E})$
$\Rightarrow E\ O\ E\ O(E\ \underline{O}x) \Rightarrow E\ O\ E\ O(\underline{E}\ +x) \Rightarrow E\ O\ E\ \underline{O}(x+x)$
$\Rightarrow E\ O\underline{E}\ /(x+x) \Rightarrow E\ \underline{O}x\ /(x+x) \Rightarrow \underline{E}\ -x\ /(x+x) \Rightarrow x\ -x\ /(x+x)$

지금까지 문맥-자유 문법의 개념을 살펴보았다. 이렇게 표현한 문법을 컴퓨터에 입력할 수 있어야 한다. 즉, 넌터미널과 터미널을 구별해야 하고, 정의 기호인 "→"를 컴퓨터 키보드에서 나타내야 한다. 이와 같이 문맥-자유 문법을 컴퓨터에 입력 가능하도록 다른 형식인 백커스-나우어 폼으로 표현한다. 즉, 넌터미널은 <>로, 정의 기호인 "→"는 ::=로 나타내면 컴퓨터 키보드에서 표현가능하고 입력도 쉽다. 그러므로 생성규칙 $S \rightarrow x\,S\,y \mid \epsilon$는 BNF는 아래와 같이 표기할 수 있다.

$$<S> ::= x <S> y \mid \epsilon$$

문맥-자유 문법 표기와 백커스-나우어 폼 표기는 같은 의미이다.

예 4.8에 있는 괄호와 음수를 포함하는 산술 수식을 생성하는 문맥-자유 문법 $CFG = (\{E, O\},$ $\{x, +, -, *, /, (,)\},\ P,\ E)$을 백커스-나우어 폼으로 나타내면 아래와 같다.

P : <*E*> ::= <*E*> <*O*> <*E*>
<*E*> ::= (<*E*>)
<*E*> ::= − <*E*>
<*E*> ::= x
<*O*> ::= +
<*O*> ::= −
<*O*> ::= *
<*O*> ::= /

또한 문맥-자유 문법을 이해하기 쉽도록 그림으로 나타낼 수 있는데, **유도 트리**는 생성규칙에서 해당하는 규칙을 선택하여 유도하는 과정을 시각적인 트리로 표현한다. 그러므로 이 유도 트리는 문장의 문법 구문을 계층적으로 보이게 한다.

문맥-자유 문법 $CFG = (V_N, V_T, P, S)$ 이고, $\omega \in V_T^*$ 일 때 유도 트리는 아래와 같이 그린다(그림 4.2).

1. 각 노드는 알파벳 $V(V_N \cup V_T)$에 있는 심볼 중의 하나이다.
2. 루트 노드는 시작 심볼 S 이다.
3. $N \in V_N$ 이면, N 노드에는 서브 트리가 하나는 있어야 한다.
4. $S \rightarrow N_1 N_2 \ \ldots N_n \in P$ 이면, N 노드를 루트로 하고 $N_1, N_2, \ldots, N_n$를 N 노드의 서브 트리로 한다. 서브트리는 가장 왼쪽부터 $N_1, N_2, \ldots, N_n$ 의 순서로 구성된다.

그러므로 유도 트리의 중간 노드는 넌터미널 노드에 해당하고, 터미널 노드는 잎 노드에 해당한다.

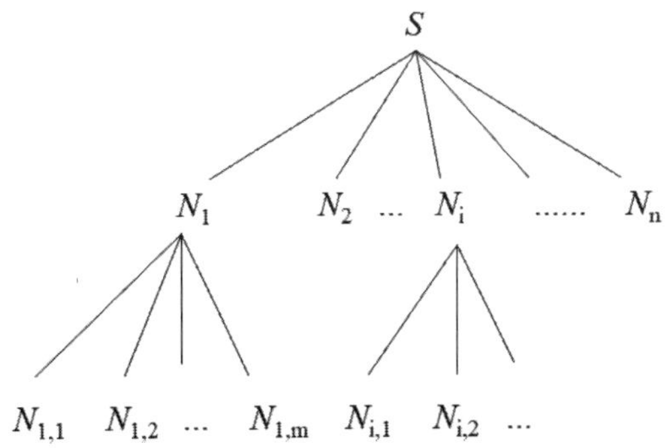

그림 4.2 유도 트리 구성

실습문제

1 문맥-자유 문법은 컴파일러에 입력하는 프로그래밍 언어를 표현하는데 적당한 문법이다. 그 이유를 설명하시오.

2 수식 x − x − x − x − x 를 연산할 수 있도록 문맥-자유 문법을 구성하시오.

3 문항 2에서 구성한 문법으로 수식 x − x − x − x − x − x − x를 우단 유도하시오.

4 사칙 연산 수식을 수행할 수 있는 문법 $G = (\{E, O\}, \{x, +, -, *, /\}, P, E)$에서 생성규칙은 아래와 같다.

$$
\begin{aligned}
P: & E \rightarrow E \;\; O\, E \\
& E \rightarrow x \\
& O \rightarrow + \\
& O \rightarrow - \\
& O \rightarrow * \\
& O \rightarrow /
\end{aligned}
$$

(1) 수식 x − x * x − x / x를 좌단 유도하시오.
(2) 수식 x + x − x − x + x를 좌단 유도하시오.
(3) 수식 x * x * x * x / x를 우단 유도하시오.

5 문맥-자유 문법 $G = (\{E, O\}, \{x, +, -, *, /, (,)\}, P, E)$의 생성규칙은 아래와 같다.

$$
\begin{aligned}
P: & E \rightarrow E \;\; O\, E \\
& E \rightarrow (E\ ) \\
& E \rightarrow -E \\
& E \rightarrow x \\
& O \rightarrow + \\
& O \rightarrow - \\
& O \rightarrow * \\
& O \rightarrow /
\end{aligned}
$$

(1) x * (x * x) 를 우단 유도하시오.

(2) x −(−x) − (−x) 를 우단 유도하시오.

(3) x + (x + x) * x 를 우단 유도하시오.

6 아래 생성규칙을 BNF 로 변환하시오.

$P : E \rightarrow E + E \quad | E * E \quad | (E) | - E \quad |$ x

7 백커스−나우어 폼으로 표현된 아래 문맥−자유 문법 CFG = ({E, O}, {x, +, −, *, /, (,)}, P, E)을 전형적인 문맥−자유 문법으로 나타내시오.

P : <E> ::= <E> <O> <E>
<E> ::= (<E>)
<E> ::= − <E>
<E> ::= x
<O> ::= +
<O> ::= −
<O> ::= *
<O> ::= /

8 C 프로그래밍 언어에서 x =+ y와 x =− y는 각각 어떤 의미인지 설명하고, 이러한 수식과 할당문을 생성하는 문맥−자유 문법을 구성하시오. 또 x++와 ++x를 생성하는 문법을 구성하시오.

9 문항 5의 문법으로 x −(−x) − (−x)를 좌단 유도하는 유도 트리를 보이시오.

4.3 문법의 불명확성

프로그램이 올바르게 실행하려면 프로그램을 명확하게 기술해야 한다. 그렇게 하려면 프로그래밍 언어를 나타내는 문법을 명확하게 정의해야 한다. 그러므로 어떤 문법이 명확하지 않으면 명확하게 바꾸어야 한다. 이 절에서는 문법의 불명확성을 해결하는 방법을 살펴본다.

4.3.1 불명확한 문법을 명확한 문법으로 재구성하기

일단 어떤 **문법의 불명확성**을 이해하기 위해 위에서 언급한 문맥-자유 문법을 다시 살펴보자.

한 문맥-자유 문법 $CFG = (\{E, O\}, \{\text{x}, +, -, *, /, (,)\}, P, E)$ 이 있다.

$$P : E \rightarrow E \ \ O E \ \ |(E)| - E \mid \text{x}$$
$$O \rightarrow + \mid - \mid * \mid /$$

이 문법에서 산술 수식 x + x * x 를 생성하는 유도 트리 형성 과정은 그림 4.3과 같다.

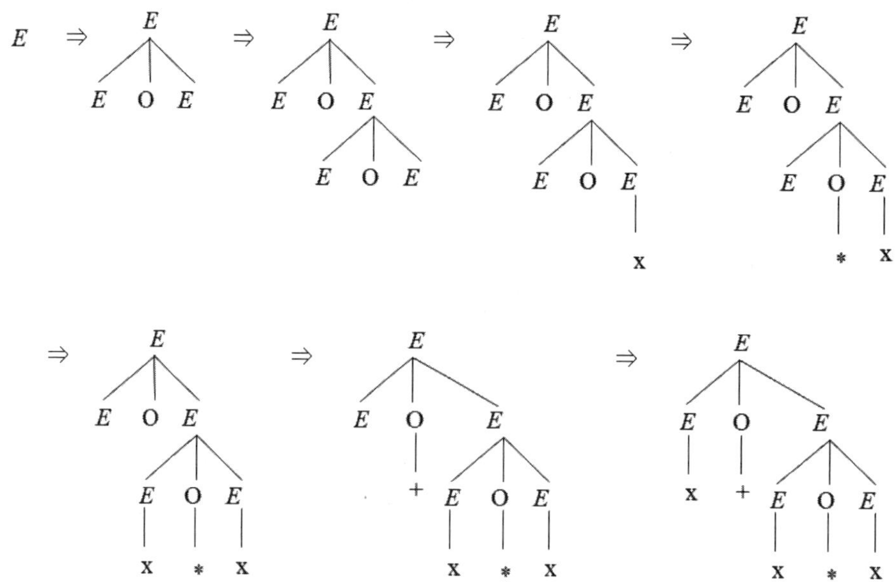

그림 4.3 산술 수식 x + x * x 의 유도 트리

그림 4.3에서 산술 수식 x + x * x 에 대한 유도 트리는 두 번째 유도의 **가장 오른쪽**에 있는 넌터미널 심볼 E를 가장 먼저 x로 유도하고, **왼쪽으로 가면서** O, E 순으로 *와 x를 유도한다. 그러나 그림 4.4의 유도 트리는 두 번째 유도의 **가장 왼쪽**에 있는 넌터미널 심볼 E를 가장 먼저 x로 유도하고, **오른쪽으로 가면서** 넌터미널 심볼 O, E 순으로 +와 x를 유도한다.

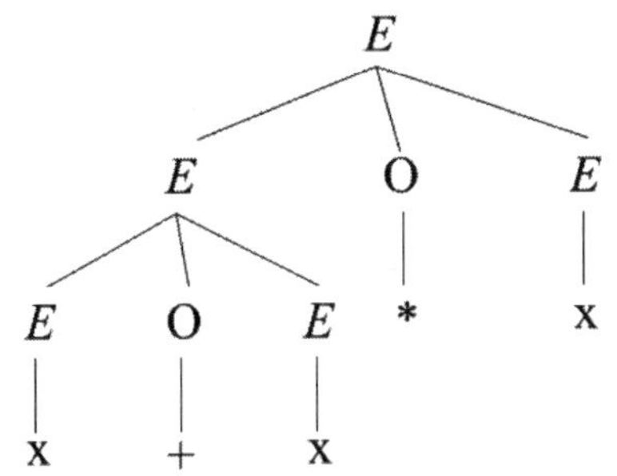

그림 4.4 산술 수식 x + x * x 의 또 다른 유도 트리

그림 4.3과 그림 4.4에서 보듯이 유도 과정에서 가장 오른쪽 넌터미널부터 심볼을 대치하여 유도할 수도 있고, 가장 왼쪽부터 심볼을 대치하여 유도할 수도 있다. 즉, **문장 형식**에서 어느 넌터미널을 먼저 선택하여 유도할 것인가는 연산자의 우선순위 결정은 물론이며, 프로그래밍 언어의 의미를 해석할 때 매우 중요하다.

유도 과정인 $\alpha_0 \Rightarrow \alpha_1 \Rightarrow \ldots\ \alpha_i \Rightarrow \ldots \Rightarrow \alpha_n$ $(0 \le i \le n-1)$에서 문장 형식 α_i 에 있는 가장 왼쪽 넌터미널에 생성규칙을 적용하여 α_{i+1} 가 유도되면 **좌단 유도**라 한다. 그러므로 문장 형식 α_i 에 있는 가장 오른쪽 넌터미널에 생성규칙을 적용하여 α_{i+1} 가 유도되면 **우단 유도**이다.

아래의 산술 수식 x + x * x 의 유도 결과는 모두 우단 유도로 스트링을 생성한다.

$$\underline{E} \Rightarrow E\ \ O\underline{E} \Rightarrow E\ \ OE\ \ O\underline{E} \Rightarrow E\ \ OE\ \ \underline{O}\mathrm{x} \Rightarrow E\ \ O\underline{E}\ \ {*}\mathrm{x} \Rightarrow E\ \ \underline{O}\mathrm{x}\ {*}\mathrm{x}$$
$$\Rightarrow \underline{E}\ \ +\mathrm{x}\ {*}\mathrm{x} \Rightarrow \mathrm{x}\ +\mathrm{x}\ {*}\mathrm{x}$$

그러나 아래는 같은 산술 수식 x + x * x 에 대한 좌단 유도 과정이다.

$$\underline{E} \Rightarrow \underline{E}\ \ OE \Rightarrow \underline{E}\ \ OE\ \ OE \Rightarrow \mathrm{x}\ \ \underline{O}E\ \ OE \Rightarrow \mathrm{x}+\underline{E}\ \ OE \Rightarrow \mathrm{x}+\mathrm{x}\ \underline{O}E$$
$$\Rightarrow \mathrm{x}+\mathrm{x}*\underline{E} \Rightarrow \mathrm{x}\ +\mathrm{x}\ *\mathrm{x}$$

이와 같이 문맥-자유 문법에서 어느 스트링에 대해 **여러 개의 유도 트리**를 만들 수 있으면 그 문법을 **불명확**하다고 한다. 문법이 불명확하면 언어는 여러 의미로 해석할 수 있다. 프로그래밍 언어에서는 한 문장이 여러 의미로 해석되면 다른 코드를 생성하여 결과가 다르기 때문에 문법이 명확해야 한다. 즉, 어느 스트링을 생성하는 유도 트리는 **반드시 하나만** 있어야 한다.

예를 들어, 그림 4.3의 유도 트리는 수식 x + x * x를 x + (x * x)와 같은 의미로 유도한 트리이며, 그림 4.4의 유도 트리는 (x + x) * x와 같은 의미로 유도한 트리이다. 즉, 서로 다른 의미로 해석할 수 있는 트리가 두 개 존재하므로 이 문법은 불명확하다고 할 수 있다. 연산자 우선순위에 따르면 그림 4.3의 유도 트리가 올바른 의미이다. 이와 같이 어느 문법이 불명확한 경우에는 컴파일러나 프로그래밍 언어에서 사용할 수 없기 때문에 명확한 문법으로 변환해야 한다.

이와 같이 문법의 불명확성을 해결하는 방법 중 하나가 문법을 재구성하여 명확히 하는 것이다. 예를 들어, 아래 산술연산 수식의 문법을 살펴보자.

$$G8 = (\{E\}, \{+, *, (,), \mathrm{x}\}, P, E)$$
$$P: E \rightarrow E + E$$
$$E \rightarrow E * E$$
$$E \rightarrow (E)$$
$$E \rightarrow \mathrm{x}$$

이 문법은 이미 앞에서 살펴본 것처럼 명확하지 않은 문법이기 때문에 같은 입력 스트링에 대해 두 개의 유도 트리를 생성한다. 즉, 아래 각 경우에 따라 더하기와 곱하기 연산자의 우선순위를 다르게 결정한다.

(1) 좌단 유도를 할 것인지 또는 우단 유도를 할 것인지?

(2) $E + E$ 를 먼저 선택할 것인지 또는 $E * E$ 를 먼저 선택할 것인지?

그러므로 곱하기 연산자가 더하기 연산자보다 먼저 수행하도록 생성규칙을 정의하려면 좌단 유도를 할 것인지 우단 유도를 할 것인지를 결정해야 한다. 또한 생성규칙 $E + E$ 와 $E * E$ 에서 어느 것을 먼저 선택하더라도 연산자 우선순위가 변하지 않도록 해야 한다.

이렇게 하려면 생성규칙을 다시 쓴다.

$$P: E \rightarrow E + E \mid E * E$$

기본적으로는 $E + E$ 와 $E * E$ 중에서 임의로 하나를 선택하지 않는다. 연산자 우선순위는 * 가 + 보다 높기 때문에 $E * E$ 가 먼저 유도되도록 $E + E$ 와 $E * E$ 각각에 별도의 생성규칙을 적용한다.

이러한 개념으로 이 문법을 곱하기 텀(Multiply Term, M)인 $E * E$ 가 먼저 유도되도록 아래와 같이 우선순위가 명확하도록 다시 쓸 수 있다.

$$G8' = (\{E', M, F\}, \{+, *, (,), \mathrm{x}\}, P', E')$$
$$P': E' \rightarrow E' + M$$
$$E' \rightarrow M$$
$$M \rightarrow M * F$$

$M \rightarrow F$
$F \rightarrow (E')$
$F \rightarrow \mathrm{x}$

이와 같이 어떤 문법을 의미가 같은 다른 문법으로 재구성할 수 있다. 그림 4.5는 $G8'$ 문법에서 스트링 x + x * x를 유도하는 과정으로 유도 트리가 **오직 하나만 존재**한다는 것을 보여준다. 즉, 이 $G8'$ 문법은 명확한 문법이며, 서브 트리는 연산자 우선순위 규칙에 따른 부분 수식이다. 즉, 곱하기 연산이 더하기 연산보다 우선순위가 높다는 것을 알 수 있다(트리의 레벨이 낮은 서브 트리를 먼저 연산하므로 곱하기 연산의 우선순위가 높다). 또한 x + x + x 처럼 같은 우선순위의 연산자가 연속으로 있으면 왼쪽 결합법칙을 적용하여 왼쪽 연산자부터 오른쪽으로 차례로 연산한다.

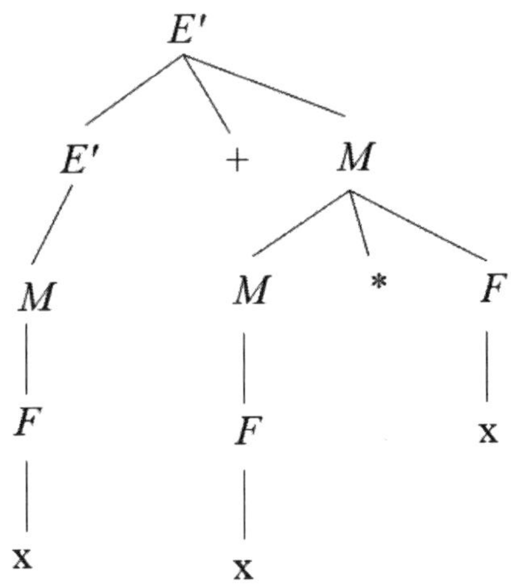

그림 4.5 스트링 x + x * x을 재구성한 명확한 문법($G8'$)의 유도 트리

실습 4.6

문법, $G8'$,에서 유도되는 트리는 오직 하나만 존재한다는 것과 이 문법이 명확하다는 것을 증명하시오.

실습 4.7

아래 문법 $G9$에서 스트링 x+x+x를 좌단 유도와 우단 유도 과정을 보이고 각 경우의 유도 트리를 그리시오. 또한 유도 트리에서 연산자 우선순위를 비교하시오. 이때 연산자 결합법칙을 비교한다.

$$G9 = (\{E\}, \{+, *, (,), x\}, P, E)$$

$$\begin{aligned} P: & E \rightarrow E+E \\ & E \rightarrow E*E \\ & E \rightarrow (E) \\ & E \rightarrow x \end{aligned}$$

이 문법 $G9$에서는 좌단 유도 과정과 우단 유도 과정은 아래와 같다. 여기에서 밑줄이 있는 넌터미널 심볼은 대치할 심볼이다. 그러므로 좌단 유도는 가장 왼쪽 넌터미널 심볼부터 우단 유도는 가장 오른쪽 넌터미널 심볼부터 대치한다.

좌단 유도: $\underline{E} \Rightarrow \underline{E}+E \Rightarrow \underline{E}+E+E \Rightarrow x+\underline{E}+E \Rightarrow x+x+\underline{E} \Rightarrow x+x+x$

우단 유도: $\underline{E} \Rightarrow E+\underline{E} \Rightarrow E+E+\underline{E} \Rightarrow E+\underline{E}+x \Rightarrow \underline{E}+x+x \Rightarrow x+x+x$

또한 각 경우의 유도 과정을 유도 트리로 나타내면 그림 4.6과 같다. 이 경우에 좌단 유도는 외쪽 더하기부터 연산하도록 명확하게 유도하지만, 우단 유도는 오른쪽 더하기부터 연산하도록 유도하기 때문에 연산자 결합법칙이 성립하지 않는다. 결국 이 문법은 연산자 결합법칙이 성립하지 않는 우단 유도 트리를 만들기 때문에 명확하지 않은 문법이다.

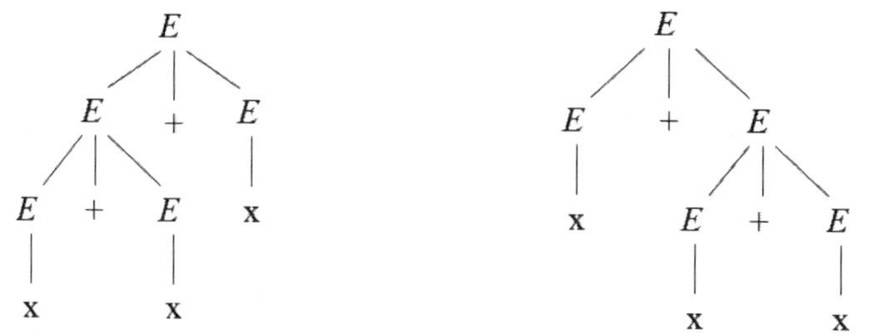

좌단 유도 트리　　　　우단 유도 트리

그림 4.6 문법 $G9$에 의한 스트링 x + x + x의 좌단 유도 트리와 우단 유도 트리

실습 4.8

문법 $G9$에서 스트링 x+x*x를 유도하는 과정에서 $E+E$ 를 먼저 선택하는 경우와 $E*E$ 를 먼저 선택하는 경우의 유도 트리를 그리시오. 그리고 연산자 우선순위를 비교하시오.

문법 $G9$에서는 $E+E$ 를 먼저 선택하는 경우의 유도 과정과 $E*E$ 를 먼저 선택하는 경우의 유도 과정은 각각 아래와 같다.

$E+E$ 를 먼저 선택하는 경우:

$\underline{E} \Rightarrow \underline{E} + E \Rightarrow x + \underline{E} \Rightarrow x + \underline{E} * E \Rightarrow x + x * \underline{E} \Rightarrow x + x * x$

$E*E$ 를 먼저 선택하는 경우:

$\underline{E} \Rightarrow \underline{E} * E \Rightarrow \underline{E} + E * E \Rightarrow x + \underline{E} * E \Rightarrow x + x * \underline{E} \Rightarrow x + x * x$

이와 같은 유도 과정을 거치므로 유도 트리는 그림 4.7과 같으며 유도 트리에서 보듯이 곱하기 연산자와 더하기 연산자의 우선순위가 바뀐다. $E+E$를 먼저 선택하고 좌단 유도하면 곱하기연산을 먼저 수행하고, $E*E$ 를 먼저 선택하고 좌단 유도를 수행하면 더하기 연산을 먼저 수행한다.

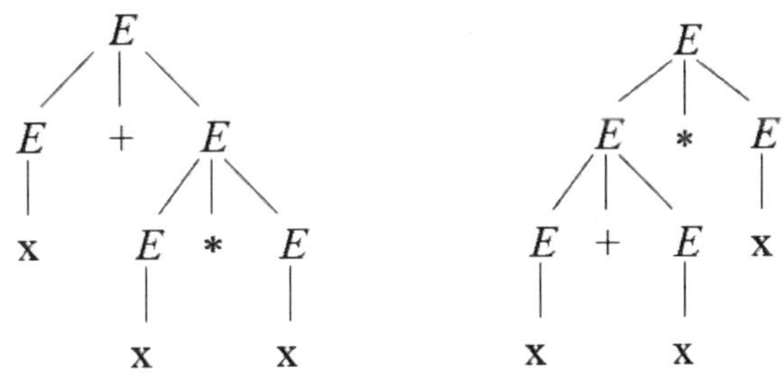

그림 4.7 문법 $G9$에서 $E + E$와 $E * E$의 우선 선택에 따른 두 유도 트리(연산자 우선순위 바뀜)

4.3.2 불명확한 if 문 구조

연산 수식 문법뿐 아니라 조건문에서도 불명확성을 발견할 수 있다. 아래 문법으로 불명확성을 좀 더 살펴보자.

$G10 = (\{S, If, Cond, Block, Agn\}, \{\text{if}, \text{else}\}, P, S)$

P : $S \rightarrow Block$

$S \rightarrow Agn$

$S \rightarrow If$

$Cond \rightarrow E$

$Block \rightarrow S$

$Agn \rightarrow \text{var} = E$;

$If \rightarrow \text{if } Cond\ S$

$If \rightarrow \text{if } Cond\ S \quad \text{else } S$

이 문법 $G10$에서 $Cond$는 "참 값"과 "거짓 값"를 구하는 조건 수식이며, S는 문장으로 블록(복합문), 할당문, if문이 있다. 여기서 S_1, S_2, S_3은 S의 순서이다. 문법으로 아래 조건문의 유도 트리를 구성하면 그림 4.8과 같다.

if E_1 S_1 **else if** E_2 S_2 **else** S_3

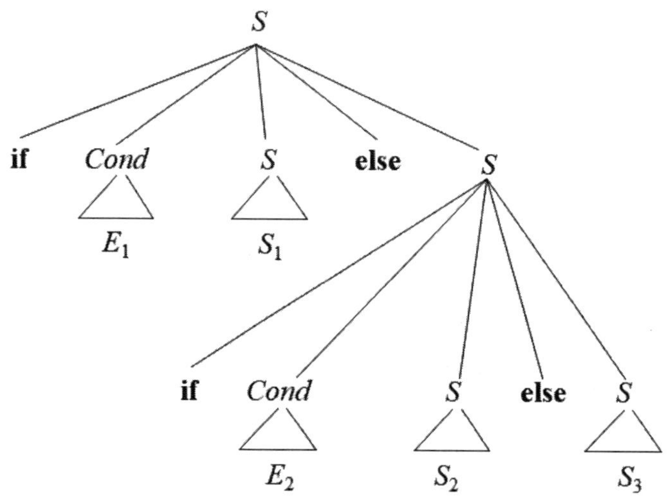

그림 4.8 문법 $G10$에서 유도한 조건문 if E_1 S_1 else if E_2 S_2 else S_3의 유도 트리

그러나 이 문법 $G10$으로 아래 조건문의 유도 트리를 구성해 보자.

if E_1 **if** E_2 S_1 **else** S_2

이 문장은 유도과정에서 아래와 같이 두 경우의 생성규칙을 적용할 수 있다.

(1) $If \rightarrow \text{if } Cond\ S$ 을 적용

(2) $If \rightarrow \text{if } Cond\ S \quad \text{else } S$ 을 적용

즉, 어느 생성규칙을 적용하는가에 따라 아래와 같이 두 의미를 가진다.

(1) if E_1 if $\underline{E_2}$ $\underline{S_1}$ else $\underline{S_2}$
└→ 밑줄 부분은 E_1 이 참인 경우 실행하는 문장

(2) if E_1 if $\underline{E_2}$ $\underline{S_1}$ else S_2
└→ 밑줄 부분은 E_1 이 참인 경우 실행하는 문장

그러므로 이 문법은 그림 4.9와 같이 두 개의 다른 유도 트리가 생성된다.

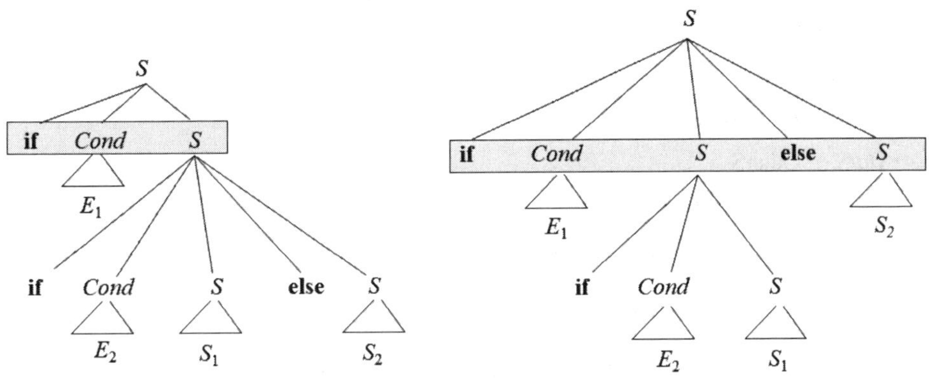

그림 4.9 조건문 if E_1 if E_2 S_1 else S_2 에 대한 두 개의 유도 트리

이와 같이 조건문 if E_1 if E_2 S_1 else S_2 은 "참"인 경우에 실행하는 문장이 두 개가 있고, 각각 다른 의미를 가지기 때문에 이 문법도 명확한 문법이 아니다.

여기에서 조건문을 유도하는 문법도 불명확하다는 것을 알았다. 그러므로 이 문법을 명확한 문법으로 변환하려면 "참"과 "거짓"의 값에 따라 실행하는 부분이 항상 일정하도록 변환해야 한다. 즉, "참" 인 경우의 실행부분(then 이하 부분)과 "거짓" 인 경우의 실행 부분(else 이하 부분)을 아래처럼 **가장 가까운 것끼리 매치**하도록 변환한다.

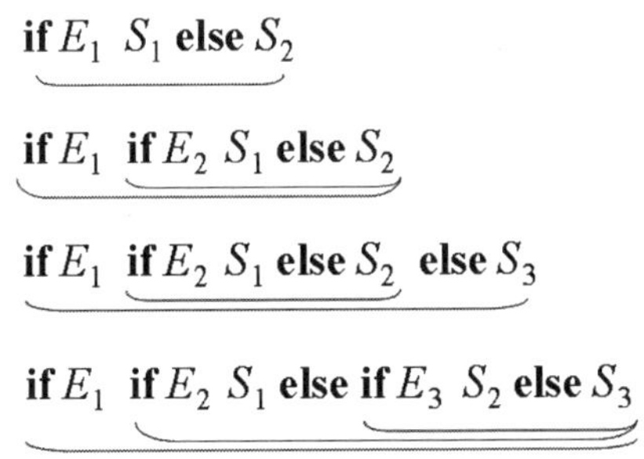

이 문법 *G*10은 명확한 문법 *G*10' 처럼 다시 쓸 수 있다.

*G*10' = ({*S*, *If*, *Cond*, *MatS*, *UnmatS*}, {if, else}, *P*, *S*)

P : $S \rightarrow Block$

$S \rightarrow Agn$

$S \rightarrow If$

$Cond \rightarrow E$

Block → *S*

Agn → var = *E* ;

If → *MatS*

If → *UnmatS*

MatS → if *Cond MatS* else *MatS*

MatS → OtherS

UnmatS → if *Cond If*

UnmatS → if *Cond MatS* else *UnmatS*

이와 같이 명확한 문법으로 변환한 문법은 두 종류의 if 문이 있다. 하나는 '참'(then)이 '거짓'(else)와 매치하는 if 문이고, 하나는 '참'(then)이 '거짓'(else)와 매치하지 않는 if 문이다. 넌터미널 OtherS는 if 문장 외의 다른 문장(while, assignment, for,....)을 생성하는 규칙이다.

그림 4.10은 if 문 구조를 나타내는 스트링 if *Cond* if *Cond* OtherS else OtherS 의 유도 트리이다.

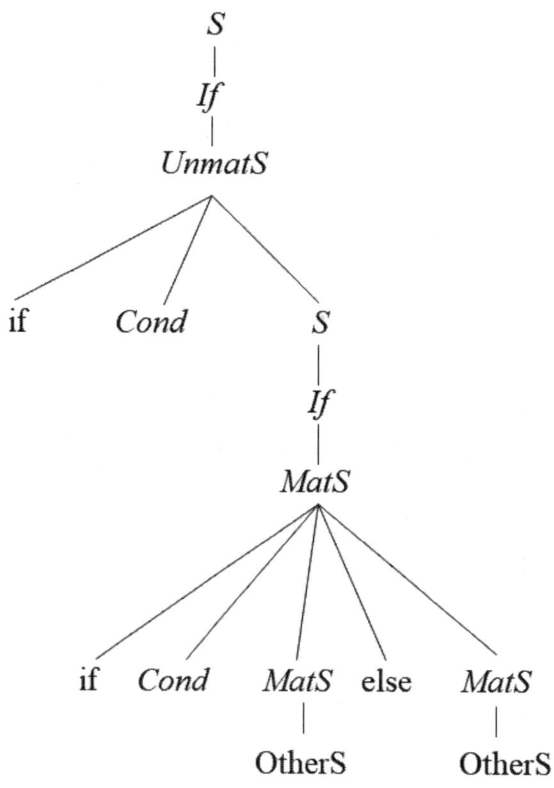

그림 4.10 불명확성을 제거한 if 문의 유도트리

실습문제

1 한 문맥-자유 문법 $G = (\{E, O\}, \{x, +, -, *, /, (,)\}, P, E)$ 이 있다.

$$P : E \rightarrow E\ O\ E \mid (E) \mid -E \mid x$$
$$O \rightarrow + \mid - \mid * \mid /$$

이 문법에서 산술 수식 x +x *(x+x) − x를 좌단 유도와 우단 유도한 유도 트리를 그리시오. 결과를 분석하시오.

2 어떤 문법의 좌단 유도한 유도 트리이다. 이 유도 트리의 '신택스 트리'를 보이시오.

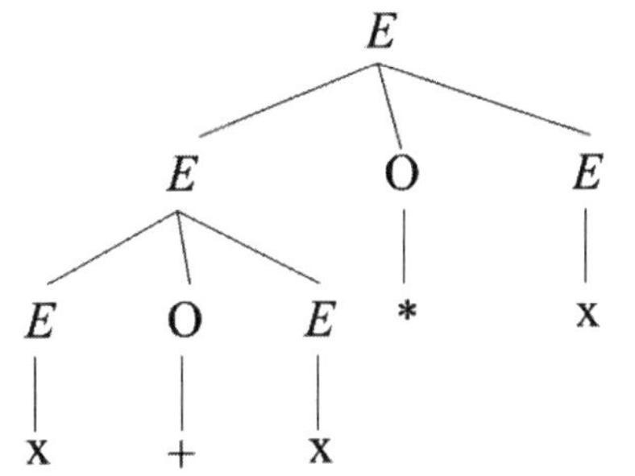

3 아래 문법은 연산자 우선순위를 적용할 수 있다. 그 이유를 설명하시오.

$$G = (\{E, M, F\}, \{+, *, (,), x\}, P, E)$$

$P : E \rightarrow E + M$

$E \rightarrow M$

$M \rightarrow M * F$

$M \rightarrow F$

$F \rightarrow (E)$

$F \rightarrow x$

4 아래 문법이 명확한 문법인지 불명확한 문법인지 설명하시오. 그 이유를 설명하시오.

$$G = (\{E\}, \{+, *, \mathrm{x}\}, P, E)$$

$$\begin{aligned} P: & E \to E + E \\ & E \to E * E \\ & E \to \mathrm{x} \end{aligned}$$

5 아래 각 문법이 명확한 문법인지 검사하시오.

(1) $E \to \mathrm{x}E+ \mid AA$

$A \to \mathrm{z} \mid E$

(2) $E \to A\mathrm{x}A \mid A + A$

$A \to \mathrm{z} \mid E$

(3) $E \to \mathrm{x}E + E \mid \mathrm{x}E \mid \mathrm{z}$

$E \to \mathrm{z}$

(4) $E \to \mathrm{x}E + \mathrm{z} \mid AB$

$A \to \mathrm{x}$

$B \to \mathrm{y}$

6 아래 주어진 문법으로 각 if 문을 생성하는 모든 유도 트리를 보이시오.

$$G = (\{S, \mathit{If}, \mathit{Cond}\}, \{\mathrm{if}, \mathrm{else}\}, P, S)$$

$$\begin{aligned} P: & S \to \mathit{If} \\ & \mathit{If} \to \mathrm{if}\ \mathit{Cond}\ S \\ & \mathit{If} \to \mathrm{if}\ \mathit{Cond}\ S\ \ \mathrm{else}\ S \end{aligned}$$

(1) if Cond S

(2) if Cond S if Cond if Cond S else S

4.4 푸시다운 기계와 번역기

문맥-자유 문법은 **푸시다운 기계**가 인식한다. 푸시다운 기계는 유한 상태 기계와 마찬가지로 입력 심볼에 따라 현재 상태에서 다른 상태로 이동하면서 스트링을 인식하는 이론이다. 다만, 푸시다운 기계는 임시 **저장 장소**가 있어서 유한 상태 기계처럼 단순하게 상태 이동만 하는 것이 아니라 보다 지능적이다. 이 절에서는 문맥-자유 문법을 인식하는 푸시다운 기계를 간략하게 설명한다.

4.4.1 푸시다운 기계

푸시다운 기계도 유한 상태 기계와 마찬가지로 이론적이고 추상적인 기계이다. 즉, 유한 상태 기계는 어휘 분석에 유용하고, 푸시다운 기계는 문법의 구문 분석에 유용하다. 푸시다운 기계는 아래와 같이 정의한다.

정의 4.7

입력 심볼 x에 대한 **푸시다운 기계(M)**는 M=(S, λ, ∧, Γ, s_0, Q, F)와 같이 7 개의 요소로 구성되는 시스템이다. 여기에서 각 요소는 아래와 같다.

S : 상태의 유한 집합(빈상태는 없음)
λ : 입력 심볼의 유한 집합
∧ : 스택에 있는 심볼의 유한 집합
Γ : 현재 상태에서 입력된 새 심볼에 따라 전이할 상태를 알려주는 상태 전이 함수로
$S\times(\lambda\cup\{\lambda\})\times\wedge\rightarrow S\times\wedge^*$의 부분집합
$Q\in\wedge$: 스택의 시작 심볼
s_0 : 시작 상태로, $s_0\in S$
F : 수락 상태의 유한 집합으로, $F\subseteq S$

푸시다운 기계는 Q를 제외한 6개의 요소로 정의할 수도 있는데, 이때의 전이함수는 $S\times(\lambda\cup\{\lambda\})\times(\wedge\cup\{\lambda\})\rightarrow S\times\wedge^*$의 부분집합이며 스택의 초기상태는 λ로 간주한다

푸시다운 기계는 **현재 상태, 입력 심볼, 스택의 톱** 심볼에 따라 동작하므로 **상태 전이함수**에 의해 아래처럼 동작한다.

Γ(현재 상태, 입력 심볼, 스택의 톱 심볼) → (새로운 상태, 스택에 푸시할 스트링)

예를 들어, Γ(sᵢ, x, A) → (sⱼ, BC)로 s_i,는 현재 상태, x는 입력 심볼, A는 현재 스택에 있는 톱 심볼이며, s_j는 전이함수에 의해 전이한 상태, BC는 스택에 들어갈 심볼이다.

푸시다운 기계는 그림 4.11과 같이 상태 전이 테이블, 스택(스택이 없으면 유한 상태 기계이다), 입력 큐로 구성한다.

- 스택에는 입력한 심볼(X)이 들어가며(#는 스택 바닥) 맨 처음 상태는 시작 심볼만 들어있다.
- 입력 스트링에서 문자 ↲는 입력의 끝을 나타낸다.
- 상태전이 테이블에는 푸시, 팝, 새로운 상태, 수락, 에러(거부) 등의 내용이 있다.
- 푸시는 입력 심볼 X를 스택에 넣으라는 의미이고 팝은 스택에서 해당하는 심볼을 제거하라는 의미이다.
- 새로운 상태는 현재 상태에서 전이가 일어날 새로운 상태이며 수락은 이 언어를 인식한다는 의미이다.

푸시다운 기계는 이러한 정보를 이용하여 스택의 톱 심볼과 입력 심볼에 해당하는 내용을 테이블에서 찾아서 다음 상태로 이동하는데, 이때 해당하는 푸시, 팝, 수락, 거부 등의 행동을 수행한다. 그러므로 수락이나 거부에 따른 수행을 마치면 입력 스트링이 수락할 수 있는 언어인지 아닌지를 결정한다.

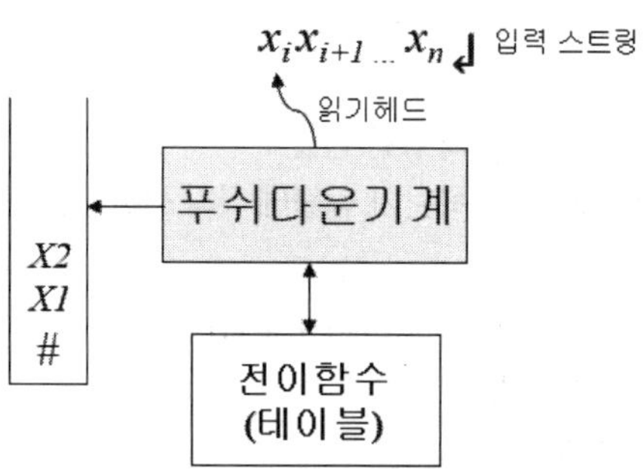

s (상태)		입력 심볼				
		x_1	x_2	...	x_n	↲
스택 심볼	X	내용	내용	...	내용	내용
	#	내용	내용	...	내용	내용

그림 4.11 스택을 사용하는 푸시다운 기계와 전이함수 테이블

그림 4.12는 아래 문법의 푸시다운 기계의 동작을 테이블로 나타낸 예이다(이 테이블을 만드는 과정은 뒷부분에서 다룬다).

$$S \rightarrow ASB$$
$$S \rightarrow \epsilon$$
$$A \rightarrow \mathrm{x}$$
$$B \rightarrow \mathrm{y}$$

이 테이블에서 상태는 s_1과 s_2가 있는데 여기에서 s_1 은 시작 상태이다. 각 상태마다 전이 테이블이 있으며 내용은 상태, 푸시, 팝, 수락, 거부가 있다.

s_1	x	y	↵
X	s_1, 푸시(X)	s_2, 팝	거부
#	s_1, 푸시(X)	거부	수락

s_2	x	y	↵
X	거부	s_2, 팝	거부
#	거부	거부	수락

그림 4.12 푸시다운 기계의 상태 전이 테이블 예

그림 4.12의 상태 전이 테이블을 이용하여 입력 스트링 xxyy을 인식해보자. s_1에서는 x를 읽은 후에 X를 스택에 넣고, s_2에서는 y를 읽은 후에 스택에서 X 빼낸다. 아래 그림에서 왼쪽은 스택이고 오른쪽은 연속으로 들어오는 입력 스트링이다.

먼저, 단계1에서 # 와 x 심볼을 매치하면 상태는 s_1이 되며, 행위는 푸시(X)이므로 스택이 단계2처럼 구성된다.

단계 1. (s_1, 푸시(X))

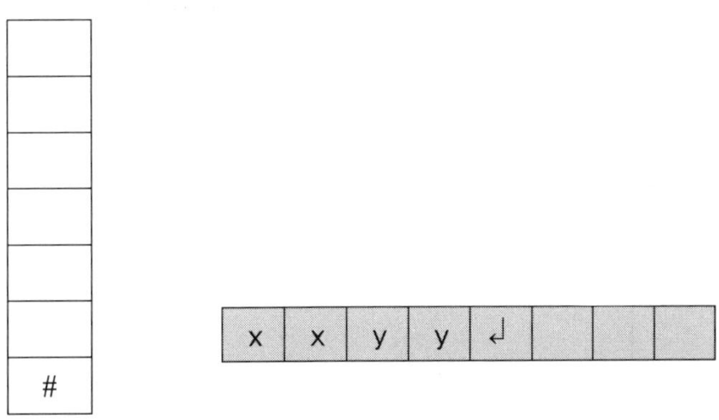

단계2의 X가 입력 심볼 x를 매치하면 상태는 s_1이 되며 행위는 푸시(X)이므로 스택은 단계3과 같다.

단계 2. (s_1, 푸시(X))

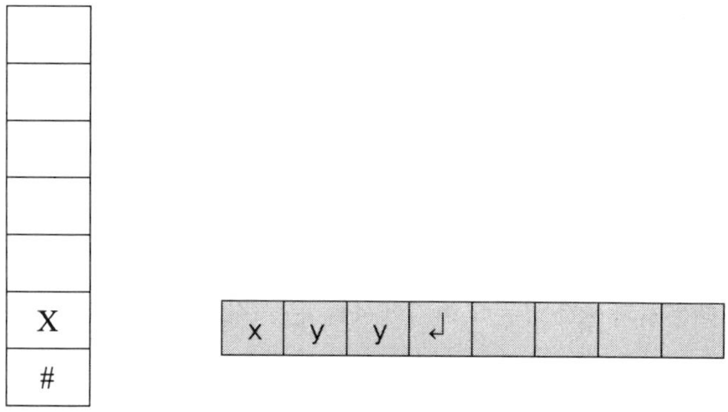

단계3에서 X와 입력 y와 매치하면 상태는 s_2가 되며 팝하여 스택은 단계4와 같다.

단계 3. (s_2, 팝)

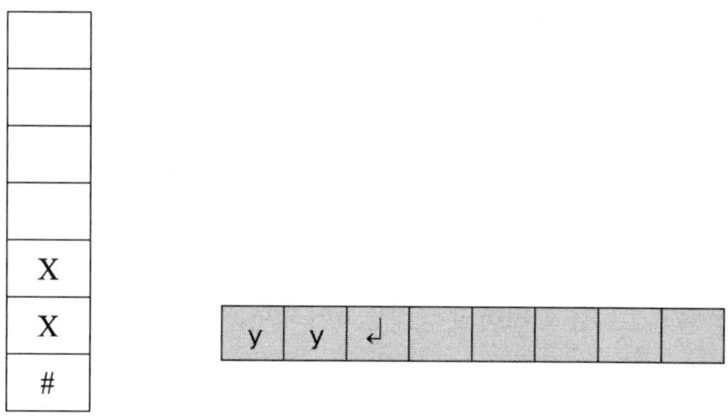

단계4에서 X가 y를 매치하면 상태는 s_2이며 팝하여 스택은 단계5와 같이 변한다.

단계 4. (s_2, 팝)

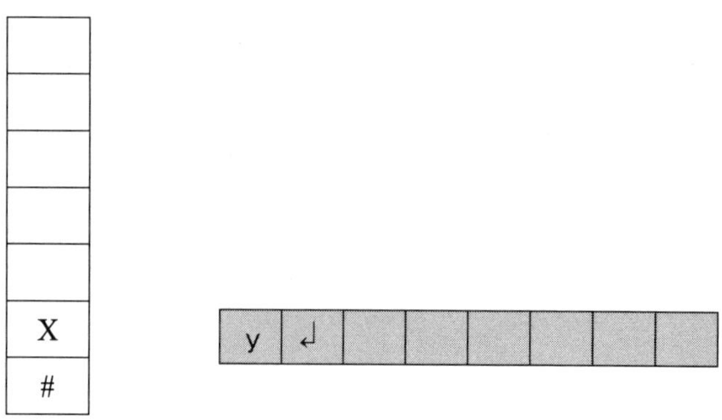

단계5의 s_2에서 #와 ↵를 매치하면 행위는 수락이 되어 이 스트링은 이 기계가 인식할 수 있다. 그러므로 그림 4.12의 푸시다운 기계에서 수락하는 언어는 $x^n y^n (n \geq 0)$이다.

단계 5. (수락)

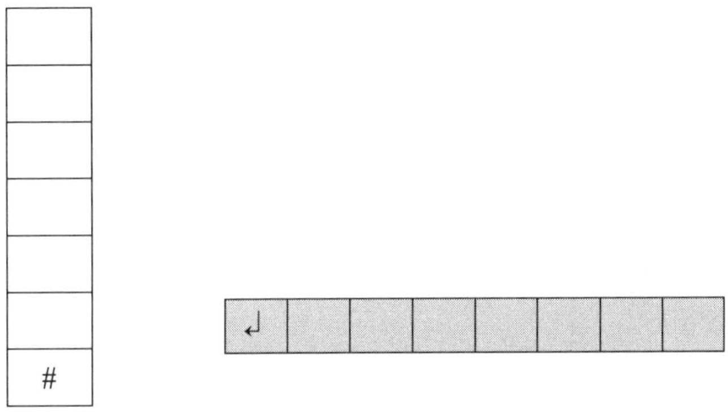

실습 4.9

수식에서는 왼쪽 괄호의 수와 오른쪽 괄호의 수가 같아야 한다. 즉, (x−y−z) * ((w/4.0)−5)처럼 왼쪽과 오른쪽 괄호의 수가 매치한다. 입력 심볼이 왼쪽 괄호와 오른쪽 괄호로만 구성된 스트링으로 들어올 때 괄호의 수를 매치하여 수락하는 푸시다운 기계를 구성하시오. 또 이 언어를 유한 상태 기계로 인식할 수 있는지 없는지 설명하시오. 푸시다운 기계의 상태 전이 테이블은 아래와 같다.

s_1	(	)	↵
X	s_1, 푸시(X)	s_1, 팝	거부
#	s_1, 푸시(X)	거부	수락

이 기계에서 ((( )))를 인식하는 스택의 상태변화는 아래와 같다. 아래 그림에서 왼쪽은 스택이고 오른쪽은 연속으로 들어오는 입력 스트링이다.\

단계 1. (s_1, 푸시(X))

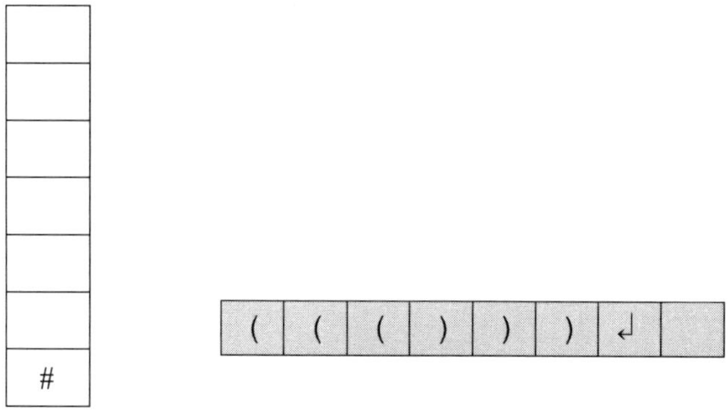

단계 2. (s_1, 푸시(X))

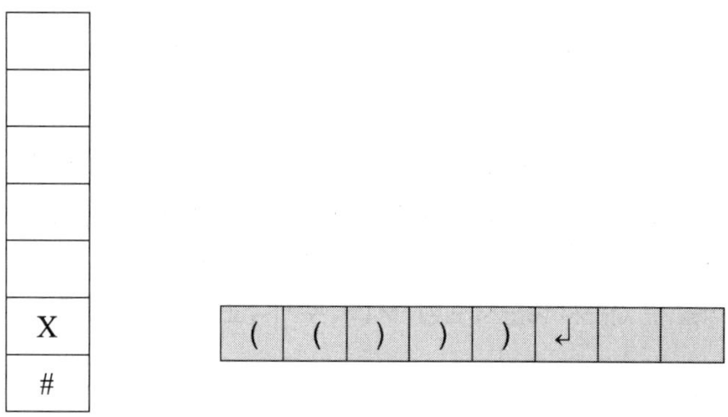

단계 3. (s_1, 푸시(X))

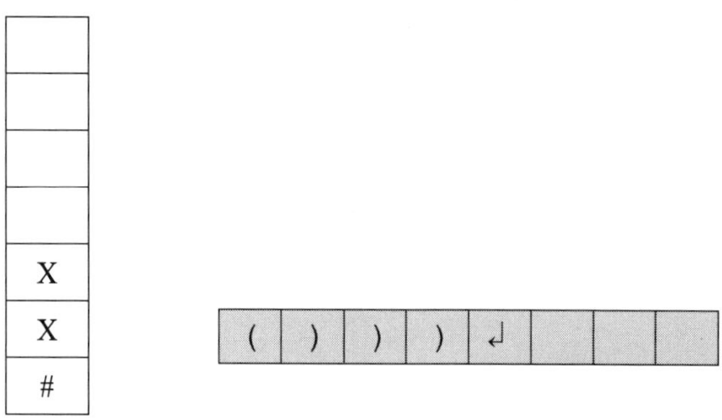

단계 4. (s_1, 팝)

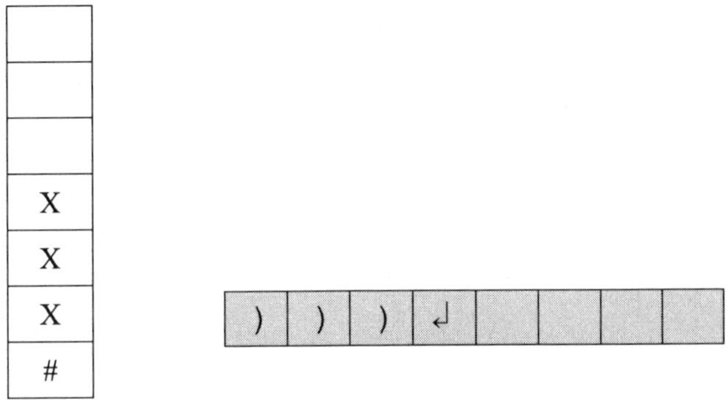

단계 5. (s_1, 팝)

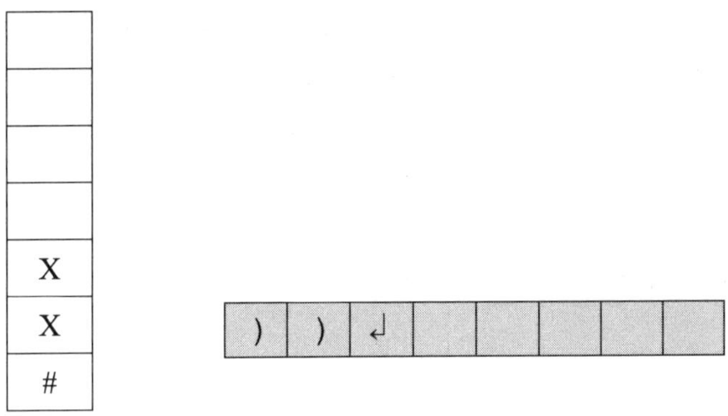

단계 6. (s_1, 팝)

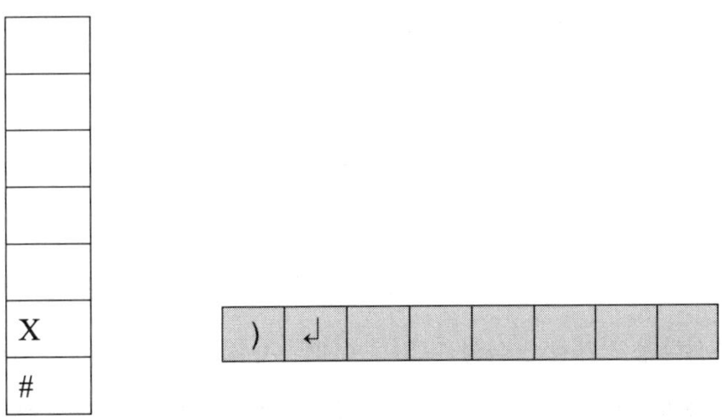

단계 7. (수락)

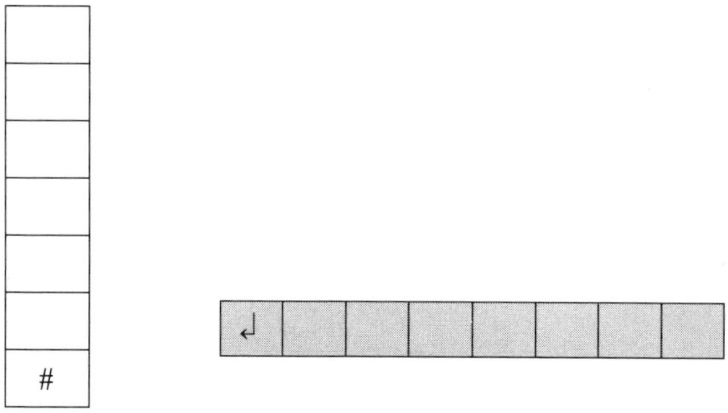

앞에서 언급한 유한 상태 기계로는 이 언어 ((()))를 인식할 수 없다. 맨 처음 나타나는 오른쪽 괄호와 대응하는 왼쪽 괄호가 앞 쪽에 무한하게 있을 수 있기 때문이다.

푸시다운 번역기는 앞에서 언급한 푸시다운 기계의 특성에 **출력 함수**를 추가한 기계이다. 이 출력 함수는 상태 전이 테이블에 포함되어 있으며, 상태를 변경하기 전에 지정한 내용(기계어 코드 등)을 출력한다. 컴파일러는 바로 푸시다운 번역기를 적용하는 것이다.

4.4.2 언어의 등급과 인식 기계

앞에서 살펴본 것과 같이 우선형 문법(정규 수식)으로 정의하는 언어는 유한 상태 기계로 인식할 수 있다. 즉, 유한 상태 기계로 인식할 수 있는 언어는 우선형 문법으로 정의할 수 있다. 유한 상태 기계, 우선형 문법, 정규수식 중에서 어느 하나만 정의하면 다른 것으로도 변환할 수 있다 [2].

푸시다운 기계는 결정형 기계이다. **결정형** 기계는 입력에 따라서 지정한 동작이 반드시 하나만 있다. 문맥-자유 문법으로 정의하는 언어는 결정형 푸시다운 기계로 인식할 수 있다. 이와 같이 결정형 푸시다운 기계로 인식하는 문맥-자유 언어의 일부를 결정형 문맥-자유 언어라 한다. 그러나 결정형 푸시다운 기계로 인식할 수 없는 문맥-자유 언어도 있는데, 이러한 언어에는 비결정형 푸시다운 기계가 필요하다. 비결정형 푸시다운 기계는 입력에 따라 **경로가 여러 개 존재**한다는 의미이다. 즉, **비결정형** 기계는 동작이 하나도 없거나 여러 개 있어서 하나를 선택할 수 있다. 그러므로 비결정형 푸시다운 기계로는 큰 등급의 언어를 만들 수 있다.

이와 같이 언어는 등급에 따라 각기 해당 인식기가 필요하며, 이러한 인식 기술은 컴파일러나 자연어를 번역하는 중요한 기술이다. 언어가 단순할수록 인식기도 간단하며, 언어의 질이 높거나 속성이 복잡할수록 더욱 지능적이고 강력한 인식기가 필요하다.

아래는 각 언어의 등급에 따른 인식기이다.

문 법	언 어	인식기
무제한 문법(타입 0)	반복 나열 집합	튜링 기계
문맥-민감 문법(타입 1)	문맥-민감 언어	선형 기계
문맥-자유 문법(타입 2)	문맥-자유 언어	푸시다운 기계
정규 문법(타입 3)	정규 언어	유한 상태 기계

실습문제

1 푸시다운 기계가 유한 상태 기계와 근본적으로 다른 점을 설명하시오.

2 아래 각 언어를 인식할 수 있는 푸시다운 기계를 구성하시오.

(1) $x^*(x+y)z^*$

(2) $\{x^2y^3\}$

(3) $\{x^nzy^m\}$, $m>n>0$

(4) $\{x^ny^m\}$, $n>m>0$

(5) $\{x^my^mz^nw^n\}$, $m, n \geq 0$

(6) $\{x^ny^mz^nw^m\}$, $m, n>0$

3 컴파일러가 수식을 번역하는 도중에 수식을 후위 표기법으로 표현하거나 사용하는 경우가 있다. 그 이유를 설명하시오.

4 아래의 각 중위표기법을 후위표기법으로 변환하시오.

(1) x * x * x↲
(2) (x − x) + x↲
(3) (−x)↲
(4) (−x + x)↲

5 후기표기법으로 표현한 수식 * + x x * x x 를 유도하는 문맥−자유 문법을 구성하시오.

6 문항 5에서 구성한 문법으로 후기표기법으로 표현한 수식 * − y x + y x 를 유도하는 과정을 기술하시오. 또 유도 트리를 보이시오.

7 알파벳 {0, 1}에 대해 정규 수식으로 언어를 만들 수 있다. 이 언어를 생성하는 정규 문법을 구성하시오.

8 상태 전이 테이블의 행위에서 '거부'는 어떤 의미이며, 상태 전이 도중 '거부'가 나타나면 푸시다운 기계는 어떻게 행동하는지 설명하시오.

9 어떤 푸시다운 기계의 상태 전이 테이블은 아래와 같다. 이 기계에서 ((( ))) 를 인식하는 과정을 스택의 상태변화로 표현하시오.

s_1	(	)	↲
X	s_1, 푸시(X)	s_1, 팝	거부
#	s_1, 푸시(X)	거부	수락

제05장
어휘 분석

어휘 분석

앞에서 정규 수식, 문법과 유한 상태 기계, 푸시다운 기계 등 컴파일러를 구현하는데 필요한 기초 이론을 살펴보았다. 어휘 분석 단계를 구현하려면 이러한 이론적인 배경이 있어야 하는데, 이 이론들은 원시 프로그램에 쓰인 단어를 분리하고 속성을 구별한다.

이미 언급하였듯이 언어를 수학적인 이론이나 도구로 표현하는 이유는 컴퓨터는 언어를 인간처럼 융통성 있게 이해할 수 없기 때문이다. 즉, 컴퓨터 프로그램은 문법에 정해진 규칙이나 방법으로만 기계어로 번역할 수 있기 때문에, 정해진 방법으로만 번역할 수 있도록 일정한 규칙으로 표현하는 것이다.

이 장에서는 이러한 기초 이론을 바탕으로 **어휘 분석기**를 구현하는 기법을 알아본다. 어휘 분석 단계는 원시 프로그램에서 단어를 구별하고 분리하여 토큰으로 만들어 낸다. 이때 각 토큰의 속성을 알 수 있도록 토큰 식별번호와 해당하는 값을 토큰마다 할당한다. 이렇게 하기 위해 식별자를 모은 **심볼 테이블**과 상수 값을 모은 **상수 테이블**도 같이 만든다. 이 토큰들은 어휘 분석 다음 단계인 구문 분석 단계에 입력되어 문법 구조와 대조하면서 프로그램이 올바르게 작성되었는지를 검사한다.

5.1 유한 상태 기계의 구현

지금까지 언어를 표현하는 방법과 단어를 분리하는 개념을 살펴보았다. 컴퓨터가 언어를 자동으로 이해하도록 규칙을 제공하는 의미에서 유한 상태 기계는 어휘 분석기의 행위를 표현하기 좋은 도구이다.

5.1.1 유한 상태 기계 구성 개요

먼저, 어휘를 분석하기 위해 유한 상태 기계가 어떻게 동작하는지 살펴보자. 즉, 입력에 대해 유한 상태 기계가 수행하는 행위를 알아본다. 그림 5.1은 유한 상태 기계의 구현 개념으로 입력하는 스트링에서 문자를 하나씩 읽는다. 방금 읽어 들인 문자를 테이블의 현재 상태와 비교하여 해당하는 다음 상태로 전이가 일어나도록 한다(즉, 다음 상태로 변경한다). 그런 다음 입력 스트링에서 다음 문자를 읽어 들인다.

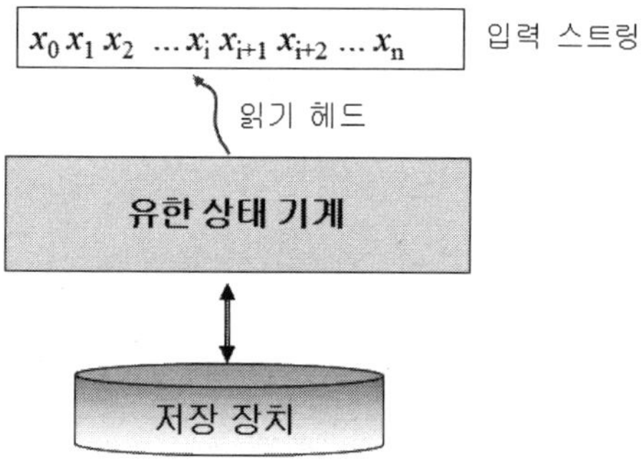

그림 5.1 유한 상태 기계의 구현

유한 상태 기계는 아래와 같이 전이 함수를 테이블(배열로 선언)로 구성하여 프로그램으로 구현할 수 있다. 이 프로그램에서 순환을 정상으로 마치면 입력한 스트링(언어)을 수락하는 것이다. 프로그램이 정상적으로 종료하지 않으면 테이블에서 해당하는 상태가 존재하지 않았기 때문에 스트링은 수락되지 않는다. 즉, 언어가 올바르게 작성되지 않았다는 의미이다.

```
function FSM( )
{
  int State = 100;  SymbolCh = 100;
  int MapFn[StateNo][SymbolCh];  /* 상태 전이 테이블, 상태수, 심볼문자 */
```

```
                    /* 상태는 입력되어 있음 */
int inchar, startSt, state;        /* 입력 심볼, 시작 상태, 다음 상태 */
scanf(&inchar);                    /* 스트링에서 맨 처음 문자 읽음 */
state = startSt;
while ( !eof()) {
    state = MapFn[state][inchar];  /* 상태 전이 테이블의 비교와 변경 */
    scanf(&inchar);                /* 스트링에서 다음 문자 읽음 */
    }
}
```

5.1.2 어휘 분석에의 적용

여기에서는 유한 상태 기계를 어휘 분석기에 어떻게 활용하는가를 살펴보자. 이미 앞에서 살펴본 식별자를 인식하는 유한 상태 기계를 구성해 본다. 일반적으로 프로그래밍 언어에서 사용하는 식별자 속성은 아래와 같다.

> "첫 글자는 반드시 영어 알파벳 문자이고,
> 그 뒤부터는 영어 알파벳 문자와 숫자가 섞여서 표현되는 단어이다"

그러므로 식별자는 HAKBUN, Computer, K007, STUD2020 처럼 표현한다. 만약 영어 알파벳 집합은 {A, B,···, Z, a, b, ..,z }이고, 수의 집합은 {0, 1, 2, ···, 9}라 하면, 식별자는 아래와 같이 정규 수식으로 나타낼 수 있다.

$$\{A, B, \cdots, Z, a, b, .., z\}\ (\{A, B, \cdots, Z, a, b, .., z\} + \{0, 1, 2, \cdots, 9\})^*$$

이 정규 수식을 정규 정의로 표현하기 위해 각 집합을 letter와 digit라는 이름으로 정의하면 아래와 같다.

letter = {A, B,···, Z, a, b, .., z }
digit = {0, 1, 2, ···, 9 }

그러므로 이 정규 정의로 식별자(identifier)를 나타내려면 맨 앞에는 반드시 영어 문자(letter)가 오고, 그 뒤에는 영어 문자와 숫자(digit)가 조합하여 반복으로 나타날 수 있으므로 아래처럼 쓸 수 있다.

identifier = letter(letter + digit)*

또한 이 정규 정의를 유한 상태 기계로 나타내기 위해 아래 두 경우를 살펴보자.

(1) 영어 알파벳이 제일 앞에 나타나야 하므로, 시작 상태에서 letter의 한 원소가 입력되면 letter 상태로 전이되도록 한다. 계속하여 영어 알파벳이 입력되면 letter 상태에 있도록 한다.

(2) 이어서 영어 알파벳이나 숫자가 혼합하여 연속으로 입력되더라도 letter 상태 혹은 digit 상태로 있도록 한다.

그러므로 식별자에 대해 최종적으로 구성되는 유한 상태 기계는 아래와 같다.

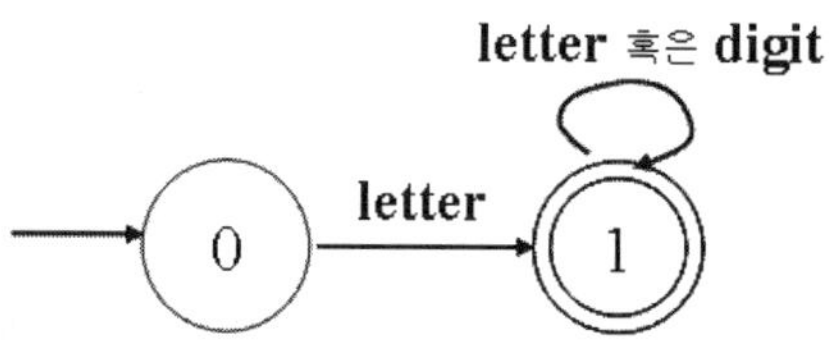

이 유한 상태 기계는 맨 처음에는 반드시 영어 알파벳으로 시작하고, 그 뒤에는 여러 개의 영어 문자나 숫자로 구성된 식별자를 인식하다. 예를 들어, 식별자 KNU, K007, WorldCup2006는 각각 아래와 같이 인식할 수 있다. ⓪와 ①는 상태 번호이다.

APP에 대해: ⓪ $\rightarrow^{A}$ ① $\rightarrow^{P}$ ① $\rightarrow^{P}$ ① 로 수락

K007에 대해: ⓪ $\rightarrow^{K}$ ① $\rightarrow^{0}$ ① $\rightarrow^{0}$ ① $\rightarrow^{7}$ ① 로 수락

STUD2020에 대해: ⓪ $\rightarrow^{S}$ ① $\rightarrow^{T}$ ① $\rightarrow^{U}$ ① $\rightarrow^{D}$ ① $\rightarrow^{2}$ ① $\rightarrow^{0}$ ① $\rightarrow^{2}$ ① $\rightarrow^{0}$ ① 로 수락

그러나 84JUN와 TT% 은 인식할 수 없다.

20FEB에 대해: ⓪ $\rightarrow^{2}$? (이동할 다음 상태를 모른다)

TT%에 대해: ⓪ $\rightarrow^{T}$ ① $\rightarrow^{T}$ ① $\rightarrow^{\%}$? (이동할 다음 상태를 모른다)

그림 5.2은 식별자를 인식하는 유한 상태 기계와 자연수를 인식하는 유한 상태 기계를 결합한 유한 상태 기계이다.

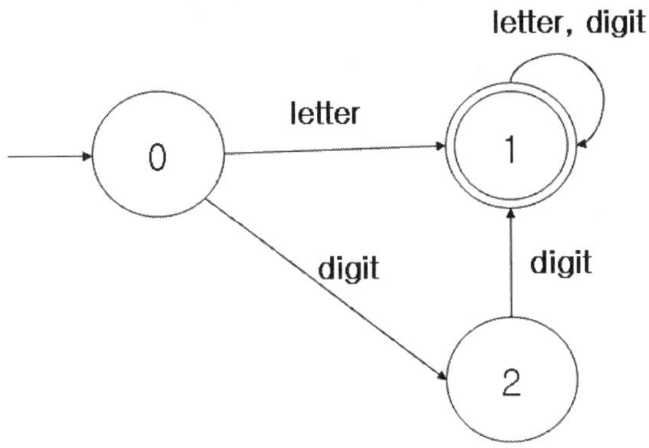

그림 5.2 식별자와 자연수를 인식하는 유한 상태 기계

그림 5.2의 유한 상태 기계는 맨 앞에 **반드시 숫자 두 개가 연속**으로 나오는 자연수를 인식할 수 있다. 예를 들어, 숫자 123이나 654는 각각 아래와 같이 인식한다.

123에 대해: ⓪ $\rightarrow^{1}$ ② $\rightarrow^{2}$ ① $\rightarrow^{3}$ ① 같이 수락한다.
6549에 대해: ⓪ $\rightarrow^{6}$ ② $\rightarrow^{5}$ ① $\rightarrow^{4}$ ① $\rightarrow^{9}$ ① 같이 수락한다.

그림 5.2의 기계는 식별자와 자연수는 물론 인식할 수 있지만, 아래 같은 스트링도 인식할 수 있게 되었다.

$$\textbf{digit(letter + digit)}^{*}$$

즉, 123abc, 56HAK, 75666EAST327 와 같은 스트링도 인식한다. 이와 같이 두 개의 유한 상태 기계를 결합함으로써 다른 의미의 유한 상태가 생성될 수 있다.

실습 5.1

그림 5.2의 유한 상태 기계에서 한 자리 자연수를 인식할 수 있는지 설명하시오. 인식할 수 없으면 이유를 설명하고, 인식할 수 있는 유한 상태 기계를 다시 구성하시오.

컴퓨터에서는 자연수 외에도 아래와 같이 여러 형식의 정수형 수와 실수형 상수를 사용한다. 그러나 그림 5.2의 유한 상태 기계에서는 맨 처음 입력은 반드시 숫자로 시작해야하기 때문에 부호가 있는 정수인 −912나 +457 같은 수는 인식할 수 없다.

−120 +347 0 3498 −0 1
.912 0.012 −3.14 0.0 +34.12E7 −1245.e−4 +0.0

그러므로 부호가 있거나, 소수점으로 시작하거나, 소수점이 있는 상수 등 여러 형식의 수를 인식하는 유한 상태 기계를 설계하려면 약간 복잡하다.

> **예 5.1** 아래와 같이 부호와 지수 부분은 없으나, 소수점으로 시작하고 소수점 이하에만 수가 있는 실수형 상수를 인식하는 유한 상태 기계를 구성하자.
>
> .1
> .156
> .0003612305

위의 수를 인식하려면 소수점 앞에는 어떤 수도 없으므로 시작 상태에서 소수점부터 시작한다. 시작 상태 ⓪에서 소수점을 읽어서 상태 ①로 변한 후에 상태 ②에서 수가 반복으로 온다. 이러한 수를 인식하는 유한 상태 기계는 그림 5.3과 같다.

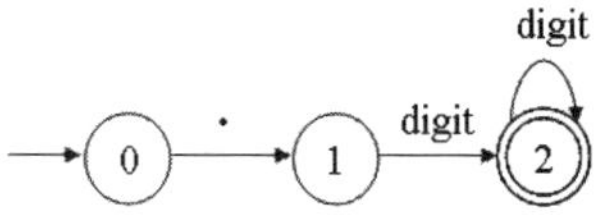

그림 5.3 소수점으로 시작하는 실수형 상수를 인식하는 유한 상태 기계

실습 5.2

아래와 같이 부호와 지수 부분이 없고, 소수점 앞과 뒤에 수가 있는 실수형 상수를 인식하는 유한 상태 기계를 구성하자.

0.1   35.6   36.12305

그림 5.4는 실습 5.2 형식의 상수를 인식하는 유한 상태 기계이다.

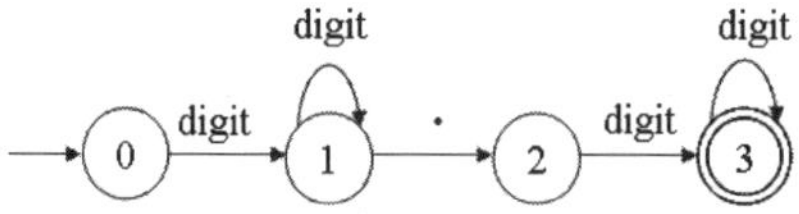

그림 5.4 실습 5.2 형식의 실수형 상수를 인식하는 유한 상태 기계

그림 5.4의 유한 상태 기계는 시작 상태 ⓪에서 digit에 의해 상태 ①로 변하고, 상태 ①에서 digit에 의해 수가 반복으로 온다. 다시 소수점에 따라 상태 ②로 변한 후, digit에 의해 상태 ③으로 변한다. 상태 ③에서 수가 반복으로 나타나서 보기와 같은 실수를 인식한다.

실습 5.3

아래와 같이 수 앞에 +/− 부호가 있을 수도 있고, 없을 수도 있는 자연수를 인식하는 유한 상태 기계를 구성하자.

517
+8783
−120

이 수들은 +와 − 부호에 따라 두 개의 상태 전이, 부호가 없는 경우까지 세 개의 상태 전이가 발생하며 전이한 각 상태에서 소수점이 없는 수가 반복하도록 유한 상태 기계를 구성한다. 그림 5.5은 부호가 있는 경우와 없는 경우의 자연수를 인식하는 유한 상태 기계이다.

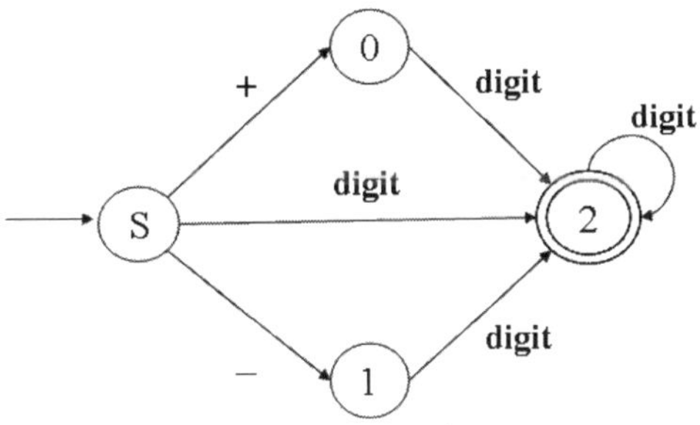

그림 5.5 부호가 있는 자연수를 인식하는 유한 상태 기계

위에서 간단한 예와 실습을 통하여 여러 형식의 상수를 인식하는 유한 상태 기계를 구성해 보았다. 이러한 과정을 이용하여 +/− 부호는 없지만 56e+4, 34.6e3, 57.2E−3와 같이 소수점(없을 수 있음)과 소수 이하의 수와 지수 부분이 있는 실수형 상수를 인식하는 유한 상태 기계를 구성하면 그림 5.6와 같다.

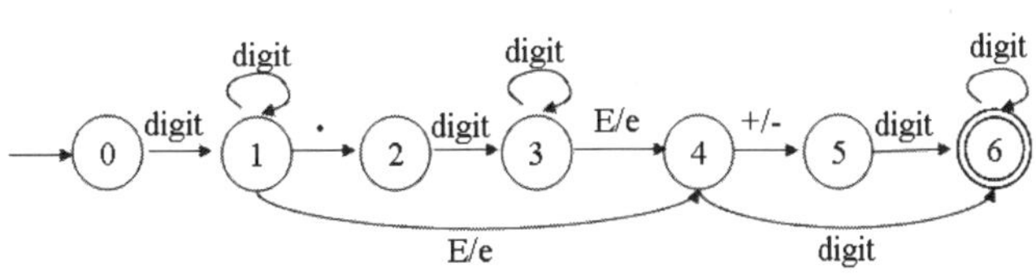

그림 5.6 +/− 부호가 없는 실수형 상수를 인식하는 유한 상태 기계

실습 5.4

이러한 과정과 유한 상태 기계를 이용하여 +/− 부호가 있는 일반 형식의 실수형 상수를 인식하는 유한 상태 기계를 구성하면 그림 5.7과 같다.

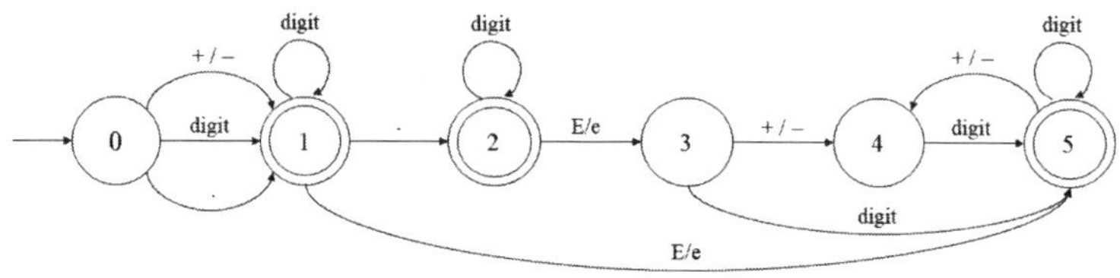

그림 5.7 +/− 부호가 있는 실수형 상수를 인식하는 유한 상태 기계

위의 여러 예를 이용하여 좀 더 복잡한 어떤 프로그래밍 언어의 관계 연산자 ==, !=, <, <=, >, >=를 인식하는 유한 상태 기계를 살펴보자. 이 관계 연산자는 문자 하나만 사용하는 것도 있고 두 개를 결합하여 관계 연산자를 구성하는 것도 있다. 그러므로 그림 5.8과 같이 두 단계를 거치는 연산자도 있으며 한 단계만 거치는 연산자도 있다. 예를 들어, < 를 읽은 후에 = 를 읽으면 "작거나 같다(LE)"는 의미이고, < 를 읽은 후에 다음 문자가 관계 연산자 외의 문자이면 other 에 의해 상태가 이동하고 "작다(LT)"는 의미만 가진다. 마지막 상태에서 함수 Return(reop, EQ)은 "읽은 문자가 관계 연산자이며 의미는 같다(EQ)"는 정보를 반환한다. 다른 Return도 유사하다.

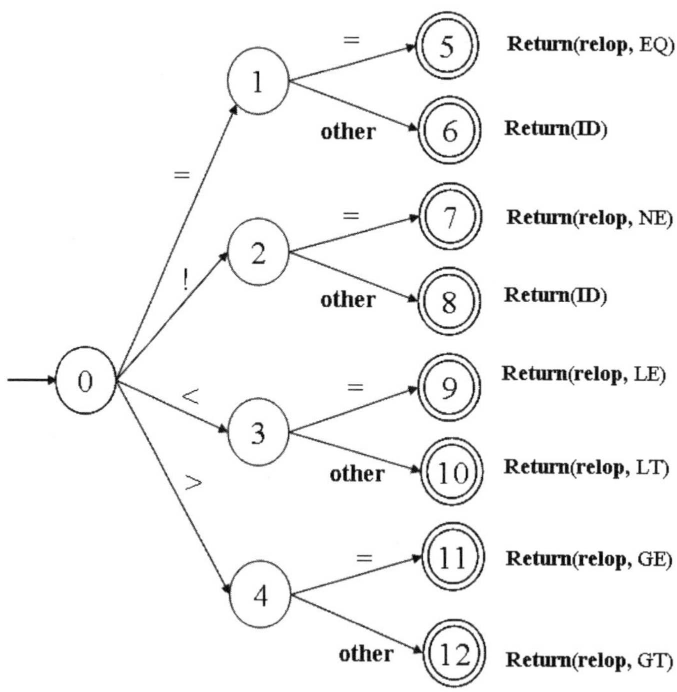

그림 5.8 관계 연산자를 인식하는 유한 상태 기계

마찬가지로 일반적으로 프로그래밍 언어에서 사용하는 *for, if, while, main, function* 같은 예약어를 인식하는 유한 상태 기계를 구성해 보자. 이러한 예약어는 식별자를 인식하는 방법과 유사하므로 실제 컴파일러에서는 식별자를 인식하는 유한 상태 기계와 예약어를 인식하는 유한 상태 기계 두 개를 결합한다. 그림 5.9은 예약어를 인식하는 유한 상태 기계이다.

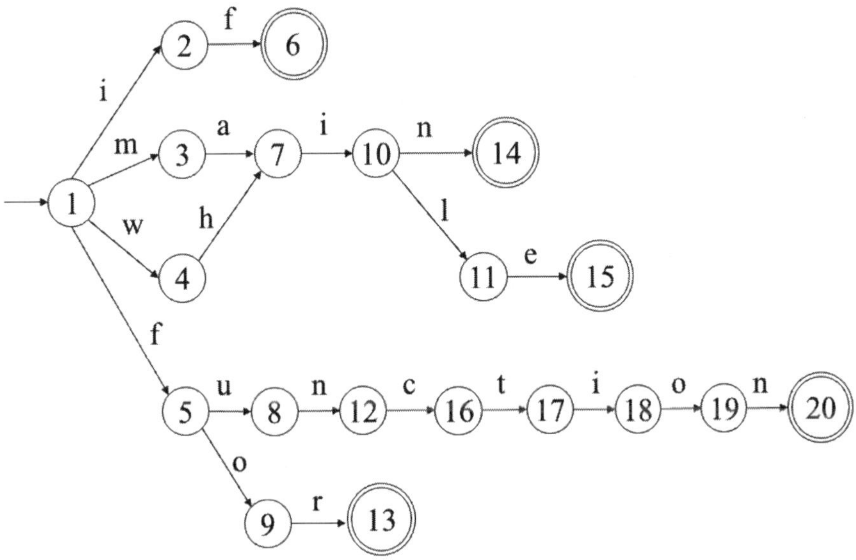

그림 5.9 예약어를 인식하는 유한 상태 기계

그림 5.9에서는 예약어 main은 상태 ⑭에서 수락하고, while은 상태 ⑮에서 인식한다. 이런 방법으로 상태의 수를 줄인다.

5.1.3 유한 상태 기계의 동작 구현

앞에서 유한 상태 기계가 언어를 정의하고 인식하는 과정을 살펴보았다. 그러면 유한 상태 기계를 프로그램으로 어떻게 구현하는가를 살펴보자.

유한 상태 기계의 각 상태가 수행하는 행위는 그림 5.10과 같이 함수 프로그램으로 구현한다. 상태 이동은 현재 수행 중인 함수 프로그램에서 입력으로 들어오는 문자에 따라 다음 상태에 해당하는 함수를 호출함으로써 이루어진다.

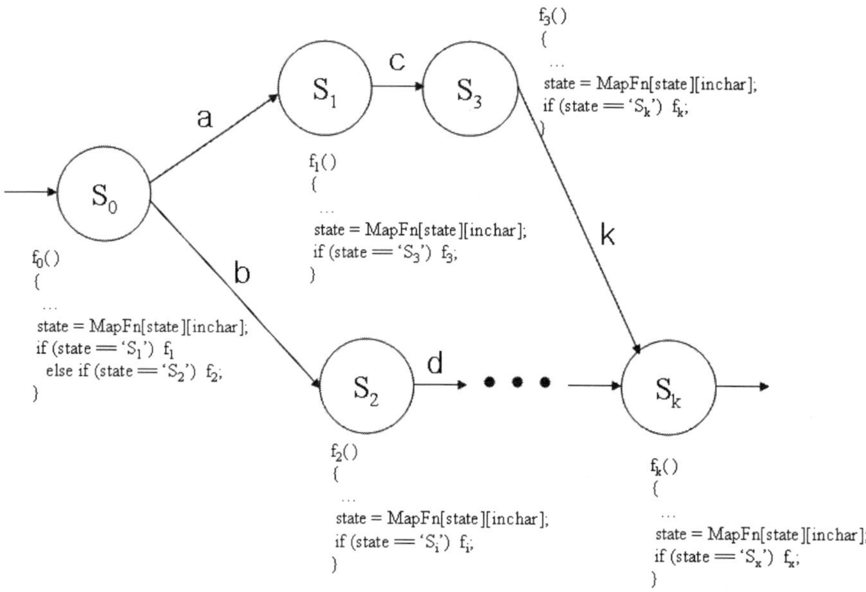

그림 5.10 함수 프로그램으로 유한 상태 기계의 구현

이러한 방법으로 +/− 부호와 지수 부분이 없는 실수형 상수를 인식하는 유한 상태 기계는 그림 5.11과 같이 구현할 수 있다.

```
function FSM_of_Realnumber( )
{
char inchar;
int state;
state = 0;
while (inchar == !eof( )) {
switch(state)
  {
  case 0:   /* 시작 상태 0 */
       {
         if (inchar ∈ {0,1,2,3,4,5,6,7,8,9}) {
                 scanf(&inchar);
                 state = 1;
                 }
                 else printf("error");    /* 다른 문자 혹은 에러 */
       }
```

```
    case 1:  /* 상태 1  */
        {
          if (inchar ∈ {0,1,2,3,4,5,6,7,8,9}) {
                  scanf(&inchar);
                  state = 1 ;
                  }
                  elseif (inchar == "·") {
                        scanf(&inchar);
                        state = 2;
                        }
                  else printf("error");     /* 다른 문자 혹은 에러 */
        }
    case 2:  /* 상태 2  */
        {
          if (inchar ∈ {0,1,2,3,4,5,6,7,8,9}) {
                  scanf(&inchar);
                  state = 3;
                  }
                  else printf("error");     /* 다른 문자 혹은 에러 */
        }

    case 3: /* 상태 3  */
        {
          if (inchar ∈ {0,1,2,3,4,5,6,7,8,9}) {
                  scanf(&inchar);
                  state = 3 ;
                  }
                  else printf("error");     /* 다른 문자 혹은 에러 */
        }
  }
}
  if (inchar == eof( ) && state == 3) printf("accept")    /* 수락 상태 */
            else printf("error");
}
```

그림 5.11 +/− 부호와 지수 부분이 없는 실수형 상수를 인식하는 유한 상태 기계의 구현

실습 2.1

실습 5.5 어떤 프로그램에서 주석(/* ... */)을 읽고 인식하는 유한 상태 기계를 간단하게 구현하시오.

```
function  FSM_of_Comment( )
{
char inchar;
int state;
state = 0;  /*  시작 상태 0  */
while (inchar == !eof( )) {
switch(state)
   {
   case 0:   /*  시작 상태 0  */
        {
          if (inchar == "/") {
                    scanf(&inchar);
                    state = 1 ;
                    }
                    else  printf("error");     /*  다른 문자 혹은 에러 */
        }
   case 1:   /*  상태 1  */
        {
          if (inchar == "*") {
                    scanf(&inchar);
                    state = 2 ;
                    }
                    else  printf("error");     /*  다른 문자 혹은 에러 */
        }
   case 2:  /*  상태 2  */
        {
          if (inchar == "*") {
                    scanf(&inchar);
                    state = 3 ;
                    }
                    else  scanf(&inchar);     /*  상태 2에 머문다 */
```

```
            }
        case 3:    /* 상태 3 */
            {
              if (inchar == "/") {
                    scanf(&inchar);
                    state = 4 ;
            }
                elseif (inchar == "*") scanf(&inchar);    /* 상태 3에 머문다 */
              else scanf(&inchar);
                  state = 2;
            }
        }
    }
    if (inchar == eof( ) && state == 4) printf("accept");
                else printf("error");
    }
```

이제 이와 같은 유한 상태 기계의 원리를 실질적으로 어휘 분석기에 적용하여, 어떻게 프로그램에서 문자(토큰)를 분리하는지 설명한다.

실습문제

1 national, nature, neutral, nano, nueral의 여러 단어를 한 번에 인식하는 유한 상태 기계를 그리시오. 각 단어의 수락 상태는 각각 다르다.

2 안녕하세요, 안녕!, 안녕히계세요, 안녕히!의 여러 단어를 한 번에 인식하는 유한 상태 기계를 그리시오. 각 단어의 수락 상태는 각각 다르다.

3 한글 자판에서 입력하는 한글 자음과 모음을 조합하여 한 문자를 만드는 유한 상태 기계를 구성하시오.

4 그림 5.9 유한 상태 기계를 최적화 하시오. 즉, 중복하는 상태 수를 최소화 하시오.

5 +/− 부호가 있고 소수점을 포함하고 +/−의 지수가 있는 −78.23e−3 같은 일반적인 실수형 상수를 인식하는 유한 상태 기계에서 상수 값이 의미가 있도록 변환하는 액션을 추가하시오.

5.2 토큰: 프로그램을 단어로 분리하기

컴파일러의 첫 단계는 입력 스트링을 한 문자씩 읽으면서 처리하는 **어휘 분석 단계**로 **스캐너**라고도 한다. 어휘 분석 단계에서는 하나씩 읽은 문자를 **속성**별로 분리하여 **토큰**을 만든다. 이렇게 만들어진 토큰은 어휘 분석 다음 단계인 구문분석 단계에서 사용한다. 토큰으로 분리할 때는 스트링을 표현하는 정규 수식이나 유한 상태 기계에서 인식할 수 있는 언어 속성에 따라 분류한다. 토큰은 보통 아래 속성을 가진다.

5.2.1 예약어

예약어는 main, function, for, while, if, int, float, do, case, switch, ... 와 같이 프로그래밍 언어에서 미리 **의미**를 정의한 단어로 컴파일러가 기계어의 동작 코드를 생성하는 단어이다. 예약어는 변수 이름으로 사용할 수 없기 때문에 C 프로그래밍 언어에서는 예약어를 변수로 사용하지 않지만, 피엘/1 같은 프로그래밍 언어는 예약어를 변수로 사용할 수도 있다.

예 5.2 아래 C 프로그램에서 **예약어**를 분리해 보자.

```
#include <stdio.h>
  main( )
  {
int x, y, z, loop;   /* 정수형 변수 x, y, z 를 선언 */
          x = 10;
      y = 20;
      z = 40;
```

```
        x = x + y * z % 5;
        if ( x > x + y) printf ("%d",x);
    y = (x + y) − (x − y) * 34;
printf ("%d \n", x);  /*  y 값 출력  */
x = 190;
    z = y + 1;
    for (loop = 1; loop < 100; loop++)
    y = y + z;
}
```

이미 알다시피 이 프로그램에서 예약어는 아래와 같다.

include, *stdio.h*, *main*, *int*, *if*, *printf*, *for*

include 는 표준함수를 지정하는데, *stdio.h* 는 입출력 표준 함수 중 하나이다. *main* 은 주프로그램 함수를 지정하고, *int*는 정수형 변수를 선언한다. *for* 는 반복을 의미하는 순환 제어의 의미가 있고, *printf* 는 출력을 의미하는 함수를 나타내는 예약어이다.

5.2.2 식별자

식별자는 프로그램에서 사용하는 값이나 자료구조에 붙인 **이름**이나 블록 이름이다. 즉, 변수, 배열, 구조체, 함수, 클래스 이름 등이 식별자이다. 아래에서 선언된 변수 a, b, c, f, g, h, 배열 이름 knu, 함수 이름 f1, 클래스 이름 vector은 식별자이다.

```
int a, b, c;
float f, g, h=3.14;
int knu[ ][ ];
function f1( );
vector::vector( );
a = b + c;
```

또한 앞의 예 5.2의 C 프로그램에서 식별자는 x, y, z, loop 이다.

5.2.3 연산자

산술연산, 문자연산, 관계연산, 불리언연산 등에 대한 기계어 인스트럭션의 동작 코드를 생성할 수 있는 심볼을 의미한다. 즉, +, −, *, /, % 등은 산술연산자, ==, <=, >=, !=, >, < 등은 관계연산자, ||(or), &&(and), !(not) 등은 불리언 연산자이다. 예 5.2에서는 +, *, %, >, −, <, ++ 가 연산자 이다.

5.2.4 숫자 상수

숫자 상수는 정수, 실수, 복소수 등 컴퓨터 내부에 표현되는 수로 1534, −35, 0, 0.64E4, 13.16, 0.64e4, −3.4 와 같은 형식의 수를 말한다. 이러한 상수는 어휘 분석 단계에서는 문자로 취급하여 입력한 후, 의미 분석 단계에서 값을 가지는 자료로 변환한다. 상수 −6.1713는 어휘 분석 단계에서는 일곱 자리의 문자 스트링이지만, 컴퓨터 내부에서는 산술 연산이 가능하도록 "유동소수점" 값으로 변환한다. 이것은 특정 문자에 값을 부여하는 것이다. 예 5.2에서 10, 20, 40, 5, 34, 190, 1, 100 는 상수이다.

5.2.5 문자형 상수

문자형 상수는 단일 문자나 따옴표(" ") 안의 문자 스트링이다. 'K−pop', "This is the first program." "Pass" 등은 문자형 상수 이다. 그러므로 예 5.2에서는 "%d", "%d \n" 가 문자형 상수이다.

5.2.6 특수 문자

특수문자는 ( ) . , ; : 등과 같이 다른 문자와 구별하는 문자이다. 예 5.2에서 ; ( ) 쉼표(,) { } 는 특수 문자이다.

5.2.7 할당 기호

할당 기호는 = 와 같이 오른쪽 수식을 계산한 결과를 왼쪽 변수나 배열 원소에 **할당**하라는 의미를 가지는 기호이다. 프로그램에서는 **변수**라는 이름에 할당하지만, 컴퓨터 내부에서는 메모리의 정해진 위치(장소)에 결과를 저장한다는 의미가 있다. 이 할당 기호는 각 프로그래밍 언어마다 다른 기호를 사용할 수도 있다. 예 5.2에서는 = 가 할당 기호이다.

5.2.8 주석

주석은 프로그램 속에 기술하는 설명문을 /* 와 */ 안에 기술하는데 프로그램 실행에는 영향을 주지 않는다. 프로그래밍 언어에 따라 // ....//, /*.....*/, {* .. *} 등 여러 방법으로 기술한다. 예를 들어 /* This is the first program. */ 는 주석이다. 예 5.2에서는 /* 정수형 변수 x, y, z 를 선언 */ 와 /* y 값 출력 */ 가 주석이다.

5.2.9 빈칸

빈칸은 컴파일러에게 어떤 정보를 직접 주는 것은 아니지만 단어나 연산자를 구별한다.

실습문제

1 어휘 분석기가 무엇인지 설명하시오.

2 어휘 분석기가 토큰을 분리하는 아이디어를 설명하시오.

3 식별자가 무엇인지 설명하시오. 또 식별자, 변수 이름, 예약어는 어떻게 다릅니까?

4 아래와 같이 "한국어"로는 왜 프로그램을 작성하지 않는지 이유를 설명하시오. 혹은 "한국어"는 프로그램으로 작성할 수 없는 언어인지 설명하시오.

```
int 우리나라, 대한, 병아리, 나와너[ ][ ];;
float 사과, 집, 학교 = 56.3;

function 평균구하기_함수( );
vector::벡터모음( );
우리나라 = 대한 + 병아리;
```

5 아래 각 문장을 컴파일하면 어떤 현상이 발생하는지와 이유를 설명하시오.

(1) 'this is /* not */ a test' (주석이 따옴표 안에 있다)
(2) /* 'this iS'not' a test' */ (따옴표가 주석 안에 있다)
(3) /* this is /* not */ a test */ (주석이 주석 안에 있다)
(4) 'this iS'not' a test' (따옴표가 따옴표 안에 있다)

5.3 심볼 테이블

지금까지 살펴 본 것처럼 어휘 분석을 통하여 토큰을 분리하는데 식별자에 대해서는 **심볼 테이블**을 구성해야한다. 식별자가 원시 프로그램에서 여러 번 사용되더라도 심볼 테이블에는 한번만 저장한다. 저장할 때는 각 식별자 관련 정보인 **자료형, 크기, 이름, 범위 규칙**, 해당 **블록 번호, 전역/지역 값** 등도 저장한다. 범위 규칙, 블록 번호, 전역/지역 값들은 실행할 때 사용하는 정보이다.

5.3.1 심볼 테이블 구성: 속성과 값

알골이나 함수로 된 C 같은 블록 구조 언어에서는 이름이 같은 식별자라도 다른 블록이나 다른 함수에서 선언되면 다른 식별자로 취급한다. 그러므로 블록 구조 언어의 심볼 테이블은 더 복잡하다. 즉, 각 블록마다 심볼 테이블을 따로 만들거나, 한 심볼 테이블에 식별자를 구별할 수 있도록 블록을 표시하여 저장한다. 이러한 식별자 구별 과정은 구문 분석 단계에서 이루어진다. 주석은 시작 표시로 토큰으로 분류는 하지만 값을 가질 필요는 없기 때문에 주석은 출력하지 않고 토큰 값도 없다. 프로그램의 토큰은 **속성**과 거기에 해당하는 **값**으로 나누어진다. 예 5.2의 프로그램은 아래 표와 같이 토큰을 분류한 간단한 심볼 테이블이다.

토큰	토큰 속성	변수와 상수 값이 저장된 테이블의 위치(포인터)
main	예약어	–
(	특수문자	–
)	특수문자	–
{	특수문자	–
int	예약어	–
x	식별자	변수 x 에 대한 심볼 테이블의 포인터
,	특수문자	–
y	식별자	변수 y 에 대한 심볼 테이블의 포인터
,	특수문자	–
z	식별자	변수 z 에 대한 심볼 테이블의 포인터
,	특수문자	–
loop	식별자	변수 loop 에 대한 심볼 테이블의 포인터
;	특수문자	–
y	식별자	변수 y 에 대한 심볼 테이블의 포인터
=	할당기호	–
20	숫자 상수	상수 20 에 대한 상수 테이블의 포인터
;	특수문자	–
z	식별자	변수 z 에 대한 심볼 테이블의 포인터
=	특수문자	–
40	숫자 상수	상수 40 에 대한 상수 테이블의 포인터
;	특수문자	–
((생략))	((생략))	((생략))
for	예약어	–
(	특수문자	–
loop	식별자	변수 loop 에 대한 심볼 테이블의 포인터
=	할당기호	–
1	숫자 상수	상수 1 에 대한 상수 테이블의 포인터
;	특수문자	–
loop	식별자	변수 loop 에 대한 심볼 테이블의 포인터
<	연산자	–

100	숫자 상수	상수 100 에 대한 상수 테이블의 포인터
;	특수문자	–
loop	식별자	변수 loop 에 대한 심볼 테이블의 포인터
++	연산자	–
)	특수문자	–
y	식별자	변수 y 에 대한 심볼 테이블의 포인터
=	할당기호	–
y	식별자	변수 y 에 대한 심볼 테이블의 포인터
+	연산자	–
z	식별자	변수 z 에 대한 심볼 테이블의 포인터
;	특수문자	–
}	특수문자	–

실습 5.6

만약 문장 for (k = 1; k >= x + y; k++) y = y + z; 에서 k >= 부분이나 k++부분을 k > □ = 와 k + □ +처럼 >와 = 사이나 +와 + 사이에 빈칸(□)을 넣으면 어휘 분석기는 토큰을 어떻게 생성하는지 설명하시오. 또 이유를 설명하시오.

이런 경우는 컴파일러에 따라 구별하는 기법이 다를 수 있다. 즉 빈칸을 무시하고 >와 =, +와 + 두 문자를 연결하여 토큰 하나로 분리할 수도 있고, >나 + 한 문자를 분리하고 =와 +는 각각 다른 문자로 인식할 수도 있다. 또한 영어의 대문자와 소문자를 구별할 수도 있고 구별하지 않을 수도 있다. 그러므로 어떤 컴파일러에서는 대문자든 소문자든 하나로 인식하기 때문에 FOR, For, fOR, for 은 모두 같은 예약어이며, IF, if If, iF 도 마찬가지이다. 즉, 정해진 언어 규칙(상태 기계 등)에 따라 구별한다.

이와 같이 어휘 분석 단계에서 심볼 테이블, 숫자 상수 테이블, 문자 상수 테이블, 레이블 테이블 등을 만들 때 각 아이템 탐색 시간을 줄이기 위하여 이진 탐색 트리나 해쉬 구조로 구성하는 것이 중요하다. 이진 탐색 트리나 해쉬 구조는 해당 과목이나 도서를 참조한다.

5.3.2 부가 기능 추가

유한 상태 기계를 어휘 분석기를 실질적으로 적용하여 구현하는 과정에서는 단순히 토큰만 분리하는 것이 아니라 앞으로 컴파일 과정에서 사용할 정보를 생성하기 위하여 아래의 부가 기능이 추가된다.

- 심볼 테이블에 삽입하기
- 숫자 상수를 알맞은 자료형으로 변환하기
- 식별자에 대한 심볼 테이블의 위치 계산하기 등

이런 추가 정보를 구현하는 **액션**은 어휘 분석기에서 함수로 구현한다. 예를 들어, 식별자를 인식하는 유한 상태 기계에서는 어떤 입력 스트링이 수락 상태가 되면, 생성한 토큰의 자료형, 크기, 이름, 포인터 등을 심볼 테이블에 넣는 액션을 수행한다. 아래는 식별자를 인식하는 유한 상태 기계에 심볼 테이블에 토큰을 삽입하는 액션 함수 Insert_Symbol_Tbl(ID_Token)를 추가한 예이다.

```
{
state = 0 ;  /* 시작  상태  */
while (inchar == !eof( )) {
switch(state)
   {
         ....
       ( 생략 )
         ....
   case  1:
        {
          if (inchar ∈ {A, B,⋯, Z, a, b, ..,z }|| inchar ∈{0,1,2,3,4,5,6,7,8,9})
                  {
                   scanf(&inchar);
                   state = 1;
                   }
                  else  printf("error");      /*  다른 문자 혹은 에러 */
        }
   }
}
  if (inchar == eof( ) && state == 1) {
                     printf("accept");
                     Insert_Symbol_Tbl(ID_Token);
                  }
```

```
        else printf("error");
}
```

추가 액션에 대한 다른 예를 살펴보자! 상수를 인식하는 유한 상태 기계에서 숫자로 된 입력 스트링은 각 숫자가 크기 값을 가지지 않는 "문자" 열이다. 그러므로 입력된 숫자 열을 토큰으로 인식한 후에는 값의 "의미"를 가지는 "상수"이어야 한다. 즉, 4, 2, 6의 숫자 열은 4x100+2x10+6=426의 의미를 가지는 값이어야 한다. 이와 같이 유한 상태 기계가 상수의 의미를 가지도록 인식하려면 상태 전이 함수에서 상태 전이가 일어나기 전에 추가 액션을 수행한다.

실습 5.7

값을 가지는 자연수를 인식하도록 앞의 유한 상태 기계에 액션을 추가해 보자. 예를 들어, 상태 ⓪에서 367의 3이 입력되면 3에 100을 곱하는 액션을 수행한 후에 상태 ①로 가야한다. 다시 상태 ①에서 6를 입력받으면 10을 곱하여 이미 계산한 300에 더하는 액션을 수행한다. 7을 입력 받으면 이미 계산한 360에 7을 더하여 367이라는 상수를 만드는 액션을 수행한다. 수락 상태가 되어 상수 토큰이 생성되면 상수의 자료형, 크기, 포인터 등을 상수 테이블에 넣는 액션을 수행하는 유한 상태 기계를 구현하시오. 상태 ⓪에서 상태 ①로 전이가 일어나려면 추가 액션 A를 수행한 후에 일어난다. 아래 함수를 이용할 수 있다.

```
/*  Number, Digit는 전역 변수로 사용 */
function Save()
  {
  Number = Digit;          /* 앞에서 이미 입력한 심볼인 숫자를 저장 */
  }
function Product()
  {
  Number = Number*10 +Digit; /* 앞 단계까지 입력된 숫자에 10을 곱하고 누적 */
  }
```

실습문제

1 어떤 프로그래밍 언어로 작성된 아래 프로그램 일부에서 토큰을 분리하고 속성을 부여하시오.

```
for (j = start; finish <= 100; j++)
{
  Tax = 3256 + Tax;
  Ratio =  3.1415;
  Grade[j] = Tax * Ratio − GT;
}
if (a <= b) area = 3.14 * r * r
        else cur = 2 * 3.14 * r;
```

2 아래 프로그램 일부에서 토큰을 분리하고 속성을 부여하시오.

```
int a, b, c;
float f, g, h=3.14;
int knu[][];
function f1( );
vector::vector( )
a = b + c;
```

3 아래와 같이 "한국어"를 생성하는 유한 상태 기계를 설계하시오.

(1) 가나다라마바사

(2) 학교 간다.

(3) ggg나나나hhh

4 심볼 테이블의 특성을 설명하시오.

제06장

Lex 사용하기: 어휘 분석기

Lex 사용하기: 어휘 분석기

지금까지 어휘 분석기에 대한 기초 개념을 살펴보았다. 이러한 개념에 따라 어휘 분석기를 구현할 수 있다. 그러나 초보자는 실질적으로 구현하기 어려울 수도 있다. 유닉스 환경에서 제공하는 **렉스**(Lex)라는 유틸리티를 사용하면 어휘 분석기를 쉽게 구현할 수 있다(윈도우즈 등 다른 운영체제 환경에서도 지원한다). 이 장에서는 렉스 사용법을 알아보자.

6.1 Lex

여기서 Lex가 무엇인지 알아보자. Lex는 토큰으로 만들어질 단어를 사용자가 규칙에 따라 입력하면 유틸리티가 실행하여 ***yylex( )***를 만들어낸다. 이 *yylex( )*가 바로 어휘 분석기인데 C 함수로 된 프로그램 이다. 이때 *yylex( )*를 만들어내기 위해 **입력되는 규칙이 바로 정규 수식**이다. 물론 입력 편리를 위하여 연산자나 기호 등은 변형한 형식으로 사용한다(컴퓨터 자판에서 문자를 입력해야하기 때문).

이 Lex는 구문 분석기로 사용하는 Yacc이라는 유틸리티와 같이 사용하는데, Yacc는 파서 생성기인 *yyparse( )*를 만든다. *yyparse( )*도 마찬가지로 C 함수로 된 프로그램이다.

그림 6.1은 Lex와 Yacc의 컴파일러와의 관계이다.

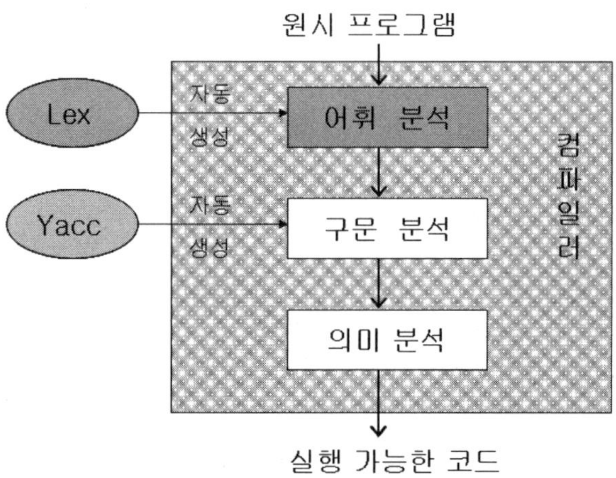

그림 6.1 Lex와 Yacc의 기능

6.1.1 Lex 구조와 원시 코드

여기서는 Lex의 구조와 원시 코드 각 부분을 살펴본다.

6.1.1.1 Lex 구조

Lex는 그림 6.2와 같이 Lex 원시 코드에서 lex.yy.c를 생성한다. lex.yy.c는 C 프로그래밍 언어로 된 함수이므로, C 컴파일러로 컴파일하면 a.out라는 어휘 분석기를 만든다. 이 a.out를 실행하면 임의의 언어로 작성한 원시 프로그램을 컴파일(여기서는 어휘 분석만)할 수 있다.

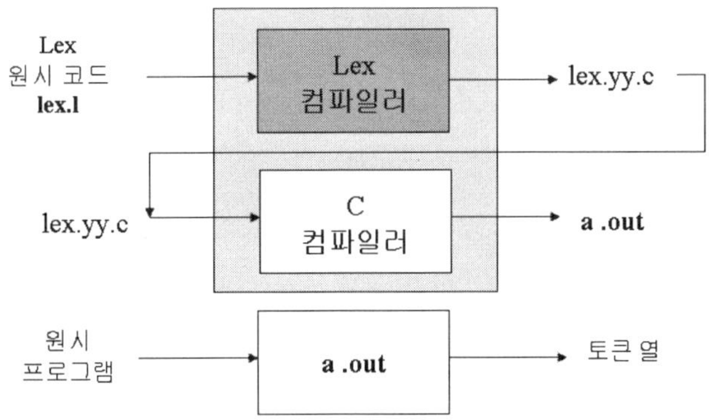

그림 6.2 정규 수식에서 어휘 분석기 생성 과정

이 Lex를 사용하기 위해 먼저 해야 할 일은 Lex 원시 코드를 만들고 입력하는 것이다. 먼저, Lex 원시 코드를 작성하는 과정을 살펴보자.

Lex 원시 코드는 xxx.l 형식으로 작성하는데, 그림 6.3과 같이 Lex를 통해 lex.yy.c 라는 함수 프로그램으로 변환한다.

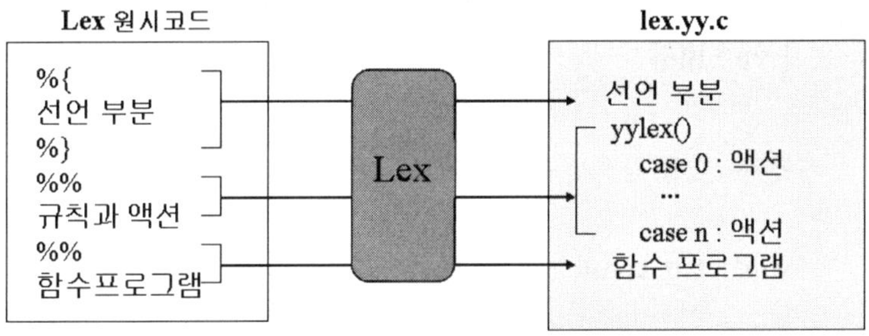

그림 6.3 Lex 원시 코드에서 lex.yy.c 생성

이 Lex 원시 코드의 전체 구조는 **선언 부분**, **규칙과 액션**, **함수 프로그램**의 세 부분으로 구성된다. 각 부분은 %% 기호로 분리하는데, 맨 처음 부분과 세 번째 부분은 생략할 수 있다.

```
%{
#include
C 언어의 선언
Lex 정의부분
%}
```

```
%%
        p1      { action1 }          /*  Lex 패턴과 액션 부분   */
        p2      { action2 }          /*  pi 는 패턴, actioni는 액션 */
           ........
        p3      { action3 }
%%
```

액션에 의해 호출되는 C 언어 함수

예를 들어, 수를 인식하는 Lex 원시 코드는 아래와 같이 기술할 수 있다.

```
%{
#include y.tab.h
#include math.h
int constbl[100] ;
void insert_constbl();
%}

%%
[0-9]+          {insert_constbl(atoi(yytext)); return(INT);}
[\n\t];
.;
%%

void insert_constbl(int digit)
{
   static  i = 0;
   constbl[i++] = digit;
}
```

이 예는 아래와 같다.

(1) 첫 번째 부분 %{ 와 %} 사이에 기술한 내용은 Lex 원시 코드에서 사용할 변수와 함수를 선언한 것이다. 즉, 인식한 숫자를 저장하기 위해 상수 테이블 constbl[100]와 저장을 수행하는 함수 insert_constbl()를 선언하였다.

(2) 두 번째 부분 %% 와 %% 사이에 있는 [0−9]+ 는 정규 수식 $digit^+$를 의미한다. 즉,

{0,1,2,3,4,5,6,7,8,9}$^+$를 Lex에서 표현하는 **패턴**과 **액션**이다. 이 패턴은 숫자를 인식하면 이 숫자를 인자로 하여 insert_constbl을 호출하라는 의미이다.

(3) 세 번째 부분은 두 번째 부분에서 [0−9]+ 안의 내용이면(즉, 0에서 9 사이의 수이면), 액션인 insert_constbl(atoi(yytext))에 의해 호출되는 함수가 있다. 그러므로 액션에 의해 두 번째 %% 이후에 있는 insert_constbl( ) 함수가 호출되고, 인자 atoi(yytext)로 가져온 숫자를 상수 테이블에 i++로 증가하면서 저장한다.

아래는 위의 원시 코드를 Lex를 통해 생성한 어휘 분석 루틴 lex.yy.c 이다. 선언 부분은 어휘 분석 루틴에 그대로 옮겨지고, 호출될 함수 프로그램도 그대로 옮겨졌다. 패턴과 액션은 yylex( ) 안에 C 프로그램으로 변환되는데, 숫자가 인식되면 상태가 ⓪이 되어, 액션 함수를 호출하고 case 0을 수행한다.

```
#include y.tab.h
#include math.h
 int constbl[100];
 void insert_constbl();
    . . .
 int yylex()
 {
    switch()  {
      case 0 : insert_constbl(atoi(yytext);
               return (INT);
      case 1 : break;
      case 2 : break;
      }
        . . .
 }
        . . .
 void insert_constbl(int digit)
 {
  static j = 0 ;
  sym[j++] = digit ;
 }
```

6.1.1.2 Lex 원시 코드

여기서는 위 예에서 보인 Lex 코드를 좀 더 구체적으로 살펴보자.

• 선언 부분

선언 부분은 아래와 같이 코드의 처음 부분으로 Lex 정의 부분과 C 언어로 된 선언 부분이다. 보통 매크로, 전처리 함수, 사용할 함수 등을 정의하거나 선언한다.

```
%{
#include y.tab.h
#include math.h
int constbl[100] ;
void insert_constbl();
%}
```

• 패턴과 액션 부분

패턴과 액션은 정규 수식을 표현하는 부분으로 **규칙** 부분이라 한다. 각 줄에는 아래와 같이 패턴과 액션을 기술하며, 입력 심볼이 패턴과 매치하면 관련 액션을 실행한다. 각 액션은 해당 패턴이 매치되면 실행할 함수이다.

```
%%
패턴  액션
패턴  액션
패턴  액션
.
.
.
%%
```

이러한 패턴은 x, y가 패턴일 때 아래 중에서 하나로 표기한다[4].

<table>
<tr><th>패 턴</th><th>의 미</th></tr>
<tr><td>c</td><td>문자 "c"를 의미한다. 예: a</td></tr>
<tr><td>"c"</td><td>" 와 " 사이에 있는 모든 문자를 텍스트로 취급하며, a"*"b는 문자열 a*b를 나타내지만 a*b는 정규 수식의 a*b이다. 예:"kn"</td></tr>
<tr><td>\c</td><td>한 개의 문자를 텍스트 문자로 취급하며 "c" 와 같다. 아래는 모두 XYZ++ 를 나타내는 정규 수식 표현이다. XYZ"++" "XYZ++" XYZ\+\+</td></tr>
<tr><td>[abc]</td><td>a, b, c중에서 어떤 한 문자를 나타낸다. [ ]내에 사용된 연산자는 의미가 없으며, -, ^, \만 특수한 의미를 가진다. - 는 범위를 나타내는 연산자, ^은 여집합 연산자, \는 에스케이프 문자이다.
[\t\n]은 공백, 탭, 새줄을 의미하는 문자중의 하나
[a-z]는 a부터 z사이의 문자 중에 한 문자
[-+0-9]는 +/- 부호와 모든 숫자를 포함하는 숫자
[A-Za-z0-9]는 영문자와 숫자
[^*]는 *를 제외한 모든 문자
[^a-zA-Z]는 영문자를 제외한 모든 문자
[\6.0-\186]은 ASCII 값 50 부터 186 까지의 인쇄 가능한 모든 문자</td></tr>
<tr><td>x?</td><td>선택을 의미하는 연산자이다. ab?c는 b를 선택할 수도 있고, 선택하지 않을 수도 있으므로 abc 또는 ac이다.</td></tr>
<tr><td>x*</td><td>x 가 0 번 이상 반복으로 나타난다. [a-zA-Z][a-zA-Z0-9]*는 첫 번째 문자는 반드시 영어 문자이며, 두 번째 부터는 영어 문자와 숫자가 혼합된 문자열을 의미한다.</td></tr>
<tr><td>x+</td><td>x 가 한번 이상 반복 나타난다. [a-z]+는 모든 영어의 소문자 문자열을 의미한다.</td></tr>
<tr><td>x|y</td><td>x 와 y에서 하나를 선택하는 연산자이다. (ab | cd)는 문자열 ab 나 cd를 인식한다. (ab | cd)는 ab | cd 만으로도 표현이 가능하며, (ab | cd+) ? (ef)*는 abefef, efefef, cdef, cddd 이다.</td></tr>
<tr><td>.</td><td>.(마침표)은 새 줄 문자를 제외한 모든 문자들을 나타낸다. 예를 들어, "--".*는 --부터 한 라인의 끝까지이다.</td></tr>
<tr><td>^x</td><td>한 라인의 시작에서만 인식된다. ^abc는 abc 가 라인의 시작에 나타나야만 abc를 토큰으로 처리한다. ^(hat)의 의미와 문자 클래스 [ ]내의 연산자 ^ 와는 다르다.</td></tr>
<tr><td>x$</td><td>오직 라인의 끝에서만 인식한다. abc$ 처럼 표기한다.</td></tr>
<tr><td>xy</td><td>x 가 y와 접속되어 연결된다.</td></tr>
</table>

(x)	단순한 x 이다. (a|b)
x/y	x 의 뒤에는 반드시 y가 있어야만 x를 인식한다. ab/cd는 ab다음에 cd가 이어서 나타날 때만 ab를 토큰으로 처리한다. 그러므로 abc$, abc/\n은 모두 라인의 끝에 abc가 나타났을 때만 abc를 인식한다.
〈S〉x	Lex 가 시작 조건 S(스트링) 에 있을 때의 패턴 x 이다.
{이름}	정의된 이름을 다른 섹션에서 호출할 매크로의 이름이다.
x{m}	패턴 x 가 m 번 나타난다.
x{m, n}	패턴 x 가 m 에서 n 까지 나타난다. a[1,4]=a|aa|aaa|aaaa

위의 여러 규칙에서 x/y를 살펴보자. x/y는 오른쪽 y에 속하는 패턴이 있으면 이 패턴을 x와 매치한다. 즉, 패턴이 [a−z]*/[0−9]이고, 입력 스트링이 xyz2라 하자. 그러면 2가 /의 오른쪽인 [0−9] 안에 있으므로 세 개의 문자 xyz를 [a−z]에서 매치한다. 그러나 스트링 xyz$에서는 $이 /의 오른쪽에 있는 [0−9] 안에 없기 때문에 xyz는 매치하지 않는다.

패턴과 액션의 개념을 아래 예에서 살펴보자.

```
%%
[a−z]+      printf("alpha\n");          /* 영어 알파벳 문자를 인식한다 */
[0−9]+      printf("numeric\n");        /* 숫자를 인식한다 */
[a−z0−9]+   printf("alphanumeric\n");   /* 영문자와 숫자의 혼합을 인식한다 */
[ \t]+      printf("space\n");          /* 빈칸을 인식한다 */
 .          printf("special character\n");  /* 특수 문자를 인식한다 */
\n          ;                           /* 새로운 줄을 인식한다 */
%%
```

위의 Lex 원시 코드는 입력 스트링을 영어 알파벳, 숫자, 영문자와 수의 혼합, 특수문자, 빈칸을 인식하고 분류한다. 한 패턴이 선택되면 해당 액션을 실행하고, 현재 문자에서 다음 문자로 이동한다. 새로운 줄을 의미하는 문자가 읽혀지면 더 이상 실행하지 않는다. 액션은 복잡할 수도 있는데 위의 원시 코드에 아래와 같이 숫자를 상수 테이블에 저장하는 액션을 추가할 수 있다.

```
%%
[a−z]+      printf("alpha\n");          /* 영어 알파벳 문자를 인식하는 패턴 */
[0−9]+      {
        printf("numeric\n");        /* 숫자를 인식하는 패턴 */
```

```
            insert_constbl(atoi(yytext);        /* 인식한 숫자를 상수 테이블에 삽입 */
            return(INT);
          }
[a-z0-9]+  printf("alphanumeric\n");     /* 영문자와 숫자의 혼합을 인식한다 */
[\t]+    printf("space\n");         /* 빈칸을 인식하는패턴 */
 .     printf("special character\n");  /* 특수 문자를 인식하는 패턴 */
\n       ;                  /* 새로운 줄을 인식하는 패턴 */
%%
```

yylex( )는 호출될 때마다 키보드 입력 stdin 에서 문자를 읽어서 패턴 중에서 매치한다. 이 때 현재의 입력과 매치하는 패턴이 여러 개 있으면 아래 규칙에 따라 하나를 선택한다.

(1) 현재 입력에서 가장 긴 스트링과 매치하는 패턴을 선택한다.

(2) 만약 패턴이 여러 개 있으면 맨 처음 패턴을 선택한다.

그러나 입력의 맨 처음 문자와 매치하는 패턴이 없으면 stdout에 출력하고 다음 문자로 이동한다. 원시 코드에서 char * yytext(매치된 입력 문자 스트링)와 char * yyleng(매치된 문자 스트링의 길이)는 전역 변수이다.

실습 6.1

아래 Lex 원시 코드의 패턴과 액션에서 "compiler xyz23 254" 를 입력할 때의 결과를 보이시오.

```
%%
"exit" exit(0);
[a-z]+    printf("alpha\n");
[0-9]+    printf("numeric\n");
[a-z0-9]+  printf("alphanumeric\n");
[\t]+    printf("space\n");
 .     printf("special character\n");
%%

void main ( )
{
  yylex( );
```

```
}
int yywrap( )
{
 return(1);
}
```

이 패턴과 액션에서는 “compiler xyz23 254” 를 차례로 입력하므로 아래의 결과를 얻는다.

```
alpha
special  character
alphanumeric
special  character
numeric
```

실습 6.2

실습 6.1을 아래처럼 수정하고 실행한 결과를 비교하시오.

```
%%
"exit" exit(0);
[a-z]+      printf("alpha \n");
[0-9]+      printf("numeric \n");
[a-z0-9]+   printf("alphanumeric \n");
[ \t\n]+    printf("space \n");
.           printf("special character \n");
%%

void main ( )
{
    yylex( );
}

int yywrap( )
{
 return(1);
}
```

실행한 결과는 아래와 같다.

alpha
space
alphanumeric
space
numeric

실습 6.1에서는 '탭'으로 된 공백은 인식하지만, 문자로 된 '공백'은 인식하지 못하지만 실습 6.2는 공백, 탭, 새줄 모두 빈칸(space)로 인식한다.

- **호출될 함수 부분**

호출될 함수 부분은 액션에서 호출하는 C 함수로 이루어지고, 그대로 Lex의 출력 파일인 lex.yy.c에 복사하며, *main* ( ) 함수도 이 부분에 있다. Lex는 Yacc와 같이 사용할 수도 있고, 같이 사용하지 않을 수도 있다.

6.1.2 Lex 원시 프로그램 예

위에서 학습한 내용을 바탕으로 숫자를 값이 있는 정수나 유동 소수점으로 변환하여 컴퓨터 내부에 표현하는 Lex 원시 코드를 만들어 보자. 즉, 숫자의 모양에 따라 **정수형**(INTEGER)이나 **실수형**(REAL) 토큰을 출력한다.

우선, 정수형 수와 유동 소수점 수의 정규 수식을 패턴으로 표현하면 아래와 같다. 즉, 66, 143, 342, 11987는 정수형 수이고, 12., 450.56, 43.4E−4, 2.056e3는 유동 소수점 수이며 소수 이하나 지수 부분은 표현하지 않을 수도 있다.

- 정수형 수 패턴 : [0−9]+
- 유동 소수점 수 패턴 : [0−9]+ \.[0−9]+?([eE][+−]?[0−9]+)?

정규 수식을 나타내는 이 패턴과 해당 액션을 %%와 %% 사이에 작성하면 Lex 원시 코드는 아래와 같다.

```
%{
int i;
double r;
%}

%%
[0−9]+          {
                sscanf (yytext, "%d", &i);
                printf ("INTEGER \n");
                }
[0−9]+ \.[0−9]+?([eE][+−]?[0−9]+)?  {
                        sscanf (yytext, "%1f", &r);
                        printf ("REAL \n");
                        }
.       ;       /* 그 외... */
%%

main  ( )
{
 yylex ( );
}
```

정수형 수가 [0−9]+에서 매치되면 yytext는 입력한 문자열을 할당하고, “INTEGER" 라는 문자를 출력한다. 또한 소수점 있는 실수형 수가 매치되면 yytext는 입력한 문자열을 할당하고, “REAL" 이라는 문자를 출력한다. 이 코드에서는 자료형을 인식하고 출력하는 예만 간단하게 보인다. 컴퓨터 내부의 자료 구조로 변환하는 과정은 이미 어휘 분석 부분에서 다루었으므로 생략한다.

실습 6.3

패턴 [0−9]+\.[0−9]+?([eE][+−]?[0−9]+)?로 유동 소수점 수를 인식하는 Lex를 작성하고 실행하시오. 유동 소수점 수 12., 5.34, 7.4E−2, 16.e−3를 입력한다. 그리고 정수형 수 6과 9를 입력하여 패턴에서 인식할 수 있는지 확인하시오. Lex 패턴은 아래와 같이 기술한다.

```
%%
[0-9]+\.[0-9]+?([eE][+-]?[0-9]+)?
    {
     printf(" %s\t",yytext);
     printf("유동 소수점 수\n");
    }
. ;
%%
```

위 패턴으로 유동 소수점 수를 인식하는 Lex 프로그램을 작성하고 실행하면 아래와 같다.

```
%option noyywrap
%{
     #include<stdio.h>
%}

%%
[0-9]+\.[0-9]+?([eE][+-]?[0-9]+)?          {
                              printf(" %s\t",yytext);
                               printf("유동 소수점 수\n");
                             }
. ;
%%

int main( )
{
     yylex( );
     return 0;
}
```

실습 6.3은 아래와 같이 출력한다.

```
12.      유동 소수점 수
5.34     유동 소수점 수
7.4E−2   유동 소수점 수
16.e−3   유동 소수점 수
```

6과 9는 정수형 수이고 패턴이 없으므로 인식할 수 없다.

실습 6.4

다음은 입력 파일을 읽어서 정수를 분리하는 Lex 원시 코드이다. Lex 원시 코드 파일을 "test.l"으로 하고, 입력 파일을 "input.dat" 로 하여 아래와 같이 실행한 후 결과를 관찰한다.

```
>lex test.l
>cc lex.yy.c  −ll
>a.out < input.dat
```

아래는 입력할 문장이 있는 파일 "input.dat" 내용이다.

```
Oct20201031      20000Korea Won
12345Programming   System59023     abcde
```

아래는 Lex 원시 코드 파일 "test.l" 내용이다.

```
%%
[0−9]+    printf("%s \n", yytext);
"$"       exit(0);
[ \n \b \t] ;
.  ;
%%

void main ( )
{
 yylex( );
}
```

```
int yywrap( )
{
 return(1);
}
```

이 코드를 실행한 결과는 아래와 같다.

```
20201031
20000
12345
59023
```

실습 6.4는 입력 자료 파일 input.dat에서 문자를 제외하고, 숫자 부분만 [0−9]+으로 인식하여 출력한다.

실습 6.5

실습 6.4에서 숫자를 제외하고 문자만 출력하도록 Lex 원시 코드를 수정하고 실행한 결과를 관찰하시오.

```
%%
[a-zA-Z]+    printf("%s \n",yytext);
"$"        exit(0);
[\n\b\t]   ;
.         ;
%%

void main ( )
{
   yylex( );
}

int yywrap( )
{
 return(1);
}
```

실행 결과는 아래와 같다.

Oct
Korea
Won
Programming
System
abcde

실습 6.6

아래 C 프로그래밍 언어로 작성한 프로그램 일부에서 할당연산자, 산술연산자, 관계연산자를 인식하는 Lex 원시 코드를 작성하고 실행하시오. 필요한 함수는 스스로 정의하시오.

```
#include
int main( )
 {
 int total = 0;
 int mean = 0;
 int cnt = 0;

 for(int i = 0; i < 100; i++)
  {
   for(int j = 0; j < 50; j++)
    {
     total = total + j;
    }
   cnt = cnt + 1;
  }

  if(total >= mean )
      mean = total / cnt;
    printf ("%d, %d, %d", total, mean, cnt);
 }
```

작성한 Lex 원시 코드는 아래와 같다.

```
%{
 #include y.tab.h
 #include math.h
%}

%%
=                       printf ("할당연산자\n", yytext);
\+|\-|\*|\/             printf ("산술연산자\n", yytext);
\"=="|\<|\>|"<="|">="|"!="    printf ("관계연산자\n", yytext);
. ;                     /* 그 외... */
%%

 void main( )
{
 yylex();
}

int yywrap( )
{
 return(1);
}
```

실행 결과는 아래와 같다.

```
= 할당연산자
= 할당연산자
= 할당연산자
= 할당연산자
< 관계연산자
+ 산술연산자
+ 산술연산자
= 할당연산자
< 관계연산자
+ 산술연산자
+ 산술연산자
```

= 할당연산자
\+ 산술연산자
= 할당연산자
\+ 산술연산자
>= 관계연산자
= 할당연산자
/ 산술연산자

이 실습에서는 산술연산자 "++"나 "− −"한 번에 인식하지 못하고, ++에서 +를 한 개씩 따로 인식한다. 이 코드에 \"++", \"− −", \"+=" 등을 추가해 실행하고 결과를 분석하시오.

실습문제

1 아래 토큰을 인식하는 Lex 코드를 작성하시오.

(1) 식별자(반드시 영어 문자로 시작하고 그 뒤에는 문자와 숫자가 혼합된다. 하이픈(_), &, $, −> 도 포함한다)
(2) 숫자(정수, C 언어에서 일반 형식의 실수)
(3) 예약어 중 main, int, array, if, for, while, else, function

2 한글 자음과 모음을 인식하는 Lex 코드를 작성하시오.

3 아래 주석을 인식하는 Lex 코드를 작성하시오.

/* This is the first Lex program. */

4 아래 특수 문자와 괄호를 인식하는 Lex 코드를 작성하시오.

(1) ^_^
(2) :−)
(2) ((((((a + b))))))

5 아래 C 프로그램 일부에서 토큰을 분리하는 Lex 코드를 작성하시오.

```
score = 100;
if ( score >= 90 ) grade[student] = "A"
        else grade[student] = "F";
```

6.2 Lex 실행하기

앞에서와 같이 Lex 원시 코드를 작성하면 유닉스 운영체제나 윈도우즈 운영체제 환경에서 Lex 프로그램을 실행할 수 있다. Lex 프로그램을 실행하려면 두 단계가 필요하다.

단계 1: Lex를 사용하여 lex.yy.c 라는 파일을 만든다.

단계 2: 만들어진 lex.yy.c 파일을 C 컴파일러로 컴파일한다.

즉, Lex 원시 파일이 "test_lex"라면 아래와 실행한다.

```
>lex test_lex
>cc lex.yy.c  −o  test_lex
```

또한 C 컴파일러를 통하면 Lex 라이브러리를 연결하려면 아래와 같이 −ll 라는 옵션을 사용한다. input.dat는 입력할 문자가 있는 파일이다.

```
>lex test.l
>cc lex.yy.c  −ll
>a.out < input.dat
```

그러나 Lex는 유닉스 버전, 버클리 버전, 윈도우즈 버전 등 여러 종류가 있기 때문에 버전에 따라 실행 방법이 약간 다를 수 있다. 어떤 버전에서는 입력 파일을 모두 읽고 나면 yywrap() 이라는 함수를 호출하여 yylex()가 종료할 준비를 하도록 한다. 이 Lex와 Yacc는 관련 홈페이지에서 설치할 수 있다. Lex와 Yacc의 윈도우즈용은 각각 Flex(The Fast Lexical Analyzer)과 Bison(Yacc−compatible Parser Generator)이다[25].

실습 6.7

C 프로그래밍 언어의 식별자를 인식하는 Lex 원시 코드를 작성하고 실행하시오. 또 식별자를 인식하는 코드를 이용하여 예약어 *if*, *for*, *while* 를 인식하는 Lex 원시 코드를 작성하고 실행하시오. 필요한 함수는 스스로 정의하시오.

작성한 Lex 원시 코드 예는 아래와 같다.

```
%{
#include y.tab.h
#include math.h
int symtbl[100];
void insert_symtbl( );
%}

%%
[a-zA-Z][a-zA-Z0-9]*        {
                                insert_symtbl(atoi(yytext));
                                return(IDENT);
                     printf("식별자\n");
                     }
"if"                  printf("예약어 - if\n");
"for"                  printf("예약어 - for\n");
"while"                 printf("예약어 - while\n");
.  ;                 /* 그 외... */
%%

void insert_symtbl(int inchar)
{
   static  i = 0;
   symtbl[i++] = inchar;
}

void main ( )
 {
   yylex( );
```

```
}

int yywrap( )
{
  return(1);
}
```

실습 6.8

아래 프로그램 일부에서 각 토큰을 분리하는 Lex 원시 코드를 작성하고 실행하시오. 필요한 함수는 스스로 정의하시오.

```
switch(state)
{
        case 0:
            {
                if  (inchar == 'a')
                {
                    scanf(&inchar);
                     state = 1;
                }
                    else
                        printf("error");
            }
}
```

위에서 수행한 실습을 하나로 작성한다.

```
%{

%}


%%
"__exit"                    exit(0);
\".+\"|\'.+\'                        printf("문자 :%s\n",yytext);
"switch"|"case"|"if"|"else"         printf("예약어 :%s \n",yytext);
[a-zA-Z][a-zA-Z0-9]*                printf("식별자:%s\n",yytext);
```

```
\+|\*|\-|\/|\%|"||"|"&&"|"=="|\=   printf("연산자 :%s\n",yytext);
\.|\(|\)|\,|\{|\}|\;|\:            printf("분리문자 :%s\n",yytext);
[0-9]+[a-zA-Z]+                    printf("error");
[0-9]+                             printf("상수 :%s\n",yytext);
.                                  ;
%%

void main( )
{
   yylex( );
}

int yywrap( )
{
 return(1);
}
```

실습 6.8은 프로그램을 아래와 같이 토큰 단위로 분리한다. 이 결과에서 scanf와 printf는 예약어로 정의하지 않아 식별자로 분리되었다.

switch	예약어
(	분리문자
state	식별자
)	분리문자
{	분리문자
case	예약어
0	상수
:	분리문자
{	분리문자
if	예약어
(	분리문자
inchar	식별자
==	연산자
'a'	문자
)	분리문자

{	분리문자
scanf	식별자
(	분리문자
inchar	식별자
)	분리문자
;	분리문자
state	식별자
=	연산자
1	상수
;	분리문자
}	분리문자
else	예약어
printf	식별자
(	분리문자
"error"	문자
)	분리문자
;	분리문자
}	분리문자
}	분리문자

실습문제

1 실습문제 6.1에서 작성한 각 Lex 코드를 실행해보고 결과를 쓰시오.

2 아래에 주어진 각 입력 스트링에 대하여 Lex 원시 코드를 작성하고 실행한 결과를 쓰시오.

(a) prolog1k5

(b) mobil8_g234

(c) ㅇㅜㄹㅣㄴㅏㄹㅏ

(d) h9u%lg57^f38

(e) hhhhhhhuuuuu3s

(f) 대한민국~~01020201111

3 아래 임의의 프로그램 일부에서 토큰을 분리하는 Lex 코드를 작성하고 실행하시오.

```
int main()
{
 BiTree_Node* root = NULL;
 BiTree_Node* foundedNode = NULL;
 char Name;
 char tmp;
 printf("이름을 입력하세요: ");
 do {
   tmp = fgetc(stdin);
   if(tmp != '\n') {
       insert(&root, tmp);
   }
}
while(tmp != EOF);
printf("\n 검색을 원하는 이름을 입력하세요. ");
scanf("%c", &Name);
 while(Name != 'z'){
  foundedNode = searchBST(root, Name);
  if (foundedNode != NULL) {
          printf("\n %c 이름을 찾았습니다. \n", foundedNode->Name);
          }
      else {
          printf("\n 원하는 이름을 찾을 수 없습니다. \n");
        }
  scanf("%c", &Name);
  printf("\n\n\n 검색을 원하는 이름을 입력하세요. ");
  scanf("%c", &Name);
}
 getchar();
 return 0;
}
```

6.3 윈도우즈용 Flex로 실습하기

위에서 이미 다루었지만 위의 각 실습을 윈도우즈용 Flex에서 실습해 보자.

- 실습 6.1에 대해, '메모장'같은 워드 프로세서 편집기에서 선언 부분과 함수 부분을 추가한 Lex 원시 코드 파일 Prac6_1.l(확장자 xxx.l로)을 작성한다.

```
% {
  #include <stdio.h>
% }



%%
[a-z]+     printf("alpha \n");
[0-9]+     printf("numeric \n");
[a-z0-9]+  printf("alphanumeric \n");
[ \t]+     printf("tab");
[ ]        printf("space \n");
.          printf("special character \n");
\n         ;
%%

int main(void)
{
  yylex( );
  return 0;
}

int yywrap(void)
{
  return 0;
}

int yyerror(void)
{
```

```
    printf("Error \n");
    exit(1);
}
```

Flex가 저장된 디렉토리에 저장한다. 이렇게 하려면 '시작 메뉴'에서 명령 프롬프트 창을 실행(실행 창에서 'cmd' 입력)한다. 그리고 이미 작성한 Flex와 파일을 저장한 경로로 이동한다. 이때 아래 명령어를 사용한다. cd는 "Change Directory"로 원하는 디렉토리 까지 경로를 이동하라는 '명령'이다. 파일을 D 드라이브의 LexTEST/Prac1 폴더에 작성했으면 아래와 같다.

```
C:\users\TEST>d:
D:\>cd LexTEST/Prac1
D:\>LexTEST\Prac1>
```

이동한 경로에서 아래와 같이 Flex 파일을 실행한다.

```
D:\>cd LexTEST/Prac1
D:\LexTEST\Prac1>flex Prac6_1.l
```

그러면 아래와 같이 lex.yy.c 파일이 생성된다.

```
Prac6_1.l
Prac6_1.y
lex.yy.c
```

이제 프로그램을 실행하기 위해 아래처럼 컴파일하여 실행 파일을 생성한다. -o는 파일 이름을 지정한다.

```
D:\LexTEST\Prac1>gcc  lex.yy.c  -o  Prac6_1
```

그러면 실행 파일이 생성된다.

```
Prac6_1.exe
Prac6_1.l
lex.yy.c
```

이제 실행 파일 이름으로 프로그램을 실행한다. 이때 'compiler xyz23 254'를 입력하면 아래 결과가 출력된다('Ctrl+c'로 프로그램을 종료한다).

```
D:\LexTEST\Prac1>Prac6_1
```

```
compiler xyz23 254
alpha
space
alphanumeric
space
numeric
```

• 실습 6.4에 대해서도 실습 6.1과 마찬가지로 편집기에서 선언 부분과 함수 부분을 추가한 Lex 원시 코드 파일 Prac6_4.l을 작성한다.

```
%{
  #include <stdio.h>
%}

%%
[0-9]+    printf("%s \n", yytext);
"$"       exit(0);
[ \n \b \t];
.  ;
%%

int main(void)
{
  yylex( );
  return 0;
}

int yywrap(void)
{
  return 0;
}

int yyerror(void)
{
  printf("Error \n");
  exit(1);
}
```

그리고 실습 6.1과 같은 과정을 거쳐 프로그램을 실행한다. 그러면 아래와 같은 결과가 나온다.

```
D:\LexTEST\Prac3>gcc  lex.yy.c  -o  a.out
D:\LexTEST\Prac4>a.out < input.dat

 20201031
 20000
 12345
 59023
```

실행 중에 '-ll'를 입력하면 "cannot find -ll" 오류가 발생하는 경우가 있는데, 이 것은 아래의 이유가 있을 수 있다.

(1) Lex는 유닉스, 윈도우즈 등 여러 버전이 있기 때문에 각 버전에 따라 실행 방법이 다를 수 있다.

(2) 또한 윈도우즈에서 사용하는 Flex는 라이브러리를 제공하지 않기 때문에 -ll 옵션이 정의되어 있지 않다.

- 실습 6.6에 대해서도 실습 6.1과 마찬가지로 편집기에서 선언 부분과 함수 부분을 추가한 Lex 원시 코드 파일 Prac6_6.1을 작성한다.

```
%{
  #include <stdio.h>
  #include <math.h>
%}

%%
[a-z]+      printf("alpha \n");
[0-9]+      printf("numeric \n");
[a-z0-9]+   printf("alphanumeric \n");
[ \t]+      printf("tab");
[ ]         printf("space \n");
\n          ;
=           printf("할당연산자\n");
```

```
"+"|"-"|"*"|"/" printf("산술연산자\n");
"=="|"<"|">"|"<="|">="|"!=" printf("관계연산자\n");
%%

int main(void)
{   yylex();
    return 0;
}

int yywrap(void)
{
  return 0;
}

int yyerror(void)
{
  printf("Error \n");
  exit(1);
}
```

그리고 실습 6.1과 같은 과정을 거쳐 프로그램을 실행한다. 그러면 아래와 같은 결과가 나온다.

```
D:\LexTEST\Prac3>gcc  lex.yy.c -o  Prac6_6
D:\LexTEST\Prac6>Prac6_6
=
할당연산자
+
산술연산자
-
산술연산자
*
산술연산자
/
산술연산자
==
```

관계연산자
<
관계연산자
>=
관계연산자
!=
관계연산자

실습문제

1 실습을 이용하여 숫자 스트링 ‘4’, ‘3’, ‘5’를 십진수 435의 ‘값’이 되도록 하는 함수를 추가하고 숫자를 인식하는 실습을 하시오.

2 실습의 식별자 인식에서 함수 이름과 변수 이름을 구별하는 함수 프로그램을 추가하고 실행하시오.

3 위의 실습을 통해 보았듯이 식별자와 예약어를 어떻게 구별하는지 원리나 개념을 설명하시오.

4 Lex에서 입력 스트링 for k = 1 to 100 do와 f□o□r k = 1 t□o 100 d□o를 같은 스트링으로 인식합니까? 다른 스트링으로 인식합니까? 만약 다르게 인식한다면 이유를 설명하고, 같은 것으로 인식하도록 코드를 입력하고 실행하시오. □는 빈칸이다.

제07장

구문 분석

구문 분석

이 장에서는 프로그램이 올바르게 작성되었는지를 알아내는 구문 분석 과정을 설명한다. 구문을 분석하려면 프로그래밍 언어로 작성된 프로그램이 앞에서 언급한 문법의 특성을 잘 따르고 있는지를 파악해야 한다. 더불어 구문 분석의 개념과 문법을 인식하는 인식기를 살펴본다.

7.1 파스 트리와 신택스 트리

구문 분석은 어휘 분석기가 만든 토큰 스트링을 읽어 들여, 작성된 프로그램이 주어진 문법에 따라 올바르게 작성되었는지를 파악하기 위해 **파스 트리**를 생성하는 과정이다. 예를 들어 아래 문장이 입력으로 들어오면 구문 분석기는 문법과 비교하여 문장이 잘못 작성되었다는 것을 탐지한다.

$$x = (a - 78) * 1.87) + y;$$

즉, 아래와 같은 에러가 탐지될 수 있다.

- 할당 기호 = 의 오른쪽 수식에서 괄호의 짝이 맞지 않는다.
- 단순히 괄호 한 개가 빠진 것인지, 실수로 오른쪽 괄호가 삽입된 것인지는 알 수 없다.
- 또는 78나 1.87 뒤에 숫자 하나를 잘못 타이핑한 것이지도 알 수는 없다.

그러므로 컴파일러는 구문 분석을 통해 이 문장에 에러가 있다는 것을 사용자에게 알려 준 후에도 프로그램 전체(이 문장 뒤에 있는 문장들)에 대해 구문 분석을 계속 수행한다.

이 할당문에서 1.87)를 1.873으로 수정하여 x = (a − 78) * 1.873 + y;와 같이 정상적인 토큰 스트림으로 입력하면 구문 분석기는 파스 트리를 생성한다. 이 파스 트리는 프로그램의 각 문장이 **문법**에서 만들어지는 언어인지를 알아보는 **유도 과정**이다. 즉, 문법에서 만들어지는 언어이면 그 문장은 올바르고, 아니면 문장이 잘 못된 것이다. 이와 같이 프로그램으로 입력된 문장을 문법과 비교하여 검사하기 때문에 어떤 언어의 문법을 이해하는 것은 중요하다.

그림 7.1는 프로그램에서 파스 트리를 생성하는 구분 분석기의 위치와 기능이다.

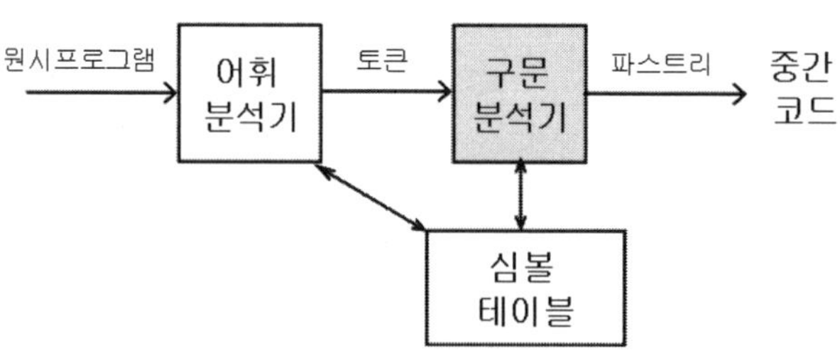

그림 7.1 구문 분석기의 위치와 기능

구문 분석에서 문법의 유도 과정을 통해 생성되는 것은 파스 트리이다. 이 파스 트리와 달리 최종 연산자와 피연산자로만 구성된 트리는 **신택스 트리**이다. 이 신택스 트리는 **중간 코드** 형태이며 기계어 인스트럭션을 만들 수 있는 가장 작은 자료구조로 **연산자 동작 코드**와 **피연산자 주소**로 구성한다. 그러므로 신택스 트리의 중간 노드는 연산자이고, 잎 노드는 피연산자의 주소이다. 한 마디로 파스 트리는 문법에 따라 유도하는 과정을 표현하고, 신택스 트리는 기계어 인스트럭션을 생성할 중간 코드를 표현한다.

위의 수정된 할당문 x = (a − 78) * 1.873 + y;를 입력하면 구문 분석기는 그림 7.2와 같은 신택스 트리를 생성한다. 그림 7.2의 신택스 트리에서 연산자 =, −, *, +는 중간 노드를 구성하고, 피연산자인 x, a, 78, 1.873, y는 연산될 내용(값, 메모리의 저장 위치, 주소)이다. 이와 같이 신택스 트리는 이진트리를 구성하고 각 연산자의 우선순위를 한 번에 알 수 있다.

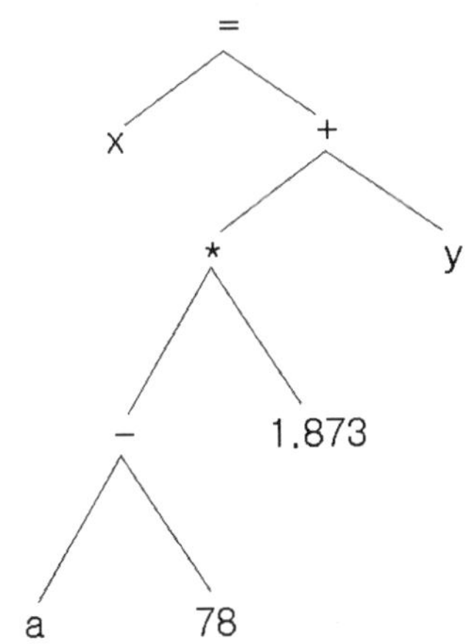

그림 7.2 할당문 x = (a − 78) * 1.873 + y; 의 신택스 트리

그림 7.2의 이진트리로 구성된 신택스 트리에서 그림 7.3과 같이 맨 아래 레벨의 연산자인 마이너스(−) 부분을 수행하는 인스트럭션을 가장 먼저 생성한다. 그 후에 이 마이너스 부분을 포함하는 곱하기(*) 연산자를 수행하는 인스트럭션을 생성한다. 이런 순서로 더하기(+), 할당(=)을 계속 수행하면 이진트리를 후위 표기법으로 순회하는 결과와 같다. 즉, 그림 7.3의 신택스 트리에서 후위 표기법으로 순회하는 결과는 아래와 같다. 이 결과는 제 1장에서 전자계산기의 예처럼 연산을 위한 스택 구성과 같은 형식이다.

x a 78 - 1.873 * y + =

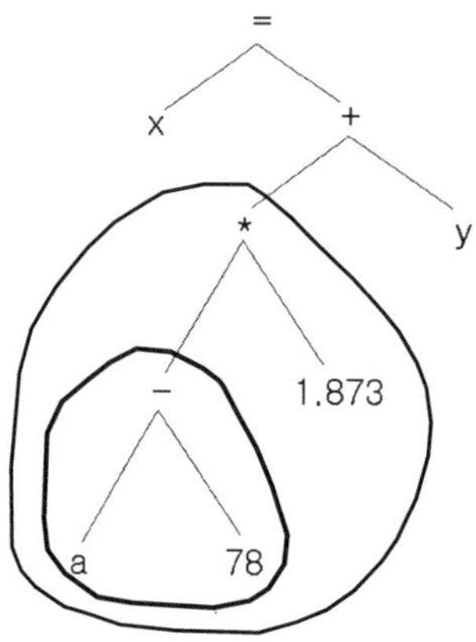

그림 7.3 그림 7.2 신택스 트리의 우선 순위

이 순회한 결과가 바로 할당문 x = (a − 78) * 1.873 + y;의 중간 코드 형태이다. 그리고 이 코드를 바탕으로 아래와 같은 스택 형식의 기계어 인스트럭션을 생성한다. ='78'과 ='1.873'은 상수를 의미한다.

```
load a
load ='78'
sub
load ='1.873'
mul
load y
add
store x
```

제 1장 전자계산기의 연산 예처럼 구문 분석기가 문법 검사를 통하여 직접 신택스 트리를 생성하고 처리하는 과정을 **구문-직접 변환**이라 한다. 그러나 전자계산기는 코드를 실행하는 것은 아니다. 구문-직접 변환은 뒤에서 자세히 다룬다.

어휘 분석에서 정규수식이나 유한 상태 기계와 같은 수학적인 표현을 사용하였듯이, 구문 분석도 언어가 문법에 맞는지를 자동으로 검사하기 위해 형식 표현법을 사용한다. 이러한 표현법이 이미 언급한 **형식 문법**이며, 프로그래밍 언어를 정의하거나 구문 분석기를 구현한다.

문맥-자유 문법으로 구문 분석을 수행하는 여러 개념 중에 **하향식 파싱**과 **상향식 파싱**의 두 개념이 있다. 지금부터 하향식 파싱과 상향식 파싱에 필요한 개념과 두 파싱의 개념을 간략하게 살펴보자.

실습문제

1 구문 분석기를 설명하시오.

2 구문 분석에서는 왜 그리로 어떻게 파스 트리를 생성하는지 설명하시오.

3 신택스 트리는 무엇인지 설명하시오.

4 구문 분석에서 왜 유도 과정이 필요한지 설명하시오.

5 할당문 y = (x + e) − 43) + s; 의 신택스 트리를 구성하시오.

6 아래 신택스 트리를 보고 원래의 원시 문장을 쓰시오.

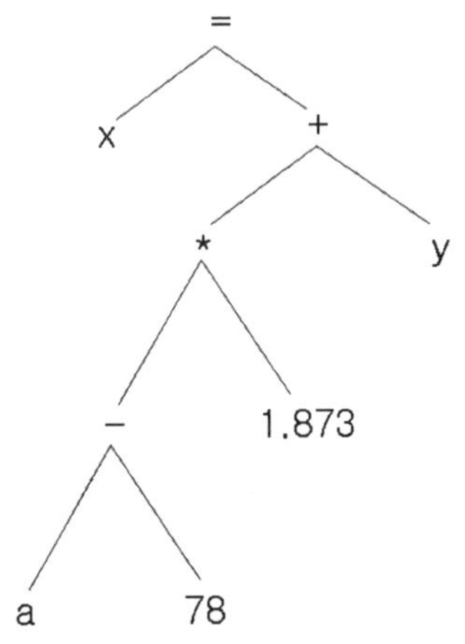

7 형식 문법이 필요한 이유를 설명하시오.

8 아래의 문맥-자유 문법 G 가 있다. 주어진 각 스트링을 우단으로 유도하는 파스 트리를 보이시오. 그리고 신택스 트리를 구성하시오.

$$G = (\{E\}, \{+, -, *, /, (,)\}, P, E)$$

$P : E \rightarrow E + E$

$E \rightarrow E * E$

$E \rightarrow (E)$

$E \rightarrow -E$

$E \rightarrow \text{var}$

(1) −(var + var)

(2) var * var − var − var

(3) var * (var + var) − var

9 아래 문법에 −(빼기)와 /(나누기) 연산자를 포함하도록 확장하고 스트링 −var * var + (−var)의 파스 트리를 보이시오.

$$G = (\{E, M, F\}, \{+, *, (,), \text{var}\}, P, E)$$

$P : E \rightarrow E + M \mid M$

$M \rightarrow M * F \mid F$

$F \rightarrow (E) \mid \text{var}$

10 문항 9에서 만들어진 문법에 ^(제곱연산자)를 포함하도록 재구성 하시오. 이 제곱연산자의 우선순위는 곱하기 연산자보다 높다. 이 연산자가 여러 개 있으면 왼쪽부터 오른쪽으로 우선순위를 가지고 수행한다(즉, 2^3^2 = 64이다).

7.2 하향식 파싱 개념

하향식 파싱은 문법의 생성규칙 중에서 적당한 생성 규칙을 선택하고 **정의 기호** 왼쪽에 있는 넌터미널을 오른쪽의 심볼 스트링으로 한 단계씩 대치하면서 유도 트리를 생성한다. 즉, 입력에서 심볼 하나를 읽고 이 심볼을 생성할 수 있는 생성 규칙을 찾아 다음 단계를 유도할 것인지 아닌지를 결정한다.

생성 규칙 $A \rightarrow \beta$가 있고 아래와 같이 유도할 수 있으면 **하향식 파싱**이다. 즉, 문법의 시작 심볼에서 언어(프로그램의 문장 구성)를 생성하는 유도 과정과 같이 파싱하는 방법이다.

$$S \Rightarrow^* \alpha A \omega \Rightarrow^* \alpha \beta \omega$$

아래 문법 G를 사용하여 스트링 var + var * var을 유도하는 과정을 살펴보자.

$$G = (\{E, O\}, \{\text{var}, +, -, *, /, (,)\}, P, E)$$
$$P : E \rightarrow E\ O\ E \mid (E) \mid -E \mid \text{var}$$
$$O \rightarrow + \mid - \mid * \mid /$$

이 문법에서 산술 수식 var + var * var을 생성하는 좌단으로 유도하는 과정은 아래와 같다(밑줄 부분은 대치되는 넌터미널이다).

$$\underline{E} \Rightarrow \underline{E}\ O\ E \Rightarrow \underline{E}\ O\ E\ O\ E \Rightarrow \text{var}\ \underline{O}\ E\ O\ E \Rightarrow \text{var} + \underline{E}\ O\ E \Rightarrow \text{var} + \text{var}\ \underline{O}\ E$$
$$\Rightarrow \text{var} + \text{var} * \underline{E} \Rightarrow \text{var} + \text{var} * \text{var}$$

마찬가지로 이 문법에서 산술 수식 var * var + var을 좌단 유도로 생성해 보자.

$$\underline{E} \Rightarrow \underline{E}\ O\ E \Rightarrow \underline{E}\ O\ E\ O\ E \Rightarrow \text{var}\ \underline{O}\ E\ O\ E \Rightarrow \text{var} * \underline{E}\ O\ E \Rightarrow \text{var} * \text{var}\ \underline{O}\ E$$
$$\Rightarrow \text{var} * \text{var} + \underline{E} \Rightarrow \text{var} * \text{var} + \text{var}$$

이와 같이 하향식 파싱은 각 생성 규칙의 넌터미널을 자신이 정의하는 문법 심볼로 대치한다.

위 문법 G에서 산술 수식 var + var * var를 다른 생성규칙을 적용하여 유도해 보자. 즉, 아래에서 다음 단계 유도에 $O \rightarrow +$ 대신에 $O \rightarrow /$를 대치한다. 즉, 아래에서 다음 단계 유도에 $O \rightarrow +$ 대신 $O \rightarrow /$를 대치한다.

$$\underline{E} \Rightarrow \underline{E}\ O\ E \Rightarrow \underline{E}\ O\ E\ O\ E \Rightarrow \text{var}\ \underline{O}\ E\ O\ E$$

그러면 아래와 같이 유도하지만 원하는 var + var * var 를 생성하지는 않는다.

$$\underline{E} \Rightarrow \underline{E}\ \ OE \Rightarrow \underline{E}\ \ OE\ \ OE \Rightarrow \text{var}\ \ \underline{O}E\ \ \ OE \Rightarrow \textbf{var / }\underline{\boldsymbol{E}}\ \ \boldsymbol{OE} \Rightarrow \text{var / var}\ \underline{O}E$$
$$\Rightarrow \text{var / var * }\underline{E} \Rightarrow \text{var / var * var}$$

그러므로 문장형식 **var / $\underline{\boldsymbol{E}}$ $\boldsymbol{O\ E}$**을 유도하기 전단계로 되돌아가서 생성규칙 $O \rightarrow +$를 대치하면 var + var * var 를 유도한다. 이 과정은 그림 7.4와 같다.

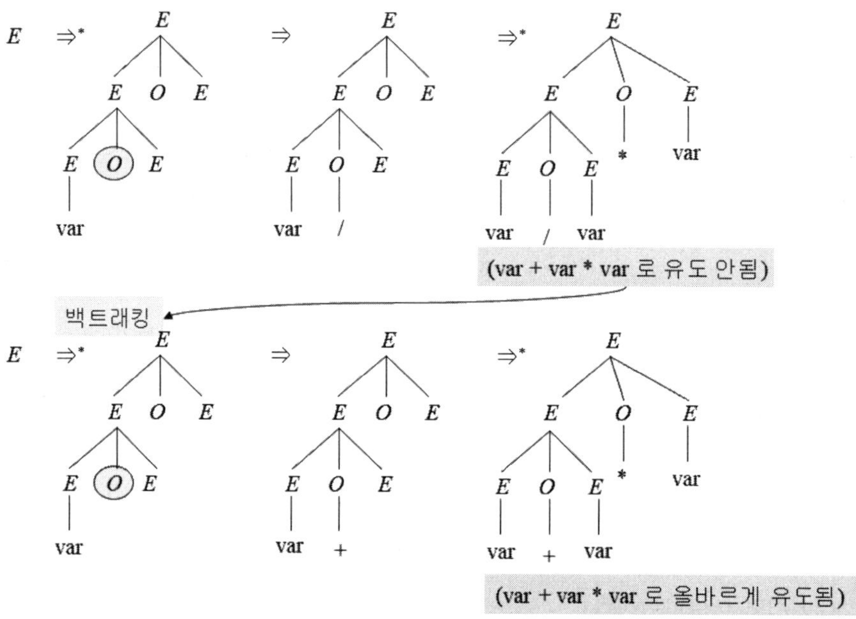

그림 7.4 백트래킹에 의한 산술 수식 var + var * var의 유도 트리

이와 같이 어떤 스트링이 매치되지 않아 이미 유도하였던 지난 단계의 특정 **문장형식**으로 되돌아가는 일을 **백트래킹**이라 한다. 백트래킹을 통하여 새로운 생성 규칙을 선택하고 유도를 계속 진행한다. 이와 같이 하향식 파싱은 문법의 시작 심볼에서 **문장을 구성**하는 터미널 심볼까지 적당한 문법 규칙을 적용해 보는 방법이다. 이 과정에서 문법에 의해 **리커젼**이 존재하기도 하고 백트래킹이 나타나기도 한다. 이러한 문제를 해결하고 효율적으로 파싱하는 다른 방법을 살펴보자.

실습문제

1 백트래킹을 설명하시오.

2 백트래킹이 발생하면 되돌아갈 단계를 어떻게 알 수 있는지 설명하시오.

3 하향식 파싱에서 좌단 유도와 우단 유도 중 어느 것을 사용하는지 설명하시오.

4 아래 문법 G에서 스트링 var / var * var + var 를 좌단 유도와 우단 유도 과정에서 백트래킹이 발생하도록 생성규칙을 적용해 보시오.

$$G = (\{E, O\}, \{\text{var}, +, -, *, /, (,)\}, P, E)$$

$$P : E \rightarrow E\ O E \mid (E) \mid -E \mid \text{var}$$
$$O \rightarrow + \mid - \mid * \mid /$$

7.3 상향식 파싱 개념

하향식 파싱 기법의 문제를 해결하기 위해 생성 규칙을 결정적으로 선택하는 방법으로 상향식 파싱이 있다. 이 상향식 파싱은 프로그램의 각 문장을 구성하는 터미널 심볼에서 시작 심볼까지 생성 규칙을 유도 방향과 역으로 적용하여 파싱하는 것이다.

생성 규칙 $A \rightarrow \beta$가 있고 아래와 같이 문법 규칙을 적용하면 **상향식 파싱**이다($\Rightarrow^{R}$은 환원을 의미한다).

$$\alpha\beta\omega \Rightarrow^{R} \alpha A\omega \Rightarrow^{R} S$$

즉, 프로그램의 문장을 구성하고 있는 언어에서 유도 과정을 역으로 적용하는 방법이다. 그러므로 어떤 문장형식에서 넌터미널이 대치되어 자신을 생성한 이전 문장형식으로 되돌아간다. 결과적으로 상향식 파싱은 입력 스트링으로 프로그램을 구성하고 있는 심볼인 유도 트리의 **터미널 노드**에서 **루트 노드**인 **시작 심볼**까지 유도 과정을 **환원**(감소)한다. 그림 7.5는 하향식 파싱 개념과 상향식 파싱 개념을 비교하여 보여준다.

이러한 상향식 파싱 개념을 구현하려면 **이동-환원 파싱 기법**과 **LR 문법**을 사용한다(뒤에서 자세히 다룸).

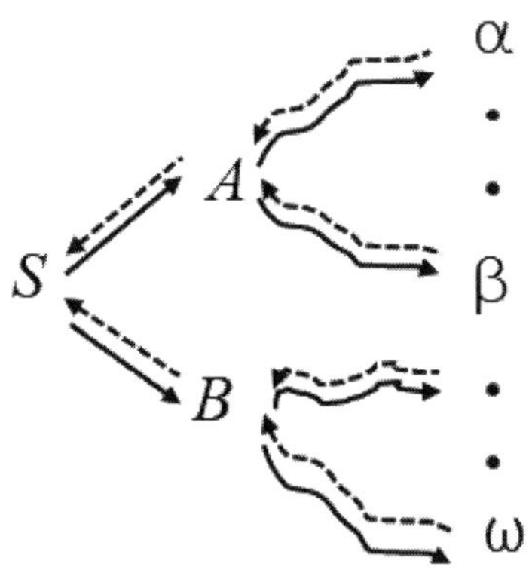

그림 7.5 하향식 파싱과 상향식 파싱의 기본 개념(실선은 하향식, 점선은 상향식)

상향식 파싱을 좀 더 구체적으로 살펴보자.

입력한 문장에서 맨 처음 터미널 심볼을 보고 그 심볼을 생성할 수 있는 생성 규칙 중에서 적당한 생성 규칙으로 바꾼다. 그러면 그 터미널을 포함하는 문장형식이 만들어진다. 이 문장형식이 문맥-자유 문법의 어떤 생성 규칙과 **완전히 똑 같으면** 이 문장형식을 생성하는 넌터미널로 다시 바꾼다. 이와 같이 문장형식을 넌터미널로 바꾸는 과정을 **환원**한다고 한다.

그러나 이 문장형식이 어떤 생성 규칙과 완전히 똑 같지 않으면, 어떤 생성 규칙의 한 형식과 같을 때까지 입력에서 터미널을 계속 읽어 들인다. 이러한 과정을 반복하여 문장형식이 어떤 생성 규칙과 완전하게 같으면, 또 다시 이 문장형식을 생성할 수 있는 넌터미널로 바꾼다. 그러면 문장형식은 다시 다른 넌터미널로 환원하게 된다.

간단하게 아래 문법 *G*를 사용하여 입력 스트링 xyyzw를 상향식으로 파싱하는 과정을 살펴보자.

$G : S \rightarrow \mathrm{x}AB$
$\quad A \rightarrow A\mathrm{yz}|\mathrm{y}$
$\quad B \rightarrow \mathrm{w}$

이 문법으로 문장 xyyzw가 *S*로 가는 과정은 아래와 같다.

xyyzw (y 를 생성 규칙 $A \rightarrow$ y에 의해 A로 바꾼다)
$\Rightarrow^R$ x$\underline{A}$**yz**w (Ayz 를 생성 규칙 $A \rightarrow A$yz에 의해 A로 바꾼다)
$\Rightarrow^R$ xA**w** (w 를 생성 규칙 $B \rightarrow$ w에 의해 B로 바꾼다)
$\Rightarrow^R$ **x$\underline{AB}$** (xAB 를 생성 규칙 $S \rightarrow$ xAB에 의해 S로 바꾼다)
$\Rightarrow^R S$ (S는 시작심볼이다)

즉, 이 문법에서 스트링 xyyzw는 xyyzw $\Rightarrow^R$ xAyzw $\Rightarrow^R$ xAw $\Rightarrow^R$ x$\underline{AB}$ $\Rightarrow^R$ S의 과정을 거쳐 시작 심볼 S 로 환원한다. 이와 같이 상향식 파싱은 입력 스트링의 맨 앞에 **처음 나타나는 터미널 심볼**이나 **문장형식**을 넌터미널로 바꾼다. 이렇게 왼쪽에서 처음 만나면서 넌터미널로 바꿀 수 있는 터미널 심볼이나 문장형식을 **핸들**이라 한다. 그러므로 상향식 파싱 기법은 바로 이 **핸들**을 찾아서 환원하는 것이다.

정의 7.1

> 생성 규칙 $A \rightarrow \beta$가 있고 우단유도 $S \Rightarrow^*_{rm} \alpha A\omega \Rightarrow^*_{rm} \alpha\beta\omega$가 있으면 문장형식 $\alpha\beta\omega$에서 부분 스트링 심볼 α 뒤에 있는 β를 핸들이라 하고, 생성 규칙 $A \rightarrow \beta$에 의해 β는 A로 환원할 수 있다. 즉, 핸들은 생성 규칙의 오른쪽에 있는 심볼 스트링에서 입력 문장의 스트링과 일치하는 부분 스트링이다($\Rightarrow^*_{rm}$은 우단 유도를 의미).

위 예에서 각 문장형식의 핸들은 아래와 같다.

문장형식 xyyzw 에서는 y
문장형식 x$\underline{A}$yzw 에서는 Ayz
문장형식 xAw 에서는 w
문장형식 x$\underline{AB}$ 에서는 xAB

이와 같이 파싱 과정에서 문장 $\alpha\beta\omega$의 핸들은 생성 규칙 $A \rightarrow \beta$가 적용(환원이 가능)될 수 있는 β 이다.

문장형식에서 핸들을 찾으면 환원이 쉽게 이루어지기 때문에 상향식 파싱에서는 핸들을 발견하는 기법이 핵심이다. 문법에서 핸들이 한 개만 있으면 명확한 문법이므로 쉽게 파싱할 수 있지만, 핸들이 여러 개 있으면 명확하지 않은 문법이므로 파싱을 할 수 없다. 핸들이 여러 개 있으면 어느 생성 규칙을 적용해야할 지 알 수 없기 때문이다.

상향식 파싱은 터미널 스트링에서 시작하여 시작 심볼까지 가면서 우단유도를 역으로 수행하기 때문에 환원 과정에서 핸들이 차례로 없어진다. 즉, ω가 입력 문장이면 $\omega=\zeta_n$ 이며, ζ_n는 n 번째 오른쪽 문장형식으로 시작 심볼 S 까지 환원한다.

$$\omega = \zeta_n \Rightarrow^R \zeta_{n-1} \Rightarrow^R \ldots \Rightarrow^R \zeta_3 \Rightarrow^R \zeta_2 \Rightarrow^R \zeta_1 \Rightarrow^R \zeta_0 = S$$

그림 7.6은 이러한 과정을 보여 주는데, 초기의 파스 트리 (1)에서 (6)까지 유도 과정과 역순으로 가면서 핸들이 제거되어 시작 심볼까지 환원한다. 이 과정을 **가지치기**라 한다.

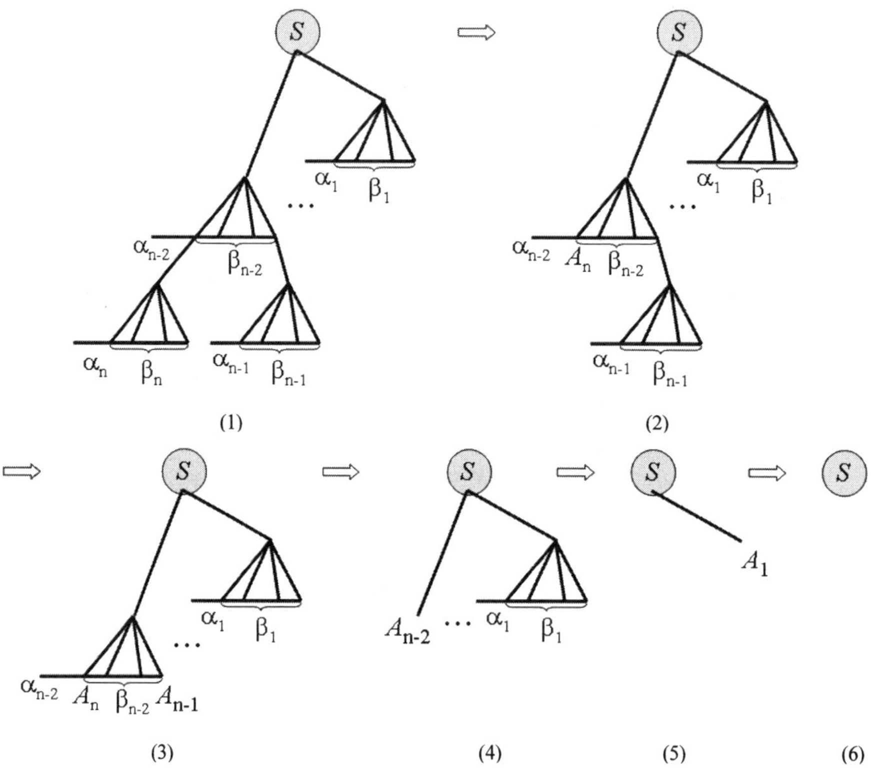

그림 7.6 상향식 파싱으로 파스 트리의 환원 과정

이제 핸들에 대해 좀 더 구체적인 예를 살펴보자.

예 7.1 아래 문법을 사용하여 산술 수식 $\text{var}_1 + \text{var}_2 * \text{var}_3$을 시작 심볼 E로 환원하면서 핸들을 찾아보자. var_1, var_2, var_3 의 각 번호는 터미널 심볼 var를 왼쪽부터 오른쪽으로 순서를 나타낸다.

$$
\begin{aligned}
G: E &\rightarrow E + E \\
E &\rightarrow E * E \\
E &\rightarrow \text{var}
\end{aligned}
$$

수식 $var_1 + var_2 * var_3$ 은 그림 7.7처럼 상향식 파싱하는 과정에서 E로 환원하는 순간에 발생하는 곡선 안의 생성 규칙이 핸들이다.

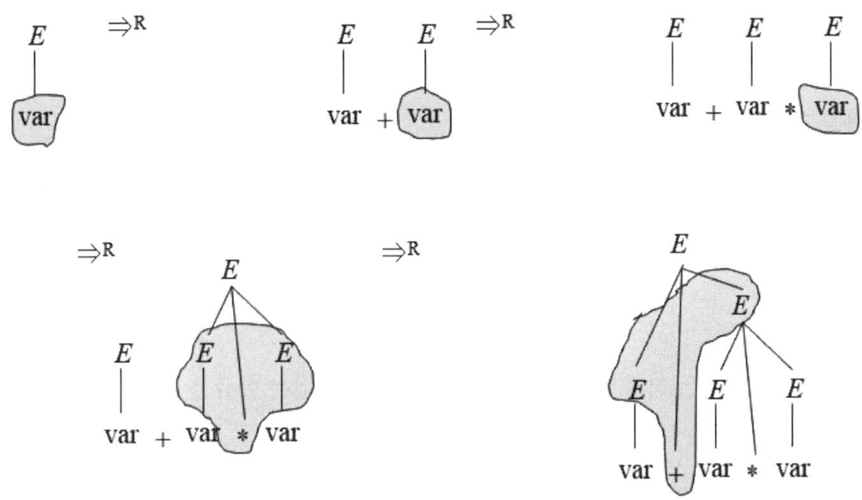

그림 7.7 예 7.1 문법의 상향식 파싱에서의 핸들

그러므로 수식 $var_1 + var_2 * var_3$ 은 아래 테이블처럼 E로 환원하는 과정에서 핸들을 구할 수 있다. 단계 (1)에서는 맨 처음 터미널인 var_1이 핸들이고 생성 규칙 $E \rightarrow var$ 이 적용되어 환원된다. 그 후에 문장형식 $E + var_2$ 를 생성하는 규칙이 없기 때문에 핸들이 될 수 없다. 다음 단계 (2)에서 터미널인 var_2 를 생성 규칙과 대응한다. 그러면 var_2 는 생성 규칙 $E \rightarrow var$ 에 의해 생성되는 핸들이다. 이러한 과정을 반복하면 $E + E * E$ 가 된다. 마찬가지로 단계 (4)에서 오른쪽 끝에 있는 $E * E$ 가 핸들이 되어 $E \rightarrow E * E$ 에 의해 E 로 환원한다. 마지막으로 단계 (5)에서 오른쪽 끝에 있는 $E + E$ 가 핸들이 되고 $E \rightarrow E + E$ 에 의해 E 로 환원한다.

오른쪽 문장형식	핸 들	환원에 적용된 생성 규칙
(1) $var_1 + var_2 * var_3$	var_1	$E \rightarrow var$
(2) $E + var_2 * var_3$	var_2	$E \rightarrow var$
(3) $E + E * var_3$	var_3	$E \rightarrow var$
(4) $E + \boldsymbol{E * E}$	$\boldsymbol{E * E}$	$E \rightarrow E * E$
(5) $\boldsymbol{E + E}$	$\boldsymbol{E + E}$	$E \rightarrow E + E$
(6) E		

이러한 상향식 파싱 기법은 **이동-환원**이라는 알고리즘으로 스택을 이용하여 구현하는데, 스택은 문장형식에서 핸들을 발견하고 환원하는 과정을 수행하는데 이용한다. 그러므로 상향식 파싱에서는 핸들인 **환원할 생성 규칙**을 빨리 발견하고 결정하는 것이 매우 중요하다.

다음 장부터 프로그램을 구문 분석하기 위해 하향식 파싱 기법과 상향식 파싱 기법으로 수행하는 과정을 기술적으로 알아본다.

실습문제

1 상향식 파싱에서는 리커젼이나 백트래킹이 발생하지 않는 이유를 설명하시오.

2 환원이 무엇인지 설명하시오. 또 유도와 다른 점은 무엇입니까?

3 아래 문법을 사용하여 물음에 답하시오.

$$
\begin{aligned}
G\ :\ & S \rightarrow \mathrm{x}AD \\
& A \rightarrow A\mathrm{yz} \mid C \\
& D \rightarrow \mathrm{w} \\
& C \rightarrow \mathrm{y}
\end{aligned}
$$

(1) 우단 유도에 의한 파스 트리를 구성하시오.

(2) 문장 xyyzw를 상향식으로 파싱하시오.

(3) 문장 xyyzw를 상향식으로 파싱하는 각 단계에서 핸들을 찾으시오.

(4) 문장 xzzwzy를 상향식으로 파싱하시오.

제08장
하향식 파싱

하향식 파싱

컴파일러의 구문 분석 단계에서는 프로그래밍 언어의 구문을 분석한다. 문법 G와 입력 스트링이 주어지면 구문 분석을 통해 입력 스트링이 $L(G)$ 에 속하는지 아닌지를 결정한다. 이러한 과정을 **파싱**이라 하며 입력 스트링이 주어진 문법에서 생성되는지에 대한 파싱 트리를 생성한다. 이미 언급한 것과 같이 문맥-자유 문법은 **상향식 파싱**과 **하향식 파싱** 두 개념으로 파싱할 수 있다.

이 장에서는 두 개념의 파싱 중에서 하향식 파싱 개념을 알아본다. 하향식 파싱은 입력 스트링에서 첫 번째 심볼(터미널)부터 차례로 읽어 들여 문법의 시작 심볼(넌터미널)부터 대조하면서 좌단 유도를 실행하여 파스 트리를 구성한다. 그러므로 이 하향식 파싱 개념은 아래의 특성이 있다.

(1) 어떤 문법에 **좌측-순환**이 있으면 하향식 파서는 파싱을 진행하지 못하고 무한 반복에 들어간다. 좌측-순환은 문법 G에 $\boldsymbol{E} \rightarrow \boldsymbol{E} \quad O\,E$ 와 같이 좌측-순환이 발생할 수 있는 생성 규칙이 있거나, α에 대해 $\boldsymbol{S} \Rightarrow \boldsymbol{S}\alpha$와 같은 유도가 생기는 넌터미널 S가 존재하는 경우를 말한다. 문법이 좌측-순환이면 프로그램이 같은 유도를 반복 실행하기 때문에 파싱을 계속하여 진행할 수 있도록 문법에서 좌측-순환을 제거해야 한다.

(2) **백업**과 **백트래킹**이 있다. 백트래킹이 있으므로 불필요한 파싱으로 시간이 소비된다. 또한 백트래킹은 어느 단계의 문장 형식으로 되돌아갈 것인지를 기억해야 하는데 이 과정이 백업이다.

(3) 백트래킹이 없는 하향식 파싱 개념을 구현하려면 백트래킹이 발생하지 않도록 문법을 구성하거나 백트래킹이 발생할 것인지 아닌지를 **미리 예측**해야 한다. 이러한 방법으로 LL(1) 문법을 사용할 수도 있다.

이러한 특성을 가진 하향식 파싱 개념을 실질적으로 구현하기 위해서는 아래 기법이 많이 사용된다.

- **리커시브 디센트 파싱 기법**: 문법의 시작 심볼부터 유도되는 과정을 프로그램으로 수행하는 것이다. 그러므로 좌측-순환이나 백트래킹이 발생할 수 있다.
- **예측 파싱 기법**: 좌측-순환이나 백트래킹이 발생하지 않도록 적용할 생성 규칙을 예측하여 미리 찾아 적용하는 것이다.

지금부터 각 기법을 구체적으로 알아보자.

8.1 리커시브 디센트 파싱

하향식 파싱의 대표적인 기법으로 **리커시브 디센트 파싱** 기법이 있다.

8.1.1 리커시브 디센트 파서

리커시브 디센트 파싱 기법의 기본 개념은 문맥-자유 문법에서 넌터미널이 정의하는 생성 규칙 각각을 **함수 프로그램**으로 구현하는 것이다. 즉, **리커시브 디센트 파서**는 재귀적 함수의 집합이라 할 수 있다.

리커시브 디센트 파싱을 이해하기 위해 아래 문법에서 산술 수식 −x +x *x 를 파싱하는 함수를 구현해 보자.

$G: E \rightarrow -F\ OF\ OF$ ------①
$F \rightarrow \mathrm{x}$ ------②
$O \rightarrow +$ ------③
$O \rightarrow -$ ------④
$O \rightarrow *$ ------⑤
$O \rightarrow /$ ------⑥

우선, 아래 표의 (1)과 같이 입력 스트링 −x +x *x에서 맨 앞의 − 를 입력하고, 이 −(마이너스 심볼)로 시작하는 생성 규칙을 찾아본다. 그러면 문법의 ① 생성 규칙인 $E \rightarrow -F\ \ OF$ 가 적용된다. 그러면 리커시브 디센트 파서는 입력 스트링에서 터미널 심볼 −(마이너스)에 이어서 x 가 있는지를 알기 위해 생성 규칙 $F\ \ OF$에서 검사해야 한다. 이렇게 하기 위해 리커시브 디센트 파서는 넌터미널 심볼 E 에 대해 아래 함수를 구현한다.

function E( )

이 함수는 터미널 심볼 −를 이미 검사했으니 이어서 다음 읽은 심볼이 x인지를 검사해야 한다. 그러나 $F\ \ OF$ 는 모두 넌터미널이기 때문에 다음 읽은 심볼 x가 존재하지 않는다. 그러므로 − 심볼 다음에 있는 F 가 터미널 심볼 x를 생성하는지를 알기 위해 F 가 정의하는 생성 규칙에서 x가 존재하는지를 검사한다. 즉, − 심볼에 이어서 오는 터미널 심볼이 무엇인지를 검사해야 한다. 이 검사는 바로 F 가 터미널 심볼 x를 생성하는지를 파악하는 것과 같다. 그러므로 리커시브 디센트 파서는 넌터미널 심볼 F 에 대해 아래 함수를 구현한다.

function **F**( )

이 함수 *function* F( )는 생성 규칙 $F \rightarrow$ x 에 의해 − 심볼 다음 심볼로 x 가 온다는 것을 알 수 있다. 이어서 바로 뒤의 O는 $O \rightarrow +$에 의해 +가 오는지를 검사해야 한다. 그러므로 리커시브 디센트 파서는 넌터미널 심볼 O 에 대해 아래 함수를 구현한다.

function **O**( )

이 넌터미널 심볼 O 뒤에 다시 F가 오고, 그 뒤에는 다시 순서대로 O와 F가 온다. 그러므로 다음의 F로 $F \rightarrow$ x를 검사하고, 이어서 $O \rightarrow *$에 의해 다음 심볼 *를 검사한다. 마지막으로 다시 $F \rightarrow$ x에 의해 x를 검사한다. 이 과정은 아래 함수를 표와 같이 반복하여 실행한다.

function **E**( );
function **F**( );
function **O**( );
function **F**( );
function **O**( );
function **F**( );

결국, 리커시브 디센트 파서는 위의 의미가 되도록 넌터미널 심볼 E, F, O 에 대한 함수를 구현하고 실행하는 프로그램이다.

(1)	
입력 스트링	−x +x *x
다음 읽은 심볼	−
적용 생성 규칙	$E \rightarrow -F\,O\,F$
구현 함수	*function* E( )

(2)	
입력 스트링	x +x *x
다음 읽은 심볼	x
적용 생성 규칙	$F \rightarrow$ x
구현 함수	*function* F( )

(3)	
입력 스트링	+x *x
다음 읽은 심볼	+
적용 생성 규칙	$O \rightarrow + \mid * \mid - \mid /$
구현 함수	*function* O( )

(4)	
입력 스트링	x *x
다음 읽은 심볼	x
적용 생성 규칙	$F \rightarrow$ x
구현 함수	*function* F( )

(5)	
입력 스트링	*x
다음 읽은 심볼	*
적용 생성 규칙	$O \rightarrow + \mid * \mid - \mid /$
구현 함수	*function* O( )

(6)	
입력 스트링	x
다음 읽은 심볼	x
적용 생성 규칙	$F \rightarrow$ x
구현 함수	*function* F( )

리커시브 디센트 파서의 각 함수는 각 넌터미널에 해당하는 생성 규칙이 프로그램의 터미널 심볼로 구성된 입력 스트링을 한 개씩 다 읽을 때 까지 실행한다. 이 과정에서 각 생성 규칙의 **맨 처음에 있는 터미널 심볼**로 **적용할 생성 규칙**을 결정하게 된다. 그리고 다음 적용할 생성 규칙은 바로 다음 읽어 들인 터미널 심볼에 따라 결정된다. 이 때 읽어 들인 심볼이 터미널이면 **그 다음 심볼을 읽어**오고, 터미널 심볼이 아니면 이 심볼을 생성하는 생성 규칙 함수를 호출한다. 즉, 생성 규칙의 넌터미널에 해당하는 함수 프로그램을 호출한다.

아래는 위 문법에 대해 리커시브 디센트 파서를 구성한 간단한 예이다.

```
function E( )     /*  E → - F   O F O F    */
  {
   if (nextsymbol == '-')
          {
          get_nextsymbol( );
          F( );
          O( );
          F( );
          O( );
          F( );
          }
        else Error( );
  }
```

```
function F( )     /*   F → x    */
    {
     if (nextsymbol == 'x')  get_nextsymbol( )
                             else Error( );
     }
function O( )     /*   O → +    */
   {
     if (nextsymbol == '+')  get_nextsymbol( )              /*   O → +    */
                             else Error( );
   }
/************/
/*   main    */
/* **********/
 main( )
 {
  get_nextsymbol( );
  E( );
  if (next_symbol == '↵')  Accept( )
                  else  Error( );
 }
```

주프로그램에서 넌터미널 심볼 E( );에 대한 함수를 호출하여 생성 규칙 $E \rightarrow - F \quad OFOF$ 에 따라 아래 함수들을 차례로 호출하고 실행하면서 넌터미널의 생성 규칙과 일치하는지 검사한다.

```
          F( );
  O( );
   F( );
   O( );
   F( );
```

8.1.2 결정 터미널 집합

이와 같이 리커시브 디센트 파서는 각 넌터미널 심볼에 대해 생성 규칙을 함수로 구현한다. 그러나 이 리커시브 디센트 파서의 구현은 간단하지만 고려할 사항이 몇 개 있다. 즉, 문법의 생성 규칙에 따라 어떤 생성 규칙을 선택해야하는지, 혹은 파싱을 계속 진행해야 하는지 등을 결정해야 한다. 이 생성 규칙의 올바른 선택에 따라 구현 방법이 달라질 수도 있으며 문제가 발생할 수도 있다.

아래 각 문법 P1, P2, P3을 살펴보자. 각 문법 P1, P2, P3의 생성 규칙에서 A는 넌터미널 심볼, x, y는 터미널 심볼로 각각 다른 특성을 지니고 있다.

P1: $A \rightarrow \mathrm{x}A\mathrm{y}$
$A \rightarrow \mathrm{y}$

생성 규칙 P1은 같은 넌터미널 심볼 A가 생성하는 두 규칙에서 → 의 오른쪽이 각각 다른 터미널 심볼 x와 y로 시작한다. 이 경우는 두 생성 규칙의 오른쪽이 서로 다른 터미널 심볼 x와 y로 시작하기 때문에, 입력 스트링의 터미널 심볼에서 x나 y가 같으면 해당 생성 규칙을 **결정하기**는 어렵지 않다.

P2: $A \rightarrow \mathrm{x}A\mathrm{y}$
$A \rightarrow \epsilon$

생성 규칙 P2는 → 의 오른쪽이 x와 ϵ 로 시작한다. 이 경우는 입력 스트링의 터미널 심볼에서 ϵ에 해당하는 심볼이 없기 때문에, 이 생성 규칙을 선택하면 파싱을 계속 진행할 수 없다. 그러므로 어떤 생성 규칙을 선택해야 하는지를 다른 방법으로 결정한다.

P3: $A \rightarrow \mathrm{x}A\mathrm{y}$
$A \rightarrow \mathrm{x}$

또한 생성 규칙 P3은 같은 넌터미널 심볼 A가 생성하는 규칙에서 → 의 오른쪽이 두 개 모두 터미널 심볼 x로 시작한다. 이 경우에는 두 개의 생성 규칙에서 어느 하나만 선택하여 **결정**해야 한다. 그러므로 파싱을 원활히 수행하도록 이런 형태의 문법은 리커시브 디센트 파서를 다르게 구현해야 한다.

이와 같이 생성 규칙의 구성에 따라 리커시브 디센트 파서도 다르게 구현된다. 그러므로 입력 스트링의 터미널 심볼과 같은 심볼이 생성 규칙의 오른쪽 스트링에서 맨 처음에 있으면 그 생성 규칙을 선택하여 결정한다. 생성 규칙의 첫 번째에 위치하는 이러한 터미널 심볼을 **결정 터미널**이라 한다.

정의 8.1

결정 터미널 집합은 문법의 생성규칙을 적용하도록 하는 입력 터미널 심볼의 집합이다. 그러므로 생성 규칙에서의 결정 터미널 집합은 규칙의 오른 쪽에서 맨 처음 시작하는 터미널이 반드시 하나는 존재한다

예 8.1

위의 문법 규칙 P1에서 첫 번째 생성 규칙의 결정 터미널 집합은 {x}이며, 두 번째 생성 규칙에서는 {y}이다. .

아래에서 문맥-자유 문법의 특성에 따라 리커시브 디센트 파서가 생성 규칙을 어떻게 적용하는지 살펴본다.

8.1.2.1 생성 규칙이 A → xα형식인 경우

이 형식은 P1처럼 같은 넌터미널이 생성하는 규칙의 오른쪽에서 맨 처음 심볼이 터미널이지만 서로 다른 터미널인 경우이다. 즉, A는 넌터미널, x는 터미널, α는 넌터미널과 터미널이 혼합된 스트링이다.

리커시브 디센트 파싱 알고리즘은 생성 규칙에서 어느 것을 적용할지를 결정해야 한다.

결정 터미널 집합은 입력 스트링에서 방금 읽은 심볼이 생성 규칙의 오른쪽 맨 처음 터미널과 같으면 그 생성 규칙을 적용한다는 의미이다. 그러므로 어떤 규칙이든 반드시 하나만 적용된다. 예를 들어, 아래의 생성 규칙 P4를 살펴보자.

P4: 1. $A \rightarrow \mathrm{x}A\mathrm{z}$
    2. $A \rightarrow \mathrm{y}A\mathrm{z}$
    3. $A \rightarrow \mathrm{z}$

문법 규칙 P4에서 스트링 xyzzz를 유도하면 아래와 같다.

$$A \Rightarrow^{\mathrm{x}} \mathrm{x}A\mathrm{z} \Rightarrow^{\mathrm{y}} \mathrm{xy}A\mathrm{zz} \Rightarrow^{\mathrm{z}} \mathrm{xyzzz}$$

입력 심볼을 x, y, z 순으로 하나씩 읽을 때마다 생성 규칙 세 개 중에서 어느 것을 적용할 것이지 결정한다. 방금 읽은 입력 터미널 x 가 생성 규칙 1의 오른쪽에 있는 맨 처음 터미널 심볼과 같기 때문에 생성 규칙 1을 적용하고, y 이면 생성 규칙 2를, z 이면 생성 규칙 3을 적용한다. 이러한 입력 심볼이 생성 규칙을 선택하도록 하는 결정 터미널 집합의 한 원소이다.

$A \rightarrow x\alpha$ 형식의 생성 규칙에서는 결정 터미널 집합에서 터미널이 하나만 있지만 어떤 문맥-자유 문법에서는 터미널이 여러 개 있을 수 있다.

예 8.2 아래는 문법의 생성 규칙 P5에 대한 리커시브 디센트 파서이다.

P5: 1. $A \rightarrow xAB$
2. $A \rightarrow y$
3. $B \rightarrow x$
4. $B \rightarrow yBx$

main 함수 프로그램은 맨 처음 문자를 읽고 그 문자를 생성한 넌터미널이 무엇인지 선택하여 해당 생성규칙을 결정하고 함수 *A*를 호출한다(리커시브 디센트). 입력 스트링이 모두 읽혀진 후에는 *main* 함수로 되돌아온다. 함수 Accept( )와 Reject( )는 입력 스트링이 해당 문법에 속하는지 아닌지를 알린다.

```
function  A( )
{
 if (nextsymbol == 'x')          /*  규칙 1  */
     {
       get_nextsymbol( );
       A( );
       B( );
     }
   else  if (nextsymbol == 'y') get_nextsymbol( )  /*   규칙 2  */
  else Reject( );
}

function B  ( )
{
 if (nextsymbol == 'x')  get_nextsymbol( )    /* 규칙 3  */
      else if (nextsymbol == 'y')
            {                  /*  규칙 4   */
             get_nextsymbol( );
             B( );
             if (nextsymbol == 'x') get_nextsymbol( )
```

```
                    else Reject( );
            }
        else  Reject( );
    }

main( )  /*  파싱 시작  */
char nextsymbol;     /*    입력 문자   */
{
  get_nextsymbol(nextsymbol);
  A( );
  if (nextsymbol == '↵') Accept( )
          else Reject( );
}
```

실습 8.1

아래 문법에 대해 리커시브 디센트 파서를 구성하시오. 이 문법에서 넌터미널 *A*는 생성 규칙 1과 2를 정의하면서 다른 터미널 x, y로 시작한다. 그리고 규칙 3과 4는 넌터미널 *B*를 정의하면서 다른 터미널 x, y로 시작한다.

1. $A \rightarrow \mathrm{x}A\mathrm{y}B$
2. $A \rightarrow \mathrm{yx}B$
3. $B \rightarrow \mathrm{x}A\mathrm{x}$
4. $B \rightarrow \mathrm{y}$

이 문법으로 리커시브 디센트 파서를 구성하면 아래와 같다.

```
function A( )
 {
  if (nextsymbol == 'x')  /*   규칙 1  */
    {
     get_nextsymbol( );
     A( );
     if (nextsymbol == 'y') get_nextsymbol( ) else Reject( );
     B( );
    }
   else if (nextsymbol == 'y')      /*  규칙 2   */
```

```
        {
          get_nextsymbol( );
          if (nextsymbol == 'x') get_nextsymbol( ) else Reject( );
          B( );
        }
  }

function B( )
  {
  if (nextsymbol == 'x')          /*   규칙 3   */
        {
        get_nextsymbol( );
        A( );
        if (nextsymbol == 'x')  get_nextsymbol( ) else Reject( );
        }
    else if (nextsymbol == 'y')  get_nextsymbol( ) /*   규칙 4  */
            else Reject( );
  }
```

8.1.2.2 생성 규칙이 A → ϵ 형식인 경우

이 형식은 P2처럼 같은 넌터미널이 정의하는 생성 규칙이 $A \rightarrow \epsilon$ 와 같이 →의 오른쪽 맨 처음 심볼이 ϵ 인 경우이다. A는 넌터미널이고 정의하는 생성 규칙은 각각 다른 결정 터미널 집합을 가진다. 문법의 생성 규칙에 ϵ를 추가하면 리커시브 디센트 기법으로 파싱하기 어려운 문법도 쉽게 파싱할 수 있다. 아래의 문법 규칙을 살펴보자.

P6: 1. $A \rightarrow \text{x}BA$
    2. $A \rightarrow \text{y}$
    3. $B \rightarrow \text{z}BA$
    4. $B \rightarrow \epsilon$

이 문법으로 리커시브 디센트 파싱하려면 각 생성규칙에 대해 결정 터미널 집합을 구해야 하는데, 생성 규칙 4의 $B \rightarrow \epsilon$에 대해서는 결정 터미널 집합을 구할 수 없다(입력 심볼에는 ϵ 이 없기 때문이다). 그러므로 $B \rightarrow \epsilon$ 형식이 포함된 문법은 다른 파싱 알고리즘이 필요하다.

생성 규칙 4의 ϵ에 대한 결정 터미널 집합을 구하기 위해 몇 개의 용어를 정의하자.

정의 8.2

> 넌터미널 A의 FIRST 집합은 A에서 유도되는 모든 스트링의 **맨 앞에 있는 터미널들**의 집합이다. 또한 $A \Rightarrow^* \epsilon$ 이면, ϵ 도 FIRST의 원소이다. FIRST 집합은 FIRST(A)로 표기한다.

정의 8.3

> 넌터미널 A의 FOLLOW 집합은 시작 심볼 S↲에서 유도하는 문장 형식에서 **A의 바로 뒤에 올 수 있는 모든 터미널**(혹은 끝 표시 ↲)의 집합이다. 즉, α와 β에 대해 $S \Rightarrow^* \alpha A \mathrm{x} \beta$ 형식의 유도가 있는 경우에 터미널 x의 집합을 말한다. FOLLOW 집합은 FOLLOW(A)로 표기하며 S는 시작 넌터미널 심볼이다

여기서 고려할 사항은 유도하는 과정에서 **어느 순간에 A와 x 사이에 어떤 심볼이 있었을 수도** 있다. 즉, $S \Rightarrow^* \alpha A \epsilon \mathrm{x} \beta \Rightarrow^* \alpha A \mathrm{x} \beta$와 같이 ϵ를 유도한 후에 즉시 사라졌다는 의미이다. 또 A가 문장 형식에서 맨 오른쪽 끝에 있는 심볼이면 ↲이 FOLLOW(A)에 들어간다.

FOLLOW 집합을 이해하기 위해 예 8.3을 살펴보자.

예 8.3 문법 규칙 P6에서 A의 FOLLOW 집합을 구하기 위해 유도해 보자. 넌터미널 심볼 A는 아래와 같이 문장 형식을 유도한다.

$$\underline{A\text{↲}} \Rightarrow \mathrm{x}BA\text{↲} \Rightarrow \mathrm{xz}BAA\text{↲} \Rightarrow \mathrm{xz}B\underline{A}\mathrm{x}BA\text{↲} \Rightarrow \ldots \Rightarrow \mathrm{xz}B\underline{A}\mathrm{y}\text{↲} \Rightarrow \ldots$$

이 유도에서 밑줄친 부분처럼 넌터미널 A에 대해 터미널 심볼 x가 바로 뒤에 있다. 그러므로 FOLLOW(A) = { x, y, ↲} 이다. 또한 넌터미널 심볼 B는 아래와 같은 문장 형식을 유도한다.

$$A\text{↲} \Rightarrow \mathrm{x}BA\text{↲} \Rightarrow \mathrm{x}\underline{B}\mathrm{x}BA\text{↲} \ldots \Rightarrow \ldots \mathrm{x}\underline{B}\mathrm{y}\text{↲} \Rightarrow \ldots$$

이 유도에서도 넌터미널 B에 대해 터미널 심볼 x와 y가 바로 뒤에 있다. 그러므로 FOLLOW(B) = { x, y }이다. 이렇게 유도를 통해 넌터미널 심볼 B의 결정 터미널을 구한다는 것은 B에서 이런 유도 과정을 가진다는 것을 의미한다. 그러나 사실 유도를 해보기 전에는 이 결정 터미널을 구하기 어렵다. 결국은 유도와 유사한 과정을 통해 이 결정 터미널을 구해야 한다.

이와 같이 생성 규칙 $B \rightarrow \epsilon$ 형식을 포함하는 문법에 대해서는 FOLLOW 집합으로 결정 터미널 집합을 구한다. 다시 말하면, 이것은 생성 규칙의 → 왼쪽에 있는 넌터미널에 대한 FOLLOW 집

합이다. 그러므로 위의 문법 규칙 P6에서 생성 규칙 4의 결정 터미널 집합은 FOLLOW(B) = {x, y} 이다. FIRST와 FOLLOW 집합을 구하는 구체적인 알고리즘은 뒤에서 자세히 다룬다.

파서가 입력 스트링 xzyy 를 유도하는 과정을 통해 문법 규칙 P6의 결정 터미널 집합을 살펴보자. 아래와 같이 각 생성 규칙의 결정 터미널 집합에 따라 파서가 규칙을 적용한다.

P6: 1. $A \rightarrow \mathrm{x}BA$ 결정 터미널 집합 = {x}
2. $A \rightarrow \mathrm{y}$ 결정 터미널 집합 = {y}
3. $B \rightarrow \mathrm{z}BA$ 결정 터미널 집합 = {z}
4. $B \rightarrow \epsilon$ 결정 터미널 집합 = {x, y}

넌터미널 B에 대해서는 입력 심볼에 따라 유도를 결정하는데, 심볼이 z이면 생성 규칙 3을 선택하고, 입력 심볼이 x거나 y면 규칙 4를 선택한다.

아래는 입력 스트링 xzyy 를 파싱하는 과정이다.

(1) x가 현재의 입력 스트링이고 생성 규칙 1을 적용한다.

$$A \Rightarrow^{\mathrm{x}} \mathrm{x}BA$$

(2) z가 현재의 입력 스트링이고 생성 규칙 3을 적용한다.

$$A \Rightarrow^{\mathrm{x}} \mathrm{x}BA \Rightarrow^{\mathrm{z}} \mathrm{xz}BAA$$

(3) y가 현재의 입력 스트링이고 생성 규칙 4를 적용한다. 생성 규칙 4는 $B \rightarrow \epsilon$ 이고 결정 터미널 집합 아니기 때문에 더 이상 입력 심볼을 읽지 않고 되돌아간다.

$$A \Rightarrow^{\mathrm{x}} \mathrm{x}BA \Rightarrow^{\mathrm{z}} \mathrm{xz}BAA \Rightarrow^{\mathrm{y}} \mathrm{xz}\epsilon AA \Rightarrow \mathrm{xz}\boldsymbol{A}A$$

(4) y가 현재의 입력 스트링이고 결정 터미널 집합에 의하여 생성 규칙 2의 $A \rightarrow \mathrm{y}$를 적용한다.

$$A \Rightarrow^{\mathrm{x}} \mathrm{x}BA \Rightarrow^{\mathrm{z}} \mathrm{xz}BAA \Rightarrow^{\mathrm{y}} \mathrm{xz}\epsilon \underline{A}\mathrm{y} \Rightarrow \mathrm{xz}\boldsymbol{A}\mathrm{y}$$

생성 규칙 $A \rightarrow \epsilon$ 형식의 파싱이 다른 점은 $A \rightarrow \epsilon$ 의 결정 터미널 집합에 있는 입력 심볼을 전부 검사한다는 것이다. 이 심볼 중에서 어느 하나가 현재의 입력 심볼이면 입력 심볼을 더 이상 읽지 않고 호출한 함수로 되돌아간다.

아래는 생성 규칙 P6에 대한 리커시브 디센트 파서이다.

```
function A( )
 {
   if (nextsymbol == 'x')  /* 규칙 1  */
        {
        get_nextsymbol( );
        B( );
        A( );
        }
      else  if (nextsymbol == 'y')  get_nextsymbol( )   /*  규칙 2 */
   else Reject( );
 }

function B( )
 {
   if (nextsymbol == 'z')   /*  규칙 3  */
        {
        get_nextsymbol( );
        B( );
        A( );
        }
      else  if (nextsymbol == 'x' || nextsymbol == 'y') return( )  /*  규칙 4 */
   else Reject( );
 }

main ( );     /*  파싱 시작  */
char nextsymbol;
{
 get_nextsymbol( );
 A( );
 if (nextsymbol == '↵') Accept( ) else Reject( );
}
```

위의 함수 B( )에서는 입력 심볼 x 나 y에 대해 생성 규칙 4를 적용하는데 더 이상 입력 심볼을 읽지 않고 호출한 함수로 되돌아간다.

실습 8.2

아래 문법에서 결정 터미널 집합을 구하고, 리커시브 디센트 파서를 구성해 보자.

1. EXPR → var O var
2. EXPR → const
3. O → const EXPR const
4. O → ϵ

이 문법에서 규칙 4에 대한 결정 터미널 집합을 구하기 위해서 넌터미널 O에 대한 FOLLOW 집합을 구한다. 즉, EXPR↵로부터 유도하는 과정에서 O 바로 뒤에 따라오는 터미널들의 집합을 구한다(↵도 포함한다). 그러므로 아래처럼 EXPR↵로부터의 유도 과정에서 O 바로 뒤에 오는 터미널은 var 밖에 없다.

EXPR↵ ⇒ var O var↵

그러므로 FOLLOW(O) = {var} 이고, 각 생성 규칙의 결정 터미널 집합은 아래와 같다.

1. EXPR → var O var	결정 터미널 집합 = { var }
2. EXPR → const	결정 터미널 집합 = { const }
3. O → const EXPR const	결정 터미널 집합 = { const }
4. O → ϵ	결정 터미널 집합 = FOLLOW(O) = { var }

이 결정 터미널 집합에 따른 리커시브 디센트 파싱 함수는 아래와 같다.

```
function EXPR( )
{
   if (nextsymbol == 'var')  /*  규칙 1  */
        {
        get_nextsymbol( );
        O( );
        if (nextsymbol == 'var')   get_nextsymbol( ) else Reject( );
        }
     else if (nextsymbol == 'const')  get_nextsymbol( )   /* 규칙 2  */
   else Reject( );
}

function O( )
```

```
{
  if (nextsymbol == 'const')  /*  규칙 3  */
        {
        get_nextsymbol( );
        EXPR( );
        if (nextsymbol == 'const')  get_nextsymbol( ) else Reject( );
        }              /*  규칙 3  */
    else if (nextsymbol == 'var') return( )    /*  규칙 4  */
   else Reject( );
}
```

이와 같이 리커시브 디센트 파서에서는 입력으로 어떤 심볼이 들어올지 모르기 때문에 입력 심볼에 따라 어떤 생성 규칙을 적용할 것인지를 **미리 예측**하는 것이 중요하다. 즉, 어떤 터미널이 입력하느냐에 따라 어느 생성 규칙에 해당하는 함수를 수행할 것인지를 미리 알아낸다면 파서가 더욱 효율적일 것이다. 이렇게 적용할 생성 규칙을 미리 알아내는 방법은 뒤에서 다룬다.

실습문제

1 아래 각 생성 규칙에 대한 리커시브 디센트 파서를 구현하시오.

$S \rightarrow$ if *Bool* then *S* else *S*
$S \rightarrow$ while *Cond* do *S*
$S \rightarrow$ { *Slist* }
$S \rightarrow$ x = *Expr*

2 아래 문법 규칙에서 결정 터미널을 구하시오.

1. *Expr* → var *Expr* digit
2. *Expr* → const *Expr* digit
3. *Expr* → var
4. *Expr* → digit
5. *Expr* → const

3 아래 문법 규칙에서 결정 터미널을 구하시오.

1. $A \rightarrow \mathrm{x}BA$
2. $A \rightarrow \mathrm{y}$
3. $B \rightarrow \epsilon$

4 입력 심볼에 따라 어떤 생성 규칙을 적용할 것인지를 미리 예측하는 방법을 제안하시오.

8.2 LL(1) 문법

지금까지 리커시브 디센트 파싱 기법을 살펴보았다. 또한 위의 P1, P2, P3 같은 유형의 문법에 대해 파서를 구현하는 과정에서 문제점이 발생하는 것도 알았다. 즉, 파서 구현에서 입력 스트링의 터미널 심볼에 대해 같은 터미널이 생성 규칙의 오른쪽 맨 처음에 있는 생성 규칙을 선택하기 곤란한 경우가 있다. 또 하향식으로 인한 백트래킹도 존재한다. 그러므로 이런 문제를 해결하려면 **생성 규칙을 한 번에 선택할 수 있도록 문법을 결정적으로 구성**하면 될 것이다.

그러므로 이와 같이 생성 규칙을 **결정적으로 선택할 수 있는 조건**을 LL **조건**이라 하고, 이 LL 조건을 가지는 문법을 LL **문법**이라 한다. 여기서 ***LL***(1)는 원시 프로그램을 왼쪽(***L***eft)에서 오른쪽으로 터미널 심볼을 한 개씩(***One***)만 읽어서(두 개 이상은 미리 읽을 수 없다), 읽은 심볼에 대해 가장 좌측(***L***eftmost)부터 유도한다는 의미이다. *LL*(1) 문법을 그냥 LL 문법이라 한다.

좀 더 구체적으로 살펴보자.

문법이 LL 조건을 가진다는 것은 입력 스트링에서 현재 터미널 심벌 x를 보고 다음 유도할 생성 규칙을 하나만 결정적으로 선택할 수 있는 조건이다. 이때 결정 터미널을 보고 판단하기 때문에 결정 터미널을 올바르게 구하는 것은 중요하다.

이러한 LL 조건은 결정 터미널과 FOLLOW 터미널 심볼 집합을 이용하여 아래와 같이 정의할 수 있다.

정의 8.4

> 어떤 문법 G에서 두 개의 생성규칙 $A \rightarrow \alpha$와 $A \rightarrow \beta$가 아래 특성을 가지면 ***LL*(1) 조건**이라 한다.
> (1) α와 β 둘 다 같은 터미널 x로 시작하는 스트링을 유도하지 않는다.
> (2) α와 β 중에서 반드시 하나는 빈스트링을 유도할 수 있다.
> (3) $\beta \Rightarrow^* \epsilon$ 이면, α는 FOLLOW(A)에 있는 어떤 터미널로 시작하는 스트링을 유도하지 않는다

정의 8.4 (1)은 임의의 생성 규칙 $A \rightarrow \alpha$와 $A \rightarrow \beta$에서 α와 β가 위 문법 P3: $A \rightarrow$ xAy|x 처럼 같은 터미널 심볼 x로 시작할 수 없다는 의미이다. 즉, 아래와 같이 표현할 수 있다.

$$\text{FIRST}(\alpha) \cap \text{FIRST}(\beta) = \varnothing$$

또한 정의 8.4 (2)와 (3)은 임의의 생성 규칙 $A \rightarrow \alpha$와 $A \rightarrow \beta$에서 α와 β가 위 문법 P2: $A \rightarrow$ xAy| ϵ처럼 하나는 반드시 빈스트링 ϵ를 유도해야 한다. 그러므로 아래와 같이 표현할 수 있다.

$$\epsilon \in \text{FIRST}(\alpha)\text{이면 } \text{FOLLOW}(A) \cap \text{FIRST}(\beta) = \varnothing$$

이와 같이 LL 조건은 결정 터미널을 구하는데 중요한 FIRST 터미널 심볼 집합과 FOLLOW 터미널 심볼 집합을 이용하여 다시 쓸 수 있다.

여기서 용어를 구분하여 정의해 보자.

실질적으로 **LL 조건**과 **강한 LL 조건**은 구분해 사용되는데, LL은 입력 스트링에서 **지금까지 본 터미널 심볼**과 **현재 보고 있는 터미널 심볼**에 따라 파싱 다음 행동을 결정한다. 그러나 강한 LL은 **현재 보고 있는 심볼만**으로 파싱 다음 행동을 결정한다. 이와 같이 LL(1)은 입력 스트링에서 터미널 심볼을 **현재의 하나만 보고** 파싱 다음 행동을 결정하기 때문에 LL(1)은 바로 강한 LL(1)이다. 그러므로 보통 LL 조건이란 바로 강한 LL 조건을 의미한다. 그러므로 LL은 강한 LL보다 범위가 더 크게 언어를 인식할 수 있다.

또한 ***LL*(*k*)**는 미리 보는 심볼을 오직 한 개가 아니라 k개까지 확장한다는 의미이다. 그러나 실질적으로는 파서를 개발하는 과정에서 입력 스트링을 k개까지 동시에 읽어 들이기 어렵기 때문에 파서 구현에는 한계가 있다. 오늘날에는 k까지 읽어 들이는 이론적인 개념을 자연어 처리 등에 적용하고 있다.

> **정의 8.5** 어떤 문법 G가 왼쪽 리커젼이 없거나 명확한 문법이면 LL(1) 문법이 될 수 있는데 LL(1) 조건을 만족하면 ***LL*(1) 문법**이라 한다

문법 규칙이 $A \rightarrow \alpha$(단, α는 터미널과 넌터미널 모두 가능한 임의의 스트링)와 같이 일반적인 형식인 경우는 아래와 같이 넌터미널 A 하나가 생성규칙 여러 개를 정의하는 경우가 있다.

$A \rightarrow \mathrm{x}\alpha$
$A \rightarrow \mathrm{y}\alpha$

이런 경우에는 여러 개의 유도가 있기 때문에 LL(1) 문법이 아니며 하향식으로 파싱하기가 어렵다. 그러므로 LL(1) 문법에 대해 하향식으로 파싱이 가능한 일반적인 기법이 필요하다.

실습문제

1 LL(1) 문법이 필요한 이유를 설명하시오.

2 LL(1) 문법은 명확한 문법인지 이유를 설명하시오.

3 아래 문법이 LL(1) 문법인지 설명하시오.

$S \rightarrow ABC$
$A \rightarrow \mathrm{x}A$
$B \rightarrow \mathrm{y}B$
$C \rightarrow \mathrm{y}C$

3 아래 문법에서 결정 터미널 집합을 구하고, 이 문법이 LL(1) 인지 아닌지를 결정하시오.

$S \rightarrow AB$
$A \rightarrow 1A$
$A \rightarrow \epsilon$
$B \rightarrow 0B$
$B \rightarrow \epsilon$

4 아래 문법이 LL(1) 문법인지 설명하시오.

$S \rightarrow ABC$
$A \rightarrow \mathrm{x}A$
$A \rightarrow \epsilon$
$B \rightarrow \mathrm{y}B$
$B \rightarrow \epsilon$
$C \rightarrow \mathrm{y}C$
$C \rightarrow \epsilon$

8.3 예측 파싱

지금까지 살펴본 것과 같이 리커시브 디센트 파싱에서는 방금 입력한 심볼에 따라 적용할 생성 규칙을 결정한다. 그러므로 백트래킹이나 왼쪽 리커젼이 있으면 파싱하기 어렵기 때문에 어떤 심볼이 들어올지 미리 예측하면 생성 규칙을 선택하기 쉬울 것이다. 이 절에서는 미리 구해진 결정 터미널 집합으로 **자동 기계**를 구성하여 파싱하는 **예측 파싱** 기법을 살펴본다. 결정 터미널 집합 구하는 방법은 뒤에서 좀 더 자세히 다룬다.

예측 파싱은 리커시브 디센트 파싱이긴 하지만 백트래킹이 없는 하향식 파싱으로 어떤 생성 규칙을 적용할 것인가를 미리 결정하여 적용하는 기법이다. 즉, 현재 입력 심볼 x 와 넌터미널 심볼 A에 대해, 생성 규칙 $A \rightarrow \alpha_1|\alpha_2| \ldots |\alpha_n$ 에서 x로 시작하는 생성 규칙 하나를 선택한다. 이와 같이 x로 시작하는 스트링을 유도할 수 있는 맨 처음 심볼을 **들여다 봄**으로써 적용할 생성 규칙을 찾을 수 있어야 한다.

예를 들어, 아래 문법을 살펴보자.

$S \rightarrow \mathrm{x}\ B\ \mathrm{y}\ S\ \mathrm{z}$
$S \rightarrow \mathrm{y}\ B\ \mathrm{y}\ S$
$S \rightarrow \mathrm{z}\ S\ \mathrm{r}$

위 문법에서는 S라는 넌터미널에 대해 적용할 생성 규칙이 세 개이다. 그러므로 특정한 생성 규칙 하나만 적용하려면, → 오른 쪽에서 맨 앞에 있는 심볼 x, y, z로 시작하는 생성 규칙 중에서 하나만 자동으로 선택하도록 한다.

예측 파싱은 문맥-자유 문법인 오직 LL(k) 문법에서만 가능한데, 프로그램에서 터미널 심볼 k개를 검사하여 다음 파싱에 적용할 생성 규칙을 결정한다는 의미이다. 그러므로 LL(k) 문법은 명확한 문법이다(애매한 문법이 아니다).

8.3.1 예측 파싱을 위한 자동 기계 모델

간단한 문법으로 예측 파싱을 수행하는 자동 기계를 구성해 보자. 이 기계는 LL(1) 문법에서 만드는데, 어떤 생성 규칙을 적용할 것인지를 자동으로 결정하도록 한다.

예측 파싱을 위한 자동 기계 모델은 그림 8.1과 같이 아래 요소로 구성된다.

- 프로그램 토큰으로 이루어진 입력 스트링
- 파싱 과정에 임시로 사용할 **스택**
- 자동 기계의 전이 정보를 저장한 **전이 테이블**
- 전이 테이블 정보를 이용하는 예측 **파싱 루틴**

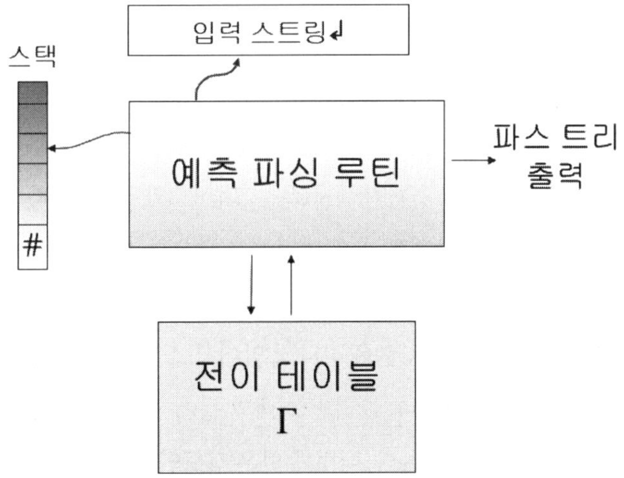

그림 8.1 예측 파싱을 위한 자동 기계 모델

예측 파싱 루틴은 아래의 단계를 수행한다.

단계1: 입력 스트링에서 터미널 심볼 한 개를 읽는다. 방금 읽은 터미널 심볼을 스택 톱에 있 는 넌터미널 심볼과 대응한다.

단계2: 대응된 스택의 넌터미널과 입력 터미널의 관계를 전이 테이블에서 찾는다.
  2-1 두 심볼에 대한 관계 정보가 있으면, 정보에 따라 다음 행동을 진행한다.
  2-2 정보가 없으면 다음 행동을 진행할 수 없기 때문에 에러가 발생한다.

단계3: 예측 파싱 루틴이 파싱을 마치면 파스 트리가 출력된다.

여기서 **대응**(⇔)이란 스택의 넌터미널(A)과 입력 터미널(x)의 **관계**를 전이 테이블에서 알기 위해 두 심볼을 서로 마주대하는 것이다(A ⇔x). 이 모델에서 알 수 있듯이 예측 파싱 루틴은 스택의 넌터미널과 입력 터미널을 대응하여 관계를 전이 테이블에서 결정한다. 그러면 전이 테이블에 있는 정보에 따라 기계적으로 다음 진행을 결정하므로, 어떤 생성 규칙을 선택할 것인지를 고민할 필요가 없다. 즉, 문법의 생성 규칙에서 전이 테이블만 만들면 하향식으로 파싱할 수 있다. 이 전이 테이블은 앞에서 살펴본 결정 터미널 집합으로 구성할 수 있다.

8.3.2 예측 파서의 구조와 동작

자동 기계 모델에 의한 예측 파서의 구체적인 구조는 그림 8.2와 같다. 입력 큐에는 프로그램을 이루고 있는 토큰이 차례로 있고, 스택은 파싱 과정에서 필요한 넌터미널 심볼이 있다. 스택에 있는 넌터미널들은 파싱 테이블에 있는 동작 정보에 따라 스택에 삽입, 대치, 제거된다. 파싱 핸들러(예측 파싱 루틴)는 입력 큐에서 토큰을 하나씩 읽어서 스택의 톱에 있는 넌터미널 심볼과 대응하여 파싱 테이블 정보를 검사한다. 그러면 스택의 톱에 있는 넌터미널 심볼과 방금 읽은 입력 터미널 심볼 사이에서 정보를 얻는다. 이렇게 얻은 정보인 삽입, 대치, 제거에 따라 다음 동작을 수행한다. 파싱 테이블에는 입력 큐에서 읽은 토큰과 스택의 톱에 있는 넌터미널에 대응되는 다음 동작이 저장되어 있다.

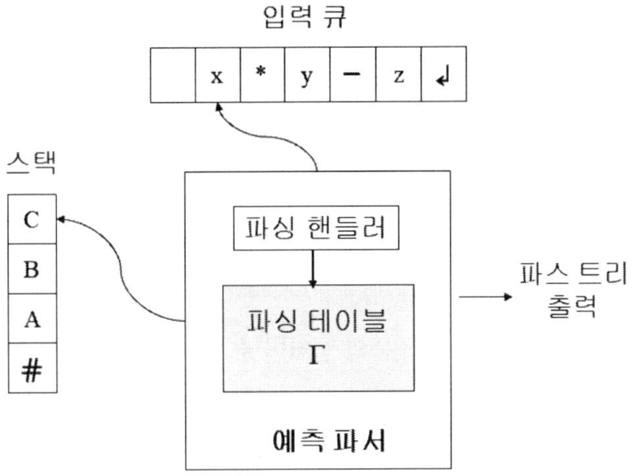

A, B, C: 넌 터미널 심볼
x, y, z: 터미널 심볼

그림 8.2 자동 기계 모델에 의한 예측 파서 구조

여기서 파싱 테이블 Γ의 구조를 좀 더 구체적으로 살펴보자.

파싱 테이블은 아래와 같이 맨 위의 행에 터미널 심볼이 있고, 맨 왼쪽 열에 넌터미널 심볼이 있는 Γ[A, x] 형식의 테이블로, A_i, (i = 1, 2, ..., n),는 넌터미널 심볼이고, x_j, (j = 1, 2, ..., m),는 터미널 심볼이다. 넌터미널 심볼과 터미널 심볼이 대응하는 칸의 내용은 생성 규칙, p_k, (k = 1, 2, ..., q),나 에러, e_m, (m = 1, 2, ..., r),가 있다.

터미널 \ 넌터미널	x_1	x_2	...	x_m	↲
A_1	생성 규칙 p_1	에러 e_2	...	에러 e_8	에러 e_9
A_2	에러 e_{11}	생성 규칙 p_{22}	...	생성 규칙 p_{31}	생성 규칙 p_{43}
A_3	에러 e_{23}	에러 e_{30}	생성 규칙 p_{50}	에러 e_{38}	생성 규칙 p_{61}
...	...	...	생성 규칙 p_{73}	...	
A_n	에러 e_{45}	에러 e_{66}	...	에러 e_{76}	에러 e_{84}

파싱 핸들러는 이 파싱 테이블을 이용하여 입력되는 터미널 심볼 x_j 와 스택 톱의 넌터미널 심볼 A_i 를 파싱 테이블에서 대응한다. 그러면 파싱 테이블 내용은 Γ[A_i, x_j] = '생성 규칙 p_i'이거나 Γ[A_i, x_j] = '에러'이다.

파싱 테이블 $\Gamma[A_i, x_j]$ 내용에 따라 다음 동작을 수행하는데, 내용이 $\Gamma[A_i, x_j]$ = '생성 규칙 p_i' 이면 스택의 톱에 있는 넌터미널을 이 생성 규칙의 오른쪽 심볼 스트링으로 대치한다.

아래 그림에서 왼쪽 부분이 스택이고, 오른쪽 부분이 입력 큐의 상태이다. #는 스택의 바닥을, ↵는 입력 스트링의 맨 끝을 의미한다.

#	…	…	X				

x_j	x_{j+1}	…	…	↵			

먼저, $\Gamma[A_i, x_j]$ = '$X \rightarrow \alpha\beta\omega$' 이면, 스택 톱의 넌터미널 심볼을 아래처럼 대치한다.

#	…	…	ω	β	α		

x_j	x_{j+1}	…	…	↵			

즉, 아래와 같이 대치하지 않고 스택의 톱에는 생성 규칙의 $\alpha\beta\omega$ 에서 맨 앞 심볼인 α이 오도록 역으로 대치한다.

#	…	…	α	β	ω		

x_j	x_{j+1}	…	…	↵			

그러나 $\Gamma[A_i, x_j]$ = '에러' 이면 에러 메시지를 통지한다.

이와 같이 역으로 대치하는 이유는 생성 규칙의 맨 앞 심볼인 α이 입력 스트링의 방금 읽은 터미널 심볼인 x_j와 같은지 비교하는 것이다.

아래 문법으로 xxyyyy를 예측 파싱하는 과정을 살펴보자.

1. $S \rightarrow xSy$
2. $S \rightarrow yA$
3. $A \rightarrow xA$
4. $A \rightarrow y$

이 문법의 파싱 테이블은 아래와 같다(테이블 만드는 과정은 뒤에서 다룬다).

넌터미널 \ 터미널	x	y
S	$S \rightarrow xSy$	$S \rightarrow yA$
A	$A \rightarrow xA$	$A \rightarrow y$

먼저, 초기의 스택과 입력 큐 상태는 아래와 같다.

#	S						

x	x	y	y	y	y	↵	

이 상태에서 파싱 테이블을 검사하면 $\Gamma[S, x] = S \rightarrow xSy$ 이므로, 생성 규칙 $S \rightarrow xSy$로 대치하면 스택 상태는 아래와 같이 변한다.

#	y	S	x				

x	x	y	y	y	y	↵	

이 상태에서 스택 톱의 터미널 심볼 x와 입력 터미널 심볼 x가 같다. 그러면 입력에서 터미널 심볼 x가 생성 규칙 $S \rightarrow xSy$의 맨 앞에 있는 터미널 x 로 시작한다는 의미와 같다. 즉, 이 x 는 입력 심볼 x 가 생성 규칙을 올바르게 적용했다는 의미이므로, $S \rightarrow xSy$의 스트링 xSy에서 x를 제거한 다음 스트링인 Sy를 대응해야 한다. 터미널 x 는 이미 같았으므로 스택과 입력 큐에서 x 를 제거하고, 다음 입력 터미널인 x와 스택의 심볼 S를 대응한다. 이 때 스택과 입력 큐의 상태는 아래와 같다.

#	y	S					

x	y	y	y	y	↵		

이 상태에서 파싱 테이블을 대응하면 $\Gamma[S, x] = S \rightarrow xSy$ 이므로, 생성 규칙 $S \rightarrow xSy$ 로 대치하면 스택은 아래와 같다.

#	y	y	S	x			

x	y	y	y	y	↵		

마찬가지로 입력에서 터미널 심볼 x가 생성 규칙 $S \rightarrow xSy$의 맨 앞에 있는 터미널 x 와 같다는 의미이므로 스택과 입력 큐에서 x를 제거한다. 스택과 입력 큐의 상태는 아래와 같다.

#	y	y	S				

y	y	y	y	↵			

이 상태에서 파싱 테이블을 대응하면 $\Gamma[S, y] = S \rightarrow yA$ 이므로, 생성 규칙 $S \rightarrow yA$ 로 대치하면 스택은 아래와 같다.

#	y	y	A	y			

y	y	y	y	↵			

이 상태에서도 입력에서 터미널 심볼 y가 생성 규칙 $S \rightarrow yA$의 맨 앞에 있는 터미널 y 와 같다는 의미이므로 스택과 입력 큐에서 y를 제거한다. 스택과 입력 큐의 상태는 아래와 같다.

#	y	y	A				

y	y	y	↵				

이 상태에서 파싱 테이블을 검사하면 $\Gamma[A, \mathrm{y}] = A \rightarrow \mathrm{y}$ 이므로, 이 생성 규칙으로 대치하면 스택 상태는 아래와 같다.

#	y	y	y						y	y	y	↵				

이 상태에서도 입력에서 터미널 심볼 y가 생성 규칙 $A \rightarrow \mathrm{y}$의 터미널인 y 와 같다는 의미이므로 스택과 입력 큐에서 y를 제거한다. 스택과 입력 큐의 상태는 아래와 같다.

#	y	y							y	y	↵					

이 상태에서도 스택과 입력 큐에서 y를 제거한다. 스택과 입력 큐의 상태는 아래와 같다.

#	y								y	↵						

이 상태에서도 스택과 입력 큐에서 y를 제거한다. 스택과 입력 큐의 상태는 아래와 같다.

#									↵							

마지막으로 심볼 # 와 ↵가 대응하면 입력 스트링을 모두 검사하였으며 파싱이 끝났다는 의미이다. 즉, 입력 스트링을 주어진 문법의 정상적인 언어로 수락한다는 뜻이다.

이와 같이 예측 파싱은 해당 생성 규칙을 정확하게 적용하므로 백트래킹없이 파싱을 수행한다.

그러나 위의 같은 문법으로 아래와 같이 xxyxyx 를 예측 파싱해 보자.

#	*S*								x	x	y	x	y	x	↵	

#	y	*S*	x						x	x	y	x	y	x	↵	

#	y	*S*							x	y	x	y	x	↵		

#	y	y	*S*	x					x	y	x	y	x	↵		

#	y	y	*S*						y	x	y	x	↵			

#	y	y	*A*	y					y	x	y	x	↵			

#	y	y	*A*						x	y	x	↵				

#	y	y	*A*	x					x	y	x	↲				
#	y	y	*A*						y	x	↲					
#	y	y	y						y	x	↲					
#	y	y							x	↲						

마지막 상태에서는 y와 x 가 같지 않기 때문에 파싱을 더 이상 진행하지 않고 '에러' 를 통보한다.

파싱 핸들러는 위에서 살펴본 예측 파싱을 아래처럼 수행한다.

```
function Predictive_Parsing _Handler ( )      /*  예측 파싱 핸들러 동작 */
{
     x = get_nextsymbol( );   /* 입력 큐의 스트링에서 토큰 하나를 가져 온다 */
    while ( ) {
      X = Stack(top);
      if ( X ═ ↲) accept( );
       if ( X ∈ VT   ‖ ↲)
            if ( X ═ x )  remove X from the stack and get_nextsymbol( )
                        else error(1);
        else   /* X 가 넌터미널이면 */
         if (  Γ[X, x] ═ X → Y1Y2...Yk )   replace X by  YkYk-1,...,Y1;
                                          /*  Y1 이 스택 톱에 오도록 대치한다  */
              else error(2);
     }
}
```

위에서 보았듯이 예측 파싱은 파싱 테이블의 정보가 매우 중요하며, 파싱 핸들러는 테이블 정보에 따라 동작을 수행하기만 하면 된다.

실습 8.3

아래 문법과 파싱 테이블을 이용하여 xyx를 예측 파싱하여 보자.

1. $S \rightarrow xSy$
2. $S \rightarrow yA$
3. $A \rightarrow xA$
4. $A \rightarrow y$

이 문법의 파싱 테이블은 아래와 같다.

넌터미널 \ 터미널	x	y
S	$S \rightarrow xSy$	$S \rightarrow yA$
A	$A \rightarrow xA$	$A \rightarrow y$

예측 파싱 과정은 아래와 같다.

스택	입력
# S	x y x ↵
# y S x	x y x ↵
# y S	y x ↵
# y A y	y x ↵
# y A	x ↵
# y A x	x ↵
# y A	↵

(더 이상 같은 심볼이 없으므로 파싱을 진행할 수 없음)

실습 8.4

실습 8.3의 문법과 파싱 테이블을 이용하여 yyy를 예측 파싱하여 보자. 예측 파싱 과정은 아래와 같다.

스택								입력							
#	*S*							y	y	y	↵				
#	*A*	y						y	y	y	↵				
#	*A*							y	y	↵					
#	y							y	y	↵					
#								y	↵						

(더 이상 같은 심볼이 없으므로 파싱을 진행할 수 없음)

실습 8.5

실습 8.3의 문법과 파싱 테이블을 이용하여 xyyy를 예측 파싱하여 보자. 예측 파싱 과정은 아래와 같다.

스택								입력							
#	y	*S*	x					x	y	y	y	↵			
#	y	*S*						y	y	y	↵				
#	y	*A*	y					y	y	y	↵				
#	y	*A*						y	y	↵					
#	y	y						y	y	↵					
#	y							y	↵						
#								↵							

(순조롭게 파싱을 마침)

실습 8.6

아래 문법과 파싱 테이블을 이용하여 10000을 예측 파싱해 보자.

1. $S \rightarrow 1S0$
2. $S \rightarrow 0A$
3. $A \rightarrow 1A$
4. $A \rightarrow 0$

이 문법의 파싱 테이블은 아래와 같다.

넌터미널 \ 터미널	1	0
S	$S \rightarrow 1S0$	$S \rightarrow 0A$
A	$A \rightarrow 1A$	$A \rightarrow 0$

파싱 과정은 스스로 실습해 본다.

8.3.3 예측 파서의 파싱 테이블 만들기

이 절에서는 파싱 테이블 만드는 과정을 살펴보자.

파싱 테이블 만드는 기본 개념은 어느 생성 규칙을 적용할 것인가를 찾는 것이다. 이 때 생성 규칙의 오른쪽 스트링에서 맨 처음에 시작하는 터미널 심볼이 무엇인가가 중요하다. 즉, 입력 터미널 심볼이 생성 규칙의 오른쪽에서 시작 터미널과 같은 생성 규칙을 적용하도록 한다. 여러 개가 있는 경우에는 앞에서 계산한 결정 터미널 집합을 이용하여 테이블을 구성한다.

$A \rightarrow \alpha$ 형식의 생성 규칙에서 α의 FIRST(α) 집합에 터미널 x 가 있고, 현재의 입력 심볼이 x 이면 $\Gamma[A, \text{x}]$에 $A \rightarrow \alpha$을 넣는다. 터미널 x 가 FIRST(α) 집합에 있는 터미널 심볼이므로 넌터미널 A와 터미널 x 가 대응하면 A를 α로 대치하게 된다. 또한 유도 과정에서 문장 형식이 **널가능** ($\alpha \stackrel{*}{\Rightarrow} \epsilon$)이고, 현재의 입력 심볼 x가 FOLLOW(A) 집합 안에 있는 심볼 x 이면, $\Gamma[A, \text{x}]$에 '$A \rightarrow \alpha$'을 넣어 A를 α로 대치하도록 한다. FIRST와 FOLLOW 집합을 구하는 과정을 뒤에서 자세히 다룬다.

파싱 테이블 만드는 과정을 좀 더 구체적으로 표현하면 아래와 같다.

```
function Making_Predictive_Parsing _Table ( )    /*  예측 파싱 테이블 만들기 */
 {
    for (each production A→α)
      {
      for ( x ∈ FIRST(α)) Γ[A, x] = A→α;
   if( ϵ ∈ FIRST(α)  &&  x ∈ FOLLOW(A))  Γ[A, x] = A→α;
   if( ϵ ∈ FIRST(α)  &&  ↲∈ FOLLOW(α)) Γ[A, ↲] = A→α;
   }
 }
```

아래 문법으로 예측 파싱 테이블을 만들어보자.

1. $S \rightarrow \mathrm{x}S\mathrm{y}$
2. $S \rightarrow \mathrm{y}A$
3. $A \rightarrow \mathrm{x}A$
4. $A \rightarrow \mathrm{y}$

파싱 테이블을 만들기 전에 먼저 중요한 것은 이 문법에 대한 FIRST와 FOLLOW 집합을 구하는 것이다. 이 문법은 ϵ 를 유도하지 않으며 FIRST와 FOLLOW 집합은 아래와 같다(간단히 살펴보았을 때, FIRST 집합은 생성 규칙에서 오른쪽에 맨 처음에 나오는 터미널 심볼이다. 그리고 FOLLOW 집합은 생성 규칙의 오른쪽 스트링에서 어떤 넌터미널 심볼 A의 바로 뒤나 맨 뒤에 있는 터미널 심볼이다).

FIRST(S) = {x, y}
FIRST(A) = {x, y}

FOLLOW(S) = {y, ↲}
FOLLOW(A) = {x, y, ↲}

이미 구해진 FIRST와 FOLLOW 집합에서 예측 파싱 테이블은 아래처럼 구성한다.

(1) 생성 규칙 $S \rightarrow \mathrm{x}S\mathrm{y}$에서 FIRST($S$) = {x} 이므로 $\Gamma[S, \mathrm{x}] = S \rightarrow \mathrm{x}S\mathrm{y}$

(2) 생성 규칙 $S \rightarrow \mathrm{y}A$에서 FIRST($S$) = {y} 이므로 $\Gamma[S, \mathrm{y}] = S \rightarrow \mathrm{y}A$

(3) 생성 규칙 $A \rightarrow \mathrm{x}A$에서 FIRST($A$) = {x} 이므로 $\Gamma[A, \mathrm{x}] = A \rightarrow \mathrm{x}A$

(4) 생성 규칙 $A \rightarrow \mathrm{y}$에서 FIRST(A) = {y} 이므로 $\Gamma[A, \mathrm{y}] = A \rightarrow \mathrm{y}$

또한 이 문법은 유도 과정에서 문장 형식이 널가능($\alpha \Rightarrow^* \epsilon$)하지 않으므로 FOLLOW 집합은 사용하지 않는다. 그러므로 만들어진 예측 파싱 테이블은 아래와 같다.

터미널 / 넌터미널	x	y
S	$S \rightarrow \mathrm{x}S\mathrm{y}$	$S \rightarrow \mathrm{y}A$
A	$A \rightarrow \mathrm{x}A$	$A \rightarrow \mathrm{y}$

이어서 널가능($\alpha \Rightarrow^* \epsilon$)한 다른 문법의 예측 파싱 테이블을 만들어보자.

1. $E \rightarrow ME'$
2. $E' \rightarrow +ME'$
3. $E' \rightarrow \epsilon$
4. $M \rightarrow FM'$
5. $M' \rightarrow *FM'$
6. $M' \rightarrow \epsilon$
7. $F \rightarrow (E)$
8. $F \rightarrow \mathrm{x}$

먼저 위 문법의 FIRST 집합을 구하면 아래와 같다.

$\mathrm{FIRST}(E) = \{ (, \mathrm{x} \}$ $\quad \mathrm{FIRST}(M) = \{ (, \mathrm{x} \}$ $\quad \mathrm{FIRST}(F) = \{ (, \mathrm{x} \}$
$\mathrm{FIRST}(E') = \{ +, \epsilon \}$ $\quad \mathrm{FIRST}(M') = \{ *, \epsilon \}$

또한 FOLLOW 집합은 아래와 같다.

$\mathrm{FOLLOW}(E) = \mathrm{FOLLOW}(E') = \{), \hookleftarrow \}$
$\mathrm{FOLLOW}(M) = \mathrm{FOLLOW}(M') = \{ +,), \hookleftarrow \}$
$\mathrm{FOLLOW}(F) = \{ +, *,), \hookleftarrow \}$

이 FIRST와 FOLLOW 집합을 통해 얻은 터미널 심볼로 예측 파싱 테이블은 아래와 같이 구한다.

생성 규칙 $E \rightarrow ME'$ 에 대해서 $\mathrm{x} \in \mathrm{FIRST}(\alpha)$에 해당하는 터미널 x는 $\mathrm{FIRST}(E) = \{ (, \mathrm{x} \}$이므로 $\Gamma[\mathrm{A}, \mathrm{x}] = A \rightarrow \alpha$를 만들면 아래와 같다.

$\Gamma[E, (] = E \rightarrow M\ E'$
$\Gamma[E, \mathrm{x}] = E \rightarrow M\ E'$

즉, $\mathrm{FIRST}(M\ E') = \mathrm{FIRST}(M) = \{(, \mathrm{x}\}$이기 때문이다.

또 생성 규칙 $E' \rightarrow +M\ E'$ 에 대해서는 FIRST(E') = { +, ϵ} 이므로 아래와 같다.

$$\Gamma[E', +] = E' \rightarrow +M\ E'$$

마찬가지로 $E' \rightarrow \epsilon$ 에 대해서는 FOLLOW(E') = {), ↵} 이므로 아래와 같다.

$$\Gamma[E',)] = E' \rightarrow \epsilon$$
$$\Gamma[E', ↵] = E' \rightarrow \epsilon$$

이런 과정을 반복하여 아래의 예측 파싱 테이블을 구할 수 있다.

터미널 / 넌터미널	x	+	*	(	)	↵
E	$E \rightarrow ME'$			$E \rightarrow ME'$		
E'		$E' \rightarrow +ME'$			$E' \rightarrow \epsilon$	$E' \rightarrow \epsilon$
M	$M \rightarrow FM'$			$M \rightarrow FM'$		
M'		$M' \rightarrow \epsilon$	$M' \rightarrow *FM'$		$M' \rightarrow \epsilon$	$M' \rightarrow \epsilon$
F	$F \rightarrow$ x			$F \rightarrow (E)$		

이 예측 파싱 테이블을 이용하여 입력 스트링 x + x * x 를 파싱한다.

스택								입력							
#	E							x	+	x	*	x	↵		
#	E'	M						x	+	x	*	x	↵		
#	E'	M	F					x	+	x	*	x	↵		
#	E'	M'	x					x	+	x	*	x	↵		
#	E'	M'						+	x	*	x	↵			
#	E'							+	x	*	x	↵			
#	E'	M	+					+	x	*	x	↵			
#	E'	M						x	*	x	↵				
#	E'	M'	F					x	*	x	↵				

스택	입력
# E' M' x	x * x ↵
# E' M'	* x ↵
# E' M' *F* *	* x ↵
# E' M' *F*	x ↵
# *E'* *M'* x	x ↵
# *E'* *M'*	↵
# *E'*	↵
#	↵

이미 언급한 바와 같이 예측에 의해 파싱하려면 FIRST와 FOLLOW 집합을 구하는 것이 매우 중요하다.

실습문제

1 예측 파싱을 위한 자동 기계 모델의 구성 요소를 기술하고 각각을 설명하시오.

2 예측 파싱 루틴의 수행 단계를 기술하고 설명하시오.

3 예측 파서의 파싱 테이블 Γ[A, x]의 각 칸에 들어가는 내용은 무엇이며 설명하시오.

4 예측 파싱의 수행 과정을 표현하는 아래에서 괄호 속의 왼쪽 부분은 스택이고 오른쪽 부분은 입력 큐의 상태이다.

스택	입력
# … … *X*	x_j x_{j+1} … … ↵

(1) 심볼 #는 무엇이며 왜 필요한지 설명하시오.

(2) 심볼 ↵는 무엇이며 왜 필요한지 설명하시오.

(3) 심볼 X 와 심볼 x_j 가 마주 보고 있다. 이런 상태는 무엇이라 하며, 이 상태의 결과는 무엇입니까?

(4) 파싱 테이블 내용이 $\Gamma[A_i, x_j]$ = '$X \rightarrow \alpha\beta\omega$' 이면, 스택 톱의 넌터미널 심볼을 아래처럼 역으로 대치한다. 역으로 대치하는 이유를 설명하시오.

#	...	...	ω	β	α		

x_j	x_{j+1}	...	...	↵			

5 아래 문법과 예측 파싱 테이블을 이용하여 주어진 스트링을 파싱하는 과정을 기술하시오.

1. $S \rightarrow xSy$
2. $S \rightarrow yA$
3. $A \rightarrow xA$
4. $A \rightarrow y$

이 문법의 파싱 테이블은 아래와 같다.

넌터미널 \ 터미널	x	y
S	$S \rightarrow xSy$	$S \rightarrow yA$
A	$A \rightarrow xA$	$A \rightarrow y$

(1) xyyx

(2) yyyyx

(3) xyxyxy

(4) xxxxx

(5) xyxy

6 아래 문법으로 예측 파싱 테이블을 만드시오.

1. $E \rightarrow + S\ *$
2. $E \rightarrow *\ M$
3. $M \rightarrow (\ M\ )$
4. $M \rightarrow x$

7 아래 주어진 문법에 대해 물음에 답하시오.

$S \rightarrow \mathrm{x}A\mathrm{y}S$
$S \rightarrow \epsilon$
$A \rightarrow \mathrm{x}S\mathrm{y}$
$A \rightarrow \epsilon$

(1) 각 넌터미널에 대해 FIRST 집합을 구하시오.
(2) 각 넌터미널에 대해 FOLLOW 집합을 구하시오.
(3) 예측 파싱 테이블을 구하시오.
(4) xyxyyx 를 파싱하시오.

8 아래 문법에 대해 예측 파싱 테이블을 구성하시오.

$S \rightarrow 0A1S$
$S \rightarrow \epsilon$
$A \rightarrow 0S1$
$A \rightarrow 1$
$A \rightarrow \epsilon$

8.4 불명확한 문법의 예측 파싱

LL(1) 문법으로 예측 파싱을 수행하더라도 어떤 문법이 불명확할 수도 있다. 아래 문법을 살펴보자.

$S \rightarrow \mathrm{if}\ Cond\ \mathrm{then}\ S\ S' \mid \mathrm{x}$
$S' \rightarrow \mathrm{else}\ S \mid \epsilon$
$Cond \rightarrow \mathrm{bool}$

이 문법은 프로그래밍 언어의 제어문 중에서 if 문의 구조이다. 파싱 테이블을 구성하기 위해 문법을 아래와 같이 다시 쓸 수 있다.

1. $S \rightarrow \mathrm{if}\ Cond\ \mathrm{then}\ S\ S'$
2. $S \rightarrow \mathrm{x}$
3. $S' \rightarrow \mathrm{else}\ S$

4. $S' \rightarrow \epsilon$
5. $Cond \rightarrow$ bool

이 문법의 FIRST와 FOLLOW 집합은 아래와 같다.

FIRST(S) = { if, x }
FIRST(S') = {else, ϵ}
FIRST($Cond$) = { bool }

FOLLOW(S) = { else, ↵}
FOLLOW(S') = { else, ↵}
FOLLOW($Cond$) = { then }

아래 생성 규칙에서 x ∈ FIRST(α)에 해당하는 터미널은 if와 x 이므로 FIRST(S) = { if, x }이다.

$S \rightarrow$ if $Cond$ then S S'
$S \rightarrow$ x

그러므로 $\Gamma[A, \mathrm{x}] = A \rightarrow \alpha$를 만들면 아래와 같다.

$\Gamma[S$, if] = if $Cond$ then S S'
$\Gamma[S$, x] = x

마찬가지로 아래 생성 규칙에서 x ∈ FIRST(α)에 해당하는 터미널은 else와 ϵ 이므로 FIRST(S') = {else, ϵ}이다.

$S' \rightarrow$ else S
$S' \rightarrow \epsilon$

그러므로 $\Gamma[A, \mathrm{x}] = A \rightarrow \alpha$를 만들면 아래와 같다.

$\Gamma[S'$, else] = else S

또한 $S' \rightarrow \epsilon$ 에 대해서는 FOLLOW(S') = { else, ↵}이므로 아래와 같다.

$\Gamma[S'$, else] = $S' \rightarrow \epsilon$
$\Gamma[S'$, ↵] = $S' \rightarrow \epsilon$

또한 생성 규칙 $Cond \rightarrow$ bool 에서는 FIRST($Cond$) = {bool}이므로 아래와 같다.

$\Gamma[Cond$, bool] = $Cond \rightarrow$ bool

그러므로 이 문법에서 FIRST와 FOLLOW 집합으로 만든 파싱 테이블은 아래와 같다.

터미널 / 넌터미널	x	bool	else	if	then	↵
S	$S \rightarrow$ x			$S \rightarrow$ if $Cond$ then $S\ S'$		
S'			$S' \rightarrow$ else S $S' \rightarrow \epsilon$			$S' \rightarrow \epsilon$
$Cond$		$Cond \rightarrow$ bool				

그러나 이 테이블을 살펴보면 $\Gamma[S'$, else$]$에는 아래 두 개의 내용이 있다.

$S' \rightarrow$ else S

$S' \rightarrow \epsilon$

즉, $S' \rightarrow$ else S 는 FIRST(S') = {else, ϵ}에 의해 아래처럼 만들어 진다.

$\Gamma[S'$, else$] = S' \rightarrow$ else S

그리고 $S' \rightarrow \epsilon$ 는 FOLLOW(S') = { else, ↵}에 의해 아래처럼 만들어 진다.

$\Gamma[S'$, else$] = S' \rightarrow \epsilon$

이와 같이 파싱 테이블에서 두 심볼 S 와 else이 대응하는 칸 $\Gamma[S'$, else$]$의 내용이 두 개 이상 있으면 **충돌이 있다**고 한다. 즉, 파싱 도중에 스택 톱의 넌터미널 심볼 S'와 입력 터미널 심볼 else이 대응하면, 생성 규칙 3인 $S' \rightarrow$ else S 로 대치해야할지, 생성 규칙 4인 $S' \rightarrow \epsilon$ 으로 대치해야 할지 혼동이 온다. 결국, 대치할 생성 규칙이 두 개 이상 있으므로 이 문법은 LL(1) 문법이 아니며 올바르게 파싱할 수 없다. 파싱을 올바르게 수행하려면 문법 구조를 바꾸어서 LL(1) 문법으로 변환하든지, 다른 파싱 방법으로 파싱 테이블 $\Gamma[S'$, else$]$의 내용을 한 개만 있도록 해야 한다. 이렇게 하려면 다른 기법을 사용해야 한다.

실습 8.7

if 문에 대한 위의 문법과 파싱 테이블에서 아래 문장을 파싱해 보자.

if bool then if bool then x else x

파싱은 아래와 같이 진행한다. 그림에서 위쪽은 스택이고, 아래쪽은 입력 스트링 큐이다.

#	*S*							

if	bool	then	if	bool	then	x	else	x	↵

#	S'	*S*	then	*Cond*	if			

if	bool	then	if	bool	then	x	else	x	↵

#	S'	*S*	then	bool				

bool	then	if	bool	then	x	else	x	↵	

#	S'	*S*	then					

then	if	bool	then	x	else	x	↵		

#	S'	*S*						

if	bool	then	x	else	x	↵			

#	S'	S'	*S*	then	*Cond*	if		

if	bool	then	x	else	x	↵			

#	S'	S'	*S*	then	*Cond*			

bool	then	x	else	x	↵				

#	S'	S'	*S*	then	bool			

bool	then	x	else	x	↵				

#	S'	S'	*S*	then				

then	x	else	x	↵					

#	S'	S'	*S*					

x	else	x	↵						

#	S'	S'	x					

x	else	x	↵						

#	S'	S'						

else	x	↵							

(에러 발생)

이 파싱 과정에서 마지막 스택의 [#S' S']와 입력 스팅 큐의 [else x↵] 단계에서 넌터미널 심볼 S'와 입력 터미널 심볼 else 를 대응하면, 그 내용은 S'→else S 와 S'→ϵ 두 개가 충돌한다. 그러므로 두 개의 생성 규칙에서 어느 것을 선택해야 하는지 알 수 없기 때문에 파싱을 계속 진행할 수 없다.

지금까지 살펴본 것과 같이 파싱 테이블을 사용하면 자동으로 예측 파싱을 수행할 수 있다. 그러나 실제 프로그래밍 언어의 문법에서 파싱 테이블을 만드는 것이 쉬운 일은 아니다. 그러나 위의 과정에 따라 파싱 테이블을 **자동으로 생성하는 도구(컴파일러-컴파일러)**가 있는데, 프로그래밍 언어의 문법만 잘 기술하면 파싱 테이블을 자동으로 생성할 수 있다.

실습문제

1 아래 주어진 문법과 파싱 테이블을 보고 이 문법이 LL(1) 언어인지 증명하시오.

$E \rightarrow ME'$

$E' \rightarrow +ME'$

$E' \rightarrow \epsilon$

$M \rightarrow FM'$

$M' \rightarrow *FM'$

$M' \rightarrow \epsilon$

$F \rightarrow (E)$

$F \rightarrow x$

넌터미널 \ 터미널	x	+	*	(	)	↵
E	$E \rightarrow ME'$			$E \rightarrow ME'$		
E'		$E' \rightarrow +ME'$			$E' \rightarrow \epsilon$	$E' \rightarrow \epsilon$
M	$M \rightarrow FM'$			$M \rightarrow FM'$		
M'		$M' \rightarrow \epsilon$	$M' \rightarrow *FM'$		$M' \rightarrow \epsilon$	$M' \rightarrow \epsilon$
F	$F \rightarrow x$			$F \rightarrow (E)$		

2 문항 1의 주어진 문법과 파싱 테이블을 보고 아래 각 입력 스트링을 파싱하시오.

(1) x * x + x

(2) x + (x + x)

(3) (x + x) * x

(4) x * (x + x

(5) x + * x

3 본문에 있는 어느 한 문법으로 예측 파싱 테이블 만드는 과정을 C나 C++, 혹은 임의의 프로그래밍 언어로 구현하시오. 또 임의의 스트링을 입력하여 올바르게 파싱을 수행하는지 검사하시오.

4 문항 3의 프로그램에 생성 규칙이 20개 이상인 임의의 문법을 입력하여 파싱 테이블을 구성하시오.

8.5 예측 파싱에서 에러 처리

보아온 것처럼 예측 파싱은 주어진 파싱 테이블 정보에 따라 입력 스트링의 터미널 심볼을 스택으로 이동(푸시)하거나 스택에서 심볼 스트링을 제거하기도 한다. 이 과정에서 입력 스트링에 다음 심볼로 올바르지 않은 터미널이 있으면 파싱 테이블에서는 다음 진행할 정보를 알 수 없다. 이 경우에는 구문 분석 **에러**가 발생한다.

이와 같이 에러가 발생하면 파서는 테이블에 정보가 없기 때문에 다음 행동을 어떻게 해야 하는지 알 수 없다. 즉, 실습 8.3에서와 같이 주어진 파싱 테이블을 이용하여 xyx를 예측 파싱하면, 넌터미널 심볼 *A*가 스택 톱에 있고, 입력 터미널은 ↵인 경우에는 아래와 같이 파싱을 완전히 수행하지 않는다.

#	*S*							x	y	x	↵				
#	y	*S*	x					x	y	x	↵				
#	y	*S*						y	x	↵					
#	y	*A*	y					y	x	↵					
#	y	*A*						x	↵						
#	y	*A*	x					x	↵						
#	y	*A*						↵							

(더 이상 같은 심볼이 없으므로 파싱을 진행할 수 없음)

파서는 이 상태에서 파싱을 더 이상 진행할 수 없다. 그러나 원시 프로그램에서는 이 문장 외에도 다른 문장이 있기 때문에 나머지 문장에 대해서도 파싱을 계속 진행해야만 한다. 비록 파싱 테이블에 파싱 진행에 필요한 정보(즉, $\Gamma[A, x]$가 비었거나 에러)가 없더라도 다음 문장부터 파싱은 계속 할 수 있도록 해야 한다.

이와 같이 파싱을 계속 진행하도록 하려면 아래와 같은 방법이 있다.

(1) 파싱 스택에서는 정지한 상태로 있기 때문에 파싱을 진행하도록 하기 위해, 스택 톱의 심볼과 대응하여 파싱 테이블에 정보가 있는 터미널이 나올 때까지 입력 스트링의 터미널을 지나친다. 즉, 해당 토큰이 나타날 때까지 토큰을 지나간다. 또는 $\Gamma[A, x]$가 비었으면 스택에서 톱에 있는 심볼을 제거한다. 그러면 현재의 에러 있는 문장을 삭제한 것과 같은 의미가 된다. 이렇게 하여 에러가 있는 문장을 제거한 이전 문장에서 바로 다음 문장으로 파싱을 진행하게 된다. 이러한 방법을 **패닉-모드 에러 회복**이라 한다.

(2) 또 한 방법은 파싱 테이블의 빈칸을 에러 처리 루틴의 포인터로 채워서 에러가 나타나면 에러 처리를 수행하고 되돌아오도록 한다. 이러한 방법은 **단계-레벨 에러 회복**이라 한다.

앞에서 보인 파싱 테이블을 이용한 예를 들어보자. 이 파싱 테이블은 아래처럼 에러 정보가 포함되어 있다.

터미널 / 넌터미널	x	+	*	(	)	↲
E	$E \rightarrow ME'$	error	error	$E \rightarrow ME'$	error	error
E'	error	$E' \rightarrow +ME'$	error	error	$E' \rightarrow \epsilon$	$E' \rightarrow \epsilon$
M	$M \rightarrow FM'$	error	error	$M \rightarrow FM'$	error	error
M'	error	$M' \rightarrow \epsilon$	$M' \rightarrow *FM'$	error	$M' \rightarrow \epsilon$	$M' \rightarrow \epsilon$
F	$F \rightarrow x$	error	error	$F \rightarrow (E)$	error	error

에러 처리 루틴(포인터)가 포함된 위의 예측 파싱 테이블을 이용하여 입력 스트링 x x * x 를 파싱한다.

# *E*	x x * x ↵
# *E'* *M*	x x * x ↵
# *E'* *M'* *F*	x x * x ↵
# *E'* *M'* x	x x * x ↵
# ***E'*** ***M'***	x * x ↵

(에러 발생, 입력에서 x를 지나간다.)

# *E'* *M'*	* x ↵
# *E'* *M'* *F* *	* x ↵
# *E'* *M'* *F*	x ↵
# *E'* *M'* x	x ↵
# *E'* *M'*	↵
# *E'*	↵
#	↵

(파싱 끝)

이와 같이 입력 스트링에서 특정 토큰을 제거하고 나머지 스트링에 대해 파싱을 계속 진행한다. 같은 방법으로 입력 스트링 x + (x * x 를 파싱해 보자.

#	E							x	+	(	x	*	x	↵	
#	E'	M						x	+	(	x	*	x	↵	
#	E'	M'	F					x	+	(	x	*	x	↵	
#	E'	M'	x					x	+	(	x	*	x	↵	
#	E'	M'						+	(	x	*	x	↵		
#	E'							+	(	x	*	x	↵		
#	E'	M	+					+	(	x	*	x	↵		
#	E'	M	+					(	x	*	x	↵			
#	E'	M'	F					(	x	*	x	↵			
#	E'	M'	)	E	(			(	x	*	x	↵			
#	E'	M'	)	E				x	*	x	↵				
#	E'	M'	)	E	M			x	*	x	↵				
#	E'	M'	)	E'	M'	F		x	*	x	↵				
#	E'	M'	)	E'	M'	x		x	*	x	↵				
#	E'	M'	)	E'	M'			*	x	↵					
#	E'	M'	)	E'	M'	F	*	*	x	↵					
#	E'	M'	)	E'	M'	F		x	↵						
#	E'	M'	)	E'	M'	x		x	↵						
#	E'	M'	)	E'	M'			↵							
#	E'	M'	)	E'				↵							
#	**E'**	**M'**	)					↵							

(에러 발생, 스택 톱에서)를 제거한다.)

#	E'	M'							↵							
#	E'								↵							
#									↵							

(파싱 끝)

이 에러는 괄호의 수가 맞지 않아서 발생하는 에러이다. 여기서는 스택의 톱에 있는 심볼인 오른쪽 괄호를 제거하여 파싱을 진행한다. 에러 처리에 대해서는 뒤에서 좀 더 살펴본다.

실습문제

1 위 본문 8.5의 파싱 테이블을 이용하여 아래 각 스트링을 파싱하시오.

(1) (x * x) x

(2) (x x) + x * x

(3) x * (x − x) + x

(4) x (* x) + x

2 예측 파싱에서 에러가 발생하면 스택에서 심볼을 제거하는 이유를 설명하시오.

3 본문 외의 다른 에러 처리 방법을 제안하거나 개발하시오.

제09장
상향식 파싱

상향식 파싱

앞에서 살펴보았듯이 LL(1) 문법을 하향식으로 파싱하는 과정에서 여러 문제점이 있다. 즉, 리커젼이나 백트래킹이 발생하기 때문에 알고리즘이 복잡할 뿐 아니라 프로그램 구현도 어렵다. 이 장에서는 하향식 파싱에서의 이런 문제를 보완하고 파싱 프로그램도 쉽게 구현할 수 있는 **상향식 파싱 기법**을 살펴본다.

이미 언급하였듯이 상향식 파싱의 기본 개념은 터미널 스트링에서 문법의 시작 넌터미널 심볼까지 유도 과정과 역으로 생성 규칙을 환원하는 방법이다. 이렇게 하려면 환원해야 하는 해당 **핸들**을 탐지해야 하는 것이 중요하다. 그러므로 상향식 파싱은 핸들을 탐지하기 위해 스택이나 입력 큐 같은 자료구조와 방법을 사용해, 문장 형식에서 핸들을 찾아 적용할 생성 규칙을 **결정적**으로 선택한다. 이것이 상향식 파싱의 주요 특징이다.

이 장에서는 상향식 파싱을 수행하기 위한 기본적이고 일반적인 **이동-환원** 파싱 기법에 대해 살펴본다.

9.1 이동-환원 파싱

이동-환원 파싱 기법은 기본적으로 아래의 두 동작을 수행하는데, **이동**과 **환원** 동작이다.

- **이동**: 입력 스트링의 터미널 심볼을 정해진 정보에 따라 스택에 넣는 동작(이동)
- **환원**: 정보에 따라 스택의 톱에서 해당하는 생성 규칙의 오른쪽에 있는 **스트링 길이**만큼을 이 생성 규칙의 넌터미널로 바꾸는 것이다. 즉, 스택에 이미 이전에 이동한 생성 규칙의 오른쪽 스트링을 제거하고, 새로운 넌터미널로 바꿈으로서 환원하게 한다.

이동-환원 기법에서 이 두 동작을 수행하기 위해 두 개의 중요한 요소가 있다.

(1) 유도 과정의 문장 형식에서 어떻게 핸들을 탐지할 것인가?
(2) 문맥-자유 문법에서 한 넌터미널에 대해 여러 개의 생성 규칙이 있으면, 어느 생성 규칙을 선택해야 할 것인가?

이 두 요소를 해결하기 위해 이동-환원 기법을 기반으로 하는 파서는 세 개의 자료구조와 한 개의 파싱 루틴으로 구성된다. 파싱 루틴은 세 개의 지료구조 정보를 이용해 핸들을 탐지하고 적당한 생성 규칙을 선택해 적용한다. 세 개의 자료구조와 파싱 루틴은 아래와 같다.

- **입력 스트링 큐**: 토큰의 터미널 심볼로 구성된 입력 스트링이 있다.
- **스택**: 방금 읽어 들인 터미널 심볼을 스택에 이동하거나 넌터미널로 대치한다.
- **파싱 테이블**: 스택의 톱과 입력 스트링에서 방금 읽어 들인 터미널 심볼을 대응해, 파싱루틴이 수행해야 할 **동작 정보**를 저장한다.
- **파싱 루틴**: 스택의 톱 심볼과 입력 터미널 심볼의 대응에 따라 파싱 테이블에서 해당하는 다음 파싱 동작을 수행한다.

이동-환원 기법도 파싱 동작이 정해진 파싱 테이블만 있으면 파싱 루틴에 의해 생성 규칙을 결정적으로 선택하므로 파싱이 효율적이다. 그러므로 이 파싱 테이블 정보만 있으면 되는데, 파싱 테이블 정보는 아래 네 동작이다.

- **이동**: 현재의 입력 스트링의 맨 앞에 있는 터미널 심볼을 스택의 톱에 이동한다.
- **환원**: 스택의 톱에 있는 핸들을 파싱 테이블 정보에 따라 해당 생성 규칙의 넌터미널로 바꾼다.

- **수락**: 입력 스트링을 모두 읽어서 정상적인 파싱이 수행되었음을 알린다. 즉, 주어진 문법이 입력되는 문장을 인식할 수 있다는 의미이다.
- **에러**: 정상적인 해당 동작이 없으면 구문 에러이며 에러 처리 루틴을 호출한다.

파싱 루틴은 핸들을 탐지하기 위해 스택의 톱에 있는 문법 심볼과 입력 스트링의 맨 앞에 있는 터미널 심볼을 대응한다. 그러면 대응 결과는 이미 만들어진 파싱 테이블 정보에 따라 네 동작 중 하나를 수행한다. 파싱 루틴은 아래와 같이 동작한다.

단계 1: 맨 처음 상태에 스택은 비어있다.

단계 2: 비어있는 스택에 입력 스트링의 맨 앞에 있는 터미널 심볼을 이동한다.

단계 3: 스택의 톱에 있는 심볼과 입력 스트링의 맨 앞 터미널 심볼을 대응한다.

3-1 대응 결과 파싱 테이블 내용이 **이동**이면, 터미널 심볼을 스택에 넣는다.

3-2 파싱 테이블 내용이 **환원**이면, 스택의 톱부터 문장 형식을 환원하려는 생성 규칙의 넌터미널로 바꾼다.

3-3 입력 스트링을 모두 읽고 스택의 톱에 **시작 심볼**만 남으면 파싱을 종료한다(즉, 주어진 문법으로 입력 문장을 인식할 수 있다).

단계 3에서는 파싱 테이블의 해당 동작 정보에 따라 입력 스트링의 터미널 심볼을 스택으로 이동할 것인지, 아니면 스택에서 심볼 몇 개를 해당 생성 규칙의 넌터미널로 바꿀 것인지를 결정한다.

위의 이동-환원 파싱 과정의 예를 들어보자.

예 9.1 아래 문법을 사용해 입력 스트링 zxxyxxy을 이동-환원 기법이 어떻게 파싱하는지 살펴보자.

G: 1. $S \rightarrow S\mathrm{x}B$

2. $S \rightarrow \mathrm{z}$

3. $B \rightarrow \mathrm{xy}$

이 문법에서는 입력 스트링 zxxyxxy에 대해 아래와 같이 유도한다.

$$S \Rightarrow \underline{S}\mathrm{x}\underline{B} \Rightarrow S\mathrm{xxy} \Rightarrow \underline{S}\mathrm{x}\underline{B}\mathrm{xxy} \Rightarrow S\mathrm{xxyxxy} \Rightarrow \mathrm{zxxyxxy}$$

이 유도 과정에서는 문장 형식의 각 단계에서 가장 오른쪽 넌터미널을 먼저 유도(우단 유도)하는데 밑줄이 있는 스트링은 각 단계에서의 핸들이다.

이동-환원 파싱은 **항상 우단유도**를 수행한다. 아래 각 단계(괄호 번호가 있는)는 파싱에서 스택(왼쪽)과 입력 스트링(오른쪽)의 변화 과정으로, 현재 상태에서 일어날 동작작이다. 오른쪽의 입력 스트링에 있는 각 터미널은 동작 정보에 따라 왼쪽의 스택으로 이동한다. 스택에 있는 심볼들은 파싱 과정에서 유도되는 문장 형식이다.

#									z	x	x	y	x	x	y	↵

(1) z가 스택으로 이동한다.

#	z								x	x	y	x	x	y	↵	

(2) 생성 규칙 $S \rightarrow$ z로 환원한다.

#	*S*								x	x	y	x	x	y	↵	

(3) x가 스택으로 이동한다.

#	*S*	x							x	y	x	x	y	↵		

(4) x가 스택으로 이동한다.

#	*S*	x	x						y	x	x	y	↵			

(5) y가 스택으로 이동한다.

#	*S*	x	x	y					x	x	y	↵				

(6) 생성 규칙 $B \rightarrow$ xy로 환원한다.

#	*S*	x	*B*						x	x	y	↵				

(7) 생성 규칙 $S \rightarrow S$xB로 환원한다.

#	*S*								x	x	y	↵				

(8) x가 스택으로 이동한다.

#	S	x					

x	y	↵					

(9) x가 스택으로 이동한다.

#	S	x	x				

y	↵						

(10) y가 스택으로 이동한다.

#	S	x	x	y			

↵							

(11) 생성 규칙 $B \rightarrow$ xy로 환원한다.

#	S	x	B				

↵							

(12) 생성 규칙 $S \rightarrow S$xB로 환원한다.

#	S						

↵							

(13) 수락

위의 이동–환원 파싱에서 환원 동작을 수행할 때마다, 환원된 넌터미널 심볼은 스택의 톱에 있게 되다. 이때 넌터미널로 대치된 터미널 심볼들이 바로 **핸들**이다(스택의 굵은 글씨 **x**, **y**, **z**, 혹은 **xy**). 즉, 상향식 파싱은 이와 같이 파싱 테이블에 있는 이동–환원 동작으로 핸들을 탐지한다.

그러나 예 9.1에서 언제 스택으로 이동하고, 언제 생성 규칙으로 환원하는지의 정보는 파싱 테이블에서 알 수 있다. 아래를 살펴보자.

#	z						

x	x	y	x	x	y	↵	

스택 톱에 있는 터미널 심볼 **z**와 입력 터미널 심볼 **x**가 대응해 “생성 규칙 $S \rightarrow$ z로 환원” 한다는 것을 파싱 테이블에서 알 수 있다. 이미 언급한 것처럼 이동–환원 파싱 기법에서 또 하나 중요한 것은 바로 파싱 테이블 정보이다. 즉, 어느 경우에 이동을 수행하고, 어느 경우에 환원을 수행하는지를 알려주는 정보가 있어야한다. 그러므로 이 정보(규칙)을 만드는 것도 이동–환원 파싱 기법에서는 중요하다.

실습 9.1

아래 문법 G 가 있다. 이동-환원 파싱 기법으로 입력 스트링 zxxy를 파싱하는 과정의 스택 상태를 보이시오.

G: 1. $S \rightarrow S\text{x}A$
2. $S \rightarrow \text{z}$
3. $A \rightarrow \text{xy}$

입력 스트링 zxxy를 이동-환원 기법으로 파싱하면 아래와 같은 스택 상태를 보인다.

#									z	x	x	y	↵			

(1) z가 스택으로 이동한다.

#	z								x	x	y	↵				

(2) 생성 규칙 $S \rightarrow \text{z}$로 환원한다.

#	S								x	x	y	↵				

(3) x가 스택으로 이동한다.

#	S	x							x	y	↵					

(4) x가 스택으로 이동한다.

#	S	x	x						y	↵						

(5) y가 스택으로 이동한다.

#	S	x	x	y					↵							

(6) 생성 규칙 $A \rightarrow \text{xy}$로 환원한다.

#	S	x	A						↵							

(7) 생성 규칙 $S \rightarrow S\text{x}A$로 환원한다.

#	S								↵							

(8) 수락

실습 9.2

실습 9.1의 문법 *G*에서 이동-환원 기법으로 입력 스트링 xyxyzzxy를 파싱하는 과정의 스택 상태를 보이시오.

입력 스트링 xyxyzzxy를 이동-환원 기법으로 파싱하면 아래와 같은 스택 상태를 보인다.

스택								입력								
#								x	y	x	y	z	z	x	y	↵
#	x							y	x	y	z	z	x	y	↵	
#	x	y						x	y	z	z	x	y	↵		
#	*A*							x	y	z	z	x	y	↵		
#	*A*	x						y	z	z	x	y	↵			
#	*A*	x	y					z	z	x	y	↵				
#	*A*	*A*						z	z	x	y	↵				
#	*A*	*A*	z				x	z	x	y	↵					
#	*A*	*A*	*S*					z	x	y	↵					
#	*A*	*A*	*S*	z				x	y	↵						
#	*A*	*A*	*S*	*S*				x	y	↵						
#	*A*	*A*	*S*	*S*	x			y	↵							
#	*A*	*A*	*S*	*S*	x	y		↵								
#	*A*	*A*	*S*	*S*	*A*			↵								

실습 9.2는 스택의 톱에 있는 심볼과 입력 스트링에 대응하는 동작 정보가 파싱 테이블에 없기 때문에 에러가 발생하고 파싱을 계속 진행하지 못한다.

실습문제

1 이동-환원 파싱은 리커젼이 발생하지 않는 이유를 설명하시오.

2 이동-환원 파싱은 백트래킹이 발생하지 않는 이유를 설명하시오.

3 이동-환원 파싱은 스택에서 핸들을 알 수 있는 이유를 설명하시오.

4 생성 규칙의 오른쪽 스트링에서 입력 문장의 스트링과 일치하는 부분 스트링이 핸들이다. 생성 규칙 $A \rightarrow \beta$가 있고 아래와 같은 우단유도가 있다고 하면 ( ) 속에 들어갈 심볼은 무엇입니까?

$$S \Rightarrow^{*}_{rm} \alpha(\ )\omega \Rightarrow^{*}_{rm} \alpha\beta\omega$$

5 주어진 문법으로 아래의 각 입력 스트링을 이동-환원 기법으로 파싱하면서 각 단계에서의 스택과 입력 상태를 보이시오. 또 각 단계에서 핸들을 찾으시오.

1. $S \rightarrow SA\text{y}$
2. $S \rightarrow \text{xzy}$
3. $A \rightarrow \text{y}B\text{z}$
4. $A \rightarrow \text{yz}$
5. $B \rightarrow \text{yx}$
6. $B \rightarrow A\text{z}$

(1) xzy

(2) xzyyzy

(3) xzyyyxzy

(4) xzyyyzzzy

(5) xzyyzyyzy

6 이동-환원 기법에서 어떤 넌터미널에 대해 생성 규칙이 여러 개(즉, $A \rightarrow \beta_1 \mid \beta_2 \mid \beta_3 \mid \beta_4 \mid \beta_5 \mid \beta_6$ 이면)있으면 어느 생성 규칙을 선택하는지 설명하시오. 또 어떻게 선택하는지 설명하시오.

9.2 LR 문법

이동－환원 기법으로 어떤 문법을 올바르게 파싱할 수 있으면 이 문법을 **LR 문법**이라 한다. LR 문법에서 LR의 의미는 입력 스트링을 왼쪽(***L***eft)에서 오른쪽으로 읽어서 가장 오른쪽(***R***ight) 넌터미널을 먼저 유도한다는 의미이다. 즉, 우단유도를 한다. 그러므로 예 9.1과 실습 9.1의 문법은 입력 스트링을 인식하는 LR 문법이다.

지금까지 살펴본 것처럼, 이동-환원 파싱은 스택의 톱에 있는 심볼이 생성 규칙의 오른쪽에 있는 스트링과 같으면 환원을 수행한다. 그러나 주어진 문법이 LR 문법이 아니면 이동이나 환원 동작을 수행하지 못한다.

9.2.1 이동/환원 충돌

먼저 간단한 예를 들어보자.

예 9.2 아래 문법에 대해 입력 스트링 xxxy를 파싱한다.

G: 1. $S \rightarrow S\text{x}B$
2. $S \rightarrow \text{x}$
3. $B \rightarrow \text{xy}$

입력 스트링 xxxy에 대한 파싱 과정에서 스택과 입력 상태는 아래와 같으며 파싱을 계속 진행할 수 없다.

#							

x	x	x	y	↵			

(1) x가 스택으로 이동한다.

#	x						

x	x	y	↵				

(2) 생성 규칙 $S \rightarrow \text{x}$로 환원한다.

#	S						

x	x	y	↵				

(3) x가 스택으로 이동한다.

#	S	x					

x	y	↵					

(4) 이동 혹은 환원(충돌 발생하여 더 이상 파싱을 진행할 수 없음).

위 파싱 과정에서 보듯이 입력 스트링 xxxy를 파싱하면 아래 상태에서는 더 이상 파싱을 진행하지 못하고 파싱 **충돌**이 발생한다.

#	S	x	?				

x	y	↵					

스택 톱 x와 입력 x를 대응하면 아래 두 개의 생성 규칙이 적용되기 때문이다.

2. $S \rightarrow$ x
3. $B \rightarrow$ xy

즉, $B \rightarrow$ xy에 의해 x를 스택으로 이동할 수도 있고, $S \rightarrow$ x에 의해 스택 톱의 x를 $S \rightarrow$ x로 환원할 수도 있다.

이와 같이 어떤 단계에서 수행할 동작이 여러 개 있으면 **충돌**이 일어난다고 한다. 이 경우에는 이동과 환원 둘 다 가능하기 때문에 **이동/환원 충돌**이 발생했다고 한다.

이동-환원 파싱에서는 아래와 같은 충돌이 발생할 수 있다.

- **이동/환원** 충돌
- **이동/이동** 충돌
- **환원/환원** 충돌

충돌이 발생하면 이동-환원 파싱을 계속 수행할 수 없기 때문에, 충돌이 발생하는 문법은 LR 문법이 아니다. 즉, 이동-환원 파싱에서는 LR 문법이어야만 파싱을 계속할 수 있다. 그러므로 LR 문법이 아닌 문법을 파싱하려면 LR 문법으로 변경하거나, 특정 알고리즘으로 LR 파싱이 가능하도록 필요한 정보를 만들어 준다.

위의 문법에서 이동 동작을 적용해 파싱을 계속 진행하도록 해본다.

#							

x	x	x	y	↵			

(1) x가 스택으로 이동한다.

#	x						
x	x	y	↵				

(2) 생성 규칙 $S \rightarrow$ x로 환원한다.

#	S						
x	x	y	↵				

(3) x가 스택으로 이동한다.

#	S	x					
x	y	↵					

(4) x가 스택으로 이동한다.

#	S	x	x				
y	↵						

(5) 생성 규칙 $S \rightarrow$ x로 환원한다.

#	S	x	S				
y	↵						

(6) y가 스택으로 이동한다.

#	S	x	S	y			
↵							

(7) 이동 동작을 수행할 수 없으므로 에러(더 이상 파싱을 진행할 수 없음)

또한, 환원 동작을 적용해 파싱을 계속 진행하도록 해본다.

#							
x	x	x	y	↵			

(1) x가 스택으로 이동한다.

#	x						
x	x	y	↵				

(2) 생성 규칙 $S \rightarrow$ x로 환원한다.

#	S						
x	x	y	↵				

(3) x가 스택으로 이동한다.

#	*S*	x					

x	y	↵					

(4) 생성 규칙 $S \rightarrow$ x로 환원한다.

#	*S*	*S*					

x	y	↵					

(5) x가 스택으로 이동한다.

#	*S*	*S*	x				

y	↵						

(6) y가 스택으로 이동한다.

#	*S*	*S*	x	y			

↵							

(7) 생성 규칙 $B \rightarrow$ xy로 환원한다.

#	*S*	*S*	*B*				

↵							

(8) 환원 동작을 수행할 수 없으므로 에러(더 이상 파싱을 진행할 수 없음)

위 문법에서 스트링 xxxy는 문법에서 생성할 수 없는 스트링이기 때문에 어떤 경우에도 파싱을 진행하지 못하고 에러가 발생한다. 파서가 입력하는 터미널을 스택으로 이동할 것인지 스택의 톱에 있는 핸들을 환원할 것인지를 알 수 없기 때문이다.

9.2.2 환원/환원 충돌

지금까지 이동/환원 충돌을 알아보았다. 이번에는 **환원/환원** 충돌 예를 살펴본다. 환원/환원 충돌은 파싱 도중에 환원할 생성 규칙이 여러 개 있는 경우이다. 즉, 파싱을 계속 진행하려면 어느 규칙을 적용해야 할지 명확히 알 수 없다.

아래 문법으로 입력 스트링 xx 를 파싱하면서 환원/환원 충돌을 살펴보자.

G: 1. $S \rightarrow SA$

2. $S \rightarrow \mathrm{x}$

3. $A \rightarrow \mathrm{x}$

입력 스트링 xx 의 파싱 과정은 아래와 같다.

#							

x	x	↵					

(1) x가 스택으로 이동한다.

#	x						

x	↵						

(2) 생성 규칙 $S \rightarrow \mathrm{x}$와 $A \rightarrow \mathrm{x}$ 모두 적용가능 하여 환원/환원 충돌로 에러

위의 문법으로 입력 스트링 xx 에 대해 이동−환원 파싱을 수행하면, 스택 톱 x와 입력하는 터미널 x의 대응으로 생성 규칙 $S \rightarrow \mathrm{x}$로 환원할 수도 있고, 생성 규칙 $A \rightarrow \mathrm{x}$으로 환원할 수도 있기 때문에 환원/환원 충돌이 발생한다.

그러나 파싱을 계속하기 위해 생성 규칙 $A \rightarrow \mathrm{x}$을 적용하면 아래와 같이 다시 환원/환원 충돌이 발생한다.

#							

x	x	↵					

(1) x가 스택으로 이동한다.

#	x						

x	↵						

(2) 생성 규칙 $A \rightarrow \mathrm{x}$로 환원한다.

#	A						

x	↵						

(3) x가 스택으로 이동한다.

#	A	x					

↵							

(4) 생성 규칙 $S \rightarrow \mathrm{x}$와 $A \rightarrow \mathrm{x}$ 모두 적용가능 하여 환원/환원 충돌로 에러

그러나 생성 규칙 $S \rightarrow$ x를 적용하면 아래와 같이 정상적인 파싱이 이루어진다.

#							

x	x	↵					

(1) x가 스택으로 이동한다.

#	x						

x	↵						

(2) 생성 규칙 $S \rightarrow$ x로 환원한다.

#	S						

x	↵						

(3) x가 스택으로 이동한다.

#	S	x					

↵							

(4) 생성 규칙 $A \rightarrow$ x로 환원한다.

#	S	A					

↵							

(5) 생성 규칙 $S \rightarrow SA$로 환원한다.

#	S						

↵							

(6) 수락한다.

이와 같이 환원/환원 충돌에서는 어느 생성 규칙을 적용할지가 중요하다.

그러면 환원/환원 충돌이 발생하는 이유는 무엇인가? 여러 개의 생성 규칙이 적용가능하다는 것은 스택의 톱에 있는 **문장 형식과 일치하는 생성 규칙이 여러 개 있다**는 것이다. 즉, 스택의 톱에 있는 문장 형식이 특정 생성 규칙에만 일치하는 것은 아니다. 그러므로 어느 생성 규칙으로 환원하더라도 그 순간에는 환원이 가능하다는 의미이다(비록 나중에 에러가 발생하더라도).

실습 9.3

아래 문법으로 입력 스트링 xyxyxy를 이동-환원 기법으로 파싱하는 스택 상태를 보이시오.

G: 1. $S \rightarrow S$x

2. $S \rightarrow$ xy

입력 스트링 xyxyxy를 이동-환원 기법으로 파싱하는 과정은 아래와 같다.

#								x	y	x	y	x	y	↵	
#	x							y	x	y	x	y	↵		
#	x	y						x	y	x	y	↵			
#	*S*							x	y	x	y	↵			
#	*S*	x						y	x	y	↵				
#	*S*	y						x	y	↵					
#	*S*	y	x					y	↵						
#	*S*	y	x	y				↵							
#	*S*	y	*S*	??				↵							

에러 발생, 더 이상 진행 못함

예 9.3 아래 배열 참조와 함수 호출 두 문장을 살펴보자.

area(x, y); /* 배열 참조, 배열명 area이고 인덱스가 x, y 이다. */
area(*A*, *B*); /* 함수 호출, 함수명 area이고 인자가 *A*, *B* 이다. */

두 경우에서 area(x, y); 는 배열이므로 스택에서는 **배열 참조** 생성 규칙으로 환원해야 하고, area(*A*, *B*); 는 **함수 호출** 생성 규칙으로 환원해야 한다.

문장 area(x, x)에서 x 는 변수나 인자인 경우이며 파싱 스택은 아래와 같다. 이때 입력 스트링의 맨 앞에 있는 터미널 심볼 ; 에 대해 배열 참조 생성 규칙과 함수 호출 생성 규칙 둘 다 환원할 수 있다. 그러므로 환원/환원 충돌이 발생한다.

#	...	area	(	x	,	x	)	;	x	=	x	+	x	*	x	...	↵

9.2.3 충돌 해결

그러면 충돌은 어떻게 해결할 수 있을까? 우선, 이동/환원 충돌은 환원보다는 **이동을 선택**함으로서 파싱이 계속 진행하도록 한다. 입력 스트링을 스택에 이동해 **정상적**으로 파싱을 수행한다면 간단하게 해결되는 것이다. 그러나 이동을 선택하였지만 다시 에러가 나면 남아있는 스트링 중에서 스택 톱에 있는 스트링과 문장 형식이 일치하지 않는다는 의미이다. 이런 문법은 파싱이 가능하도록 문법을 LR 문법으로 변경한다.

그러므로 에러가 발생한 현재 상태에서 입력 터미널 심볼 **다음에 어떤 심볼들이 있는지 미리 알 수만 있으면**, 현재의 입력 터미널을 이동할 것인지 환원할 것인지에 대한 정보를 미리 구할 수 있다. 이와 같이 입력 스트링의 심볼을 **미리보기** 함으로써, 좀 더 명확한 이동-환원 정보를 구할 수 있기 때문에, 특정 상태에서의 이동/환원이나 환원/환원 충돌을 해결할 수 있다.

미리보기 정보는 지금까지의 LR 문법의 파싱 정보에 추가하는 터미널 심볼이다. 즉, 입력 심볼 한 개를 미리 볼 수 있으면 ***LR*(1)** 문법이라 하고, 입력 심볼 k **개를 미리 볼 수** 있으면 ***LR*(k)** 문법이라 한다. 그러므로 상향식으로 파싱하는 프로그래밍 언어는 보통 LR(1) 문법으로 정의한다. LR(1) 문법인 경우에 파싱 알고리즘은 현재의 입력 심볼 외에는 더 이상 미리보지 않는다. 그러나 **문법이 명확하지 않으면** k가 어떠한 값을 가지더라도 LR(k) 문법이 아니기 때문에 이동-환원 기법으로 파싱하면 충돌이 발생한다. 또한 LR 문법에서 k개의 입력 심볼을 미리보는 파싱 알고리즘은 LR(k) 파싱 알고리즘이다.

예 9.4 if 문장에 대한 아래 문법은 명확하지 않기 때문에 LR이 될 수 없다. S 는 문장을 나타내는 생성 규칙, *Cond*은 조건 수식을 나타내는 생성 규칙으로 결과 값은 참과 거짓 중에서 하나이다.

G: 1. $S \rightarrow$ if *Cond* then S
   2. $S \rightarrow$ if *Cond* then S else S
   3. $S \rightarrow$ x

아래는 프로그램에서 많이 사용하는 문장으로, 위 문법으로 유도 트리 두 개를 만들 수 있기 때문에 명확하지 않다. 그러므로 LR 문법이 아니다.

if *Cond* then if *Cond* then S else S

예 9.5 예 9.4의 문법으로 아래 문장을 이동-환원 기법으로 파싱해 보자.

if *Cond* then if *Cond* then *S* else *S*

스택과 입력 스트링의 구성은 아래와 같다. 아래에서 위쪽은 스택 상태이고 아래는 입력 스트링 큐이다.

#	....	if	*Cond*	then	if	*Cond*	then	*S*

??

else	*S*	...	...	↵			

(이동? 환원?)

이 파싱 과정에서는 이동이나 환원 모두 가능하다. 즉, 입력 심볼 else 에 따라 이동이나 환원이 결정되기 때문에 현재의 스택 톱에 있는 문장 형식 if *Cond* then *S*를 아직 핸들이라 하기는 어렵다. 아래 두 경우가 발생한다.

(1) 생성 규칙 $S \rightarrow$ if *Cond* then *S*에 의해 핸들이 되어 환원할 수도 있고,

(2) 생성 규칙 $S \rightarrow$ if *Cond* then *S* else *S*에 의해 else가 스택으로 이동한 후, 다음 *S*를 찾아서 if *Cond* then *S* else *S*가 핸들이 될 수도 있다.

위의 파싱 상태에서 생성 규칙 $S \rightarrow$ if *Cond* then *S*를 적용하면 파싱은 아래와 같다.

#	....	if	*Cond*	then	if	*Cond*	then	*S*

else	*S*	....	↵				

(1) 생성 규칙 $S \rightarrow$ if *Cond* then *S* 로 환원한다.

#	....	if	*Cond*	then	*S*			

else	*S*	....	↵				

(2) else가 스택으로 이동한다.

#	....	if	*Cond*	then	*S*	else		

S	....	↵					

(3) *S*가 스택으로 이동한다.

#	....	if	*Cond*	then	*S*	else	*S*	

....	↵						

(4) 생성 규칙 $S \rightarrow$ if *Cond* then *S* else *S*로 환원한다.

#	....	*S*						

....	↵						

(5) 파싱을 계속 진행한다.

또한 생성 규칙 $S \rightarrow$ if *Cond* then *S* else *S*를 적용하면 파싱은 아래와 같다.

#	....	if	*Cond*	then	if	*Cond*	then	*S*

else	*S*	....	↵				

(1) else가 스택으로 이동한다.

#	....	if	*Cond*	then	if	*Cond*	then	*S*	else

S	....	↵					

(2) *S*가 스택으로 이동한다.

#	....	if	*Cond*	then	if	*Cond*	then	*S*	else	*S*

....	↵						

(3) 생성 규칙 $S \rightarrow$ if *Cond* then *S* else *S*로 환원한다.

#	....	if	*Cond*	then	*S*			

....	↵						

(4) 생성 규칙 *S* 2→ if *Cond* then *S*로 환원한다.

#	....	*S*						

....	↵						

(5) 파싱을 계속 진행한다.

지금까지는 충돌이 발생한 상태인데 이와 같이 프로그램에서 자주 사용하는 조건문 if 구조를 어떻게 파싱하였는가(어느 생성 규칙을 먼저 적용하였는가)에 따라 파싱 결과가 다를 수 있다. 즉, 파싱 과정에 따라 의미가 다르게 해석될 수 있기 때문에 프로그램이 의도하지 않은 결과를 만들 수도 있다. 그러므로 프로그램의 의미를 명확히 하려면 명확하지 않은 문법을 명확한 문법으로 변경하여 다시 구성한다.

if 구조를 명확하게 변경하는 방법은 앞에서 이미 살펴보았다. 프로그래밍 언어에서 if 문장은 보통 가장 안쪽의 then(참)과 else(거짓)가 대응하도록 파싱한다.

실습 9.4

아래 문법으로 산술 수식 입력 x + y * z을 이동–환원 기법으로 파싱하는 스택 상태를 보이시오.

G: 1. $E \rightarrow E + E$
2. $E \rightarrow E * E$
3. $E \rightarrow (E)$
4. $E \rightarrow \mathrm{x}$
5. $E \rightarrow \mathrm{y}$
6. $E \rightarrow \mathrm{z}$

산술 수식 x + y * z를 파싱하는 스택 상태는 아래와 같다.

#							

x	+	y	*	z	↵		

(1) x가 스택으로 이동한다.

#	x						

+	y	*	z	↵			

(2) 생성 규칙 $E \rightarrow$ x로 환원한다.

#	*E*								+	y	*	z	↵			

(3) x가 스택으로 이동한다.

#	*E*	+							y	*	z	↵				

(4) 생성 규칙 $A \rightarrow$ x로 환원한다.

#	*E*	+	y						*	z	↵					

(5) 생성 규칙 $E \rightarrow$ y로 환원한다.

#	*E*	+	*E*						*	z	↵					

(6) *가 스택으로 이동한다.

#	*E*	+	*E*	*					z	↵						

(7) z가 스택으로 이동한다.

#	*E*	+	*E*	*	z				↵							

(8) 생성 규칙 $E \rightarrow$ z로 환원한다.

#	*E*	+	*E*	*	*E*				↵							

(9) 생성 규칙 $E \rightarrow E * E$로 환원한다.

#	*E*	+	*E*						↵							

(10) 생성 규칙 $E \rightarrow E + E$로 환원한다.

#	*E*								↵							

(11) 수락, 파싱 종료

실습 9.5

좀 더 복잡한 아래 문법으로 산술 수식 입력 x + y * z을 이동-환원 기법으로 파싱하는 과정을 스택으로 보이시오.

G: 1. $E \rightarrow E + E$
2. $E \rightarrow M$
3. $M \rightarrow M * F$
4. $M \rightarrow F$
5. $F \rightarrow (E)$
6. $F \rightarrow$ x
7. $F \rightarrow$ y
8. $F \rightarrow$ z

산술 수식 x + y * z를 파싱하는 스택 상태는 아래와 같다.

#							

x	+	y	*	z	↵		

(1) x가 스택으로 이동한다.

#	x						

+	y	*	z	↵			

(2) 생성 규칙 $F \rightarrow$ x로 환원한다.

#	F						

+	y	*	z	↵			

(3) 생성 규칙 $M \rightarrow F$로 환원한다.

#	M						

+	y	*	z	↵			

(4) 생성 규칙 $E \rightarrow M$ 로 환원한다.

#	E						

+	y	*	z	↵			

(5) +가 스택으로 이동한다.

#	E	+					

y	*	z	↵				

(6) y가 스택으로 이동한다.

#	E	+	y				

*	z	↵					

(7) 생성 규칙 $F \rightarrow$ y로 환원한다.

#	E	+	F				

*	z	↵					

(8) 생성 규칙 $M \rightarrow F$로 환원한다.

#	E	+	M				

*	z	↵					

(9) *가 스택으로 이동한다.

#	E	+	M	*			

z	↵						

(10) z가 스택으로 이동한다.

#	E	+	M	*	z		

↵							

(11) 생성 규칙 $F \rightarrow$ z로 환원한다.

#	E	+	M	*	F		

↵							

(12) 생성 규칙 $M \rightarrow M * F$로 환원한다.

#	E	+	M				

↵							

(13) 생성 규칙 $E \rightarrow E + M$ 로 환원한다.

#	E						

↵							

(14) 수락, 파싱 종료

실습문제

1 아래 문법으로 입력 스트링 xxxy 를 파싱하는 과정을 살펴보고 물음에 답하시오.

G: 1. $S \rightarrow S\text{x}B$
2. $S \rightarrow \text{x}$
3. $B \rightarrow \text{xy}$

입력 스트링 xxxy 에 대한 파싱 과정은 아래와 같다. ______에 들어갈 심볼을 쓰시오.

#								x	x	x	y	↵			
#	x							__	x	y	↵				
#	S							x	x	y	↵				
#	S	__						x	y	↵					

2 아래의 문법에 대해 각 입력 스트링을 파싱하는 과정에서 어떤 충돌(이동/환원, 환원/환원)이 발생하는지, 혹은 발생하지 않는지를 알아보시오.

1. $S \rightarrow S\text{xy}$
2. $S \rightarrow \text{y}A$
3. $A \rightarrow \text{yy}$
4. $A \rightarrow \text{y}A$
5. $A \rightarrow \text{yyz}$
6. $A \rightarrow \text{z}$

(a) yz

(b) yyzxy

(c) yxzy

3 아래 문법으로 각 입력 스트링을 이동-환원 기법으로 파싱하시오. 어느 입력 스트링에 대해 무슨 충돌(이동/환원, 환원/환원)이 발생하는지 살펴보시오. 문법에서 others는 다른 문장을 의미한다.

G: 1. $S \rightarrow$ if *Cond* then S
2. $S \rightarrow$ if *Cond* then S else S
3. $S \rightarrow$ others

(1) if *Cond* then S else S

(2) if *Cond* then S

(3) if *Cond* then if *Cond* then S else S

(4) if *Cond* then S else if *Cond* then S else S

(5) if *Cond* then if *Cond* then S else if *Cond* then S else if *Cond* then S else

제10장

FIRST와 FOLLOW 터미널 집합 구하기

FIRST와 FOLLOW 터미널 집합 구하기

앞에서 하향식 파싱을 구현하기 위해 결정 터미널을 알아내는 것이 중요하다는 것을 알았다. 앞 장에서 간단하게 설명하였지만, 이 장에서는 문맥-자유 문법 $G = (V_N, V_T, P, S)$에서 $A \in V_N$이고 $x \in V_T$인 생성 규칙에서 FIRST 터미널 집합과 FOLLOW 터미널 집합을 구하는 과정을 살펴본다.

10.1 FIRST 터미널 집합 구하기

FIRST 터미널 집합은 생성 규칙의 넌터미널 A에서 유도하여 첫 번째 나타나는 터미널 집합을 의미하고 아래와 같이 정의한다.

정의 10.1

FIRST(A) 터미널 집합은 A가 넌터미널 심볼이면, A에서 유도되는 모든 스트링의 맨 앞에 있는 터미널의 집합이다. 또한 $A \Rightarrow^* \epsilon$ 이면 ϵ 도 FIRST(A)의 집합에 속한다. 즉, FIRST 터미널 집합은 아래처럼 구한다.

$$\text{FIRST}(A) = \{ \text{x} \in V_{\text{T}} \ ) \cup \{\epsilon\} \mid A \Rightarrow^* \text{x}\beta,\ \beta \in V^* \}$$

정의처럼 어떤 넌터미널 A가 유도과정에서 ϵ을 유도(즉, $A \Rightarrow^* \epsilon$)할 수 있으면 A를 **널가능하다**고 한다.

정의에 따라 아래 생성 규칙에서 각 넌터미널에 대한 FIRST 터미널 집합을 구해보자.

$$S \rightarrow \text{x}A \mid A$$
$$A \rightarrow \text{y}B \mid B$$
$$B \rightarrow \text{z}$$

먼저, 생성 규칙 S 에서는 아래와 같이 세 개의 **유도가 가능**하고, 각 유도의 문장 형식에서 맨 앞에 오는 터미널 심볼 x, y, z 가 있다.

$$S \Rightarrow \text{x}A$$
$$S \Rightarrow A \Rightarrow \text{y}B$$
$$S \Rightarrow A \Rightarrow B \Rightarrow \text{z}$$

그러므로 넌터미널 S 에서의 FIRST 터미널 집합은 FIRST(S) = { x, y, z } 이다.

아래는 생성 규칙 A 에서는 아래와 같이 두 개의 유도가 가능하고 각 유도의 문장 형식에서 맨 앞에 오는 터미널 심볼은 y와 z 이다.

$$A \Rightarrow \text{y}B$$
$$A \Rightarrow B \Rightarrow \text{z}$$

그러므로 넌터미널 A 에서의 FIRST 터미널 집합은 FIRST(A) = { y, z } 이다.

마지막 생성 규칙 B 에서는 아래와 같은 유도가 가능하고 이 유도의 문장 형식에서 맨 앞에 오는 터미널 심볼은 z 이다.

$$B \Rightarrow \mathrm{z}$$

그러므로 넌터미널 B 에서의 FIRST 터미널 집합은 FIRST(B) = { z } 이다.

위의 의미는 어떤 문법에서 문장(모든 터미널)까지 **미리 모두 유도**해 본다는 의미가 포함되어 있다. 즉, 유도가 가능한 모든 유도 과정에서 **생성될 수 있는 문장 형식을 미리 파악**하고 각 문장 형식에서 맨 앞에 있는 터미널을 모우는 것이다. 그러므로 어떤 문장 형식의 바로 다음에 유도되는 문장 형식이 어떤 생성 규칙의 맨 처음 터미널 심볼에 의해 유도되는지 알 수 있다. 이 맨 처음 터미널 심볼이 결정 터미널이 되기 때문에 FIRST 터미널 집합이다.

생성 규칙 S에서 시작하는 다른 간단한 예를 살펴보자. 유도 가능한 문장 형식(밑줄 부분)은 아래와 같다.

$S \Rightarrow \mathrm{x}\underline{A}$ /* 문장형식 xA는 터미널 심볼 x로 유도
$S \Rightarrow \mathrm{x}A \Rightarrow \mathrm{xy}\underline{B}$ /* 문장형식 xy$B$는 터미널 심볼 y로 유도
$S \Rightarrow \mathrm{x}A \Rightarrow \mathrm{xy}B \Rightarrow \mathrm{xyz}$ /* 문장형식 z는터미널 심볼 z로 유도

이 예와 같이 각 유도는 바로 앞 문장 형식에서 터미널 심볼로 시작하는 생성 규칙을 적용하여 유도된다. 그러므로 시작 하는 터미널 심볼 x, y, z는 결정 터미널이며 FIRST 터미널 집합이다.

지금까지 간단한 생성 규칙에서 FIRST 터미널 집합을 구하는 과정을 살펴보았다. 그러나 실제로는 생성 규칙이 간단하지만 않고 아래 경우가 있다.

- 생성 규칙의 오른쪽에 넌터미널과 터미널의 여러 심볼이 혼합되는 경우
- 생성 규칙이 ϵ을 생성하는 경우

이런 경우에는 FIRST 터미널 집합을 구하는 방법도 약간 복잡한데 위의 경우를 좀 더 살펴보자.

생성 규칙의 오른쪽에 심볼 스트링이 $A_1A_2 \ldots A_n$ 처럼 연속으로 있는 경우는 FIRST($A_1A_2 \ldots A_n$)로 표기하고 터미널 집합은 아래와 같이 구한다.

$$\mathrm{FIRST}(A_1A_2 \ldots A_n) = (\ldots((\mathrm{FIRST}(A_1) \cup \mathrm{FIRST}(A_2)) \cup \mathrm{FIRST}(A_3)) \cup \ldots \cup \mathrm{FIRST}(A_n))$$

단, 여기에서 괄호 속에 있는 두 집합에 대한 합집합 연산 (FIRST(p) ∪ FIRST(q))은 아래와 같이 계산한다.

(1) $\epsilon \notin$ FIRST(p) 인 경우에는 FIRST(p)∪FIRST(q) = FIRST(p)

(2) $\epsilon \in$ FIRST(p) 인 경우에는 FIRST(p)∪FIRST(q) = (FIRST(p) − {ϵ })∪FIRST(q)

즉, 첫 번째 FIRST(p)의 집합에 ϵ이 없으면 결과는 FIRST(p)이고, ϵ이 있으면 FIRST(p)에서 ϵ을 제외한 FIRST(p)와 FIRST(q)의 합집합이다. 이 계산을 이해하기 위해 아래 예를 살펴보자.

FIRST(p) = { x, y, z, w }이고, FIRST(q) = { z, w, r } 이면, FIRST(p)∪FIRST(q) = { x, y, z, w } 이다.

FIRST(p) = { x, y, z, ϵ }이고, FIRST(q) = { x, y } 이면, FIRST(p)∪FIRST(q) = { x, y, z, x, y } 이다.

FIRST(p) = { x, y, ϵ }이고, FIRST(q) = { x, y, ϵ } 이면, FIRST(p)∪FIRST(q) = { x, y, x, y, ϵ } 이다.

이와 같이 각 생성 규칙에 따라 FIRST(X) 터미널 집합을 구하는 방법을 정리하면 아래와 같다.

(1) X가 터미널 심볼이면, X의 FIRST 터미널 심볼은 X이다. 즉, $X \in V_T$이면, FIRST(X) = { X } 이다.

(2) $X \rightarrow$ xα 의 생성 규칙이 있으면 x 를 FIRST(X) 에 넣는다. 즉, $X \rightarrow x\alpha \in P$ 이고 x $\in V_T$이면, FIRST(X) = FIRST(X) ∪ {x} 이다. 또한, X가 ϵ를 생성하면, X의 FIRST 집합에 ϵ 을 넣는다. 즉, $X \rightarrow \epsilon \in P$ 이면 FIRST(X) = FIRST(X) ∪ {ϵ}이다.

(3) $X \rightarrow A_1A_2 \ldots A_k$ 의 생성 규칙이 있으면 FIRST(X) = FIRST(X) ∪ FIRST($A_1A_2 \ldots A_k$) 이다. 즉, FIRST(X) = FIRST(X) ∪ FIRST($A_1A_2 \ldots A_k$) = FIRST(X) ∪ (....((FIRST(A_1) ∪ FIRST(A_2)) ∪ FIRST(A_3)) ∪..... ∪ FIRST(A_n)) 이다.

FIRST 터미널 집합을 구하는 과정에서, 맨 처음에는 각 넌터미널의 FIRST 터미널 집합은 공집합이다. 그 후에 생성 규칙의 오른쪽에서 맨 앞에 터미널 심볼이 있는 생성 규칙(ϵ−생성 규칙 포함)에서 FIRST 터미널 집합을 먼저 구한다. 그러면 남아있는 생성 규칙은 모두 넌터미널 심볼로 시작하므로 FIRST($A_1A_2 \ldots A_k$) 계산 방법으로 각 넌터미널 심볼의 FIRST 터미널 집합이 더 없을 때까지 반복한다.

일반적으로 생성 규칙이 $A \rightarrow \alpha_1 | \alpha_2 | \ldots | \alpha_n$ 형식이면 FIRST 터미널 집합은 아래와 같이 구한다.

$$\text{FIRST}(A) = \text{FIRST}(\alpha_1) \cup \text{FIRST}(\alpha_2) \cup \ldots \cup \text{FIRST}(\alpha_n)$$

예 10.1 아래와 같이 프로그램 구조를 나타내는 간단한 문법에서 FIRST 터미널 집합을 구해보자[3].

$$Prog \rightarrow Decl\ \ Exec\ ;$$
$$Decl \rightarrow \#\ \ Prog \mid \text{type}\ \ Exec \mid \text{int}$$
$$Exec \rightarrow Decl\ \ Prog \mid \text{stmt}$$

먼저, 생성 규칙의 형식에 따라 각 넌터미널의 FIRST 터미널 집합을 구한다.

$$\text{FIRST}(Prog) = \{\ \}$$
$$\text{FIRST}(Decl) = \{\ \#, \text{type}, \text{int}\ \}$$
$$\text{FIRST}(Exec) = \{\ \text{stmt}\ \}$$

다시, 이 각 집합으로부터 각 넌터미널의 FIRST 터미널 집합은 아래와 같이 구한다.

$$\text{FIRST}(Prog) = \text{FIRST}(Prog) \cup \text{FIRST}(\text{Decl}\ \ \text{Exec}\ ;)$$
$$\text{FIRST}(Prog) = \text{FIRST}(Prog) \cup ((\ \text{FIRST}(Decl) \cup \text{FIRST}(Exec)) \cup \text{FIRST}(;)\ )$$

여기에서 FIRST($Decl$)에는 ϵ 이 없기 때문에 FIRST($Decl$)∪FIRST($Exec$) = FIRST($Decl$) = { #, type, int } 이다. 최종적으로 ((FIRST($Decl$) ∪FIRST($Exec$)) ∪ FIRST(;)) = FIRST($Decl$) = { #, type, int } 이다.

그러므로 $Prog \rightarrow Decl\ \ Exec\ ;$ 의 FIRST($Prog$)은 아래와 같다.

$$\begin{aligned} \text{FIRST}(Prog) &= \text{FIRST}(Prog) \cup \text{FIRST}(Decl\ \ Exec\ ;) \\ &= \{\ \} \cup \{\ \#, \text{int}, \text{type}\ \} \\ &= \{\ \#, \text{int}, \text{type}\ \} \end{aligned}$$

같은 방법으로 $Decl \rightarrow \#\ \ Prog \mid \text{type}\ \ Exec \mid \text{int}$ 의 FIRST($Exec$)는 아래와 같이 계산한다.

$$\text{FIRST}(Exec) = \text{FIRST}(Exec) \cup (\ \text{FIRST}(Decl\ Prog)\ )$$
$$\text{FIRST}(Exec) = \text{FIRST}(Exec) \cup (\ \text{FIRST}(Decl) \cup \text{FIRST}(Prog)\ )$$

위에서 FIRST($Decl$) 에 ϵ이 없기 때문에 FIRST($Decl\ Prog$) = FIRST($Decl$) = { #, int, type } 이다. 그러므로 FIRST($Exec$)는 아래와 같다.

$$\begin{aligned} \text{FIRST}(Exec) &= \text{FIRST}(Exec) \cup (\ \text{FIRST}(Decl\ Prog)\ ) \\ &= \{\ \text{stmt}\ \} \cup \{\ \#, \text{int}, \text{type}\ \} \\ &= \{\ \#, \text{stmt}, \text{int}, \text{type}\ \} \end{aligned}$$

이와 같은 방법으로 이 FIRST 집합에 더 이상 추가할 터미널이 없을 때까지 반복하여 아래 집합을 구한다.

FIRST(*Prog*) = { #, int, type }
FIRST(*Exec*) = { #, stmt, int, type }

이 문법에서 최종으로 구한 각 넌터미널의 FIRST 터미널 집합은 아래와 같다.

FIRST(*Prog*) = { #, int, type }
FIRST(*Decl*) = { #, int, type }
FIRST(*Exec*) = { #, stmt, int, type }

예 10.2 많이 사용하는 아래와 같은 산술 수식 문법에서 FIRST 터미널 집합을 구해보자.

G: 1. $E \rightarrow M\ E'$
2. $E' \rightarrow +M\ E'$
3. $E' \rightarrow \epsilon$
4. $M \rightarrow FM'$
5. $M' \rightarrow *FM'$
6. $M' \rightarrow \epsilon$
7. $F \rightarrow (\ E\ )$
8. $F \rightarrow$ x

먼저, FIRST(α) 집합 정의에 따라 생성 규칙의 오른쪽 스트링에서 맨 앞에 있는 터미널과 $\alpha \Rightarrow^* \epsilon$ 인 경우의 ϵ 를 구하면 아래와 같다.

FIRST(E) = { }
FIRST(E') = {+, ϵ}
FIRST(M') = {*, ϵ}
FIRST(M) = { }
FIRST(F) = {(, x}

여기에서 각 넌터미널에 대해 FIRST 터미널 집합을 구한다.

$E \rightarrow M\ E'$에 대해 아래처럼 구한다.

FIRST(E) = FIRST($M\ E'$)
FIRST(E) = FIRST(E)∪(FIRST(M)∪FIRST(E'))

FIRST(E) = { } ∪(FIRST(M) ∪FIRST(E'))

FIRST(E) = { } ∪(FIRST(M) ∪FIRST(E'))에서 FIRST(M)는 ϵ 이 없기 때문에 FIRST(E) = { } ∪ FIRST(M) = { } ∪FIRST(F) = { (, x} 이다.

마찬가지로 $M \rightarrow FM'$에 대해 아래처럼 구한다.

FIRST(M) = FIRST(FM')
FIRST(M) = FIRST(M) ∪(FIRST(F) ∪FIRST(M'))
FIRST(M) = { } ∪(FIRST(F) ∪FIRST(M'))

FIRST(M) = { } ∪(FIRST(F) ∪FIRST(M'))에서 FIRST(F)는 ϵ 이 없기 때문에 FIRST(M) = { } ∪ FIRST(F) = { (, x} 이다.

최종적으로 구해진 FIRST 터미널 집합은 아래와 같다.

FIRST(E) = FIRST(M) = FIRST(F) = { (, x }
FIRST(E') = { +, ϵ }
FIRST(M') = { * , ϵ }

아래는 지금까지 살펴본 FIRST 집합을 구하는 알고리즘이다.

```
function FIRST_SET;
input: grammar G = (V_N, V_T, P, S );
output: FIRST_SET;
{
  for (each production) {
    /* 생성규칙이 터미널 자체이면 이 심볼은 FIRST 집합이다. */
   if (X ∈ V_T )  FIRST(X) = X;

    /* X→ xα 형식과 X → ε 형식이 있으면 x와 ε 를 FIRST(X) 에 넣는다  */
   if (X → xα ∈ P)  FIRST(X) = FIRST(X) ∪ {x};
   if (X → ε  ∈ P)  FIRST(X) =  FIRST(X) = FIRST(X) ∪ {ε};
  }

  for (X ∈ V_N  && X → A_1A_2 ... A_k ∈P) {
  /*  FIRST(X) = FIRST(X) ∪(....((FIRST(A_1) ∪FIRST(A_2)) ∪FIRST(A_3)) ∪..... ∪ FIRST(A_k))  */
  /*  여기에서 합집합 연산 (FIRST(A_k) ∪ FIRST(A_k+1)) 은 아래처럼 결과를 가진다      */
```

```
    /*  ϵ ∉ FIRST(A_k) 이면 연산 결과는 FIRST(A_k) 이다                              */
    /*  ϵ ∈ FIRST(A_k) 이면 연산 결과는 (FIRST(A_k) − {ϵ}) ∪ FIRST(A_k+1) 이다        */
    p = FIRST(A_1)
    for (k =2; k <= n; k++) {
      if( ϵ ∉ p ) p = p
        else if( ϵ ∈ p ) p = (p − {ϵ}) ∪ FIRST(A_k);
    }
    FIRST(X) = FIRST(X) ∪ p;
  }
}
```

실습문제

1 FIRST 터미널의 개념을 정확히 설명하시오.

2 아래 문법에서 각 넌터미널에 대해 유도 가능한 모든 문장 형식을 기술하시오.

1. $S \rightarrow \text{x}A\text{y}B\text{y}$
2. $A \rightarrow \text{y}A\text{x}$
3. $A \rightarrow \text{x}$
4. $B \rightarrow \text{y}A\text{y}$

3 아래 각 문법에서 FIRST 집합을 구하시오.

(1) 1. $Expr \rightarrow Expr + Term$
2. $Expr \rightarrow Term$
3. $Term \rightarrow \text{x}$
4. $Term \rightarrow (\ Expr\ )$

(2) 1. $S \rightarrow \text{x}A\text{y}B$
2. $A \rightarrow \text{y}A$
3. $A \rightarrow \text{x}$
4. $B \rightarrow \text{y}A$

4 아래 각 문법에서 FIRST 집합을 구하고 예측 파싱 테이블을 구성하시오.

(1) 1. $S \rightarrow \mathrm{x}S'\mathrm{y}E$

2. $S' \rightarrow \mathrm{y}S'$

3. $S' \rightarrow \mathrm{y}$

4. $E \rightarrow \mathrm{y}S'$

(2) 1. $A \rightarrow \mathrm{x}B\mathrm{y}E$

2. $B \rightarrow \mathrm{y}B$

3. $B \rightarrow \epsilon$

4. $E \rightarrow \mathrm{y}B$

10.2 FOLLOW 터미널 집합 구하기

지금까지 생성 규칙에서 FIRST 터미널 집합을 구하여 결정 터미널로 사용하고자 했다. 그러나 FIRST 터미널 집합만으로는 생성 규칙을 명확하게 선택하기에는 아직 부족하다. 즉, 생성 규칙의 FIRST 터미널 집합과 함께 문장 형식에서 넌터미널 A 바로 뒤에 나타나는 터미널을 알 수 있으면 좀 더 명확하게 생성 규칙을 선택할 수 있다(더 많은 정보를 이용한다). 이와 같이 넌터미널 바로 뒤에 있는 터미널 심볼을 FOLLOW라하며 아래와 같이 정의한다.

정의 10.2

> FOLLOW(A) 터미널 집합은 문장 형식에서 넌터미널 A 바로 뒤에 있는 터미널 심볼의 집합이다. 즉, 문장형식 $S \Rightarrow^* \alpha A\mathrm{x}\beta$에서 터미널 x 를 말한다. 유도 과정의 어느 시점에서 A 와 x 사이에 심볼 ϵ이 유도되었다가 사라질 수도 있다. A가 어떤 문장 형식의 오른쪽 맨 끝에 있는 심볼이면 입력 스트링의 끝을 의미하는 ↵도 FOLLOW(A)에 속한다. 즉, 아래처럼 구한다.
>
> $$\mathrm{FOLLOW}(A) = \{\ \mathrm{x} \in V_{\mathrm{T}}\ ) \cup \{↵\} \mid S \Rightarrow^* \alpha A\mathrm{x}\beta,\ \alpha, \beta \in V^*\ \}$$

FIRST 터미널 집합과 마찬가지로 FOLLOW 터미널 집합을 구하려면 생성 가능한 문장 형식을 모두 생각해야 한다. 그러나 문장 형식은 생성 규칙에서 유도하므로, 각 생성 규칙 $X \rightarrow A_1A_2 \ldots A_k$ 의 오른쪽 심볼 스트링 $A_1A_2 \ldots A_k$ 에서 생성 가능한 문장 형식을 유도하여 추론함으로서 FOLLOW 터미널 집합을 구할 수 있다.

정의에 따르면 FOLLOW 터미널 집합은 각 생성 규칙이 $A \to \alpha B \beta$ 형식인 경우에는 넌터미널 B 다음의 β가 ϵ이거나 ϵ을 유도할 수 있으면, 아래 처럼 A가 $\alpha B \beta$로 대치할 수 있다.

$$S \Rightarrow^* \alpha_1 \underline{A} \underline{\alpha_2} \Rightarrow \alpha_1 \alpha \underline{B} \underline{\beta} \alpha_2 \Rightarrow^* \alpha_1 \omega \alpha_2$$

그러므로 각 문장 형식에서 ***A* 바로 뒤에 오는 심볼은 모두 *B* 바로 뒤에 올 수 있다는 의미**이다. 이러한 의미에서 아래와 같은 구조의 생성 규칙에서 넌터미널 A와 넌터미널 B의 FOLLOW(A) 터미널 집합과 FOLLOW(B) 터미널 집합은 같다. 즉, FOLLOW(A) = FOLLOW(B) 이다.

$$A \to \alpha B$$
$$B \to \alpha A$$

FOLLOW 터미널 집합을 구하기 위해 단계별로 살펴본다.

(1) 맨 처음 시작 심벌에서는 ↵를 FOLLOW 터미널 집합에 넣는다. 즉, FOLLOW(S) = { ↵ }이다.

(2) 생성 규칙이 $A \to \alpha B \beta$ 와 같은 형식이고 $\beta \neq \epsilon$ 이면, 넌터미널 B의 FOLLOW 에는 FIRST(β) 집합에서 ϵ 을 제외한 나머지 터미널 심볼을 넣는다. 즉, $A \to \alpha B \beta$이고 $\beta \neq \epsilon$ 이면 FOLLOW(B) = FOLLOW(B) ∪ (FIRST(β) − {ϵ}) 이다. 여기서 B의 뒤에 오는 심볼은 $\beta \neq \epsilon$이기 때문에 β의 맨 앞에 있는 심볼과 같다. 그러므로 FOLLOW(B)에 FIRST(β)를 합한다.

(3) 생성 규칙이 $A \to \alpha B$ 형식이면 A의 FOLLOW 터미널 심볼 전체를 B의 FOLLOW에 넣는다. 즉, $A \to \alpha B \in P$ 이면 FOLLOW(B) = FOLLOW(B) ∪ FOLLOW(A) 이다.

(4) 또한 생성 규칙이 $A \to \alpha B \beta$ 형식이면서 FIRST(β) 집합에 ϵ이 있는 경우 (즉, $\beta \Rightarrow^* \epsilon$)에도 A의 FOLLOW 터미널 심볼 전체를 B의 FOLLOW에 넣는다. 즉, $A \to \alpha B \beta$ 이며 $\beta \Rightarrow^* \epsilon$이면, FOLLOW($B$) = FOLLOW($B$) ∪ FOLLOW($A$) 이다. 여기서 $\beta \Rightarrow^* \epsilon$이면 B의 뒤에 따라오는 터미널 심볼은 생성할 수 없다는 의미이다. 그러므로 넌터미널 B의 뒤에 따라오는 터미널 심볼은 이 생성 규칙의 오른쪽 스트링 전체($A \to \alpha B \beta$에서 $\alpha B \beta$) 다음에 따라오는 터미널 심볼과 같다. 결과적으로 $A \to \alpha B \beta (\beta \neq \epsilon)$일 때 구해진 FOLLOW($B$)과 넌터미널 A에 대한 FOLLOW(A)를 합한다.

예 10.3

예 10.2에서 이미 사용한 산술 수식 문법에서 FOLLOW 터미널 집합을 구해보자. 각 넌터미널의 FOLLOW 집합을 구하기 위해 예 10.2에서 구한 FIRST 집합을 이용한다.

단계1. 시작 심벌 E 에서는 ↵를 FOLLOW 터미널 집합에 넣는다. FOLLOW(E) = { ↵ }이다.

단계2. $A \rightarrow \alpha B \beta$와 같은 형식이고 $\beta \neq \epsilon$ 인 생성 규칙을 적용한다.

① 생성 규칙 $E \rightarrow ME'$의 FOLLOW 터미널 집합:

$$\text{FOLLOW}(M) = \text{FOLLOW}(M) \cup (\text{FIRST}(E') - \{\epsilon\})$$
$$\text{FOLLOW}(M) = \varnothing \cup \{+\}$$
$$\text{FOLLOW}(M) = \{+\}$$

② 생성 규칙 $E' \rightarrow +ME'$의 FOLLOW 터미널 집합:

$$\text{FOLLOW}(M) = \text{FOLLOW}(M) \cup (\text{FIRST}(E') - \{\epsilon\})$$
$$\text{FOLLOW}(M) = \varnothing \cup \{+\}$$
$$\text{FOLLOW}(M) = \{+\}$$

③ 생성 규칙 $M \rightarrow FM'$ 의 FOLLOW 터미널 집합:

$$\text{FOLLOW}(F) = \text{FOLLOW}(F) \cup (\text{FIRST}(M') - \{\epsilon\})$$
$$\text{FOLLOW}(F) = \varnothing \cup \{*\}$$
$$\text{FOLLOW}(F) = \{*\}$$

④ 생성 규칙 $M' \rightarrow *FM'$의 FOLLOW 터미널 집합:

$$\text{FOLLOW}(F) = \text{FOLLOW}(F) \cup (\text{FIRST}(M') - \{\epsilon\})$$
$$\text{FOLLOW}(F) = \varnothing \cup \{*\}$$
$$\text{FOLLOW}(F) = \{*\}$$

⑤ 생성 규칙 $F \rightarrow (E)$의 FOLLOW 터미널 집합:

$$\text{FOLLOW}(E) = \text{FOLLOW}(E) \cup (\text{FIRST}(\ )\ ) - \{\epsilon\})$$
$$\text{FOLLOW}(E) = \{\hookleftarrow\} \cup \{\ )\ \}$$
$$\text{FOLLOW}(E) = \{\hookleftarrow,\ )\ \}$$

단계3. 생성 규칙이 $A \rightarrow \alpha B$ 형식인 경우를 적용한다.

⑥ 생성 규칙 $E \rightarrow ME'$의 FOLLOW 터미널 집합:

$$\text{FOLLOW}(E') = \text{FOLLOW}(E') \cup \text{FOLLOW}(E)$$
$$\text{FOLLOW}(E') = \varnothing \cup \text{FOLLOW}(E)$$
$$\text{FOLLOW}(E') = \{\hookleftarrow,\ )\}$$

즉, $\text{FOLLOW}(E') = \text{FOLLOW}(E) = \{\hookleftarrow,\ )\}$ 이다.

⑦ 생성 규칙 $E' \rightarrow +ME'$의 FOLLOW 터미널 집합:

FOLLOW(E') = FOLLOW(E') ∪ FOLLOW(E')
FOLLOW(E') = {↲,)} ∪ {↲,)}
FOLLOW(E') = {↲,)}

⑧ 생성 규칙 $M \rightarrow FM'$ 의 FOLLOW 터미널 집합:

FOLLOW(M') = FOLLOW(M') ∪ FOLLOW(M)
FOLLOW(M') = ∅ ∪ {+}
FOLLOW(M') = {+}

⑨ 생성 규칙 $M' \rightarrow *FM'$의 FOLLOW 터미널 집합:

FOLLOW(M') = FOLLOW(M') ∪ FOLLOW(M)
FOLLOW(M') = {+} ∪ {+}
FOLLOW(M') = {+}

단계4. 생성 규칙이 $A \rightarrow \alpha B \beta$ 형식이면서 FIRST(β) 집합에 ϵ이 있는 경우를 적용한다.

⑩ 생성 규칙 $E \rightarrow ME'$의 FOLLOW 터미널 집합:

FOLLOW(M) = FOLLOW(M) ∪ FOLLOW(E)
FOLLOW(M) = {+} ∪ { ↲,) }
FOLLOW(M) = {↲,), +}

⑪ 생성 규칙 $E' \rightarrow +ME'$의 FOLLOW 터미널 집합:

FOLLOW(M) = FOLLOW(M) ∪ FOLLOW(E')
FOLLOW(M) = {↲,), +} ∪ {↲,)}
FOLLOW(M) = {↲,), +}

⑫ 생성 규칙 $M \rightarrow FM'$의 FOLLOW 터미널 집합:

FOLLOW(F) = FOLLOW(F) ∪ FOLLOW(M)
FOLLOW(F) = {*} ∪ {↲,), +}
FOLLOW(F) = {*, ↲,), +}

⑬ 생성 규칙 $M' \rightarrow *FM'$의 FOLLOW 터미널 집합:

FOLLOW(F) = FOLLOW(F) ∪ FOLLOW(M')
FOLLOW(F) = {*, ↲,), +} ∪ {+}

$$\text{FOLLOW}(F) = \{*, ↲,), +\}$$

이다.

지금까지를 종합하면, 생성 규칙이 $X \rightarrow A_1A_2 \ldots A_{n-1}\ A_n$형식이면 X 의 FOLLOW 터미널 집합을 A_n 의 FOLLOW에 넣는다. 심볼 A_n이 널가능할 때는 X 의 FOLLOW 터미널 집합을 A_{n-1}의 FOLLOW 터미널 집합에 넣는다. 이러한 과정을 널가능하지 않을 때 까지 반복한다. 그러므로 생성 규칙 $M \rightarrow FM'$에서는 FOLLOW(M') = FOLLOW(M) = {↲,), +} 이다.

이와 같이 모든 넌터미널 심볼에 대해 FOLLOW 터미널 집합에 더 이상 FOLLOW 터미널 심볼이 추가되지 않거나, FOLLOW 터미널 집합이 변화하지 않으면 모든 FOLLOW 터미널 집합을 구한 것이다.

그러므로 위 문법에 대한 FOLLOW 터미널 집합은 아래와 같다.

FOLLOW(E) = { ↲,)}
FOLLOW(E') = { ↲,)}
FOLLOW(M) = {↲,), +}
FOLLOW(M') = {↲,), +}
FOLLOW(F) = {*, ↲,), +}

아래는 지금까지 살펴본 FOLLOW 터미널 집합을 구하는 알고리즘이다.

```
function FOLLOW_SET;
  input: grammar G = (V_N, V_T, P, S );
  output: FOLLOW_SET;
      /* 생성 규칙의 각 넌터미널 심볼의 초기 FOLLOW 터미널 집합은 비어 있다. */
  {
  /* S 가 시작 심볼이고 ↲가 입력 문장의 끝이면 ↲를 FOLLOW(S) 에 넣는다.  */
   if (S∈'Start Symbol' && '↲'= 'End Mark')   FOLLOW(S) = '↲';
   for  (A→αBβ∈P  && β≠ε) {
           FOLLOW(B) = FOLLOW(B) ∪ ( FIRST(β) − {ε});
         }
   for  (A→αB∈P) {
           FOLLOW(B) = FOLLOW(B) ∪ FOLLOW(A);
         }
   for  (A→αBβ∈P  &&  ε∈FIRST(β)) {
           FOLLOW(B) = FOLLOW(B) ∪ FOLLOW(A);
```

```
        }
/*      남아있는 넌 터미널에 대해 아래 과정을 반복한다.      */
   for (X → A1A2 ... An-1 An ∈P) {
            for (j = n; j >= 2; j--) {
        if  (ε∈FIRST(Aj)) {
                  FOLLOW(Aj-1) = FOLLOW(X);
               }
            }
        }
}
```

실습문제

1 FOLLOW 터미널의 개념을 정확히 설명하시오.

2 문법이 불명확하면 FIRST나 FOLLOW 터미널 집합을 구할 수 있는지 설명하시오.

3 아래 문법에서 각 넌터미널에 대해 유도 가능한 모든 문장 형식을 기술하시오.

1. $S \rightarrow \mathrm{x}A\mathrm{y}BA$
2. $A \rightarrow \mathrm{y}A\mathrm{x}$
3. $A \rightarrow \mathrm{x}$
4. $B \rightarrow \mathrm{x}A\mathrm{y}$

4 아래 각 문법에서 FOLLOW 터미널 집합을 구하시오.

(1) 1. $Expr \rightarrow Expr + Term$

2. $Expr \rightarrow Term$

3. $Term \rightarrow \mathrm{x}$

4. $Term \rightarrow (Expr)$

(2) 1. $S \rightarrow \mathrm{x}A\mathrm{y}B$

2. $A \rightarrow \mathrm{y}A$

3. $A \rightarrow \mathrm{x}$

4. $B \rightarrow \mathrm{y}A$

제11장
LR 파서

LR 파서

앞에서 살펴보았듯이 이동-환원 알고리즘은 상향식 파싱 기법에서 사용하기 좋다. 상향식 파싱 기법으로 **LR 속성**을 가진 문맥-자유 문법을 효율적으로 파싱하는 파서를 **LR 파서**라 한다. 이 장에서는 LR 파서의 개념, 동작, LR 파싱 테이블, LR 파서 구현 방법을 설명한다.

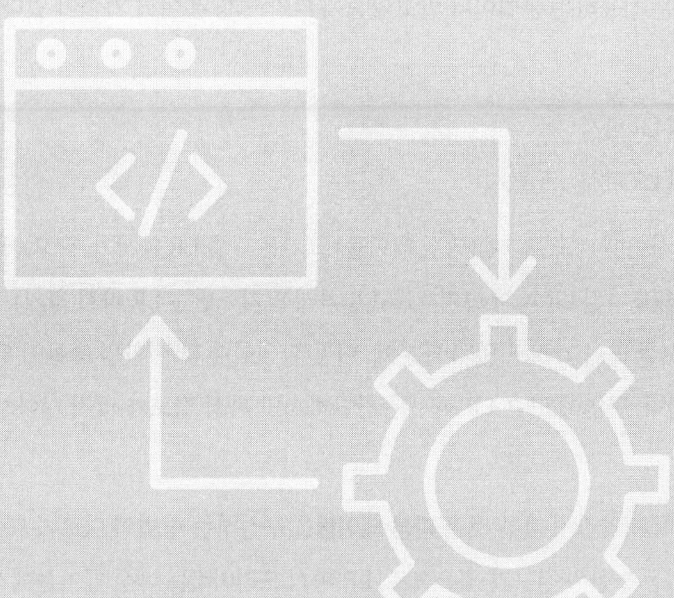

11.1 LR 파서 개념

LR(k) 파서에서 ***L***은 입력 스트링을 왼쪽에서 오른쪽으로 읽는다는 의미이고, ***R***은 우단 유도를 역으로 구성한다는 의미이다. 또한 k는 입력 스트링에서 **미리보기**하는 심볼의 수이다. 이러한 LR 파서에는 여러 특성이 있다.

- LR 파서는 많은 컴파일러에서 사용한다.
- LR 파서는 대부분의 프로그래밍 언어를 컴파일한다.
- LR 파서는 LL 파서보다 일반적이다.
- LR 파서는 컴파일 도중에 에러를 일찍 탐지한다.

또한 LR 파서는 적용하는 문법이나 알고리즘에 따라 변형된 여러 기술이 있다.

- **단순** LR 파서
- **캐노니컬** LR 파서
- **미리보기** LR 파서

이들 LR 파서 사이에서 프로그램(파싱 테이블) 크기는 단순 LR 파서가 작고, 캐노니컬 LR 파서가 가장 크다(캐노니컬 LR 파서 크기 > LALR 파서 크기 > 단순 LR 파서 크기). 캐노니컬 LR 파서는 파싱 정보를 많이 가지고 있기 때문에, 이동/환원이나 환원/환원 충돌이 일어나지 않고 정확하게 파싱한다. 반면에 단순 LR 파서는 간단하지만 파싱 정보가 많지 않아서 충돌이 발생할 수 있다.

이렇게 LR 파서가 약간씩 다른 것은 **파싱 테이블**을 구성하는 방법이 다르기 때문이다. LR 파싱 테이블에는 이동과 환원 정보가 있으므로, LR 파싱 **드라이버**는 파싱 테이블에서 이동-환원 동작을 결정한다. 각 파서는 아래와 같이 각각 다른 방법으로 구한 정보로 자신의 파싱 테이블을 구성한다.

- 단순 LR 파서는 **LR(0) 아이템**과 **FOLLOW 정보**를 사용하여 파싱 테이블(LR(1) 파싱 테이블)을 구성한다.
- 캐노니컬 LR 파서는 **LR(1) 아이템**을 사용하여 파싱 테이블을 구성한다. LR(1) 아이템은 LR(0) 아이템과 **미리보기 심볼**로 만든다.
- 미리보기 LR 파서는 케노니컬 LR 파싱 테이블의 용량을 줄여 재구성한다.

지금부터 LR 파서의 구성을 살펴보자. LR 파서는 자동 기계와 마찬가지로 그림 11.1 과 같이 구성되는데 각 요소는 아래와 같다.

- LR 파싱 드라이버
- LR 파싱 파싱 테이블
- 입력 스트링 큐
- 스택

LR 파싱 드라이버는 스택의 톱 심볼과 입력 스트링의 맨 앞 터미널 심볼을 보고 LR 파싱 테이블의 이동이나 환원 정보에 따라 파싱을 수행한다. 즉, 파싱 테이블에 정해진 정보에 따라서만 동작하기 때문에 LR 문법에 대해 **결정적**이다.

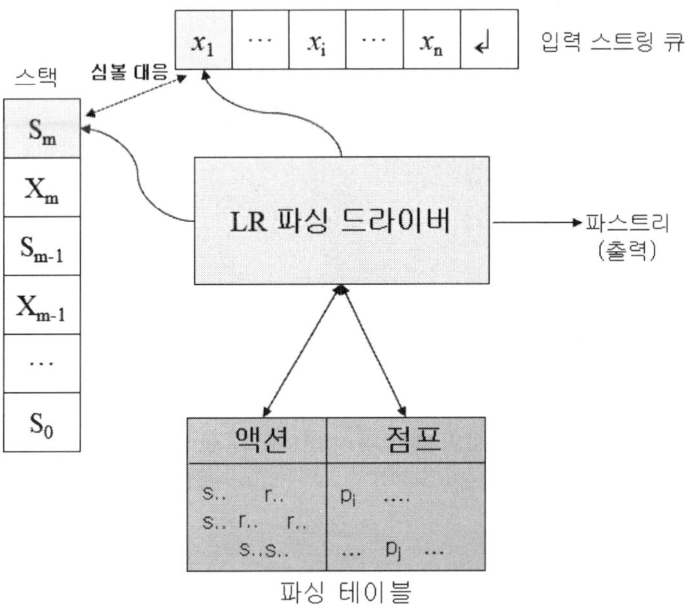

그림 11.1 LR 파서의 일반적인 구성

실습문제

1 LR(k) 파서에서 L, R, k 의 의미를 설명하시오.

2 심볼 미리보기가 무엇인지 설명하시오.

3 인간이 문장을 해석하는 방법과 컴퓨터가 문장을 해석하는 방법의 차이를 심볼 미리보기를 이용하여 설명하시오.

4 LR 파서의 특성을 쓰시오.

5 LR 파서의 종류를 쓰시오.

6 LR(0) 아이템과 LR(1) 아이템의 차이를 설명하시오.

7 LR 파싱 기법을 왜 결정적 파싱이라 하는지 설명하시오.

8 LR 파싱 테이블은 하향식 파서의 예측 파싱 테이블과 형식이 다르다. 어떻게 다른지 설명하시오.

11.2 LR 파싱 테이블

이 절에서는 LR 파서를 구성하는 LR 파싱 테이블 구조와 특성을 살펴본다. LR 파싱 테이블은 LR 파싱 드라이버가 제어하는 두 개의 테이블 세트 <액션, 점프>가 있는데, 각각 **액션** 테이블과 **점프** 테이블이다.

액션 테이블에는 스택의 톱에 있는 문법 심볼과 입력 스트링의 터미널 심볼이 대응하면 이동/환원에 필요한 정보가 있다. 점프 테이블에는 스택의 핸들을 해당 생성 규칙으로 환원한 후에 스택의 톱에 있는 넌터미널 심볼에 대한 새로운 **상태** 정보가 있다.

액션 테이블의 가장 왼쪽 열에는 **상태 번호**가 있고 행에는 프로그램에서 사용된 토큰인 **터미널 심볼**들이 있다. 점프 테이블의 가장 왼쪽 열에는 **상태 번호**가 있고 행에는 문법의 생성 규칙에서 사용하는 **넌터미널 심볼**들이 있다. 그리고 액션 테이블의 각 상태와 각 터미널 심볼에 대응하는 칸의 내용은 이동과 환원에 대한 정보가 있다. 그리고 점프 테이블의 각 상태와 각 넌터미널 심볼에 해당하는 내용에는 상태번호만 있다.

액션 테이블에 있는 이동과 환원 동작 정보는 아래와 같이 쌍으로 이루어진다.

이동 정보: (이동 동작, 상태번호)
환원 정보: (환원 동작, 생성규칙)

그림 11.2는 LR 파싱 테이블 구조로 왼쪽은 액션 테이블이며 오른쪽은 점프 테이블이다. 액션 테이블 내용에서 **<수락>**은 파싱이 정상적으로 이루어졌다는 액션이다. 즉, 문법에 맞은 입력 스트링이라는 의미이다. 그리고 <이동>, <환원>, <수락> 액션 중에서 어느 행동도 해당하지 않으면 <에러>이다.

	액션 테이블	점프 테이블
심볼 / 상태	(입력 터미널 심볼) $x_1\ x_2 \dots x_i \dots x_n$	(넌터미널 심볼) $N_1\ N_2 \dots N_i \dots N_m$
1 2 . . . n	<이동-상태번호> <환원-생성규칙> <수락> <에러>	<상태 번호>

그림 11.2 LR 파싱 테이블 구조와 내용

실습문제

1 LR 파싱 테이블의 구성 요소를 쓰시오.

2 액션 테이블의 속성을 설명하시오.

3 점프 테이블의 속성을 설명하시오.

4 LR 파서에서 스택의 기능을 설명하시오.

11.3 LR 파싱 드라이버

이 절에서는 LR 파싱 드라이버의 구조와 동작을 살펴본다. LR 파싱 드라이버는 LR 파싱 테이블 내용을 이용하여 아래와 같이 동작한다.

액션(**상태번호, 입력 터미널 심볼**) ⊢ 액션(이동, 환원, 수락 혹은 에러)

즉, 액션 테이블에서 상태번호와 입력 터미널 심볼에 대응하는 내용을 검사하여 그 액션 내용에 따라 파싱을 진행한다. 이때 동작은 생성 규칙에 따라 미리 정해진 것으로 **결정적**이다.

액션이 (이동, 상태번호)이면 입력 스트링의 맨 앞에 있는 터미널 심볼을 스택으로 이동하고 해당하는 상태번호를 넣는다. 이 상태번호는 다음 입력 터미널 심볼과 대응할 새로운 상태 번호이다. 또 액션이 (환원, 생성규칙)이면 스택의 톱에 있는 핸들을 생성규칙에 해당하는 넌터미널로 환원하고, 이 넌터미널에 해당하는 새로운 상태번호를 점프 테이블에서 찾아 넣는다.

LR 파싱 드라이버가 사용하는 스택은 아래와 같이 구성하는데, 스택 속의 s_i 는 상태번호이며 X_i 는 문법 심볼로 넌터미널이나 터미널 중의 하나이다($X_i \in V$). s_0 는 초기 상태번호이고 s_m은 스택의 톱 상태번호이다. 문법 심볼 X_m는 스택의 톱에 있는 심볼이다.

#	s_0	X_1	s_1	X_2	....	X_m	s_m

또한 입력 큐는 아래와 같은 형식인데, $x_1, x_2 ......, x_n$ 는 입력 터미널 스트링으로 어휘 분석기에서 만들어진 토큰 스트링이다. x_i는 스택의 톱에 있는 심볼과 대응할 맨 앞에 있는 터미널 심볼이며, x_{i+1} .... x_n ↵는 아직 읽혀지지 않은 터미널 심볼들이다.

x_i	x_{i+1}	....	....	....	x_{n-1}	x_n	↵

스택과 입력 큐를 한꺼번에 아래와 같이 나타낼 수 있다.

#	s_0	X_1	s_1	X_2	....	X_m	s_m

x_i	x_{i+1}	....	....	....	x_{n-1}	x_n	↵

스택의 #는 스택의 시작을 나타내는 기호이며, 입력 스트링의 ↵는 스트링의 맨 마지막임을 나타내는 기호이다.

LR 파싱에서 맨 처음에는 스택이 비어 있으며 [# s_0 ....] 만 있는 상태에서 시작하는데, 입력 스트링의 터미널 심볼이 액션에 따라 스택에 들어가며 상태도 바뀐다. 그러면 바뀐 상태에 따라서 새로운 입력 심볼이 스택에 들어갈 수도 있고, 스택의 톱에 있는 핸들이 넌터미널로 환원할 수도 있다. 이러한 과정을 반복하여 맨 마지막에 있는 ↵까지 읽고, 스택의 스트링이 모두 시작 심볼로 환원되면 입력 스트링은 주어진 문법으로 인식가능 하므로 <수락> 액션으로 파싱을 종료한다.

예 11.1 아래와 같이 **리스트**를 생성하는 문법 *G*와 LR 파싱 테이블이 있다. 이 파싱 테이블에 따라 LR 파싱 과정을 살펴보자. 리스트는 어떤 데이터(객체, 변수, 상수, 배열 등)의 나열을 말한다.

G: $L \to L , E \mid E$
$E \to \mathrm{x}$

이 문법으로 LR 파싱 테이블을 생성하기 위해 생성 규칙을 구별하여 다시 쓸 수 있다. 번호는 각 생성규칙을 의미한다.

G: 1. $L \to L , E$
2. $L \to E$

3. $E \rightarrow$ x

그러면 그림 11.3과 같은 LR 파싱 테이블을 만들 수 있는데 <이동>, <환원>, <수락> 액션 외의 빈칸은 <에러> 액션이다(만드는 방법은 뒤에서 다룬다).

상태 번호	액션 테이블			점프 테이블	
	x	,	↵	L	E
0	<이동, 3>			1	2
1		<이동, 4>	<수락>		
2		<환원, 2>	<환원, 2>		
3		<환원, 3>	<환원, 3>		
4	<이동, 3>				5
5		<환원, 1>	<환원, 1>		

그림 11.3 리스트를 생성하는 문법에 대한 LR 파싱 테이블

위의 문법과 생성된 파싱 테이블로 리스트인 입력 스트링 x,x,x↵를 파싱하는 과정은 아래와 같다. 스택의 맨 처음 상태인 0에서 입력 스트링의 맨 앞에 있는 터미널 x 를 대응한다.

#	0						

x	,	x	,	x	↵		

그러면 LR 파싱 테이블의 내용은 <이동, 3> 액션이다. 그러므로 아래를 수행하여 스택에 x를 넣고 상태 번호 3을 스택에 넣는다.

action(0, x) ⊢ 이동 3

그러면 스택과 입력 큐의 상태와 아래와 같다(스택에서 색으로 칠해진 셀은 이동 혹은 환원 액션으로 변화한 결과이다).

#	0	x	3				

,	x	,	x	↵			

다시 스택의 현재 상태 3에서 입력 스트링의 쉼표(,)를 대응한다. 그러면 LR 파싱 테이블의 내용은 <환원,3> 액션이다. 그러므로 아래를 수행하여 스택 톱에 있는 x 를 생성 규칙 $E \rightarrow$ x 로 환원하여 x를 E로 변경한다.

action(3, ,) ⊢ 환원 3

이때 스택의 톱에 있는 심볼 x 가 핸들이라는 의미이다. 그러면 스택과 입력 큐의 상태와 아래와 같다.

#	0	*E*					

,	x	,	x	↵			

여기에서는 상태 0과 넌터미널 심볼 *E*로 점프 테이블의 내용을 찾는다. 해당하는 내용은 아래와 같이 상태 번호 2이다.

goto(0, *E*)⊢상태번호 2

이 상태 번호 2를 스택에 넣으면 스택은 아래와 같다.

#	0	*E*	2				

,	x	,	x	↵			

상태 2에서 입력 스트링의 쉼표(,)를 대응하면 다시 환원 2가 선택된다.

이 과정을 연속으로 정리하면 아래와 같다.

#	0						

x	,	x	,	x	↵		

(1) x 가 스택으로 이동하고 상태는 3이 된다.

#	0	x	3				

,	x	,	x	↵			

(2) 생성 규칙 *E* → x로 환원하고 상태는 2가 된다.

#	0	*E*	2				

,	x	,	x	↵			

(3) 생성 규칙 *L* → *E*로 환원하고 상태는 1이 된다.

#	0	*L*	1				

,	x	,	x	↵			

(4) , 가 스택으로 이동하고 상태는 4가 된다.

#	0	*L*	1	,	4		

x	,	x	↵				

(5) x 가 스택으로 이동하고 상태는 3이 된다.

#	0	*L*	1	,	4	x	3		,	x	↵					

(6) 생성 규칙 $E \rightarrow$ x로 환원하고 상태는 5가 된다.

#	0	*L*	1	,	4	*E*	5		,	x	↵					

(7) 생성 규칙 $L \rightarrow L\,,E$로 환원하고 상태는 1이 된다.

#	0	*L*	1						,	x	↵					

(8) , 가 스택으로 이동하고 상태는 4가 된다.

#	0	*L*	1	,	4				x	↵						

(9) x 가 스택으로 이동하고 상태는 3이 된다.

#	0	*L*	1	,	4	x	3		↵							

(10) 생성 규칙 $E \rightarrow$ x로 환원하고 상태는 5가 된다.

#	0	*L*	1	,	4	*E*	5		↵							

(11) 생성 규칙 $L \rightarrow L\,,E$로 환원하고 상태는 1이 된다.

#	0	*L*	1						↵							

(12) 파싱 종료, 수락

스택의 톱에 있는 심볼을 넌터미널로 환원할 때는 넌터미널 뒤에 있는 상태번호도 같이 삭제한다.

또 다른 예로 많이 사용하는 산술 연산을 파싱해 보자.

예 11.2 산술 수식을 생성하는 아래 문법 G 와 LR 파싱 테이블이 있다. 이 파싱 테이블로 산술 수식 x + x * x↵를 파싱하는 과정을 살펴본다.

$$G:\ E \rightarrow E + M \mid M$$
$$M \rightarrow M * F \mid F$$
$$F \rightarrow (\,E\,) \mid \mathrm{x}$$

이 문법으로 LR 파싱 테이블을 생성하려면 생성 규칙을 분리하여 아래와 같이 다시 쓴다.

G: 1. $E \rightarrow E + M$
2. $E \rightarrow M$
3. $M \rightarrow M * F$
4. $M \rightarrow F$
5. $F \rightarrow (E)$
6. $F \rightarrow \mathrm{x}$

이 문법에 대해 생성한 LR 파싱 테이블은 그림 11.4와 같다. 이 테이블에서는 이동, 환원, 수락 액션을 간략하게 표기하기 위해 s(shift), r(reduction), acc(accept)로 표기한다. s에 붙은 숫자는 다음 상태번호, r에 붙은 숫자는 생성 규칙 번호이다. 즉, s5는 입력 스트링의 맨 앞에 있는 터미널 심볼을 스택으로 이동하고 상태번호 5를 스택에 넣으라는 의미이다. 또 r3은 스택의 톱에 있는 핸들을 생성 규칙 3의 넌터미널로 환원하라는 의미이다.

상태	액션 테이블						점프 테이블		
	x	+	*	(	)	↲	E	M	F
0	s5			s4			1	2	3
1		s6				acc			
2		r2	s7		r2	r2			
3		r4	r4		r4	r4			
4	s5			s4			8	2	3
5		r6	r6		r6	r6			
6	s5			s4				9	3
7	s5			s4					10
8		s6			s11				
9		r1	s7		r1	r1			
10		r3	r3		r3	r3			
11		r5	r5		r5	r5			

그림 11.4 산술 수식을 생성하는 문법 G에 대한 LR 파싱 테이블

이제 이 파싱 테이블로 입력 스트링 x + x * x↲를 파싱하면 스택과 입력 큐의 상황은 아래와 같다.

스택	입력	액션
# 0	x + x * x ↵	s5
# 0 x 5	+ x * x ↵	r6
# 0 *F* 3	+ x * x ↵	r4
# 0 *M* 2	+ x * x ↵	r2
# 0 *E* 1	+ x * x ↵	s6
# 0 *E* 1 + 6	x * x ↵	s5
# 0 *E* 1 + 6 x 5	* x ↵	r6
# 0 *E* 1 + 6 *F* 3	* x ↵	r4
# 0 *E* 1 + 6 *M* 9	* x ↵	s7
# 0 *E* 1 + 6 *M* 9 * 7	x ↵	s5
# 0 *E* 1 + 6 *M* 9 * 7 x 5	↵	r6
# 0 *E* 1 + 6 *M* 9 * 7 *F* 10	↵	r3
# 0 *E* 1 + 6 *M* 9	↵	r1
# 0 *E* 1	↵	acc

이와 같이 스택의 톱에 있는 심볼은 생성 규칙의 오른쪽에 있는 스트링이므로 넌터미널로 환원할 때는 생성 규칙의 오른쪽 스트링의 길이만큼 제거한다. 이 때 스택에는 상태번호도 들어있으므로 상태번호도 같이 삭제한다.

지금까지 살펴본 LR 파서의 파싱 드라이버는 아래와 같이 동작한다.

단계1. 스택의 바닥에 상태번호 0를 넣는다. 포인터는 입력 스트링의 맨 처음 터미널을 가리킨다.

단계2. 스택의 톱에 있는 심볼(즉, 실제로는 상태번호)과 현재의 입력 심볼을 대응하여 파싱 테이블에서 해당하는 액션을 찾는다.

단계3. 액션이 (이동, 상태번호)이면;

3.1 입력 심볼을 스택에 넣는다.

3.2 상태번호를 스택에 추가한다.

3.3 다음 심볼을 읽기 위해 입력 포인터를 다음 심볼로 옮긴다.

단계4. 액션이 (환원, 생성규칙)이면;

4.1 환원 동작에서 지정한 생성 규칙을 찾는다.

4.2 스택 톱에서부터 생성 규칙의 오른쪽에 해당하는 스트링을 상태번호와 함께 제거한다 (이 심볼이 핸들이다).

4.3 생성 규칙의 오른쪽 스트링을 제거한 후, → 왼쪽 넌터미널을 스택의 톱에 넣는다.

4.4 방금 넣은 넌터미널과 바로 앞에 있는 상태번호에 해당하는 새로운 상태번호를 점프 테이블에서 찾아 스택에 넣는다.

4.5 입력 포인터는 현재의 입력 심볼을 계속 가리킨다.

단계5. 만약 액션이 <에러>이면 에러 탐지 루틴을 수행한다.

단계6. 만약 액션이 <수락>이면 파싱을 종료한다.

이러한 LR 파싱 드라이버의 동작을 알고리즘으로 표현하면 그림 11.5와 같다.

```
function LR_Parsing_Driver( )
{
    input: token sequence, augmented grammar, stack and the parsing table;
    output: parsing tree;
      /*   초기 스택 상태와 입력 큐 상태, (#s0              :  xi   xi+1 ....... xn ↵)    */
      /*   파싱이 진행 중인 스택과 입력 큐 상태, (#s0X1s1X2 ....... Xm  sm     :  xi  xi+1 ....... xn ↵);
*/
/*    스택 톱 심볼(상태번호)와 입력 심볼을 아래처럼 비교한다  */
/*   이동 동작이면 스택 톱에 입력 심볼을 이동하고 상태번호를 넣는다   */
  if  (ACTION(sm, xi ) == "shift s") (#s0  X1  s1  X2   ....... Xm  sm  xi  s          :  xi+1 ....... xn  ↵);
/* 환원 동작이면 스택에서 상태번호를 포함하여 β를 제거한다  */
  if  (ACTION(sm, xi ) == "reduce  A  →β")
      {
```

(# s_0 X_1 s_1 X_2 .... X_{m-r} s_{m-r} : x_i x_{i+1} .... x_n ↵)

(# s_0 X_1 s_1 X_2 .... X_{m-r} s_{m-r} As : x_i x_{i+1} .... x_n ↵) /* $(r = |\beta|,$ GOTO(s_{m-r}, A) = s) */

}

if (ACTION(s_m, x_i) == "accept") *printf* ("parsing is completed normally");

if (ACTION(s_m, x_i) == "error") ERROR( );

}

그림 11.5 LR 파싱 알고리즘

실습 11.1

그림 11.4의 파싱 테이블과 아래 문법을 이용하여 산술 수식 x * y + z을 LR 파싱하는 과정을 보이시오(문법에서 터미널 심볼 y와 z는 그림 11.4의 파싱 테이블에서 심볼 x와 같이 취급한다).

G: 1. $E \rightarrow E + M$
2. $E \rightarrow M$
3. $M \rightarrow M * F$
4. $M \rightarrow F$
5. $F \rightarrow (E)$
6. $F \rightarrow$ x | y | z

위의 산술 수식 x * y + z을 파싱하는 과정의 스택과 입력 큐는 아래와 같다.

스택								입력 큐								
#	0							x	*	y	+	z	↵			s5
#	0	x	5					*	y	+	z	↵				r6
#	0	*F*	3					*	y	+	z	↵				r4
#	0	*M*	2					*	y	+	z	↵				s7
#	0	*M*	2	*	7			y	+	z	↵					s5
#	0	*M*	2	*	7	y	5	+	z	↵						r6
#	0	*M*	2	*	7	*F*	10	+	z	↵						r3
#	0	*M*	2					+	z	↵						r2

#	0	*E*	1						+	z	↵						s6
#	0	*E*	1	+	6				z	↵							s5
#	0	*E*	1	+	6	z	5		↵								r6
#	0	*E*	1	+	6	*F*	3		↵								r4
#	0	*E*	1	+	6	*M*	9		↵								r1
#	0	*E*	1						↵								ac

위의 산술 수식 x * y + z 는 정상적으로 파싱을 종료한다.

실습 11.2

그림 11.4의 파싱 테이블과 아래 문법을 이용하여 산술 수식 x + y (z을 LR 파싱하는 과정을 보이시오(문법에서 터미널 심볼 y와 z는 그림 11.4의 파싱 테이블에서 심볼 x와 같이 취급한다).

G: 1. $E \rightarrow E + M$
2. $E \rightarrow M$
3. $M \rightarrow M * F$
4. $M \rightarrow F$
5. $F \rightarrow (E)$
6. $F \rightarrow$ x | y | z

위의 산술 수식 x + y (z을 파싱하는 과정의 스택과 입력 큐는 아래와 같다.

#	0								x	+	y	(	z	↵			s5
#	0	x	5						+	y	(	z	↵				r6
#	0	*F*	3						+	y	(	z	↵				r4
#	0	*M*	2						+	y	(	z	↵				r2
#	0	*E*	1						+	y	(	z	↵				s6
#	0	*E*	1	+	6				y	(	z	↵					s5
#	0	*E*	1	+	6	y	5		(	z	↵						er

위에서 보았듯이 이 산술 수식 x + y (z는 연산자가 올 자리에 왼쪽 괄호(( ) 가 나타나서 파싱을 계속하지 못하고 에러가 발생한다. 이 때 에러 처리 루틴을 호출한다.

이와 같이 LR 파서도 파싱 드라이버가 파싱을 수행하려면 주어진 파싱 테이블이 있어야 한다. 이 테이블은 결정적이어서 생성 규칙을 하나만 선택하도록 하며, 시작 심볼까지 상향식으로 환원하면서 파싱한다. 이제 이 결정적 LR 파싱 테이블을 만들어 보자.

실습문제

1 그림 11.4의 LR 파싱 테이블을 이용하여 아래의 각 수식을 파싱하는 과정에서 입력 스트링과 스택 상태를 단계별로 보이시오. 각 변수는 그림 11.4 파싱 테이블의 x와 같이 취급한다.

(1) phi + tx + k
(2) x * (y + w) − e
(3) x0 + x1 * x2
(4) (i / j) + k

2 그림 11.4의 LR 파싱 테이블을 이용하여 아래의 각 수식을 파싱하는 과정에서 입력 스트링과 스택 상태를 단계별로 보이시오. 각 변수는 그림 11.4 파싱 테이블의 x와 같이 취급한다.

(1) (i * j * + k
(2) x * z)
(3) x ((z + w)

3 LR 파서에서 틀린 문장을 파싱할 때는 파싱 테이블에 해당하는 정보(이동이든 환원이든)가 없다. 그러면 어떠한 상황이 발생하는지 설명하시오.

4 문항 3의 상황이 발생하면 해당 동작이 없기 때문에 파서는 파싱을 계속 진행하지 못할 수 있다. 파싱을 계속 진행하려면 어떻게 해야 하는지 설명하시오.

11.4 LR 파싱 테이블 만들기

지금까지 LR 파서가 LR 문법으로 구성된 프로그래밍 언어를 어떻게 파싱하는지 예를 들어 살펴보았다. 즉, 입력 스트링, 스택은 이미 있으며 LR 파싱 드라이버는 파싱 테이블의 정보에 따라 수행하는 단순한 알고리즘이다. 여기에서 중요한 것은 LR 파싱 테이블만 있으면 파싱 드라이버는 입력 스트링을 쉽게 파싱한다. 이 절에서는 LR 파싱 테이블은 어떻게 만드는지 알아본다.

LR 파싱 방법은 결정형 오토마타처럼 각 상태에서 다른 상태로 전이를 일으키는 것이다. 즉, 전이가 자동으로 일어나도록 상태 전이 정보를 테이블에 넣는다. 이와 같이 상태 전이가 자동으로 일어나도록 하려면 문법의 시작 넌터미널에서 문장을 이루는 터미널까지 **유도가 일어나는 전 과정**을 **미리 파악**하여 둔다. 이와 같이 상태 전이 정보는 유도 과정의 각 단계 정보로 테이블에 저장한다.

미리보기를 하려면 유도하는 과정에서 발생하는 각 단계의 문장 형식을 분석해야 한다. 자주 사용하는 아래 문법을 예로 살펴보자.

G: 1. $E \rightarrow ME'$
2. $E' \rightarrow +ME'$
3. $E' \rightarrow \epsilon$
4. $M \rightarrow FM'$
5. $M' \rightarrow *FM'$
6. $M' \rightarrow \epsilon$
7. $F \rightarrow (E)$
8. $F \rightarrow \mathrm{x}$

아래는 이 문법의 시작 넌터미널 E 에서 우단 유도하는 과정 중 하나이다. 밑줄 친 스트링은 넌터미널이 오른쪽 스트링으로 대치된 것이다.

$$E \Rightarrow ME' \Rightarrow M\ +\underline{ME'} \Rightarrow M\ +M\epsilon \Rightarrow M\ +M \Rightarrow M+\underline{FM'} \Rightarrow M+F*\underline{FM'} \Rightarrow M+F*F\epsilon$$
$$\Rightarrow M+F*F \quad \Rightarrow M+F*\mathrm{x} \Rightarrow M+\mathrm{x}*\mathrm{x} \Rightarrow \underline{FM'}+\mathrm{x}*\mathrm{x} \Rightarrow F\epsilon+\mathrm{x}*\mathrm{x} \Rightarrow F+\mathrm{x}*\mathrm{x} \Rightarrow \mathrm{x}+\mathrm{x}*\mathrm{x}$$

이러한 유도 과정을 통해 문장 형식의 각 단계에서 다음 단계 유도에는 어떤 문장 형식이 나올지 알 수 있다. 이와 같이 문법의 시작 심볼부터 끝까지 전부 유도해 본다면, 유도 과정 각 단계의 다음 단계에 나타나는 문장 형식에 대한 정보를 미리 알 수 있다. 그러므로 각 단계에 나타날 문장 형식의 정보를 미리 계산하여 LR 파싱 테이블을 만들면 된다.

LR 파싱 테이블을 구성하기 위해 문법에서 이동/환원 정보를 미리 알아내려면 아래의 정보를 구한다.

FIRST 와 **FOLLOW** 터미널 심볼 집합에서 **LR(0)** 아이템 모음

이렇게 모아진 LR(0) 아이템 모음에서 **특정 알고리즘**으로 LR 파싱 테이블을 구성한다. 알고리즘은 주어진 경우에 따라서 단순 LR 파싱 테이블, 캐노니컬 LR 파싱 테이블, 미리보기 LR 파싱 테이블 등을 만들 수 있다.

지금부터 앞에서 구한 FIRST와 FOLLOW 터미널 집합을 사용하여, 단순 LR 파싱 테이블을 구현한다.

11.4.1 LR(0) 아이템의 캐노니컬 모음 구하기

여기서는 LR 파싱 테이블을 만드는데 필요한 여러 요소 중에서 **LR(0) 아이템 모음**을 구하는 과정을 설명한다. 먼저 LR(0) 아이템과 필요한 함수를 정의하고 이러한 아이템이나 함수가 필요한 이유와 방법을 설명한다.

먼저, LR(0) 아이템 모음을 구하려면 아래와 같이 **첨가 문법**과 두 함수가 필요하다.

- 첨가 문법
- ***closure*** 함수
- ***goto*** 함수

우선, 각 요소가 무엇인지 정의하자.

정의 11.1

> **LR(0) 아이템**은 문법 *G*의 생성 규칙에서 오른쪽의 문법 스트링에 대해 어떤 심볼 앞에 기호 ◉을 붙여 놓은 생성 규칙이다. ◉은 가운데 점이 있는 이중 원으로 **미리 들여다보기** 기호이다

사실, LR(0) 아이템은 문법 스트링의 어떤 심볼 앞에 기호 ◉을 붙여 놓는다는 것은 "◉가 다음 문법 심볼을 미리 들여다본다"는 의미이다. 그러므로 $A \rightarrow$ ◉XYZ는 ◉가 다음 심볼인 X를 미리 들여다본다는 의미로 다음 유도할 생성 규칙을 알아내기 위해, 결정 터미널인지 아닌지를 검

사하는 것이다. 모든 생성 규칙에 대해 LR(0) 아이템을 모두 만들면 마치 시작 심볼부터 모든 유도를 수행한 것과 같은 효과를 볼 수 있다.

LR(0) 아이템의 예를 들보자. LR(0) 아이템의 정의에 따라 한 생성 규칙이 $A \rightarrow XYZ \in P$ 이면 아래 각각은 LR(0) 아이템이다. 또한 $A \rightarrow \epsilon$ 는 [$A \rightarrow$ ◉] 이다.

[$A \rightarrow$ ◉XYZ]
[$A \rightarrow X$ ◉YZ]
[$A \rightarrow XY$ ◉Z]
[$A \rightarrow XYZ$◉]

더불어 몇 개의 용어를 살펴보자.

- **커널** 아이템은 $S' \rightarrow S$ 이다.
- **마크 심볼**은 기호 ◉ 바로 뒤에 있는 심볼을 말한다.
- ***closure*** 아이템은 ***closure*** 연산을 수행한 결과로 나오는 [$A \rightarrow$ ◉α] 형식의 아이템이다. ***closure***는 LR(0) 아이템 모음을 만들기 위해 수행하는 함수이다.

커널 아이템 [$A \rightarrow \alpha$ ◉β]는 α에서 유도되는 입력 스트링을 방금 모두 보았다는 것이고, 다음 들여다보는 심볼이 β에서 유도되는 입력 스트링이면 생성규칙 $A \rightarrow \alpha\beta$◉ 에 의해 환원될 수 있다는 것을 의미한다.

정의 11.2

첨가 문법은 아래와 같은 특성으로 주어진 문법 $G = (V_N, V_T, P, S)$에서, G 의 넌터미널이 아닌 새로운 시작 넌터미널 심볼 S'을 $G' = (V_N \cup \{S'\}, V_T, P \cup \{S' \rightarrow S\}, S')$와 같이 문법 G에 추가한 새로운 문법이다.

1. V_N 은 넌터미널 심볼의 유한 집합이다.
2. V_T 은 터미널 심볼의 유한 집합으로 $V_N \cap V_T = \varnothing$, $V_N \cup V_T = V$ 이다. V는 알파벳 집합이다.
3. P 는 생성규칙의 유한 집합으로 아래의 형식을 가지는데 α는 널이 아니다.

$$\alpha \rightarrow \beta \ (\alpha \in V^+, \beta \in V^*)$$

4. S'는 시작 넌터미널 심볼로서 $S' \in V_N$

이와 같은 첨가 문법이 필요한 이유는 LR 파서가 이동-환원 기법으로 상향식 파싱하여 시작 심볼까지 모두 환원했다는 사실을 알기 위한 것이다. 즉, 파서가 $S' \rightarrow S$ 까지 환원했다는 의미는 파싱 종료와 입력 스트링을 수락한다는 뜻이다.

정의 11.3

어떤 시작 넌터미널부터 우단유도를 수행하여 $S \Rightarrow^* \alpha A\omega \Rightarrow \alpha\beta_1\beta_2\omega$ 와 같은 유도가 발생하면 문장형식 $\alpha\beta_1\beta_2\omega$에서 스트링 $\alpha\beta_1$ 를 **활성 접두사**라 한다.

정의에 따르면 활성 접두사는 문장 형식 $S \Rightarrow^* \alpha\beta_1\beta_2\omega$의 핸들인 $\beta_1\beta_2$ 앞에 있는 $\alpha\beta_1$ 가 바로 뒤따라오는 $\beta_2\omega$의 접두사인 것이다. 즉, $\alpha\beta_1$ 에서 더 이상 진행하지 않은 상태이므로 앞으로 어떤 스트링이 나올 것인가를 예측하는 스트링이다. 그러므로 이 활성 접두사는 바로 뒤에 어떤 스트링이 오는가에 따라 핸들이 형성될 수도 있고 아닐 수도 있다. 다시 말하면 LR 파서에서는 파싱할 때 스택을 사용하므로 아이템 $A \rightarrow \beta_1 \odot \beta_2$가 $\alpha\beta_1$에 대해 타당하다는 것은 파싱 스택에서 $\alpha\beta_1$를 발견하면 이동할 것인지 환원할 것인지를 알려준다는 것이다.

실습 11.3

산술 수식을 생성하는 아래 문법 G에 대해 활성 접두사를 알아보자.

$$
\begin{aligned}
\text{G: } & E \rightarrow E + M \mid M \\
& M \rightarrow M * F \mid F \\
& F \rightarrow (E) \mid \text{x}
\end{aligned}
$$

정의에 따르면 이 문법은 우단 유도를 통하여 $E \Rightarrow^* M * F$ 에서 $M *$ 가 활성 접두사이다.

어떤 시작 넌터미널에서 우단유도를 수행하여 $S \Rightarrow^* \alpha A\omega \Rightarrow \alpha\beta_1\beta_2\omega$ 와 같은 유도가 있으면, 아이템 $A \rightarrow \beta_1 \odot \beta_2$ 를 활성 접두사에 대해 **타당하다**고 하고 이 아이템을 **타당한 아이템**이라 한다. 일반적으로 한 아이템이 여러 활성 아이템에 대해 타당하다. 그러므로 LR(0) 아이템의 **캐노니컬 모음**은 LR 파서의 스택에 나타나는 각 활성 접두사에 대한 타당한 아이템들이다.

이러한 타당한 아이템 모임을 구하려면 첨가 문법에서 ***closure*** 함수와 ***goto*** 함수를 수행한다.

정의 11.4

closure 함수는 아래와 같이 새로운 아이템을 생성한다.

$\textbf{\textit{closure}}(\text{I}) = \text{I} \cup \{B \rightarrow \odot\gamma \mid A \rightarrow \alpha \odot B\beta \in \textbf{\textit{closure}}(\text{I}), B \rightarrow \gamma \in P\}$

closure 함수는 반복적으로 LR(0) 아이템을 구하는 함수로 ***closure***(I) 에 있는 한 아이템 $A \rightarrow \alpha \odot B\beta$은 파싱 도중에 B에서 유도되는 부분스트링이 다음에 볼 입력 스트링이라는 것을 말한다.

그러므로 $B \rightarrow \gamma$ 가 생성규칙이면 마찬가지로 이 시점에서 γ에서 생성되는 부분스트링을 볼 수 있다. 그렇기 때문에 $B \rightarrow ⦿\gamma$ 를 ***closure***(I) 에 포함한다. 그림 11.6은 ***closure***를 구하는 함수이다.

```
    function CLOSURE( )
  {
      input: augmented grammar G ′ = (VN ∪{S ′}, VT, P∪{S ′→S}, S ′) and a item I;
      output: new items;
closure = I ;
       while (change) {
                /* 새로운 아이템이 생기면 아이템이 더 이상 없을 때까지 계속 추가한다. */
           if  (A →α ⦿Bβ∈closure   && B → ⦿γ∈ P )
               if (B → ⦿γ ∉ closure)  closure = closure ∪ {B → ⦿γ};
           /*  B → ⦿γ ∉ closure는 이미 들어간 것이 없으면 넣는다.  */
       }
  }
```

그림 11.6 ***closure***를 계산하는 함수

예를 들어, 아래 산술 수식을 표현하는 첨가문법에서 ***closure***를 구하는 과정을 살펴보자.

$$E' \rightarrow E$$
$$E \rightarrow E + M \mid M$$
$$M \rightarrow M * F \mid F$$
$$F \rightarrow (E) \mid \mathrm{x}$$

I 가 한 아이템 {[$E' \rightarrow ⦿E$]}의 집합이면 ***closure*** (I) 는 아래와 같이 구한다. 즉, ***closure*** ([$E' \rightarrow ⦿E$])에서 ⦿ 바로 뒤에 있는 심볼을 들여다보면 알고리즘의 $A \rightarrow \alpha ⦿B\beta$에서 B 에 해당하는 넌터미널 E 가 있다. 이 넌터미널 E 은 $B \rightarrow ⦿\gamma$ 에 해당하는 생성 규칙이므로 **아직 생성할 심볼이 있다**는 의미이다. 그러므로 이 넌터미널 E 에서 ***closure***를 다시 적용하여 아이템을 새로 생성하여 아이템 집합 I 에 추가한다. 그러면 아래와 같은 집합이 만들어진다.

closure(I) = ***closure*** ([$E' \rightarrow ⦿E$])
= { [$E' \rightarrow ⦿E$], [$E \rightarrow ⦿E + M$],
[$E \rightarrow ⦿M$], [$M \rightarrow ⦿M * F$],
[$M \rightarrow ⦿F$], [$F \rightarrow ⦿(E)$], [$F \rightarrow ⦿\mathrm{x}$] }

그러나 ***closure*** ([$E \rightarrow E$◉$+ M$]) 인 경우에는 ◉ 바로 뒤에 있는 심볼 + 가 $B \rightarrow$ ◉γ 와 같은 생성 규칙이 없으므로 결과는 아래와 같다.

closure(I) = ***closure*** ([$E \rightarrow E$ ◉$+ M$]) = { [$E \rightarrow E$◉$+ M$] }

정의 11.5

> ***goto*** 함수는 아래와 같이 새로운 아이템을 생성한다.
> ***goto***(I, X) = ***closure*** ([$A \rightarrow \alpha X$◉β] | [$A \rightarrow \alpha$ ◉$X\beta$]∈I })

goto 함수는 한 아이템에서 이미 본 마크 심볼이 넌터미널 심볼이면, 마크 심볼을 뛰어 넘어 그 다음 심볼을 미리보기하여 새로운 ***closure*** 를 계산하는 함수이다. 즉, [$A \rightarrow \alpha$ ◉$X\beta$]와 같은 아이템에서 X를 뛰어 넘어 [$A \rightarrow \alpha X$◉β] 아이템에 대해 다시 ***closure*** 를 계산한다. 다시 말하면, ***goto*** 함수는 I 가 어떤 활성 접두사 γ에 대해 타당한 아이템 집합이면, ***goto***(I, X) 는 활성 접두사 γX 에 대한 타당한 아이템들의 집합이다.

예를 들어 보자. 첨가 문법의 한 아이템 집합 I = {[$E' \rightarrow E$◉], [$E \rightarrow E$ ◉$+ M$]} 에서 ***goto*** 함수 결과는 ***goto***(I, +) = ***closure*** ([$E \rightarrow E +$ ◉M]) 이다. 여기에서 ***closure*** ([$E \rightarrow E +$ ◉M]) 는 새로운 M 를 들여다보고 있기 때문에 ***closure*** 함수 정의에 따라 M 에 대해 새로운 ***closure*** 를 계산한다. 그러면 ***closure*** ([$E \rightarrow E +$ ◉M]) 는 아래와 같다.

goto(I, +) = ***closure*** ([$E \rightarrow E +$ ◉M])
= { [$E \rightarrow E +$ ◉M], [$M \rightarrow$ ◉$M * F$], [$M \rightarrow$ ◉F], [$F \rightarrow$ ◉(E)], [$F \rightarrow$ ◉x] }

이와 같이 여러 요소와 ***closure***, ***goto*** 함수를 이용하여 LR(0) 아이템의 캐노니컬 모음을 구할 수 있다.

정의 11.6

> **캐노니컬 모음**은 아래와 같이 계산한다.
> C = {***closure*** ({ [$S' \rightarrow$ ◉S] })} ∪ { ***goto*** (I, X) | I∈C, $X \in V$ }

캐노니컬 모음은 첨가 문법에 있는 시작 심볼의 커널 아이템에서 시작하여 ***closure*** 함수로 생성된 ***closure*** 집합의 각 아이템에 대해, ***goto*** 함수를 적용하여 생성되는 새로운 아이템을 추가한다. 이와 같이 *closure* 를 수행할 때 마다 생성하는 각 아이템에 대해 새로운 *goto*와 *closure* 를 반복한다. 모든 아이템에 대해 수행을 마치면 생성되는 아이템 모음을 **LR(0) 아이템의 캐노니컬 모음**이라 한다. 이 아이템 모음이 바로 LR 파서의 스택에 나타나는 각 활성 접두사에 대해 타당한 아이템들이다.

예를 들어, I 가 두 개의 아이템 {[$E \rightarrow E$ ◉], [$E \rightarrow E$ ◉+ M] } 의 집합이면, 각 아이템에서 ◉의 바로 뒤에 + 가 있는 아이템 I 를 검사함으로서 ***goto*** (I, **+**) 를 계산한다. 이때 아이템 [$E \rightarrow E$ ◉] 는 + 가 없기 때문에 해당 아이템이 아니지만 [$E \rightarrow E$ ◉+ M] 는 이 아이템에 해당한다. 그러므로 + 를 뛰어 넘어 ◉을 붙이면 아이템 [$E \rightarrow E$ + ◉M]를 구할 수 있다. 그러면 다시 아이템 [$E \rightarrow E$ + ◉M]를 가지고 ***closure***([$E \rightarrow E$ + ◉M]) 를 계산한다. 그러면 ***goto***(I, **+**) 는 아래와 같이 여러 개의 아이템을 만든다.

$E \rightarrow E +$ ◉M
$M \rightarrow$ ◉$M * F$
$M \rightarrow$ ◉F
$F \rightarrow$ ◉(E)
$F \rightarrow$ ◉x

이 경우는 ***goto*** (I, **+**) 에 대해서만 만들어진 결과이다. 그러나 위의 여러 아이템 각각에서 다시 ***goto*** 함수를 수행한다. 예를 들어, [$M \rightarrow$ ◉$M * F$]에서는 ***goto*** (I, M)를 구할 수 있고 [$F \rightarrow$ ◉(E)]에서는 ***goto*** (I, ()를 구할 수 있다. 그러면 아이템 [$F \rightarrow$(◉E)]를 가지고 ***closure***([$F \rightarrow$(◉E)]) 를 계산하여 새로운 아이템 모음, I_i을(i = 0, 1,..., n−1) 구한다. 단 I $\neq$ I_i 이다.

정의에 따라 첨가 문법에 대한 LR(0) 아이템의 캐노니컬 모음, C, 을 구하는 방법은 그림 11.7과 같다.

```
        function CONSTRUCTION of CANONICAL COLLECTION of Set−of−Items ( )
{
          input: augmented grammar G ′ = (V_N ∪{S ′}, V_T, P∪{S ′→S}, S ′)
        and kernel item [ S′→ ◉S ];
          output: Set−of−Items;
          C = closure ([S′ → ◉S ]);
          for (more sets of items can be added to C) {
  for (each I∈C)
        if (goto(I, X) ≠ ∅ && goto(I, X) ∉ C)
          C = C ∪ goto(I, X);
  }
}
```

그림 11.7 캐노니컬 모음, C,을 계산하는 함수

지금부터 많이 사용하는 아래 문법으로 LR(0) 아이템의 집합에 대한 캐노니컬 모음을 구해보자 [3].

$$
\begin{aligned}
G:\ & E \rightarrow E+M \mid M \\
& M \rightarrow M * F \mid F \\
& F \rightarrow (E) \mid \mathrm{x}
\end{aligned}
$$

이 문법에 시작 생성 규칙 $E' \rightarrow E$ 을 추가하면 아래와 같이 첨가 문법으로 변형한다.

$$
\begin{aligned}
G':\ & E' \rightarrow E \\
& E \rightarrow E+M \mid M \\
& M \rightarrow M * F \mid F \\
& F \rightarrow (E) \mid \mathrm{x}
\end{aligned}
$$

이것을 다시 아래와 같이 표현한다. 각 생성 규칙 앞에 있는 번호는 단지 생성 규칙을 구별하기 위한 번호이다. 즉, 번호 (1)는 생성 규칙 $E \rightarrow E+M$ 를 나타낸다.

(0) $E' \rightarrow E$
(1) $E \rightarrow E+M$
(2) $E \rightarrow M$
(3) $M \rightarrow M * F$
(4) $M \rightarrow F$
(5) $F \rightarrow (E)$
(6) $F \rightarrow \mathrm{x}$

이 아이템 집합의 각 아이템에 대해 정의에 따라 ***goto***와 ***closure*** 함수를 적용하여 새로운 아이템 집합을 구한다. 이 첨가 문법에 대한 초기 아이템 집합(I_0)을 구하면 아래와 같다.

단계 1.

시작 넌터미널 E'에서 커널 아이템 $[E' \rightarrow \odot E]$ 에 대해, $E' \rightarrow \alpha \odot E\beta \in$***closure***$(\mathrm{I})$ 이고, $\odot E$ 는 ⊙ 바로 뒤에 넌터미널 E 가 있다. 그러므로 넌터미널 E 에 대해, 생성규칙 $E \rightarrow E + M$ 와 $E \rightarrow M$ 는 $B \rightarrow \odot\gamma$ 에 해당하므로 생성한 아이템은 아래와 같다.

$[E \rightarrow \odot E + M]$
$[E \rightarrow \odot M]$

이 두 아이템은 아이템들의 집합인 I_0에 포함한다. 같은 방법으로 $\odot M$ 와 같이 ⊙ 바로 뒤에 넌터미널 M 가 있다. 다시 생성규칙 $M \rightarrow M * F$ 와 $M \rightarrow F$ 도 $B \rightarrow \odot\gamma$ 에 해당하므로 새로

운 아이템은 아래와 같다.

$$[M \rightarrow \bullet M * F]$$
$$[M \rightarrow \bullet F]$$

이 두 아이템도 I_0에 포함한다. 또 $\bullet F$ 에 대해서도 마찬가지로 적용하면 아래 아이템도 이 I_0에 포함한다.

$$[F \rightarrow \bullet(E)]$$
$$[F \rightarrow \bullet x]$$

더 이상 $A \rightarrow \alpha \bullet B\beta$ 에 해당하는 아이템이 없으므로(추가할 것이 없음) ***closure***(I)는 아래와 같은 아이템들의 집합 I_0 를 구한다.

$I_0 : E' \rightarrow \bullet E$
$E \rightarrow \bullet E + M$
$E \rightarrow \bullet M$
$M \rightarrow \bullet M * F$
$M \rightarrow \bullet F$
$F \rightarrow \bullet(E)$
$F \rightarrow \bullet x$

이어서 이 아이템 집합 I_0의 각 아이템에 대해 정의에 있는 ***goto***와 ***closure*** 함수를 적용하여 새로운 아이템 집합을 구한다.

단계 2.

먼저, I_0 의 아이템 중에서 $\bullet E$에 대한 아이템 $[E' \rightarrow \bullet E]$와 $[E \rightarrow \bullet E + M]$를 적용하면 아래와 같이 구한다.

$$\textbf{\textit{goto}}(I_0, E) = \textbf{\textit{closure}}\ (\{[E' \rightarrow E \bullet] \mid [E' \rightarrow \bullet E] \in I_0\})$$
$$\textbf{\textit{goto}}(I_0, E) = \textbf{\textit{closure}}\ (\{[E \rightarrow E \bullet + M] \mid [E \rightarrow \bullet E + M] \in I_0\})$$

I_0 안에 있는 두 개의 $\bullet E$ 에 대해 ***goto***(I_0, E) 를 적용하면 새로운 아이템 I_1 을 생성하는데 $[E' \rightarrow E \bullet]$ 와 $[E \rightarrow E \bullet + M]$는 $\bullet$ 바로 뒤에 더 이상의 넌터미널이 없으므로 ***closure*** 를 수행하지 않는다. 그러므로 ***goto***(I_0, E)의 결과인 새로운 아이템 집합 I_1 는 아래와 같다.

$I_1 : E' \rightarrow E \bullet$
$E \rightarrow E \bullet + M$

단계 3.

마찬가지로, I_0 의 아직 수행하지 않은 아이템에서 $[E \rightarrow \odot M]$와 $[M \rightarrow \odot M * F]$에 대해 적용하면 아래와 같이 구한다.

$$\textbf{\textit{goto}}(I_0, M) = \textbf{\textit{closure}}\ (\{[E \rightarrow M \odot] \mid [E \rightarrow \odot M] \in I_0\})$$
$$\textbf{\textit{goto}}(I_0, M) = \textbf{\textit{closure}}\ (\{[M \rightarrow M \odot * F] \mid [M \rightarrow \odot M * F] \in I_0\})$$

I_0 안에 있는 두 개의 $\odot M$ 에 대해 $\textbf{\textit{goto}}(I_0, M)$를 적용하면 새로운 아이템 집합 I_2 을 생성하는데 $[E \rightarrow M \odot]$와 $[M \rightarrow M \odot * F]$는 $\odot$ 바로 뒤에 더 이상의 넌터미널이 없기 때문에 ***closure*** 를 수행하지 않는다. 그러므로 $\textbf{\textit{goto}}(I_0, M)$의 결과인 새로운 아이템 집합 I_2 는 아래와 같다.

$I_2 : E \rightarrow M\odot$
$\quad M \rightarrow M \odot * F$

단계 4.

마찬가지로, I_0 의 아직 수행하지 않은 아이템에서 $[M \rightarrow \odot F]$ 에 대해 적용하면 아래와 같이 구한다.

$$\textbf{\textit{goto}}(I_0, F) = \textbf{\textit{closure}}\ (\{[M \rightarrow F\odot] \mid [M \rightarrow \odot F] \in I_0\})$$

I_0 안에 있는 $\odot F$ 에 대해 $\textbf{\textit{goto}}(I_0, F)$ 를 적용하면 새로운 아이템 집합 I_3 을 생성하는데 $[M \rightarrow F\odot]$ 도 $\odot$ 바로 뒤에 더 이상 넌터미널이 없기 때문에 ***closure*** 를 수행하지 않는다. 그러므로 $\textbf{\textit{goto}}(I_0, F)$의 결과인 새로운 아이템 집합 I_3 은 아래와 같다.

$I_3 : M \rightarrow F\odot$

단계 5.

I_0 의 아직 수행하지 않은 아이템에서 $[F \rightarrow \odot(E)]$ 에 대해 적용하면 아래와 같이 구한다.

$$\textbf{\textit{goto}}(I_0, F) = \textbf{\textit{closure}}\ (\{[F \rightarrow (\odot E)] \mid [F \rightarrow \odot(E)] \in I_0\})$$

I_0 안에 있는 $\odot($ 에 대해 $\textbf{\textit{goto}}(I_0, ()$ 를 적용하면 새로운 아이템 집합 I_4 를 생성하는데 $[F \rightarrow (\odot E)]$ 은 $\odot$ 바로 뒤에 있는 $\odot E$ 는 다시 생성규칙 있어서 $E \rightarrow E + M \in P$ 이고 $E \rightarrow M \in P$ 이므로, $B \rightarrow \odot\gamma$ 에 해당하는 아이템은 아래와 같다.

$[E \rightarrow \odot E + M]$
$[E \rightarrow \odot M]$

이 경우는 I_0 에서와 같은 경우이므로 아래 아이템들을 반복하여 추가한다.

$[E \rightarrow \odot M]$
$[M \rightarrow \odot M * F]$
$[M \rightarrow \odot F]$
$[F \rightarrow \odot (E)]$
$[F \rightarrow \odot x]$

그러므로 새로운 아이템 집합 I_4 는 아래와 같다.

$I_4 : F \rightarrow (\odot E)$
$E \rightarrow \odot E + M$
$E \rightarrow \odot M$
$M \rightarrow \odot M * F$
$M \rightarrow \odot F$
$F \rightarrow \odot (E)$
$F \rightarrow \odot x$

단계 6.

I_0 의 아직 수행하지 않은 아이템에서 $[F \rightarrow \odot x]$ 에 대해 적용하면 아래와 같이 구한다.

$$\textbf{\textit{goto}}(I_0, F) = \textbf{\textit{closure}}\ (\{[F \rightarrow x\odot\ ] \mid [F \rightarrow \odot x] \in I_0\})$$

I_0 안에 있는 $\odot x$ 에 대해 ***goto***(I_0, x) 를 적용하면 새로운 아이템 집합 I_5 을 생성하는데 $[F \rightarrow x\odot\ ]$ 도 $\odot$ 바로 뒤에 더 이상의 넌터미널이 없기 때문에 ***closure*** 를 수행하지 않는다. 그러므로 ***goto***(I_0, x)의 결과인 새로운 아이템 집합 I_5 는 아래와 같다.

$I_5 : F \rightarrow x\odot$

아이템 집합 I_0 에 있는 모든 아이템에 대해 ***goto***를 모두 수행하였으므로 아이템 집합 I_1 에 있는 각 아이템에 ***goto*** 함수를 적용한다.

단계 7.

I_1 아이템 집합에서 $[E' \rightarrow E\odot]$는 더 이상 건너갈 심볼이 없기 때문에 $[E \rightarrow E \odot + M]$에 대해서만 ***goto*** 함수를 아래처럼 적용한다.

$$\textbf{\textit{goto}}(I_1, +) = \textbf{\textit{closure}}\ (\{[E \rightarrow E + \odot M] \mid [E \rightarrow E \odot + M] \in I_1\})$$

I_1 안에 있는 ◉+ 에 대해 ***goto***(I_1, +) 를 적용하면 새로운 아이템 집합 I_6 를 생성한다. 이 때 [$E \rightarrow E$ + ◉M] 도 ◉ 바로 뒤에 있는 M 가 넌터미널로 생성규칙이 있기 때문에 M 에 대해 ***closure*** 를 수행한다. 그러므로 ***goto***(I_1, +)의 결과인 새로운 아이템 집합 I_6 는 아래와 같다.

I_6 : $E \rightarrow E$ + ◉M
$M \rightarrow$ ◉M * F
$M \rightarrow$ ◉F
$F \rightarrow$ ◉(E)
$F \rightarrow$ ◉x

아이템 집합 I_1 에 있는 모든 아이템에 대해 ***goto*** 를 모두 수행하였으므로, 이번에는 아이템 집합 I_2 에 있는 각 아이템에 ***goto*** 함수를 적용한다.

단계 8.

I_2 아이템 집합에서 [$E \rightarrow M$◉]는 더 이상 건너갈 심볼이 없기 때문에 [$M \rightarrow M$ ◉* F]에 대해서만 ***goto*** 함수를 아래처럼 적용한다.

goto(I_2, *) = ***closure*** ([$M \rightarrow M$ * ◉F] | [$M \rightarrow M$ ◉* F]∈ I_2})

I_2 안에 있는 ◉* 에 대해 ***goto***(I_2, *) 를 적용하면 새로운 아이템 집합 I_7 을 생성한다. 이 때 [$M \rightarrow M$ * ◉F] 도 ◉ 바로 뒤에 있는 F 가 넌터미널로 생성규칙이 있기 때문에 F 에 대해 ***closure*** 를 수행한다. 그러므로 ***goto***(I_2, *)의 결과인 새로운 아이템 집합 I_7 은 아래와 같다.

I_7 : $M \rightarrow M$ * ◉F
$F \rightarrow$ ◉(E)
$F \rightarrow$ ◉x

마찬가지로 아이템 집합 I_2 에 있는 모든 아이템에 대해 ***goto*** 를 모두 수행하였으므로, 이번에는 아이템 집합 I_3 에 있는 각 아이템에 ***goto*** 함수를 적용한다. 그러나 I_3 는 더 이상 ***goto*** 함수를 적용할 아이템이 없으므로 I_4 아이템 집합에서 이미 수행하지 않은 아이템에 대해 ***goto*** 함수를 적용한다.

단계 9.

I_4 아이템 집합에서◉E 에 대한 아이템 [$F \rightarrow$(◉E)]와 [$E \rightarrow$ ◉E + M] 를 적용하면 아래와 같이 구한다.

$\boldsymbol{goto}(I_4, E) = \boldsymbol{closure}\ ([F \to (\ E\ ◉)] \mid [\ F \to (\ ◉E\ )] \in I_4\})$
$\boldsymbol{goto}(I_4, E) = \boldsymbol{closure}\ ([E \to E\ ◉+ M\ ] \mid [\ E \to ◉E\ +\ M\ ] \in I_4\})$

I_4 안에 있는 ◉E 에 대해 ***goto***(I_4, E)를 적용하면 새로운 아이템 집합 I_8 을 생성한다. 이 때 [$F \to (\ E\ ◉)$]나 [$E \to E$ ◉+ M] 도 ◉ 바로 뒤에 있는 심볼이 넌터미널이 아니기 때문에 더 이상 ***closure*** 를 수행하지 않는다. 그러므로 ***goto***$(I_4, E\ )$의 결과인 새로운 아이템 집합 I_8 은 아래와 같다.

$I_8 : F \to (\ E\ ◉)$
$\quad E \to E\ ◉+\ M$

다음에는 I_4 안에 있는 ◉M , ◉F, ◉(, ◉x 는 이미 I_0에서 ***goto*** 를 적용하였기 때문에 I_5 아이템 집합으로 간다. 그러나 I_5 아이템 집합도 ***goto*** 를 적용할 대상이 없으므로 다시 I_6 아이템 집합의 각 아이템에 대해 ***goto*** 를 적용한다.

단계 11.

I_6 아이템 집합에서 ◉M 에 대한 아이템 [$E \to E$ **+** ◉M]와 [$M \to$ ◉M $*\,F$] 를 적용하면 아래와 같이 구한다.

$\boldsymbol{goto}(I_6, M\ ) = \boldsymbol{closure}\ ([E \to E + M◉\ ] \mid [E \to E + ◉M\ ] \in I_6\})$
$\boldsymbol{goto}(I_6, M\ ) = \boldsymbol{closure}\ ([M \to M◉*\ F] \mid [M \to ◉M\ *F] \in I_4\})$

I_6 안에 있는 ◉M 에 대해 ***goto***$(I_6, M\ )$를 적용하면 새로운 아이템 집합 I_9 를 생성한다. 이 때 [$M \to M$ ◉]나 [$M \to M$ ◉* F] 도 ◉ 바로 뒤에 있는 심볼이 넌터미널이 아니기 때문에 더 이상 ***closure*** 를 수행하지 않는다. 그러므로 ***goto***$(I_6, M\ )$의 결과인 새로운 아이템 집합 I_9 는 아래와 같다.

$I_9 : E \to E + M◉$
$\quad M \to M\ ◉*\ F$

다음에는 I_6 안에 있는 ◉F, ◉(, ◉x 는 이미 I_0에서 ***goto*** 를 적용하였기 때문에 I_7 아이템 집합의 각 아이템에 대해 ***goto*** 를 적용한다.

단계 11.

I_7 아이템 집합에서 ◉F 에 대한 아이템 [$M \to M$ * ◉F] 를 적용하면 아래와 같다.

$\boldsymbol{goto}(I_7, F) = \boldsymbol{closure}\ ([M \to M * F◉\ ] \mid [M \to M\ * ◉F] \in I_7\})$

I_7 안에 있는 ◉F 에 대해 ***goto***(I_7, F) 를 적용하면 새로운 아이템 집합 I_{10} 를 생성한다. 이 때 [$M \rightarrow M * F$ ◉] 도 ◉(◉) 바로 뒤에 있는 심볼이 넌터미널이 아니기 때문에 더 이상 ***closure*** 를 수행하지 않는다. 그러므로 ***goto***(I_7, F)의 결과인 새로운 아이템 집합 I_{10} 은 아래와 같다.

I_{10} : $M \rightarrow M * F$◉

마찬가지로 I_7 안에 있는 ◉(, ◉x 는 이미 ***goto*** 를 적용하였기 때문에 I_8 아이템 집합의 각 아이템에 ***goto*** 를 적용한다.

단계 12.

I_8 아이템 집합에서 ◉) 에 대한 아이템 [$F \rightarrow (E$ ◉)] 를 적용하면 아래와 같다.

goto(I_8,)) = ***closure*** ([$F \rightarrow (E)$◉] | [$F \rightarrow (E$ ◉)]$\in I_8$})

I_8 안에 있는 ◉) 에 대해 ***goto***(I_8,)) 를 적용하면 새로운 아이템 집합 I_{11} 을 생성한다. 이 때 [$F \rightarrow (E)$◉] 도 ◉ 바로 뒤에 있는 심볼이 넌터미널이 아니기 때문에 더 이상 ***closure*** 를 수행하지 않는다. 그러므로 ***goto***(I_8,))의 결과인 새로운 아이템 집합 I_{11} 은 아래와 같다.

I_{11} : $F \rightarrow (E)$◉

이와 같이 ***closure*** 와 ***goto*** 함수를 사용하여 각 아이템 집합을 구하고, 다시 캐노니컬 LR(0) 아이템 모음을 구한다.

그림 11.8은 위에서 구한 캐노니컬 LR(0) 아이템 모음이고, 그림 11.9는 각 심볼에 대한 상태 전이 자동 기계를 나타낸다.

아이템 집합	◉X	새로운 아이템 집합	◉X	새로운 아이템 집합	◉X	새로운 아이템 집합
I_0 : E' → ◉E E → ◉E + M E → ◉M M → ◉M * F M → ◉F F → ◉(E) F → ◉x	E	I_1 : E' → E◉ E → E ◉+ M	+	I_6 : E → E + ◉M M → ◉M * F M → ◉F F → ◉(E) F → ◉x	M	I_9 : E → E + M◉ M → M ◉* F
	M	I_2 : E → M◉ M → M ◉* F	*	I_7 : M → M * ◉F F → ◉(E) F → ◉x	F	I_{10} : M → M * F◉
	F	I_3 : M → F◉				
	(	I_4 : F → (◉E) E → ◉E + M E → ◉M M → ◉M * F M → ◉F F → ◉(E) F → ◉x	E	I_8 : F → (E ◉) E → E ◉+ M	)	I_{11} : F → (E)◉
	x	I_5 : F → x◉				

그림 11.8 주어진 첨가 문법에 대한 캐노니컬 LR(0) 아이템 모음

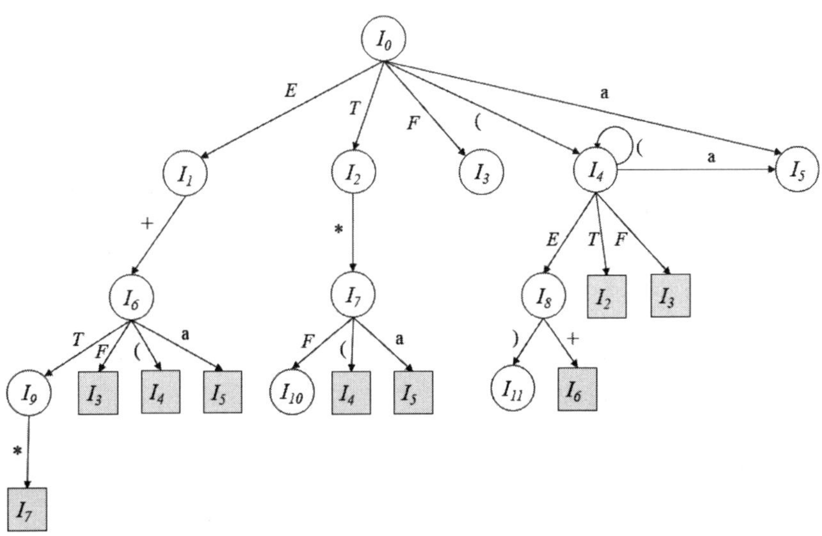

그림 11.9 그림 11.8에 대한 상태 전이 자동기계 (오토마타)

캐노니컬 LR(0) 아이템 모음을 자세히 살펴보면 아이템 집합에 대한 ***goto*** 함수는 활성 접두사에 의한 결정형 유한 오토마타로 표현된다. 즉, 그림 11.8과 같이 활성 접두사는 오토마타의 한 상태에서 다른 상태로 전이가 일어난다. 예를 들어, I_0 에서부터 전이가 일어나는 스트링 $E + M *$ 는 각 심볼 E, +, M , *을 하나씩 모두 읽은 후에는 상태 I_7 로 간다. 이것은 스트링 $E + M *$ 다음에 올 수 있는 심볼들이 I_7에 있다는 것을 의미한다. 즉, 스트링 $E + M *$ 다음에는 (E) 나 x 가 올 수 있다. 스트링 $E + M *$ 다음에 아이템 집합 I_7이 온다는 것은 * 다음에는 $M \rightarrow M * ⦿F$ 처럼 ⦿ 이 F 를 들여다보고 있다. 그러므로 F 에서 생성될 있는 생성규칙 $F \rightarrow (E)$ 와 $F \rightarrow$ x 가 유도될 수 있다는 것을 의미한다. 이와 같이 유도되는 심볼을 미리 알 수 있도록 생성한 아이템 집합이 바로 I_7 이다. 그러므로 스트링 $E + M *$ 를 활성 접두사라 하고 상태 I_7 은 스트링 $E + M *$ 에 대해 타당한 아이템이다.

이와 같이 캐노니컬 LR(0) 아이템을 구하는 것은 문법에서 유도하는 과정을 자동으로 예측할 수 있도록 한다.

이동-환원 파싱 기법을 위해 우단 유도 $S \Rightarrow^* \alpha A \omega \Rightarrow^* \alpha \beta_1 \beta_2 \omega$를 I_0 에서부터 전이가 일어나는 스트링 $E + M *$ 에 대해 살펴보자. 그러면 각 스트링은 아래와 같이 해당한다.

$$S \Rightarrow^* \alpha A \omega \Rightarrow^* \alpha \beta_1 \beta_2 \omega$$

$\alpha\beta_1$	$\beta_2\omega$
$E + M *$	$M \rightarrow M * ⦿F$ $F \rightarrow ⦿(E)$ $F \rightarrow ⦿$x
$\alpha\beta_1$에 해당하는 스트링	$E + M *$ 다음에 올 수 있는 아이템

그러므로 각 아이템이 스트링 $E + M *$ 에 대해 타당하다는 것은 파싱 도중에 스트링 $E + M *$ 을 발견하면 이동할 것인지 환원할 것인지를 결정하도록 한다. 다시 말하면, 파싱 도중에 스트링 $E + M *$ 다음에 해당하는 아이템으로 $M \rightarrow M * ⦿F$ 를 발견하면 $M * F$ 를 M 로 환원할 것이고, 스트링 $E + M *$ 다음에 해당하는 아이템으로, $F \rightarrow ⦿(E)$ 나 $F \rightarrow ⦿$x 를 발견하면 (나 x 를 스택에 이동할 것이다.

이 타당성은 아래와 같은 유도과정으로 알 수 있다.

- $M \rightarrow M * ⦿F$ 타당성: $E' \Rightarrow E \Rightarrow E + M \Rightarrow E + M * F \Rightarrow E + M * \mathrm{x} \Rightarrow E + M * F * \mathrm{x}$
- $F \rightarrow ⦿(E)$ 타당성: $E' \Rightarrow E \Rightarrow E + M \Rightarrow E + M * F \Rightarrow E + M * (E)$
- $F \rightarrow ⦿\mathrm{x}$ 타당성: $E' \Rightarrow E \Rightarrow E + M \Rightarrow E + M * F \Rightarrow E + M * \mathrm{x}$

또 다른 예를 살펴보자.

I_0 에서부터 I_2, I_7, I_4로 전이가 일어나는 스트링 $M * ($ 는 각 심볼 M , *, (을 하나씩 모두 읽고 전이한 후에는 마지막에 상태 I_4 로 간다. 이 의미는 스트링 $M * ($ 다음에 올 수 있는 심볼이 I_4 에 있다는 것이다. 즉, 스트링 $M * ($ 다음에는 아래 아이템 중에서 하나가 올 수 있다.

$E + M$
M
$M * F$
F
(E)
x

스트링 $M * ($ 다음에 아이템 집합 I_4가 온다는 것은 (다음에는 $F \rightarrow (⦿E)$ 처럼 ⦿ 이 E 를 들여다보고 있으므로 E 에서 생성될 있는 생성규칙 $E \rightarrow E + M$ 와 $E \rightarrow M$ 가 유도될 수 있다는 것이다. 그리고 심볼 M 와 F 에 대해서도 각각 유도되어야 한다. 그러므로 M 에서 생성될 수 있는 생성규칙으로 $M \rightarrow M * F$ 와 $M \rightarrow F$ 가 유도되고, 이어서 F 에서 생성될 있는 생성규칙 $F \rightarrow (E)$ 와 $F \rightarrow \mathrm{x}$ 가 유도되어야 한다. 결국 이 문법에서는 괄호 () 속에 다시 산술 수식이 반복적으로 올 수 있음을 알 수 있다.

11.4.2 LR(0) 아이템에서 단순 LR 파싱 테이블 구성하기

지금까지 구한 캐노니컬 LR(0) 아이템 모음에서 단순 LR 파싱 테이블을 구성한다. 캐노니컬 아이템 모음은 어떤 스트링 뒤에 올 심볼이 무엇인지 알려주는 것이므로, 아이템들로부터 파싱에 필요한 정보로 테이블을 구성한다. 파싱 테이블에 들어가는 정보는 특정 심볼에 대한 이동/환원 정보와 파싱을 완료하면 수락한다는 정보와 에러 정보이다.

11.4.2.1 이동 동작 만들기

먼저, 액션 테이블에 들어갈 이동 정보를 구해보자. LR(0) 아이템 집합의 각 아이템에서 ◉ 바로 뒤에 있는 심볼이 터미널인 $[A \rightarrow \alpha \odot x\beta]$ 형식을 찾는다. 아이템이 이런 형식을 가지며, 동시에 ◉ 바로 오른쪽의 심볼에 대해, 이 아이템 집합(I_i) 에서 ***goto*** $(I_i, x) = I_j$ 와 같이 다른 아이템 집합 (I_j)으로 전이가 있으면 ACTION (i, x) = "이동 j " 를 넣는다. 이 의미는 생성규칙 $A \rightarrow \alpha x\beta$에서 오른쪽 스트링 $\alpha x\beta$이 A 로 환원할 수 있도록 $\alpha x\beta$를 핸들로 만들기 위해 x를 스택으로 이동하라는 것이다.

위의 아이템 집합의 캐노니컬 모음에서 예를 들어보자.

아이템 집합에서 $[A \rightarrow \alpha \odot x\beta]$ 형식을 찾는다. 그러면 I_0에서 아이템 $F \rightarrow \odot(E)$ 와 $F \rightarrow \odot$x 가 이 형식에 해당하며, ***goto*** (I_0, ( ) = I_4 이며, ***goto*** (I_0, x) = I_5 이다. 그러므로 터미널 심볼 (와 x 에 대한 액션 테이블에 들어갈 내용은 아래와 같다.

ACTION(0, ( ) = "이동, 상태번호 4"
ACTION(0, x) = "이동, 상태번호 5"

이 형식의 아이템이 아이템 집합 I_0에는 더 이상 없으므로, 아이템 집합 I_1 로 가서 이 형식의 아이템을 찾는다. 그러면 $E \rightarrow E \odot\!+ M$ 가 있고 이 아이템은 ***goto*** (I_1, **+**) = I_6 이므로 터미널 심볼 **+** 에 대한 액션 테이블에 들어갈 내용은 아래와 같다.

ACTION(1, +) = "이동, 상태번호 6"

같은 방법을 계속하면, 아이템 집합 I_2에는 $M \rightarrow M \odot * F$ 가 있고 이 아이템은 ***goto*** (I_2, *) = I_7 이므로 터미널 심불 * 에 대한 액션 테이블에 들어갈 내용은 아래와 같다.

ACTION(2, *) = "이동, 상태번호 7"

또한 각 아이템 집합 I_4, I_6, I_7, I_8, I_9 에서 이 형식에 해당하는 아이템은 아래와 같다.

I_4 : $F \rightarrow \odot(E)$
$F \rightarrow \odot$x

I_6 : $F \rightarrow \odot(E)$
$F \rightarrow \odot$x

I_7 : $F \rightarrow$ ◉(E)
$F \rightarrow$ ◉x

I_8 : $F \rightarrow$ (E ◉)
$E \rightarrow E$ ◉+ M

I_9 : $M \rightarrow M$ ◉* F

그러므로 각 터미널 심볼에 해당하는 액션 테이블 내용은 아래와 같다.

ACTION(4, ( ) = "이동, 상태번호 4"
ACTION(4, x) = "이동, 상태번호 5"
ACTION(6, ( ) = "이동, 상태번호 4"
ACTION(6, x) = "이동, 상태번호 5"
ACTION(7, ( ) = "이동, 상태번호 4"
ACTION(7, x) = "이동, 상태번호 5"
ACTION(8,)) = "이동, 상태번호 11"
ACTION(8, +) = "이동, 상태번호 6"
ACTION(9, *) = "이동, 상태번호 7"

11.4.2.2 환원 동작 만들기

LR(0) 아이템 집합의 각 아이템에서 ◉ 바로 오른쪽의 심볼이 더 이상 존재하지 않는 [$A \rightarrow \alpha$ ◉] 형식을 찾는다. 이 형식의 아이템 [$A \rightarrow \alpha$ ◉] 은 한 생성 규칙의 각 심볼을 모두 읽은 것이므로 이 형식의 ◉ 바로 뒤에 올 수 있는 터미널 심볼은 A 의 FOLLOW 집합이 된다. 그러므로 이 형식의 아이템에 대해서는 FOLLOW(A) 에 속하는 모든 터미널 심볼인 $x \in$ FOLLOW(A) 에 대해 ACTION(i, x) = "환원 생성규칙 $A \rightarrow \alpha$" 를 넣는다. 이 의미는 생성규칙 $A \rightarrow \alpha x \beta$에서 오른쪽 스트링 $\alpha x \beta$이 A 로 환원하기 위해서는 스트링 $\alpha x \beta$ 다음 심볼을 보고 결정한다는 것이다. 또한, A의 FOLLOW 는 스트링$\alpha x \beta$ 다음에 나타날 터미널 심볼이다. 그러므로 입력 스트링에 나타나는 심볼이 될 A의 FOLLOW 터미널 심볼을 보면 오른쪽 스트링 $\alpha x \beta$를 A 로 환원하도록 해당 터미널에 생성 규칙을 넣는다.

위의 아이템 집합의 캐노니컬 모음에서 환원 정보를 구해 보자.

먼저, 아이템 집합에서 [$A \rightarrow \alpha$ ◉] 형식과 $x \in$ FOLLOW(A) 를 찾는다. 그러면 I_2에서 아이템 $E \rightarrow M$◉ 이고 {), +, ↵} $\in$ FOLLOW(E) 이다. 그러므로 터미널 심불), +, ↵ 각 각에 대한 액션

테이블에 들어갈 내용은 아래와 같다.

ACTION(2,)) = "이동, $E \rightarrow M$ "
ACTION(2, +) = "이동, $E \rightarrow M$ "
ACTION(2, ↵) = "환원, $E \rightarrow M$ "

같은 방법을 계속하면, 각 아이템 집합 I_3, I_5, I_9, I_{10}, I_{11} 에서 이 형식에 해당하는 아이템과 구해진 FOLLOW 심볼은 아래와 같다.

$I_3 : M \rightarrow F$◉
$I_5 : F \rightarrow x$◉
$I_9 : E \rightarrow E + M$◉
$I_{10} : M \rightarrow M * F$◉
$I_{11} : F \rightarrow (E)$◉

FOLLOW(E) = { +,), ↵}
FOLLOW(M) = { +, *,), ↵}
FOLLOW(F) = { +, *,), ↵}

그러므로 각 터미널 심볼에 해당하는 액션 테이블 내용은 아래와 같다.

ACTION(3, +) = "환원, $M \rightarrow F$ "
ACTION(3, *) = "환원, $M \rightarrow F$ "
ACTION(3,)) = "환원, $M \rightarrow F$ "
ACTION(3, ↵) = "환원, $M \rightarrow F$ "

ACTION(5, +) = "환원, $F \rightarrow x$ "
ACTION(5, *) = "환원, $F \rightarrow x$ "
ACTION(5,)) = "환원, $F \rightarrow x$ "
ACTION(5, ↵) = "환원, $F \rightarrow x$ "

ACTION(9, +) = "환원, $E \rightarrow E + M$ "
ACTION(9,)) = "환원, $E \rightarrow E + M$ "
ACTION(9, ↵) = "환원, $E \rightarrow E + M$ "

ACTION(10, +) = "환원, $M \rightarrow M * F$ "
ACTION(10, *) = "환원, $M \rightarrow M * F$ "

ACTION(10,)) = "환원, $M \rightarrow M * F$ "
ACTION(10, ↵) = "환원, $M \rightarrow M * F$ "

ACTION(11, +) = "환원, $F \rightarrow (E)$ "
ACTION(11, *) = "환원, $F \rightarrow (E)$ "
ACTION(11,)) = "환원, $F \rightarrow (E)$ "
ACTION(11, ↵) = "환원, $F \rightarrow (E)$ "

11.4.2.3 수락 액션 만들기

LR(0) 아이템 집합의 각 아이템에서 ◉ 바로 오른쪽의 심볼이 더 이상 존재하지 않은 [$S' \rightarrow S$◉] 형식을 찾아서 ACTION(i, ↵) = "수락, 파싱 종료" 를 넣는다. 이것은 첨가 문법의 시작 넌터미널에서 시작한 생성 규칙을 커널 아이템 [$S' \rightarrow S$◉] 의 S◉ 에 의해 넌터미널 심볼 S 에서 생성하는 모든 규칙을 이미 모두 읽었다는 의미이다. 그러므로 이동–환원 파싱 기법에서 이 아이템으로 환원한다는 것은 바로 이전까지의 이동–환원 동작을 모두 정상적으로 수행하였다는 것을 의미한다.

위의 아이템 집합의 캐노니컬 모음에서 수락 액션 정보를 구하려면 아이템 집합에서 [$S' \rightarrow S$◉] 형식을 찾는다. 그러면 아이템 집합 I_1에 아이템 [$E' \rightarrow E$◉]이 있다. 그러므로 액션 테이블에 들어갈 내용은 아래와 같다.

ACTION(1, ↵) = "수락"

그림 11.9는 캐노니컬 LR(0) 아이템 모음에서 단순 LR 파싱 테이블을 구하는 알고리즘이다.

```
function Constructing an SLR parsing table( )
{
input: augmented grammar G ′ and C = { I0, I1, ... , In }, of sets of items for G ′;
output: SLR Parsing Table with ACTION and GOTO  from C;

   if ([A → α ⦿xβ] ∈ Ii  && goto (Ii, x) = Ij) ACTION(i,  x] = "shift j  ";
   if([A → α ⦿] ∈ Ii  && A  ≠  S ′)
          {
              for ( all  x  ∈ FOLLOW(A) )
                   ACTION(i,  x) =  "reduce  A → α" ;
          }
   if ([S ′ → S  ⦿ ] ∈ Ii)  ACTION(i,  ↵) =  "accept";
   if ( goto(Ii, A)  =  Ij)   GOTO(i,  A) = j;
   if (there are  undefined entry) ACTION(i,  VT) =  "error";
}
```

그림 11.9 단순 LR 파싱 테이블 구성하기

그림 11.4은 위 문법을 이런 과정으로 구성한 단순 LR 파싱 테이블이다.

실습 11.3

아래 문법에 대한 단순 LR 파싱 테이블을 구성하시오[3].

G: 1. $S \rightarrow L = R$
2. $S \rightarrow \mathrm{R}$
3. $L \rightarrow * R$
4. $L \rightarrow \mathrm{x}$
5. $R \rightarrow L$

LR 파싱 테이블을 구성하기 위해 이 문법의 첨가 문법으로 아이템 집합의 캐노니컬 모음을 구하면 아래와 같다.

I_0 : $S' \rightarrow \odot S$ $S \rightarrow \odot L = R$ $S \rightarrow \odot R$ $L \rightarrow \odot * R$ $L \rightarrow \odot \mathrm{x}$ $R \rightarrow \odot L$	I_1 : $S' \rightarrow S\odot$	I_2 : $\boldsymbol{S \rightarrow L \odot = R}$ $\boldsymbol{R \rightarrow L \odot}$
I_3 : $S \rightarrow \odot R$	I_4 : $L \rightarrow * \odot R$ $R \rightarrow \odot L$ $L \rightarrow \odot * R$ $L \rightarrow \odot \mathrm{x}$	I_5 : $L \rightarrow \mathrm{x}\odot$
I_6 : $S \rightarrow L = \odot R$ $R \rightarrow \odot L$ $L \rightarrow \odot * R$ $L \rightarrow \odot \mathrm{x}$	I_7 : $L \rightarrow * R\odot$	I_8 : $R \rightarrow L\odot$
I_9 : $S \rightarrow L = R\odot$		

이 캐노니컬 아이템 모음에서 LR 파싱 테이블을 구성하는 도중에 아래 사항을 발견할 수 있다.

아이템 집합 I_2 에서 아이템 [$\boldsymbol{S \rightarrow L \odot = R}$]는 FOLLOW(R) = { =, ↵}이므로 아래 정보가 들어간다.

ACTION(2, =) = "이동, 상태번호 6 "

그리고 아이템 [$\boldsymbol{R \rightarrow L\odot}$]에서는 아래와 같은 정보가 들어간다.

ACTION(2, =) = "환원, 생성규칙 $\boldsymbol{R \rightarrow L}$ "

그러므로 ACTION(2, =) 는 이동과 환원 두 정보가 생성되어 이동-환원 충돌이 발생한다. 이와 같이 한 입력 심볼에 대해 이동-환원 충돌이 발생하기도 한다. 그러므로 이 문법은 명확하지 않으며 **단순 LR(1) 문법도 아니다.**

실습 11.4

아래 문법에 대한 LR(0) 아이템의 **캐노니컬 모음**과 각 넌터미널에 대한 FOLLOW 터미널 심볼을 보고 단순 LR 파싱 테이블을 구성하시오.

Decl → *Typ Var* ; *Decl* | *Typ Var Arrtyp* ; *Decl* | ϵ
Typ → *Styp* | *Arrtyp*
Styp → int | float
Arrtyp → [*Num*] *Arrtyp* | ϵ
Var → x
Num → dig

이 문법의 LR(0) 아이템의 **캐노니컬 모음**은 아래와 같다.

I_0: *Decl* ' → ◉*Decl* *Decl* → ◉*Typ Var* ; *Decl* *Decl* → ◉*Typ Var Arrtyp* ; *Decl* *Decl* → ϵ◉ *Typ* → ◉*Styp* *Typ* → ◉*Arrtyp* *Styp* → ◉int *Styp* → ◉float *Arrtyp* → ◉[*Num*] *Arrtyp* *Arrtyp* → ϵ◉	I_1: *Decl* ' → *Decl*◉ I_2: *Decl* → *Typ* ◉*Var* ; *Decl* *Decl* → *Typ* ◉*Var Arrtyp* ; *Decl* *Var* → ◉x	I_3: *Typ* → *Styp*◉ I_4: *Typ* → *Arrtyp*◉ I_5: *Styp* → int◉
I_6: *Styp* → float◉ I_7: *Arrtyp* → [◉*Num*] *Arrtyp* *Num* → ◉dig	I_8: *Decl* → *Typ Var* ◉; *Decl* *Decl* → *Typ Var* ◉*Arrtyp*; *Decl* *Arrtyp* → ◉[*Num*] *Arrtyp* *Arrtyp* → ϵ◉	I_9: *Var* → x◉ I_{10}: *Arrtyp* → [*Num* ◉] *Arrtyp* I_{11}: *Num* → dig◉

I_{12}: *Decl* → *Typ Var* ; ◉*Decl* *Decl* → ◉*Typ Var* ; *Decl* *Decl* → ◉*Typ Var Arrtyp* ; *Decl* *Decl* → ϵ◉ *Typ* → ◉*Styp* *Typ* → ◉*Arrtyp* *Styp* → ◉int *Styp* → ◉float *Arrtyp* → ◉[*Num*] *Arrtyp* *Arrtyp* → ϵ◉	I_{13}: *Decl* → *Typ Var Arrtyp* ◉; *Decl* I_{14}: *Arrtyp* → [*Num*] ◉*Arrtyp* *Arrtyp* → ◉[*Num*] *Arrtyp* *Arrtyp* → ϵ◉ I_{15}: *Decl* → *Typ Var* ; *Decl*◉	I_{16}: *Decl* → *Typ Var Arrtyp* ; ◉ *Decl* *Decl* → ◉*Typ Var* ; *Decl* *Decl* → ◉*Typ Var Arrtyp* ; *Decl* *Decl* → ϵ◉ *Typ* → ◉*Styp* *Typ* → ◉*Arrtyp* *Styp* → ◉int *Styp* → ◉float *Arrtyp* → ◉[*Num*] *Arrtyp* *Arrtyp* → ϵ◉
I_{17}: *Arrtyp* → [*Num*] *Arrtyp*◉ I_{18}: *Decl* → *Typ Var Arrtyp* ; *Decl*◉		

이 문법의 FOLLOW 터미널 심볼은 아래와 같다.

FOLLOW(*Decl*) = { ↵ }
FOLLOW(*Typ*) = { **x** }
FOLLOW(*Styp*) = { **x** }
FOLLOW(*Arrtyp*) = { **x**, **;** }
FOLLOW(*Var*) = { **;**, **[** }
FOLLOW(*Num*) = { **]** }

지금까지 LR 파싱 과정과 LR 파싱 테이블 구성 방법을 알아보았다. 이어서 파싱 테이블 구성 중에 충돌을 피하기 위한 **캐노니컬 LR** 기법과 파싱 테이블의 크기를 줄이기 위한 **미리보기 LR** 기법을 간략하게 살펴보자.

실습문제

1 아래 문법에 대한 단순 LR 파싱 테이블을 구성하시오.

G: 1. $S \rightarrow S$ x M
2. $S \rightarrow$ z
3. $T \rightarrow$ x y

2 아래 문법을 보고 물음에 답 하시오.

E'→ E
$E \rightarrow EAE \mid M$
$M \rightarrow EMF \mid F$
$A \rightarrow + \mid -$
$M \rightarrow * \mid /$
$F \rightarrow (E) \mid$ x | y | z | n

(1) 단순 LR 파싱 테이블을 구성하시오.
(2) x + y * n + z 를 파싱하시오.
(3) 이 문법에 대한 LR 파싱 드라이버와 파싱 테이블 만드는 프로그램을 구현하시오.
(4) 구현한 프로그램으로 입력 스트링 x * (y + z) + x 를 파싱하시오.

3 아래 문법에 대한 단순 LR 파싱 테이블을 구성하시오.

G: 1. $S \rightarrow$ if $Cond$ then S
2. $S \rightarrow$ if $Cond$ then S else S
3. $S \rightarrow$ x

4 문항 3에서 파싱 테이블을 구성하는 과정에 어떤 문제가 발생하는지 관찰하시오. 만약 문제가 발생하면 이러한 문제가 왜 발생하며, 어떻게 해결해야 하는지를 설명하시오.

11.5 캐노니컬 LR 파싱

앞에서 살펴 본 것과 같이 어떤 상태에서는 특정 FOLLOW 심볼이 나올 수 없어서, 이 심볼에 대해서는 환원을 할 수 없는 경우가 발생한다. 어떤 LR(0) 아이템 $[A \rightarrow \alpha \odot]$이 상태 I 에 속해 있으면, 넌터미널 심볼 A의 FOLLOW(A) 터미널에 대해 환원하도록 해야 한다. 그러나 FOLLOW(A)에는 속하지만 그 상태에서는 넌터미널 A **다음에 나올 수 없는 심볼이 존재**하기도 한다. 그러므로 이 상태에서는 A **다음에 나올 수 있는 심볼**에 대해서만 환원 동작을 수행한다. 이와 같이 한 상태에서 어떤 넌터미널 심볼 다음에 나올 수 있는 터미널 심볼들을 **미리보기** 심볼이라 한다.

FOLLOW은 모든 **문장형식**에서 넌터미널 다음에 나올 수 있는 터미널 심볼 집합이고, 미리보기 심볼은 어떤 **특정 상태에서** 한 아이템의 오른쪽 다음에 나올 수 있는 터미널 심볼의 집합이다. 즉, 미리보기를 **상태에 따른**(상태－의존) FOLLOW로 생각할 수 있다.

여기서 단순 LR 파싱 테이블을 만드는 과정을 요약하여 살펴보자.

- 아이템 I_i 의 집합이 아이템 $[A \rightarrow \alpha \odot]$를 포함하고,
- FOLLOW(A)에 x가 있으면, 상태 i 는 $A \rightarrow \alpha$로 환원한다.

그러나 어떤 상황에서는 아래 경우가 발생한다.

- 상태 i 가 스택 톱에 나타날 때,
- 스택에 있는 **활성 접두사** $\beta\alpha$가 오른쪽 문장 형식에서 βA 뒤에 x가 뒤따라 나올 수 없는 것이 있다.
- 그러므로 입력 x에 대해 $A \rightarrow \alpha$로 환원할 수 없게 된다.

그러므로 어떤 아이템에 대해 타당하는 아이템과 타당하지 않는 아이템이 있다. 먼저 타당한 경우를 살펴보자. 아래 그림에서 왼쪽 부분이 스택이고, 오른쪽 부분이 입력 큐의 상태이다. #는 스택의 바닥을, ↵는 입력 스트링의 맨 끝을 의미한다.

#	β						

t	x	ω	...	↵			

#	β	t					

x	ω	...	↵				

#	β	α						x	ω	...	↲				
#	β	$\boldsymbol{A}$						x	ω	...	↲				

이와 같이 아이템이 타당한 경우는 터미널 심볼 x가 터미널 집합 FOLLOW(A)에 있기 때문에 넌터미널 A로 환원한다.

그러면 타당하지 않은 경우를 살펴보자.

#	β							t	y	ω	...	↲			
#	β	t						y	ω	...	↲				
#	β	α						y	ω	...	↲				
#	β	α						y	ω	...	↲				

이 경우는 터미널 심볼 y가 터미널 집합 FOLLOW(A)에 있지만 타당하지 않아서, $A \rightarrow \alpha$로 환원하지 않고 이동 동작을 수행한다.

앞의 할당 수식을 구성하는 문법을 다시 살펴보자. 상태 I_2에는 아래 아이템이 있으며 FOLLOW(R) = {=, ↲}이다.

$$I_2 : \quad S \rightarrow L \odot = R$$
$$\qquad\qquad R \rightarrow L \odot$$

아이템 $R \rightarrow L\odot$에 대해 파싱 테이블을 구성하는 과정에서 아래 경우가 있다.

- 아이템 [$R \rightarrow L\odot$]는 [$A \rightarrow \alpha \odot$] 형식에 해당한다.
- 입력 터미널 = 는 심볼 x 에 해당하고 FOLLOW(R)에 있다.

만약 단순 LR 파서이면, 상태 2에서 아래와 같이 동작한다.

- 입력 심볼 = 에 대해 $R \rightarrow L$ 로 환원한다.
- 아이템 [$S \rightarrow L \odot = R$] 때문에 터미널 = 에 대해 이동도 가능하다.

그러나 앞 문법에서는 아래 경우도 알 수 있다.

- R =⋯ 로 시작하는 오른쪽 문장 형식이 없다.

- 상태 2는 활성 접두사 L 에만 해당한다.
- 그러므로, 상태 2는 L 에서 R로 환원($R \rightarrow L$)할 수 없다.

지금부터 위와 같은 이동/환원 충돌을 피하기 위해 미리보기 심볼을 알 수 있는 LR(1) 아이템을 구해보자.

정의 11.7

> **LR(1) 아이템**은 $[A \rightarrow \alpha \odot \beta, x]$와 같은 형식의 아이템으로 $A \rightarrow \alpha \odot \beta$는 **코어**라 하고, x는 미리보기 심볼이라 한다. 즉, $A \rightarrow \alpha\beta$는 생성 규칙이며, x는 터미널이거나 ↲이다.

이 LR(1) 아이템의 미리보기 심볼을 아이템 생성에서 미리 구하는 이유는 넌터미널 A에 대해, 넌터미널 다음에 나오는 FOLLOW의 터미널 심볼이 아니라, 어떤 상태에서 아이템의 오른쪽 다음에 나오는 터미널 심볼을 찾는 것이다. 그러므로 아이템에서 미리보기 심볼은 아이템 $[A \rightarrow \alpha \odot \beta, x]$만으로는 의미가 없다. 여기서 β는 ϵ이 아니며, 다음 입력하는 심볼이 x일 때만 아이템 $[A \rightarrow \alpha \odot, x]$이 $A \rightarrow \alpha$로 환원한다. 그러므로 입력하는 심볼에 대해서만 $A \rightarrow \alpha$로 환원해야 한다.

스택의 톱에 있는 아이템 $[A \rightarrow \alpha \odot, x]$은 입력 스트링으로 만들어지는 LR(1) 아이템이고, x의 집합은 항상 FOLLOW(A)의 부분집합이다.

수학적으로 표현하면 LR(1) 아이템 $[A \rightarrow \alpha \odot \beta, x]$은 활성 접두사 γ에 대해 타당한 아이템이다. 즉, 아래 유도에서 $\gamma=\delta\alpha$이고, x는 ω의 맨 처음 심볼이거나 ↲이고, ω는 ϵ이다.

$$S \Rightarrow^{*}_{rm} \delta \underline{A} \omega \Rightarrow_{rm} \delta \alpha \beta \underline{\omega}$$

아래 문법을 살펴보자.

$$S \rightarrow DD$$
$$D \rightarrow eD \mid d$$

이 문법을 $S \Rightarrow^{*}_{rm} \delta \underline{A} \omega \Rightarrow_{rm} \delta \alpha \beta \omega$ 와 같이 우단 유도하여 각 심볼을 살펴보자.

- $S \Rightarrow^{*}_{rm} \delta \underline{A} \omega$ 는 $\delta = \underline{ee}$, $A = D$, $\omega = \underline{ed}$
- $\Rightarrow_{rm} \delta \alpha \beta \omega$ 는 $\delta\alpha = \underline{eee}$, $\beta = D$, $\omega = ed$
- $\gamma = ee$

이 문법의 우단 유도에 의해 한 LR(1) 아이템 $[D \rightarrow e \ \textcircled{\bullet} D, \text{x}]$는 $\gamma = ee,\ A = D,\ \omega = ed,\ \alpha = e,\ \beta = D$ 이기 때문에, 활성 접두사 $\gamma = eee$에 대해 타당한 아이템이 된다. 또 아래의 다른 우단 유도도 있다.

$$S \Rightarrow^*_{rm} DeD \Rightarrow_{rm} DeeD$$

그러므로 이 유도에서 아이템 $[D \rightarrow e \ \textcircled{\bullet} D,\ \hookleftarrow]$도 활성 접두사 Dee에 대해 타당하다.

LR(1) 아이템 집합의 모음을 만드는 방법도 두 개의 함수 *closure* 와 *goto*를 사용하기 때문에 LR(0) 아이템 집합의 캐노니칼 모음을 만드는 방법과 유사하다. 다만, *closure* 연산을 위해 아이템 형식이 $[A \rightarrow \alpha \textcircled{\bullet} D, \text{x}]$이고, 어떤 활성 접두사 γ에 대해 타당하게 된다. 그러면 우단 유도는 아래와 같으며, $[A \rightarrow \alpha \textcircled{\bullet} D, \text{x}]$ 형식에서 $\alpha \textcircled{\bullet} D$ 에 해당하는 심볼은 $\alpha \underline{D\beta}$이고, $\gamma = \delta\alpha$이다.

$$S \Rightarrow^*_{rm} \delta \boldsymbol{A} xq \Rightarrow_{rm} \delta\alpha \underline{\boldsymbol{D}} \beta xq$$

βxq가 터미널 스트링 dy를 유도한다면, 어떤 ŋ에 대한 $D \rightarrow$ ŋ 형식의 각 생성규칙에 대해 아래와 같다.

$$S \Rightarrow^*_{rm} \gamma \boldsymbol{D} dy \Rightarrow_{rm} \gamma\, \eta\, \underline{d}y$$

그러므로 $[D \rightarrow \textcircled{\bullet}\eta,\ d]$는 γ에 대해 타당한 아이템이다.

결국, $S \Rightarrow^*_{rm} \delta \boldsymbol{A} xq \Rightarrow_{rm} \delta\alpha \underline{\boldsymbol{D}\beta} xq \Rightarrow_{rm} \gamma\, \eta\, \underline{d}y$ 에서 D 가 β로 부터 유도되는 맨 처음 터미널이 될 수도 있으며, 유도 $\beta xq \Rightarrow^* dy$에서 β가 ϵ를 유도할 수도 있으므로 d는 x 일 수 있다. 이 두 개의 가능성을 보면 d는 FIRST(β**xq**)안에 있는 터미널 심볼이 될 수 있다. 그리고 x는 dy의 맨 처음 터미널을 포함할 수 없기 때문에 아래가 된다.

$$\text{FIRST}(\beta xq) = \text{FIRST}(\beta x)$$

위의 내용을 정리하면 어떤 문법 G 에 대한 LR(1) 아이템 모음 만들기는 아래와 같은데, 단순 LR(0) 아이템 모음 계산과 마찬가지로, $C = \{closure\ (\{[S' \rightarrow \textcircled{\bullet} S, \hookleftarrow]\})\}$에서 시작한다.

closure (I)는 어떤 상태 I 안에 있는 각 LR(1) 아이템 $[A \rightarrow \alpha \textcircled{\bullet} B\beta, \text{x}]$에 대해, 상태 I에 들어갈 아이템이 더 이상 없을 때까지 아래를 반복 수행한다.

- 문법 G' 의 각 생성 규칙 $B \rightarrow \gamma$에 대해, 그리고
- FIRST(βx) 안의 각 터미널 y 각각에 대해
- $[B \rightarrow \textcircled{\bullet}\gamma, y]$를 상태 I 에 넣는다.

goto(I, X)는 상태 I에 있는 각 아이템 $[A \rightarrow \alpha \odot X\beta, \text{x}]$에 대해, 아이템 $[A \rightarrow \alpha X \odot \beta, \text{x}]$를 집합 J에 넣는다. 그리고 *closure* (J) 로 *closure* 함수를 시작한다.

아래 첨가 문법을 예를 들어보자.

$$S' \rightarrow S$$
$$S \rightarrow DD$$
$$D \rightarrow eD \mid d$$

(1) 먼저, $closure\{[S' \rightarrow \odot S, \ \hookleftarrow]\}$를 계산한다. 아이템 $[A \rightarrow \alpha \odot B\beta, \text{x}]$로 아이템 $[S' \rightarrow \odot S, \ \hookleftarrow]$를 대응한다. 그러면, $A = S'$, $\alpha = \epsilon$, $B = S$, $\beta = \epsilon$, $\text{x} = \hookleftarrow$이다.

(2) 각 생성 규칙 $B \rightarrow \gamma$과 FIRST(βx) 안에 있는 터미널 y에 대해, $[B \rightarrow \odot \gamma, \ y]$를 추가한다. 이 규칙에 대응하면 보면, $B \rightarrow \gamma$는 $S \rightarrow DD$ 이고, β는 ϵ이며, x는 $\hookleftarrow$이므로, y는 $\hookleftarrow$만 해당한다. 그러므로 $[S \rightarrow \odot DD, \hookleftarrow]$를 추가한다.

(3) 같은 과정을 계속하기 위해 FIRST($D\hookleftarrow$) 안에 있는 y에 대해, 모든 아이템 $[D \rightarrow \odot \gamma, \ y]$를 추가한다. 즉, $[A \rightarrow \alpha \odot B\beta, \text{x}]$를 대응하면, $[S \rightarrow \odot DD, \ \hookleftarrow]$는 $A = S$, $\alpha = \epsilon$, $B = D$, $\beta = D$, $\text{x} = \hookleftarrow$이다.

   D는 빈 스트링을 유도하지 않기 때문에, FIRST($D\hookleftarrow$) = FIRST(D)이다. FIRST(D) 터미널 e와 d를 포함하므로, 아이템 $[D \rightarrow \odot eD, \ e]$, $[D \rightarrow \odot eD, \ d]$, $[D \rightarrow \odot d, \ e]$, $[D \rightarrow \odot d, \ d]$를 추가한다.

(4) 새로운 아이템 어느 것도 ⦿ 바로 오른쪽에는 넌터미널이 없기 때문에, 맨 처음 LR(1) 아이템 집합 계산을 종료한다. 그러면 I_0 아이템 모음이 계산된다.

이 I_0 아이템 모음에서 *goto*(I, *X*)와 *closure* (J)를 반복 수행하여 그림 11.10의 LR(1) 아이템 모음을 구한다. *e*/*d* 는 *e*와 *d*는 둘 다 미리 보기 심볼이며, 두 심볼 각각 이동 혹은 환원의 해당 동작을 수행한다.

I_0	$I_1 = goto(I_0, S)$	$I_2 = goto(I_0, D)$
$S' \rightarrow \odot S, ↲$ $S \rightarrow \odot DD, ↲$ $D \rightarrow \odot eD, e/d$ $D \rightarrow \odot d, e/d$	$S' \rightarrow S\odot, ↲$	$S \rightarrow D\odot D, ↲$ $D \rightarrow \odot eD, ↲$ $D \rightarrow \odot d, ↲$
$I_3 = goto(I_0, e), goto(I_3, e)$	$I= goto(I_0, d), goto(I_3, d)$	$I_5 = goto(I_2, D)$
$D \rightarrow e\odot D, e/d$ $D \rightarrow \odot eD, e/d$ $D \rightarrow \odot d, e/d$	$D \rightarrow d\odot, e/d$	$S \rightarrow DD\odot, ↲$
$I_6 = goto(I_2, e), goto(I_6, e)$	$I_7 = goto(I_2, d), goto(I_6, d)$	$I_8 = goto(I_3, D)$
$D \rightarrow e\odot D, ↲$ $D \rightarrow \odot eD, ↲$ $D \rightarrow \odot d, ↲$	$D \rightarrow d\odot, ↲$	$D \rightarrow eD\odot, e/d$
$I_9 = goto(I_6, D)$		
$D \rightarrow eD\odot, ↲$		

그림 11.19 LR(1) 아이템 모음

그림 11.10의 LR(1) 아이템 모음의 $[S' \rightarrow \odot S]$에서부터 단순 LR 파싱 테이블 구성 방법과 같은 과정으로 파싱 테이블을 구성할 수 있다.

실습 11.5

그림 11.10의 LR(1) 아이템 모음으로 캐노니컬 LR 파싱 테이블을 구성하시오.

11.6 미리보기 LR 파싱

이렇게 만들어진 캐노니컬 LR 파서는 미리보기 심볼에 대한 자세한 정보를 많이 가지기 때문에 파싱 테이블 용량이 크다. LR 파서의 크기(상태의 수)를 비교하면 아래와 같이 캐노니컬 LR의 상태 수가 가장 많다

미리 보기 LR < 캐노니컬 LR

그러므로 미리보기 LR 파싱 기법으로 캐노니컬 LR 파싱 테이블의 크기를 줄인다.

미리보기 LR 파싱 기법의 기본 개념은 LR(1) 아이템 $[A \rightarrow \alpha \circledcirc e\beta,\ x]$에서 코어 부분인 $A \rightarrow \alpha \circledcirc x\beta$ 부분을 합병(머지)하는 것이다. 그러므로 어떤 문법에 대해, 단순 LR과 미리보기 LR 테이블은 상태의 수가 같아진다. 공통 코어가 있는 상태를 합병함으로써 이동-환원 충돌이 발생할 수 없다. 이동 액션은 미리보기 심볼이 아니라, 코어에 따라 일어나기 때문이다.

아래 LR(1) 아이템 집합에서 미리보기 LR 파싱 테이블 구성을 위해 병합한다.

$$I_4 : [D \rightarrow d\circledcirc,\ e/d]$$
$$I_7 : [D \rightarrow d\circledcirc,\ \hookleftarrow]$$

여기서 공통 코어는 $[D \rightarrow d\circledcirc]$이다, 그러므로 이 공통 코어를 모두 찾아서 하나($I_{4,7}$)로 병합하고, 미리보기 터미널 e와 d 각각에 대해 이 상태($I_{4,7}$)로 환원하거나 이동하도록 한다. 즉, LR(1) 아이템 모음 $C = \{I_0, I_1, \ldots , I_n\}$에서 아래를 수행한다.

- $J = I_0 \cup I_1 \cup, \ldots, \cup I_n$
- $K = goto(I_0, X) \cup goto(I_1, X) \cup, \ldots, \cup goto(IX)$

결과적으로 병합한 아이템 모음 $C' = \{J_0, J_1, \ldots, J_m\}$를 구성한다.

이러한 과정으로 그림 11.10의 아이템 집합 모음에서 그림 11.11처럼 병합할 수 있다.

LR(1) 아이템	공통 코어	병합한 미리보기 아이템
I_3 : $D \rightarrow e\odot D,\ e/d$ $D \rightarrow \odot eD,\ e/d$ $D \rightarrow \odot d,\ e/d$ I_6 : $D \rightarrow e\odot D,\ ↵$ $D \rightarrow \odot eD,\ ↵$ $D \rightarrow \odot d,\ ↵$	$D \rightarrow e\odot D$ $D \rightarrow \odot eD$ $D \rightarrow \odot d$	$I_{3,6}$: $D \rightarrow e\odot D,\ e/d, ↵$ $D \rightarrow \odot eD, e/d,\ ↵$ $D \rightarrow \odot d, e/d, ↵$
I_4 : $D \rightarrow d\odot,\ e/d$ I_7 : $D \rightarrow d\odot,\ ↵$	$D \rightarrow d\odot$	$I_{4,7}$: $D \rightarrow d\odot,\ e/d/↵$
I_8 : $D \rightarrow eD\odot, e/d$ I_9 : $D \rightarrow eD\odot,\ ↵$	$D \rightarrow eD\odot$	$I_{8,9}$: $D \rightarrow eD\odot, e/d/↵$

그림 11.11 그림 11.10의 아이템 모음에서 병합한 아이템

이렇게 병합한 아이템으로 구성되는 미리보기 LR 파싱 테이블에서 상태 번호 I_3, I_4, I_8은 각각 $I_{3,6}$, $I_{4,7}$, $I_{8,9}$로 변경되고, 해당하는 이동 상태 번호도 $I_{3,6}$, $I_{4,7}$, $I_{8,9}$로 변경된다. 그리고 상태 번호 I_6, I_7, I_9는 제거된다.

제12장

Yacc 사용하기: 파서 생성기

Yacc 사용하기: 파서 생성기

앞 장까지 LR 파서를 구성하는 방법을 살펴보았다. 즉, 주어진 문법에 따른 파싱 테이블만 있으면 원시 프로그램의 구문을 분석할 수 있다는 것을 살펴보았다. 어떤 프로그래밍 언어의 문법에 따라 파싱 테이블을 자동으로 생성할 수 있으면, 누구나 LR 기법을 이용하는 컴파일러를 쉽게 개발할 수 있다. 이미 알고 있듯이 파싱 테이블을 생성하는 과정은 이미 정해진 결정적이고 정형화한 과정이므로 소프트웨어만 잘 구성하면 파싱 테이블을 자동으로 생성할 수 있다.

이 장에서는 컴파일러를 프로그래밍 언어마다 각각 따로 만드는 것이 아니라, 문법만 있으면 LR 파싱 **테이블을 자동으로 생성하는 도구**인 Yacc(Yet Another Compiler-Compiler)의 구조와 사용 방법을 살펴본다.

12.1 Yacc 개요

Yacc 는 프로그래밍 언어의 문법을 입력으로 받아서 문법에 따르는 컴파일러 파서를 생성하는 소프트웨어이다. 즉, 이동-환원 기법을 위한 LR 파싱 테이블을 자동으로 생성하는 도구이다.

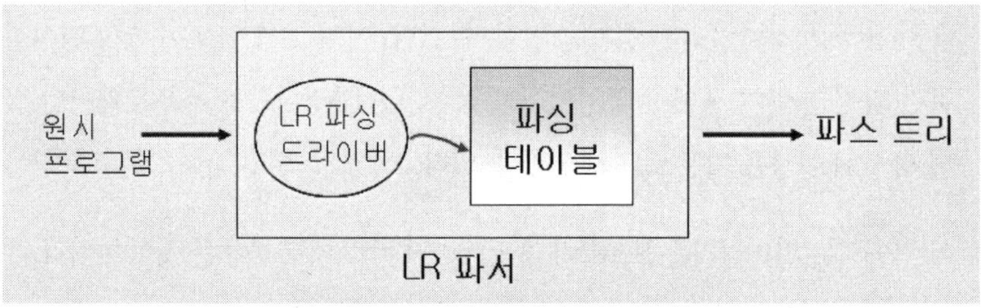

그림 12.1 지금까지 살펴본 LR 파서 개념

이 Yacc는 문법만 있으면 파싱 테이블을 생성하고, 그 파싱 테이블의 정보에 따라 파싱 드라이버가 입력 심볼을 차례로 읽어 들여 문법에 맞는지를 검사한다. 그러나, LR 파싱 테이블을 생성하는 과정은 문법이 길어지거나 복잡할수록 그 과정도 복잡하다.

그림 12.2는 어떤 프로그래밍 언어의 문맥-자유 문법에 따라 자동 생성한 파싱 테이블과 LR 파서와의 관계를 나타낸다.

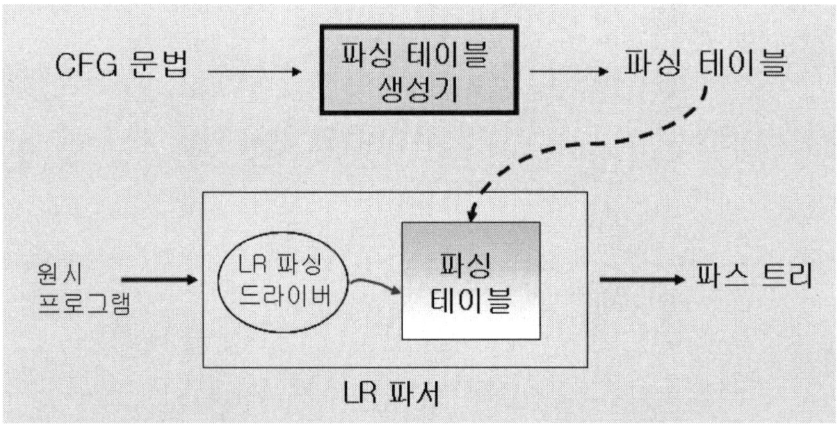

그림 12.1 파싱 테이블 자동 생성 개념이 포함된 LR 파서

이미 앞에서 살펴보았듯이 Yacc는 그림 12.3과 같이 Lex와 연관해 구동한다.

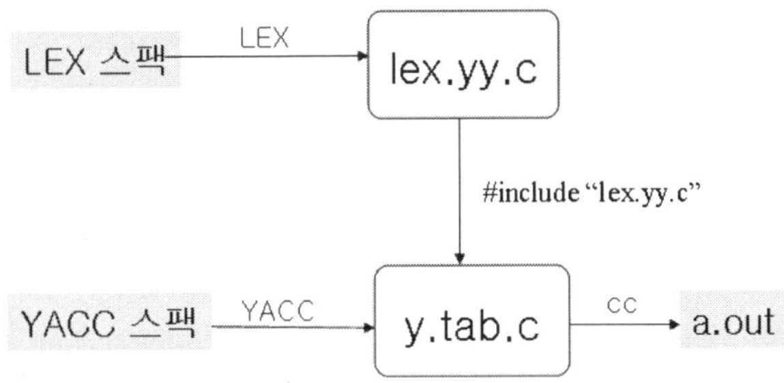

그림 12.3 Lex와 Yacc에 의한 프로그램 생성과 컴파일

Yacc와 Lex 사이의 관계를 프로그램과 함수 단위에서의 제어와 데이터 흐름을 바탕으로 살펴보면 그림 12.4와 같다.

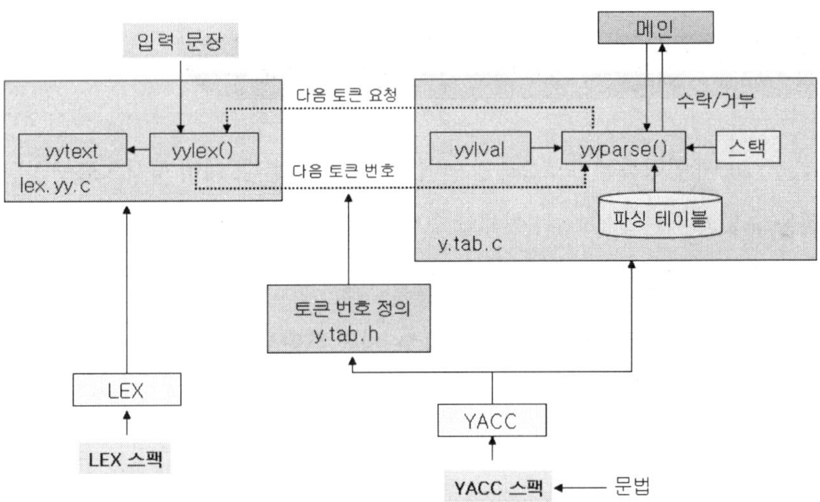

그림 12.4 Yacc와 Lex 함수 사이의 제어와 데이터 흐름

Yacc는 yyparse( )라는 C 함수를 생성해 y.tab.c 라는 파일에 첨부된다. yyparse( ) 함수는 입력 토큰이 필요할 때 마다 Lex에서 생성한 yylex( ) 함수를 호출한다. 이 yylex( ) 함수는 사용자가 작성할 수 있으며, Yacc 스펙의 일부로 포함하거나 Lex 유틸리티로 생성할 수 있다. 그러므로 Yacc 스펙 안에는 yylex( ) 함수를 포함하도록 아래 문장이 있다고 가정한다.

```
#include lex.yy.c
```

실습문제

1 Yacc는 무엇인지 설명하시오.

2 앞에서 학습한 LR 파서와 Yacc의 유사점과 차이점을 설명하시오.

3 lex.yy.c를 설명하시오.

4 y.tab.c 를 설명하시오.

12.2 Yacc 스펙

Yacc 스펙은 Yacc에 입력하는 프로그래밍 언어의 문법을 말한다. 여러 형식으로 구성된 문법은 Yacc가 읽을 수 없기 때문에 Yacc 가 이해할 수 있는 형식으로 구성한다. 이와 같이 Yacc에 입력할 수 있는 형식의 문법을 Yacc 스펙이라 한다.

이 Yacc 스펙은 아래와 같이 선언부, 규칙 기술부, 지원 루틴부의 세부분으로 구성한다.

```
선언부
%%
규칙 기술부
%%
지원 루틴부
```

12.2.1 선언부

선언부는 문자 %로 시작하며 프로그래밍 언어에서 사용하는 토큰 이름, 스택 형식, Yacc가 필요로 하는 우선순위 정보가 있다. 뿐만 아니라, #include 나 #define 같은 전처리 문장과 출력 파일 y.tab.c에 포함하는 선언을 나열한다.

아래는 선언부 구성 예이다.

```
% {
% }
%token X
%left '+'  '−'
%left '*'  '/'
  .......
```

이 예에서 알 수 있듯이 토큰으로 받아들이는 것은 식별자 X이며, 연산자는 *, /, +, −이며 왼쪽부터 차례로 우선순위를 가지는데 *, /를 같은 우선순위로, +, −를 같은 우선순위로 사용한다.

12.2.2 규칙 기술부

규칙 기술부는 프로그래밍 언어를 생성하는 문법의 생성 규칙을 기술하는 곳이다. 이 부분이 Yacc 스펙에서 중요한 부분으로 각 규칙은 아래 형식으로 구성한다.

```
넌터미널 :   α  {액션}
          |β  {액션}
          |γ  {액션}
          .
          .
          ;
```

여기에서 넌터미널은 문맥−자유 문법의 생성 규칙에서 왼쪽 심볼이며, α, β, γ 는 생성 규칙의 오른쪽 심볼 스트링이고, | 는 넌터미널이 생성하는 여러 생성 규칙에서 선택할 수 있다는 것을 의미한다. { 액션 }은 C 언어로 구성된 문장이나 함수로 입력 스트링을 파싱하는 동안 해당 생성 규칙이 환원될 때 구동하는데 파스 트리를 출력한다. 이때의 파스 트리는 **폴란드식 표기법**이나 다른 방법으로 나타난다. 규칙 기술부는 세미콜론으로 끝낸다.

아래는 규칙 기술부를 구성한 예이다.

```
%%
line :  E                       { printf("%d \n, $1); }
E :           E '+'  E          { $$ = $1 + $3; }
            | E '−'  E          { $$ = $1 − $3; }
```

```
        | E '*' E     { $$ = $1 * $3; }
        | E '/' E     { $$ = $1 /  $3; }
        | '(' E')'    { $$ = $2; }
        | x;
%%
```

이 규칙 기술은 지금까지 많이 사용하던 아래 산술 수식에 대한 문법을 Yacc에서 읽을 수 있도록 구성한 것이다.

$$E \rightarrow E + E | E - E | E * E | E / E | (E) | \mathrm{x}$$

예를 들어, { 액션 } 부분의 { $$ = $1 − $3; }는 파싱 과정에서 생성 규칙을 환원할 때 의미 분석을 위해 호출되는 부분이다. 즉, $1 에 해당하는 토큰과 $3 에 해당하는 토큰의 **자료형을 분석하고 빼기할 수** 있는 파스 트리를 구성하는 함수를 호출하라는 것이다.

12.2.3 지원 루틴부

지원 루틴부는 규칙 기술 규칙 기술부의 { 액션 }에서 호출하는 함수를 기술한다. 즉, 의미 분석을 위한 루틴이 있다. 그러므로 { 액션 }에서 필요한 의미 분석 루틴을 호출하면 이 지원 루틴부에 있는 해당 함수가 호출되어 구동한다. 예를 들어, 산술 수식의 할당문을 파싱하는 도중에 수식에 사용한 식별자나 상수의 자료형을 검사해야 한다면 { 액션 }에서 필요한 함수를 호출한다. 그러면 지원 루틴부의 자료형-검사 함수를 구동해 자료형을 검사한다.

아래는 정수를 읽어서 사칙 연산을 수행하는 탁상용 계산기에 대한 파서와 의미 분석을 수행하도록 하는 Yacc 스펙 예이다.

```
%{
   C 코드가 들어가는 부분
%}
%token DECIMAL
%left  '+'   '−'
%left  '*'   '/'
%%
line :          E          { printf("%d \n,  $1); }
E :             E '+' E    { $$ = $1 + $3; }
```

```
        | E '-' E      { $$ = $1 - $3; }
        | E '*' E      { $$ = $1 * $3; }
        | E '/' E      { $$ = $1 / $3; }
        | '(' E')'     { $$ = $2; }
        | DECIMAL;
%%
main() {
    yyparse();
}
```

위 Yacc 스펙을 입력 스트링 5 + 4 * 3를 파싱한 스택 형식과 실행한 결과 값은 그림 12.5와 같다.

액션	입력	스택	결과
State 0, token −none−		0	
Received token DECIMAL	5+4*3$		
State 4, token −none−		0 DECIMAL 4	5
Reduce by (7) ~ E:DECIMAL ~	+4*3$		
State 2, token −none−		0 E 2	5
Received token +	+4*3$		
State 6, token −none−		0 E 2 + 6	_5
Received token DECIMAL	4*3$		
State 4, token −none−		0 E 2 + 6 DECIMAL 4	4_5
Reduce by (7) ~ E:DECIMAL ~	*3$		
State 11, token −none−		0 E 2 + 6 E 11	4_5
Received token *	*3$		
State 7, token −none−		0 E 2 + 6 E 11*7	_4_5
Received token DECIMAL	3$		
State 4, token −none−	$	0 E 2 + 6 E 11*7 DECIMAL 4	3_4_5
Reduce by (7) ~ E:DECIMAL ~	$		
State 12, token −none−	$	0 E 2 + 6 E 11*7 E 12	3_4_5
Reduce by (4) ~ E:E '*' E ~			
State 11, token −none−		0 E 2 + 6 E 11	12_5
Received token end−of−file			
Reduce by (3) ~ E:E '+' E ~			
State 2, token −none−			
Received token end−of−file		0 E 2	17

Reduce by (1) ~ line:E ~ State 1, token end−of−file		0 line 1		

그림 12.5 Yacc 스펙으로 입력 스트링 5 + 4 * 3의 파싱 결과와 실행 결과

12.2.4 Yacc 스펙 예

이 절에서는 Yacc를 좀 더 구체적으로 알아보자. 우선 이해하기 쉬운 더하기, 빼기, 곱하기, 나누기, 단항 빼기, 다한 더하기가 있는 수식을 아래와 같이 네 개의 주소로 된 중간 코드로 번역하는 Yacc 스펙을 살펴보자.

(동작 코드, 왼쪽 피연산자 주소, 오른쪽 피연산자 주소, 결과 주소)

예를 들어, 수식 (x + y) * z 를 네 개의 주소를 사용하는 중간 코드로 번역하면 아래와 같다.

(add, x, y, t1)
(mul, t1, z, t2)

단항 빼기는 동작 코드로 umin를 출력하는데 피연산자가 한 개만 있다. 이 중간 코드에서는 변수(피연산자)를 문자로 표현했지만, 실제로는 변수가 심볼 테이블에 있기 때문에 테이블의 포인터를 사용한다. 또 임시로 보관하기 위한 결과 값 t1, t2,.... 은 스택 톱부터의 상대 주소이다.

이와 같이 임의의 수식에 대한 중간 코드를 생성하는 Lex와 Yacc의 전체 스펙은 아래와 같다.

```
/*  아래는 Lex 코드이다.  */

%%
[a-zA-Z]      {yylval = TOKEN; return OPERAND;}
[ \t]          ;
          return  yytext[0];
\n          {lineno = lineno + 1;  return yytext[0];}
%%

/* 아래는 Yacc 프로그램이다. */
```

```
%{
#include <stdio.h>
typedef char  *string;
#define YYSTYPE  string;     /* 파싱 스택에 넣을 자료형(타입) 검사  */
#define  TOKEN  1
#define  TEMP 0
int  temp = 0;
      ....
/*  더 필요한 부분, 자료 구조, 함수 등 선언   */
      ....
%}

%token OPERAND
%left  '+'  '−'
%left  '*'  '/'
%left  PREMIN  PREPLUS

%%
list:                          /*  빈 리스트  */
        | list  '\n'
        | list  E  '\n'
        ;

E:        '+'  E  %prec  PREPLUS   { $$ = $2; }
        | '−'  E  %prec  PREMIN     { $$ = codegen ("umin", $2, $$, 0); }
        | E'+' E      { $$ = codegen ("add", $1, $3, $$); }
        | E'−' E      { $$ = codegen ("sub", $1, $3, $$); }
        | E'*' E      { $$ = codegen ("mul", $1, $3, $$); }
        | E'/' E      { $$ = codegen ("div", $1, $3, $$); }
        | '(' E')'     { $$ = $2; }
        | VALUE   { $$ = $1; }
        ;
%%
```

```
char *programname;
int lineno = 1;
#include "lex.yy.c"

main (int argc, char *argv[ ])
{
 programname = argv[0];
 yyparse( );
}

yyerror ( char *s)
{
 fprintf(stderr, "%s[%d]: %s \n", programname, lineno, s);
}

codegen (char * opcode, *operand1, *operand2, *result)
/* 중간코드 출력하기 */
{
 if (result) /* umin 가 한 개의 피연산자와 결과만 가지면 */
     printf (" \t %s %s %s %s \n", opcode, operand1, operand2, result);
       else printf(" \t %s %s %s \n", opcode, operand1, operand2);
}
```

이 스펙에서 보듯이 문법은 맨 처음 %% 바로 뒤부터 기술한다. 이 문법은 명확하지 않은 문법이지만 Yacc는 이러한 불명확성을 해결해 주기도 한다. 액션은 위치에 따라 넌터미널의 값을 참조하는데, 아래 경우에서 규칙1 값은 $1을, 규칙2는 $2, 규칙3은 $3, 규칙4는 $4를 참조한다.

A: 규칙1 규칙2 규칙3 규칙4 {$1 $2 $3 $4}

또한 어떤 값을 할당받는 넌터미널은 $$로 참조하며, 터미널이나 토큰 값은 전역 변수 yylval 에서 가져온다. 입력은 앞에서 여러 번 사용한 문법으로 list와 E로 정의한다.

위에 기술한 Yacc 스펙을 좀 더 자세히 살펴보자.

(1) 맨 처음 부분인 **선언부**의 %{에서 %}까지는 출력에 C 코드가 들어가고 매크로(#define), #include 문장, C 선언을 위해 사용한다. 또한 매크로 #define YYSTYPE string은 파싱 스택에 들어가는 값의 타입 선언에 사용하는데 변수(식별자) 피연산자와 연산자를 구현하

기 때문에 변수(실제는 문자에 대한 포인터)를 파싱 스택에 넣는다. 그러나 YYSTYPE는 여러 변수를 선언하는 것으로 결과인 C 프로그램 안에서 사용하기 때문에 #define YYSTYPE char *는 사용하지 않는다.

YYSTYPE yylval, yyval; 는 char *yylval, yyval; 로 매크로의 치환이 일어난다.
yylval은 문자(변수 혹은 식별자)의 포인터이고, yyval은 문자(식별자) 자체이다. 즉, 스트링 타입을 정의하기 위해 typedef을 사용하고, %} 까지의 나머지 C 코드는 다른 함수에서 사용된다.

다음으로 Yacc 에 필요한 선언이 있는데 %token은 yylex( ) 함수에서 가져오는 토큰을 선언하는 것이다. 토큰은 프로그램 구현이 쉽도록 정수형 숫자로 표현한다. 각 문자는 토큰으로 한 바이트 정수형으로 취급하는데 이 예에서의 OPERAND 처럼 이름이 있는 토큰은 256부터 시작하는 값과 같다. 또한 %left 와 %right 는 연산자의 우선순위를 선언하는데 Yacc에서 직접 사용한다. %left '+', '−' 는 이런 유형(더하기 계열 연산자)의 연산자들은 결합법칙이 적용되어 왼쪽부터 오른쪽으로 차례로 계산을 수행한다.

(2) 두 번째 부분인 **규칙 기술부**는 주어진 문법을 기술한다. 이 예에서는 수식 문법으로 수식이 계산 도중에 일시적으로 저장할 일이 있으면 t1, t2, t3, ... 와 같이 임시 변수를 사용한다. 이렇게 하려면 alloc( ) 같은 함수를 사용하는데(여기서는 없음), 다음 사용할 일시 저장 위치를 스트링의 형식으로 가져온다.
일단 연산 결과가 어느 위치에 저장되는지를 알면 atom( ) 같은 함수를 호출해 연산자와 피연산자로 구성된 중간 코드를 출력한다. 수식을 모두 파싱하고 번역하면 clear( ) 같은 함수를 호출해 할당하였던 저장 장소를 모두 시스템에 반환하고 다음 수식을 파싱하기 위해 카운터를 리셋한다.

(3) 세 번째 부분인 **지원 루틴부**에서는 주프로그램으로 yyparse( )를 호출함으로서 파싱을 시작하며 아래와 같은 여러 함수가 있다.

- 두 번째 부분의 문법 규칙 기술의 { 액션 }이 호출하는 함수
- Lex의 출력 부분: Lex가 출력하는 내용은 lex.yy.c 파일에 저장한다
- yylex( ) 함수: 토큰으로 된 원시 프로그램을 스캔해 호출될 때 마다 어휘 토큰을 내 놓는다.
- yyerror( ) 함수: 구문 에러가 나올 때 마다 호출되고, 에러의 의미를 출력한다.

- 더 추가할 수 있는 함수로 alloc( )가 있는데, Yacc 액션과 마찬가지로 Lex 액션에서 호출된다. 이 함수는 문자 형식의 피연산자를 저장한 배열 포인터를 알려준다. 그러므로 a, x, y, ... 같은 식별자일 수도 있고, t1, t2, t3, ... 같은 임시 결과가 저장된 포인터 일 수도 있다. 이러한 변수 문자들은 연결 리스트로 저장한다.
- 마찬가지로 clear( ) 함수도 추가 될 수 있는데, 수식 전체가 완전히 번역되면 호출되는데, alloc( )로 할당되었던, 연결 리스트에 있는 모든 노드를 해제한다. 중간 계산 결과를 임시로 저장하는 위치를 알려주는 카운터를 0으로 리셋해 다른 수식을 파싱할 준비를 한다.
- codegen( ) 함수: 연산자와 피연산자를 인자로 해 stdout 에 중간 코드를 출력한다.

위의 Yacc 스펙은 주요 부분만 간략하게 기술하였다. 그러므로 실제 사용하려면 필요한 부분을 적당하게 추가해야 한다.

실습문제

1 우리글 "대한민국"나 "민국대학교"를 인식하는 Yacc 스펙을 기술하시오.

2 Yacc 에서 우리글을 인식할 수 있는지 설명하시오.

3 아래의 정수를 읽어서 사칙 연산을 수행하는 Yacc 스펙에 연산을 수행할 수 있는 기계어 인스트럭션을 생성하는 부분을 추가하시오.

```
% {
   C 코드가 들어가는 부분
% }
%token DECIMAL
%left '+'  '–'
%left '*'  '/'
%%
line :              E           { printf("%d \n,  $1); }
E :                 E '+' E     { $$ = $1 + $3; }
```

```
        | E '−' E     { $$ = $1 − $3; }
        | E '*' E     { $$ = $1 * $3; }
        | E '/' E     { $$ = $1 / $3; }
        | '(' E')'    { $$ = $2; }
        | DECIMAL;

%%
main() {
    yyparse();
}
```

12.3 Yacc 실행하는 방법

Yacc 실행을 위해 아래 산술 수식 문법을 인식하는 Lex와 Yacc 스펙을 작성하고 실행해 보자.

$$
\begin{aligned}
G : E &\rightarrow E + T \\
E &\rightarrow M \\
M &\rightarrow M * F \\
M &\rightarrow F \\
F &\rightarrow (E) \\
F &\rightarrow \mathrm{x}
\end{aligned}
$$

Lex와 Yacc를 실행할 수 있는 유닉스나 윈도우즈 환경에서 아래 순서에 따라 실행한다. 아래는 유닉스(혹은 리눅스)에서의 실행 과정이다.

단계 1. 어휘 분석을 수행하기 위해 아래와 같은 **test.l** 이라는 Lex 스펙 파일을 만든다.

cs% **vi test.lex**

```
%{
#include <stdio.h>
%}
ID [A−Za−z][A−Za−z0−9]*

%%
```

```
[\t ];
{ID}        {printf("%s : Identifier\n", yytext);}
"*"|"+"|"("|")"  {printf("%s : Operator \n", yytext);}
%%
void main()
{
   yylex();
}

int yywrap()
{
   return 1;
}
```

단계 2. 어휘 분석을 수행하기 위해 아래와 같이 Lex를 실행한다.

cs% **lex test.l**

이 결과로 lex.yy.c 라는 파일이 생성된다.

단계 3. 단계 2에서 생성한 lex.yy.c 라는 C 파일을 컴파일한다.

cs% **cc lex.yy.c −ll**

이 결과로 a.out 파일이 생성된다.

단계 4. 문장 temp * ((i + j) * yy) 을 예로 하여 입력 파일 input.dat 을 작성한다.

cs% **vi input.dat**

단계 5. 입력 파일 input.dat 을 이용해 a.out 를 실행한다.

cs% **a.out < input.dat**

이 경우는 리디렉션으로 파일을 입력한다. 그러면 실행 결과는 아래와 같이 각 식별자와 연산자를 토큰으로 분리한다.

```
temp  :  Identifier
* : Operator
( : Operator
```

```
( : Operator
i : Identifier
+ : Operator
j : Identifier
) : Operator
* : Operator
 yy : Identifier
) : Operator
```

단계 6. 다음에는 구문 분석을 위해서 아래와 같이 test.y 라는 Yacc 스펙 파일을 만든다.

```
cs% vi test.y
```

```
%{
#include <stdio.h>
#include <string.h>
%}
%token ID

%%
E : E + T | T ;
 T : T * F ;
 F : (E) | ID ;
%%

int yywrap()
{
   return 1;
}

void main()
{
   yyparse();
}
```

단계 7. 구문 분석을 수행한다.

```
        cs% yacc -d  test.y
혹은   cs% yacc -d -v test.y
```

이 결과는 y.tab.h, y.tab.c 파일을 생성한다.

단계 8. 위의 Lex 과정과 Yacc 과정에서 생성된 C 파일을 컴파일한다.

```
        cs% cc y.tab.c  lex.yy.c -ly  -ll
혹은   cs% cc lex.yy.c y.tab.c -ll
```

단계 9. 위 결과에서 생성한 실행파일을 input.dat 파일을 입력으로 실행하면 결과가 출력된다.

```
        cs% ./a.out < input.dat
```

이 결과에서 생성한 실행파일을 input.dat 파일 내용 temp* ((i + j) * yy)를 입력으로 실행한 결과를 출력한다. 이런 과정으로 실행한 결과는 입력한 문장을 토큰으로 분리한 결과와 문법에 따른 구문을 분석한 결과를 출력한다. 버전에 따라 실행 방법(명령이나 옵션)이 약간씩 다를 수 있다 (gcc도 실행가능).

실습 12.1

위에서 사용한 문법을 아래와 같이 첨가 문법으로 수정해 Lex와 Yacc를 단계별로 다시 실행하고 결과를 분석하시오. 또 위의 예와 비교하시오.

$$
\begin{aligned}
G : E' &\rightarrow E \\
E &\rightarrow E + T \\
E &\rightarrow M \\
M &\rightarrow M * F \\
M &\rightarrow F \\
F &\rightarrow (E) \\
F &\rightarrow \mathrm{x}
\end{aligned}
$$

실습 12.2

실습 12.1에서 작성한 문법으로 아래 문장을 인식하는 Lex와 Yacc 스펙을 작성해 단계별로 실행하고 결과를 분석하시오.

x + k * (y *(i + j))

실습 12.1과 실습 12.2의 결과를 스스로 관찰하시오.

실습문제

1 아래 문법을 사용해 아래 수식 각각을 인식하는 Yacc를 실행하시오.

$$
\begin{aligned}
G : & E' \rightarrow E \\
& E \rightarrow E + T \\
& E \rightarrow M \\
& M \rightarrow M * F \\
& M \rightarrow F \\
& F \rightarrow (E) \\
& F \rightarrow \mathrm{x}
\end{aligned}
$$

(1) temp * ((i − j) * y)

(2) x − (x − x − x − x)

(3) u * ((y − (x + (x + x) + 2)))

(4) −x + 4

(5) (x + 5 − y

(6) x + u −)

2 아래 각각을 생성할 수 있는 문맥-자유 문법을 만들고, 이 문법을 사용해 각각을 인식하는 Yacc를 실행하시오.

(1) if (x > n) x = r + 5;

(2) if (x > n−1) x = r + 5 else f = t + x;

(3) int x, y, z=100;

(4) for (x=1; x <=100; x++) y = x + sum;

12.4 Yacc 실습하기

이 절에서는 지금까지 살펴본 내용을 바탕으로 Lex와 Yacc를 실습한다.

실습 12.3

아래 Yacc과 Lex를 실행하고 각 입력 스트링에 대한 출력 결과를 보이시오. 또 어느 입력 스트링에 대해 구문 에러를 탐지하는지 실행하고 결과를 분석하시오.

(1) ㄱㄴ
(2) ㄴㄱㄷㄷ
(3) ㄱㄴㄴㄱㄷㄴㄷㄴ
(4) ㄴㄴㄱㄷㄴk
(5) ㄴㄴㄱㄷㄴㄴ

```
/* Lex 프로그램 */
%%
.    return yytext[0];
\n   return yytext[0];
%%

/* Yacc 프로그램 */
%%
line:S '\n'
     ;
S:   'ㄱ' S 'ㄴ'      {printf (" 가나다1 \n");}
    |'ㄴ' a 'ㄷ'      {printf (" 가나다2 \n");}
    ;
a:   'ㄴ' a 'ㄴ'      {printf ("가나다3 \n");}
    |'ㄱ' 'ㄷ'        {printf ("가나다4 \n");}
    ;
%%
#include "lex.yy.c"
main ( )
{
 yyparse ( );
}
```

실습 12.4

산술 연산 수식에 대한 문법이 있다.

$$E \rightarrow E + T \mid T$$
$$M \rightarrow M * F$$
$$F \rightarrow (E) \mid \mathrm{x}$$

아래는 위 문법을 인식하는 Lex 스펙과 Yacc 스펙이다. 입력 파일이 아래 각각과 같을 때 실행한 결과를 보이고 이유를 설명하시오.

(1) a + k * (y * (i + j)

(2) computer + compiler + z * book

(3) d * (array + for * l)

```
/* Lex 스펙 */
%{
#include "y.tab.h"
%}

%%
[a-z][a-z0-9]*   return(x);
"+"        return(yytext[0]);
"*"        return(yytext[0]);
"("        return(yytext[0]);
")"        return(yytext[0]);
[\n\t\b]       ;

/* Yacc 스펙 */

%{
#include "lex.yy.c"
%}
%token x

%%
```

```
E:   E'+' T
    | T ;
T:   T '*' F
    | F ;
F:   '(' E')'
    | ID ;
%%

main ()
{     yyparse();
      printf("The parsing Completed\n");
}

yyerror()
{     printf("The syntax error \n");
      exit(0);
}
```

실습 12.5

정수 연산을 수행하는 탁상용 계산기를 Lex와 Yacc 프로그램으로 아래와 같이 구현할 수 있다. 아래 각 수식을 입력해 수행한 결과를 살펴보자.

(1) 2 + 4
(2) 4 + 5 * 4
(3) (6 − 5 + 4) − (3 * 5 + 2) * 5
(4) −5 + 4 + (−3 - 2)
(5) 67

```
/*  Lex 코드  */

%{
#include <stdlib.h>
#include <stdio.h>
void yyerror(char *);
#include "y.tab.h"
%}
```

```
%%
[a-z]          {
                yylval = *yytext - 'a';
                return VARIABLE;
               }

/* 숫자 */
[0-9]+          {
                yylval = atoi(yytext);
                return INTEGER;
               }

/* 연산자 */
[-+()=/*\n]        {return *yytext;}
[ \t] ;         /* 무시 */

.              yyerror("invalid character");

%%
int yywrap()
{
  return 0 ;
}

/* Yacc 스펙 */

%token NAME DECIMAL
%left '-' '+'
%left '*' '/'
%nonassoc PREMINUS

%
{
#include <stdio.h>
```

```
int yyerror(char *);
int yylex(void );
int sym[26];
%
}


%%
program:
program statement '\n'
            |
;
statement:          NAME'=' E   { sym[$1] = $3; }
            |E          { printf(" 결과 = %d n", $1)' }
;
E:        E'+' E      { $$ = $1 + $3; }
            |E'−' E      { $$ = $1 − $3; }
            |E'*' E     { $$ = $1 * $3; }
            |E'/' E     { if($3 == 0)
                              yyerror(" 0으로 나눔 \n");
                              else
                                      $$ = $1 / $3;
                        }
            |'−' E % prec PREMINUS { $$ = −$2; } /* 음수 계산 */
            |'(' E')'     { $$ = $2; }
            |DECIMAL    { $$ = $1; }
;

%%
int yyerror(char *s)
{
   printf("%s\n", s);
   return 0 ;
}
```

```
int main(void )
{
   yyparse();
   return 0 ;
}
```

각 각 수식을 입력으로 수행한 결과를 확인하면 아래와 같다.

(1) 2 + 4 => 결과 6

(2) 4 + 5 * 4 => 결과 24

(3) (6 − 5 + 4) − (3 * 5 + 2) * 5 => 결과 −80

(4) −5 + 4 + (−3 − 2) => 결과 −6

(5) 67

실습 12.6

아래는 Lex와 Yacc으로 구현한 유동소수점 연산을 수행하는 탁상용 계산기 프로그램이다.

```
/* Lex 프로그램 */
%%
[0−9]+\.?[0−9]*([eE][+−]?[0−9]+)?  {
                        sscanf (yytext, "%f", &yylval);
                        return  NUM;
                       }
[   ]      ;
"\n"          return  yytext[0];
.          return  yytext[0];
%%

/* Yacc 프로그램 */

%token NUM

%{
#define YYSTYPE float
%}
```

```
%left "+" "−"
%right "*" "/"
list:
        | list E '\n'   { printf ("%f\n", $2); }
        ;

E:        E'+' E    { $$ = $1 + $3; }
        | E'−' E    { $$ = $1 − $3; }
        | E'*' E   { $$ = $1 * $3; }
        | E'/' E    {
                  if ($3 = 0) yyerror (" 0으로 나눔 \n");
                        else $$ = $1 / $3;
                }
        | '(' E')'    { $$ = $1; }
        | NUM     { $$ = $1; }
        ;
%%
#include "lex.yy.c"
yyerror (char *s)       { printf("%s: %s\n", s, yytext); }
```

아래 각 수식을 입력으로 계산하고 결과를 분석하시오. 그러나 이 프로그램은 여러 곳에 에러가 있기 때문에 올바르게 작동하지 않을 것이다. Lex와 Yacc의 구문 에러, C 프로그래밍 언어의 구문 에러, 실행 에러, 에러 메시지를 출력하지 않는 것 등이다. 에러를 찾아 수정하고 올바르게 실행하도록 하시오.

(1) 6 + 4.2e−2

(2) 4 * 3 − 2 / 0

(3) (4 + 8) * 6 / 3

(4) 6 / (12 * 4 − 7 * 2.3)

실습 12.7

아래의 문법을 인식하는 Yacc을 구현하시오.

Exp → *Exp Oper Exp* | (*Exp*) | *Value*
Oper → + | − | *
Value → 0 | 1 | 2 | 3 | 4 | 5 | 6 | 7 | 8 | 9

실습 12.8

일반적으로 많이 사용하는 데이터베이스 명령어의 문법을 검사하는 구문 분석기를 Yacc와 Lex를 이용해 구현하시오. 이 구문 분석기에서는 최소한 아래 명령어는 취급해야 한다.

SELECT '학과' where '정원' > 60
PROJECT '학생' over '학번', '이름'
PRINT FOR 이름 = '최하늘'

실습문제

1 실습 12.6의 스펙에 직접 연산이 아닌 기계어 인스트럭션을 생성하는 부분을 추가하고 실행하시오.

2 실습 12.6의 스펙에 if 문과 for 문을 인식하는 부분을 추가하고 기계어 인스트럭션을 생성하시오.

3 어떤 수식을 파스 트리로 변환하는 Yacc 프로그램을 작성하시오. 피연산자는 단일 문자나 숫자이고, 연산자는 일반적인 우선순위를 가지는 더하기, 빼기, 곱하기, 나누기이다. yylex( ) 함수는 Lex로 만들거나 C로 직접 작성한다. 입력은 아래 각 줄에 있는 수식이고 stdout 에 파스트리를 전위 표기 형식으로 출력하시오(아래 형식으로 출력한다).

입력(중위 수식)　　파스 트리출력 (전위 수식)

(1) (8 + x) * y   * + 8 x y

(2) 7 + x * y   + 7 * x y

그리고 작성한 Lex와 Yacc 프로그램을 수행해 결과를 분석하시오. 또한 임의의 다른 수식을 실행하고 결과를 분석하시오.

제13장

의미 분석과 속성 문법

의미 분석과 속성 문법

앞에서 살펴보았듯이 어휘 분석 단계에서는 프로그램을 토큰으로 분리하고, 구문 분석 단계에서는 문법 구조를 검사해 에러가 있는지를 검사하였다. 즉, 입력 프로그램 문장을 어휘 분석과 구문 분석(파싱)하는 동안 프로그램이 컴퓨터 처리기에서 실제로 실행할 수 있는 상태까지 된 것은 아니다. 아직까지는 처리해야할 중요한 부분이 많이 남아있다.

예를 들어, 할당문인 아래 문장을 살펴보자.

$$x = y + 3;$$

컴파일러가 구문분석에서 문장 이 문장을 올바른 할당문으로 인식하였더라도, 프로그램에서는 int x, y; 와 같이 정수형 변수 x와 y 가 선언되어 있어야 한다(특수 언어는 제외). 이 때 **선언의 의미**는 메모리에 정수 x와 y의 저장 공간을 확보하라는 의미가 있다. 그러므로 이런 내용을 컴퓨터가 이해할 수 있도록 의미를 부여하는 과정을 **의미 분석**이라 한다.

이 장에서는 의미 분석에 필요한 개념과 의미 분석 과정을 살펴본다.

13.1 의미 분석 개요

간단하게 정수형 값의 변수 x와 y에 대한 할당문 x = y + 3; 에서 수식 y + 3을 살펴보자. 이 수식은 3 이라는 정수형 값과 y라는 변수의 값을 더한다. 이때 변수 y는 단순한 문자일 뿐 아래와 같이 어떤 의미를 가지고 있는지는 알 수 없다.

- 정수형 값인지
- 유동 소수점 값인지
- 값이 몇 번지에 저장되어있는지
- 값이 몇 비트인지 등

또한 x 라는 변수도 값을 할당 받으려면 y와 같은 **속성**이어야 한다. 그러므로 이 할당문이 올바르게 실행하려면 y가 정수형이고, 상수 3과 정수형 연산을 해야 하며, 정수형 변수 x 에 할당하도록 해야 한다. 이와 같이 **정수형 변수**, **정수형 상수**, **정수형 연산** 등의 단어가 가지는 정수의 의미와 **정수**라는 개념을 컴퓨터에게 알려 주어야 한다.

이와 같은 의미 부여는 그림 13.1과 같이 구문 분석 단계에서 생성한 파스 트리에 대해 **자료**의 **속성**과 함께 실행문에 대한 **실행 코드**를 생성하도록 한다.

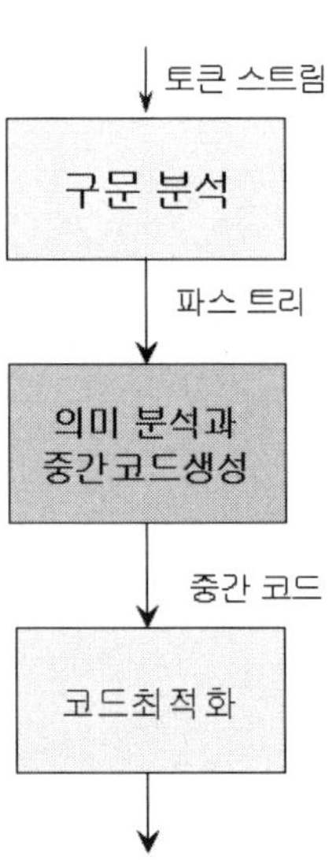

그림 13.1 컴파일러에서 의미 분석 단계 위치

의미 분석은 크게 두 부류로 나눌 수 있다.

- 기본 자료에 대한 자료형 결정과 의미 부여(기본 변수, 불리언 등)
- 구조형 자료의 자료형 결정과 의미 부여(배열, 레코드, 구조체 등)
- 실행문에 대한 코드 생성(중간코드 생성)

먼저, 기본 자료형이나 구조형 자료의 의미 분석은 그 자료를 사용하는 문장에서 자료의 **속성**에 따라 올바르게 사용하거나 실행하도록 의미를 부여한다. 또한 실행문에 대한 코드 생성은 컴퓨터가 실행할 수 있는 코드(중간 코드 혹은 기계어 인스트럭션)를 생성한다.

정의 13.1

> **속성**은 프로그램에서 사용하는 자료(객체, 데이터)가 컴퓨터 내부에 표현되는 **형식**을 의미하고, **속성 값**은 생성 규칙과 연관되어 특정 값을 생성하는 **의미**의 **규칙**이다.

정의에 따르면 기본 변수나 구조형 변수의 속성은 정수, 유동 소수점, 스트링, 배열, 길이, 메모리 공간의 위치 등과 같이 자료의 형식과 내용이다.

정의 13.2

> **의미 규칙**은 생성 규칙 $A \to \alpha$에 대한 함수로 Atb = F(Ψ1, Ψ2, ... , Ψm) 이다. 여기에서 F는 여러 속성이 **합성**하거나 **상속**하는 함수로 생성규칙의 오른쪽에 있는 넌터미널 심볼의 속성에 따라 결과를 생성한다. Atb은 F의 결과에 따른 합성 속성 값이거나 상속 속성 값이다. Ψ1, Ψ2, ... , Ψm 은 **합성 속성**일 경우, 생성규칙의 오른쪽에 있는 넌터미널 심볼 각각에 속하는 속성이고, **상속 속성**일 경우에는 A 에 속하는 속성이거나 생성 규칙 $A \to \alpha$의 오른쪽에 있는 넌터미널 심볼 중 어느 것에나 속하는 속성이다.

예를 들어, 생성 규칙 $E \to E + T$ 에 의미 규칙 Atb(E) → F(Ψ1(E), Ψ2(+), Ψ3(T))을 적용하면 아래와 같다.

- **합성 속성**인 경우: F(Ψ1(E), Ψ3(T))의 속성이 생성 규칙의 왼쪽 넌터미널로 전달하며, 터미널 심볼 +의 속성은 전달 안 됨.
- **상속 속성**인 경우: 생성 규칙 왼쪽의 E 속성 값 Atb(E)이 생성 규칙 오른쪽 각 넌터미널 심볼 Atb(E)와 Atb(T) 각각에 전달되거나, 생성 규칙 오른쪽의 Atb(E)가 Atb(T)로 전달 됨.

자료형과 구조형 자료에 대한 의미 분석으로 아래 프로그래밍 언어의 선언문 두 개를 살펴보자.

```
int x;
int y[5][6]={ 1, 0, 1, 0, 1, 0,
          1, 0, 1, 0, 1, 0,
          1, 0, 1, 0, 1, 0,
          1, 0, 1, 0, 1, 0,
          1, 0, 1, 0, 1, 0 };
```

우선, 처음 선언 int x; 는 아래 속성이 있다.

- 변수 이름 x
- 단순 변수
- 자료형 정수형
- 크기 16－비트(혹은 32－비트)
- 심볼 테이블 주소 등

다음으로 배열 선언 int y[5][6] = { ... }은 아래의 속성이 있다.

- 배열 변수 이름은 y
- 자료형 정수형
- 배열
- 크기 각 원소가 16－비트(혹은 32－비트)
- 2차원 배열
- 30개의 정수형 자료 할당 공간 확보
- 시작 원소 y[0][0]
- 마지막 원소 y[4][5]
- 행우선 저장
- 배열 각 원소 값
- 심볼 테이블에서의 배열 시작 주소 등

위 예처럼 속성은 사용할 값에 따라 컴퓨터 안에서 표현할 수 있는 형식과 그 의미를 지녀야 한다. 그러므로 의미 분석 단계에서는 프로그램의 자료에 대해 이런 의미가 부여되도록 수행한다.

또한, 실행문인 할당문의 의미 분석은 아래와 같이 실행 코드를 생성한다.

$$x = y + z * w;$$

이 할당문의 의미는 아래와 같다.

- 변수 z와 변수 w의 값을 메모리에서 가져와서 곱하여 결과를 레지스터에 임시 저장한다.
- 변수 y의 값을 임시 저장된 레지스터(z * w)의 값과 더하여 다시 레지스터에 임시 저장한다.
- 위에서 계산한 결과(y + z * w) 값을 메모리의 변수 x 위치에 할당(저장)한다.

결과적으로 위의 의미가 부여되도록 실행해야 하므로, 아래의 중간코드(혹은 인스트럭션)로 변환한다.

```
lod  y, R1     // 메모리 y 번지의 값을 레지스터 R1으로 옮겨라 //
lod  z, R2     // 메모리 z 번지의 값을 레지스터 R2로 옮겨라 //
mul w, R2      // 메모리 w 번지의 값을 레지스터 R2 값과 곱해 다시 R2에 저장하라 //
add  R1, R2    // 레지스터 R1의 값과 R2의 값을 더해 R2에 저장하라  //
sto  R2, x     // 레지스터 R2의 값을 메모리 x 번지로 이동(저장)하라 //
```

결국, 이런 의미 분석도 자동으로 이루어지는 것이 필요하다.

실습문제

1 컴파일러에서 의미란 무엇인지 설명하시오.

2 아래 선언문의 의미를 기술하시오.

```
int x, k[10]={0, 0, 0, 0, 0, 0, 0, 0, 0, 0}, g[3][5];
float y=3.14;
```

3 할당문 x = y[4] + k[23];의 의미를 설명하시오.

4 보통 프로그래밍 언어에서 기본 자료형에는 어떠한 것들이 있는지 기술하시오.

5 보통 프로그래밍 언어에서 구조형 자료에는 어떠한 것들이 있는지 기술하시오.

6 의미 규칙을 만드는 이유를 설명하시오.

13.2 구문-직접 번역

보통 컴파일 단계에서는 그림 13.1과 같이 구문 분석기에서 생성한 파스 트리에 대해 의미 분석을 독립적으로 수행한다. 즉, 구문 분석기와는 별개로 이미 생성 파스 트리를 가지고 의미를 분석하기 때문에 구문 분석기와는 관련이 없다. 그러나 이 절에서는 프로그램의 의미를 컴퓨터에게 부여하기 위해 의미 분석 단계를 어떻게 수행하는가를 살펴본다.

의미 분석을 방법을 이해하기 위해 생성된 파스 트리가 아니라, 제1장에서 언급한 것과 같이 탁상용 계산기에 직접 입력한 수식을 직접 실행하여 결과를 보여주는 것을 생각해 보자. 먼저 탁상용 계산기는 문법을 어떻게 검사하고, 인스트럭션 코드를 생성하지도 않고, 코드를 독립적으로 실행하지 않았음에도 어떻게 결과를 직접 출력하는지 알아보자.

이와 같이 문법 구문 분석에서 직접 실행 결과를 보여주는 과정을 과정을 **구문-직접 번역**이라 한다. 즉, 구문-직접 번역은 구문을 분석하는 도중에 필요한 의미 분석을 수행(Yacc처럼)해 자료의 속성을 부여하거나 필요한 코드를 생성한다.

예를 들어, 탁상용 계산기에 수식 2+3*4↵(↵는 엔터키이다)를 입력해 보자. 탁상용 계산기는 사용자가 프로그램을 입력해 어휘 분석, 구문 분석, 의미 분석 단계를 거친 후 기계어 인스트럭션을 생성해 실행하지 않는다. 사용자가 수식을 입력하는 대로 주어진 문법 생성 규칙에 따라 구문에 맞는지 검사하면서, 입력 터미널 값을 직접 저장하거나 코드를 생성해 실행한다. 이와 같은 구문-직접 번역 방식은 인터프리터에 적용할 수 있다.

그림 13.2는 수식 2+3*4↵를 계산하는 과정인데 아래의 단계로 수행한다. 여기서 $.p$은 입력 심볼이 있는 심볼 테이블의 포인터(값)이다.

(1) 맨 처음에 2 를 입력하면 어휘 분석기에서 생성한 상수 테이블에서 상수를 가져온다.

(2) $F \rightarrow \text{num}$ 로 환원할 때 넌터미널 심볼 $F.p$ 에 2를 저장한다.

(3) 다시 $M \rightarrow F$ 에 의해 환원할 때 $M.p$ 에 2를 저장한다.

(4) 이어서 * 심볼에 대해 $E + M$ 은 활성 접두사이므로 * 가 들어오기를 기다린다.

(5) 터미널 심볼 * 이 입력되면 $E + M *$ 가 활성 접두사이고 3이 입력되면 같은 과정으로 $F.p$ 에 3을 저장한다.

(6) 현재 $E.p + M.p \ * F.p$ 의 넌터미널 심볼 각각은 "2 + 3 * 4" 의 2, 3, 4를 저장하고 있다.

(7) $E.p + M.p\ * F.p$ 에서 $M.p\ * F.p$ 는 $M.p$ 로 환원되어 $E.p + M.p$ 가 된다. 이때 $M.p\ * F.p$ 을 실행해 $E.p + M.p$ 에는 각각 2와 12를 저장하고 있다.

(8) 최종으로 $E.p + M.p$ 가 $E.p$ 로 환원하면 계산한 최종 값으로 14를 $E.p$ 에 저장하고, C↵ 로 환원할 때 $E.p$ 의 값 14을 출력한다.

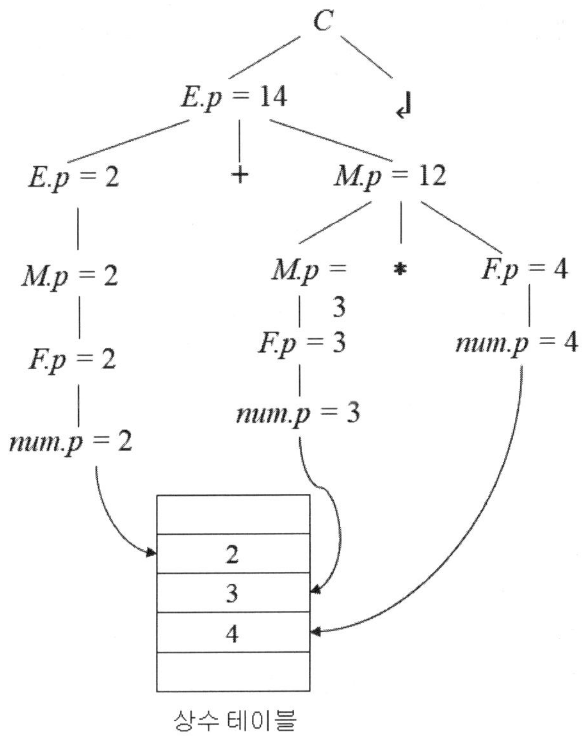

그림 13.2 탁상용 계산기에서 수식 2 + 3 * 4의 구문-직접 실행

위 예에서 보듯이 구문에서 직접 번역하는 것은 구문 분석을 수행하는 과정에서 환원이 일어날 때마다 계산을 **직접 수행하는 액션**이 있다. 즉, 숫자 2를 입력하면 $F \rightarrow$ num 로 환원할 때는 넌터미널 심볼 $F.p$ 에 2를 저장하는 액션, 다시 $M \rightarrow F$ 로 환원할 때는 $M.p$ 에 2를 저장하는 액션이다. 이와 같이 액션을 수행하려면 각 생성 규칙에서 환원이 일어날 때 마다 수행할 액션을 지정한다. 이러한 액션을 바로 **의미 규칙**이라 하고 생성 규칙마다 적절하게 만들어 넣는다. 또한 위 예의 수행 과정에서 생성 규칙의 오른쪽 심볼에 저장된 값이 환원할 때마다 계산(합성)되어 왼쪽 넌터미널로 전달되어 저장된다. 이것이 **합성 속성**이다.

이와 같이 구문-직접 번역은 입력하는 수식의 스트링을 문법에 맞는지 검사한다. 그리고 환원이 일어나는 순간에 터미널 값인 2, 3, 4 에 대해 * 와 + 연산을 수행해 최종적으로 결과를 $E.p$ 에 저장한 후에 출력한다.

그림 13.3은 위의 수식을 위한 문법의 생성 규칙과 의미규칙을 나타낸다.

생성 규칙	의미 규칙
$C \rightarrow E$↵	display($E.p$)
$E \rightarrow E + M$	$E.p = E.p + M.p$
$E \rightarrow M$	$E.p = M.p$
$M \rightarrow M * F$	$M.p = M.p \times F.p$
$M \rightarrow F$	$M.p = F.p$
$F \rightarrow (E)$	$F.p = E.p$
$F \rightarrow$ num	$F.p$ = num.p

그림 13.3 산술 수식에 대한 문법과 의미규칙

예 13.1 의미 분석을 좀 더 살펴보기 위해 그림 13.3의 의미 규칙을 그림 13.4와 같이 변경하고 수식 2 + 3 * 4↵를 번역해 보자.

생성 규칙	의미 규칙
$C \rightarrow E$↵	codegen("parsing complete")
$E \rightarrow E + M$	codegen("add")
$E \rightarrow M$	
$M \rightarrow M * F$	codegen("mul")
$M \rightarrow F$	
$F \rightarrow (E)$	
$F \rightarrow$ num	codegen(num)

그림 13.4 코드를 생성하는 의미 규칙이 들어간 생성 규칙

그림 13.4 에서는 2 가 입력되면 $F \rightarrow$num 에 의해 환원하면서 의미 규칙에 따라 2를 출력한다. 이어서 + 와 3 이 입력되면 $F \rightarrow$num 에 의해 3 이 출력되어 아래와 같은 순서가 된다.

(2 3)

다시 * 와 4 가 차례로 입력되면 4 가 먼저 출력되어 아래와 같이 된다.

(2 3 4)

그 후에는 생성 규칙 $E + M * F$ 에서 $M * F$을 환원할 때 mul 을 출력하여 아래와 같다.

(2 3 4 mul)

다시 $E + M$를 E로 환원하면 add 를 출력한다. 그러므로 최종 결과는 아래와 같다.

(2 3 4 mul add)

여기에서 출력한 결과를 잘 살펴볼 필요가 있다. 출력된 이 형식은 입력한 수식의 **후위 표기**이며 의미는 그림 13.5의 **신택스 트리**와 같다. 이 신택스 트리는 연산자인 + 와 * 를 중간 노드로 하여, 좌우 노드를 피연산자(2, 3, 4)로 하는 **이진 트리** 구조이다.

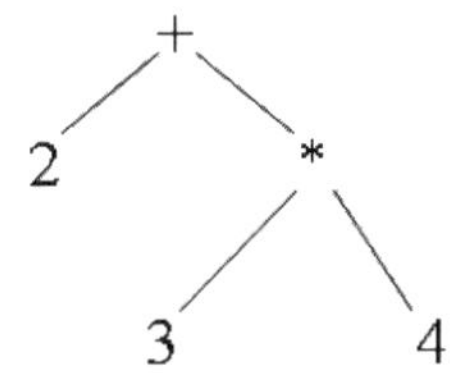

그림 13.5 수식 2 + 3 * 4↲ 의 신택스 트리

이와 같이 구문-직접 번역은 의미를 생성하는 과정에서 의미 규칙을 어떻게 정의하느냐에 따라 선언문의 의미부여, 자료형 검사, 코드 생성 등 다양한 의미부여와 중간 코드를 생성할 수 있다.

살펴본 바와 같이 구문-직접 번역은 아래처럼 생성 규칙에 의미 규칙을 연결하는 형식으로 구성한다.

$A \rightarrow \alpha$ { 의미 규칙 }

이것은 입력 스트링을 파싱하면서 지정한 의미 규칙을 호출하도록 생성 규칙에 추가한다는 뜻이다. 이 때 의미 규칙은 함수인 **액션 루틴**으로 구현되고, 액션 루틴이 실행하면서 출력하는 터미널 심볼을 **액션 심볼**이라 한다.

위에서 살펴본 더하기와 곱하기 연산에 액션 루틴을 추가한 문법을 다시 살펴본다. 이 문법은 곱하기와 더하기에 대한 산술 수식을 후위 표기로 바꾼다. 액션 심볼은 "+", "*", "x"로 표기되고, 의미 규칙의 액션 루틴은 생성 규칙의 오른쪽 끝에 {codegen("액션 심볼")}로 있다. 액션 루틴 {codegen("액션 심볼")}은 환원이 발생하면 수행하여 코드를 생성한다. 이때 해당 인자로 피연산자나 연산자를 출력하는데, 출력한 결과는 선언된 자료의 의미이거나 실행 코드이다.

아래의 **수식 리스트**를 표현하는 문법을 살펴보자.

G: 1. $E \rightarrow M\ Elist$
2. $Elist \rightarrow "+"\ M\ Elist$ { codegen("add") }
3. $Elist \rightarrow \epsilon$
4. $M \rightarrow F\ Mlist$
5. $Mlist \rightarrow "*"\ F\ Mlist$ { codegen("mul") }
6. $Mlist \rightarrow \epsilon$
7. $F \rightarrow (E)$
8. $F \rightarrow "x"$ { codegen(x) }

이 문법은 액션 루틴을 추가한 문법으로 수식 리스트를 표현하는 입력 스트링 x + x * x 의 파스 트리는 그림 13.6과 같다. 이 파스 트리에는 액션 심볼이 포함되어 있는데, 파싱을 수행하면 아래와 같이 액션 루틴(의미 규칙)을 수행한 결과를 출력한다.

(x x x mul add)

이것은 중위 표기의 수식 리스트 x + x * x 를 파싱해 후위 표기로 번역한 중간 코드이다[3].

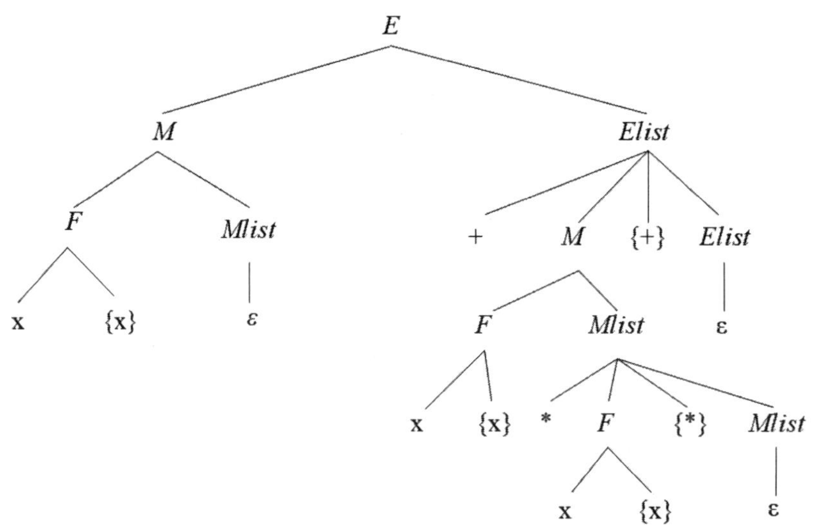

그림 13.6 생성 규칙에 액션 심볼이 추가된 x + x * x 의 파싱 트리
(액션 심볼 " +" , " *" , " x" 는 codegen의 인자 {+}, {*}, {x}로 표시된다)

13.2.1 액션 루틴을 결합한 리커시브 디센트 파서 구현

의미 규칙을 리커시브 디센트 파서와 결합하려면 액션 루틴은 생성 규칙에서 오른쪽 심볼 부분과 결합하여 생성 규칙의 목적에 따라 액션 심볼을 출력하도록 한다. 즉, 액션 루틴을 구성하는 함수를 호출한다. 리커시브 디센트 파서에서는 각 넌터미널이 함수로 구성되고 입력이 들어오면 액션 심볼을 출력한다.

위의 수식 리스트를 표현하는 문법 *G*로 인식할 수 있는 중위 표기 수식을 후위 표기로 번역하는 리커시브 디센트 파서를 구성하면 아래와 같다. token는 방금 읽은 입력 심볼이다.

```
function E( )
{
   if ((token == '(') || (token == 'x')) {          /*  생성 규칙 1  */
                      M( );
                      Elist( );
                      }          /*  생성 규칙 1  */
   else codegen("parsing error");      /* codegen 안에서는 printf("parsing error")를 실행*/
}                    /*  함수 E  */

function Elist( )
{
   if ( token == '+' ) {          /*  생성 규칙 2  */
              scanf(token);
              M( );
              codegen("add");    /*  codegen 안에서는 printf("add")를 실행 */
              Elist( );
              }        /*  생성 규칙 2  */
   else if ((token == ')' ) || (token == '↲' ))  /* do nothing  */ /*  생성 규칙 3  */
                  else codegen("parsing error");  /* printf("parsing error")  */
} /*  함수 Elist  */

function M( )
{
   if ((token == '(' ) || (token == 'x')) {       /*  생성 규칙 4  */
                      F( );
                      Mlist( );
                      }       /*  생성 규칙 4  */
```

```
                else codegen("parsing error");   /* printf("parsing error") */
} /*  함수 M */

function Mlist( )
{
   if ( token == '*' ) {      /*  생성 규칙 5  */
              scanf(token);
              F( );
              codegen("mul");  /*  codegen 안에서는 printf("mul")를 실행 */
              Mlist( );
              }               /*  생성 규칙 5  */
   else if ((token == '+' ) || (token = ')' || (token == '↵')) /* do nothing, 생성 규칙 6 */
                else codegen("parsing error");   /* printf("parsing error") */
} /*  함수 Mlist  */

function F( )
{
   if ( token == '(' ) {      /*  생성 규칙 7  */
              scanf(token);
              E( );
              if (token == ')') scanf (token) else codegen('parsing error');
              }               /*  생성 규칙 7  */
   else if (token == 'x'){    /*  생성 규칙 8  */
               scanf(token);
               codegen("x");  /*  codegen 안에서는 printf("x")를 실행 */
              }     /*  생성 규칙 8  */
} /*  함수 F  */
```

13.2.2 액션 루틴을 결합한 LR 파서 구현

앞에서 다룬 것처럼 단순 LR 파서에서 LR(1) 파싱 테이블에는 이동/환원 정보가 있다. 의미 규칙을 단순 LR 파서와 결합하려면 LR(1) 파싱 테이블의 환원 동작에 따라 환원이 일어날 때 액션 루틴을 수행한다. 그러면 액션 루틴을 구성하는 함수를 호출하여 액션 심볼을 출력한다. 이 LR 파서도 입력한 수식 리스트를 후위 표기로 번역한다. 아래는 액션 루틴을 결합한 단순 LR 파싱 드라이버이다.

```
function LR_Parsing_Driver( )
{
    input: token sequence, augmented grammar, stack and the parsing table;
    output: parsing tree;
      /*   초기 스택 상태와 입력 큐 상태, (#s0            :  xi    xi+1 ....... xn ↵)    */
      /*   파싱이 진행 중인 스택과 입력 큐 상태,  (#s0 X1 s1 X2 ....... Xm sm     :  xi     xi+1 .......
xn ↵);
/*    스택 톱 심볼(상태번호)와 입력 심볼을 아래처럼 비교한다  */
/*  이동 액션이면 스택 톱에 입력 심볼을 이동하고 상태번호를 넣는다  */
 if  (ACTION(sm, xi  ) == "shift s  ")  (#s0 X1 s1 X2  ....... Xm  sm xi s     :  xi+1 ....... xn ↵);

/* 환원 액션이면 스택에서 상태번호를 포함해 β를 제거한다  */
 if  (ACTION(sm, xi  ) == "reduce  A  →β")
     {
            (#s0 X1 s1 X2  ....... Xm−r  sm−r     :  xi  xi+1 ....... xn ↵)
            call codegen for  A  →β;       /*  β 안에 있는 액션 심볼(터미널)을 출력한다 */
            (#s0 X1 s1 X2  ....... Xm−r  sm−r  As      :  xi  xi+1 ....... xn ↵)  /*   (r = |β|,
GOTO(sm−r,  A) = s)  */
     }
 if  (ACTION(sm, xi  ) == "accept")  codegen("parsing is completed normally");
 if  (ACTION(sm, xi  ) == "error")  ERROR( );
   }
```

예 13.2 아래의 의미 규칙이 적용된 문법으로 수식 3 * 4 + 5↲를 LR 파싱하는 단계에서 스택 상태, 입력 큐 상태, 파싱 결과를 보이시오.

$D \rightarrow E$↲	{ codegen("Parsing complete, and Display");}
$E \rightarrow E + M$	{ codegen("add");}
$E \rightarrow M$	
$M \rightarrow M * F$	{ codegen("mul");}
$M \rightarrow F$	
$F \rightarrow (E)$	
$F \rightarrow$ num	{ codegen(num);}

수식 3 * 4 + 5↲를 파싱하는 단계의 스택 상태, 입력 큐 상태는 아래와 같다.

파싱 스택	입력 스트링	적용 구문	출력 결과
	3*4+5↲		
3	*4+5↲		
F	*4+5↲	$F \rightarrow$ num	3
M	*4+5↲	$M \rightarrow F$	3
M *	4+5↲		3
M * 4	+5↲		3
$M * F$	+5↲	$F \rightarrow$ num	3 4
M	+5↲	$M \rightarrow M * F$	3 4 mul
E	+5↲	$E \rightarrow M$	3 4 mul
E +	5↲		3 4 mul
E + 5	↲		3 4 mul
$E + F$	↲	$F \rightarrow$ num	3 4 mul 5
$E + M$	↲	$M \rightarrow F$	3 4 mul 5
E	↲	$E \rightarrow E + M$	3 4 mul 5 add
E↲			3 4 mul 5 add
D		$D \rightarrow E$↲	3 4 mul 5 add

또한 액션 루틴을 실행하므로 의미를 부여한 결과는 아래와 같다(↵에 의한 출력 "Parsing complete, and Display"는 생략함).

(3 4 mul 5 add)

이 형식은 후위 표기로 표현한 트리 구조이며 중간 코드이다.

실습문제

1 넌터미널 *S*로 시작하고, 액션 루틴이 추가된 아래 문법에서 각 입력에 대한 파스 트리와 출력 결과를 보이시오. 에러가 있으면 "에러" 를 출력하시오.

$S \rightarrow CyD$
$C \rightarrow \text{x}\ \{\lambda 1\}\ \text{z}$
$C \rightarrow \text{y}\ C\ \{\lambda 2\}$
$D \rightarrow \text{y}\{\lambda 3\}$
$D \rightarrow \{\lambda 3\}$

(1) yxzy

(2) xxzyyy

(3) yxzxyxx

(4) yyzxzxy

(5) zyzyz

2 액션 루틴이 있는 아래 각 문법에서 넌터미널에 대한 리커시브 디센트 파서의 함수를 구현하시오.

(1) $S \rightarrow \{\lambda 1\}\ \text{x}\ A\ \{\lambda 2\}\ B$

(2) $A \rightarrow \text{x}\ \{\lambda 1\}\ \{\lambda 2\}\ C\ D$

(3) $N \rightarrow 0\ \{\lambda 1\}\ D\ 1\ M$

(4) $A \rightarrow \text{x}\ \{\lambda 1\}\ B\ C$

3 아래 문법에 대해 리커시브 디센트 파서를 구성하시오.

$S \rightarrow C\ \mathrm{y}\ D\{\lambda 1\}$
$C \rightarrow \mathrm{x}\ \{\lambda 2\}\ \mathrm{z}$
$D \rightarrow \mathrm{y}\{\lambda 3\}$

4 아래 문법에 대해 LR 파싱한 결과를 보이시오. 필요한 자료나 테이블은 구해야 한다.

$S \rightarrow A\ \{\lambda 1\}\ 1\ B$
$A \rightarrow 0\ 1\ \{\lambda 2\}$
$B \rightarrow 0\{\lambda 3\}1$

5 의미 규칙이 추가된 문법으로 입력 프로그램을 LR 파싱하면서 액션 루틴을 수행하면 파싱 결과는 후위 표기법으로 출력된다. 그 이유를 설명하시오.

13.3 속성 문법

지금까지는 프로그래밍 언어를 번역하는 과정을 살펴보았다. 그러나 실제로 프로그래밍 언어를 번역하려면 의미를 부여하기 어려운 경우도 많다. 즉, 문맥-자유 문법으로만 프로그래밍 언어를 명확하게 기술하기 어렵다. 예를 들어, 프로그래밍 언어의 제어문에서 순환을 제어하는 변수 값은 순환하는 동안 **순환 몸체 안에서 변경되면 안 된다**(변경되면 순환 변수 값의 변화에 따라 순서가 변할 수 있기 때문이다). 이러한 것은 문법을 그대로 번역만 한다고 해결되지 않는다. 그러므로 실제로는 순환 제어 변수는 다른 변수로 대체하여 값을 다르게 할당하도록 의미 규칙을 보완한다.

또 다른 예를 들어보자. 프로그램 실행 도중에 수식의 중간 계산 결과를 저장하고, 이 저장한 곳의 주소를 다른 수식이나 함수 호출문 인자로 전달할 필요가 있다. 이런 경우도 마찬가지로 주소가 의미를 가지므로 문법을 확장해 의미를 보완한다.

이와 같이 기존 문법이 제공하지 못하는 의미 부분을 보완하기 위해 의미 규칙을 확장한 문법을 **속성 문법**이라 한다. 이 속성 문법을 사용하면 의미를 보다 명확하게 부여할 수 있다.

속성 문법은 문법 심볼인 넌터미널이나 터미널 각각의 속성이 하나만 있을 수도 있고, 여러 개 있을 수도 있기 때문에 필요에 따라 첨자로 구별해 표기한다. 예를 들면 넌터미널 E 에 대한 속성은 수식의 결과 값을 저장하는 스택의 주소를 포인터로 사용할 수 있다. 또한 어휘 분석에서 토큰으로 사용하는 입력 심볼의 속성은 토큰의 해당 값이 속성이 될 수 있다.

속성 문법에는 생성 규칙마다 의미 규칙이 추가된다. 물론 의미 규칙이 하나도 없는 생성 규칙도 있다. 의미 규칙은 파싱 동안 해당 생성 규칙이 적용될 때 마다 의미 규칙에 따라 속성 값이 어떻게 할당되는가를 보인다.

이때, 어떤 속성은 파스 트리의 더 높은 레벨의 노드에서 전달받고, 어떤 속성은 파스 트리의 더 낮은 레벨의 노드에서 전달 받는다. 즉, 프로그래밍 언어의 실행문을 번역해 **실행 코드를 생성할 때**처럼 **속성이 잎에서 루트로 값이 전달**될 때는 합성 속성이 적용되고, **선언문을 번역해 자료형을 각 변수에 전달**할 때는 상속 속성이 적용될 수 있다.

아래에서 합성 속성과 상속 속성을 살펴보자.

13.3.1 합성 속성

여기서는 속성 문법이 파싱 동안 생성 규칙에 따라 속성 값이 합성으로 전달되는 과정을 살펴보자.

정의 13.3

> 생성 규칙 $A \rightarrow \alpha$에 대한 넌터미널의 **합성 속성**은 생성 규칙의 오른쪽에 있는 문법 심볼 각각의 속성 값($X(\Psi)$, $Y(\Psi)$, $Z(\Psi)$)을 합성한 속성 값이 왼쪽 넌터미널 심볼의 속성 값($A(\text{Atb})$)으로 전달된다. 즉, 아래와 같이 표현하는데, 심볼 X, Y, Z 각각의 합성 값이 A의 속성 값이다. 즉, 아래와 같이 쓸 수 있다.
>
> $$A \rightarrow XYZ \qquad A(\text{Atb}) = \text{F}(X(\Psi)Y(\Psi)Z(\Psi))$$

예 13.3

탁상용 계산기에서 전위 표기로 된 수식을 계산하도록 하는 아래 문법 G는 더하기와 곱하기 연산이 있는 속성 문법이다. $E1$과 $E2$는 같은 E인데 처음 E와 두 번째 E를 구별하기 위해 번호를 붙인 것이다. 의미 규칙의 문법 심볼에 있는 $.p$, $.q$, $.r$ 는 속성 값을 나타내는데 속성 값이 저장된 곳의 포인터이다. 터미널 num의 속성은 어휘 분석 단계에서 만들어진 상수 값이다 [3].

$$
\begin{aligned}
G:\ & E \rightarrow +\, E1\ \ E2 \quad \{ E.p = E1.q + E2.r \} \\
& E \rightarrow -\, E1\ \ E2 \quad \{ E.p = E1.q - E2.r \} \\
& E \rightarrow *\, E1\ \ E2 \quad \{ E.p = E1.q * E2.r \} \\
& E \rightarrow /\, E1\ \ E2 \quad \{ E.p = E1.q \,/\, E2.r \} \\
& E \rightarrow \mathrm{num} \quad \{ E.p = \mathrm{num}.q \}
\end{aligned}
$$

이 속성 문법으로 수식 + * 2 3 + 4 5 를 파싱하는 트리를 구성하면 그림 13.7 과 같다.

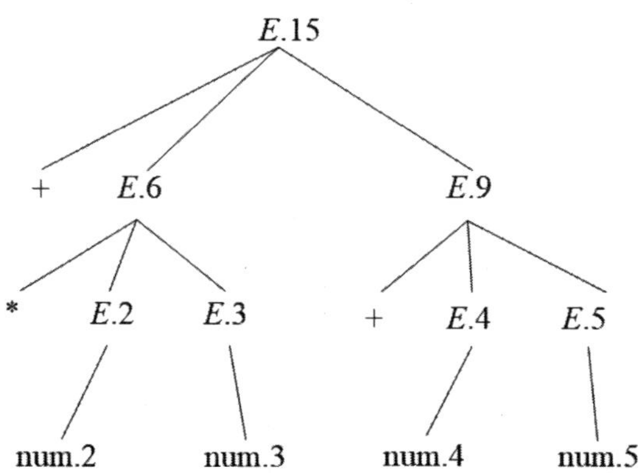

그림 13.7 전위 표기 수식 + * 2 3 + 4 5 에 대한 속성이 들어간 파스 트리

그림 13.8은 그림 13.7의 파스 트리에서 속성의 합성 과정으로 각 노드의 속성 값은 트리의 가장 낮은 레벨 노드에서 뿌리 쪽인 위로 점선을 따라 전달한다. 이와 같이 낮은 노드에서 자신 보다 높은 레벨의 노드로 속성 값을 전달하기 때문에 이 속성 문법은 **합성 속성**을 가지고 있다고 할 수 있다.

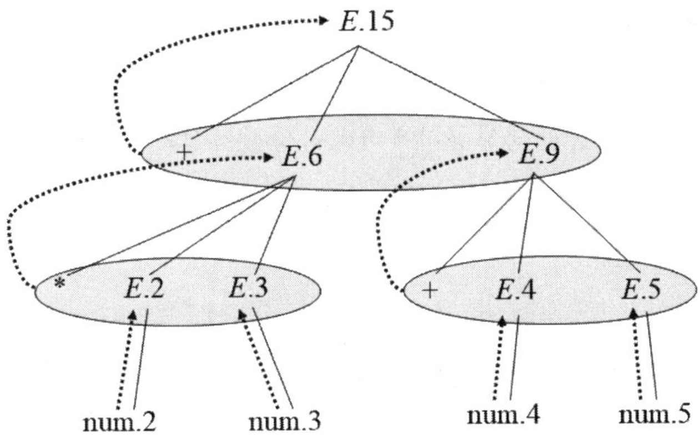

그림 13.8 그림 13.7의 파스 트리에서 속성의 합성 과정

실습 13.1

예 13.3의 문법으로 중위 표기 수식인 7 + 8 * 9 를 파싱할 수 있는지 관찰하시오. 이 문법으로 파싱할 수 있는 수식은 어떤 수식인지 설명하시오.

실습 13.2

예 13.3의 문법으로 아래 각 수식에 대한 파스 트리를 구성하시오. 에러가 나는 경우는 어떤 경우인지 설명하시오.

(1) + 2 3 * 4 5 − 3 4
(2) + * 5 6 + 7 8
(3) * 9 7 + 6 3 +
(4) / 8 4 + 3 4 − 1 3
(5) − 3 + 4 3 * 2 3

실습 13.3

아래 수식을 파싱할 수 있는 속성 문법을 구성하고 파스 트리를 생성하시오. 이 수식은 후위 표기 수식이다.

3 4 + 5 6 * +

13.3.2 상속 속성

여기서는 속성 문법이 파싱 동안 생성 규칙에 따라 속성 값이 상속으로 전달되는 과정을 살펴보자. 즉, 파스 트리의 뿌리 노드 혹은 높은 레벨에 있는 노드에서 낮은 레벨에 있는 노드로 속성 값을 전달하는 **상속 속성**이다.

> **정의 13.4**
>
> 생성 규칙 $A \rightarrow \alpha$에 대한 **상속 속성**은 생성 규칙의 왼쪽에 있는 넌터미널의 속성 값 A(Atb) 이 오른쪽에 있는 넌터미널의 속성 값 $X(\Psi)$, $Y(\Psi)$, $Z(\Psi)$으로 전달된다. A의 속성 값이 X, Y, Z에 상속되거나 X의 속성 값이 Y와 Z에 상속된다. 아래와 같이 쓸 수 있다.
>
> $A \rightarrow XYZ \quad A(\text{Atb}) = \text{F}(X(A(\text{Atb}))\ Y(\text{A}(\text{Atb}))\ Z(\text{A}(\text{Atb})))$
>
> 혹은
>
> $A \rightarrow XYZ \quad A(\text{Atb}) = \text{F}(X(A(\text{Atb}))\ Y(\text{X}(\Psi))\ Z(\text{X}(\Psi)))$

아래 문법 G는 정수, 유동 소수점, 문자 세 개의 자료형을 선언하고 의미 규칙이 있는 속성 문법이다[3]. 의미 규칙은 선언된 자료형이 프로그램 안에 사용하는 모든 변수에 전달(상속)하도록 한다.

G: 1. *Decl* → *Type*p *Idlist*q { *Idlist.q* = *Type.p* }
2. *Type*p → int { *Type.p* = 'integer' }
3. *Type*p → float { *Type.p* = 'float' }
4. *Type*p → char { *Type.p* = 'char' }
5. *Idlist*q → *Idlist*r , idt { *Idlist.r* = *Idlist.q*; id.t = *Idlist.q* }
6. *Idlist*q → idt { id.t = *Idlist.q* }

위 문법은 선언 생성 규칙인 *Decl* → *Type*p *Idlist*q에서 *Type*p 에 따라 자료형이 int, float, char 중에서 하나가 올 수 있고, 이어서 *Idlist*q → idt 에 따라 '식별자 리스트' id1, id2, id3, ...이 올 수 있다. idt 의 t는 리스트의 식별자(변수)를 구별하기 위한 번호이다.

위 문법에 따른 정수형 선언을 살펴보자. x, y, z는 id1, id2, id3을 대신한다.

int x, y, z;

이것은 변수 x, y, z 가 정수형으로 선언되고, **x, y, z 각각은 int 에 의해 정수형으로 선언되었다는 의미**를 가진다. 그러므로 아래와 같이 자료형이 각 변수에 상속된다.

(1) 의미 규칙 { *Type.p* = integer }에 의해 *Type.p*는 integer(정수형)으로 속성 값을 할당받는다.

(2) { *Idlist.q* = *Type.p* }에서 integer 는 *Type.p*에 해당되고, x, y, z 는 *Idlist.q* 에 해당된다.

(3) 의미 규칙 { *Idlist.q* = *Type.p* }에 의해 x, y, z 는 integer라는 속성을 전달(상속)받는다.

이와 같은 방법으로 속성이 상속되어 변수 x, y, z 각각은 아래 심볼 테이블처럼 "정수형"이라는 속성을 저장한다.

심 볼	식 별	속 성
.	.	.
x	단순변수	정수형
y	단순변수	정수형
z	단순변수	정수형
.	.	.
.	.	.

생성 규칙 5의 의미 규칙은 두 개의 의미 규칙을 수행한다는 의미 이다. 이 문법에 따르면 선언문 int x, y는 그림 13.9의 파스 트리가 된다. 이 파스 트리에서 속성 값은 같은 레벨에서 의미 규칙 1, 2, 3, 4와 같이 수평으로 전달하거나, 의미 규칙 5, 6처럼 더 낮은 레벨로 전달한다. 속성 수나 종류는 문법 전체에서 일관성이 있어야하기 때문에, 문법에서 심볼 *A*가 해당하는 곳에는 항상 같은 속성이 적용된다. 또한 심볼 *A*는 상속 속성과 합성 속성 둘 다 있을 수 있다.

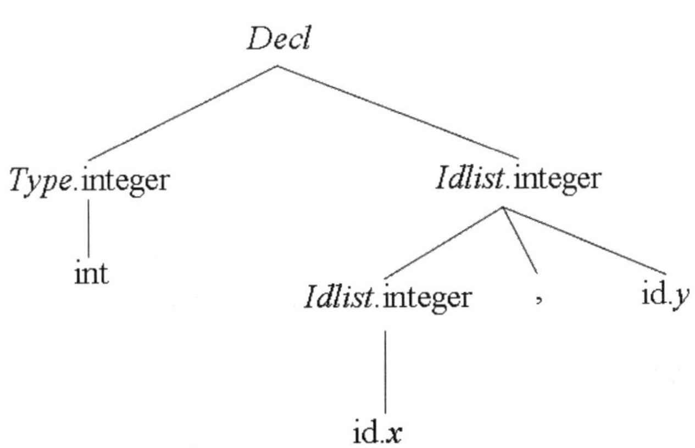

그림 13.9 선언문 int x, y 에 대한 속성이 들어간 파스 트리

그림 13.10은 그림 13.9의 파스 트리에서 속성의 상속 과정(점선을 따라)을 보인다.

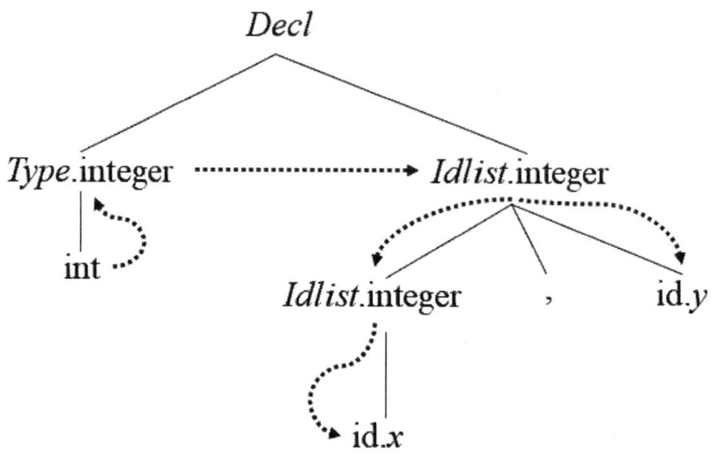

그림 13.10 선언문 int x, y 의 파스 트리에서 속성의 상속 과정

이러한 속성 문법을 결합해 실질적인 리커시브 디센트 파서를 구현해 본다. 인터프리터는 이와 같이 속성 문법을 결합해 구문-직접 번역으로 실행하는 시스템 소프트웨어라 할 수 있다. 앞에서는 리커시브 디센트 파서에 의미 규칙만 결합하였지만, 여기에서는 리커시브 디센트 파서가 구문 분석 도중에 속성 문법에서 자료를 직접 실행하도록 한다. 자료 값은 심볼 테이블에 저장되어 있으며, 속성 문법의 **포인터**가 가리키는 곳에서 가져 온다

이렇게 하려면 리커시브 디센트 파서의 각 함수(넌터미널)는 속성을 인자나 지역 변수로 사용한다. 즉, *E*p 와 같은 넌터미널에 적용되는 속성(*p*)은 함수 *E* 의 인자이다. 물론 속성이 여러 개 있는 넌터미널은 인자를 여러 개 사용한다.

파서로 합성 속성을 구현하려면 호출한 함수(넌터미널)에 계산 결과 같은 합성 정보를 넘겨주어야하기 때문에 인자 전달은 **참조에 의해**(인자에 * 를 사용) 이루어진다. 반면에 상속 속성을 구현하려면 상속정보를 호출되어진 함수에 전달하므로 인자 전달은 **값에 의해** 이루어진다. 뿐만 아니라, 액션 심볼은 지역 변수로 구현하고 의미 규칙은 필요한 곳에 있어야 한다.

위에서 사용한 문법에서 아래 생성 규칙을 예로 살펴보자.

$$E\text{p} \rightarrow +E\text{q}\ \ E\text{r} \quad \{\, E.p = E.q + E.r \,\}$$

이 생성 규칙 *E* 의 리커시브 디센트 함수는 아래와 같다.

```
function E(int *p);
int q, r;
{
  if (token == '+' ) {        /* 생성 규칙 1  */
            get(token);
            E(&q);
            E(&r);
            p = q + r;   /* E(q)와 E(r)을 호출한 후에 계산한다. */
           }      /* 생성 규칙 1  */
    ......
```

이 예에서 함수 E(&q), E(&r) 모두 인자로 값을 반환한다(합성 정보를 받기 위해 인자를 *p 로 구현한다).

아래 문법의 의미 규칙에서 직접 실행이 가능하도록 리커시브 디센트 파서를 구현해 보자.

G: 1. *E*p → + *E*q *E*r { $E.p = E.q + E.r$ }
2. *E*p → − *E*q *E*r { $E.p = E.q - E.r$ }
3. *E*p → * *E*q *E*r { $E.p = E.q * E.r$ }
4. *E*p → / *E*q *E*r { $E.p = E.q / E.r$ }
5. *E*p → numq { $E.p = \text{num}.q$ }

여기서 *get* 함수는 입력 토큰의 상수 값을 numval 이라는 전역 변수에 저장한다.

```
function E(*p);
int *q, *r;
{
   if (token == '+')  {       /*  생성 규칙 1  */
            get(token);
            E(&q);
            E(&r);
            p = q + r;  /*  계산을 직접 수행한다. 즉, 자료에 대해 실행한다. */
           }        /*  생성 규칙 1  */
   else if (token == '*')  {   /*  생성 규칙 3 */
               get(token);
               E(&q);
```

```
                E(&r);
                p = q * r;     /*  계산을 직접 수행한다.  */
               }    /*  생성 규칙 3 */
   /* ************************************************************* */
   /*          token == '−' 와 '/' 에 대해서는 생략              */
   /* ************************************************************* */
  else if (token == 'num')  {      /*  생성 규칙 5  */
                  p = numval;     /*  상수에 대한 토큰 값  */
                  get(token);
                  }            /* 생성 규칙 5 */
          else printf("parsing error");
  } /*  함수 E  */

/*  의미 규칙이 있는 리커시브 디센트 파서와 실행  */
main( );
int numval, p, token;
  {
   get(token);
   E(&p);
   if (token == '↵') printf(p)
                        else  printf("parsing error");
  }  /*  파서 메인 함수  */
```

실습 13.4

위의 속성 문법을 결합한 리커시브 디센트 파서를 중간 코드가 생성되도록 프로그래밍 언어로 실행하고 결과를 분석하시오. 입력은 7+3*4↵로 테스트하고, 7+8+9*5↵을 입력하여 실행한다. 코드는 add, mul 등을 사용한다. 이 리커시브 디센트 파서에 수식 7+3*4↵를 입력하여 파싱한 결과로 출력되는 중간 코드는 스택 형식으로 아래와 같아야 한다.

7 3 4 mul add

또한 7+8+9*5↵를 파싱한 결과의 중간 코드도 스택 형식으로 아래와 같아야 한다.

7 8 add 9 5 mul add

실습 13.5

실습 13.4에서 구현한 파서에 그래픽 사용자 인터페이스를 첨부해 간단한 탁상용 계산기를 구현하고 실행하시오.

실습 13.6

위의 속성 문법을 결합한 LR 파서를 프로그래밍 언어로 구현하고 실행해 결과를 분석하시오.

실습문제

1 본문의 해당 문법을 사용해 아래의 각 수식의 속성 유도 트리를 그리시오. 임시 기억 장소를 사용할 수 있다.

(1) x * y + z

(2) (x + y) * z

(3) x * y * z

(4) (x)

(5) x − y +(−z)

2 넌터미널 *P*로 시작하는 아래의 속성 번역 문법에서 입력 스트링 x1z1x2x3y4z2 의 파스트리와 출력하는 심볼을 보이시오. 스트링에서 각 문자의 첨자 번호는 구별하기 위한 순서이다.

1. Pp → Er zt {$P.p = E.r$ + z.t}
2. Ep → yp {x}p zt
3. Ep → xq Er {y}p {$E.p$ = x.q + $E.r$}

3 아래의 문법에 대해 리커시브 디센트 파서를 구현하고, 각 입력 스트링의 파스 트리를 생성하시오. 또한 속성이 전달하는 과정을 설명하시오.

1. *Decl* → *Type*p *Idlist*q { *Idlist.q* = *Type.p* }
2. *Type*p → integer { *Type.p* = 'integer' }
3. *Type*p → float { *Type.p* = 'float' }
4. *Type*p → char { *Type.p* = 'char' }
5. *Idlist*q → *Idlist*r , idt { Idlist.*r* = Idlist.*q*; id.*t* = Idlist.*q* }
6. *Idlist*q → idt { id.*t* = Idlist.*q* }

아래는 입력 스트링이다.

(1) char x, y, z

(2) float k

(3) int x, y, z

(4) int x y, w
float p, q

4 아래 입력 스트링을 파싱하도록 속성 문법을 구성하시오. 또 속성 유도 트리를 보이시오.

(1) int k[3][4]

(2) float x[4], y, z

5 실습 13.4에서 만든 리커시브 디센트 파서를 변형해, 중간 코드를 생성하지 않고 직접 실행하는 프로그램을 구현하시오. 임의의 수식을 입력하여 결과를 출력하시오.

13.4 선언문의 의미 분석

의미 분석과 속성 문법으로 선언문의 의미를 분석해 보자. 선언문은 프로그램의 실행 중에 사용할 자료형을 정의하거나 메모리를 할당하도록 정보를 제공하는 문장이다. 이런 선언에는 단순 변수의 자료형은 물론이며, 구조를 가진 자료인 배열, 레코드, 포인터 외에도 함수 등 다양하다. 배열이나 레코드는 구조화된 자료형으로 프로그래밍 언어와 컴파일에서 매우 중요하게 다룬다. 여기에서는 선언문의 자료형과 배열의 의미 분석을 살펴본다.

우선, 어떤 언어에서 선언문의 자료형에 대해 의미를 부여하는 과정을 살펴보기 위해 선언문의 문법 구조를 살펴보자.

$Decl \rightarrow Typ\ \ \mathbf{id}\ \ \mathbf{;}\ Decl\ |Typ\ \ \mathbf{id}\ Arrtyp\ \mathbf{;} Decl\ |\epsilon$
$Typ \rightarrow Styp\ |\ Arrtyp$
$Styp \rightarrow \mathbf{int}\ |\mathbf{float}$
$Arrtyp \rightarrow \mathbf{[\ \ num\ ]}\ \ Arrtyp\ |\epsilon$

이 문법 구조에서 *Decl*은 자료형(*Typ*)으로 id를 선언하는데 자료형은 단순자료 자료형(*Styp*)과 배열 자료형(*Arrtyp*)이 있다. 단순 변수의 자료형은 정수형(int)과 실수형 값인 유동 소수점수형(float)이 있다. 또한 배열 자료형은[num]로 배열을 나타낸다.

예를 들어, 아래는 선언문으로 그림 13.11과 같이 정수 선언문 int id;와 배열 선언문 int id[num];의 파스 트리를 생성한다.

```
int a;
float f, r;
int k[4][6];
```

이 선언문에 대해 몇 개의 가정을 하자. int a는 정수형으로 메모리에 a라는 이름으로 16－비트(2－바이트로 가정) 정수형 값을 저장할 공간을 배정한다. 또한 float f, r는 32－비트(4－바이트로 가정) 유동 소수점형 값을 저장하는 공간을 배정한다. 배열 선언 int k[4][6]의 첫 원소는 k[0][0]이며, 16－비트 정수형 값을 저장하는 공간 24개를 확보한다. 즉, 한 원소마다 2－바이트씩 48바이트를 확보하라는 의미이다(한 정수에 32－비트를 사용하는 컴퓨터이면 4－바이트씩 96－바이트이다).

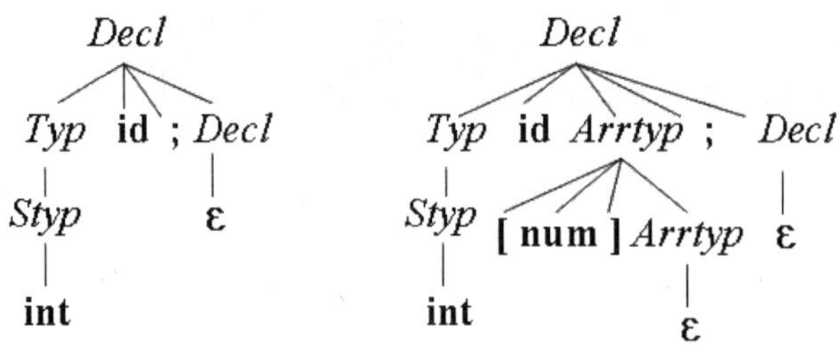

그림 13.11 정수 선언문 int id;와 배열 선언문 int id[num]; 의 파스 트리

그러므로 위의 선언문은 그림 13.12과 같이 각 자료형의 식별자 값이 저장될 메모리 공간을 할당한다.

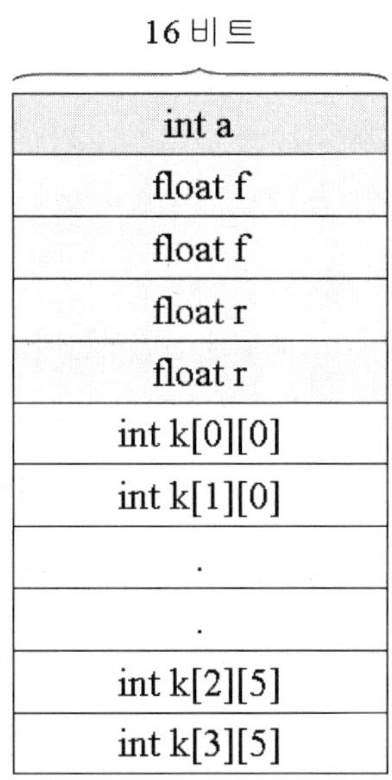

그림 13.12 예로든 선언문의 메모리 공간 할당

배열 선언의 의미를 이해하기 위해 아래 선언문을 다시 살펴보자.

int a[5][6];

이 문장은 아래 의미를 속성으로 가진다.

- 배열 이름은 a 이다.
- 자료형은 정수형이다.
- 배열이다.

- 이차원 배열이다.
- 전체 30 개의 원소가 정수형 자료로 공간 할당을 확보한다.
- 크기 각 원소가 16－비트(혹은 32－비트)이다.
- 5개 행과 6개열이 있다.
- 원소의 처음과 끝은 a[0][0]와 a[4][5]이다.
- 시작 원소는 a[0][0]이다.
- 마지막 원소 a[4][5]이다.
- 행우선 저장한다.
- 배열의 초기 값은 알 수 없다.
- 배열 이름 a는 이 배열의 첫 번째 원소의 포인터(주소)이다.
- 심볼 테이블에서의 배열 시작 주소가 있다. 등

이와 같이 배열 선언 문장 하나가 다양한 의미를 포함하기 때문에 문법에서 의미 규칙이 이런 의미를 가지도록 구성해야 한다. 아래는 위의 선언문 문법 구조에 의미 규칙을 추가한 것이다.

Decl → *Typ* id ; *Decl* { *codegen*('entertable' (id.*name*, t));}
Decl → *Typ* **id** *Arrtyp* ; *Decl* { *Decl.type* = *Arrtyp.type*;}
Decl → ϵ
Typ → *Styp* { t = *Styp.type*; w = *Styp.width*; } /* w－바이트의 저장할 값 */
Typ → *Arrtyp*1 { t = *Arrtyp.type*; w = *Arrtyp.width*; } /* 배열 바이트 수 */
Styp → **int** { *Styp.type* = *integer*; *Styp.width* = 2; } /* 2－바이트 */
Styp → **float** { *Styp.type* = *float*; *Styp.width* = 4; } /* 4－바이트 */
Arrtyp → **[num]** *Arrtyp*1 { *array*(*num.value*, *Arrtyp*1.*type*);
Arrtyp.width = *num.value* × *Arrtyp*1.*width*; }
Arrtyp → ϵ { *Arrtyp.type* = t; *Arrtyp.width* = w; } /* w－바이트 */

위의 의미 규칙에서 { *codegen*('entertable' (id.*name*, t));} 는 식별자(변수)를 테이블에 넣는다는 의미이며, 이 때 변수 이름과 그 변수의 자료형(t)을 저장한다. t는 자료형이며, w는 저장되는 값의 바이트 수이다. 즉, 정수형 값으로 2－바이트, 유동 소수점형 값으로 4－바이트를 할당한다. { *array*(*num.value*, *Arrtyp*1.*type*); *Arrtyp.width* = *num.value* × *Arrtyp*1.*width*; }는 원소의 수와 그 원소의 자료형을 알리고, 배열 전체 크기는 원소의 수와 그 원소의 크기(바이트 수)를 곱한 값이다.

아래 예에서 선언문의 의미 규칙을 알 수 있다. 먼저, 단순 변수의 자료형 선언을 살펴본다.

```
int a ;
float r ;
```

이 선언문은 그림 13.13과 같은 파스 트리가 생성되면서 각 단계에서 필요한 의미 규칙을 수행한다. 그 결과 int a;는 a라는 정수형 변수 이름으로 메모리 2-바이트에 할당되고, float r;은 r 이라는 유동 소수점형 변수 이름으로 메모리 4-바이트에 할당한다(정수형은 2-바이트인 경우의 기계에서).

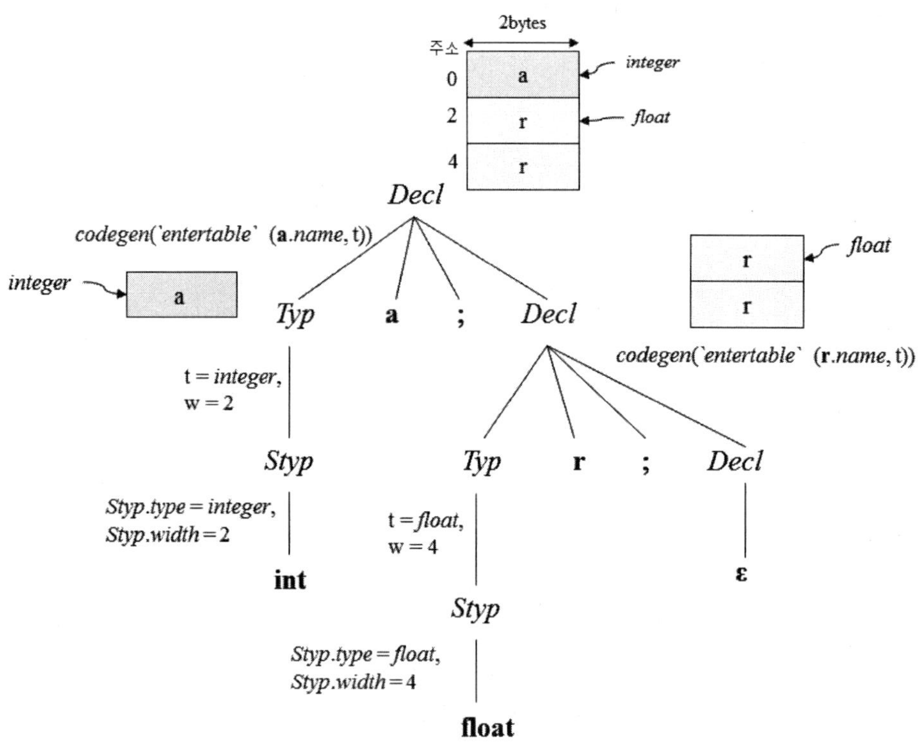

그림 13.13 선언문 int a; float r; 의 파스 트리와 의미 분석 과정

이어서 배열 선언의 의미 규칙 예를 살펴보자.

```
int k[4][6];
```

이 선언문은 그림 13.14와 같은 파스 트리를 생성하면서 각 단계마다 필요한 의미 규칙을 수행한다. 그 결과 int k[4][6];은 k라는 정수형 배열은 한 원소가 2−바이트이고, 배열 전체의 원소 수는 24 개이므로 배열 전체의 크기는 2−바이트(한 원소 크기) × 24 개로 48−바이트의 공간을 확보한다. 점선은 배열 원소의 자료형과 크기(길이)가 상속되는 과정이다.

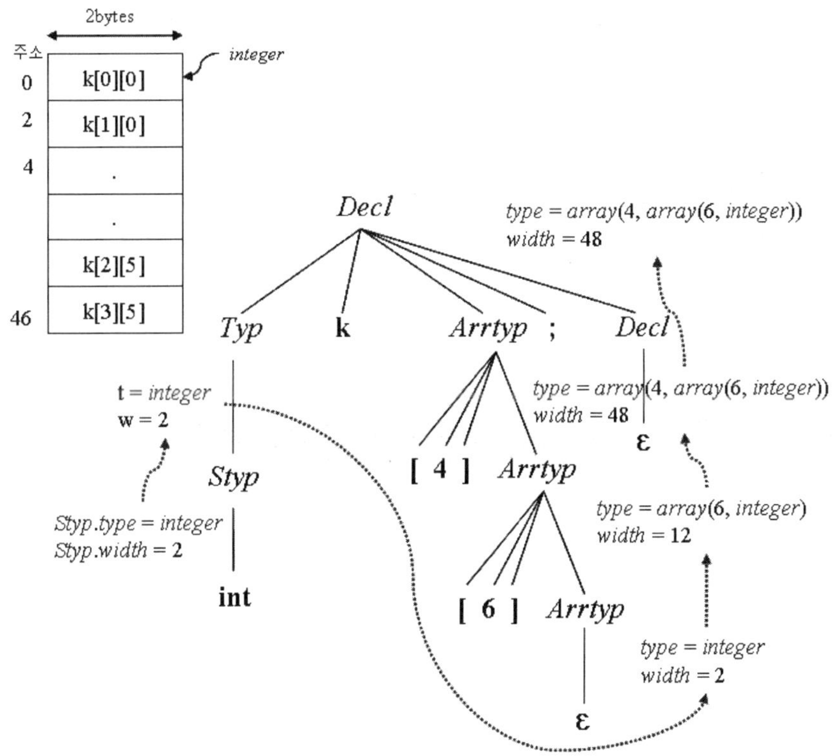

그림 13.14 선언문 int k[4][6]; 의 파스 트리와 자료형 의미 분석 과정

실습문제

1 본문의 의미 규칙에 아래와 같은 의사 코드가 있다.

codegen (*A.p* '=' *A*1.*p* '+' t);

이 코드의 의미를 설명하시오.

2 본문의 의미 규칙에 아래와 같은 의사 코드가 있다.

codegen (t '=' *E.p* '*' *A.type.width*);

이 코드의 의미를 설명하시오. 또한 *A.type.width*의 의미를 설명하시오.

3 아래의 각 생성 규칙에 대해 의미 규칙을 작성하시오. *RO*는 관계 연산자를 생성하는 넌터미널이다(여기서는 터미널처럼 간주한다).

1. *WhileStmt* → while (*Expr RO Expr*) *Stmt*
2. *ForStmt* → for (var = *Expr* to *Expr*) do *Stmt*
3. *IfStmt* → if *Expr RO Expr* then else *Stmt*

13.5 레코드와 객체

앞에서 언급한 자료형 외에도 여러 프로그래밍 언어에서 사용하는 자료형은 열거형, 포인터형, 구조체형, 메소드 등 다양하다. 또한 객체-지향 프로그래밍 언어나 동적 프로그래밍 언어 등에서 사용하는 자료형도 많다. 여기서는 레코드(구조체)와 메소드 자료형의 의미에 대해 간략하게 살펴본다.

13.5.1 레코드 자료형

알골이나 파스칼 언어에서는 레코드형을 사용할 수 있는데, 다른 언어에서는 **구조체**형과 유사하다. 레코드형 자료는 자료형을 가지는 자료들을 묶어서 하나의 이름으로 그룹화(구조체)한 자료형이다. 이때 레코드를 구성하는 각기 다른 자료 원소를 **필드**라 한다. 레코드의 각 원소는 크기만 다르고 모두 같은 자료형이 될 수 있고, 각 원소 모두 다른 자료형이 될 수도 있으며, 일부 필드 몇 개 만 다른 자료형이 될 수도 있다.

아래는 레코드형 예이다.

```
student = record
      number: integer;
      score: real;
      grade: character;
    end;
```

이 예에서 정수형 자료 number, 실수형 자료 score, 문자형 자료 grade는 모두 student라는 레코드 자료형의 구성 원소(멤버)이다. 이 그룹화된 student의 각 필드인 number, score, grade는 메모리 영역에 연속적으로 저장된다.

이와 같이 선언된 레코드형을 사용하려면, 점(•) 혹은 다른 기호(->) 등을 사용하여 '레코드 이름 A의 어떤 원소, A.x'로 지정하여 사용한다. 예를 들어, 위 예의 '학생 이름'을 사용하려면 아래와 같다.

student.number

마찬가지로 다른 원소도 아래처럼 표기한다.

```
student.score
student.grade
```

이 예를 C 언어로 표기하면 아래와 같다.

```
struct student {
       int  number;
       float  score;
       char  grade;
       };
```

'학생 이름'을 사용하려면 아래와 같이 기술한다.

student->number

컴퓨터 구조 마다 자료를 메모리에 저장하는 형식이 다를 수 있다. 즉, 어떤 컴퓨터 구조는 자료를 저장 할 때 메모리에 접근(엑세스)하기 쉽도록 자료의 저장 주소를 순서대로 정렬한다. 즉, 2의 배수(2-바이트), 4의 배수(4-바이트), 8의 배수(8-바이트) 등으로 정렬되도록 한다. 정수형 자료는 2-바이트, 4-바이트는 물론, 실수형 자료는 4-바이트 또는 두 배 정밀도 수로 8-바이트가 될 수도 있다. 또 문자형 자료는 1-바이트씩 문자 한 개를 저장 할 수 있다.

그러므로 정수형 값은 2-바이트, 실수형 값은 4-바이트, 문자형 자료는 1-바이트로 저장하는 컴퓨터 구조에서는 위의 레코드형을 아래와 같이 저장할 수 있다.

바이트	바이트	바이트	바이트
number		비었음	비었음
바이트	바이트	바이트	바이트
score			
바이트	바이트	바이트	바이트
grade	비었음	비었음	비었음

이와 같이, number은 2-바이트로, score는 4-바이트로, grade는 1-바이트 정렬하는데, number와 score 사이에는 두 바이트의 간격이 있다. 이렇게 두 자료 항목 사이에 간격을 두어 구조체의 크기 등 관련 사항을 알 수 있다.

13.5.2 객체 자료형

객체는 함수가 포함되어 있는 레코드이다. 이 함수를 메소드라 하며 자료형으로 **클래스**라 한다. 어떤 프로그래밍 언어는 외부(프로그램의 다른 영역)에서 객체의 메소드만 볼 수 있으며, 각 객체는 메소드 안에서만 액세스할 수 있다. 즉, 일종의 추상 자료형이다. 또한 어떤 언어는 레코드에서 각 원소를 엑세스하는 방식으로 각 필드에 액세스할 수 있다. 대부분의 객체-지향 언어는 객체의 필드에 직접 액세스 할 수 없지만, 객체 내부의 메소드에서 액세스하려면 필드를 선택해야 한다.

메소드 호출은 먼저 메소드를 식별한 다음에 호출하게 된다. 또한 메소드 호출은 함수 호출과 유사하지만 메소드 안에서 객체 필드에 직접 액세스할 수 있도록 객체에 대한 포인터가 인자로 추가되어 전달된다. 이 인자는 사용자가 지정하여 명시적으로 기술하지 않으며 프로그래밍 언어에서 자동으로 전달한다. 객체는 보통 메소드 안에서 self나 this와 같은 예약어 표시되어 객체 필드에 액세스할 수 있다. 또한 대부분의 객체-지향 언어에서 객체에는 생성자와 소멸자가 있는데, 각각 객체를 생성할 때나 객체를 제거할 때 호출하는 메소드이다.

Graph 메소드와 Tree가 있고 필드 vertex와 edgee가 있는 객체 A-클래스가 있다. 그러면 실행 도중에 A-클래스는 아래처럼 표현된다. 즉, vertex 필드와 edge 필드를 원소로 하는 레코드와 같다.

vertex
edge

A-클래스에 대한 메소드 테이블은 컴파일 시간에는 만들어져서 유지된다. 메소드 이름에 '_A'와 같이 밑줄을 붙여 같은 이름으로 정의된 다른 클래스와 구별하여 A-클래스에서만 사용하도록 한다.

Graph_A
Tree_A

그러므로 필드 선택은 레코드형에서 필드를 선택하는 것과 같고, **객체 복사**도 레코드의 복사와 같은 방식으로 이루어진다. **메소드 선택**은 어휘 분석 단계에서 수행되는데, 객체에 대한 포인터 하나를 인자로 추가하여 한 개의 루틴으로 구현된다.

객체 자료형의 의미 분석에서 중요한 부분은 상속, 다형성, 오버로딩, 동적 바인딩, 다중 상속 등의 속성을 구현하는 것이다.

• 상속

객체-지향 언어는 상속 속성을 가지고 있기 때문에, 객체가 자신의 필드와 메소드를 사용하면서 A-클래스의 메소드와 필드를 **상속**할 수 있다. 즉, 자료형을 확장한다.

필드와 메소드가 여러 개인 A-클래스는 B-클래스의 상위 클래스이고, B-클래스는 A-클래스의 하위 클래스이다. 그러면 B-클래스에 Btree를 메소드로 child를 필드로 추가하여 A-클래스를 확장한다.

B-클래스 객체의 실행 동안의 자료 표현과 메소드 테이블은 아래와 같다.

B-클래스
vertex
edge
child

B-메소드
Graph_A
Tree_A
Btree_B

• **메소드 오버로딩**

B-클래스가 A-클래스를 확장하려면 여러 개의 A-메소드를 재정의 할 수 있다. 이 기능을 **메소드 오버로딩**이라 한다.

B-클래스가 A-클래스의 객체에 대해 이미 정의된 Tree 메소드를 재정의 한다. 그러면 A에서 Tree 메소드의 정의는 유일하게 선언한 것이면서 동시에 B-클래스에서의 첫 번째 정의가 된다.

이름이 선언된 클래스와 정의된 클래스를 모두 반영할 수 있도록 메소드 이름을 바꾼다. 이름은 세 부분으로 구성되는데, 메소드 이름, 선언된 클래스, 정의된 클래스이다. 이름은 밑줄(_)로 구분하는데, Tree_A_B는 A-클래스에서 선언되고, B-클래스에서 정의된 Tree 메소드를 의미한다.

위에서 B-클래스가 A-클래스에서 이미 선언되었고, 정의된 Tree 메소드를 재정의 한다면, A-클래스의 메소드 테이블은 아래와 같이 변한다. 즉, 메소드를 재정의 하면 메소드 테이블의 이름도 변경된다.

메소드
Graph_A_A
Tree_A_A

B-클래스의 메소드 테이블은 아래와 같다.

메소드

Graph_A_A
Tree_A_B
Btree_B_B

cycle이 A-클래스의 객체이고, level이 B-클래스의 객체이면, 메소드 호출 cycle.Tree(...)는 Tree_A_A를 호출하도록 변환되고, 메소드 호출 level.Tree(...)는 Tree_A_B를 호출하도록 변환된다. 이것은 A-클래스에서 선언되고 A-클래스에서 정의된 Tree_A_A와 A-클래스에서 선언되었지만 B-클래스에서 정의된 Tree_A_B를 구분하게 한다.

• 다중 상속

객체는 둘 이상의 부모 클래스에서 상속할 수 있는데 이것을 **다중 상속**이라 한다.

아래와 같이 필드 List, Link와 Graph 메소드, Tree 메소드가 있는 DataStruct라는 객체 클래스가 있다.

```
class DataStruct
  {
    char List;
    int Link;
    method Graph( );
    method Tree( );
  };
```

또한 필드 Found, Heap, Stack과 Btree 메소드와 Subtree 메소드가 있는 Algorithm이라는 객체 클래스가 있다.

```
class Algorithm
  {
    char Found;
    int Heap;
    int Stack;
    method Btree( );
    method Subtree( );
  };
```

그리고 DataStruct와 Algorithm을 둘 다 상속하는 Compiler라는 객체 클래스를 정의한다. 이 Compiler에는 Token 필드와 Node 메소드를 추가하고, Tree 메소드와 Subtree 메소드를 재정의한다.

그러므로 다중 상속하는 Compiler 클래스는 아래처럼 정의한다.

```
class Compiler extends DataStruct, Algorithm
  {
    char Token;
    method Tree( );
    method Subtree( );
    method Node( );
  };
```

다중 상속에서는 **이름 분리 테이블**을 두고 정의된 각 메소드 이름을 저장한다. 그리고 각 객체는 이름 분리 테이블의 해당하는 이름을 가리키도록 한다. Compiler 안의 Algorithm 객체는 이름을 분리할 수 있는 포인터로 시작하며, 그 뒤에 객체 필드가 있다. Compiler 안의 DataStruct, Compiler 안의 Algorithm에 대한 이름 분리 테이블은 하나로 결합할 수 있다.

그러므로 Compiler와 Compiler 안의 DataStruct에 대한 이름 분리 테이블의 주소는 같다. 그리고 Compiler 안의 Algorithm에 대한 이름 분리 테이블 포인터는 세 번째 항목인 Compiler에 대한 이름 분리 테이블의 Btree_Algorithm_Algorithm를 가리킨다.

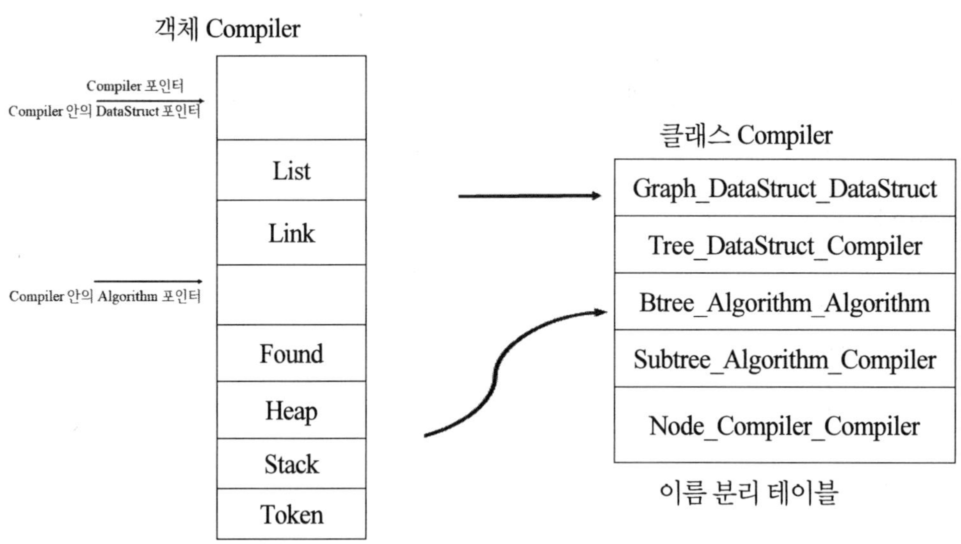

Compiler가 DataStruct와 Algorithm 둘 다 상속하면서 모호성이 발생할 수도 있다. DataStruct와 Algorithm가 둘 다 같은 이름의 메소드를 포함할 수 있기 때문이다. Compiler는 이 두 메소드를 모두 상속하지만, 이 이름을 가진 메소드를 Compiler의 객체에 적용할 때는 하나만 적용할 수 있다.

13.6 자료형 검사

프로그램이 어떤 수식 연산을 올바르게 실행하려면 수식에 사용한 변수, 배열, 상수 등의 자료가 같은 자료형이어야 한다. 그러므로 컴파일러는 연산하기 전에 같은 자료형 인지 혹은 같이 연산이 가능한 자료형 인지 검사해야 한다. 즉, 연산이 가능한 **자료형 인지를 검사하는 의미 규칙**이 있어야 한다.

변수 같은 자료에 대한 자료형 검사에는 **정적 자료형** 검사와 **동적 자료형** 검사가 사용될 수 있다. 정적 자료형 검사는 프로그램의 실행 전에 변수 선언, 배열 선언, 제어의 흐름, 정의한 이름이 올바르게 사용되는지 같은 것들을 **컴파일 시간**에 검사한다. 반면에, 동적 자료형 검사는 프로그램의 실행 도중에야 알 수 있는 인덱스가 배열 범위를 넘는지 혹은 0(영, zero)으로 나누는 수식이 있는지 같은 것들을 **실행 시간**에 검사한다.

이절에서는 의미 분석 과정에서 연산 결과가 어떤 자료형을 가지는지를 검사하는 방법을 알아본다.

13.6.1 자료형 검사의 의미 표현

자료형 검사의 의미를 표현하기 위해 먼저 아래 선언문과 할당문을 살펴보자.

```
int x, y, z, w;
x = y + z * w;
```

위의 할당문 x = y + z * w;에서 변수 y, z, w 가 정수형이므로 정수형 연산을 수행하고, 그 결과인 정수형 값을 변수 x에 정수형으로 할당한다. 또한 아래와 같이 y, z, w 를 유동 소수점형으로 선언하면, 이 할당문은 유동 소수점형 연산을 수행하고, 그 결과인 유동 소수점형 값을 변수 x에 유동 소수점형으로 할당한다.

```
float x, y, z, w;
x = y + z * w;
```

그러나 아래와 같이 선언하면 변수 x, y 는 정수형이고, 변수 z, w는 유동 소수점형이다. 그러므로 할당문 x = y + z * w;에서 z와 w는 유동 소수점형으로 곱하기 연산을 수행하고, 그 결과는 유동 소수점형 값이다.

```
int x, y;
float z, w;
x = y + z * w;
```

이어서 할당문 x = y + z * w;에서 정수형 값인 변수 y와 연산을 수행하려면 자료형이 다르기 때문에 정확하게 연산할 수 없다. 그러므로 에러를 발생하거나 비록 연산을 수행하더라도 결과가 틀릴 수 있다(컴파일러에 따라 다름). 마찬가지로 어떤 포인터 값은 결과도 포인터 변수에 할당해야 한다.

의미 분석에서 자료형 검사는 앞의 수식 연산뿐 아니라, **프로그램 전체**에 대해서도 자료형을 검사한다. 이때 두 방법이 있는데 하나는 자료형 속성을 따라가면서 **합성**으로 검사하고, 또 하나는 속성을 따라서 **추론**으로 검사한다.

합성 방식을 알아보기 위해 수식 할당문 x = y + z * w; 를 살펴보자. 이 할당문은 먼저 변수 z 와 w 의 자료형에 따라 z * w 결과의 자료형이 정해진다. 그리고 변수 y 의 자료형과 z * w 결과의 자료형에 따라 y + z * w 연산 결과의 자료형이 결정된다. 그러므로 변수 x의 자료형은 y + z * w 연산 결과의 자료형에 따라 최종으로 결정된다. 결국, 할당문의 할당기호(=) 오른쪽에 있는 각 터미널 심볼의 자료형과 연산 결과에 따라, 왼쪽이 있는 변수 x의 최종 자료형이 결정된다. 이렇게 할당문 오른쪽에서 왼쪽으로 자료형 속성이 전달되는지를 검사하는 방법이 합성 검사 방식이며 아래와 같다.

$$Type(x1, x2,...., xn) = Type\ (((((Type(Type(x1), x2)\ ...\ xn)))))$$

여기서 xi, i = 1,..., n 는 변수나 부분 수식이고 $Type(x1, x2,...., xn)$는 i = 1,..., n 의 각 i 에 대한 $Type(xi)$의 자료형이다. 그러므로 $Type(x1, x2, ..., xn)$는 각 부분 수식의 자료형 합성에 의한 최종 자료형이다. 문법 $E \rightarrow E1 + E2$ 의 최종 자료형은 $Type(E) = Type(Type(E1), E2)$이다. 이와 같이 합성 방법은 산술 수식에서와 같이 부분 수식의 자료형을 수식 전체의 자료형으로 전달한다.

추론 방식은 언어가 사용되는 방법에 따라 자료형을 결정한다. 이 추론 방식을 살펴보기 위해 아래 선언문을 살펴보자.

```
int x, y, z;
x = y + z;
```

여기서는 int x, y, z; 로 선언한 변수의 자료형인 int 이 그 다음 문장인 x = y + z; 의 각 변수에 아래처럼 전달되어 결정된다.

$$Type(\mathrm{x}) = Type(\mathrm{y}) = Type(\mathrm{z}) = \text{'int'}$$

이렇게 자료형이 전달되는지를 검사하는 방법이 추론 검사 방식이며 최종 자료형은 아래와 같다.

$$f : Type(x) \rightarrow Type(y)$$

즉, 수식 $f(x)$에 대해 x의 자료형이 y의 자료형으로 전달하는 함수가 존재한다.

13.6.2 자료형 검사 구현

프로그램의 의미 분석 과정에서 문법의 각 부분에 해당하는 자료형의 의미 규칙을 구현하는 과정을 살펴본다.

앞에서 살펴본 선언문 문법을 다시 살펴보자.

$Decl \rightarrow Typ$ **id** **;** $Decl$ | Typ **id** $Arrtyp$ **;** $Decl$ | ϵ
$Typ \rightarrow Styp$ | $Arrtyp$
$Styp \rightarrow$ **int** | **float**
$Arrtyp \rightarrow$ **[num]** $Arrtyp$ | ϵ

이 선언문은 정수형 변수, 유동 소수점형 변수, 배열을 선언하는 선언문의 문법 구조이다. 이 문법은 아래와 같은 문장을 만들 수 있다.

```
int k, apple;
float f, real_number, p;
int student[3][4];
```

이 선언문 문법 구조에서 자료형 검사를 위한 의미 규칙은 앞에서 기술하였다.

그리고 제어에 따라 적용되는 자료형이 다를 수 있는 제어문의 자료형 검사 의미 규칙은 아래와 같다.

$S \rightarrow$ id = E { *if* (*id.type* == *E.type*) *S.type* = *E.type* *else* *codegen* ("*type_error*");}

$S \rightarrow$ if (C) $S1$ { *if* (*C.type* == *boolean*) *S.type* = S_1*.type* *else* *codegen* ("*type_error*");}

$S \rightarrow$ while (C) $S1$ { *if* (*C.type* == *boolean*) *S.type* = S_1*.type* *else* *codegen* ("*type_error*");}

다음으로 자료형이 혼합된 수식이나 할당문에 대한 자료형 검사의 의미 규칙을 살펴보자. 수식 할당문의 할당기호(=)오른쪽에는 상수, 변수, 수식, 배열원소, 배열, 포인터, 함수 등이 올 수 있지만, 간략한 문법 구조는 아래와 같다.

$E \rightarrow$ char
$E \rightarrow$ num
$E \rightarrow$ num.num
$E \rightarrow$ id
$E \rightarrow E1\ OP\ E2$
$OP \rightarrow +$
$OP \rightarrow -$
$OP \rightarrow *$
$OP \rightarrow /$

예를 들어, 이 문법이 생성하는 간단한 수식에서 *OP* 가 산술 연산자(+, −, *, /) 중 하나이기 때문에 피연산자 두 개의 자료형에 따라 연산 결과는 아래와 같이 정할 수 있다.

정수형 *OP* 정수형 → 정수형
정수형 *OP* 유동 소수점형 → 유동 소수점형
유동 소수점형 *OP* 정수형 → 유동 소수점형
유동 소수점형 *OP* 유동 소수점형 → 유동 소수점형

그러므로 이에 따른 의미 규칙은 아래와 같다.

$E \rightarrow$ char {*E.type* = *character*;}
$E \rightarrow$ num {*E.type* = *integer*;}
$E \rightarrow$ num. num {*E.type* = *float*;}
$E \rightarrow$ id {*E.type* = *get*(id.*name*);}
$E \rightarrow E1\ OP\ E2$ {*E.p* = new(*t*);
if (*E*1*.type* == *integer* && *E2.type* == *integer*)
{

```
        codegen (E.p   '='   E1.p   'int OP'  E2.p); /* 정수형연산*/
        E.type = integer;    /*  OP는 연산자+, −, *, / 중 하나  */
        }
    else if (E1.type == float  &&   E2.type == float)
        {
        codegen (E.p   '='   E1.p   'float OP'  E2.p); /* 유동소수점연산*/
        E.type = float;      /*  OP는 연산자+, −, *, / 중 하나  */
        }
    else if (E1.type == integer  &&   E2.type == float)
        {
         r  = new(t);
         codegen ( r  '='   '(float)'   E1.p ); /* 정수를 유동 소수점변환*/
        codegen ( E.p   '='   r   'float OP'  E2.p ); /* 유동소수점연산*/
         E.type = float;      /*  OP는 연산자+, −, *, / 중 하나  */
        }
    else if (E1.type == float  &&   E2.type ==integer)
        {
        r  = new(t);
        codegen ( r  '='   '(float)'   E2.p ); /* 정수를 유동 소수점으로 변환*/
        codegen ( E.p   '='   E1.p   'float OP' r); /* 유동 소수점 연산*/
         E.type = float;      /*  OP는 연산자+, −, *, / 중 하나  */
        }
    /*      OP →+ | − | * | /  에 대해서는 생략     */
}
```

이 의미 규칙에 따라 자료형이 혼합된 수식이 있는 할당문의 구체적인 예를 들어보자.

```
int z, w;
float x, y, r;
  ....
x = y + z * w + r;
  ....
```

수식 x = y + z * w + r;은 아래와 같은 중간 코드를 생성한다.

```
t1 = z  int*  w
t3 = (float)  t1     /*  정수형 t1 를 유동 소수점으로 변환  */
```

```
t2 = y float+  t3    /*  유동 소수점 더하기 연산   */
t4 = t2  + r
x = t4
```

위 수식의 의미 규칙에서 살펴보았듯이 수식의 자료형 검사는 피연산자 두 개의 자료형에 따라 수식 전체의 자료형이 결정된다. 또한 두 개의 피연산자가 각기 다른 자료형이면(즉, 정수형이나 유동 소수점형) 의미 규칙에 따라 자동으로 유동 소수점형으로 변환(t3 = (float))한 후 연산한다. 또는 변환하기 위해 정수형을 유동 소수점으로 변환하는 연산자(t2 = y float+ t3)를 생성한다.

이외에도 함수호출, 구조형 자료 선언, case 문 등 다양한 문장에 대해 의미 규칙을 구현할 수 있다.

13.6.3 연산자 오버로딩과 다형성

프로그래밍 과정에서 수식 사용을 살펴보자. 수식을 x = y + z * w;와 같이 표현하는 것은 당연한 것으로 보인다. 즉, 연산자 +나 *는 57 + 25와 3.14159 * 8.31 같이 정수형 연산이나 실수형 연산을 수행한다. 마찬가지로 두 연산자에 대해 실수형 연산 3.14159 + 8.31와 정수형 연산 57 * 25도 가능하다.

이와 같이 한 연산자가 서로 다른 자료형에 대해 부담없이 연산을 수행할 수 있으면, 그 연산자는 **오버로딩**하다고 한다. 프로그래밍 언어에서 사용하는 대부분의 연산자는 컴퓨터 시스템 안에 기본적으로 정의해 놓고 자동으로 자료형 변환을 지원하는 것으로 오버로딩하다. 또한 연산자를 사용자가 다른 연산이 가능하도록 재정의하여 사용할 수도 있다.

마찬가지로, + 연산자는 문자열 “KOREA” + “CITY”를 계산할 수 있다. 또한 불리언 'True' + 'False'를 계산한다.

연산자의 **다형성**은 같은 연산자지만 프로그램에 사용되는 문장, 수식 등의 의미에 따라 연산 방법이 달라진다. 즉, 논리 수식에서는 + 연산자가 and를 의미하기도 하고, 스트링에 대해서는 두 스트링을 결합하는 의미도 있다. 이 다형성은 함수에도 적용되어 메소드에 다형성이 적용되는데, 어떤 함수가 이름은 동일하지만 그 내용은 다르게 실행할 수 있으며, 동작도 다양하게 수행한다.

실습문제

1 피연산자의 자료형에 대해 아래와 같은 연산이 이루어지도록 자료형 검사기를 프로그래밍 언어로 구현하시오. 이 문법은 간단한 수식에서 *OP*가 산술 연산자(+, −, *, /) 중 하나라면 피연산자 두 개의 자료형에 따라 연산 결과는 아래와 같다.

정수형 *OP* 정수형 → 정수형
정수형 *OP* 유동 소수점형 → 유동 소수점형
유동 소수점형 *OP* 정수형 → 유동 소수점형
유동 소수점형 *OP* 유동 소수점형 → 유동 소수점형

2 문자형을 정수형으로 변환하는 의미 규칙을 기술하시오.

3 자료형 검사기와 다형성의 관계를 연결지어 설명하시오.

4 프로그래밍 언어에서 연산자의 다형성을 설명하시오. 그리고 임의의 연산자에 대해 다형성을 표현하는 의미 규칙을 기술하시오.

5 코헤젼을 설명하시오.

제14장
중간 코드 생성

중간 코드 생성

여기서는 의미를 분석하는 과정의 일부로 중간 코드(중간 언어라고도 함)를 생성하는 과정을 살펴보자. 예를 들어, 아래 프로그램 일부를 살펴보자.

```
  ....
int x, y, z;
  ....
x = y + z;
  ....
```

실행 문장 x = y + z;를 구문 분석 단계에서 올바른 할당문으로 인식하였더라도, "y라는 정수형 변수 값과 z라는 정수형 변수 값을 더하여 정수형 변수 x**에 저장하라는 의미**"가 있다. 그러므로 int x, y, z; 로 선언된 메모리 공간에서 y와 z의 값을 가져와서 더하는 연산을 수행하는 실행 코드가 필요하다. 컴파일러는 이런 연산을 수행하는 코드를 생성하는데 이것을 **중간 코드 생성**이라 한다. 중간 코드도 실행문이 실행하도록 의미를 부여하는 것이므로 의미 분석과 더불어 생성된다. 한 실행문의 의미 분석은 컴퓨터가 실행할 수 있는 중간 코드(혹은 기계어 인스트럭션)를 생성하기 때문이다.

이 절에서는 지금까지 살펴본 의미 분석과 속성 문법을 활용하여 중간 코드를 생성하는 과정을 설명한다.

14.1 중간 코드

중간 코드는 구문 분석기가 생성한 파스 트리에서 생성되며 **정해진 형식의 코드**이다. 이 중간 코드에서 컴퓨터가 실행할 수 있는 기계어 인스트럭션을 생성한다. 그러므로 기계어 인스트럭션을 생성하기 전 단계라 할 수 있다.

중간 코드는 범용 컴퓨터, 수퍼 컴퓨터, 휴대용 단말기, 휴대전화 등 특정 단말 시스템에 종속하지 않고, 어떤 유형의 기계어 인스트럭션도 생성이 가능한 형식이다. 이러한 중간 코드는 아래의 여러 장점이 있다.

- 국제적으로 통용 가능하다.
- 이식성이 좋다.
- 기계어 대신 이해하기 쉽다.
- 코드를 최적화하기 좋다.
- 다양한 구조의 컴퓨터 시스템과 단말기의 기계어 인스트럭션으로 쉽게 번역할 수 있다.

중간 코드는 아래와 같이 다양한 형식이 있으며 각각 적당한 유형의 컴퓨터나 단말기 시스템에 알맞게 사용된다.

- 폴란드식 표기법(후위 표기, 전위 표기)은 이미 앞의 여러 예에서 언급하였다.
- **트리 구조 코드**는 추상화 구문 트리나 트리 구조의 공통 언어 등 다양한 특성으로 표현하는데, 추상화 구문 트리에 의미 분석 결과를 추가하여 트리 구조의 공통 언어를 형성한다. 그러므로 신택스 트리를 곧 트리 구조 코드라 할 수 있다(컴퓨터 내부에 구현 시에는 연결 리스트 등으로 표현한다).
- **추상 기계 코드**는 가상 기계 코드로 파스칼 프로그래밍 언어의 중간 코드를 생성하기 위한 p-코드, p-코드를 확장한 u-코드가 있으며, 일반 컴퓨터에 적용 가능한 EM-코드 등 다양하 다. P-코드는 인터프리터이지만 목적 코드를 생성하기도 한다. 이때의 p-코드는 p-기계라고도 하는데 스택을 이용하여 연산과 동작을 수행한다. 또한 바이트 코드도 이 영역에 포함하는데 자바 프로그래밍 환경에서 지원하며 여러 컴퓨터 시스템에서 실행 가능한 스택 기반의 가상 기계 코드이다. 이 코드는 자바 프로그램을 자바 가상 기계에서 실행하도록 하는 가상기계 코드이다.

• **3-주소 코드**는 중간 코드를 스택이나 연결 리스트 등으로 구현하지 않고 기계어 인스트럭션 구조와 가장 유사한 형식으로 표현한다. 이 코드는 **최대 세 개의 피연산자**를 사용하기 때문에 3-주소라 하고, 할당 기호와 이진 연산자의 조합으로 표현한다. 각 코드에 피연산자가 세개보다 적을 수도 있지만 대체로 세 개로 표현한다. 코드를 구현하기 위해 연산자와 피연산자를 구분하여 몇 개의 영역으로 나누는데, 분할 영역 수에 따라 **4-영역 표현법, 3-영역 표현법, 간접 지정법**이 있다. 각 표현법을 살펴보자.

(1) 4-영역으로 표현법

이 표현법은 아래와 같이 네 개의 영역으로 구분한다.

(연산자 동작, 피연산자1, 피연산자2, 결과 값)

이것은 '피연산자1'과 '피연산자2'에 대해 연산자 동작을 수행하고 연산 결과를 '결과 값'에 저장한다. 예를 들어, 수식 t = a * b는 아래처럼 표현한다. 여기서 t는 결과 값을 저장하는 임시 저장소이다.

```
( *  a  b  t )
```

(2) 3-영역으로 표현법

이 표현법은 아래와 같이 세 개의 영역으로 구분한다.

(연산자 동작, 피연산자1, 피연산자2)

이것은 '피연산자1'과 '피연산자2'에 대해 연산자 동작을 수행하고, 이 연산 결과를 필요로 하는 위치에 피연산자로 전달(저장)한다. 수식 t = a * b는 아래처럼 표현한다. 이 표현법은 4-영역 표현법처럼 결과 값을 저장하는 임시 저장소 t가 없다.

```
( *  a  b )
```

(3) 간접 지정법

이 표현법은 코드의 실행 순서를 정해 놓은 다른 테이블이 3-영역 표현법으로 저장된 코드의 순서를 지정한다. 즉, 아래와 같이 3-영역 표현법을 가리킨다.

f(x) → (연산자 동작, 피연산자1, 피연산자2)

여기서 f(x)는 다른 테이블이고 x는 정해진 실행 순서이다.

예를 들어, 수식 x = a * b + c * d을 3-주소 표현법으로 아래와 같이 나타낼 수 있다.

이 할당문은 구문 분석에서 생성한 파스 트리에서 의미 규칙을 통해 중간 코드로 표현되는데 4-영역으로 표현하면 아래와 같다. **맨 앞의 열은 코드의 실행 순서**이지만 컴퓨터 내부에서는 해당 기계어 인스트럭션이 저장된 주소가 될 수 있다.

```
(1) ( * a  b t1 )     /*  t1 = a * b   */
(2) ( * c  d t2 )     /*  t2 = c * d   */
(3) ( + t1  t2 t3 )   /*  t3 = t1 + t2 */
(4) ( = x  _  t3 )    /*  x = t3       */
```

위에서 (1) (* a b t1)는 변수(식별자) a의 값과 변수 b의 값을 곱하기(*) 연산하여 결과를 임시 저장소 t1에 저장하라는 의미이다. (4) (= x _ t3)는 임시 저장소 t3에 저장된 값(결과값)을 변수 x에 저장하라는 의미이다.

위의 할당문을 3-영역으로 표현하면 아래와 같다.

```
(1) ( *   a   b )      /* a * b 결과를 (3)의 피연산자로 */
(2) ( *   c   d )      /* c * d 결과를 (3)의 피연산자로 */
(3) ( +  (1)  (2) )    /* (1)의 결과 + (2)의 결과를 (4)로 */
(4) ( =   x _ (3) )    /* x = (3)의 결과              */
```

위에서 (1) (* a b)는 변수(식별자) a의 값과 변수 b의 값을 곱하기(*) 연산하여 결과를 필요로 하는 순서 (3) 코드에 피연산자1로 전달하라는 의미이다. (2) (* c d)도 마찬가지로 (3) 코드에 피연산자2로 전달한다. 그러면 (3)에서 더하기(+) 연산 결과를 (4)로 전달하고 x에 할당한다.

같은 할당문을 간접 지정법으로 표현하면 아래와 같다.

```
(1232, (1)) → (1) ( *   a   b )
(1236, (2)) → (2) ( *   c   d )
(1240, (3)) → (3) ( +  (1)  (2) )
(1244, (4)) → (4) ( =   x _ (3) )
```

위에서 (1232, (1))는 별도의 테이블로 **문장**의 순서(1232~1244)와 해당 **코드의 위치**((1)~(4))가 있다. 이 테이블이 중간 코드와 반드시 일대일로 대응하는 것은 아니며, 여러 개의 문장이 한 개의 코드를 가리킬 수도 있다. 중간 코드는 3-영역으로 표현한 코드이다.

위와 같이 중간 코드는 여러 형식이 있지만, 3-주소 코드는 고급 프로그래밍 언어의 표현 형식 보다는 **낮은 수준**이지만 인간이 이해하기는 쉽다. 또한 컴퓨터의 기계어 인스트럭션 형식 보다는 **높은 수준**이지만 가장 유사한 개념의 표현이다. 이런 관점에서 중간 코드를 **중간 언어**라고도 한다.

이 책에서는 개념을 이해하기 쉬울 뿐 아니라, 기계어 인스트럭션으로 변환하기 쉬운 3-주소 코드를 중간 코드 생성에 사용하고 각 문장에 적용한다. 3-주소 코드는 최대 세 개의 피연산자를 할당 기호와 이진 연산자의 조합으로 표현한다. 즉, x = y Φ z 와 같은 형식으로 표기하는데, Φ는 이진 연산자이다.

3-주소 코드는 컴파일러 내에서 중간 언어로 사용할 뿐이다. 그러므로 x = y Φ z에서 연산자 =나 Φ은 실제 컴퓨터 인스트럭션의 동작 코드가 아니고, 피연산자 x, y, z 도 컴퓨터의 실제 메모리 주소나 레지스터를 의미하지는 않는다. 다만 컴파일 과정(기계어 코드 생성)을 통해 실제 주소나 레지스터로 변환될 **심볼**이다.

이런 중간 코드는 모든 문장에 대해 생성해야 하므로 각 문장에 따라 규칙을 정해야 한다. 또한 각 문장은 각각 다른 특성을 지니기 때문에 3-주소 코드도 형식이 다르다. 즉, 할당문, 제어문, 함수 호출문, 배열 참조, 선언문 등이 각각의 의미와 특성을 지닌 다른 형식의 3-주소 코드를 정의한다. 각 문장에 대한 3-주소 형식은 아래와 같이 정의할 수 있다.

■ 할당문

할당문은 아래와 같이 3-주소 형식으로 표현하는데, y와 z 는 피연산자이고 Φ는 두 개의 피연산자가 필요한 산술 연산자나 불리언 이진 연산자이다.

$$x = y \ \Phi \ z$$

또한 x = Φ y에서 Φ는 단항 연산자로 +와 - 이다. 그러므로 오른쪽에서 연산한 결과를 왼쪽 심볼에 할당한다.

■ 제어문

제어문은 if, for, while, repeat, switch, goto 등 여러 유형이 있는데, goto 문 외에는 대부분 if

문 구조와 같은 의미로 번역한다. 즉, goto 문과 if 문 구조로 모든 제어문의 3−주소 코드를 나타낼 수 있다. goto 문은 goto Label 같이 쓰며 주어진 Label 로 점프(분지) 하라는 의미 이므로, 주소는 Label 에 하나 만 필요하다. 그러므로 3−주소 코드는 아래와 같다.

goto L

또한 if 문 구조는 if (관계연산이나 불리언 수식) then 문장2 else 문장2 과 기술하며 관계연산 결과나 불리언 수식의 값이 참이면 then 이하의 문장1 으로 점프하라는 의미이고, 거짓이면 else 이하의 문장2로 점프하라는 의미이다. 그러므로 3−주소 코드는 아래와 같다.

if x Φ y goto L

이 3−주소 코드에서 y와 z 는 관계 연산이나 불리언 연산을 위한 피연산자이고, Φ는 두 개의 피연산자가 필요한 관계 연산자나 불리언 연산자이다.

■ 함수 호출문의 인자

함수 호출문 f(a1, a2, ..., an)는 함수 이름 f 를 호출하면서, 동시에 n 개의 인자 a1, a2, ..., an 를 전달한다는 의미를 생성해야 한다. 또한 반환 값 x는 사용할 수도 있고 안할 수도 있다. 그러므로 3−주소 코드는 아래와 같다.

```
arg a1        /*  인자 a1    */
arg a2        /*  인자 a2    */
  …
arg an        /*  인자 an    */
call  f, n    /* f(a1, a2, … , an), n은 인자의 수 */
```

■ 배열 원소 참조

배열 원소를 참조하는 3−주소 코드는 아래처럼 같이 표현한다.

y = x[i]
x[i] = y

배열 원소 참조는 할당문의 왼쪽에 오는 경우와 오른쪽에 오는 경우, 1차원, 2차원, 3차원 등의 의미를 생성해야 한다. 그러나 x[i]는 어떠한 경우이든 x[i]가 메모리의 몇 번째 주소를 가리키는지를 알려 주는 의미가 되어야 한다. 즉, y = x[i]는 메모리에서 x라는 이름으로 할당한 공간의 i 번째 값을 y에 저장하라는 의미이고, x[i] = y 는 메모리에서 x라는 이름으로 할당한 공간의 i 번째를 y 값으로 저장하라는 의미이다.

■ 포인터

주소를 할당하는 3-주소 코드는 x = &y 이며, 포인터를 할당하는 코드는 아래 형식이다.

x =*y
*x = y

x = &y 는 y가 가리키는 위치(주소)를 x에 할당하라는 의미로 x 는 포인터 이름이다. 또한 x =*y에서 y는 포인터이고, x 값은 y 값과 같다. 마찬가지로, *x =y는 x값은 y 값과 같다는 의미이다.

이와 같이 컴파일러는 프로그램의 모든 문장에 대해 의미 규칙을 수행하여 정해진 3-주소 형식을 생성한다. 컴퓨터 구조마다 피연산자 주소를 여러 개 사용할 수 있지만 그 의미는 모두 같다.

이제 코드 사이의 관계를 이해하기 위해 앞에서 언급한 예를 다시 한 번 살펴보자. 입력이 x =a * b + c * d 인 스트링을 파싱한 신택스 트리는 그림 14.1과 같이 **시각적으로 표현**할 수 있다.

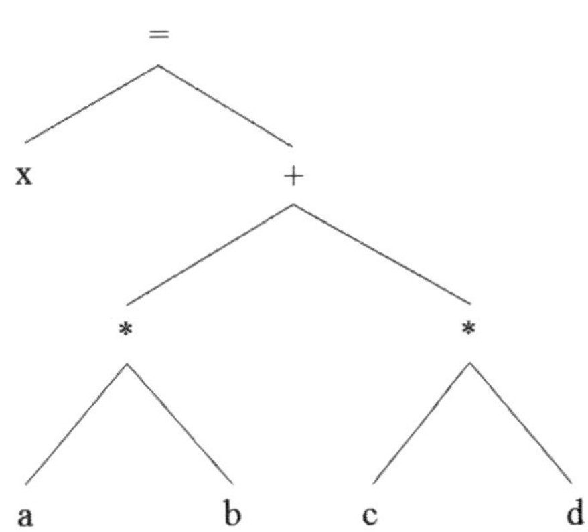

그림 14.1 수식 x = a * b + c * d 의 신택스 트리

그림 14.1의 시각적으로 표현한 중간 코드(실제 구현에서는 연결 리스트 등을 사용)를 3-주소 코드의 4-영역 표현법으로 나타내면 아래와 같다.

```
mul  a   b  t1
mul  c   d  t2
add  t1  t2  t3
sto  x  _  t3
```

여기서 mul은 곱하기 연산, add 는 더하기 연산, sto는 결과를 해당 주소에 저장하라는 연산이다. t1, t2, t3 은 연산한 중간 결과를 임시로 저장하는 주소이다. 이것을 할당 기호, 연산자, 피연산자의 조합인 3-주소 x = y Φ z 로 표기하면 아래와 같고, 실행한 최종 결과 값은 심볼 주소 a 에 저장한다.

```
t1 = a * b
t2 = c * d
t3 = t1 + t2
x  = t3
```

지금부터 각 문장에 대해 중간 코드를 3-주소 형식으로 생성하는 과정을 살펴보자. 이때 코드는 각 생성 규칙의 의미 규칙에 따라 생성된다.

실습문제

1 할당문 x = y + z;의 의미를 설명하고 **할당**이란 무엇인지 컴퓨터 구조 혹은 컴퓨터의 메모리 주소와 관련하여 설명하시오.

2 아래 신택스 트리를 후위 표기법과 전위 표기법으로 표현하시오. 이 두 개의 표기법이 '스택 형식'의 중간 코드와 같은 형식이라고 할 수 있는지 예를 들어 설명하시오.

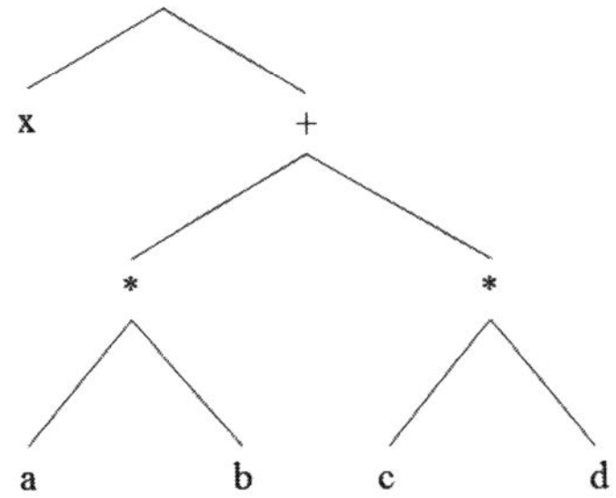

3 제어문 중에서 3−주소 코드 형식 goto L에서 L은 컴퓨터 내부에서 무엇을 의미합니까?

4 포인터의 3−주소 코드를 생성하는 의미 규칙을 기술하시오.

5 3−주소 코드 형식과 기계어 인스트럭션 형식의 차이를 설명하시오.

14.2 산술 연산 수식의 3−주소 코드 생성

여기서는 산술 수식을 번역하기 위해 의미 규칙이 추가된 문법으로 3−주소 코드를 생성하는 과정을 살펴본다. 아래는 '**단항 빼기**' 부호가 있는 산술 수식에 대해 3−주소 코드를 생성하는 의미 규칙을 추가한 문법이다.

$S \rightarrow$ id$=E$ { S.c = E.c ‖ *codegen* (*id*.p ' =' E.p) }
$E \rightarrow E1 + E2$ { E.p = *new(t)*;
E.c = E_1.c ‖ E_2.c ‖ *codegen* (E.p '=' E_1.p) '+' E_2.p) }
$E \rightarrow E_1 * E_2$ { E.p = *new(t)*;
E.c = E_1.c ‖ E_2.c ‖ *codegen* (E.p ' =' E_1.p '*' E_2.p) }
$E \rightarrow - E_1$ { E.p = *new(t)*;
E.c = E_1.c ‖ *codegen* (E.p ' = ' '−' E_1.p) } /* 단항 빼기 연산자 */
$E \rightarrow (E_1)$ { E.p = E_1.p; E.c = E_1.c }
$E \rightarrow$ id { E.p = *id*.p; E.c = ' ' }

이 문법의 $E \rightarrow E1 + E2$에서 첨자 번호는 두 개의 E 를 순서에 따라 구별하며 의미 규칙은 내용은 아래와 같다.

- E.c는 넌터미널 E.c에 대해 코드를 생성한다.
- *new(t)*는 호출될 때 마다 t1, t2,... 처럼 주소를 할당하면서 새로운 저장 장소를 만든다.
- E.p는 이미 생성한 코드가 있는 곳의 위치를 가리키는 포인터(주소)이다.
- *id*.p 는 식별자(변수) *id* 가 있는 곳의 포인터이다.

- $E.c = E1.c \parallel E2.c$에서 ‖는 이미 생성한 $E1.c$ 코드와 $E2.c$ 코드를 연속으로 연결하여 하나로 만든다.
- *codegen* (*E*.p ′=′ *E*1.p '*' *E*2.p)는 (*E*.p ′=′ *E*1.p '*' *E*2.p)의 코드 생성 함수를 호출한다.

예를 들어, $E.c = E1.c \parallel E2.c \parallel$ *codegen* (*E*.p ′=′ *E*1.p '*' *E*2.p) 는 $E1.c$ 와 $E2.c$으로 이미 생성한 코드 뒤에 연속하여 (*E*.p ′=′ *E*1.p '*' *E*2.p)로 생성한 코드를 접속한다.

그림 14.2는 위의 문법에서 단항 빼기가 있는 산술 수식 x = a * −b + c * −d 에 대한 의미 규칙이 추가된 파스 트리이다. 트리의 중간 노드인 각 넌터미널에서는 적용할 의미 규칙이 있다.

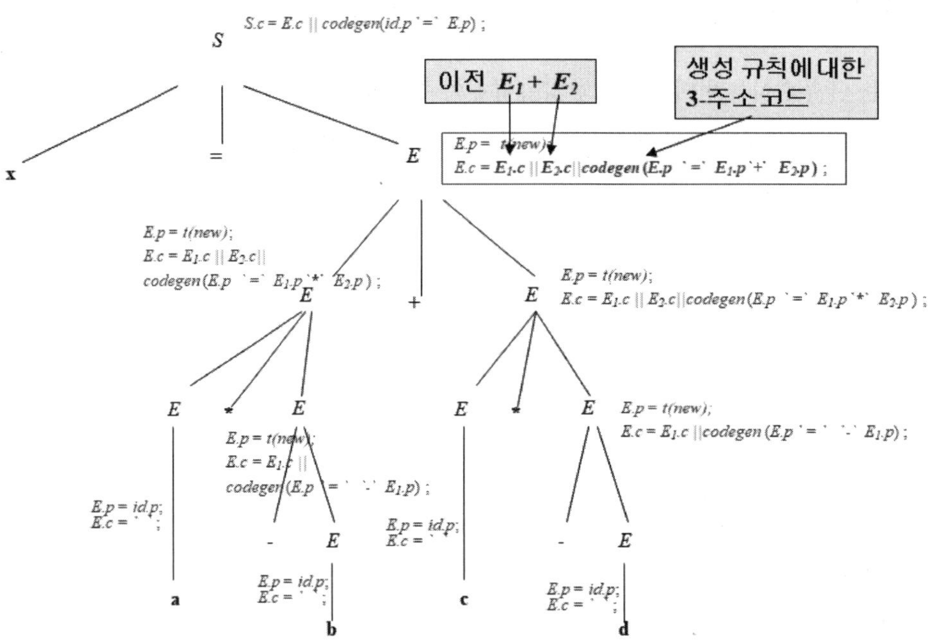

그림 14.2 산술 수식의 3-주소 코드 생성 의미 규칙이 추가된 파스 트리

그러면 산술수식 x = a * −b + c * −d에 대한 의미 규칙의 액션 루틴이 적용되는 과정을 살펴보자. 그림 14.3에서 보듯이 각 의미 규칙에서는 큰 점(①)으로 표기한 부분은 앞으로 코드를 생성하는 액션 루틴에 따라 코드나 값이 전달(상속이든 합성 속성이든) 될 공간이다. 그리고 파스 트리의 중간 노드인 각 넌터미널에서는 적용할 의미 규칙이 있는데 속성이 전달되면 현재 액션 루틴이 생성한 코드와 결합된다.

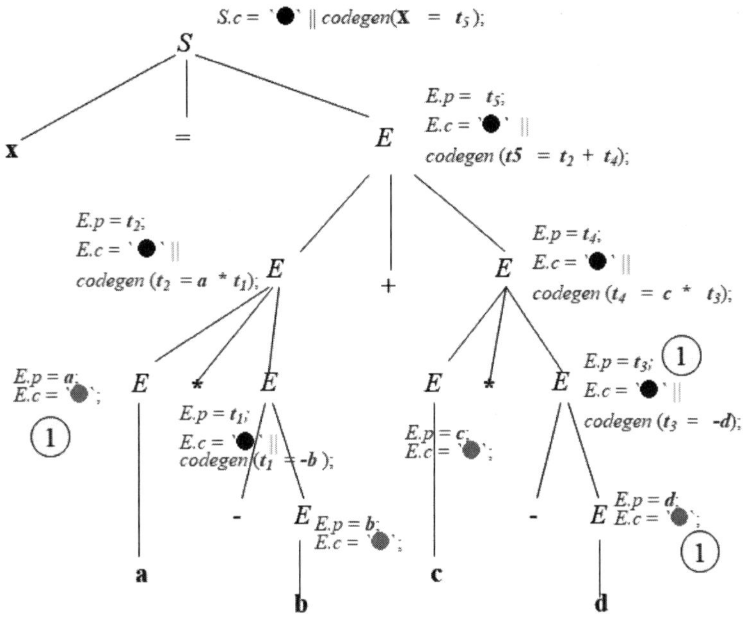

그림 14.3 x = a * −b + c * −d에서 변수 a, b, c, d의 생성 과정

그림 14.4에서② 부분은 단항 빼기 부호를 사용하는 코드를 생성하는 아래 의미 규칙에 해당한다.

$E \rightarrow -\ E1$ { *E*.p = *new(t)*;
E.c = *E*1.c || *codegen* (*E*.p '=' '−' *E*1.p) } /* 단항 빼기 연산자 */

아래 의미 규칙에서 *E*1.c 부분은 아직 코드가 없고, *codegen* (*E*.p '=' '−' *E*1.p) }부분에서 *E*.p는 이미 *E*.p = *new(t)*에서 생성한 새로운 저장 장소의 주소 t3 가 있다.

E.c = *E*1.c || *codegen* (*E*.p '=' '−' *E*1.p) }

*E*1.p는 d 를 가리키므로 생성하는 코드는 아래와 같다.

$$t_3 = -d$$

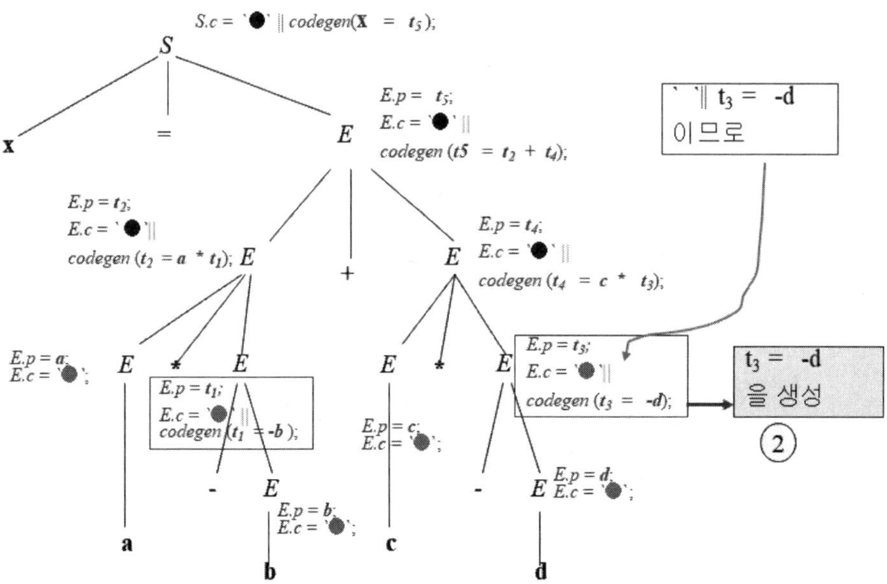

그림 14.4 3-주소 코드 t3 = −d 의 생성 단계

같은 방법으로 그림 14.5의 오른쪽에서는 아래 의미 규칙이 적용된다.

$$E \rightarrow E1 \ * \ E2 \quad \{ \ E.p = new(t); \quad E.c = E1.c \ \| \ E2.c \ \| \ codegen \ (E.p \ '=' \ E1.p \ '*' \ E2.p) \}$$

새로운 저장 공간 t4 가 생성되고, $E1$.p 은 c, $E2$.p는 d 를 가리킨다. $E1$.c(혹은 $E2$.c)는 이미 생성된 코드 t3 = −d 가 있으므로 t4 = c * t3 코드와 접속하여 아래 코드를 생성한다.

t3 = −d
t4 = c * t3

왼쪽 부분의 넌터미널 심볼 E에 대해서도 마찬가지로 아래 코드를 생성한다.

t1 = −b
t2 = a * t1

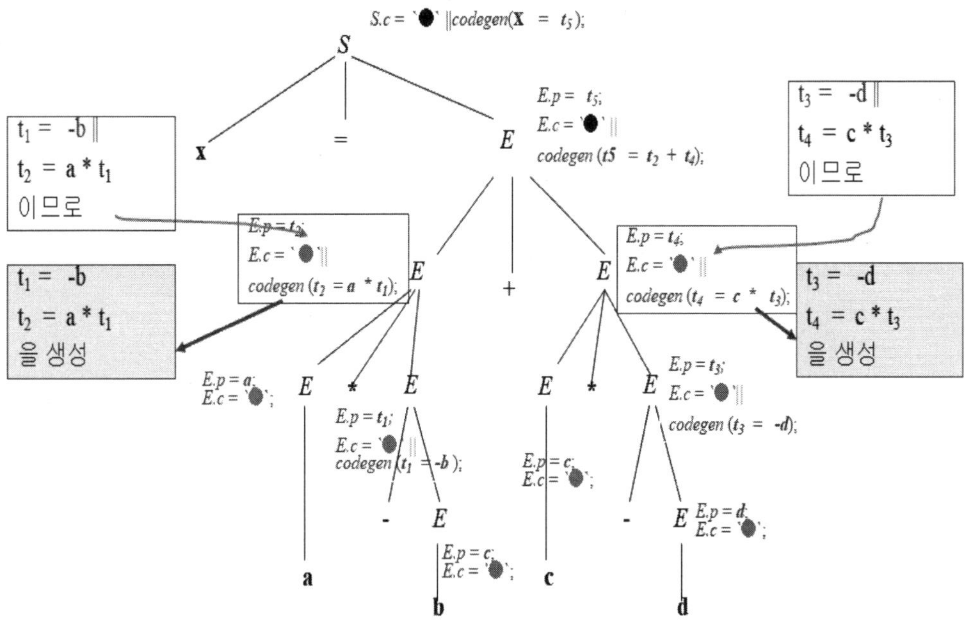

그림 14.5 3-주소 코드 t_1 = −b; t_2 = a * t_1과 t_3 = −d; t_4 = c * t_3의 생성 단계

같은 방법을 반복하면 그림 14.6과 그림 14.7의 단계를 수행한다.

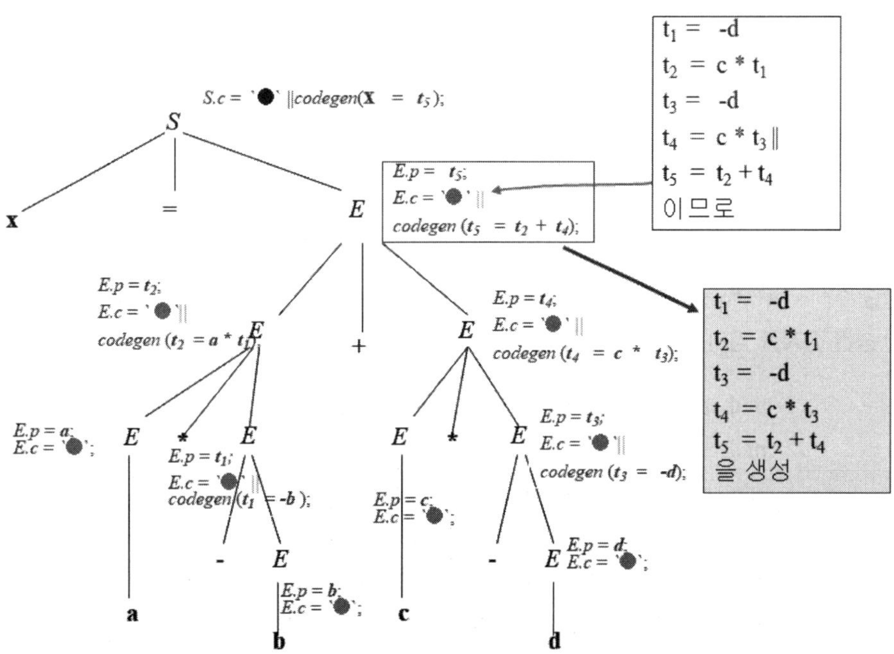

그림 14.6 $E \rightarrow E + E$에 대한 3-주소 코드 생성 단계

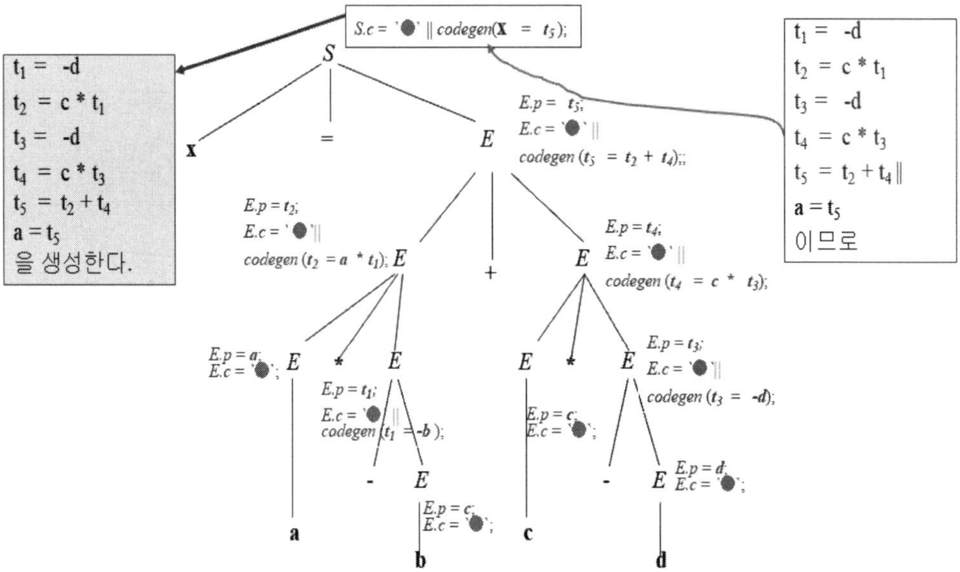

그림 14.7 최종 시작 넌터미널 $S \rightarrow$ id = E 에 대한 3-주소 코드 생성 단계

최종적으로 산술 수식 x = a * −b + c * −d은 의미 규칙이 적용되어 아래 3−주소 코드를 생성한다.

$$t_1 = -b$$
$$t_2 = a * t_1$$
$$t_3 = -d$$
$$t_4 = c * t_3$$
$$t_5 = t_2 + t_4$$
$$x = t_5$$

실습 14.1

산술 수식 x=e+a*q+g+k*r+m에 대해 3−주소 중간 코드를 생성하시오. t1, t2, t3, t4, t5, t6는 연산 중간 결과를 임시로 저장하는 주소이다.

```
mul  a  q  t1    // a와 q의 곱셈 결과를 t1에 저장
mul  k  r  t2    // k와 r의 곱셈 결과를 t2에 저장
add  e  t1 t3    // e과 t1의 덧셈 결과를 t3에 저장
add  g  t3 t4    // g와 t3의 덧셈 결과를 t4에 저장
add  t4 t2 t5    // t4와 t2의 덧셈 결과를 t5에 저장
add  m  t5 t6    // m과 t5의 덧셈 결과를 t6에 저장
sto  x  _  t6    // t6의 값을 x에 저장
```

실습 14.2

위의 산술 수식에 대한 3–주소 코드를 생성하는 리커시브 디센트 파서를 구현하시오. 이 파서를 실행하여 산술 수식 a = −k + (b + c) * m 의 3–주소 코드를 생성하시오.

이제 산술 수식 외의 다른 문장에 대한 3–주소 코드를 생성해 보자.

실습문제

1 할당문 a = b * 3 + k[8];의 의미가 무엇인지 설명하고 3–주소 코드를 생성하시오.

2 의미 규칙에서 아래의 의미를 설명하시오.

E → *E*1 * *E*2 { *E*.p = *new(t)*;
E.c = *E*1.c || *E*2.c || *codegen* (*E*.p ' =' *E*1.p '*' *E*2.p) }

3 산술수식 a = b + c + b * c 에 대한 문법은 의미 규칙이 적용되어 3–주소 코드를 생성한다. 이 3–주소 코드를 신택스 트리로 변환하시오. 또 스택 연산이 가능하도록 전위 표기법으로 변환하시오.

4 수식 x = x * −y + x * −y + b에서 −y가 단항 빼기인지 아니면 이진 빼기(즉, q= −c인지 혹은 q = b − c의 빼기) 연산인지 어떻게 구별하는지 설명하시오.

5 본문의 리커시브 디센트 파서를 구현하고, 3–주소 코드로 출력하는 부분을 추가하시오. 또한 이 파서를 실행하여 산술 수식 a = b − k * b − c * n의 3–주소 코드 형식을 생성하시오.

14.3 제어 구조의 3-주소 코드 생성

이 절에서는 프로그래밍 언어의 제어 구조인 if, for, while 문에 의미 규칙을 적용하고 3-주소 코드를 생성하는 과정을 알아본다. 아래는 제어문의 if, for, while 문장에 대한 문법 구문이다.

$S \rightarrow$ if (B) S
| if (B) $S1$ else $S2$
| for (C) $S1$
| while (B) $S1$

이 구문에서 B는 불리언 수식이고 C는 제어 수식이다. 제어문 중에서 if 문의 의미와 반복문의 의미는 다르기 때문에 번역하는 방법과 코드도 다르게 취급한다.

if 문의 의미는 불리언 값의 결과에 따라 참일 때와 거짓일 때 실행할 문장이 있는 곳으로 점프하는 의미만 있다. 그러므로 if 문 구조에서는 아래와 같이 기본 구조가 필요하다.

- 조건을 비교하는 부분
- 조건에 따라 '참'과 '거짓'을 선택하여 점프하는 부분
- 무조건 점프 부분

반면, 반복을 수행하는 문장인 for, while등의 구조 좀 더 복잡한 의미를 가지는 문장이지만 기본적인 제어 구조들로 결합되어 있다. 즉, 아래와 같은 기본 구조로 구성된다.

- 제어를 위한 변수의 초기화 부분
- 제어변수 값 비교(조건 검사) 부분
- 반복 몸체 안에서 제어 변수의 값 변경 부분
- 반복을 위한 무조건 점프 부분

기본 제어에서 무조건 '점프' 연산을 구현하려면 점프한 후에 실행할 코드가 있는 곳의 주소를 알아야하는데, 파싱 단계에서는 **이 실행할 주소를 아직 알 수 없다**. 즉, 점프할 **목적지 주소**를 모르는 상태로 '점프' 에 대한 코드를 생성해야 한다. 이러한 '점프' 의미를 가지는 3-주소 코드는 목적지 주소를 나타내기 위해 **레이블**을 쓴다.

14.3.1 if 문의 3-주소 코드

앞에서 여러 번 취급한 if 문은 아래처럼 if(*B*) *S* 구조와 if (*B*) *S*1 else *S*2 구조가 있으나 둘 다 비교 부분과 무조건 점프 부분이 있다.

$$S \rightarrow \text{if}(B)\ \ S \mid \text{if}\ (B)\ S1\ \text{else}\ S2$$

무조건 점프 부분은 아래와 같이 지정한 주소를 의미하는 레이블 L로 무조건 점프하도록 코드를 생성한다.

goto − − L

또한 **비교 부분**은 불리언 수식의 관계 연산 결과에 따라 점프할 곳을 지정하므로 아래의 불리언 수식을 계산하는 문법이 있어야 한다.

$B \rightarrow B \parallel B \mid B\ \&\&\ B \mid\ !B \mid (\ B\ ) \mid E\ R\ E \mid \text{true} \mid \text{false}$
$R \rightarrow < \mid > \mid >= \mid <= \mid == \mid !=$

먼저 if(*B*) *S* 구조의 *if* 문을 살펴보자. 아래는 불리언 수식이 있는 *if* 문 구조와 3-주소 코드를 생성하는 과정이다.

```
if (a || b) j = k + tex;
        j = k - 3;
```

여기에서 불리언 수식 부분 (a || b)를 3-주소 코드로 생성하는 과정은 아래와 같다.

t1 = a or b

또한 '참'일 때 수행할 수식 j = k + tex를 3-주소 코드로 생성하는 과정은 아래와 같다.

```
t2 = k
t3 = tex + t2
j  = t3
```

또한 '거짓'일 때 수행할 수식 j = k − 3를 3-주소 코드로 생성하는 과정은 아래와 같다.

```
t4 = k
t5 = t4 - 3
j  = t5
```

그러므로 위의 *if* 문 구조는 불리언 수식의 결과 값 t1 에 따라 두 개의 선택이 있다. 즉, '참'이면 j = k + tex에 대한 코드가 있는 곳으로 점프(goto B.true)하여 실행하고, 이어서 아래 부분의 '거짓'에 해당하는 j = k - 3 코드도 실행한다. 그러나 처음부터 '거짓'이면 직접 j = k - 3 코드가 있는 곳으로 점프(goto B.false)하여 실행한다. 그러므로 if (*B*) *S* 구조의 3-주소 코드는 메모리에 그림 14.8과 같이 할당된다. 중간 코드가 메모리에 직접 할당되는 것은 아니고, 기계어 인스트럭션으로 변환되면 이와 같은 구조로 할당된다는 의미이다.

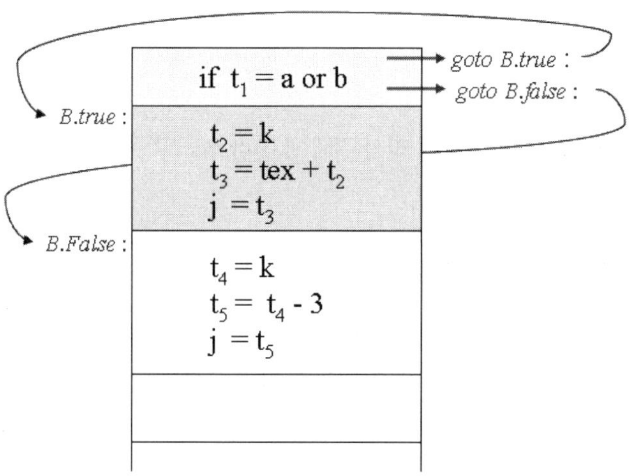

그림 14.8 if (*B*) *S* 구조 3-주소 코드의 메모리 할당

이 if 구조의 문법에 대해 3-주소 코드를 생성하는 의미 규칙은 아래와 같다. 생성 규칙 $S \rightarrow$ if (*B*) S_1 는 '참' 이외(즉, '거짓'과 그 이후)에 대한 의미 규칙의 코드는 필요가 없다. 그러므로 이 의미 규칙에서 *R.c* 는 S_1 를 벗어난 후에 수행할 부분의 코드이다.

```
S → if (B) S1      {
                     B.true = new(Label);
                     B.false = new(Label);
                     S.c = B.c;
                          || codegen ('label' B.true) || S1.c;
                          || codegen ('label' B.false) || R.c;
                   }
```

이어서 if (*B*) *S*1 else *S*2 구조의 3-주소 코드를 생성하는 과정을 살펴보자.

```
if (a || b) j = k + tex
   else j = k - 3;
```

이 구조는 '참' 일 때와 '거짓' 일 때 실행하는 코드가 서로 배제되어야 한다(참일 때는 해당 코드만 실행하고, 거짓에 해당하는 코드는 실행하지 않는다). 즉, '참' 일 때는 '참'에 해당하는 코드만 실행하고, '거짓' 일 때 해당하는 코드는 건너뛰어야 한다. 그러므로 if (*B*) *S*1 else *S*2 구조의 3-주소 코드는 메모리에 그림 14.9와 같이 할당된다.

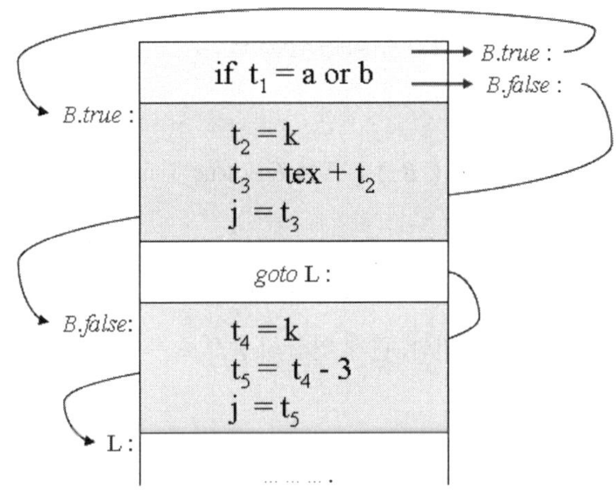

그림 14.9 if (*B*) *S*1 else *S*2 구조 3-주소 코드의 메모리 할당

그림 14.9에서 보듯이 이 if 문은 불리언 수식의 비교 결과에 따라 '참'일 때는 '참'에 해당하는 코드만 수행하고, '거짓' 일 때는 '거짓'에 해당하는 코드만 수행하도록 의미 규칙을 구성한다. 즉, '참'에 해당하는 코드를 수행한 후에도, '거짓'에 해당하는 코드를 이어서 수행하지 않도록 한다.

아래는 불리언 수식의 결과에 따른 이 if 구조의 3-주소 코드를 생성하는 의미 규칙이다. 이 의미 규칙에서 *R.c* 는 if 문을 벗어난 후 수행할 부분의 코드이다.

```
S → if (B) S1 else S2    {
        B.true = new(Label);
        B.false = new(Label);
        L = new(Label);
        S.c = B.c;
            || codegen ('label' B.true) || S1.c;
            || codegen ( 'goto' L) ;
            || codegen ('labelr B.false) || S2.c;
            || codegen (rlabelr L) || R.c;
    }
```

이와 같이 if 구조의 3-주소 코드는 불리언 수식의 결과에 따라 수행하기 때문에 불리언 수식의 연산에 대한 3-주소 코드 생성도 중요하게 취급된다.

14.3.2 불리언 수식

대부분의 프로그래밍 언어에서 불리언 수식은 산술 연산, 논리 연산, 관계 연산을 사용하고 문법 규칙은 아래와 같다.

$B \rightarrow B \,||\, B \mid B \,\&\&\, B \mid \,!B \mid (\,B\,) \mid E\,R\,E \mid$ true $\mid$ false
$R \rightarrow \;<\,|\,>\,|\,>=\,|\,<=\,|\,==\,|\,!=$

B는 불리언 수식을 정의하는 넌터미널이고 R은 관계 연산자이다. E 는 산술 수식이다. 그러므로 불리언 수식도 산술 연산, 논리 연산, 관계 연산의 순으로 우선순위를 가지고 논리 연산자 사이에서는 **!, &&, ||** 순으로 연산한다.

실습 14.3

불리언 수식을 연산하고 3-주소 코드를 생성하는 의미 규칙을 구성하시오. 예를 들어 $B \rightarrow$ true | true는 아래와 같다.

$B \rightarrow$ true { $B.c$ = *codegen* (rgotor *B.true*) }
$B \rightarrow$ false { $B.c$ = *codegen* (rgotor *B.false*) }

14.3.3 while 문의 3-주소 코드

제어문 중에서 여러 종류의 순환 구조가 있으며, while 구조는 어떤 **조건에 의해 몸체를 반복 순환**한다. 이 반복문 중에 서 $S \rightarrow$ while (B) $S1$ 구조의 의미에 해당하는 아래 문장의 3-주소 코드를 생성하는 과정을 살펴보자.

```
sum = 0;
k = 1;
while(k <= 100) {
  sum = sum + k;
   k = k + 1;
}
```

이 구조는 k = 1로 초기화하고 (k <= 100) 순환 조건을 검사하여 '참' (즉, k가 100보다 작거나 같으면)일 때는 순환 몸체를 실행한다. 이때 순환을 제어하는 변수 k 값을 순환 몸체 안에서 증가시키고 다시 순환을 시작하는 while 문으로 간다. 그러나 조건을 검사하여 '거짓' (즉, k가 100보다 크면)일 때는 순환 밖으로 빠져나간다.

이 while 순환 구조의 일반적인 의미는 아래와 같다.

- 순환 제어 변수 초기화
- 순환 조건 검사(조건을 만족하면 몸체 실행, 아니면 순환 밖으로 점프)
- 순환 몸체 실행
- 순환 조건 변화
- 순환 시작 위치로 점프

while 문 구조의 의미를 아래와 같이 if 기본 제어 구조를 사용하여 같은 의미로 변경할 수 있다(복잡한 제어문 구조도 기본 제어 구조로 표현된다).

```
      sum = 0;
      k = 1;
 TEST: if  (k <= 100) goto LOOP;
          goto EXIT;
LOOP: sum = sum + k;
      k = k + 1;
      goto TEST;
 EXIT: 나머지 문장
```

이 구조는 아래와 같이 3-주소 코드를 생성한다. 변수 sum과 k는 각각 심볼 테이블의 주소로 값은 0와 1이다.

```
          t1 = sum
          t2 = k
 TEST:  if t2 <= 100 goto LOOP
          goto EXIT
LOOP:  t3 = t1 + t2
         t2 = t2 + 1
         goto TEST
 EXIT:  나머지 코드
```

그러므로 위의 while 구조는 네 부분에 대한 3-주소 코드가 필요하며, 각 부분의 3-주소 코드는 그림 14.10과 같이 메모리에 할당한다.

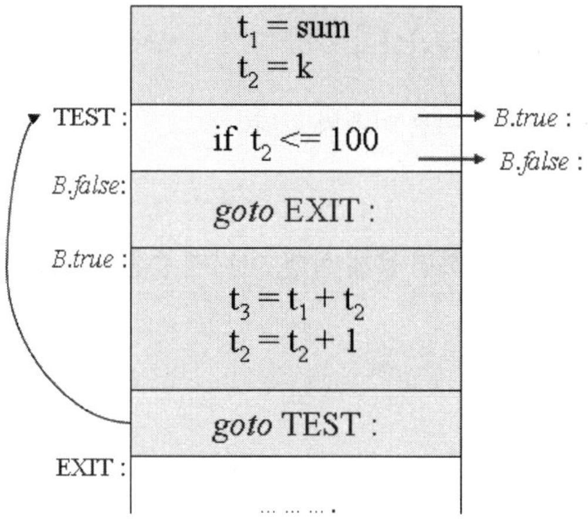

그림 14.10 while (*B*) *S*1 구조 3-주소 코드의 메모리 할당

그림 14.10에서 보듯이 while 문의 3-주소 코드도 불리언 수식의 비교 결과에 따라 각각 점프한다. 불리언 수식의 3-주소 코드 수행 결과가 '참'일 때는 *B.true*로 점프하여 아래 3-주소 코드를 수행하고 조건을 검사한 후 순환을 반복한다.

```
t3 = t1 + t2
t2 = t2 + 1
goto TEST
```

만약 거짓이면 *B.false*로 점프하고, 아래를 수행하여 순환 밖으로 나간다.

```
goto EXIT
```

아래는 불리언 수식의 결과에 따른 while 문의 3-주소 코드를 생성하는 의미 규칙이다. 이 의미 규칙에서 *R.c* 는 while 문을 벗어난 후 수행할 부분의 3-주소 코드이다.

$S \rightarrow$ while (*B*) *S*1 {

TEST = *new*(Label);
EXIT = *new*(Label);
B.true = *new*(Label);
B.false = *new*(Label);
S.c = *codegen* (rlabelr TEST) || *B.c*;

```
                    || codegen (rlabelr B.false) || codegen ( rgotor EXIT );
                    || codegen (rlabelr B.true) || S1.c;
                    || codegen ( rgotor TEST );
                    || codegen (rlabelr EXIT) || R.c;
            }
```

위에서 보는 것처럼, while 문의 실행 구조는 if 구조와 의미에서 같다. 현재 사용하는 순차 컴퓨터 대부분은 폰 노이만의 프로그래밍 개념을 기반 하기 때문이다. 즉, 주소가 순서대로 붙어 있는 메모리에 프로그램과 자료를 저장해 두고 인스트럭션 순서에 따라 실행한다. 그러므로 반복 구조인 while도 의미로는 메모리의 인스트럭션을 조건에 따라 앞 주소에서 뒤 주소로 차례로 실행한다. 결국, if 구조나 while 구조도 goto로 다음 실행할 인스트럭션으로 주소를 이동시켜 반복 실행하는 구조이다.

14.3.4 for 문의 3-주소 코드

여러 유형의 순환 구조 중에서 for 구조는 주어진 **순환 횟수만큼 순환 몸체를 반복 실행**한다. 이 순환 구조 $S \rightarrow$ for (C) $S1$ 의 실행을 알아보기 위해 아래 문장의 3-주소 코드를 생성해 보자.

```
sum = 0;
for(k =1; k <= 100; k++) {
   sum = sum + k;
}
```

이 구조는 순환 횟수를 카운트하는 *C*가 순환 제어 변수 k를 k = 1로 초기화하고 순환 횟수를 마지막 값인 100 보다 작은지 같은지 검사(k <= 100)한다. k 값이 100보다 작거나 같으면 '참' 이 되어 순환 몸체를 실행하고, 변수 k 값을 자동으로 증가시킨 후 다시 순환 횟수를 검사한다. 그러나 조건을 검사하여 k가 100보다 크면 '거짓'이 되어 순환 몸체 밖으로 빠져나간다.

이 for 순환 구조를 if 기본 구조로 표현하면 의미는 아래와 같다.

- 순환 횟수 제어 변수의 초기화
- 순환 횟수 제어 변수의 순환 횟수 자동 증가
- 순환 횟수 검사(횟수를 만족하면 아래 몸체 실행, 아니면 순환 밖으로 점프)

- 순환 몸체 실행
- 순환 검사 위치로 점프(반복 시작)

위의 for 문 구조의 의미를 if 기본 구조로 표현하면 아래의 같은 의미로 변경할 수 있다.

```
      sum = 0;
      k = 0;
TEST: k = k + 1;
        if (k <= 100) goto LOOP;
        goto EXIT;
LOOP: sum = sum + k;
      goto TEST;
EXIT: 나머지 문장
```

이 구조는 아래와 같이 3-주소 코드를 생성한다.

```
        t1 = sum
        t2 = k
TEST:   t2 = t2 + 1
        if t2 <= 100 goto LOOP
        goto EXIT
LOOP:   t3 = t1 + t2
        goto TEST
EXIT:   나머지 코드
```

이 3-주소 코드에서 sum과 k 는 각각 심볼 테이블의 주소로 0이다. 또한 횟수를 계산하는 *C* 에 해당하는 3-주소 코드는 아래와 같다.

```
TEST:  t2 = t2 + 1
       if t2 <= 100 goto LOOP
```

그러므로 위의 for 구조는 네 부분에 대한 3-주소 코드가 필요하며, 각 부분의 코드는 그림 14.11과 같이 메모리에 할당된다.

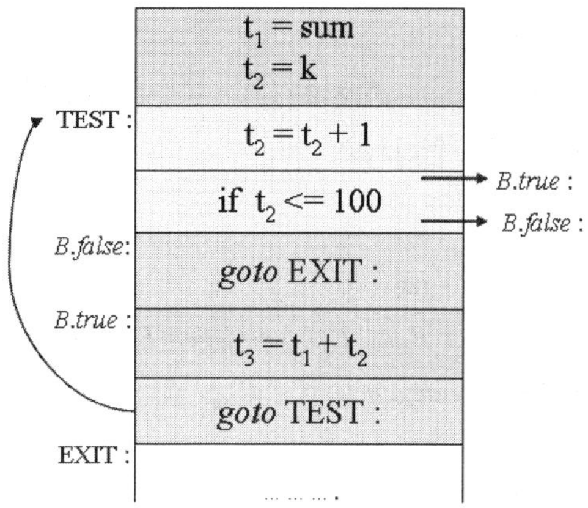

그림 14.11 for (*C*) *S*1 구조 3-주소 코드의 메모리 할당

그림 14.11에서 보듯이 for 문의 3-주소 코드도 불리언 수식의 비교 결과에 따라 점프한다. 불리언 수식의 3-주소 코드 수행 결과가 참일 때는 *B.true*로 점프하여 아래를 수행하고, 다시 TEST 레이블로 점프하여 순환 횟수를 검사하고 반복한다.

```
t3 = t1 + t2
goto TEST
```

만약 거짓이면 *B.false*로 점프한 후 아래 3-주소 코드에 의해 순환 밖으로 나간다.

```
goto EXIT
```

아래는 불리언 수식의 결과에 따른 for 문의 3-주소 코드를 생성하는 의미 규칙이다. 이 의미 규칙에서 *R.c* 는 for 문을 벗어난 후 수행할 부분의 코드이다.

```
S →  for (C)  S1        {
               TEST = new(Label);
               EXIT = new(Label);
               B.true = new(Label);
               B.false = new(Label);
               S.c = codegen (rlabelr TEST) || C.c;
                     || codegen (rlabelr B.false) || codegen ( rgotor EXIT ) ;
                     || codegen (rlabelr B.true) || S1.c;
                     || codegen ( rgotor TEST ) ;
                     || codegen (rlabelr EXIT) || R.c;
             }
```

실습 14.4

프로그래밍 언어의 증감연산자(++, −−)의 전위(++k, −−k)인 경우와 후위(k++, k−−)인 경우의 코드를 생성하는 의미 규칙을 구현하시오.

$S \rightarrow E_1 = E_2{++}$ {
S.p = new(t);
S.p = E_1.c || E_2.c || *codegen*(E_1.p '=' E_2.p);
E_2.c =E_2.c || *codegen*(E_2.p '=' E_2.p '+' 1);
}

$S \rightarrow E_1 = E_2{--}$ {
S.p = new(t);
S.p = E_1.c || E_2.c || *codegen*(E_1.p '=' E_2.p);
E_2.c = E_2.c || *codegen*(E_2.p '=' E_2.p '−' 1);
}

$S \rightarrow E_1 = {++}E_2$ {
S.p = new(t);
E_2.c = E_2.c || *codegen*(E_2.p '=' E_2.p '+' 1);
S.c = E_1.c || E_2.c || *codegen*(E_1.p '=' E_2.p);
}

$S \rightarrow E_1 = {--}E_2$ {
S.p = new(t);
E_2.c = E_2.c || *codegen*(E_2.p '=' E_2.p '−' 1);
S.c = E_1.c || E_2.c || *codegen*(E_1.p '=' E_2.p);
}

실습 14.5

switch 문에 대한 3−주소 코드를 생성하는 의미 규칙을 만들고, 아래 switch 문의 3−주소 코드를 생성하시오.

```
switch (a)
{
    case 1 : k = k + 1;
             break;
    case 2 : k = k * 1;
             break;
    case 3 : k = k / 1;
             break;
    case 4 : k = k − 1;
             break;
    default : k = 0;
}
```

실습문제

1 반복을 수행하는 문장 for, while등의 구조는 if 문 구조로 변환이 가능하다. 그 이유를 설명하시오.

2 아래 if (*B*) *S*1 else *S*2 구조의 3−주소 코드에서 *goto* L이 필요한 이유를 설명하시오. 이 *goto* L을 사용하지 않고 같은 의미의 코드가 되도록 수정하시오.

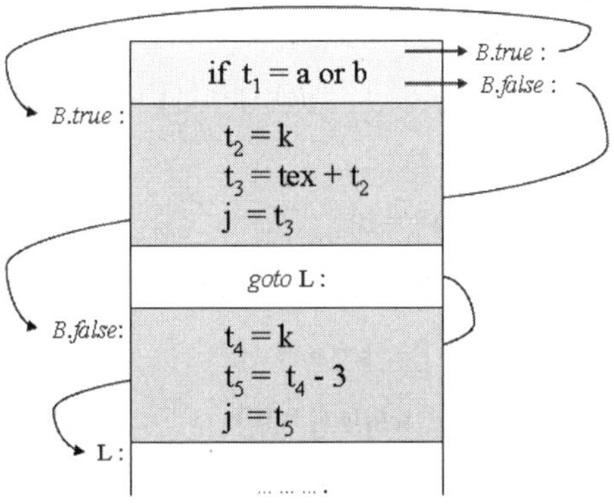

3 프로그램의 while문 에서는 순환 몸체 안에서 순환을 제어하는 변수 값이 변해야한다. 그러나 for문에서는 순환 몸체 안에서 순환을 제어하는 변수가 변하면 안 된다. 그 이유를 의미 규칙과 관련지어 설명하시오.

4 프로그램의 while문과 for문의 3-주소 코드에서 근본적으로 다른 부분을 발견하시오.

5 본문의 for문에 대한 문법의 의미 규칙을 주어진 초기 값에서 마지막 값까지 감소하면서 순환 몸체를 수행하도록 수정하시오.

6 아래의 각 생성 규칙에 대해 3-주소 코드를 생성하시오. *RO*는 관계 연산자를 생성하는 넌터미널이지만 여기서는 터미널처럼 간주한다.

1. *If* → if *Expr RO Expr* then else *Stmt*
2. *While* → while (*Expr RO Expr*) *Stmt*
3. *For* → for var = *Expr* to *Expr* do *Stmt*

7 본문의 의미 규칙을 이용하여 아래 각 입력 스트링의 3-주소 코드를 출력하시오.

(1)
```
if ( a == b)
   {
         while (x < y)  s = s - 1;
   }
```

(2)
```
for (i = 1; i <= 100; i++)
            for (j = 1; j <= i; j++) k = k - 1;
```

(3)
```
if (a == b)
   for (i = 1; i <= 100; i++)
         s = s - 1;
   else  while (j > 0 )
         s = s + 1;
```

(4) *if* (a == b) *if* (b > 0)
    s = s + 1;
  else s = s + k;

14.4 함수 호출의 3-주소 코드 생성

함수 호출문은 함수 이름과 괄호 속에 함수의 **형식인자**에 전달할 **실인자**로 구성한다. 프로그래밍 언어에서는 인자 리스트에 보통 상수, 변수, 배열, 배열 원소, 수식, 포인터, 함수 등이 있거나 혼합된 수식이 있을 수 있다. 아래는 함수 호출문에 대한 간단한 문법으로 전달하는 실인자를 수식으로 한다. 수식에는 여러 형식의 수식과 식별자가 있다.

$S \rightarrow$ fn (Arg_list)
$Arg\_list \rightarrow Arg\_lis$, E
$Arg\_list \rightarrow E$

함수 호출문의 의미를 이해하기 위해 아래의 함수 호출문의 3-주소 코드를 생성해 보자.

```
 ....
k = 0;
sum(k, j, n, 34);
k = k + 1;
 ....
```

위 문장은 함수 *sum*를 호출하면서 변수와 상수 k, j, n, 34를 실인자로 하여 *sum*의 형식인자에 전달한다. 이 함수 호출문의 의미는 실행 환경에서 아래 순서로 일어난다.

- 현재 실행 중인 값(k, j, n)들을 모두 저장한다.
- 되돌아올 주소(*sum* 다음 문장에 해당하는 인스트럭션 주소)를 저장한다.
- 제어를 *sum* 함수에 넘긴다.
- 되돌아오면 사용할 값(함수 호출 전에 저장했던 값)들을 다시 할당한다.

컴파일러에서는 이 과정이 수행하도록 함수 *sum*과 인자가 k, j, n, 34이며 몇 개인지를 알려준다. 그러므로 함수 호출을 위한 3-주소 코드는 아래와 같이 k, j, n, 34 는 인자이며, 함수는 sum 이고 인자 수는 4 개임을 알린다.

```
        arg   k
        arg   j
arg   n
arg   34
call   sum, 4
```

이 3-주소 코드는 그림 14.12와 같이 메모리에 할당한다.

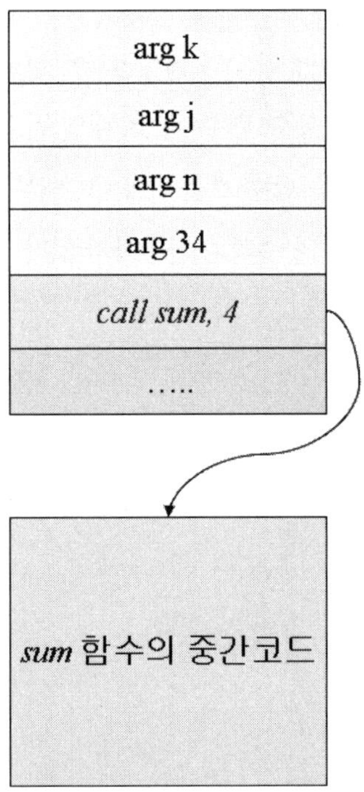

그림 14.12 함수 호출문 3-주소 코드의 메모리 할당

아래는 함수 호출문의 3-주소 코드를 생성하는 의미 규칙이다.

$S \rightarrow$ fn (*Arg_list*) {
메모리 큐에 있는 각 인자 *a* 에 대해, *codegen* (rargr *a*);
codegen (rcallr *fn.p*);
}

Arg_list → *Arg_lis* , *E* {메모리 큐의 끝에 수식 *E.p* 의 코드를 접속한다.}

Arg_list → *E* {*E.p* 에 대해서만 메모리 큐를 할당한다.}

실습문제

1 함수 호출문 f(a1, a2, ..., an)는 함수 이름 f 를 호출하면서 실인자를 전달한다. 그리고 함수 f 는 형식 인자로 실인자 값을 전달받는다. 실인자와 형식인자의 차이를 설명하시오. 그리고 인자는 왜 서로 전달하거나 받아야 하는지 이유를 설명하시오(주고받는 경우에만 적용하면).

2 아래는 함수를 호출하는 문장 *sum*(x, y, z, a+b);으로 호출되는 함수이다. 이 함수에 대해 아래를 실습하시오.

```
sum(a, b, c, val);
a = 0;
a = b + c * val;
b = a +c;
return;
```

(1) 이 함수에 대한 문법을 구성하시오.
(2) 이 문법에 대해 이 함수가 실행할 수 있도록 3－주소 코드를 생성하는 의미 규칙을 기술하시오.
(3) 이 함수 프로그램에 대한 3－주소 코드를 생성하시오.

3 전역 변수를 전달하는 문법을 구성하고 의미 규칙을 기술하시오.

4 함수 호출문 *sum*(x, y, z, a+b);에서 인자 a+b는 어떻게 전달하는지 설명하시오. 그리고 이 수식을 인자로 전달하는 의미 규칙을 기술하시오.

14.5 배열 원소의 주소 지정

메모리는 주소가 일차원으로 나열되어 있고 배열은 일차원 배열, 이차원 배열, 삼차원 등 일반적인 다차원이 있다. 이러한 다차원 배열을 **일차원 구조의 메모리 주소**와 올바르게 대응하는 것은 프로그램 실행 중에 필요한 데이터를 꺼내오기 위해 매우 중요하다. 여기서는 배열 원소와 메모리 주소를 어떻게 대응하는지를 일차원 배열, 이차원 배열, 일반적인 다차원 배열을 대상으로 살펴보자.

프로그램이 실행될 때 특정 배열 원소를 참조하려면 배열의 맨 처음 원소에서 참조할 원소까지의 **상대적인 위치(변위)**를 계산하는 것이 우선이다. 프로그램에서 이차원, 삼차원, 다차원으로 배열을 사용하더라도 실제로 메모리 주소와는 일차원으로 대응한다. 이 때 프로그래밍 언어의 특성에 따라 배열의 **행을 우선으로** 메모리에 할당할 수도 있고, **열을 우선으로** 할당할 수도 있다.

프로그래밍 언어에서 아래의 이차원 배열 선언을 살펴보자. 이 프로그래밍 언어는 배열의 행을 우선으로 할당한다고 가정하자.

int m[4][6];

이 배열은 아래 그림과 같이 4행과 6열로 구성되는데, 각 행은 6 개의 원소가 있고, 각 열은 4 개의 원소가 있다. 이 배열에서 행은 맨 처음 원소가 m[0][0]이다. 즉, 행과 열의 첫 원소는 (0, 0)에서 시작한다고 가정하자.

$$\begin{pmatrix} m_{00}m_{01}m_{02}m_{03}m_{04}m_{05} \\ m_{10}m_{11}m_{12}m_{13}m_{14}m_{15} \\ m_{20}m_{21}m_{22}m_{23}m_{24}m_{25} \\ m_{30}m_{31}m_{32}m_{33}m_{34}m_{35} \end{pmatrix}$$

이 배열에서 m[2][3]를 참조하려면 원소 m[2][3] 가 맨 처음 원소 m[0][0]에서 몇 번째에 있는지를 알아야 한다. 이 프로그래밍 언어는 배열의 행을 우선으로 메모리에 할당하므로 각 행마다 원소를 6 개씩 계산해 m[2][3]의 바로 앞 행까지의 변위(즉, m[2][3]의 2에서 m[0][3] 의 0을 뺀 값)를 계산하면 6 × (2−0)로 원소의 수는 모두 12 개 이다. 즉, m[0][0]에서 m[0][5]와 m[1][0]에서 m[1][5]까지의 원소의 수 12 개와 m[2][0], m[2][1], m[2][2] 까지 원소 수 3 개(즉, m[2][3]의 3에서 m[2][0] 의 0을 뺀 값)를 더하면 15이다. 이 변위 15는 이 배열의 처음 원소 m[0][0]에서 행으로 할당되는 순서에 따라 15번째 원소라는 의미이다. 그러므로 배열의 행우선 할당에서 배열 원소 m[2][3]의 주소는 원소 m[0][0]의 주소에서 15 번째 주소에 있다. 즉, 원소 m[2][3]의 주소 = m[0][0]의 주소 + 15이다.

만약 m[0][0] 가 1045 번지에 있고 한 **원소의 크기가 한 바이트**라면 원소 m[2][3]는 아래와 같이 1045 + 15로 1060 번지에 할당된다.

주소	1045		1050	1051		1056	1057	1058	1059	1060	1061
	m[0][0]	....	m[0][5]	m[1][0]	....	m[1][5]	m[2][0]	m[2][1]	m[2][2]	m[2][3]	m[2][4]

위에서 살펴 본 바와 같이 결과적으로 참조 원소 m[i][j]는 (i − 0) × 6 + (j − 0)와 같이 변위를 계산한다.

그러므로 일반적으로 아래와 같이 선언한 행렬(행은 0에서 R까지, 열은 0에서 C까지 이다)

int m[R][C];

에서 한 원소 m[i][j] 까지 변위를 구하는 공식을 만들 수 있다.

$$m[i][j] = (i - 0) \times C + (j - 0)$$

그러므로 이 원소 m[i][j]는 시작 주소 start 에서 (i − 0) × C + (j − 0)번째에 있는 원소이므로 m[i][j]의 주소는 아래와 같다.

$$m[i][j]\text{의 주소} = start + (i - 0) \times C + (j - 0)$$

이 공식은 배열의 한 원소 m[i][j] 가 한 바이트인 경우이다. 그러나 실제는 한 원소(정수형이든 유동소숫점형이든)가 메모리에 2바이트나 4바이트로 할당된다. 그러므로 실제의 한 원소 m[i][j]의 주소는 한 원소가 차지하는 바이트 수 w를 곱해야 하므로 아래처럼 계산하고 모든 배열에 마찬가지로 적용한다.

$$m[i][j]\text{의 주소} = start + ((i - 0) \times C + (j - 0)) \times w$$

또한 아래의 삼차원 배열 선언을 살펴보자.

int m[4][6][3];

이 삼차원 배열인 경우는 아래와 같이 네 개의 행과 여섯 개의 열로 구성된 평면이 세 개 있는 구조이다.

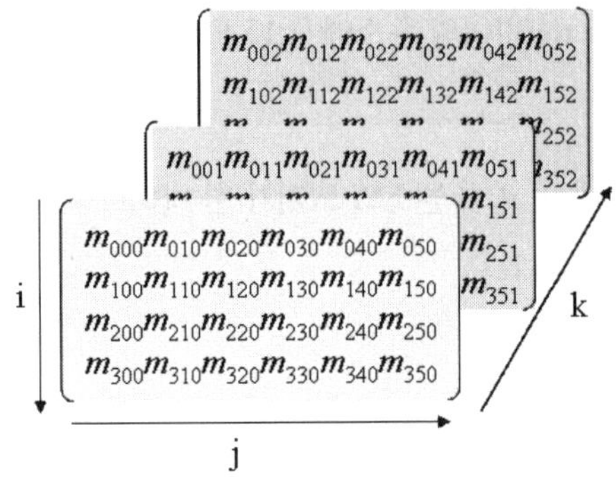

이 배열은 아래 그림과 같이 72(4×6×3) 개의 원소가 메모리에 연속으로 할당한다(배열 각 원소는 메모리 셀 하나를 차지한다고 가정한다).

주소	1045	1046		1051	1051	1053		1057		1075	1076	1077
	m_{250}	m_{300}	....	m_{350}	m_{001}	m_{011}	....	m_{051}	....	m_{351}	m_{002}	m_{012}

그러므로 삼차원 배열에서도 마찬가지로 컴파일러는 임의의 원소 m[i][j][k]를 맨 처음 원소 m[0][0][0]에서부터 어떻게 찾는지가 중요하다. 즉, 변위를 계산하는 방법을 알아야 한다.

위의 삼차원 배열 int m[4][6][3]; 에서는 각 평면 (4 × 6 원소)에 대한 변위, 각 행(6 개의 원소)에 대한 변위, 참조하려는 원소의 행에서 원소에 대한 변위를 합해야 한다. 예를 들면, 참조하려는 원소 m[3][4][2] 는 (2 − 0) × 4 × 6 + (3 − 0) × 6 + (4 − 0)와 같이 구한다. 그러므로 이 배열에서 한 원소 m[i][j][k]를 참조하려면 (k − 0) × 4 × 6 + (i − 0) × 6 + (j − 0)와 같이 구할 수 있다.

일반적으로 int m[R][C][P]; 로 선언한 삼차원 배열에서 한 원소 m[i][j][k]를 참조하려면 변위는 공식 (k − 0) × R × C + (i − 0) × C + (j − 0) 로 계산한다.

그러면 변위를 계산하는 일반적인 방법을 만들기 위해 아래처럼 선언한 N−차원 배열을 살펴보자.

int m[n1] [n2][n3] ... [nm]

일단, 위에서 보았듯이 각 인덱스(첨자)에서 0을 뺀 후에, 이것을 더 높은 차원에 있는 원소의 전체 수에 곱한다. 즉, 참조하고자하는 원소 m[i1] [i2] [i3] ... [im] 는 아래처럼 변위를 구할 수 있다.

원소 m[i1] [i2] [i3] ... [im]의 변위 = (i1 − 0) × n2 × n3 × n4 × ... × nm
+ (i2 − 0) × n3 × n4 × ... × nm
+ (i3 − 0) × n4 × ... × nm

$$
\begin{aligned}
&+ \ldots\ldots\ldots \\
&+ (im-1 - 0) \times nm \\
&+ (im - 0)
\end{aligned}
$$

이 공식에서 ni 는 i번째 차원에서 원소의 수를 나타내고, ii 는 배열을 참조하는 i번째 인덱스를 나타낸다. 이 방법에서는 배열을 행과 열이 각각 m[0][0]....[0] 처럼 0에서 시작하기 때문에 각 인덱스에서 0을 뺀다. 그러나 시작 원소가 m[1][1]....[1] 처럼 1에서 시작하면 아래와 같이 각 인덱스에서 1을 뺀다.

$$
\begin{aligned}
\text{원소 } m[i1]\,[i2]\,[i3] \ldots [im]\text{의 변위} = &(i1 - 1) \times n2 \times n3 \times n4 \times \ldots \times nm \\
&+ (i2 - 1) \times n3 \times n4 \times \ldots \times nm \\
&+ (i3 - 1) \times n4 \times \ldots \times nm \\
&+ \ldots\ldots\ldots \\
&+ (im-1 - 1) \times nm \\
&+ (im - 1)
\end{aligned}
$$

그러므로 m[l1:n1][l2:n2]....[lm:nm] 처럼 각 차원이 l1, l2, ... lm 에서 시작하는 프로그래밍 언어에서는 아래처럼 각 인덱스에서 l1, l2, ... lm 를 각각 뺀다.

$$
\begin{aligned}
\text{원소 } m[i1]\,[i2]\,[i3] \ldots [im]\text{의 변위} = &(i1 - l1) \times n2 \times n3 \times n4 \times \ldots \times nm \\
&+ (i2 - l2) \times n3 \times n4 \times \ldots \times nm \\
&+ (i3 - l3) \times n4 \times \ldots \times nm \\
&+ \ldots\ldots\ldots \\
&+ (im-1 - lm-1) \times nm \\
&+ (im - lm)
\end{aligned}
$$

이와 같이 위의 주소 계산 방법으로 배열 원소를 참조하는 변위를 계산하는 3-주소 코드를 생성해야 한다. 그러므로 아래 각 부분을 계산하는 코드가 필요하다.

- 각 차원 i에 대해 첨자 ii 를 li 씩 빼는 sub 연산 코드
- 빼기 결과와 차원 ni+1에서 nm 를 곱하는 mul 연산 코드
- 앞에서의 부분 합과 차원에 대한 부분을 합하는 add 연산 코드

아래는 배열의 하한 값이 0 이고 크기가 w(각 원소가 2바이트로 가정하면 w = 배열 원소의 수 × 2)인 배열이 선언되어 있을 때 배열 참조를 정의하는 문법과 의미 규칙이다. 넌터미널 *A*는 배열 이름을 나타낸다. 배열 참조는 할당문에서 배열 원소에 결과를 할당할 수도 있고 수식의 일부로

사용할 수도 있다. 식별자(변수) 뒤에 인덱스로는 상수, 변수, 수식이 올 수 있으며 배열 구조(차원)에 따라 여러 개가 올 수도 있다. 그러나 이 문법은 왼쪽 리커젼이 있어서 리커시브 디센트 파서에서는 사용할 수 없다.

```
1. S → id = E       { .... 생략....... }
2. S → A = E        { codegen (A.p.base  r[r A.p   r]r  r=r E.p );}
3. E → E + M        { .... 생략....... }    /* 앞에서 기술되었음 */
4. E → M            { .... 생략....... }    /* 앞에서 기술되었음 */
5. M → M * F        { .... 생략....... }    /* 앞에서 기술되었음 */
6. M → F            { .... 생략....... }    /* 앞에서 기술되었음 */
7. F → id           { .... 생략....... }    /* 앞에서 기술되었음 */
8. F → number       { .... 생략....... }    /* 앞에서 기술되었음 */
9. F → A            { F.p = new( );
                      codegen (F.p  r=r A.array.base   r[r  A.p  r]r);}
10. A → A1 [ E ]    { A.array = A1.array;
                      A.type = A1.type.elem;
                      t = new ( );
                      A.p = new( );
                      codegen ( t  r=r E.p   r*r  A.type.width);
                      codegen (A.p  r=r A1.p   r+r  t);}
11. A → id [ E ]    { A.array = get(id.p);
                      A.type = A.array.type.elem;
                      A.p = new( );
                      codegen (A.p  r=r E.p   r*r  A.type.width);}
```

A.p 나 *E.p* 에서의 *p* 는 포인터이므로 *E.p* 는 E에 해당하는 코드가 있는 곳의 위치이고, *A.p* 는 *A*에 해당하는 코드가 있는 곳의 위치이다. { .... 생략....... } 는 앞에서 이미 다룬 부분이므로 의미 규칙을 생략한다.

이 의미 규칙에서 보듯이 넌터미널 *A* 는 아래와 같이 합성 속성이 있다.

- *A.p* 는 배열을 참조를 위해 원소 m[i1] [i2] [i3] ... [im]의 변위를 계산하는 동안 사용되는 일시적인 주소이다.
- *A.array*는 심볼 테이블에 있는 배열 이름을 가리키는 포인터이다. 또한 시작 주소 *A.array.base*(배열 원소의 0 번째이다)는 인덱스의 모든 수식이 분석되고 난 후에 배열 참

조의 실제 값을 결정하는데 사용한다.

- *A.type*는 *A*로부터 생성된 부분 배열의 자료형이다. 어떤 자료형 t 에 대해 크기가 t.*width* 로 주어지면 크기보다는 자료형을 검사하는데 사용한다. 어떤 배열 자료형 t에 대해 t.*elem* 은 원소의 자료형을 나타낸다.

결국, 생성 규칙 $S \rightarrow A = E$는 배열 참조 위치 *A.array.base*[*A.p*]로 계산되어 *E.p* 주소 값을 *A* 위치에 할당하는 3-주소 코드를 생성한다.

배열 원소의 주소를 지정하는 의미 규칙을 좀 더 알아보기 위해 아래 이차원 배열 선언과 참조를 예로 들어보자.

```
int x[6][7];
int i, j, k;
x[i][j] = x[3][5] + k;
```

배열 x는 정수형 이차원 배열이고 각 원소의 크기는 정수형으로 2 바이트로 가정한다. 변수 i, j, k는 정수형이다. 즉, 배열 x의 자료형은 array(6, array(7, integer)) 이고 각 원소는 2 바이트이므로 할당한 크기 w 는 84바이트이다. 또한 각 원소의 x[i][j]도 정수이다.

여기에서 배열 참조 x[i][j] = x[3][5] − k; 를 번역하는 파스 트리와 3-주소 코드 생성 과정은 그림 14.13과 같으며 생성한 코드는 아래와 같다.

```
t1 = i * 14
t2 = j * 12
t3 = t1 + t2
t4 = 3 * 14
t5 = 5 * 12
t6 = t4 + t5
t7 = x [ t6 ]
t8 = t7 + k
x [ t3 ] = t8
```

위 3-주소 코드에서 아래 부분은 x[i][j]을 계산하는 부분이다.

```
t1 = i * 14
t2 = j * 12
t3 = t1 + t2
```

또한 아래 3-주소 코드 부분은 x[3][5] 부분의 변위를 구한다.

```
t4 = 3 * 14
t5 = 5 * 12
t6 = t4 + t5
```

그러므로 최종적으로 아래와 같이 배열 참조가 들어간 할당 수식 x[i][j] = x[3][5] − k; 를 계산하도록 3-주소 코드를 생성한다.

```
t8 = t7 + k
x [ t3 ] = t8
```

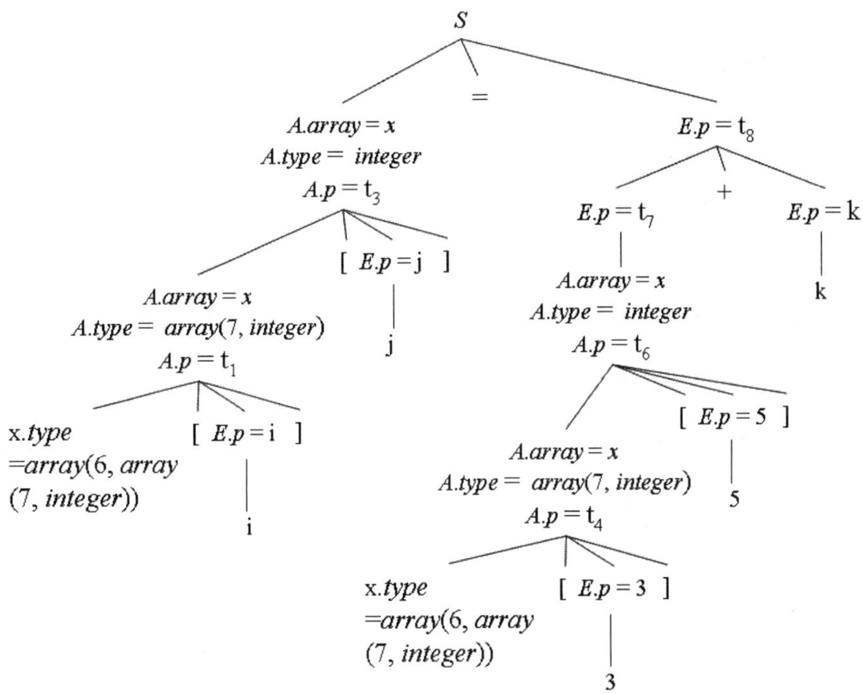

그림 14.13 배열 참조 x[i][j] = x[3][5] − k의 파스 트리와 3-주소 코드 생성 과정

프로그래밍 언어에 따라 다르지만, 일차원 배열에 대한 변위는 첨자 값에서 배열 원소의 하한 값인 0이나 1, 혹은 지정한 li 중에서 빼면 되므로 쉽게 계산할 수 있다. 배열 하한 값은 프로그래밍 언어에 따라 a[0:5]와 같이 0인 경우, a[1:5]와 같이 1인 경우, a[4:12]와 같이 지정하는 경우 등 다양하기 때문이다.

예를 들어, 아래처럼 선언한 배열에서 y[9]를 참조해 보자.

```
int y[30];
```

변위는 하한 값을 사용하는 프로그래밍 언어에 따라 (9 − 0), (9 − 1), 혹은 (9 − li)이 된다. 일차원에서의 메모리 할당은 일반적으로 메모리에 1:1로 매핑한다.

실습 14.6

프로그래밍 언어의 일차원 배열 선언 int x[40];에서 a = x[4]; 같이 배열을 참조할 때 배열 참조하는 부분에 대한 3−주소 코드를 생성하시오(위의 문법을 적용하시오).

실습 14.7

프로그래밍 언어의 삼차원 배열 선언 int x[10][20][30];에서 x[3][6][14]; 를 파싱할 때 배열을 참조하는 3−주소 코드들 생성하는 과정을 보이시오(위의 문법을 적용하시오).

실습 14.8

N−차원으로 선언한 배열 Marray[L1:U1][L2:U2], ..., [Lm:Um]의 한 원소 Marray[i1][i2], ..., [im]의 위치(배열 첫 원소부터)를 계산하는 함수를 임의의 언어로 구현하시오. L1, L2,..., Lm는 선언한 배열 원소의 하한이며, U1, U2, ..., Um는 배열 원소의 상한이다. 각 원소는 4−바이트를 차지한다.

```
#include <stdio.h>
#include <stdlib.h>

int Element(int N, int* Lo, int* Up, int* MArray)   /*  배열 원소 위치 계산 함수  */
{
   int Location;
   int count = 1;
   for(int i=0; i<N; i++)
     {
       Location = Location + (MArray[N−1 − i] − Lo[N−1 − i]) * count;
       count = count * Up[N−1 − i];
     }
    return Location;
}
```

```
void main( )
{
 int N;
 int Location;
 int MArray[N];
 int LowEnd[N];
 int UpEnd[N];

 printf("N-Dimensinal Array : ");
 scanf("%d", &N);
 for(int i=0; i<N; i++)        /* 배열 하한과 상한을 입력한다. */
  {
   printf("LowEnd%d : ", i+1);
   scanf("%d",&LowEnd[i]);
   printf("UpEnd %d : ", i+1);
   scanf("%d",&UpEnd[i]);
  }
 printf("Marray");
 for(int i=0; i<N; i++)
  {
   printf("[%d: %d]", LowEnd[i], UpEnd[i]);
  }
 printf("\n\n");
 for(int i=0; i<N; i++)
  {
    printf("Marray");
    for(int j=0; j < (i+1); j++)   /* 위치 알고 싶은 배열 원소의 인덱스를 입력한다. */
     {
       if (j == i)
        {
          printf("[?]\n Index %d : ", i+1);
          scanf("% d", &MArray[i]);
        }
        else
          printf("[ ]");
```

```
        }
    }
  printf("\n");
  Location = Element(N, LowEnd, UpEnd, MArray);
  printf("Marray[i][j] Element Location: %d \n", Location);
}
```

이 함수를 적용하여 이차원 배열 int Marray[−10:60][0:20];에서 원소 Marray[45][11]의 위치를 계산하면 아래와 실행한다.

```
N−Dimensinal Array : 2
LowEnd1 : −10
UpEnd1 : 60
LowEnd2 : 0
UpEnd2 : 20
Marray[−10:60][0:20]

Marray[?]
Index1 : 45
Marray[ ][?]
Index2 : 11

Marray[i][j] Element Location : 1111
```

실습문제

1 본문의 의미 규칙과 아래 배열 선언이 있다.

```
int g[13];
int M[15][20]
int A[15][7][5]
float Z[4][6]
```

아래 각 배열 참조에 대해 3-주소 코드를 생성하시오(에러가 있으면 이유를 설명하시오).

(1) g[6]

(2) M[k][n]

(3) A[9][4][5]

(4) Z[2][3]

(5) M[−10][30]

2 아래의 배열 선언에서 배열 참조 g[k[3]]의 3-주소 코드를 생성하시오.

```
int g[13];
int k[10];
```

3 실습 2의 배열 선언에서 아래 할당문의 3-주소 코드를 생성하시오.

```
a = g[k[3]+34−g[3]];
```

제15장 기계어 코드 생성

기계어 코드 생성

이 장에서는 앞에서 생성한 중간 코드를 처리기에서 실행할 수 있는 **기계어 코드**를 생성하는 방법을 살펴본다. 순차처리 컴퓨터, 병렬처리 컴퓨터, 임베디드 시스템 같은 여러 유형의 컴퓨터에 적용할 수 있는 일반적인 기계어 코드 생성 방법을 설명한다.

15.1 기계어 코드와 인스트럭션

15.1.1 기계어 코드

먼저, 기계어 코드가 무엇인지, 중간 코드와 무엇이 다른지 살펴보자. 지금까지 컴퓨터의 구조나 처리기의 성능과는 관련 없이 고급 프로그래밍 언어를 중간 코드로 번역하는 과정을 살펴보았다. 그러나 기계어 코드 생성은 프로그램을 효율적으로 실행하기 위해 메모리 관리, **인스트럭션** 선택, 레지스터 할당 같은 여러 기법이 필요하므로 코드 생성 단계는 매우 중요하다.

이와 같이 컴퓨터 구조와 성능에 따라 기계어 코드 생성 방법이 다를 수 있고, 생성한 기계어 코드도 여러 형식으로 생성할 수 있다. 즉, 기계어 코드는 **순차처리 컴퓨터**, **병렬처리 컴퓨터**, **임베디드 시스템**, **모바일 기기** 등에 따라 다르게 생성한다.

컴파일러를 설계할 때는 보통 전처리 부분과 후처리 부분으로 나누기도 한다. 전처리 부분은 어휘 분석과 구문 분석 단계로 컴퓨터와 독립적으로 구현할 수 있는 부분이고, 후처리 부분은 코드 생성이나 코드 최적화 같이 컴퓨터 구조에 매우 종속적으로 구현되는 부분이다.

기계어 코드는 처리기에서 직접 실행할 수 있는 **인스트럭션**으로 작성된 프로그램이다. 각 인스트럭션은 처리기의 레지스터나 메모리의 여러 자료(객체)에 대해 최소 단위의 동작(자료 이동, 저장, 산술 연산, 점프, ...)을 수행한다. 즉, 고급 프로그래밍 언어를 처리기가 실행할 수 있도록 번역한 **최하위 수준의 프로그래밍 언어**이며 처리기에 종속된다. 그러므로 기계어와 인스트럭션을 아래와 같이 정의한다.

정의 15.1

> **기계어 코드**는 컴파일러가 고급 프로그래밍 언어의 문장을 **의미적**으로 일대일 대응하도록 번역한 최종 코드이다. 즉, 고급 프로그램과 기계어 코드는 **의미**에서 일대일 대응하는 함수이다.
>
> $$f : X \rightarrow Y$$
>
> 여기서 X는 프로그램의 문장 집합이고, Y는 **인스트럭션 코드**의 집합으로 의미에서 일대일 대응한다.

정의 15.2

> **인스트럭션**은 기계어 코드를 구성하고 수행하는 **동작(연산) 하나의 비트 패턴**이다. **인스트럭션 코드**는 프로그램의 문장 하나를 실행하기 위한 몇 개의 **인스트럭션 묶음**이다. 인스트럭션 코드는 인스트럭션이 한 개만 있을 수도 있고 여러 개가 있을 수도 있다.

정의에 따르면 컴파일러는 최종적으로 아래처럼 기계어 코드를 생성하는 시스템 프로그램이다. 그러므로 문법과 관계없이 고급 프로그램과 기계어 코드 사이는 의미에서 일대일 대응한다.

고급 프로그램 → 컴파일러 → 기계어 코드

	중간 코드	
a = b + c k = a * b	t1 = b + c k = t1 * b	0101010101000101 0000011101010111 ....

또한 위의 그림에서 인스트럭션은 기계어 코드를 구성하는 0101010101000101나 0000011101010111의 **비트 패턴**이다. **인스트럭션 코드**는 이러한 인스트럭션들의 묶음이다.

예를 들어, a = b + c는 인스트럭션 한 개로 대응하지 않고 아래와 같이 인스트럭션 코드로 대응된다.

```
lod  r1, b
lod  r2, c
add  r1, r2
sto  a, r2
```

다른 예로 조건문 *if* (B) *then* S구조 하나를 실행하려면 아래의 의미를 가져야한다.

- 조건을 비교하는 부분
- 조건에 따라 '참'과 '거짓'을 선택하여 점프하는 부분
- 무조건 점프 부분

컴퓨터의 구조적 문제로 이런 의미를 인스트럭션 하나로 구현하기는 어렵다. 그러므로 아래처럼 고급 프로그래밍 언어의 문장 하나를 인스트럭션 코드로 대응한다.

.....

```
Label2: comp operand1 operand2 condition-code
    jmp   true.Label
      .....
    jmp   Label2
true.Label:  ......
```

컴퓨터의 처리기는 인스트럭션 세트를 가지고 있으며 각 인스트럭션은 길이가 같기도 하고 다르기도 하다. 이렇게 인스트럭션의 패턴은 컴퓨터 구조에 따라 다르다.

지금까지 기계어 코드를 생성하기 위해 구문 분석, 의미 분석, 중간 코드를 생성했다. 이제 중간 코드의 '의미'와 일대일 대응하도록 기계어를 생성해야 하는데, 기계어 코드 생성기의 위치는 그림 15.1과 같다.

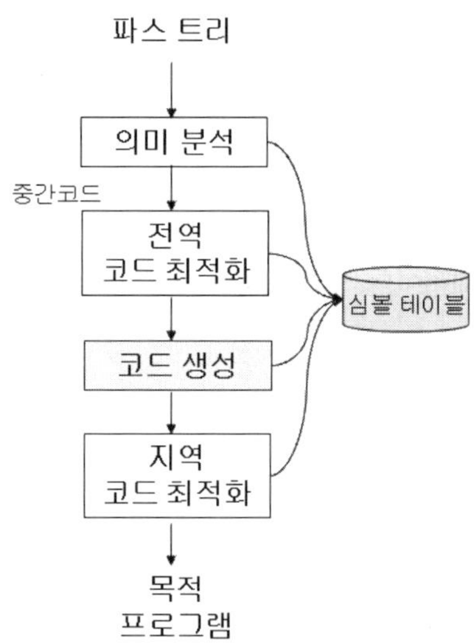

그림 15.1 기계어 코드 생성기 위치

기계어 코드는 변환하고자하는 목적 컴퓨터 마다 처리기 구조나 특성도 다르고, 인스트럭션 형식도 컴퓨터 구조에 종속되기 때문에 변환하려는 컴퓨터의 특성을 알아야 한다.

여기서 기계어 코드를 생성하기 위해 크게 두 유형의 컴퓨터 특성과 인스트럭션 유형을 살펴보자. 먼저, 이 책에서 기계어 코드를 생성하려는 **순차처리 컴퓨터**는 아래와 같이 다양한 속성의 인스트럭션이 필요하다.

- 메모리 주소와 관련한 피연산자를 취급하는 인스트럭션
- 레지스터 번호와 관련한 피연산자를 취급하는 인스트럭션

- 메모리 주고와 레지스터 번호 둘 다 관련한 피연산자를 취급하는 인스트럭션
- 피연산자의 수(0−주소, 1−주소, 2−주소, 3−주소)에 따른 인스트럭션

위의 3−주소 중간 코드와 인스트럭션 속성을 개념적으로 살펴보자. 예를 들어, 수식 a = b + c − d는 아래와 같은 3−주소 중간 코드로 변환된다.

```
t1 = b + c
t2 = t1 − d
a = t2
```

3−주소 코드는 의미 규칙에서 생성된 것으로 t1 = b + c처럼 연산자와 할당 기호로 표기한다. 즉, 식별자 b와 식별자 c를 더하여 임시저장소 t1에 저장하라는 의미가 있다. 이 3−주소 코드는 **메모리에 저장되지도 않고 직접 실행할 수도 없다**. 단지, 기계어 코드를 생성하기 위한 전 단계로 의미가 대응하는 기계어 코드를 생성한다.

그리고 이 중간 코드는 다시 의미가 대응하고 순서에 따라 실행하는 인스트럭션의 연속인 기계어 코드로 변환한다.

```
lod r1 b   /* r1 = b */
add r1 c   /* r1 = r1 + c */
sub r1 d   /* r1 = r1 − d */
sto a r1   /* r1 = b */
```

기계어 코드는 add r1 c처럼 메모리에 자료가 저장된 위치 c와 레지스터 r1로 표기한다. 즉, 변수 c가 가리키는 메모리 위치에서 값(내용)을 꺼내서, 처리기에 있는 레지스터 r1의 값과 더하여 다시 레지스터 r1에 저장하라는 의미이다. 이때 이전에 레지스터 r1에 저장되어 있던 값은 지워진다. 위 인스트럭션은 주소(피연산자)가 두 개 있는데, 모든 인스트럭션의 주소가 반드시 두 개는 아니다.

위 예에서 보듯이 기계어 코드는 **메모리와 레지스터를 직접 지정**할 수 있으며, 컴퓨터 메모리에 할당되어 **직접 실행하는 코드**이다. 처리기는 인스트럭션 실행에서 메모리에 있는 인스트럭션을 레지스터에 옮기거나 인스트럭션이 지정한 위치의 자료 값을 레지스터로 이동하여 필요한 연산을 수행한다.

이와 같이 프로그램은 3-주소 중간 코드로 변환되고, 다시 순서에 따라 실행하는 기계어 코드로 변환한다.

병렬처리 컴퓨터에서는 아래와 같은 인스트럭션이 필요하다.

- 인스트럭션 하나가 자료 하나만 처리하는 인스트럭션(순차처리 컴퓨터와 유사)
- 인스트럭션 하나가 자료 여러 개를 동시에 처리하는 인스트럭션
- 여러 인스트럭션이 자료 하나를 처리하는 인스트럭션
- 여러 인스트럭션이 자료 여러 개를 동시에 처리하는 인스트럭션

예를 들어, 어떤 벡터 병렬처리 컴퓨터가 각 배열 $\mathbb{A}$,$\mathbb{B}$,$\mathbb{D}$,$\mathbb{E}$에 각각 1000개씩의 벡터 자료를 할당하고 있다. 배열 $\mathbb{A}$,$\mathbb{B}$,$\mathbb{D}$,$\mathbb{E}$를 $\mathbb{A} = \mathbb{B} + \mathbb{D} - \mathbb{E}$ 처럼 동시에 더하기 연산하는 병렬 처리 인스트럭션을 생성할 수 있다.

```
VADD 𝔹 𝔻  /*  𝔹 = 𝔹 + 𝔻 동시에 더하기 연산 */
VSUB 𝔹 𝔼  /*  𝔹 = 𝔹 − 𝔼 동시에 빼기 연산 */
VSTO 𝔹 𝔸  /*  𝔸 = 𝔹 동시에 이동하여 저장 */
```

이 벡터 인스트럭션을 순차 컴퓨터의 인스트럭션으로 수행한다면, 아래의 인스트럭션을 1,000번 반복해야, 반복 검사를 1000 번 수행해야 한다.

```
lod r1 b
add r1 d
sub r1 e
sto r1 a
```

이와 같이 컴퓨터 구조에 따라 인스트럭션을 생성하는 기법이 다르고 생성한 기계어 코드도 다르다. 또한 병행 프로그램을 실행하는 **병행 컴퓨터**에서는 실행 중에 인스트럭션 사이에서 서로 동기화하는 속성이 필요하기도 하다.

15.1.2 인스트럭션 형식

여기서 기계어 코드 생성에 필요한 여러 인스트럭션 형식을 살펴보자. 인스트럭션 형식에서 주소는 메모리에 피연산자가 저장되는 위치이다. 대부분의 사칙 연산자가 필요로 하는 피연산자 값은 보통 두 개이다. 예를 들어, x + y와 같이 더하기 연산자 한 개는 x, y 두 개의 피연산자를 필

요로 한다. 여기서 더하기 연산자는 인스트럭션의 **동작**이고, **주소**는 피연산자가 되기 때문에 두 개이다. 그러나 컴퓨터의 구조나 성능 향상을 위해 피연산자를 저장하는 방식이 다를 수 있다. 즉, 피연산자를 저장하는 곳이 **메모리 일 수도 있고 레지스터 일 수**도 있다.

아래 여러 인스트럭션에서 피연산자 주소는 메모리 주소와 레지스터 번호 둘 다 의미한다.

- 주소가 하나도 없는 인스트럭션
- 주소가 하나만 있는 인스트럭션
- 주소가 두 개 있는 인스트럭션
- 주소가 세 개 있는 인스트럭션

이제 각 형식의 인스트럭션을 좀 더 자세히 살펴보자.

(1) 피연산자가 없는 인스트럭션(0-주소 인스트럭션)

이 코드는 인스트럭션에 **동작 코드**만 있고 피연산자 두 개(혹은 한 개)는 레지스터에 있다. 이런 유형의 컴퓨터 구조에서는 피연산자를 레지스터에 저장하여 연산 속도를 높인다. 피연산자를 메모리 주소에서 가져오는 시간을 줄이고, 처리기의 레지스터에서 직접 가져오거나 저장함으로써 자료의 이동 시간을 줄인다. 그러므로 처리기가 피연산자를 저장하고 지원할 수 있는 컴퓨터 구조여야 한다. 이 형식의 인스트럭션은 아래와 같다.

동작코드

이런 코드는 레지스터를 스택처럼 사용하는 스택 구조 컴퓨터에서 주로 사용한다. 예를 들어, 아래 형식의 인스트럭션을 생성할 수 있다.

```
push    /* 레지스터(스택)에 값을 넣어라 */
add     /* 스택의 톱과 그 아래의 값을 더하여 톱에 넣어라 */
```

(2) 피연산자가 한 개인 인스트럭션(1-주소 인스트럭션)

이 코드는 인스트럭션에 동작 코드와 피연산자 주소가 한 개만 있고 나머지 피연산자는 레지스터에 있다. 인스트럭션 형식은 아래와 같다.

동작코드	피연산자

이런 인스트럭션은 레지스터가 있는 컴퓨터에서 주로 사용한다. 예를 들어, 아래 형식의 인스트럭션을 구성할 수 있다. 이때의 레지스터는 연산한 값을 누적하기 때문에 **누산기**라 한다.

```
add  TEX   /*  레지스터의 값과 메모리 주소 TEX 내용을 더하여  */
           /*  결과를 레지스터에 저장하라.                   */
mov  K     /*  현재 레지스터 값을 메모리 주소 K로 이동하라.    */
```

(3) 피연산자가 두 개인 인스트럭션(2-주소 인스트럭션)

이 코드는 인스트럭션에 동작 코드와 피연산자 두 개가 있다. 인스트럭션 형식은 아래와 같다.

동작코드	피연산자1	피연산자2

이런 코드는 피연산자 각각을 레지스터에 옮겨서 연산한다. 예를 들어, 아래 형식의 인스트럭션을 생성할 수 있다.

```
add  R0, R1  /* 레지스터 R0와 R1의 내용을 더하여 결과를 R0에 저장 */
add  R1, K   /*  레지스터 R1의 내용과 메모리 주소 K의 내용을   */
             /*  더하여 결과를 R1에 저장하라                 */
```

(4) 피연산자가 세 개인 인스트럭션(3-주소 인스트럭션)

이 코드는 아래와 같이 인스트럭션 형식에 동작 코드와 피연산자 세 개가 있다.

동작코드	피연산자1	피연산자2	피연산자3

이런 코드는 피연산자 각각을 레지스터에 옮겨서 연산한다. 예를 들어, 아래 형식의 인스트럭션을 생성할 수 있다.

```
add  C, A, B  /* 주소 A와 B의 각 값을 더하고 결과를 C에 저장하라  */
sub  K, A, B  /* 주소 A의 값에서 B값을 뺀 결과를 주소 K에 저장하라 */
```

동작 부분은 add, mul,.. 과 같은 인스트럭션 실행에 필요한 동작을 저장한다. (add C, A, B)에서 더하기 동작(add)의 피연산자 A와 B는 이진 연산될 값이 있는 주소이다. C는 동작 코드에 의해 연산한 결과 값을 저장할 주소이다.

이와 같이 컴파일러는 프로그램의 모든 문장에 대해 의미 규칙을 수행하여, 정해진 기계어 코드로 변환하기 위해 인스트럭션을 생성한다. 인스트럭션은 컴퓨터 구조마다 주소를 다양한 형식으로 사용하지만 프로그램의 의미는 모두 같다.

정리하면, 입력이 x = a * b + c * d 인 스트링을 파싱한 결과로 생성한 신택스 트리는 그림 15.2과 같다.

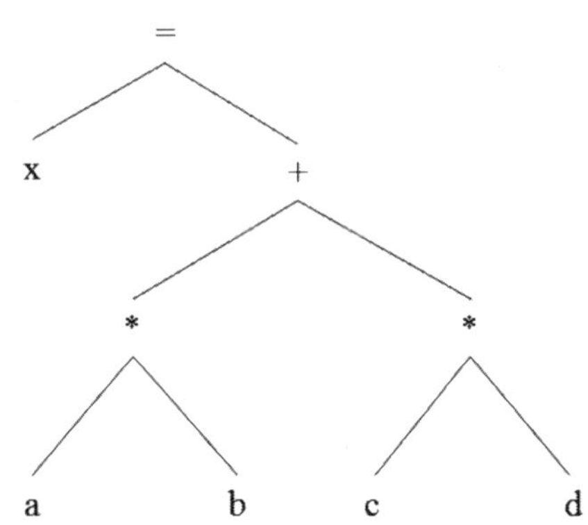

그림 15.2 수식 x = a * b + c * d 의 신택스 트리

이 신택스 트리는 시각적으로 표현한 것이며, 의미 분석 과정에서 의미 규칙을 수행하여 의미 표현인 아래 중간 코드를 생성한다.

```
t1 = a * b
t2 = c * d
t3 = t1 + t2
x = t3
```

이 중간 코드는 아래 4-영역 표현법으로 표현할 수 있다.

```
mul a b t1
mul c d t2
add t1 t2 t3
sto x _ t3
```

이 중간 코드에서 mul은 곱하기 연산, add 는 더하기 연산 코드, sto는 결과를 해당 주소에 저장하는 연산 코드이다. t1, t2, t3 은 연산한 중간 결과를 임시로 저장하는 주소이다.

이제 위의 중간 코드를 실행할 수 있도록 기계어 코드로 변환해 보자.

실습문제

1 기계어 코드가 순차 컴퓨터, 병렬 컴퓨터, 임베디드 컴퓨터 등에 따라 다른 이유를 설명하시오.

2 코드 생성이나 코드 최적화 같은 후처리 부분이 컴퓨터 구조에 매우 종속적인 이유를 설명하시오.

3 메모리에 직접 접근하는 인스트럭션 예를 드시오.

4 레지스터를 취급하는 인스트럭션 예를 드시오.

5 피연산자의 수(0−주소, 1−주소, 2−주소, 3−주소)가 다른 이유와 인스트럭션 형식이 왜 다양한지 설명하시오.

6 피연산자의 수(0−주소, 1−주소, 2−주소, 3−주소)가 다른 각 경우의 장점과 단점을 설명하시오.

7 병렬 컴퓨터의 특징을 기술하시오.

8 주소가 세 개 있는 인스트럭션은 주소가 한 개 있는 인스트럭션 보다 실행 속도가 빠른지 느린지 설명하시오. 그 이유를 설명하시오.

9 수식 a = k + y * z + y를 아래 각 인스트럭션으로 변환하시오.

(1) 주소가 하나도 없는 인스트럭션
(2) 주소가 하나만 있는 인스트럭션
(3) 주소가 두 개 있는 인스트럭션
(4) 주소가 세 개 있는 인스트럭션

15.2 기계어 코드로 변환

이 절에서는 프로그램의 실행에 변화를 주는 점프 같은 코드는 뒤에서 다루고, 먼저 중간 코드를 기계어 코드로 변환하는 과정을 살펴본다. 앞에서 언급한 것과 같이 중간 코드에 있는 피연산자 주소는 목적 컴퓨터의 인스트럭션에 따라 다르게 구성한다. 즉, 주소를 인스트럭션에서 **직접 지정**할 수도 있고, **상대적으로 지정**할 수도 있으며, **간접적으로 지정**할 수도 있다.

15.2.1 주소 직접 지정

주소 직접 지정 인스트럭션은 중간 코드에서 컴퓨터의 구조나 특성에 따라 해당하는 인스트럭션으로 대응하거나 인스트럭션 코드로 변환한다. 이때 인스트럭션은 해당 피연산자의 주소를 직접 지정한다.

예를 들어, 프로그램의 산술 수식 a = b + c 를 3－주소 중간 코드로 생성하면 아래와 같다.

```
t1 = b + c
a = t1
```

그러므로 이 중간 코드에 대응하는 인스트럭션은 아래와 같이 b, c, a 의 해당 자료 주소와 레지스터 번호 r1과 r2를 인스트럭션에 직접 나타낸다. 레지스터 번호 r1이나 r2는 처리기에 있는 여러 레지스터 중의 일부이다.

```
lod r1  b
lod r2  c
add r1  r2
sto  r1  a
```

이 인스트럭션은 b 번지의 내용을 레지스터 r1에 옮기고, 주소 c 의 내용을 레지스터 r2에 이동한다. 그리고 레지스터 r1과 r2 내용을 더하여 결과를 레지스터 r1에 저장한다. 그 후에 r1에 저장되어 있는 값을 주소 a에 저장한다. 즉, b와 c 번지의 값을 더하여 a에 저장하라는 의미이다. 이와 같이 인스트럭션으로 된 기계어 프로그램은 메모리와 레지스터 사이에서 자료를 이동하면서 결과를 처리한다. 이와 같이 **주소 직접 지정** 인스트럭션은 메모리 주소나 레지스터 번호를 직접 나타낸다.

위에서 살펴본 바와 같이 인스트럭션에서 lod **동작 코드**는 주소 내용을 레지스터로 이동하라는 의미이고, add **동작 코드**는 주소의 내용과 레지스터의 내용을 더하라는 의미이다. 또한 sto **동작 코드**는 레지스터의 내용을 지정한 주소에 저장하라는 의미이다.

그림 15.3는 C = B + A 에 대한 인스트럭션의 실행 과정에서 메모리와 레지스터 사이에서 자료의 이동을 보인다.

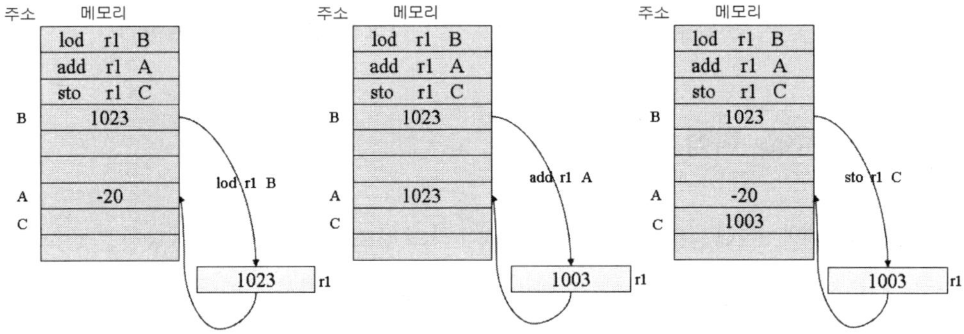

그림 15.3 C = B + A 에 대한 인스트럭션의 실행과정에서 자료의 이동

대부분 인스트럭션은 같은 방법으로 구현하지만, 이미 언급한 것처럼 조건문의 인스트럭션은 특정 값을 비교하여 조건에 따라 점프가 발생한다. 그러므로 조건문은 컴퓨터 구조에 따라 약간씩 다르지만 대부분 아래와 같이 여러 코드로 구현한다. 즉, 조건 비교(불리언 연산) 부분, 점프 부분(goto) 같은 인스트럭션 코드로 구현한다.

```
lod   r1  b     /* 조건 비교하는 변수를 가져옴 */
cmp   r1 =< 0   /* 변수를 0과 비교함        */
jmp   lbl       /* 조건에 따라 점프 함       */
```

이와 같이 조건을 비교하여 해당 주소로 점프하려면 점프할 주소를 인스트럭션에 직접 지정한다.

주소를 직접 지정하는 다른 예로 메모리에서 메모리로 자료를 이동하는 인스트럭션으로 mov를 구현한다. 이 mov 코드는 메모리의 **지정한 주소** 값을 지정한 다른 주소로 이동한다. 이때 컴퓨터는 메모리에서 메모리로 자료를 직접 이동할 수는 없다. 일단 지정한 메모리 주소의 내용을 레지스터로 이동한 후에, 다시 레지스터에서 메모리의 다른 지정 주소로 내용을 이동한다. 즉, lod 한 후에 다시 sto 하는 순서로 구현한다. 그림 15.4는 mov의 의미이다.

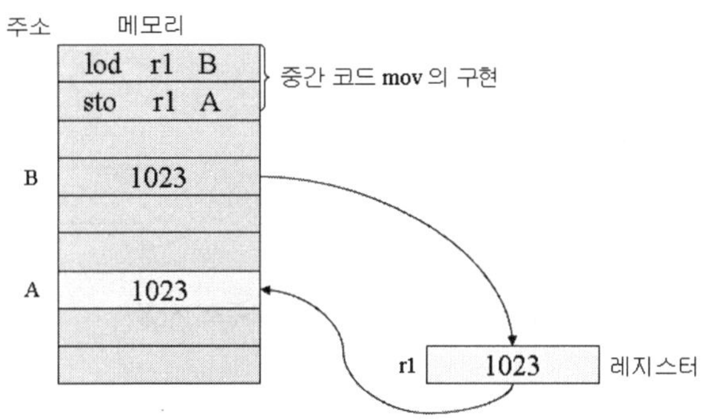

그림 15.4 중간 코드 mov의 인스트럭션구현

15.2.2 주소 상대적으로 지정

주소 상대적으로 지정 인스트럭션은 취급할 자료 주소를 상대적으로 나타내는 인스트럭션이다. 이 때 주소를 상대적으로 나타내는 방법은 아래와 같다.

- **인덱스**에 의한 주소 지정
- **주소 간접** 지정
- **시작 레지스터**에 의한 주소 지정

15.2.2.1 인덱스에 의한 주소 지정

인덱스에 의한 주소 지정은 피연산자 주소를 목적 기계의 **인덱스 레지스터**와 인덱스 레지스터에 저장된 값으로 계산한다. 예를 들어 아래 인스트럭션를 살펴보자.

lod r2 8(r1)

이 인스트럭션은 레지스터 r1과 레지스터 r2를 사용하는데, 레지스터 r1은 인덱스 레지스터로 사용하고 r2는 자료를 저장할 레지스터이다. 그러므로 인스트럭션 lod r2 8(r1) 에서 레지스터

r1에 저장한 값과 앞의 8을 더하여 나온 값을 새로운 주소로 하여 그 주소의 자료를 레지스터 r2로 옮긴다.

그림 15.5는 한 인스트럭션이 4-바이트(32-비트)를 차지하는 컴퓨터에서 인덱스에 의한 주소 지정을 나타낸다. 인덱스 레지스터 r1에 저장한 값이 400이므로 주소는 400 + 8로 계산되어 408 번지에 500 이라는 값을 레지스터 r2로 이동한다.

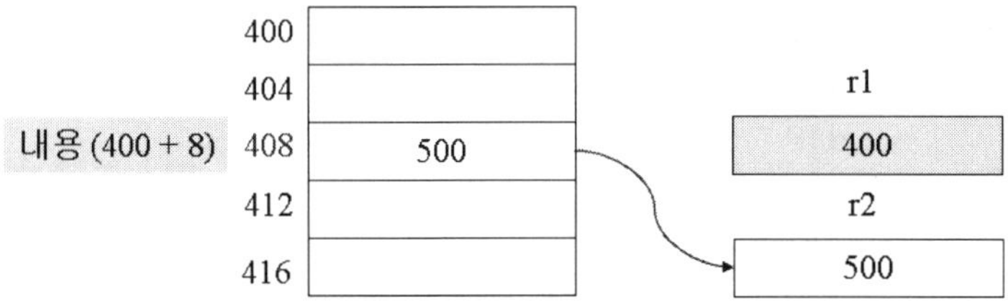

그림 15.5 인덱스에 의한 주소 지정

15.2.2.2 주소 간접 지정

주소 간접 지정은 인스트럭션에 기술된 주소(필요한 경우는 계산된 주소)를 직접 사용하지 않고, 이 주소에 들어있는 **값**을 피연산자 주소로 지정한다. 아래 인스트럭션를 살펴보자.

lod r2 *8(r1)

이 인스트럭션은 레지스터 r1과 레지스터 r2를 사용하는데, 레지스터 r1은 인덱스 레지스터로 사용하고, *는 계산한 주소를 **간접 주소로 사용**하라는 의미이다. r2는 자료를 저장할 레지스터이다. 그러므로 인스트럭션 lod r2 *8(r1)에서 인덱스 레지스터 r1에 저장한 값과 앞의 8을 더하여 직접 주소를 계산한다. 그리고 이 주소의 값이 가리키는 주소의 내용(자료)을 레지스터 r2로 옮긴다.

그림 15.6은 한 인스트럭션이 4-바이트를 차지하는 컴퓨터에서 주소 간접 지정을 보인다. 인덱스 레지스터 r1에 저장한 값이 400이므로 주소는 400 + 8로 계산되어 408번지로 간다. 그러면 408번지에 있는 500 이라는 값을 새로운 주소로 하여 500 번지의 내용(값)인 1024를 레지스터 r2로 이동한다.

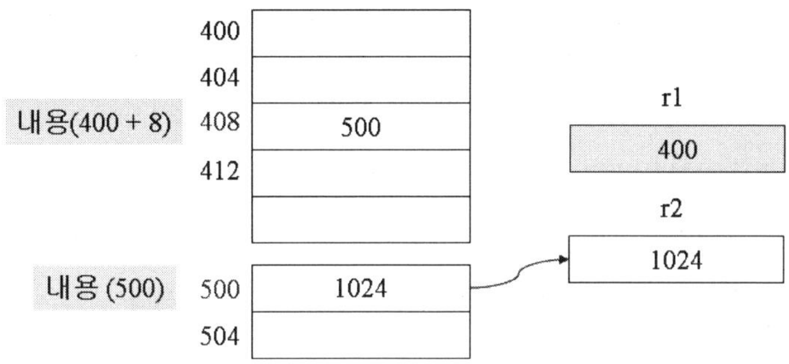

그림 15.6 주소 간접 지정

15.2.2.3 시작 레지스터에 의한 주소 지정

시작 레지스터에 의한 주소 지정은 목적 기계의 **시작 레지스터**에 있는 시작 주소 값과 **변위**로 계산한 메모리 위치가 최종 주소이다. 시작 주소는 메모리에 할당되어 있는 프로그램의 맨 처음 인스트럭션 주소이다. 사실 프로그램이 할당되는 메모리에서의 위치는 필요에 따라 수시로 바뀐다. 그러므로 프로그램이 할당되는 위치에 따라 시작하는 맨 처음 주소도 수시로 변경된다. 이때 프로그램 안의 각 인스트럭션도 시작 주소에 따라 상대적인 위치가 바뀌게 된다. 이와 같이 프로그램의 시작 주소부터 각 인스트럭션까지의 상대적인 위치가 변위이다. 결국, 각 인스트럭션의 주소는 **프로그램의 시작 위치 + 변위**로 계산된다.

그러므로 코드 생성기는 시작 주소의 내용과 변위를 알아서 최종 주소를 생성한다. 그림 15.7은 시작 주소와 변위에 의한 최종 주소를 계산하는 과정이다.

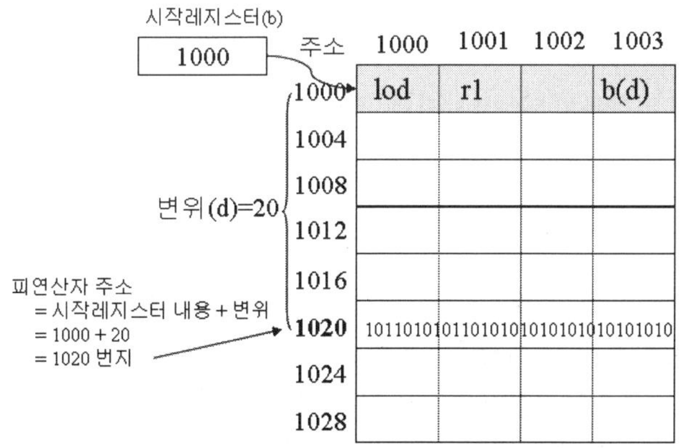

그림 15.7 시작 주소와 변위에 의한 피연산자 주소 계산

그림 15.7은 한 인스트럭션에 4-바이트를 사용하고 아래 인스트럭션을 수행한다.

lod r1, b(d)

이 인스트럭션에서 피연산자 주소 b(d)는 시작 레지스터(b) 내용과 변위(d)를 더하라는 뜻이다. 여기서 시작 레지스터 b의 내용은 메모리 주소 1000이 들어있고, 이 인스트럭션의 변위는 20이다. 그러므로 인스트럭션 lod r1, b(d)의 피연산자 주소 b(d)는 아래와 같이 계산한다.

피연산자 주소 = 시작 레지스터 내용 + 변위
= 1000 + 20
= 1020

그러므로 위 인스트럭션은 메모리 1020 번지의 내용(값)을 레지스터 r1에 옮기라는 뜻이다.

실습 15.1

어느 프로그래밍 언어의 조건 문장인 if (a > b) a = b + c 를 중간 코드로 번역하면 아래와 같다.

```
    comp a  b gt L1   /*  이 코드는 의미 분석의 실습에 있음  */
    goto L2
L1:  add  b  c  a    /* a = b + c  */
    goto L3
L2:  ....
L3:  ....
```

이 중간 코드를 기계어 코드를 위한 인스트럭션을 생성해 보자. 이 중간 코드를 해당 인스트럭션으로 변환하려면 비교, 산술, 저장 등의 인스트럭션이 필요하다. 비교 인스트럭션은 점프를 수행하도록 플래그 비트를 셋팅(크다, 작다, 같다 등의 관계 연산 결과)하는데, gt, lt, eq 등의 플래그 비트 값을 '참'으로 셋팅한다. 그러므로 그 결과에 따라 무조건 점프한다. 변수와 레이블은 심볼 주소를 나타낸다. 이 조건문의 중간 코드를 인스트럭션으로 변환하면 아래와 같다.

```
     lod   r1,  a      /* 메모리 주소 a 값을 레지스터 r1에 저장(이동)  */
     cmp   r1,  b, 3  /* 레지스터 r1 값 > b 를 비교 */
     jmp   L1         /* 참값(크면)이면 점프  */
     cmp   0, 0, 0
     jmp   L2         /* 무조건 점프  */
 L1:
```

```
   lod  r1, b
   add  r1, c
   sto  r1, a   /* a = b + c */
   cmp  0, 0, 0
   jmp  L3      /* 무조건 점프 */
L2: ....
L3: ....
```

실습문제

1 아래에 고급 프로그래밍 언어의 어느 문장을 번역한 중간 코드가 있다. 이 중간 코드를 기계어 코드를 위한 인스트럭션으로 번역하시오.

(1)
```
add  d  e  t1
div  c  t1  t2
add  b  t2  t3
mov  t3 ,  a
mov  a  ,  b
```

(2)
```
    mov  1 ,  k
    mov  10 ,  t1
L1: comp k  t1 gt  L2
    div  j  3 t2
    mov  t2 , j
    add  1  k  k
    goto  L1
L2: ...
```

(3)
```
    add b 3 t1
    comp a t1 ne L1         /* 플래그 ne 는 같지 않으면... */
    goto L2
L1: mov 0 , a
    goto L3
L2: add b 3 t2
    mov t2 , b
L3: .......
```

2 아래에 고급 프로그래밍 언어의 어떤 문장이 있다. 이 문장을 기계어 코드를 위한 인스트럭션으로 변환하시오.

(1)
```
{
  a = b − (c + d) / e;
  b = a − 2;
}
```

(2)
```
if (a >= 3) a = a + b
      else b = b + a
```

(3)
```
for (j = 1; j < 10; j++)
{
   k = k / j;
   sum = sum + k;
}
```

(4) `a = x[4+1];      /* x는 일차원 배열 */`

3 메모리의 어느 주소에 있는 내용을 메모리의 다른 주소로 이동하는 의미의 중간 코드인 mov를 인스트럭션으로 구현하시오. 이 때 lod 나 sto 같은 인스트럭션이 몇 개 사용되는지 알아보시오. 또한 이와 같이 중간 코드 각각에 대한 기계어 코드의 인스트럭션 수가 왜 중요한지 설명하시오.

4 컴퓨터 처리기의 구조는 각각 다를 수 있고 수행하는 인스트럭션도 다르다. 수식 a = b + c * d 를 아래 각 주소 지정 방법으로 인스트럭션을 생성하시오. 시작 주소나 인덱스 내용 같은 필요한 내용은 임의로 설정하시오.

(1) 주소 직접 지정
(2) 주소 간접 지정
(3) 시작 주소에 의한 지정
(4) 인덱스에 의한 주소 지정

15.3 점프 주소 지정

코드 생성기는 기계어 코드 인스트럭션를 생성하면서 **프로그램 카운터**도 관리하게 된다. 프로그램 카운터는 기계어 코드에서 **다음 실행할 인트럭션 주소**를 저장해야 한다. 즉, 기계어 코드 생성 과정에서 피연산자 주소를 알아내는 것도 중요하지만, 다음 실행할 인스트럭션 주소도 결정한다. 그러면 운영체제는 기계어 코드로 된 프로그램을 실행하기 위해 프로그램 카운터에 저장된 다음 실행할 인트럭션 주소에 해당하는 인트럭션을 실행한다.

여기서 다음 실행할 인스트럭션 주소를 결정하기 어려운 상황이 있는데, 바로 조건에 의한 점프 인스트럭션이다. 즉, 조건이 어떻게 결정되는지에 따라 프로그램에서 다음 실행할 위치(인스트럭션 주소)가 달라지기 때문이다. 그러므로 '참'이나 '거짓'에 따라 결정될 다음 인스트럭션을 미리 정해 두어야 한다.

기계어 생성 과정에서 점프 인스트럭션에 의해 다음 실행할 주소를 어떻게 결정하는지 살펴보자.

의미 분석을 통해 생성된 중간 코드 파일을 맨 처음 코드부터 마지막 코드까지 한 번에 모두 인스트럭션으로 모두 변환할 수 없다. 즉, '점프' 인스트럭션으로 변환하는 과정에서 다음 실행할 코드 부분이 이미 변환한 코드(현재 '점프' 인스트럭션의 위쪽)에 있으면 그 주소를 '점프'할 인스트럭션 주소로 사용할 수 있다. 그러나 변환하지 않은 아래쪽에 있으면 아직 주소가 생성되지 않았기 때문에 다음 실행할 코드를 알 수 없다. 그러므로 '점프' 인스트럭션에서 점프할 다음 주소를 생성할 수 없다.

'점프' 인스트럭션을 생성하기 위해서는 '점프'할 코드 부분의 위치를 미리 알기 위해 중간 코드 전체를 몇 번 스캔한다. 몇 번 스캔할 것인지는 앞으로 나올 점프를 어떻게 처리할 것인지에 따라 결정된다.

중간 코드에서 '점프'할 위치인 **레이블**을 만나면 프로그램 카운터에 레이블이 위치한 중간 코드의 주소를 넣는다. 이때 주소는 **레이블 테이블**을 이용하는데, 이 테이블에는 각 레이블의 주소가 들어있다. 그러나 아직도 점프 인스트럭션의 목적지 주소가 이 인스트럭션 보다 아래쪽에 있으면 점프할 주소를 알 수 없다.

한 인스트럭션이 4-바이트를 차지하는 컴퓨터 구조에서 아래 중간 코드를 살펴보자. 이 중간 코드는 아직 목적지 주소를 알 수 없기 때문에 레이블 L1로 가는 점프 인스트럭션를 완전하게 생성할 수 없다. 즉, 코드 생성 과정에서 중간 코드 goto L1를 변환할 때까지는 레이블 L1의 목적지 주소인 1128를 아직 만나지 않았다. 중간 코드 goto는 인스트럭션에서 비교와 점프(cmp, jmp) 가 연속으로 있다.

	중간 코드	주소	인스트럭션
	add a b t1	1000	lod r1, a
		1004	add r1, b
		1008	sto r1, t1
	goto L1	1012	cmp 0,0,0
		1016	jmp ?
	....		
L1:	add c d t2	1128	lod r1, a
	....		

이러한 '점프' 인스트럭션을 생성하기 위한 **단일 단계** 방법과 **두 단계** 방법 두 개를 살펴본다.

15.3.1 단일 단계 방법

현재의 점프 인스트럭션에서 점프할 목적지 주소가 인스트럭션 아래쪽에 있는 경우를 살펴보자.

단일 단계에서는 **준비 테이블**과 **레이블 테이블**을 사용한다. 점프할 목적지 주소가 인스트럭션 아래쪽에 있기 때문에 아직은 목적지 주소를 알 수 없다. 그러므로 점프 인스트럭션은 아직은 완전하지 않다. **?**는 점프할 목적지 주소이다.

1016 **jmp ?**

코드 생성기는 중간 코드를 읽어가면서 레이블을 만날 때 마다 레이블 주소를 **레이블 테이블**에 넣는다. 중간 코드를 마지막 까지 모두 읽으면 레이블이 있는 중간 코드도 변환되고 레이블 주소도 모두 저장된다. 그리고 **준비 테이블**에서 점프 인스트럭션을 검색하여 점프할 레이블을 레이블 테이블에서 찾는다. 그러면 레이블에 해당하는 주소를 점프 인스트럭션의 주소 영역에 넣는다. 이와 같이 모든 레이블에 대해 해당 주소를 찾아 넣는다.

그림 15.8은 이런 과정을 나타낸다.

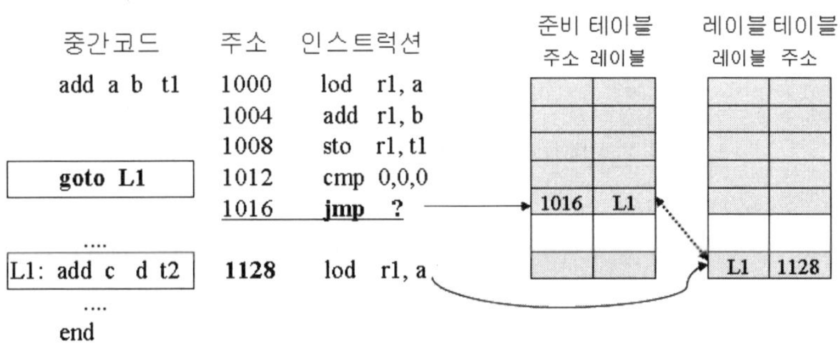

(a) 준비 테이블과 레이블 테이블에 의한 점프 주소 계산

```
주소    인스트럭션
1000    lod  r1, a
1004    add  r1, b
1008    sto  r1, t1
1012    cmp  0,0,0
1016    jmp  1128
        ....
1128    lod  r1, a
        ....
        hlt
```

(b) 완전하게 번역된 인스트럭션

그림 15.8 단일 단계에 의한 점프할 주소 계산과 점프 인스트럭션생성

그림 15.8의 중간코드 goto L1에서 레이블 L1을 아직 알 수 없기 때문에 jmp의 위치인 1016 번지를 준비 테이블에 넣는다. 중간 코드에서 탐색된 레이블 L1을 레이블 테이블에 주소 1128과 함께 넣는다. 레이블 L1에 해당하는 목적지 주소 1128을 아직 모르기 때문이다. 그러므로 다시 준비 테이블을 검색하여 레이블 L1에 해당하는 주소를 레이블 테이블에서 탐색한다. L1에 해당하는 주소 1128를 가져와서 1016 주소에 있는 인스트럭션 jmp ?의 목적지 주소 영역 ?에 넣는다. 그러면 (b)와 같은 인스트럭션을 생성한다.

15.3.2 두 단계 방법

두 단계에서는 준비 테이블을 사용하지 않는다. 첫 단계에서는 레이블 테이블만 만들고 각 레이블에 대한 메모리 주소만 저장한다. 두 번째 단계에서 goto를 만나는 시점에서 그 목적지 레이블을 주소가 있는 테이블 안에 넣는다. 그리고 인스트럭션 목적지 주소 영역에 해당 주소를 넣는다.

그림 15.9는 두 단계 방법이다.

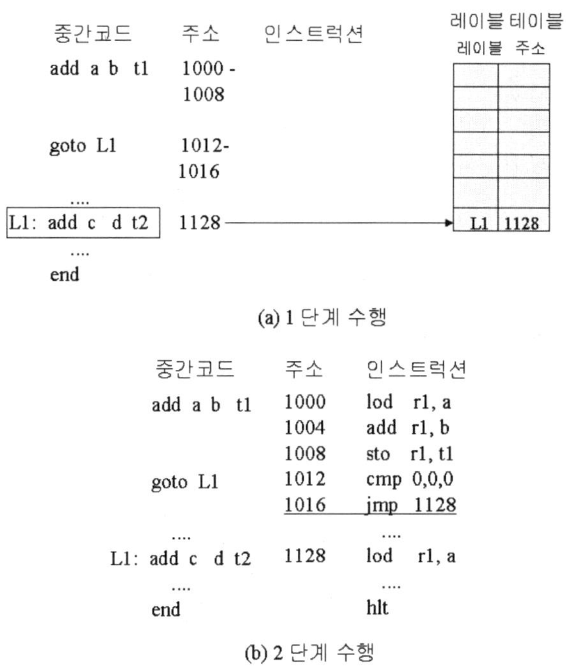

그림 15.9 두 단계 방법을 사용하는 점프 인스트럭션생성

단일 단계 방법의 코드 생성은 파서의 일부로도 구현할 수 있다. 즉, 파서가 중간 코드를 생성하면서 동시에 코드 생성기를 호출하여 중간 코드에 해당하는 기계어 코드로 변환한다.

실습 15.2

아래는 고급 언어의 while문 일부이다.

```
while (k <= x) {
    x = x + 2;
    k= i * 3;
  }
```

아래는 위 문장에 대한 중간 코드이다.

```
L1: comp  k  x ,  le, L2
   goto  L3
L2: add  x  2  x
   mul  k  3 k
   goto L1
L3:
```

각 인스트럭션이 4-바이트를 차지한다고 가정하고, 단일 단계 방법으로 중간 코드를 기계어 코드로 변환해 보자. 이 때 준비 테이블과 레이블 테이블의 내용은 아래와 같다.

중간 코드	위치 인스트럭션	준비 테이블	레이블 테이블
		위치 레이블	레이블 값
L1:	1000 lod r1, k	1008 L2	
test k x , le L2	1004 cmp r1, x, 4		L1 1000
	1008 jmp 1020	1016 L3	
	1012 cmp 0, 0, 0		
goto L3	1016 jmp 1052		
L2:	1020 lod r1, x		
add x 2 x	1024 add r1, 2		L2 1020
	1028 sto r1, x		
	1032 lod r1, k		
mul k 3 k	1036 mul r1, 3		
	1040 sto r1, k		
	1044 cmp 0, 0, 0		
goto L1	1048 jmp 1000		
L3:	.....		L3 1052
.....			

또한 두 단계 방법으로 변환하면 아래와 같다.

1 단계 수행

중간 코드	위치 인스트럭션	레이블 테이블 레이블 값
L1:		L1 1000
test k x , le L2	1000 − 1004	
goto L3	1008 − 1012	
L2:		L2 1020
add x 2 x	1020 − 1028	
mul k 3 k	1032 − 1040	
goto L1	1044 − 1048	
L3:		L3 1052
.....	.....	

2 단계 수행

중간 코드	위치 인스트럭션
L1:	
test k x , le L2	1000 lod r1, k
	1004 cmp r1, x, 4
	1008 jmp 1020
goto L3	1012 cmp 0, 0, 0
	1016 jmp 1052
L2:	
add x 2 x	1020 lod r1, x
	1024 add r1, 2
	1028 sto r1, x
mul k 3 k	1032 lod r1, k
	1036 mul r1, 3
	1040 sto r1, k
goto L1	1044 cmp 0, 0, 0
	1048 jmp 1000
L3:	
.....	.....

실습 2.1

실습 15.3 아래 고급 언어 문장의 중간 코드를 생성하고 기계어 코드로 변환하시오.

```
if (k <= x)
  if (k == 10)
   {
    x = x + 2;
    k= i * 3;
   }
   else k= i / 2;
```

실습 2.1

실습 15.4 아래 프로그래밍 언어의 문장이 있다. 기계어 코드로 변환하시오.

```
for (k = a; k <= b + c; k++)
      b = b / 2;
```

이 문장에서 생성한 중간 코드는 아래와 같다.

```
   mov  a , k
   add  b c t1
   mov  t1 , t2
L1:
   comp k t2 , le L2
   div  b 2 t3
   mov  t3 , b
   add  1 k k
   goto L1
L2:
```

실습문제

1 아래 문장의 중간 코드를 생성하시오.

```
for (k = 1; k <= 100; k++)
        a =  a + b * k;
```

2 문항 1에서 생성한 중간 코드를 보고 물음에 답하시오.

(1) 단일 단계 방법으로 기계어 코드로 변환하시오. 이때 준비 테이블과 레이블 테이블을 보이시오.

(2) 두 단계 방법으로 기계어 코드를 생성하시오.

3 아래는 어떤 문장의 중간 코드인지 고급 언어의 문장을 쓰시오.

```
   sub   b 33 t1
   mul   t1 2 t2
   comp  a  t2 , eq L1
   goto  L2
L1:
   sub  b 33 t3
   mul  t3 2 t4
   mov  t4 , a
   goto  L3
L2:
   add  x y t5
   mov  t5 , a
L3:
```

4 아래 문장에 대한 물음에 답하시오.

```
if (a == b * 2 ) a = (b − 5) / 2
        else  if ( a > b * 2 ) a = (b − 5) * 2
                else a = (b − 5);
```

(1) 중간 코드를 생성하시오.

(2) 단일 단계 방법으로 생성한 중간 코드를 기계어 코드로 변환하시오. 레이블 테이블과 준비 테이블의 내용을 보이시오.

5 중간 코드 goto L의 인스트럭션를 생성하는데 어려운 점을 설명하시오.

6 점프 인스트럭션을 생성하는 단일 단계와 두 단계 방법 각각의 장점과 문제점을 설명하시오.

15.4 레지스터 할당

오늘날 컴퓨터는 처리기가 여러 개가 있을 수 있으며, 레지스터도 많으며 여러 용도로 활용한다. 그러므로 인스트럭션를 생성하려면 용도에 알맞은 레지스터를 할당하는 것도 중요하다. 예를 들어, 어떤 컴퓨터는 누산기라는 산술 레지스터 하나만 사용하여 모든 산술 연산을 수행하고, 어떤 컴퓨터는 레지스터 16개를 사용하고, 어떤 컴퓨터는 500여개의 레지스터를 사용한다.

레지스터 할당이란 코드 생성 과정에서 프로그램의 변수나 수행하고자 하는 일을 할당하는 과정에서 레지스터의 사용을 최대화하면서 메모리 참조를 최소화하는 것이 목적이다. 실행 중에 처리기에 있는 레지스터를 사용하면 메모리를 참조하는 것보다 시간적으로 절약되기 때문이다. 그러므로 코드 생성 과정에서는 레지스터가 무슨 일에 사용되는지, 재사용할 것인지 등의 정보를 관리하는 것도 중요하다.

이와 같이 코드 생성 과정에서 레지스터를 효율적으로 할당하면 인스트럭션수를 감소할 뿐만 아니라, 메모리를 참조하는 횟수를 줄이기 때문에 프로그램의 수행 시간을 줄일 수 있다. 예를 들어 반복적으로 사용하는 피연산자를 레지스터 안에 할당하면, 처리기는 그 피연산자를 사용하기 위해 메모리를 다시 참조할 필요가 없다. 또한 수식 계산에서 이미 계산한 중간 값을 레지스터에 저장하고, 다시 사용하면 되므로 또 다시 계산할 필요도 없다.

인스트럭션의 수를 감소하는 것은 프로그램의 실행 속도에 영향을 주기 때문에 레지스터 할당 기법은 중요하다. 이와 같이 인스트럭션의 수를 줄인 컴퓨터 구조를 **인스트럭션 축약** 컴퓨터 구조라 한다. 인스트럭션을 모두 생성한 후에는 코드를 최적화하는데, 이 코드 최적화 과정에서도 레지스터 할당은 중요하게 다루어진다.

아래와 같은 프로그램의 일부를 레지스터 한 개를 사용할 때와 두 개를 사용할 때의 전체 인스트럭션의 길이를 비교해 보자. 여기에서 레지스터 수와 할당 기법에 따라 인스트럭션의 수에 많은 영향을 준다는 것을 알 수 있다.

```
A = B * ( C + D )
B = A - ( C + D )
```

우선 레지스터를 한 개 사용한 경우의 인스트럭션 수이다.

```
lod r1, C
add r1, D
sto r1, t1
lod r1, B
mul r1, t1
sto r1, A
lod r1, C
add r1, D
sto r1, t2
lod r1, A
sub r1, t2
sto r1, B
```

아래는 레지스터를 두 개 사용한 경우의 인스트럭션 수이다.

```
lod r1, C
add r1, D
lod r2, B
mul r2, r1
sto r2, A
sub r2, r1
sto r2, B
```

위에서 알 수 있듯이 레지스터를 한 개 사용하면 열두 개의 인스트럭션이 생성되고, 피연산자를 사용하기 위해 메모리를 열두 번 참조한다. 그러나 레지스터를 두개 사용하면 인스트럭션은 일곱 개이며 메모리는 다섯 번만 참조한다. 위에서 (C + D)가 **공통 부분수식**이므로 두 번째 문장의 (C + D)를 계산하는 인스트럭션을 또 생성하고 반복으로 실행하는 것은 수행 시간을 낭비하는 것이다. 그러므로 첫 번째 문장에서 이미 실행한 (C + D)는 레지스터 r1에 저장하고, r2에 있는 다른 변수 값과 연산하는 방법으로 (C + D)를 반복하여 연산하지 않도록 한다.

실습문제

1 아래 각 수식을 레지스터 한 개, 두 개, 세 개 사용하는 각 경우에 따라 인스트럭션으로 변환하시오.

(1) a * (b + c) − d

(2) a + (b + (c + (d + e)))

(3) (a − b) * (c − d) + (a − b) * (c − d)

(4) a * (b + c) + (d − (e + f)) + g − h * I

2 문항 1의 각 수식을 레지스터는 하나도 사용하지 않고 인스트럭션으로 변환하시오.

3 위의 문항 1, 2에서 생성한 인스트럭션을 보고 인스트럭션 전체(프로그램)의 길이를 비교하시오.

4 위의 문항 3에서 레지스터의 수와 인스트럭션 길이의 관계를 관찰하고 분석하시오.

제16장
코드 최적화

코드 최적화

코드 최적화는 컴파일러의 여러 단계를 거쳐 생성한 중간 코드를 분석하여 실행시간이나 메모리 공간을 줄이도록 코드를 개선하는 작업이다. 그러므로 실행 시간을 줄일 것인지 메모리 공간을 줄일 것인지에 따라 여러 기법이 사용된다. 어떤 기법은 실행 시간을 줄여서 프로그램 속도를 향상시키고, 어떤 기법은 메모리 공간을 줄인다. 즉, **최적화 기술**이란 프로그램의 목적 코드를 개선하여 실행 속도를 증가시킨다. 이 기술은 임베디드 시스템이나 모바일 시스템의 성능을 증가시키기 위해 메모리 공간을 줄이거나 실행 속도를 개선하여 성능을 극대화한다. 오늘날 컴파일러는 다양한 시스템에 적용하고, 시스템 특성에 따라 코드를 최적화하는 것을 중요하게 여긴다.

일반적으로 최적화 기법에는 전역 최적화와 지역 최적화가 있는데, 그림 16.1과 같이 파싱 단계 다음에서 이루어진다. **전역 최적화**는 프로그램 코드의 큰 블록이나 블록 사이의 최적화로 파서에서 출력한 중간 코드에 대해 수행한다. 반면에 **지역 최적화**는 블록 안에서의 최적화로 생성된 기계어 인스트럭션에 대해 수행한다.

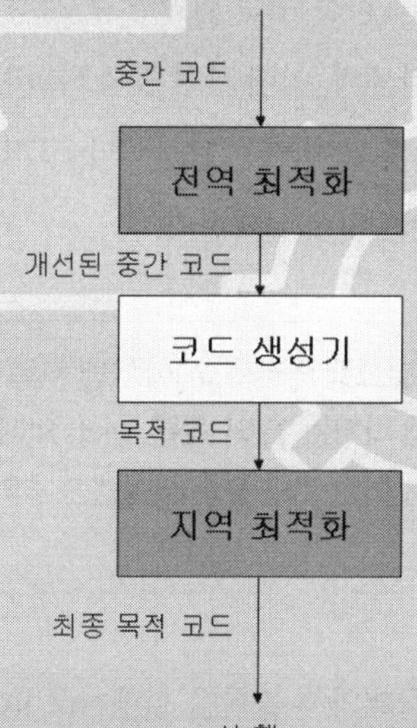

그림 16.1 컴파일러의 최적화 위치

이 장에서는 컴파일러에서 프로그램 코드를 여러 기법으로 최적화하는 개념과 방법을 살펴본다.

16.1 기본 블록과 제어 흐름 그래프

프로그램을 최적화하려면 프로그램이 실행하는 순서를 파악하는 것이 필요하다. 즉, 프로그램에서 **제어의 흐름**을 파악하여 흐름에 방해되거나 불필요한 요소를 제거하는 것이 최적화의 기본 원리이다. 이 절에서는 프로그램에서 제어의 흐름을 파악하는 원리를 살펴보자.

먼저, 프로그램을 최적화하기 위해 프로그램을 제어의 흐름에 따라 특정 부분으로 그룹화한다. 이렇게 하여 제어의 흐름에 따라 분류된 그룹과 그룹 사이를 먼저 최적화하고, 다시 그룹별로 그룹 안에서 최적화를 수행한다.

정의 16.1

제어 흐름은 아래와 같이 정의한다. 프로그램 P는 순서가 있는 두 개의 대상 S와 F로 구성되고 $P = (S, F)$로 표현한다. 여기서 S는 프로그램 문장의 집합 $S = \{s_1, s_2, s_3, \ldots, s_n\}$이고, F는 실행 순서의 집합 $F = \{f_1, f_2, f_3, \ldots, f_n\}$이다. 여러 문장과 실행 순서의 집합으로 구성되는 프로그램에서 두 문장 사이에서 실행 순서가 존재하면 **제어 흐름**이 있다고 한다. 즉, 제어 흐름은 실행 순서의 연속이다.

제어의 흐름은 문장의 집합 S에 속하는 부분 집합인 두 개의 원소 $s, t \in S$ 에 대해 한 개의 실행 순서인 $f = \{s, t\}$를 집합으로 나타낸다. 이때 간선 중의 하나인 f는 실행 순서의 한 원소이며, s와 t는 각각 실행 순서의 서로 다른 쪽 끝에 있는 문장이다. 그러므로 $F \in S \times S$이다. 만약 $F = S \times S$이면 프로그램 안의 **모든 문장을 완전하게** 실행한다.

정의 16.2

기본 블록 ⊙은 프로그램 $P = (S, F)$에서 맨 처음 코드로 **들어오는 제어 흐름** f(in)과 맨 마지막 코드에서 **나가는 제어 흐름** f(out) 외에는 들어오는 다른 제어 흐름이 없는 **코드 블록**이다. 즉, 어떤 코드 블록을 실행한 후의 f(out)은 다음 실행할 코드 블록의 f(in)이 된다.

기본 블록은 제어 흐름 f(in)이 들어와서 블록을 실행하고 f(out)로 나가는 코드 블록으로, 다른 흐름은 존재하지 않기 때문에 f(in)과 f(out) 사이에서만 제어가 순차적으로 흐른다. 즉, 기본 블록은 단순 문장이거나 복합 문장으로 더 이상 쪼갤 수 없는 단위이다. 기본 블록은 f(in)와 f(out) 사이에서 점프 인스트럭션에 의해 기본 블록 안으로 들어 올 수 없다는 의미이다. 그러므로 새로운 기본 블록은 코드 블록과 코드 블록 사이에서 **제어의 변화가 발생할 때 생성**될 수 있다.

예를 들어, 여러 제어 흐름이 있는 혼합된 아래 프로그램 구조를 살펴보자. 맨 위 두 개의 할당문은 순차적으로 실행하는 제어 흐름이 있다. 조건문 if 구조 안의 제어 흐름으로 while 구조와 else 이하의 할당문 두 개가 있다. 또한 while 구조는 할당문 두 개를 반복 실행하는 제어 흐름이 있다. 맨 마지막 할당문 한 개로 제어 흐름이 있다.

```
a = k + (f − 100) + t;
c = a + (f * 100) / 56.7;
if (a == b )
     {
      while (b > 100)
        {
         a = k + 100;
         b = a - b + c;
        }
     }
   else {
        a = k − 100;
        k = a / 100;
       }
t = a − k + (f − 100) + r;
```

위에서 언급한 할당문 두 개를 실행한 제어 흐름은 if 구조의 조건 결과인 then 블록과 else 블록은 제어 흐름의 변화가 발생한다. 마찬가지로 while 구조의 몸체 블록도 제어 흐름의 변화가 발생한다. 이와 같이 블록과 블록 사이에서 제어 흐름의 변화가 발생하면 기본 블록으로 쪼갤 수 있다. 이 프로그램은 아래와 같이 여섯 개의 기본 블록 단위 Θ_1, Θ_2, Θ_3, Θ_4, Θ_5, Θ_6로 쪼갤 수 있다.

```
a = k + (f - 100) + t;
c = a + (f * 100) / 56.7;    Θ1
if (a == b )                 Θ2
    {
      while (b > 100)        Θ3
        {
          a = k + 100;
          b = a - b + c;     Θ4
        }
    }
  else {
          a = k - 100;
          k = a / 100;       Θ5
       }
t = a - k + (f - 100) + r;   Θ6
```

그림 16.2는 위 프로그램을 기본 블록(Θ_1, Θ_2, Θ_3, Θ_4, Θ_5, Θ_6)과 제어 흐름(방향이 있는 화살표)을 나타낸다.

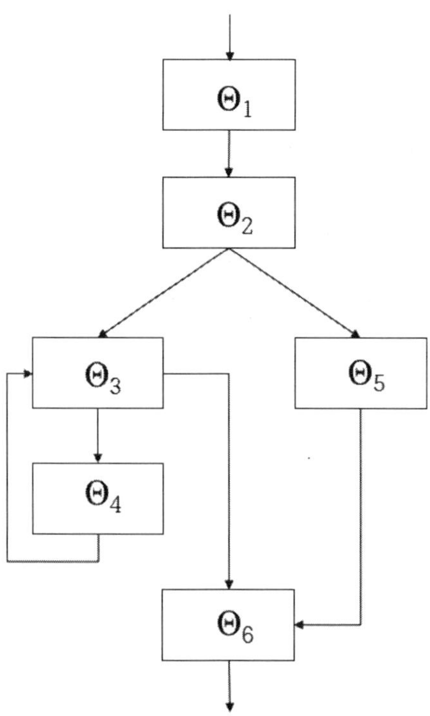

그림 16.2 기본 블록과 제어 흐름 예

이렇게 프로그램을 기본 블록으로 나누려면 프로그램에서 **제어의 흐름이 변하는 부분**을 탐지하여 분리한다. 즉, 프로그램에서 if, while, repeat, case 의 몸체인 복합 문장이나 어떤 복합문을 이루는 여러 개의 문장이 된다. 반면에 단순 문장은 더 이상 분리할 수 없는 구조이다. 기본 블록 안에서는 제어의 흐름이 순차적이지만 블록과 블록 사이에서는 제어가 변하거나 다른 블록으로 제어의 흐름에 영향을 준다.

프로그램에서 기본 블록을 탐지하는 방법은 아래와 같다. 중간 코드에서 정의에 따라 f(in)과 f(out) 외에는 제어 흐름이 없는 코드 블록을 시작하거나 끝내는 문장(혹은 코드)을 발견한다. 기본 블록을 탐지하는 알고리즘은 아래와 같다.

```
/*  Produce Basic Block form intermediate code.  */
/*  Algorithm Making Basic Block.               */
main( );
input: intermediate code sequences;
output: basic block list with intermediate code;
{
 /*  Detect entry code of basic block from code sequence.   */
 if one is detected in follows, it is entry code;
    {
     ① first code of intermediate code.
     ② conditional statement or jump code itself.
     ③ labeled intermediate code by conditional or jump code
    }
 Code sequences from entry code just before next entry code are included in basic block.
}
```

위 알고리즘은 어떤 블록의 **입구 코드**에서 다음 블록의 입구 코드 바로 전까지 코드의 연속을 한 개의 기본 블록으로 한다. 입구 코드에 해당하는 부분은 아래 코드 중 하나로 제어 흐름을 변화시키는 코드이다.

- 함수(혹은 프로시저) 호출 코드
- 호출된 함수의 맨 처음 시작 코드
- 조건에 따라 시작하는 코드
- 점프 코드에 의해 시작하는 위치의 코드
- 예외 처리 호출하는 코드

그리고 기본 블록 마지막에 해당하는 코드는 아래 코드 중 하나이다.

- 조건을 계산하는 코드(실제 구현에서는 별개의 기본 블록으로 취급할 수도 있음)
- 무조건 점프 코드(실제 구현에서는 별개의 기본 블록으로 취급할 수도 있음)
- 함수의 반환 코드
- 예외 처리 반환 코드

어떤 기본 블록을 **전임 블록**이라 하면 제어 흐름을 이어받는 다음 기본 블록을 **후속 블록**이라 한다. 그러므로 전임 블록과 후속 블록 사이에는 제어 흐름에 의해 연결될 수 있다.

이런 기본 블록과 제어 흐름은 여러 유형의 컴퓨터나 임베디드 장치에서 프로그램을 효율적으로 실행하기 위해 코드를 최적화하거나 소프트웨어 공학에서 프로그램을 분석하기 위해 적용할 수 있다. 프로그램을 기본 블록으로 쪼개어 제어 흐름 그래프를 생성한 후에 그래프 이론과 여러 알고리즘을 적용한다. 이때 각 기본 블록은 제어 흐름 그래프의 정점이 된다.

정의 16.3

속성은 프**제어 흐름 그래프**는 프로그램 $P = (S, F)$에서 기본 블록 집합 ⊙와 제어 흐름 집합 F로 구성되는 그래프 $C(\text{fg}) = (\Theta, F)$이다. 그래프 $C(\text{fg}) = (\Theta, F)$에서 기본 블록 ⊙은 그래프의 정점이 되고, 제어 흐름 F는 기본 블록을 연결하는 **방향이 있는 간선**이 된다. 각 간선 $\text{f} = \{\theta_i, \theta_j\}$는 i, j=1, 2,...., n(i≠j)에 대해 아래를 만족한다.

$$\text{f(in)의 수} \geq 1, \text{ 혹은 f(out)의 수} \geq 1$$

여기서 ⊙는 기본 블록 집합 $\Theta = \{\theta_1, \theta_2, \theta_3, ..., \theta_n\}$이고, F는 실행 순서의 집합 $F = \{f_1, f_2, f_3, ..., f_m\}$이다로그램에서 사용하는 자료(객체, 데이터)가 컴퓨터 내부에 표현되는 **형식**을 의미하고, **속성 값**은 생성 규칙과 연관되어 특정 값을 생성하는 **의미의 규칙**이다.

아래 프로그램 문장을 몇 개의 그룹으로 나누어 보자.

k = (a − b) + (c − d)

이 문장을 중간 코드로 변환하면 아래와 같다.

```
sub a, b, t1
sub c, d, t2
add t1, t2, t3
sto t3, , k
```

이 중간 코드는 아래와 같이 여러 그룹으로 분리할 수 있다.

중간 코드1	sub a, b, t1
중간 코드2	sub c, d, t2
중간 코드3	add t1, t2, t3
중간 코드4	sto t3, , k

또 다른 예로, 아래 할당문을 중간 코드로 번역하고 연산자 단위의 제어 흐름 그래프를 구성하면 그림 16.3과 같다.

$$a = (b + c) * (b + c)$$

이 할당문을 변환한 중간 코드는 아래와 같다.

```
add b, c, t1
add b, c, t2
mul t1, t2, t3     /* t1 = t2 * t3 */
sto t3, , a
```

그림 16.3은 위의 할당문을 연산자 단위로 표현한 제어 흐름 그래프로 중간 노드가 연산자이다. 각 연산자가 연산을 수행할 수 있도록 자료(피연산자)가 전달되고, 그 결과는 다른 연산자로 전달된다. 이와 같이 어떤 연산 다음에 수행할 연산과의 순서 관계를 제어 흐름 그래프로 표현할 수 있다.

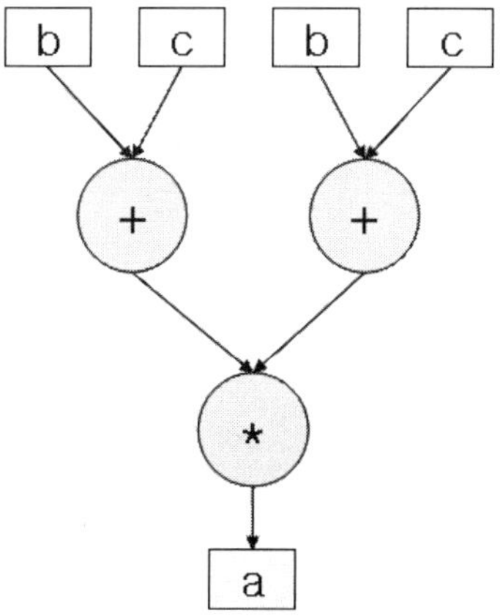

그림 16.3 a = (b + c) * (b + c)의 연산자 단위 제어 흐름 그래프

여기서 살펴보아야 할 것은 공통 부분수식 (b + c)의 중간 코드가 두 개 있다. 이것은 실행 중에 같은 연산을 두 번한다는 의미이므로 시간 낭비를 초래한다. 그러므로 최적화 기법은 이 할당문이 두 번 연산하는 것을 한 번만 연산하도록 줄일 수 있다. 또한 더하기와 곱하기를 모두 수행한 후에 아래와 같이 t1에 저장 한다.

```
mul  t1, t2,  t3
```

그리고 다시 아래와 같이 t1 값을 a로 이동한다.

```
sto  t3,  , a
```

이것은 결과 값을 t1 → t3 → a에 저장하는 실행 순서를 거치기 때문에 쓸데 없고 시간 낭비를 초래한다. 즉, 결과 값을 a에 직접 저장할 수 있기 때문이다. 즉, t1 → t3 부분에 해당하는 중간 코드는 의미가 없다. 그러므로 더하기 중간 코드(add) 하나와 저장(sto) 중간 코드를 제거하고 아래와 같이 최적화할 수 있다.

```
add  b,  c,  t1    /*  t1 = (b + c)   */
mul  t1,  t1, a    /*  a = t1 * t1 = (b + c) * (b + c)  */
```

이와 같이 최적화한 목적 코드는 두 개의 중간 코드를 감소하였기 때문에 실행 속도를 증가할 수 있다. 그림 16.4는 그림 16.3의 제어 흐름 그래프를 최적화한 것이다.

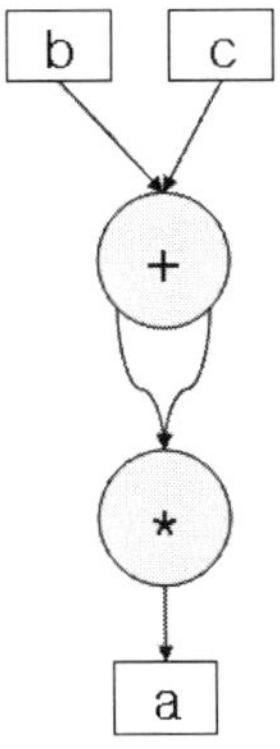

그림 16.4 할당문 a = (b + c) * (b + c)f를 최적화한 제어 흐름 그래프

아래 프로그램 일부를 살펴보자.

```
a = k + (f − 100) + t;
c = a + (f * 100) / 56.7;
if (a == b ) {
    a = k + 100;
    k = a * 100;
    }
  else {
      a = k − 100;
      k = a / 100;
     }
t = a − k + (f − 100) + r;
```

단순 문장은 더 이상 분리할 수 없기 때문에 이 프로그램은 아래와 같이 그룹으로 분리할 수 있다.

블록1	a = k + (f − 100) +t; c = a + (f * 100) / 56.7;
블록2	if (a == b)

블록3	{
	a = k + 100;
	k = a * 100;
	}

블록4	else {
	a = k − 100;
	k = a / 100;
	}

블록5	t = a − k + (f −100) +r;
블록6	....

위에서 보듯이 블록은 단순 문장이나 단순 문장을 여러 개 묶은 복합 문장으로 이루어진다. 이 프로그램에서 제어의 흐름은 블록1, 블록2의 순서로 진행하다가, 블록2의 조건에 따라 블록3(then 부분)이나 블록4(else 부분)로 바뀐다. 그리고 다시 블록5, 블록6의 순서로 진행한다. 즉 다섯 개의 기본 블록으로 분리한다. 그림 16.5는 위 프로그램의 제어 흐름 그래프이다.

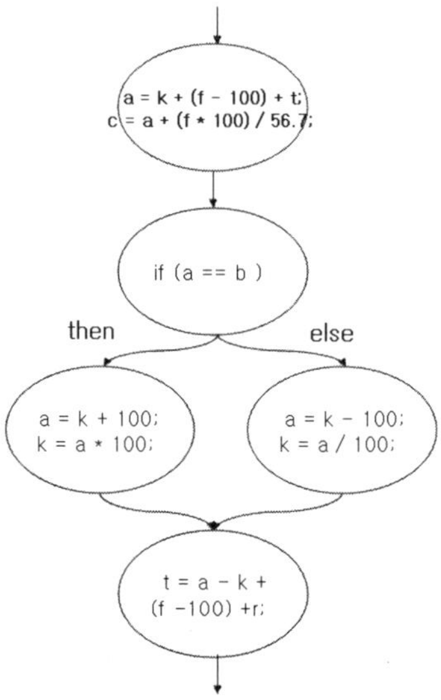

그림 16.5 프로그램의 제어 흐름 그래프 예

그림 16.5의 그래프는 **사이클 없는 방향 그래프**이며, 그림 16.6과 같이 기본 블록으로 다시 나타낼 수 있다. 그림 16.6과 같이 사이클이 없는 방향 그래프는 프로그램의 제어 흐름에 따라 기본 블록과 기본 블록을 방향이 있는 간선으로 연결하고, 어떤 기본 블록에서 그 블록으로 다시 돌아오는 경로가 없다.

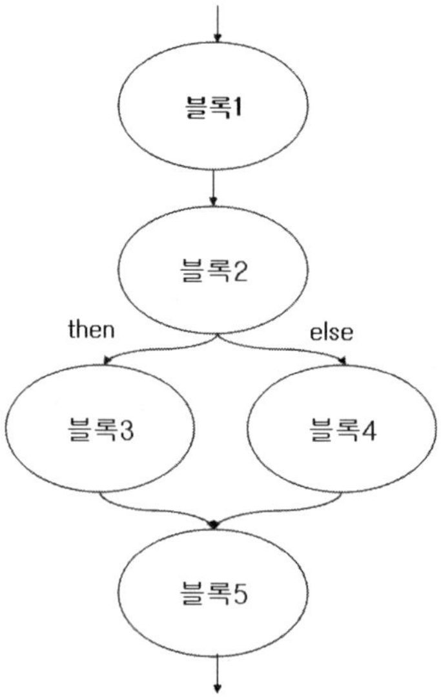

그림 16.6 사이클이 없고 방향이 있는 기본 블록의 제어 흐름 그래프

사이클이 없는 방향 그래프에 대해 새로운 그래프인 최적화 그래프를 정의하자.

정의 16.4

> **제어 흐름 최적화 그래프**는 프로그램의 제어 흐름 그래프 $C(fg) = (\Theta, F)$에서 기본 블록의 실행 순서에 영향이 없도록 간선의 수를 줄여서 최소화하고, 사이클이 없는 방향 그래프 $C(fog) = (\Theta', F')$이다. 여기서 Θ' 와 F' 는 아래를 만족한다.
>
> Θ'의 수 ≤ Θ의 수, 혹은 F'의 수 ≤ F의 수
>
> $C(fog) = (\Theta', F')$에서 새로운 기본 블록 집합 $\Theta' = \{\theta_1', \theta_2', \theta_3', ..., \theta_n'\}$은 새로운 정점이 되고, 새로운 제어 흐름 $F' = \{f_1', f_2', f_3', ..., f_m'\}$는 새로운 간선이 된다.

이와 같이 제어 흐름 그래프는 프로그램 제어 흐름을 표현할 뿐 아니라, 필요에 따라 기본 블록을 합치거나 분리하여 코드를 최적화할 수 있다. 프로그램에서 제어 흐름 최적화 그래프 $C(fog)$를 생성하기 위해 기본 블록과 기본 블록 사이에서 최적화 기법을 적용한다.

그러나 조건문이 들어있는 프로그램에서 반복을 위한 **레이블**이나 **점프** 인스트럭션이 있으면 최적화하기 쉽지 않다. 즉, 그림 16.5의 목적 코드에서 점프를 위한 레이블과 점프 인스트럭션이 있어서 실행하는 동안 조건에 따라 분지 점프가 어디로 일어날지 모르기 때문이다. 그러므로 then이나 else 이하의 할당문 인스트럭션에서 결과를 변수 a나 k에 저장할 수 없다.

조건이 있는 프로그램은 제어의 흐름에 방해가 없는 최소 단위의 블록으로 분리하는 것이 좋다. 이 최소 단위의 블록이 바로 최적화 기술에 영향을 미치는 것이므로 이 블록 단위에는 레이블이나 점프 인스트럭션이 없도록 한다. 그림 1654의 각 블록에는 레이블이나 점프 인스트럭션이 없다.

지금부터 간단한 산술 수식과 할당문의 제어 흐름 최적화 그래프를 만들어 보자. 이진 연산자가 있는 할당문의 산술수식을 표현하는 중간 코드에 아래 알고리즘을 적용한다.

```
/*  제어 흐름 최적화 그래프－Control Flow Optimization Graph  */
Algorithm Making C(fog)( );
input: intermediate code, initialized C(fog);
output: optimized C(fog);
{
  Step1: get(one intermediate code);
  Step2: if (operator and operand in C(fog) already)
           then
             Add result label to parent label list;
```

```
        goto Step1;
      else
        Allocate new node for each operand NOT in C(fog);
        and allocate node for operator, give name to this node;
  Step3: Connect operator node and two operands node with directed edge;
     At this time, consider operator precedence(left or right operand);
  Step4: Repeat from Step1;
}
```

위 알고리즘을 살펴보자. 일단 중간 코드 한 개를 가져와서 이미 만들어진 제어 흐름 최적화 그래프에 있는지 살펴본다. 있으면 이 중간 코드의 레이블을 부모 레이블 리스트에 추가하고 다음 중간 코드를 가져온다. 없으면 피연산자 각각에 대해 노드를 새로 만든다. 또한 연산자에 대해서도 노드를 새로 만들고 이 노드에 이름을 붙인다. 계속하여, 이 연산자 노드에 이미 만든 피연산자 노드를 연산자 우선순위에 따라 방향이 있는 간선으로 연결한다. 다음 중간 코드를 가져와서 같은 일을 반복한다.

산술수식 (a + b) + (a + b) + (a + b)의 제어 흐름 최적화 그래프를 구성해 본다.

이 수식을 번역한 중간 코드는 아래와 같으며, 연산을 여러 번 하는 공통 수식이 있기 때문에 최적화할 필요가 있다.

```
add a, b, t1      /* t1 = (a + b) */
add a, b, t2      /* t1 = (a + b) */
add t1, t2, t3
add a, b, t4      /* t1 = (a + b) */
add t3, t4, t5
```

전체적으로 살펴보면, 이 중간 코드에서는 공통 수식 (a + b)가 세 번 나오는데 , 각 코드 별로 연산 결과를 t1, t2, t4에 저장한다. 실행을 마치면 이 세 개의 중간 코드는 노드 이름 t1.2.4로 *C*(fog)에 최종으로 결합한다. 그리고 피연산자로 t1, t2, t4를 사용하는 중간 코드는 t1.2.4를 가리키도록 한다.

위 중간 코드에 대해 제어 흐름 최적화 그래프(*C*(fog))를 구성하는 과정은 그림 16.7과 같으며 아래 단계를 수행한다.

단계1: (add a, b, t1)에 대해, (a)와 같이 노드 t1을 구성한다.

단계2: (add a, b, t2)에 대해, (b)와 같이 노드 t2를 구성한다.

단계3: 이미 구성한 (a)의 노드 t1을 사용하고 노드 이름을 t1.2로 붙인다.

단계4: (add t1, t2, t3)에 대해, 이미 구성된 노드 t1.2에 (c)와 같이 결합한다.

단계5: (add a, b, t4)에 대해, 이미 구성된 노드 t1.2 이름을 (d)와 같이 t1.2.4로 붙인다.

단계6: (add t3, t4, t5)를 구성하여 (c)와 (d)에 결합하여 (e)와 같이 구성한다.

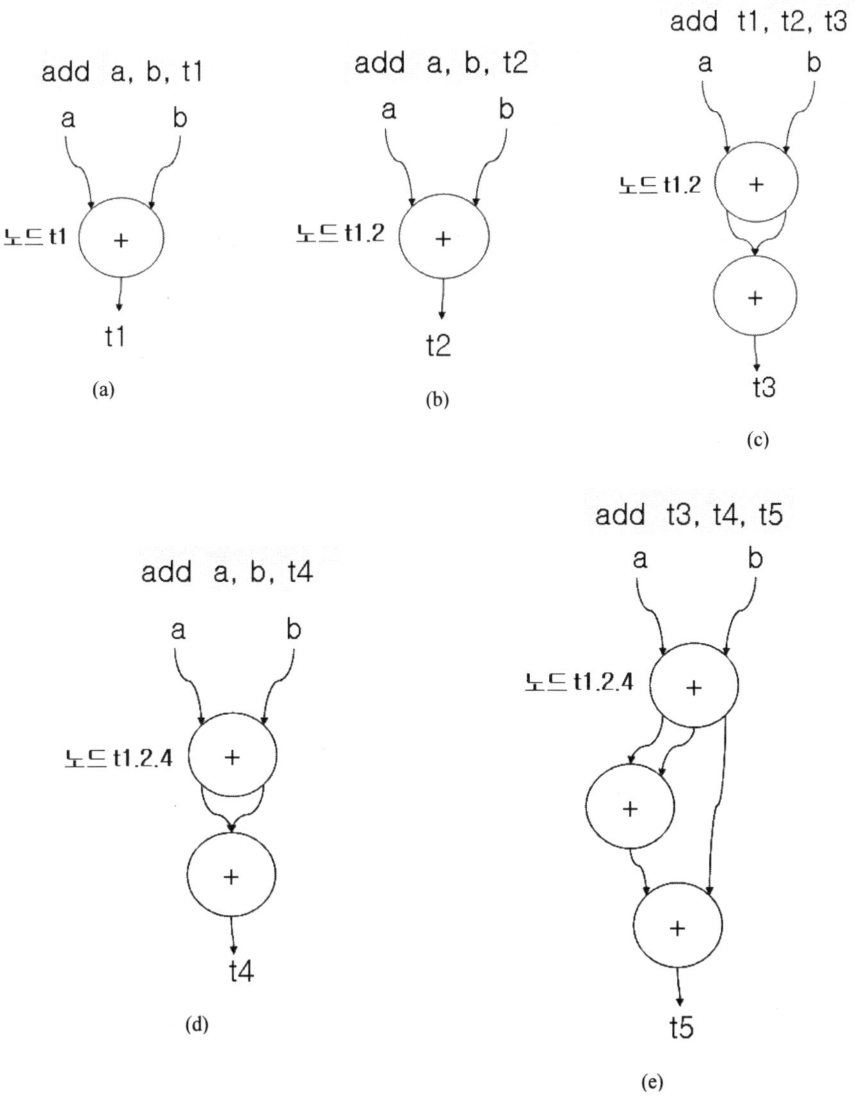

그림 16.7 산술수식 (a + b) + (a + b) + (a + b)의 *C*(fog) 구성

그림 16.7에서 보듯이 처음 다섯 개의 중간 코드가 세 개의 중간 코드로 줄었기 때문에 목적 프로그램의 공간이 절약되었고 그 결과로 실행 속도도 증가한다. 단항 연산자인 경우는 피연산자가 하나만 있으므로 제어 흐름 최적화 그래프에서도 나가는 방향의 간선은 하나만 있다.

또 다른 예로 수식 a * b + c + d * (a * b) / c 에 대한 제어 흐름 최적화 그래프를 구성하여 중간 코드를 최적화하여 보자. 아래는 파서에서 생성된 중간 코드이다.

```
mul a, b, t1
add t1, c, t2
mul a, b, t3
mul d, t3, t4
div t4, c, t5
add t2, t5, t6
```

위의 중가코드에 대한 제어 흐름 최적화 그래프를 구성하면 그림 16.8과 같고 코드는 아래와 같다.

```
mul a, b, t1.3
mul d, t1.3, t4
div t4, c, t5
add t1.3, c, t2
add t2, t5, t6
```

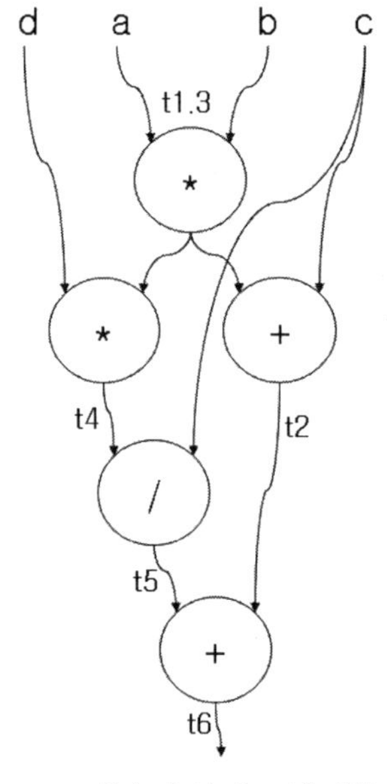

그림 16.8 수식 a * b + c + d * (a * b) / c 에 대한 제어 흐름 최적화 그래프

실습문제

1 프로그램에서 기본 블록을 설명하시오.

2 프로그램에서 제어 흐름을 설명하시오.

3 프로그램에서 자료 흐름을 설명하시오.

4 프로그램에서 순차적인 제어 흐름과 비순차적인 제어 흐름을 설명하시오.

5 아래 프로그램 문장을 연산자 실행 단위로 분리하시오.

$$x = (a * b) + (c - d) + 9 + (a - 4)$$

6 아래 프로그램 문장을 연산자에 대한 제어 흐름 그래프로 나타내시오.

$$x = (a + b + c) - d + 9 + (a * 4)$$

7 아래 프로그램 문장을 연산자에 대한 자료 흐름 그래프로 나타내시오.

$$x = (a + b\ ) * (a + c) - d + h$$

8 아래 프로그램 일부를 기본 블록으로 분리하시오.

```
a = k + f
b = -100 * t + a;
c = a + f
d = c * 100 / a;
if (a == c ) {
    a = a + 100 + k;
    k = a - d;
    }
   else {
      a = k - 100 + y;
```

```
        k = a / c + d;
    }
t = a − k
r = f − 100 + (a + r);
```

9 문항 7의 분리한 블록을 제어의 흐름에 따라 그래프로 표현하시오.

10 산술수식 (a + b) * (c + d) * (e + f)의 제어 흐름 최적화 그래프를 구성하시오.

16.2 전역 코드 최적화

이 절에서는 지금까지 살펴본 기본 블록으로 구성한 제어 흐름 최적화 그래프를 바탕으로 몇 개의 전역 코드 최적화 기법을 살펴본다.

정의 16.5

정의와 **사용**은 프로그램 $P = (S, F)$의 문장 집합 S에 대해 어떤 문장 s의 실행 순서가 다른 문장 t 보다 앞선다(s ↠ t로 표기하며 s≠t). $Y = d_1 \otimes d_2 \otimes d_3 \otimes, \ldots, \otimes d_m$와 같은 유형(할당문외 다른 문장도 포함)의 문장이 있으면, 정의는 문장 s에서 왼쪽 Y에 해당하는 자료이고, 사용은 문장 t에서 오른쪽 $d_1, d_2, d_3, \ldots, d_m$에 해당하는 자료이다. ⊗는 임의의 연산자이다.

정의 16.6

자료 흐름은 프로그램 $P = (S, F)$의 문장 집합 S에 대해 어떤 기본 블록 θ_s에서 **정의**된 자료가 θ_s보다 **실행 순서가 뒤인**(θ_s ↠ θ_t) 다른 기본 블록 θ_t에서 **사용**되면, 기본 블록 θ_s와 θ_t 사이에 자료 흐름이 있다($\theta_s \neq \theta_t$). 즉, 자료 흐름은 아래와 같다.

$$f : def(\theta_s) \rightarrow use(\theta_t)$$

여기서 $def(\theta_s) = \{d_1, d_2, d_3, \ldots, d_n\}$로 어떤 기본 블록 θ_s에서 **정의**된 자료 집합이고, $use(\theta_t) = \{d_1, d_2, d_3, \ldots, d_m\}$로 기본 블록 θ_t에서 **사용**된 자료 집합이다.

예를 들어, 아래 문장을 살펴보자.

......
s: a = b + c * d
......
t: y = x * a + c * a
......

문장 s는 문장 t보다 앞서서 실행(s → t)하고, 문장 s에서 정의된 자료 집합은 *def*(s) = {a}이고, 문장 t에서 사용된 자료 집합은 *use*(t) = {x, a, c}이다. 문장 s에서 사용된 자료 집합은 *use*(s) = {b, c, d}이다(앞에서 b, c, d가 정의 되었다고 가정).

마찬가지로, 기본 블록에 대해 아래 예를 볼 수 있다.

기본 블록 θ_1	a = k + f b = −100 * t + a; c = a + f d = c * 100 / a;	$def(\theta_1)$ = {a, b, c, d} $use(\theta_1)$ = {k, f, t, a, c, 100, −100}
기본 블록 θ_2	if (a == c)	$def(\theta_2)$ = { } /* 없음 */ $use(\theta_2)$ = {a, c}
기본 블록 θ_3	a = a + 100 + k; k = a − d;	$def(\theta_3)$ = {a, k} $use(\theta_3)$ = {a, k, d, 100}
기본 블록 θ_4	a = k − 100 + y; k = a / c + d;	$def(\theta_4)$ = {a, k} $use(\theta_4)$ = {k, y, a, c, d, 100}
기본 블록 θ_5	t = a − k r = f − 100 + (a + r);	$def(\theta_5)$ = {t, r} $use(\theta_5)$ = {a, k, f, r, 100}

이와 같이 기본 블록 사이에 θ_s $\theta_t(\theta_s \neq \theta_t)$의 관계가 있으며 $f : def(\theta_s) \rightarrow use(\theta_t)$가 성립하면, 기본 블록 θ_s와 θ_t 사이에 자료 흐름이 있다.

이와 같이 자료의 흐름을 분석하면 프로그램이 자료가 어떻게 사용되는지, 정확히 사용되는지, 불필요한 자료가 있는지 등을 분석할 수 있기 때문에 기계어 코드 실행을 최적화할 수 있다. 자료 흐름은 문장 사이, 기본 블록 사이, 프로시저(함수) 사이에서 존재하기 때문에 전역과 지역적으로 필요한 자료 분석 알고리즘을 수행한다.

자료 흐름 분석은 자료가 프로그램 안에서 정의되고 사용되면서 실행하는 흐름을 파악하는 방법이다. 여기에서는 자료 흐름 분석을 통해 기계어 코드를 최적화하는 여러 방법을 예를 들어 설명하는데 구체적인 알고리즘은 기술하지 않는다.

16.2.1 실행하지 않는 코드 제거

중간 코드에서 제어의 흐름이 도달하지 않아 실행하지 않는 중간 코드가 있으면 그 중간 코드를 제거하는 방법이다. 프로그램 안에서 실행하지 않는 중간 코드를 **도달하지 않는 코드**라 한다. 예를 들어, 아래 중간 코드에서 (1) mul, (2) sub, (3) add는 실행 이전에 무조건 점프(jmp L2)가 있다. 이 jmp L2 코드가 실행하면 무조건 L2로 점프하므로 mul, sub, add는 코드는 결코 실행할 수 없다.

```
    jmp  L2
    mul  a,  b,  t1     ----(1)
    sub  t1,  c,  t2    ----(2)
    add  t2,  d,  t3    ----(3)
L2:     add  a,  c  t4
    ....
```

그러므로 jmp 와 L2 사이에 있는 중간 코드 (1) (2) (3) 세 개는 프로그램 실행에 아무런 의미가 없으므로 목적 코드에서 아래처럼 제거할 수 있다.

```
    jmp
     add  a,  c  t4
    ....
```

16.2.2 죽은 코드 제거

원시 프로그램의 특정 부분이 실행할 필요가 있을 수 있다. 즉, 실행의 의미가 없는 코드를 **죽은 코드**라 하는데 이런 코드를 알아내어 제거한다. 아래 프로그램 일부에서 문장 a = b + c * d; 는 b + c * d를 연산한 결과 값을 변수 a 에 할당한다. 그러나 a 값을 이 문장 아래의 어느 문장에서도

사용되지 않는다(할당문의 오른쪽에 a 가 나타나지 않는다). 그러므로 이 할당문은 연산하는데 시간만 소요할 뿐, 프로그램 내에서 아무런 영향을 미치지 않기 때문에 죽은 코드이며 제거한다.

```
      .....
  {
    a = b + c * d;   /*  결과 값 a는 다른 문장에 영향을 주지 않음.  */
    b = j *  d / i;
    c = c  −  3 + b;
    a = b  −  c + 6;
    printf (b, c);
  }
      ......
```

목적 코드에서 죽은 코드 a = b + c * d;는 아래처럼 제거할 수 있다.

```
      .....
  {
    b = j *  d / i;
    c = c  −  3 + b;
    a = b  −  c + 6;
    printf (b, c);
  }
      ......
```

16.2.3 순환 몸체에서 변하지 않는 코드 이동

자료 흐름 분석을 통하여 순환 몸체에서 특정 부분의 실행 결과가 순환하는 동안 전혀 **변하지 않는 코드**를 탐지한다. 즉, 순환을 반복하더라도 순환 몸체 안에 있는 어느 부분의 실행 결과가 전혀 변하지 않는 코드는 순환 몸체 밖으로 이동한다. 이러한 코드를 탐지하여 순환 밖으로 이동하면 순화 몸체가 반복 실행하는 동안에 같은 연산을 반복하여 시간을 소비할 필요가 없다.

아래 프로그램은 순환 몸체 안에서 제곱근을 구하는 함수(sqrt)를 반복 호출하지만 결과 값은 전혀 변하지 않는다. 이와 같이 변화가 없는 코드는 순환 몸체 밖으로 이동한다.

```
      .....
  for (i = 1; i< 1000; i++) {
```

```
      a = sqrt (x);           /*  순환 동안 결과 값이 변하지 않음  */
      network[i] = i * a + 120;
    }
        .....
```

이 프로그램에서 변수 a 에 할당하는 값은 순환하는 동안 계속 같기 때문에 반복하여 실행할 필요가 없다. 그러므로 순환 몸체 밖에서 한번만 실행하면 그 만큼 속도가 증가한다.

위 프로그램을 아래와 같이 변환하면, a = sqrt(x);는 순환 몸체 밖에서 한 번만 실행하고, 몸체 안에서는 1,000번의 호출과 연산을 하지 않는다.

```
        .....
  a = sqrt (x);
  for (i = 1; i< 1000; i++) {
      network[i] = i * a + 120;
    }
        .....
```

다른 예로 **순환 몸체 안에서 연산 결과 값이 변하지** 않는 경우를 살펴보자.

```
L1:  ....
   comp  SCORE,  le, AVE, L2
   mov   =rAr, GRADE
   jmp   L3
L2: mul   SCORE, SCORE, 0.3
   add   K, K, 0
   jmp   L1
L3:  .....
```

이 프로그램 일부는 순환의 몸체 안에 있는 코드 (add K, K, 0)가 순환하는 동안 K = K + 0으로 계속 0 을 더하지만 K의 값에는 아무런 변화도 없다. 즉, 순환 몸체 안에서 더하기 연산을 계속 수행하므로 시간을 낭비한다. 이와 같은 코드는 순환 몸체 안에 있을 필요가 없기 때문에 최적화 단계에서 순환 몸체 밖으로 이동한다. 그러면 더하기 연산을 순환 횟수만큼 반복하지 않기 때문에 프로그램 전체의 실행 시간을 줄일 수 있다. 위의 프로그램 일부는 아래와 같이 최적화할 수 있다.

```
    ....
    (add  K, K, 0)
L1:  ....
    (comp  SCORE,  le, AVE, L2)
    (mov  =rAr, GRADE)
    (jmp  L3)
L2: (mul  SCORE, SCORE, 0.3)
    (jmp  L1)
L3:  .....
```

전역 최적화의 나머지 기법은 수학적이거나 이 책의 학습 범위를 벗어나므로 필요하면 다른 책을 참조해야 한다.

16.2.4 상수 접기

상수에 대해서는 필요한 경우에 컴파일 시간에 미리 연산함으로써 실행 코드를 생성하지 않는다. 즉, 미리 연산을 했기 때문에 실행 코드가 줄어들어 메모리 공간을 줄이고 실행 속도를 증가시킨다. **상수 접기**는 컴파일 시간에 연산이 가능한 상수를 빨리 탐지하는 것이 중요하다.

아래 프로그램에서 수식 a = 4 * 5;에 대해 컴파일 시간에 4 * 5를 미리 연산하여 결과 20을 변수 a에 할당한다. 그리고 수식 (a + a)에는 a 값의 연산인 40을 미리 할당한다.

```
 .....
{
        a = 4 * 5;          /*  a는 20 이다      */
   b = c * (a + a);         /*  a + a는 40 이다  */
}
 .....
```

이 두 문장을 실행하려면 아래와 같이 여러 개의 중간 코드를 생성하는데 컴파일 동안 상수를 먼저 연산하면 실행 코드는 생성하지 않으므로 실행 시간을 단축할 수 있다.

```
lod =4,  ,  r1
lod =5,  ,  r2
mul r1, r2, t1
```

```
add t1, t1, t2
mul t2, c, t3
sto t3, , b
```

아래는 상수 접기에 의해 변환한 프로그램 일부이다.

```
.....
{
  a = 20;
  b = c * 40;
}
.....
```

이 프로그램의 중간 코드는 아래와 같다.

```
lod =20, , r1
sto r1, , a
mul c, =40, t1
 sto t1, , b
```

16.2.5 강세 감소

실행 도중에 연산 시간이 많이 소요하는 연산자(**강세 연산자**)를 시간이 적게 드는 연산자로 바꾼다(**강세 감소**). 즉, 곱하기보다는 더하기 연산이 시간을 적게 들기 때문에 곱하기 연산자를 더하기 연산자로 바꾼다. 예를 들어, 곱하기 3 * x 는 x + x + x로 변환할 수 있으며 연산 시간도 적게 든다. 지수 연산 x**2(x의 제곱)는 x * x 로 변환할 수 있다.

또한 대부분의 단말기에서는 곱하기와 나누기 연산은 이진수 코드를 이동하여 시간을 감축한다. 즉, 왼쪽으로 비트 한번을 이동하면 2를 곱한 것과 같고, 오른쪽으로 비트 한번을 이동하면 2를 나눈 것과 같다. 예를 들어, 십진수 3(이진수 11_2)는 왼쪽으로 2－비트 이동하면 이진수 1100_2로 십진수 12이다. 마찬가지로 십진수 8(이진수 1000_2)를 오른쪽으로 1－비트 이동하면 이진수 100_2로 십진수 4이다. 이와 같이 **이동 연산** 인스트럭션을 사용함으로서 더 빠르게 연산할 수 있다.

16.2.6 대수적 변환

이외에도 수학적인 기법으로 아래와 같이 교환법칙, 결합법칙, 배분법칙을 사용하여 같은 의미를 가지도록 대수적으로 변환 할 수 있다.

- 더하기 교환법칙: a + b = b + a
- 더하기 결합법칙: (a + b) + c = a + (b + c)
- 더하기에 대한 곱하기 배분법칙: a * (b + c) = a * b + a * c

이러한 **대수적 특성**을 이용하여 아래 두 할당문 수식에서 공통 수식 b + c를 교환법칙으로 바꾸어 연산하거나 필요에 따라 제거할 수 있다.

```
a = b + c;
b = c + d + b;
```

위 두 할당문은 아래와 같이 변환할 수 있다.

```
a = b + c;
b = b + c + d;
```

그러므로 b + c 는 a 로 대치하여 아래와 같이 최적화한다.

```
a  = b + c;
b  = a + d;
```

마찬가지로 곱하기가 있는 수식 a * c + b * c 는 배분법칙으로 (a + b) * c 와 같이 변환할 수 있다.

결과적으로 컴파일러가 코드를 최적화하는 것보다는 프로그램을 작성할 때부터 프로그래밍 언어의 특성을 이해하여 효율적으로 수행하도록 작성하는 것이 좋다.

위에서 살펴본 실행하지 않는 코드 제거, 상수 접기, 강세 감소, 순환 무변화 코드 이동, 죽은 코드 제거 등 여러 최적화 기법을 모두 이용하여 아래 중간 코드를 최적화해 보자.

```
L1:
    tst   a, b, , =10, L2     /*  tst의 초기 조건은 거짓이다  */
    sub   a, =10, a
    mul   x, =20, b
    add   x, y, z
    add   =20, =30, z
```

```
    jmp  L1
    sub  a, b, a
    mul  x, =20, z
L2:     .....
```

이 중간 코드에 적용되는 각 최적화 기법은 아래와 같다.

```
 L1:
    tst   a, b,  , =10, L2
    sub  a, =10, a
    mul  x, =20, b        /* 강세 감소 */
    add  x, y, z          /* 죽은 코드 제거 */
    add  =20, =30, z              /* 상수 접기와 순환 내 무변화 */
    jmp  L1
    sub  a, b, a          /* 이 코드는 실행하지 않는다 */
    mul  x, 2, z              /* 이 코드는 실행하지 않는다 */
L2:     ......
```

최적화한 최종 결과는 아래와 같다.

```
    mov   =50, z
 L1:
    tst   a, b,  , =10, L2
    sub  a,  =10, a
    add   x, x, b
    jmp  L1
    lbl   L2
```

실습문제

1 아래의 각 연산을 수행한 결과에서 반올림하여 소수이하 4자리까지 적으시오. 또 결과를 보고 더하기의 결합 법칙과 관련지어 설명하시오.

(a) (0.8063 + 0.7045) + −0.25330

(b) 0.8063 + (0.7045 + −0.25330)

2 아래 프로그램에서 각 문장에 대해 정의(*def*)와 사용(*use*) 자료를 선택하시오.

```
(a) function P (int  d);
    int a, b, c, d;
    {
        a = a + c + c + c + d;
        b = b + b + b + b + b + b + b;
        d = a + b * d;
    }
```

```
(b) function Q (int d);
    int a, b, c[3], i;
    {
      a = 3;
      b = 6;
      c[i] = a + b * a + b;
      d = a + b * b + a + c[a];
    }
```

3 아래 각 수식에 대한 중간 코드에서 공통 수식을 제거하시오.

(a) (a + c) − b − (a + c)

```
add  a,  c,  t1
sub  t1, b,  t2
add  a,  c,  t3
sub  t2, t3, t4
```

(b) (a − b) * c / ((a − b) * c − d)

```
sub  a,  b,  t1
mul  t1, c,  t2
sub  a,  b,  t3
mul  t3, c,  t4
sub  t4, d,  t5
div  t2, t5, t6
```

(c) ((a − b) + c) / (a − b + c) − (a − b + c)

```
sub  a,  b,  t1
add  t1, c,  t2
sub  a,  b,  t3
add  t3, c,  t4
div  t2, t4, t5
sub  a,  b,  t6
add  t6, c,  t7
sub  t5, t7, t8
```

(d) a / b − c / d − e / f

```
div  a,  b,  t1
div  c,  d,  t2
sub  t1,  t2, t3
div  e,   f,  t4
sub  t3,  t4,  t5
```

4 아래의 각 중간 코드에서 실행하지 않는 코드를 제거하시오.

(a)
```
    sub  a,  b,  t1
L1:
    sub   b,  a, b
    tst   a,  b, , 1, L1
    mul  a,  b,  t3
    jmp  L1
```

(b)
```
    mul   a,  b,  t1
L1:
    add   b,  a,  b
    jmp   L1
    sub    a,  b,  t3
L2:    .......
```

5 아래 프로그램에서 죽은 코드가 있는 문장을 제거하시오. 함수는 인자 d를 통해 호출한 함수에 값을 반환한다.

(a)
```
function P (int  d);
int a, b, c;
{
    a = 25;
    b = 56;
    d = a * b + d
}
```

```
(b) function Q (int d);
  int a, b, c;
  {
    a = 3;
    b = 6;
    c = a + b;
    d = a + b;
    a = b + c  * d;
    b = a + c
  }
```

6 아래 프로그램의 순환 안에서 변화가 없는 코드를 순환 몸체의 밖으로 이동하시오.

(a)
```
for (i = 1; i<100;i++){
  a = x[i] − 3 * a;
  b = i;
  c = sqrt (130 * c)
}
```

(b)
```
for (j = 1; j < 50; j++) {
   a = sqrt (x);
   n = n * 3;
     for (k= 1;k<100; k++){
        y  =  x;
        b[n] = −1;
        b[k] = 0;
     }
}
```

7 아래의 프로그램 일부에서 상수 접기로 최적화하시오.

(a)
```
a = 5 + 6 * 9;
b = b + (a − 5)
```

(b)
```
function P (int  d);
int  a = 64;
int  b = a − 312;
{
   d = a + b − 3;
   d = d / a;
}
```

8 아래의 문장을 강세 감소로 최적화하시오.

(a) a = a**5;

(b) b = 2 * b + 4 * a

9 아래의 각 최적화 기법에서 실행 속도를 증가시키는 것과 메모리 공간을 줄이는 것을 각각 골라서 설명하시오.

(1) 공통 수식 탐지
(2) 실행하지 않는 코드 제거
(3) 죽은 코드 제거
(4) 순환 안의 변화 없는 코드 이동
(5) 상수 접기
(6) 강세 감소

16.3 지역 코드 최적화

지역 코드 최적화는 목적 프로그램에서 중간 코드를 기계어 코드로 변환하는 기법이다. 이 절에서는 최적화 기법으로 로드/저장 최적화, 점프 최적화, 대수적인 최적화, 레지스터 할당 기법을 살펴본다.

16.3.1 로드/저장 최적화

수식 a = s + t − r를 살펴보자. 이 수식은 아래와 같이 중간 코드로 변환할 수 있다.

```
add  s,  t, t1
sub  t1, r, t2
sto  t2,  , a
```

이 중간 코드를 코드 생성기는 아래와 같은 인스트럭션으로 변환한다.

```
lod    r1, s
add    r1, t
sto    r1, t1
lod    r1, t1
sub    r1, r
sto    r1, a
```

여기에서 밑줄 친 세 번째와 네 번째 인스트럭션을 살펴보자. r1을 t1에 저장하였다가 곧바로 t1을 다시 꺼내어 r1에 로드한다. r1에는 이미 값이 있는 것을 메모리에 저장했다가 다시 꺼내는 것은 필요 없는 동작을 수행하는 것이다. 그러므로 여섯 개의 인스트럭션에서 이 두 인스트럭션 lod와 sto를 제거하면 아래와 같이 네 개의 인스트럭션으로 최적화한다.

```
lod    r1, s
add    r1, t
sub    r1, r
sto    r1, a
```

이러한 **로드/저장** 최적화는 컴퓨터나 단말기의 프로세서 구조에 따라 다르다.

16.3.2 점프 최적화

이 기법은 불필요한 점프를 제거하는 것이다. 예를 들어, 아래 문장을 살펴보자.

```
    if( a > b)  a = b;
```

이 문장은 아래 중간 코드로 변환된다.

```
    tst   a, b, , 3, L1
    jmp  L2
L1:
    mov  b, , a
L2:   .....
```

이 중간 코드의 의미는 'a 가 b 보다 큰지 검사하고 참이면(크면) 할당문으로 점프하고 아니면 할당문 밖으로 점프하라' 이다. 그러므로 이 중간 코드는 코드 생성기에서 아래와 같이 변환된다.

```
    lod    r2, a
    cmp   r2, b, 3              /*  r2>b?      */
    jmp    L1
    cmp   0, 0, 0               /*  무조건 점프  */
    jmp    L2
L1:
    lod    r2, b
    sto    r2, a
L2:   .....
```

여기에서 살펴보면 점프 인스트럭션이 두 개씩 필요하지 않다. 즉, 시간이 소비되는 점프 인스트럭션을 제거하여 단순하게 할 수 있다. 위의 테스트 인스트럭션에서 '참값'을 검사하지 말고 '거짓값'을 검사함으로써 인스트럭션의 수를 현저하게 감소할 수 있다.

```
    lod    r2, a
    cmp   r2, b, 4              /*  r2≤b?  */
    jmp    L1
    lod    r2, b
    sto    r2, a
L1:   .....
```

16.3.3 대수적 최적화

이 기법은 기계에 따르는 대수적 변환 기법이다. 아래와 같이 의미가 없는 인스트럭션들은 제거할 수 있다. 즉, 어떤 변수에 1을 곱하는 연산을 하든지, 0을 더하는 연산은 의미가 없다.

```
    mul   r1, 1       /*  1 곱하기 */
    add   r1, 0       /*  0 더하기 */
```

위에서 살펴본 로드/저장, 점프, 대수적 최적화 등의 여러 기법으로 아래의 인스트럭션을 최적화하여 보자.

```
    cmp   r1, a, 2                    /*  r1<a 면 점프  */
    jmp   L1
    cmp   0, 0, 0
    jmp   L2
L1:
    lod   r1, b
    add   r1, c
    sto   r1, t1
    lod   r1, t1
    sub   r1, a
    sto   r1, t2
    lod   r1, t2
    sto   r1, a
    sub   r1, 0
    sto   r1, b
L2:   .....
```

여기에 적용하는 최적화 기법은 아래와 같다.

```
    cmp   r1, a, 2      /*  점프 */
    jmp   L1
    cmp   0, 0, 0
    jmp   L2
L1:   .....
    lod   r1, b
    add   r1, c
```

```
    sto   r1, t1      /* 로드/저장 */
    lod   r1, t1
    sub   r1, a
    sto   r1, t2      /*    로드/저장 */
    lod   r1, t2
    sto   r1, a
    sub   r1, 0       /*    대수적인 변환 */
    sto   r1, b
L2:   ......
```

최적화한 최종 코드는 아래와 같다.

```
    cmp   r1, a, 5          /* r1 ≥a 면 점프 */
    jmp   L2
    lod   r1, b
    add   r1, c
    sub   r1, a
    sto   r1, a
    sto   r1, b
L2:   ........
```

실습문제

1 아래 중간 코드에서 불필요한 로드/저장 인스트럭션을 제거하여 최적화하시오.

```
(a) lod  r3, a
    sub  r3, b
    sto  r3, t1
    lod  r1, t1
    sub  r1, c
    sto  r1, t2
    lod  r3, t2
    sto  r3, d
```

(b)
```
lod  r1, a
lod  r2, c
add  r1, b
add  r2, b
sto  r2, t1
add  r1, c
lod  r2, t1
sto  r1, t2
sto  r2, c
```

2 아래 중간 코드에서 불필요한 점프 인스트럭션에 대해 최적화하시오.

(a)
```
 cmp      r1, a, 5
 jmp      L1
 cmp      0, 0, 0
 jmp      L2
L1:
 subr1, a
L2:   ....
```

(b)
```
L1:
    add   r1, r2
 cmp      r1, r2, 3
    jmp   L2
    cmp   0, 0, 0
    jmp   L1
L2:   ...
```

3 아래 중간 코드에서 지역 최적화 기법을 사용하여 최적화하시오.

```
      cmp    r1, r2, 6          /* r1 ≠ r2 면 점프 */
      jmp    L1
      cmp    0, 0, 0
      jmp    L2
L1:
      lod    r2, a
      add    r2, b
      sto    r2, t1
      lod    r2, t1
      mul    r2, c
      sto    r2, t2
      lod    r2, t2
      sto    r2, d
      sub    r1, 0
      sto    r1, b
L2:   ........
```

제17장
실행 환경 지원

실행 환경 지원

이 장에서는 컴파일러가 번역한 원시 프로그램을 컴퓨터 조직 내에서 올바르게 실행하도록 하는 환경 지원을 살펴본다. 특히 블록 구조 언어의 인자 전달이나 다른 블록에 있는 자료를 올바르게 사용하도록 자료를 연결하는 방법은 매우 중요하다.

17.1 실행 환경

컴파일러가 번역한 기계어 프로그램이 컴퓨터 조직 내에서 실행하려면 환경적으로 중요한 요소가 몇 개 있다. 그리고 이러한 요소를 컴퓨터 조직이 지원해 주어야 한다. 왜냐하면, 프로그램이 지니는 특수한 속성 때문인데, 함수는 별개의 프로그램으로 취급되기 때문에 자료의 흐름이나 사용을 원활하게 해 주어야 한다. 즉, 파스칼이나 C언어 같이 블록 구조 언어에서는 함수를 별개의 프로그램으로 취급하므로 함수와 함수 사이에서 제어와 자료가 올바르게 전달되어야 한다. 그 결과로 전체 프로그램이 올바르게 실행한다. 그러므로 **실행 환경을 지원한다**는 것은 이와 같이 함수 사이에서 제어와 자료가 올바르게 전달하도록 한다.

먼저, 함수는 아래 속성이 있다.

- 함수 정의
- 함수 이름
- 함수 몸체
- 함수 호출
- 호출된 함수
- 형식 인자
- 실인자
- 인자 전달 방식

17.1.1 함수 정의와 값 전달

함수는 프로그램에서 반복하는 부분이나 누구나 같은 방법으로 작성하게 되는 프로그램(sin, cosine 값 구하기 같은)을 여러 번 작성하지 않고 별도로 작성한다. 그리고 전체 프로그램에서 필요할 때 마다 호출하여 사용한다. 이 때 함수 프로그램이 실행할 시점에서는 함수가 실행하도록 제어를 전달하고 동시에 사용할 자료만 전달한다.

그림 17.1은 함수의 개념과 제어의 전달을 나타낸다. 호출하는 프로그램이 실행 중에 함수 프로그램의 실행 부분이 필요한 위치에서 함수를 호출하고 제어를 함수에 전달한다. 그러면 제어를 전달 받은 함수 프로그램은 함수 몸체의 문장을 실행한 후 호출한 프로그램으로 제어를 반환하

여 되돌아간다.

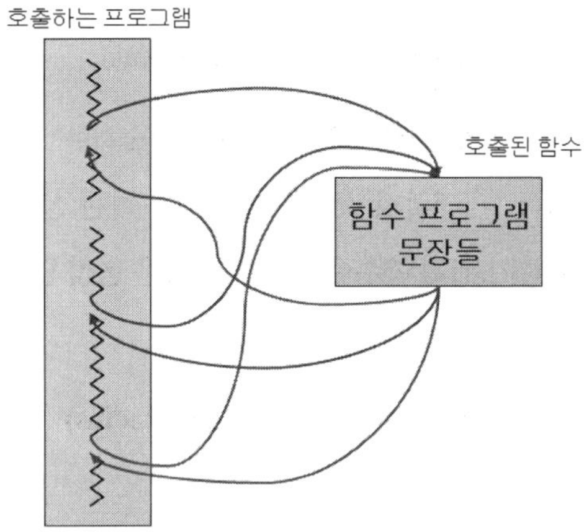

그림 17.1 함수의 개념과 제어의 전달

함수를 구체적으로 기술하면 그림 17.2와 같다.

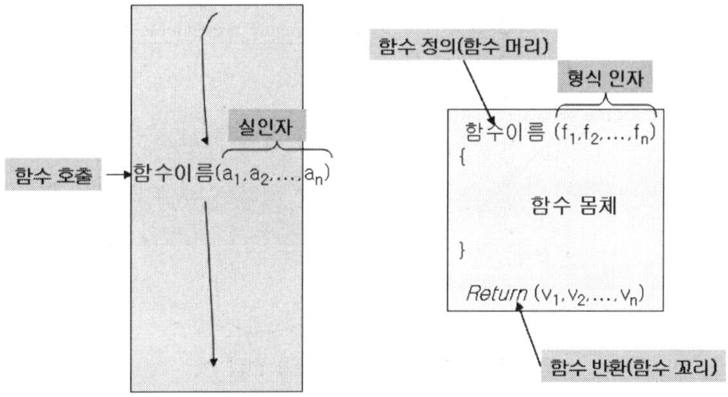

그림 17.2 함수 개념의 구체적인 표현

아래는 반지름 Radius 로 원 면적을 구하는 함수 프로그램 예이다.

```
void compute_area (double Radius)
/* 반지름 Radius 로 원 면적 구하기 */
{
   double Area;
   Area = P I * Radius * Radius;
   cout << "반지름에 대한 원 면적은 = " << Area << endl
}
```

또한, 이 함수를 호출하려면 아래와 같이 호출하는 함수에서 함수 이름과 함수에서 처리할 값을 기술한다.

compute_area (double Radius);

이와 같이 함수를 호출할 때는 **함수 이름**과 **전달할 값**을 기술하는데 compute_area 는 함수이름이고 Radius 는 전달할 값이다. 이 전달할 값은 처리하고자 하는 실제 값을 가지고 있기 때문에 **실인자**라 하고, 이 값을 처리하기 위해 함수에서 받는 이름을 **형식 인자**라 한다. 아래의 Radius는 형식 인자이다.

void compute_area (double Radius)

위에서 double은 인자의 **자료형**이다.

위 함수에서 인자 전달은 그림 17.3과 같이 Radius(double 형: 두 배 정밀도형) 가 전달된다.

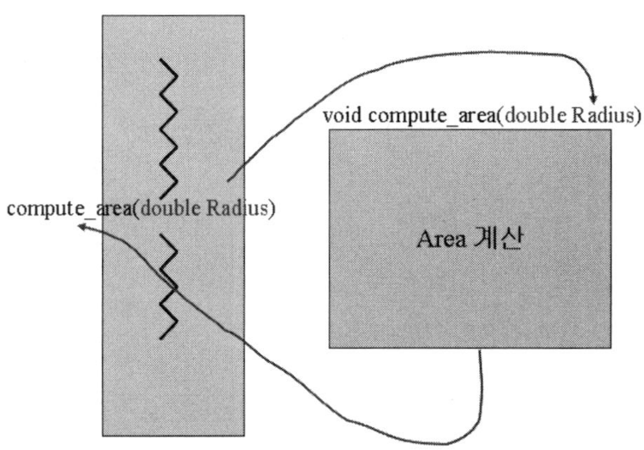

그림 17.3 간단한 값(인자) 전달 예

17.1.2 함수 호출과 반환

함수 호출은 여러 방법으로 이루어진다. 함수를 호출하는 프로그램에서 함수 이름과 인자를 사용하면, 이 위치에서 함수 프로그램으로 제어를 전달한다. 제어가 전달되면 별개의 프로그램인 함수 프로그램이 실행하므로 현재까지 실행하던 프로그램은 상태를 보존하고 호출된 프로그램이 실행한다. 그러므로 함수를 호출하는 과정은 아래 순서로 일어난다. 실행 환경에서는 이 **순서에 따른 의미**를 가지도록 지원해야 한다.

(1) 호출하는 프로그램(혹은 함수)의 현재 실행 상태를 보관한다.

(2) 인자를 전달하는 과정을 수행한다.

(3) 되돌아올 위치(주소)를 저장한다(다음 실행할 문장).

(4) 호출되어 실행할 함수에 제어를 넘긴다.

위의 과정을 수행하면 제어를 넘겨받은 호출된 함수가 실행한다. 실행을 마치면 다시 자신을 호출한 함수로 되돌아가서 실행을 계속한다. 이 때 함수의 결과가 필요한 경우는 함수 실행 결과를 호출한 함수에 전달한다. 함수 실행을 마치고 되돌아가는 과정은 아래 순서로 일어난다.

(1) 인자 값을 호출한 함수에 전달해야 하는 경우는 계산한 인자 값을 실인자에 전달한다.

(2) 계산한 함수 결과 값을 전달해야하는 경우에는 결과 값을 호출한 함수에 전달한다.

(3) 호출한 함수가 보관한 실행 상태를 원래의 상태로 복원한다.

(4) 호출 함수로 제어를 되돌린다(되돌아올 주소를 프로그램 카운터에 넣는다).

실습 17.1

정수형 수 20 개를 입력하고 제일 큰 수와 제일 작은 수를 찾아서 출력하는 프로그램을 작성하시오(임의의 프로그래밍 언어 사용).

실습 17.2

실습 17.1에서 작성한 프로그램을 함수를 이용하여 다시 작성하시오(단, 아래 함수를 반드시 포함한다).

(1) 정수형 수 20개를 입력하는 함수
(2) 제일 큰 수를 찾는 함수
(3) 제일 작은 수를 찾는 함수
(4) 제일 큰 수 혹은 제일 작은 수를 출력하는 함수

17.1.3 인자 전달 방식

실행 환경에서 함수 사이에서 처리하고자 하는 값을 전달하는 과정을 **인자 전달**이라 한다. 이런 인자 전달은 아래와 같이 여러 기법으로 이루어진다.

- 값에 의한 인자 전달
- 참조에 의한 인자 전달
- 복사-저장 인자 전달
- 이름에 의한 인자 전달

각 기법은 프로그래밍 언어의 특징에 따라 다르고 구현 기법도 어렵기 때문에 실제 구현하지 못하는 기법도 있다. 여기에서는 보통 사용하는 프로그래밍 언어에서 주로 취급하는 **값에 의한 인자 전달**과 **참조에 의한 인자 전달**을 살펴보자.

17.1.3.1 값에 의한 인자 전달

값에 의한 인자 전달은 실인자를 먼저 계산한 후, 그 결과를 호출된 함수의 형식 인자에 복사(이동)하는 방법이다. 연산 결과가 형식 인자에 저장되더라도 자신을 **호출한 함수에게 형식 인자의 값은 되돌아가지 않는다.** 함수를 호출한 함수와 호출된 함수 사이에서 **실제로 값이 이동**하거나 **엑세스 패스**를 만든다.

실제로 값이 이동하도록 하면 저장 공간이 필요하고, 값이 실제로 이동하는데 시간이 소요된다. 엑세스 패스를 만들면 호출된 함수에서 쓰기-방지를 해야 하며, 간접 주소 지정 방식을 사용하므로 자료에 접근하는데 시간이 더 든다.

그림 17.4는 값에 의한 인자 전달 방식으로 호출하는 함수에서 다른 함수를 호출한다. 그러면 제어가 호출된 함수로 넘어가고 동시에 실인자 값을 계산한 결과가 호출된 함수의 형식 인자로 전달된다. 그 후 호출된 함수가 수행되고 나면 제어만 다시 호출한 함수로 되돌아오고 형식 인자에 의한 어떤 값도 되돌아오지 않는다. 그러므로 실인자로 사용한 변수 값은 변하지 않으며, 함수를 호출하기 전의 값과 같다.

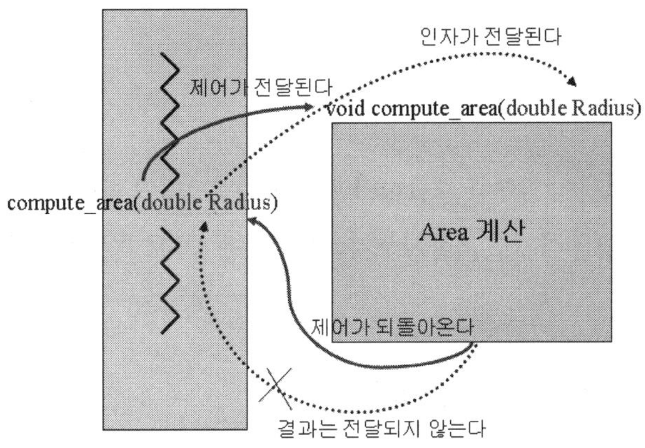

그림 17.4 값에 의한 인자 전달

아래 프로그램에서 값에 의한 인자 전달 방식 예를 살펴보자.

```
#include <stdio.h>
void call_by_value(int k)
{
 k = 5;
 printf("Call_by_Value- k= %d\n", k);
}

int main( )
{
 int k;
 k = 3;
 printf("k= %d\n", k);
 call_by_value(k);
 printf("\n");
 printf("k= %d\n", k);
 call_by_value(k);
 return 0;
}
```

실행 결과는 아래와 같다.

```
k= 3
Call_by_Value- k= 5
```

k= 3
Call_by_Value− k= 5

위의 실행 결과에서 보듯이 함수를 호출하기 전의 k 값은 3이며 함수를 호출하면 k가 5가 할당된다. 그러나 함수 실행을 마치고 되돌아오더라도 k 값은 3으로 호출된 함수에서 할당된 5가 아니다.

17.1.3.2 참조에 의한 인자 전달

참조에 의한 인자 전달은 실인자의 **메모리 주소**를 형식 인자에 전달하는 방식이다. 즉, 형식 인자가 실제로는 실인자의 주소를 (간접적으로)사용하므로 형식 인자에 대한 연산은 실인자에 대한 연산과 같다. 그러므로 형식 인자에 대한 연산 결과가 실인자에 전달되기 때문에 실인자의 값이 변할 수 있다.

그림 17.5는 참조에 의한 인자 전달 과정이다. 실인자 x의 주소는 566이고 y의 주소는 570 번지이다. 실인자 x, y 가 형식 인자 a, b에 전달되려면 a와 b의 주소에는 실인자 x 와 y 의 주소인 566과 570이 저장된다. 즉, 주소 간접 지정 방식과 유사하다.

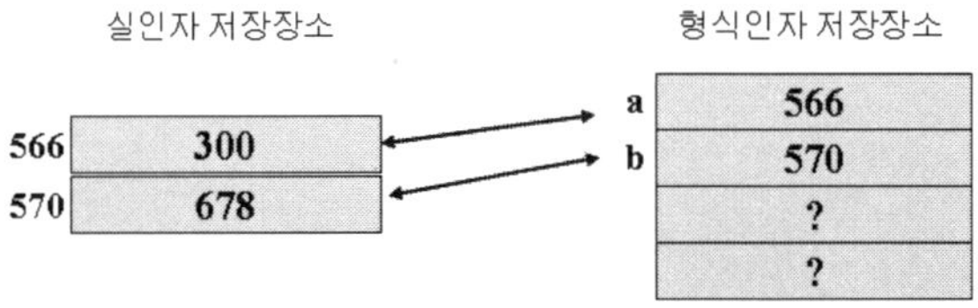

그림 17.5 참조에 의한 인자 전달 방법

예를 들어 호출된 함수에서 문장 a = a + b 를 수행하면 a와 b의 주소에 있는 내용인 566과 570은 실인자의 주소이므로 실제로는 아래와 같이 계산한다.

566번지 내용 = 566 번지 내용 + 570 번지 내용

그러므로 수행 결과는 300 + 678 = 978 로서 a 변수인 566번지에 978이 저장된다. 즉, 호출된 함수에서 계산한 결과가 실인자 a 의 원래 값을 변경한다. 그림 17.6은 형식 인자에 의한 a = a + b 의 수행과정이다.

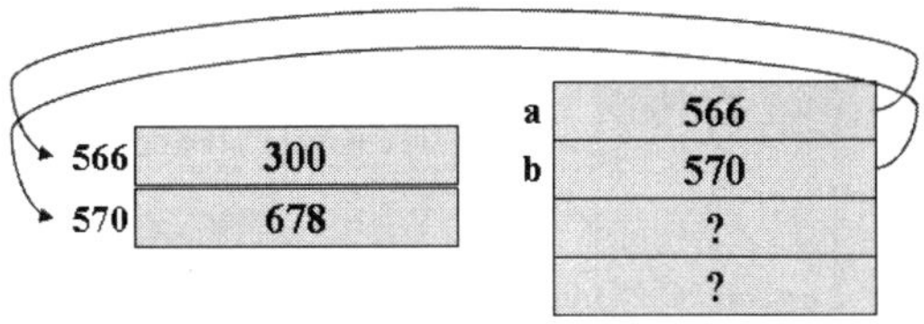

(a) 형식 인자의 실인자의 주소 간접 지정

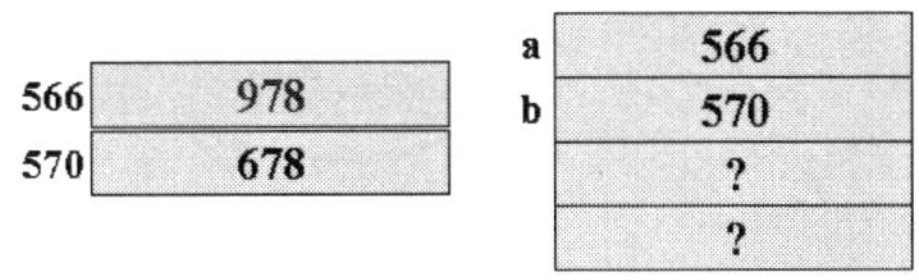

(b) 형식 인자에 의한 a = a + b의 계산 결과

그림 17.6 형식 인자에 의한 a = a + b 의 계산 과정과 결과

구체적인 예를 들어보자. 어떤 언어의 프로그램에서 참조에 의하여 인자가 전달되려면, 프로그램을 작성할 때 실인자의 주소를 형식 인자가 주소로 지정할 수 있도록 **인자의 주소**(포인터)를 지정한다.

실인자의 주소 지정은 아래와 같이 &를 인자 앞에 기술한다.

```
void compute_area (double &Radius)
```

위와 같이 지정한 실인자를 형식 인자가 전달받으려면 아래처럼 *를 앞에 붙인 형식 인자를 지정한다.

```
void compute_area (double *Radius)
/* 반지름 Radius 로 원 면적 구하기 */
{
   double Area;
   Area = P I * Radius * Radius;
   cout << "반지름에 대한 원 면적은 = " << Area << endl
}
```

그림 17.7은 위 함수의 실행 과정에서 참조에 의한 인자 전달이다.

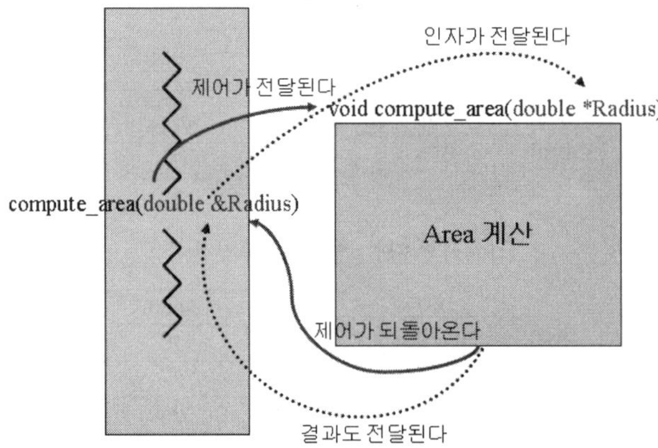

그림 17.7 참조에 의한 인자 전달

아래의 프로그램에서 참조에 의한 인자 전달 방식을 살펴보자.

```
#include <stdio.h>
void call_by_ref(int *k)
{
  *k = 5;
  printf("Call_by_Reference- k= %d\n", *k);
}

int main( )
{
  int k;
  k = 3;
  printf("k= %d\n", k);
  call_by_ref(&k);
  printf("\n");
  printf("k= %d\n", k);
  call_by_ref(&k);
  return 0;
}
```

실행 결과는 아래와 같다.

```
k= 3
Call_by_Reference- k= 5
```

k= 5
Call_by_Reference－ k= 5

위의 실행 결과에서 보듯이 함수를 호출하기 전의 k 값은 3이며, 호출된 함수를 실행하면 k에는 5가 할당된다. 그리고 함수 실행을 마치고 되돌아오면, 호출된 함수에서 할당된 k 값이 호출한 함수의 k 값을 변경하였으므로 k는 5가 할당되어 있다.

이와 같이 참조에 의한 인자 전달 방식은 형식 인자가 실인자 값을 사용할 수 있도록, 함수가 서로 공유하는 **연결**을 형식 인자에 전달한다. 이렇게 하면 연결하는 과정은 효율적이지만, 자료 접근이 느릴 수 있고 **앨리어싱**이 발생할 수 있다. 즉, 사용자의 의도와는 관계없이 메모리 안에 있는 어떤 자료 값의 위치가 다른 이름(변수)으로 접근되어질 수도 있다. **중복 참조**가 되어 한 변수를 변화시키면 같은 위치를 함께 사용하는 모든 변수 값이 자동으로 변할 수 있다.

함수 구조로 구성되는 블록 구조 언어는 실행 과정에서 제어와 필요한 정보를 함수 사이에서 서로 주고받는다. 이 과정은 컴파일 동안에 이루어지지 않고 실행하는 동안에 이루어진다. 결국, 함수 사이에서 정보를 효율적으로 주고받는 방법이 필요한데 특수한 저장 공간을 이용하여 수행한다.

실습 17.3

실습 17.2에서 작성한 프로그램을 함수 사이에서 값에 의한 인자 전달과 참조에 의한 인자 전달 방식을 수행하도록 다시 작성하시오.

17.1.3.3 이름에 의한 인자 전달

자료 값을 이름으로 호출하고 이름으로 변경한다. 함수를 호출하면 인자를 **이름에 의해 대체**하여 실행한다.

아래의 어떤 프로그래밍 언어에서 이름에 의한 인자 전달 방식을 살펴보자.

```
function call_by_name(int  x, y, z)
{
 y = y + 1;
 z = z + x + 1;
```

```
}

program( )
{
 int a, b;
 a = 5;
 b = 3;
 call_by_name(a+b, a, b);
 }
```

이 프로그램에서 함수를 호출하면 함수의 형식인자는 아래와 같이 이름으로 치환되어 수행한다.

```
function call_by_name(int  (a+b), a, b)
{
 a = a + 1;
 b = b + (a+b) + 1;
}
```

그러므로 이 함수는 아래처럼 실행하는 변수의 위치와 관계없이, 실행한 순서에 따라 바로 앞 문장에서 실행한 결과 값을 적용한다.

```
function call_by_name(int  (a+b), a, b)
{
 a = 5 + 1;
 b = 3 + (6+3) + 1;
}
```

문장 y = y + 1는 a = a + 1로 치환되어 a = 5+1로 계산되어 a 값은 6이다. 또한 문장 z = z + x + 1는 b = b + (a+b) + 1로 치환되어 b = 3+(6+3)+1로 계산되고 b 값은 13이다. 이와 같이 방금 실행한 자료 값을 사용하는 개념을 **동적 할당**이라 한다. 동적 할당을 수행하는 프로그래밍 언어에서 사용하는 인자 전달 방식이다.

실습문제

1 함수의 속성을 기술하시오.

2 프로그래밍 언어에서 함수를 필요로 하는 이유를 설명하시오.

3 특정 값(정수형) 10 개를 입력하고 제일 큰 수에서 작은 수의 순서대로 출력하는 프로그램을 작성하시오.

4 문항 3에서 작성한 프로그램을 함수를 이용하여 다시 작성하시오. 단, 아래 함수를 반드시 포함하도록 하시오.

(1) 정수형 수 10 개를 입력하는 함수
(2) 큰 수에서 작은 수로 순서대로 분류하는 함수
(3) 작은 수에서 큰 수로 순서대로 분류하는 함수
(4) 분류한 수 10 개를 출력하는 함수

5 함수가 자신을 호출한 프로그램(함수)으로 되돌아오면, 다음 실행할 문장을 어떻게 아는지 설명하시오.

6 어떤 프로그래밍 언어에서 값에 의한 인자 전달 방식을 사용한다면 컴파일러는 실인자를 어디에 어떻게 저장하는지 설명하시오.

7 대용량의 배열(약 10,000 × 10,000)을 인자로 전달하고자 할 때는 값에 의한 인자 전달과 참조에 의한 인자 전달 중에서 어느 방법이 더 효과적인지 답하고 그 이유는 설명하시오.

8 함수의 인자 전달 방식에서 '이름에 의한 인자 전달' 방식을 설명하고 예를 드시오.

9 앨리어싱을 설명하시오.

17.2 실행 프로그램의 메모리 할당

컴파일된 목적 프로그램은 여러 과정을 거쳐 실행이 가능한 프로그램으로 대용량 장치에 저장된다. 그러면 운영체제의 구동에 따라 로더가 실행 가능한 프로그램을 메모리에 탑재하여 실행할 수 있도록 한다. 이때 메모리에 탑재된 프로그램이 실행하려면 기본적으로 그림 17.8과 같이 할당된다. 이와 같이 프로그램을 실행하려면 여러 방법으로 메모리에 할당한다. 즉, 일반적으로 실행에 필요한 인스트럭션 코드와 인스트럭션이 사용할 자료 부분으로 분리하여 할당한다.

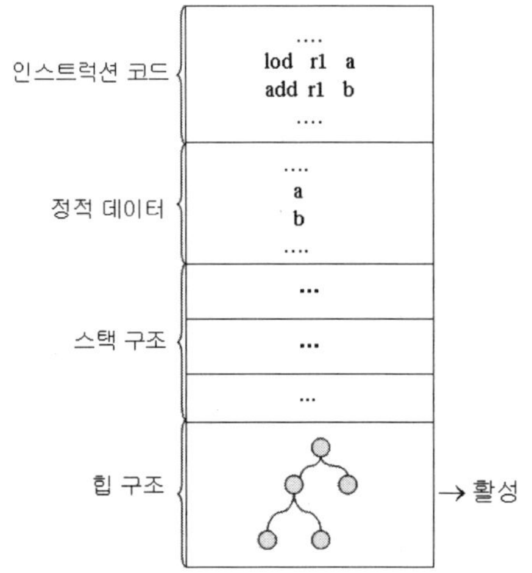

그림 17.8 실행 프로그램은 코드 부분과 자료 부분으로 분리되어 할당

이미 인자 전달에서 언급한 것처럼, 자료는 함수 한 개에서만 사용하는 **정적 자료**만 있는 것이 아니라, 다른 함수에서도 사용할 수 있는 **동적 자료**도 있다. 그러므로 자료 특성과 함수 프로그램 특성에 따라 메모리에 할당하는 방법은 **정적 할당**, **스택 할당**, **힙 할당** 등 다양하다.

- 정적 할당은 장소가 고정되고 컴파일 할 때, 자료의 저장 공간을 할당한다.
- 스택 할당은 실행 중에 저장 공간을 스택처럼 할당하고 제거 한다.
- 힙 할당은 힙이라는 자료 영역에 실행 중에 필요한 저장 공간을 할당하고 제거 한다.

지금부터 프로그램을 메모리에 할당하는 방법을 살펴보자.

17.2.1 정적 공간 할당

정적 공간 할당은 컴파일 시간에 프로그램에서 사용할 자료를 한 번에 저장한다. 그러므로 이 할당 방법은 블록 구조 언어(알골, 파스칼, C 프로그래밍 언어 같은) 보다는 포트란(FORTRAN) 같은 언어에 주로 사용한다. 그림 17.9는 정적 공간 할당 방법으로 주프로그램과 함수 프로그램의 코드와 자료 부분을 한꺼번에 메모리에 할당한 예이다.

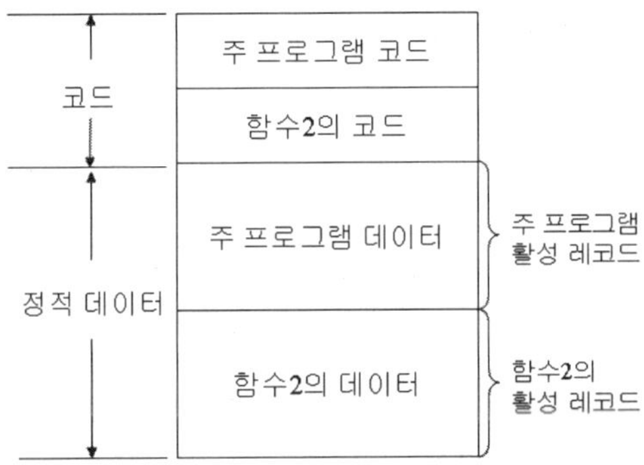

그림 17.9 주프로그램과 함수 프로그램의 정적 공간 할당 예

이 정적 할당 방법은 블록 구조 언어처럼 각 블록이나 함수가 호출되어야만 메모리에 할당하는 언어에는 적용할 수 없다. 즉, 언제 어떤 함수(블록)가 불리어 질지 모르기 때문이다. 또한 컴파일 시간에 메모리에 할당될 자료의 크기나 위치를 이미 알고 있어야 한다. 뿐만 아니라, 리커시브 함수는 각 리커젼 마다 같은 자료를 새롭게 사용하기 때문에 정적 자료를 사용하기 어렵다. 결국, 실행 중에 자료 저장 공간을 확보하는 방법이 없기 때문에 각 자료나 자료 구조를 동적으로 생성할 수 없으므로 정적으로 저장한다.

17.2.2 스택 공간 할당

블록 구조 언어처럼 블록(함수)이 호출될 때만 코드와 자료가 메모리에 할당하는 경우는 정적 공간 할당 방법이 어렵기 때문에 **스택 공간 할당** 방법을 사용할 수 있다. 이 방법은 스택 기법을 사용하는데 스택에 **활성 레코드**를 저장한다.

이 스택 공간 할당 기법을 살펴보기 위해 함수를 포함하는 아래 프로그램을 살펴보자. 이 프로그램은 간단한 이진 탐색 프로그램이다.

```
#include<stdio.h>
#include<stdlib.h>
 typedef struct BiTree_Node {
   char Name;
   struct BiTree_Node* LeftTree;
   struct BiTree_Node* RightTree;
  } BiTree_Node;

BiTree_Node* insertToBiTree(BiTree_Node *p, char x)
{
  BiTree_Node *newNode;
  if (p == NULL)  {
            newNode = (BiTree_Node*)malloc(sizeof(BiTree_Node));
            newNode->Name = x;
            newNode->LeftTree = NULL;
            newNode->RightTree = NULL;
            return newNode;
  }
    else if (x < p->Name) {
            p->LeftTree = insertToBiTree(p->LeftTree, x);
            return p;
          }
          else if (x > p->Name) {
                p->RightTree = insertToBiTree(p->RightTree, x);
                return p;
               }
                else {
                   printf("\n 같은 이름이 있습니다! \n");
                   return p;
                  }
  }

void insert(BiTree_Node** root, char x)
{
 *root = insertToBiTree(*root, x);
```

```
}
BiTree_Node* searchBST(BiTree_Node* root, char x)
{
 BiTree_Node* p;
 p = root;
 while (p != NULL){
 if (x < p−>Name) {
             p = p−>LeftTree;
            }
       else if (x == p−>Name) {
               return p;
              }
            else p = p−>RightTree;
 }
 return p;
}

int main( )
{
 BiTree_Node* root = NULL;
 BiTree_Node* foundedNode = NULL;
 char Name;
 char tmp;
 printf("이름을 입력하세요: ");
 do {
   tmp = fgetc(stdin);
   if(tmp != r\nr) {
      insert(&root, tmp);
   }
}
while(tmp != EOF);
printf("\n 검색을 원하는 이름을 입력하세요. ");
scanf("%c", &Name);
 while(Name != rzr){
  foundedNode = searchBST(root, Name);
```

```
  if (foundedNode != NULL) {
           printf("\n %c 이름을 찾았습니다. \n", foundedNode->Name);
           }
       else {
           printf("\n 원하는 이름을 찾을 수 없습니다. \n");
         }
  scanf("%c", &Name);
  printf("\n\n\n 검색을 원하는 이름을 입력하세요. ");
  scanf("%c", &Name);
}
 getchar( );
 return 0;
}
```

이 프로그램은 아래 자료 구조를 공동으로 사용하며, 주 함수와 세 개의 함수로 되어있다.

```
 typedef struct BiTree_Node {
   char Name;
   struct BiTree_Node* LeftTree;
   struct BiTree_Node* RightTree;
  } BiTree_Node;
```

주 함수를 포함한 네 개의 함수는 아래와 같다.

```
insertToBiTree(BiTree_Node *p, char x)
insert(BiTree_Node** root, char x)
searchBST(BiTree_Node* root, char x)
int main( )
```

이진 탐색 프로그램은 main 함수에서 자료를 저장하는 insert 함수를 호출한다. 그러면 insert 함수는 다시 insertToBiTree 함수를 호출하여 이진 탐색 트리를 구성한다. 그 후에 읽어 들인 자료를 탐색하는 searchBST 함수를 호출한다. 이런 호출 순서에 따라 각 함수의 활성 레코드는 그림 17.10과 같이 스택에 할당한다.

먼저 이진 탐색 트리를 구성하기 위하여 필요한 자료(이름)을 여러 개 입력하면 입력을 마칠 때까지 그림 17.10의 (a), (b), (c) 처럼 아래 순서로 함수가 호출되어 스택에 할당된다. 자료 입력이 끝나면 (d)와 같이 main 함수가 searchBST 함수를 호출하고 스택에 할당된다.

main
insert
insertToBiTree
main
insert
insertToBiTree
main
....

각 활성 레코드에서 root, foundNode, name, tmp는 main 함수에서, newNode는 insertToBiTree 함수에서, p는 searchBST 함수에서 각각 사용하는 자료이다. 스택 할당에서 맨 위의 활성 레코드는 가장 최근에 호출된 함수이므로, 이 함수가 수행을 마치면 맨 위의 활성 레코드는 제거되고 바로 아래의 활성 레코드로 되돌아간다.

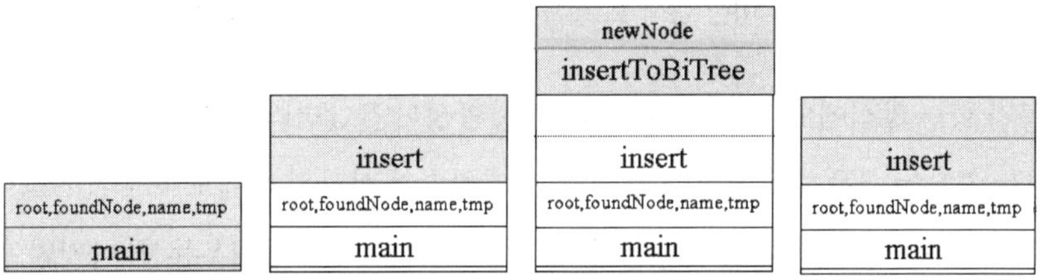

(a) 첫 번째 데이터 입력에서 함수의 실행 순서와 스택 할당

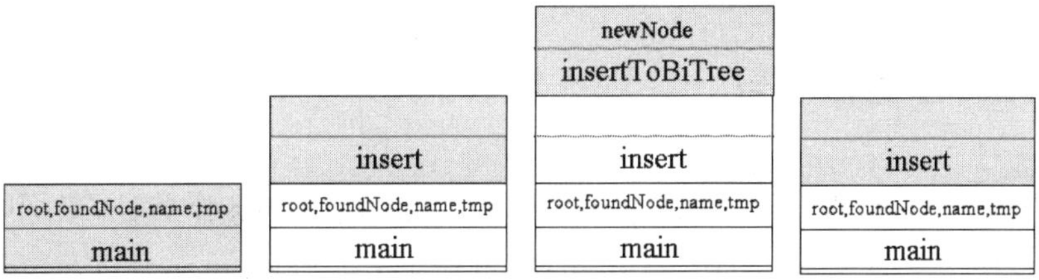

(b) 두 번째 데이터 입력에서 함수의 실행 순서와 스택 할당

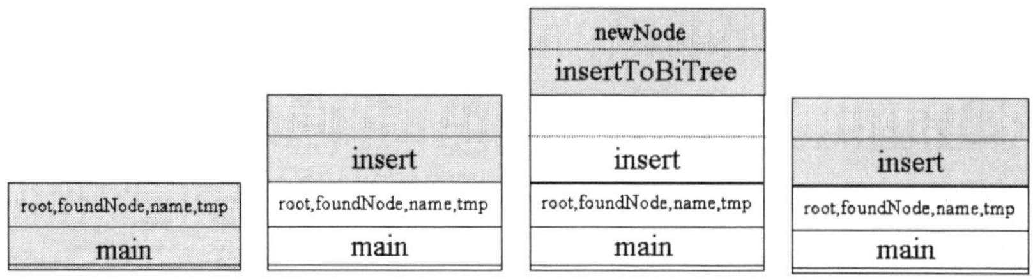

(c) 세 번째 데이터 입력에서 함수의 실행 순서와 스택 할당

....

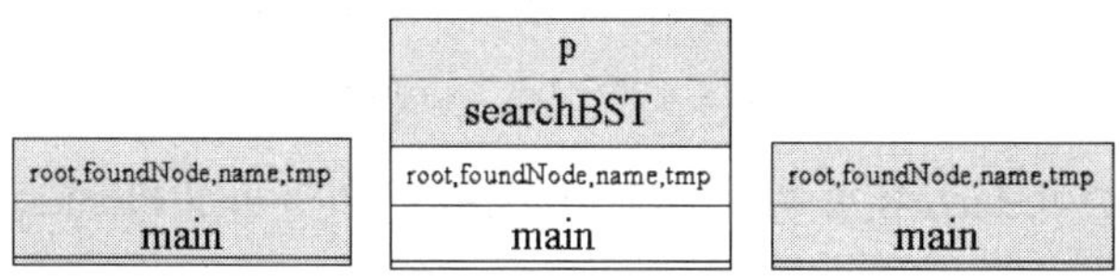

(d) 구성된 이진 탐색 트리에서 입력한 데이터 검색 시 함수의 실행 순서와 스택 할당

그림 17.10 이진 탐색 프로그램에 대한 활성 레코드의 스택 할당

이 스택 공간 할당 방식에도 여러 문제가 있다. 즉, 활성이 끝났더라도 지역 변수의 값을 계속 유지해야 하는 경우는 사용하기 어렵다. 또한 호출한 함수가 사라진 후에도 호출된 활성이 메모리에 계속 존재해야 하는 경우에도 사용할 수 없다. 그러므로 이러한 경우는 맨 마지막 활성이 반드시 먼저 제거될 필요는 없기 때문에 반드시 스택일 필요가 없다.

17.2.3 힙 공간 할당

힙 공간은 자료를 저장하는 자유 메모리(자유공간)로 프로그램이 사용할 수 있도록 미리 지정해 놓은 공간이다. 즉, 프로그램을 실행하기 전에는 자료의 크기나 양을 알 수 없기 때문에 일정 크기의 메모리 영역을 할당해 놓는다. 그러면 프로그램에 따라 자료 크기가 변하더라도 저장이 가능하다.

프로그램이 실행하는 도중에 함수나 프로세스는 활성 레코드를 저장할 힙 블록을 요구하여 할당 받는다. 함수나 프로세스가 필요한 수행을 마치면 더 이상 활성 레코드가 필요하지 않기 때문에 활성 레코드 공간은 반환한다. 이렇게 저장 공간을 프로그램에 할당하였다가 회수하는 과정을 반복한다. 이 방식은 스택 공간 할당과 달리 프로그램이 요구하는 블록 크기나 요구(회수) 순서에 일정한 규칙이 없으며 포인터를 이용하여 **동적으로 할당하고 반환**한다.

그림 17.11은 이진 탐색 트리의 탐색 프로그램에서 프로그램이 종료할 때까지 각 함수의 활성 레코드가 메모리에서 계속 유지하도록 한다. 즉, 스택 공간 할당 같이 호출된 함수의 활성 레코드가 자신을 호출한 함수의 활성 레코드 바로 붙어있을 필요가 없다. 또한 호출된 함수의 실행이 종료하면 그 함수의 활성 레코드를 제거할 필요도 없다.

insert 함수나 insertToBiTree 함수의 활성 레코드가 처음 시작 함수인 main 함수를 **제어 링크**로 연결하여 main 함수가 종료할 때 까지 힙에 계속 존재한다. 그러므로 insert 함수가 종료되었더라도 insert 함수가 호출한 insertTpBiTree 함수는 힙에 계속 남아 있을 수 있다.

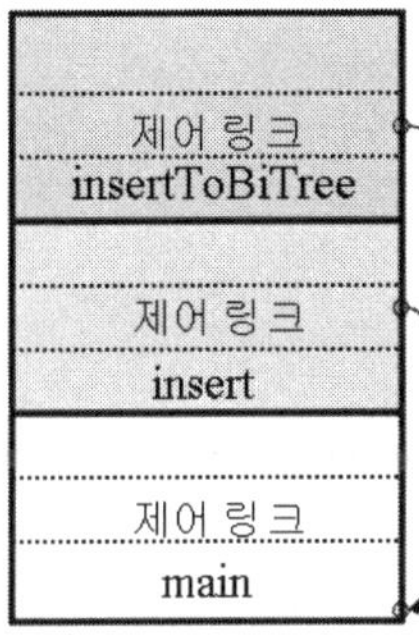

그림 17.11 활성 레코드의 힙 공간 할당

이러한 과정을 함수나 프로세스에 따라 반복하므로 메모리 힙 영역 곳곳에 작은 블록이 생기는데 사용하기 어려운 메모리 단편 조각이 생긴다. 사용하기 어려운 이런 단편 조각들을 모아서 사용할 수 있는 하나의 큰 블록으로 만들어 사용하도록 한다. 이 작업을 **쓰레기 모우기**라 한다. 뿐만 아니라, 힙 안에서 사용 가능한 공간을 표시하여 사용되지 않는 작은 조각들을 낭비하지 않도록 한다. 힙은 프로그램이 종료할 때까지 관리하고 유지한다.

실습 17.4

위 이진 탐색 프로그램을 실행하고 메모리의 몇 번지에서 몇 번지까지 인스트럭션 코드가 할당되어 있고, 몇 번지부터 자료가 할당되어 있는지를 조사하여 분석하시오. 기계어 상태와 주소를 보거나 분석할 수 있는 도구는 어떠한 것들이 있는지 조사하여 사용하시오.

실습문제

1 메모리에는 인스트럭션과 자료가 들어있다. 모두 이진수로 표현되어 있는데도 컴퓨터는 인스트럭션과 자료를 어떻게 구별하는지 설명하시오.

2 포트란 언어의 특성을 쓰고 이 언어가 정적 저장 공간 할당 기법을 사용하는 이유를 설명하시오.

3 스택 공간 할당의 단점을 설명하시오.

4 힙 공간 할당 기법을 설명하시오.

17.3 활성 레코드와 활성 트리

기계어 프로그램이 실행하는 동안 실행 과정에 대한 정보를 저장할 공간이 필요하다. 이 절에서는 프로그램과 함수의 실행에 필요한 활성 레코드 구조와 활성 트리를 살펴본다.

17.3.1 활성 레코드

프로그램이 실행하는 동안 저장할 프로그램 정보는 아래와 같다.

- 호출하는 함수의 모든 상태 정보
- 실인자 값이나 주소
- 되돌아와서 다음 실행할 주소
- 호출된 함수에서 실행하고 되돌아올 값

  …

이 저장 공간은 프로그램을 실행하기 위한 기계어 코드 부분이 아니라, 실행을 지원하는 부속 공간으로 **활성 레코드**라 한다. 활성 레코드 하나가 함수 프로그램 한 개의 정보를 저장한다. 그러므로 함수가 여러 개 있는 프로그램은 여러 개의 활성 레코드가 필요하다. 물론 주프로그램 하나만 있는 프로그램에서는 활성 레코드도 하나만 있다.

그림 17.12는 활성 레코드의 일반 구조이다.

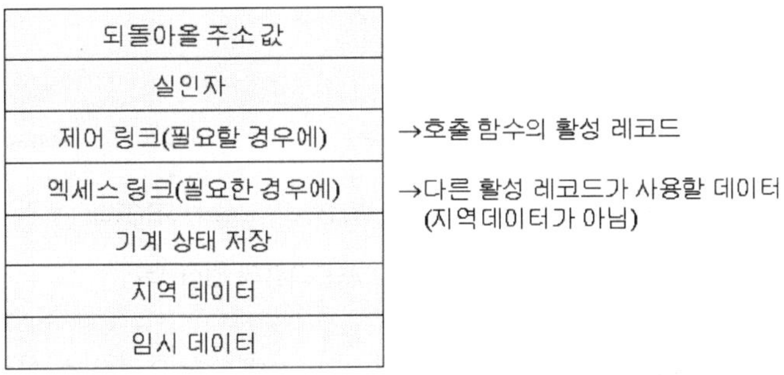

그림 17.12 활성 레코드의 일반 구조

17.3.2 활성 트리

어떤 함수 x가 다른 함수 y를 호출할 때 호출 순서에 따라 제어가 전달하는 순서를 **활성 트리**로 나타낼 수 있다. 그러면 현재 활성 중인 함수에 제어가 들어가고 나가는 것을 알 수 있다.

이 활성 트리에서 각 노드는 함수의 활성이고, 루트는 주프로그램이다. 만약 제어가 활성 중인 함수 x 에서 함수 y 로만 흐르면, 노드 x는 노드 y 의 부모 노드이다. 함수 x 의 활동이 함수 y의 활동 전에 일어나면, x 노드는 y 노드의 왼쪽에 있다. 그림 17.13은 이러한 의미를 나타내는 활성 트리이다.

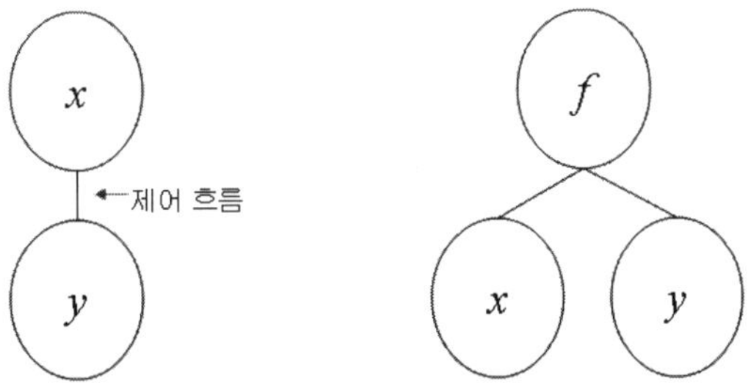

(a) 함수 *x* 가 함수 *y* 를 호출함 (b) *x* 의 활동이 *y* 의 활동 전에 일어난다

그림 17.13 활성 트리 예

그림 17.14는 앞의 이진 탐색 트리에서 자료 네 개를 입력한 후 특정 자료를 탐색하는 활성 트리 예이다.

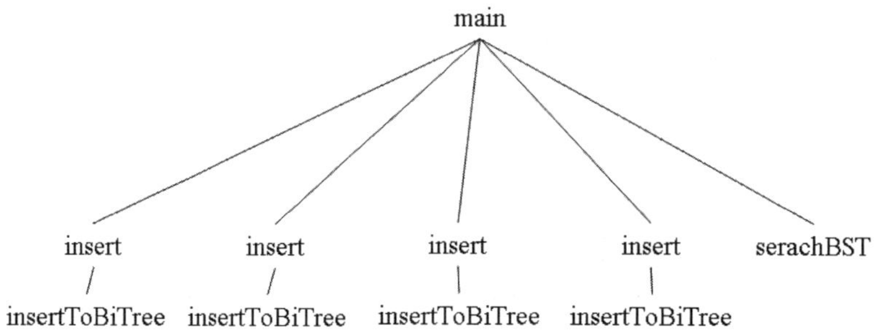

그림 17.14 이진 탐색 트리 프로그램의 활성 트리

앞에서 보았듯이 활성 트리는 스택 공간 할당처럼 제어 스택으로 구현할 수 있다. 즉, 루트에 있는 활성 레코드에서 시작하여 깊이를 우선으로 왼쪽 활성 레코드에서 오른쪽 활성 레코드로 잎에 도달할 때까지 스택의 톱에 차례로 할당한다. 이렇게 하면 스택에 존재하는 활성 레코드에 해당하는 함수는 메모리에서 실행 중에 있다는 것을 알 수 있다. 즉, 어떤 함수가 활동 중인지 아닌지를 계속 추적할 수 있다. 뿐만 아니라, 어떤 함수에서 어떤 자료를 사용하고 있는지 알 수 있으며, 어떤 함수가 사용 중인 지역 자료를 다른 함수에서 접근할 수도 있다.

실습 17.5

분석 도구를 이용하여 위 이진 탐색 프로그램을 실행하면서 활성 레코드의 내용을 확인하시오.

실습문제

1 활성 레코드가 필요한 이유를 설명하시오.

2 아래 블록 구조 프로그램의 활성 트리를 그리시오.

```
main( )
{
    int  a = 100;
    int  b = 100;
    {
      int b = 200;
        {
          int  a = 300;
            {
              int  a = 400;
              printf(. .) ;
            }
          printf(. . .)
        }
        {
          int  a = 500;
          int  b = 345;
          printf(. .) ;
        }
      printf(. .) ;
    }
    {
      int  b = 600;
      printf(. .) ;
    }
   printf(. .)
}
```

3 아래 블록 구조 프로그램의 활성 레코드와 활성 트리를 그리시오.

```
main( )
{
    int  p = 10;
    int  q = 20;
    {
      int q = 30;
        {
          int  p = 40;
            {
              int  q = 90;
              {
                int  b = 60;
                  {
                    int  a = 50;
                    a = q + b;
                  }
              }
            }
        }
    }
}
```

4 12개의 자료를 퀵소트 알고리즘으로 정리하는 프로그램으로 있다. 이 프로그램이 실행할 때의 활성 트리를 그리시오.

17.4 자료 사용하기

이 절에서는 실행 중에 있는 블록(함수) 사이에서 어떤 블록 안에 있는 지역 자료를 다른 블록이 접근하는 방법을 살펴보자. 이런 문제는 블록 구조 언어에서 매우 중요하게 다루고 있다. 실행 중에는 어떤 블록은 메모리에 존재하지만 실행을 종료한 블록은 지역 변수와 함께 메모리에서 사라진다. 그러나 특정 함수의 **지역 자료**를 다른 블록에서 사용해야할 필요도 있다. 실행을 마친 블록이나 함수는 지역 변수와 함께 메모리에서 사라지기 때문에 특정 블록의 지역 자료를 다른 블록에서 사용하려면 자료의 **범위 규칙**을 알아야 한다.

17.4.1 블록과 자료

프로그래밍 언어에서 블록이 필요한 이유는 무엇일까? 초기 컴퓨터는 메모리가 작았고 동시에 컴퓨터 시스템이 발전하였고, 운영체제 같은 시스템 프로그램이 출현하면서 소프트웨어는 점점 대형화 되었다. 동시에 사용자 프로그램도 대형화되었기 때문에 응용 프로그램을 특수한 기법으로 쪼개어 작은 메모리에 탑재해야만 했다. 이렇게 프로그램이 쪼개진 단위를 **블록**이라 한다. 그리고 쪼개진 작은 프로그램인 블록을 필요할 때마다 하나씩 탑재(로드)하여 실행해야만 했다. 이렇게 필요할 때마다 블록을 메모리에 할당하는 것을 **동적 할당** 기법이라 한다.

프로그래밍 언어의 특성에 따라 블록은 문장이 될 수도 있고, 혹은 함수가 될 수도 있는데 각 블록 안에는 그 **블록에서만 사용하는 자료를 선언할 수** 있다. 이렇게 블록 안에서만 선언한 자료를 **지역 자료**라 한다. 그러므로 어떤 블록 안에 선언한 자료는 그 블록에서만 사용할 수 있기 때문에, 다른 블록에서 사용하려면 특별한 방법이 필요하다.

알골, 파스칼, C 같은 블록-구조 언어에서는 아래와 같이 { 와 }로 둘러싸인 복합 문장으로 블록을 표현하거나 함수 자체로 블록이 된다.

```
{
   자료 선언1;
   자료 선언2;
      ....
   문장1;
```

```
    문장2;
     …
    문장n;
}
```

블록-구조 언어에서는 한 블록 안에 선언된 자료는 그 블록에서만 사용할 수 있다. 그러나 그 블록 안에 선언되어 있지 않은 자료는 그 **블록을 둘러싸고 있는 가장 가까운 블록**에 선언된 자료를 사용할 수 있다. 즉, 자료 사용에서 아래 규칙을 적용한다.

- 어떤 블록 B 안에 선언된 자료는 그 블록 안에서만 사용할 수 있다.
- 자료 ***a*** 가 어떤 블록 B 안에서 선언되지는 않았지만, ***a*** 가 블록 B 안에서 사용되고 있으면, 그 ***a*** 는 블록 B 밖의 블록 B′에서 온 것이다. 즉, **블록 B′ 에서 선언된 자료**이다.
- 이때 블록 B′는 블록 B를 둘러싼 블록 중에서 B에 가장 가까운 블록이다.
- 그리고 이 자료 ***a*** 는 블록 B′의 범위 안에서 **사용 중**이다.

아래 어떤 프로그래밍 언어의 블록 구조를 살펴보자. 각 네모는 블록의 범위를 나타낸다.

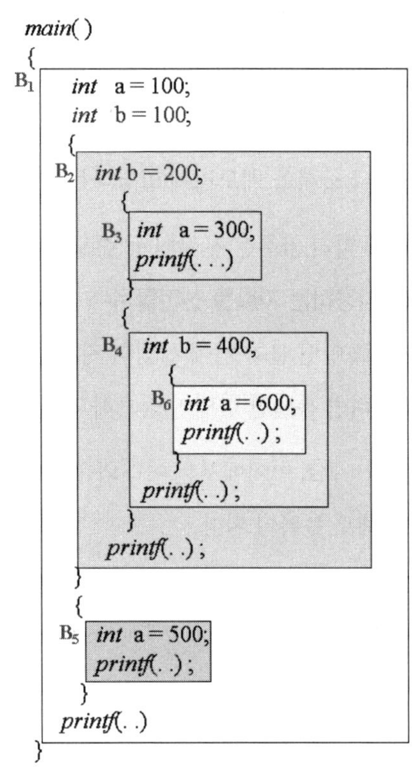

이 프로그램은 B_1, B_2, B_3, B_4, B_5, B_6 의 여섯 개 블록으로 구성되어 있다. 그리고 블록 사이에서 아래의 포함 관계를 가진다.

$$(B_2, B_5) \in B_1$$
$$(B_3, B_4) \in B_2$$
$$(B_6) \in B_4$$

또한 각 블록에서 선언된 변수와 활동 범위는 아래와 같다.

블록	선언 변수	활동 범위
B_1	int a =100 int b = 100	변수 a는 블록 B_1, B_2,B_4에서 활동 변수 b는 블록 B_1, B_5 에서 활동
B_2	int b = 200	변수 b는 블록 B_2, B_3 에서 활동
B_3	int a = 300	변수 a는 블록 B_3 에서 활동
B_4	int b = 400	변수 b는 블록 B_4, B_6 에서 활동
B_5	int a = 500	변수 a는 블록 B_5 에서 활동
B_6	int a = 600	변수 a는 블록 B_6 에서 활동

위 블록 구조 프로그램을 활성 트리로 나타내면 그림 17.15와 같다.

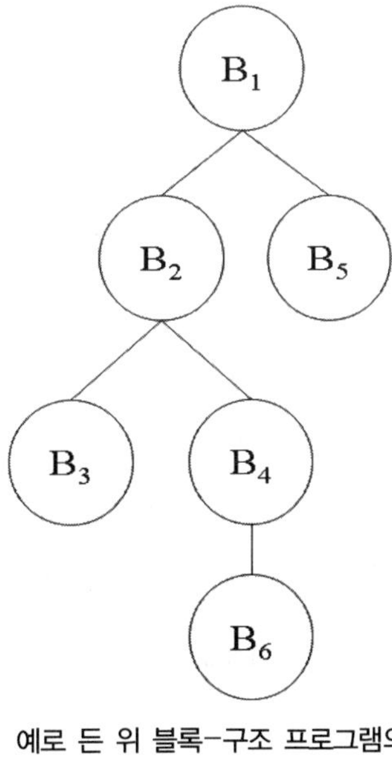

그림 17.15 예로 든 위 블록-구조 프로그램의 활성 트리

또한 활성 트리에 따라 실행하는 과정을 제어 스택으로 단계별로 나타내면 그림 17.16과 같다. 스택에는 현재 메모리에서 활동(실행) 중인 블록과 그 블록에서 선언되어 할당된 지역 자료가 있다. 스택의 톱은 현재 실행 중인 블록이다.

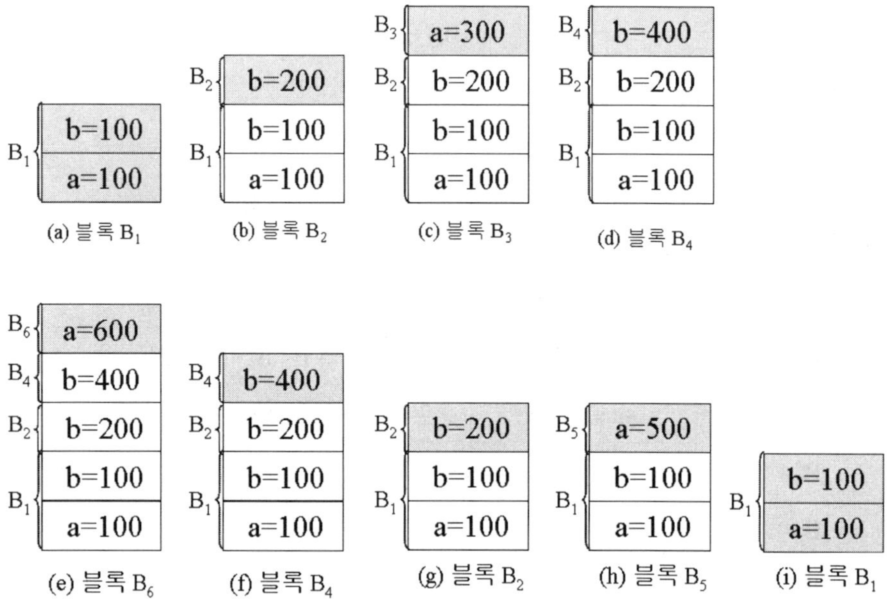

그림 17.16 제어 스택의 활동 중인 블록과 지역 자료(각 단계의 톱은 현재 실행 중인 블록)

먼저, 블록 B_1이 실행하면서 a=100과 b=100을 할당하고, 블록 B_2를 호출한다. 그러면 블록 B_2가 톱에 가고 b=200이 할당된다. 같은 방법으로 블록 B_3을 호출한다. 그 후 블록 B_3의 실행이 끝나면 블록 B_4가 실행한다. 블록 B_4는 블록 B_6를 호출한다. 블록 B_6의 실행이 끝나면 블록 B_4가 실행한다. 블록 B_4가 종료하면 블록 B_2가 다시 실행한다. 블록 B_2가 실행을 마치면 다시 블록 B_1에서 블록 B_5를 호출하고, 블록 B_5를 마치면 마지막으로 블록 B_1이 실행한다.

17.4.2 범위 규칙

이미 언급한 것과 같이 자료의 선언은 프로그램에서 사용할 자료 이름을 정하고, 그 자료의 속성을 지정하는 것을 의미한다. 예를 들어, 아래 선언을 살펴보자.

```
int a =10;
```

위 선언문은 a 라는 자료를 정수형 변수로 지정하며, 초기 값은 10으로 32비트(기계에 따라 다름, 16 혹은 64비트 일 수도 있음)라는 속성을 가진다. 이 자료는 프로그램에서 그 속성을 유지하며 사용하는 범위가 있다.

범위 규칙은 어떤 블록에 선언한 자료가 그 블록이 메모리 안에서 실행하는 동안 선언된 이름을 사용할 수 있는 범위이다. 즉, 프로그램 본문에 자료 이름이 나타나는 순간 이 자료 이름은 언제/어디(어느 블록)에서 선언한 자료 이름을 사용할 것인가를 결정하는 것이다.

프로그램에서 사용할 자료의 위치는 아래의 경우가 있다.

- 지역 자료 사용
- 다른 블록에서 선언한 자료(비지역 자료) 사용
- 전역 자료 사용

지역 자료는 어떤 블록에서 선언되어 그 블록에서만 사용한다. 그러므로 그 블록이 실행을 마치고 메모리에서 사라지면 지역 자료도 같이 사라진다. **비지역 자료**는 다른 블록에서 선언한 자료이지만 다른 블록에서 사용할 수 있는 자료이다. 이 자료를 사용하려면 특별한 기법이 필요하다. 또한 이 자료가 사용되는 동안에는 자료를 선언한 블록이 메모리에 계속 남아있어야 한다. **전역 자료**는 한 번 선언하면 프로그램 전체에서 어떤 블록에서도 사용가능한 자료이다.

이러한 범위 규칙은 적용 기법에 따라 **정적 범위 규칙**과 **동적 범위 규칙**이 있다.

정적 범위 규칙은 **렉시칼** 규칙이라고도 하는데, 단지 프로그램의 본문에서 자료의 이름을 찾는 방법이다. 즉, 원시 프로그램 리스트의 어느 블록에서 사용하는 자료는 현재 문장에서 위쪽으로 가면서 처음 발견하는 선언(혹은 정의)된 자료를 적용한다.

그림 17.17의 프로그램을 살펴보자. 그림 17.17에서 블록 4의 번호 ①가 있는 문장의 자료 a 는 어느 블록에서 선언한 a 인지 알아보자.

```
#include <stdio.h>
int main( )
{
    int  a = 100;
    int  b = 100;
    {
      int b = 200;
        {
          int  a = 300;
          printf("블록3: a= %d, b= %d\n", a, b);
        }
        {
          int  b = 400;
            {
              int  a = 600;
              printf("블록6:  a= %d, b= %d\n", a, b);
            }
          a = a + b;       ------------①
          printf("블록4: a= %d, b= %d\n", a, b);
        }
      printf("블록2: a= %d, b= %d\n", a, b);;
    }
    {
      int  a = 500;
      printf("블록5:  a= %d, b= %d\n", a, b);;
    }
    printf("블록1:  a= %d, b= %d\n", a, b);
}
```

그림 17.17 정적 범위 규칙이 적용되는 프로그램 예

블록4의 ①에서 자료 a는 블록4에 선언되어 있지 않다. 그러므로 이 a 값을 찾기 위해 프로그램 리스트를 현재 위치에서 위로 스캔한다. 블록6과 블록3에 a가 선언되어 있다. 그러나 이 a는 블록6과 블록3이 이미 실행을 마치고 사라진 후이므로 이 a 값도 메모리 안에 존재하지 않는다. 그러므로 다시 더 위로 스캔하면 블록1에 a 자료가 선언되어 있기 때문에 이 a를 블록4의 문장 ①에서 사용한다. 아래는 이 과정을 보인다.

```
#include <stdio.h>
int main( )
 {
    int  a = 100;
    int  b = 100;
    {
       int b = 200;
          {
            int   a = 300;
            printf("블록3: a= %d, b= %d\n", a, b);
          }
       {
         int  b = 400;
            {
              int  a = 600;
              printf("블록6:  a= %d, b= %d\n", a, b);
            }
         a = a + b;        -------------①
         printf("블록4: a= %d, b= %d\n", a, b);
       }
       printf("블록2: a= %d, b= %d\n", a, b);;
    }
    {
       int  a = 500;
       printf("블록5:  a= %d, b= %d\n", a, b);;
     }
    printf("블록1:  a= %d, b= %d\n", a, b);
}
```

B_3과 B_6 은 이미 사라졌으므로 이 블록을 둘러 싼 위의 블록 a 값을 B_1에서 가져 온다.

그러므로 이 프로그램의 각 블록에서 사용하거나 출력하는 a나 b 값은 정적 범위 규칙으로 자료를 사용하며 실행한 결과는 아래와 같다.

블록	자료 활동 블록 범위와 값
B_3	a= 300, b= 200
B_6	a= 600, b= 400
B_4	a= 500, b= 400
B_2	a= 500, b= 200
B_5	a= 500, b= 100
B_1	a= 500, b= 100

동적 범위 규칙은 인자 전달 부분에서 이미 설명한 것과 같이 실행 중에 **자료 이름**이 치환된다. 즉, 현재 문장에서 적용되는 자료는 현재 문장 이전에 **방금 실행한 문장의 자료를 이름에** 적용한다. 그러므로 프로그램에서 자료의 위치와는 관계없다. C 프로그래밍 언어는 정적 범위 규칙이 적용되고, 리스프, 스노볼, 에이피엘, 파이썬 같은 인터프리터 언어는 동적 규칙이 적용된다.

17.4.3 지역 자료 사용

지역 자료는 각 블록에 선언되어 사용되는 자료이다. 이 자료는 자신을 선언한 블록이 실행을 마치고 메모리에서 사라지면 자료도 함께 사라진다. 그림 17.17에서 지역 자료는 각 블록에 선언한 자료로 아래와 같다.

블록	선언된 지역 자료 이름	자료 사용가능 블록
B_1	a	B_1, B_2, B_4
	b	B_1, B_5
B_2	b	B_2, B_3
B_3	a	B_3
B_4	b	B_4, B_6
B_5	a	B_5
B_6	a	B_6

17.4.4 전역 자료 사용

전역 자료는 프로그램이 실행을 시작하고 종료할 때까지 모든 블록이 사용하도록 프로그램 전체 범위에 적용하도록 선언하는 자료이다. 이 자료는 프로그램이 완전히 종료할 때까지 메모리에 존재한다.

실습 17.6

아래 C 언어 프로그램을 실행하시오. 에러가 있으면 수정하시오.

```
main( )
{
    int  p = 10;
    int  q = 20;
    {
      int p = 30;
        {
          int  a = 40;
            {
              int  q = 90;
              int  b = 30;
               {
                int  p = 60;
                  {
                    int  a = 50;
                    p   =   q   +   b   +   a;          /*
----------------------(1) */
                    printf(" p= %d, q= %d \n", p, q);
                  }
                printf(" b= %d, q= %d \n", b, q);
               }
              printf("  q=  %d,  a=  %d  \n",  q,  a);        /*
---------(2)  */
            }
          printf(" q= %d, p= %d \n", q, p);
        }
        printf(" p= %d, q= %d \n", p, q);
    }
    printf(" p= %d, q= %d \n", p, q);
}
```

실습 17.7

실습 실습 17.6의 프로그램에서 문장 (1)의 변수 a, b, p, q는 각각 어느 블록에서 선언한 자료인지 설명하시오.

실습 17.8

실습 17.6의 프로그램에서 문장 (2)의 변수 q는 어느 블록에서 선언한 자료인지 설명하시오.

실습문제

1 프로그래밍 언어의 블록 구조를 설명하시오.

2 프로그래밍 언어에서 블록 구조가 필요한 이유를 설명하시오.

3 정적 범위 규칙을 설명하시오.

4 포트란과 같이 정적으로 할당하는 언어의 범위 규칙을 설명하시오.

5 아래 C 프로그래밍 언어의 블록 구조를 살펴보자. 각 네모는 각 블록의 범위를 나타낸다. 각 블록에서 선언한 자료를 나열하시오.

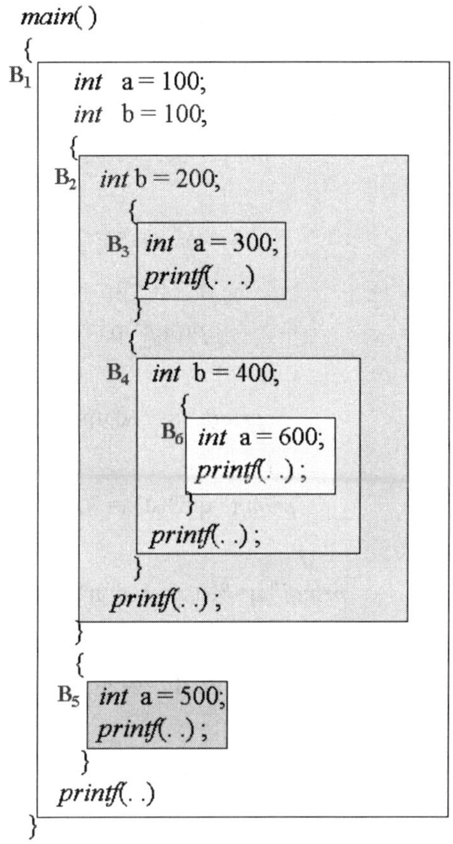

6 문항 5의 프로그램 블록-구조에서 선언한 각 변수의 활동 범위를 쓰시오.

7 아래 C 언어 프로그램이 실행한 결과를 쓰시오.

```
main( )
{
    int p = 100;
    int q = 120;
    {
```

```
    int p = 330;
      {
        int  a = 80;
            {
              int  q = 30;
              int  b = 30;
                {
                int  p = 60;
                    {
                      int  a = 50;
                      p = p + a + a;
                      printf(" p= %d, q= %d \n", p, q);
                    }
                 printf(" a= %d, q= %d \n", a, q);
                }
              printf(" q= %d, a= %d \n", q, a);
            }
        printf(" q= %d, p= %d \n", q, p);
      }
      printf(" p= %d, q= %d \n", p, q);
  }
  printf(" p= %d, q= %d \n", p, q);
}
```

17.5 엑세스 링크

어떤 블록에서 자료가 필요한 경우는 다른 블록에서 선언된 자료를 사용할 수 있다. 이 경우에는 필요한 자료가 **어느 블록에 있는지**를 아는 방법이 필요하다. 이와 같이 다른 블록에 선언된 자료를 찾아내는 방법은 복잡하지만, 어떤 블록이 어떤 자료를 사용하고 있는지 추적하면서 계속 관리한다.

엑세스 링크는 자료를 필요로 하는 어떤 블록에서 다른 블록에 선언된 자료를 사용할 수 있도록 자료를 연결하는 기법이다. 즉, 각 블록의 활성 레코드에 엑세스 링크를 추가하여 다른 블록에 있는 자료를 사용할 수 있도록 범위 규칙을 적용한다.

그림 17.18은 그림 17.17 프로그램 예에서 각 블록에 선언된 자료를 다른 블록에서 사용할 수 있도록 활성 레코드에 엑세스 링크를 추가한 **제어 스택**이다. 각 블록은 자신이 필요로 하는 자료를 엑세스 링크로 연결된 다른 블록에 접근하여 가져올 수 있다.

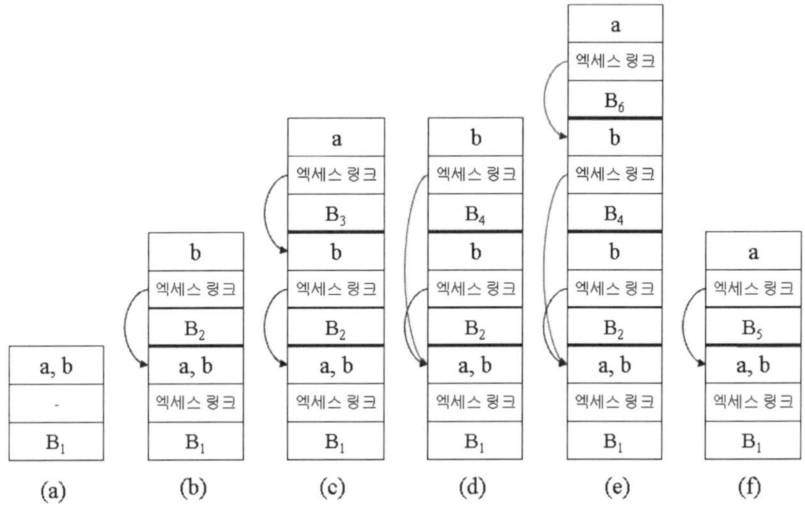

그림 17.18 엑세스 링크로 다른 블록에 있는 자료(비지역 자료) 사용

실습 17.9

실습 17.6의 프로그램에 대해 엑세스 링크가 있는 활성 레코드를 그리시오.

실습문제

1 아래 C 프로그램을 실행한 결과를 보고 각 자료의 범위 규칙을 분석하시오.

```
main( )
{
    int  p = 10;
    int  q = 20;
    {
      int q = 30;
        {
          int  p = 40;
            {
              int  q = 90;
                {
                  int  b = 60;
                    {
                      int  a = 50;
                      a = q + b;
                      printf(" a= %d, b= %d \n", a, b);
                    }
                  printf(" b= %d, q= %d \n", b, q);
                }
              printf(" q= %d, b= %d \n", q, b);
            }
          printf(" a= %d, p= %d \n", a, p);
        }
      printf(" p= %d, b= %d \n", p, b);
    }
    printf(" p= %d, q= %d \n", p, q);
}
```

2 문항 1의 프로그램에서 각 블록의 자료를 사용할 수 있도록 엑세스 링크를 가진 제어 스택을 그리시오.

제18장

인터프리터

인터프리터

앞에서 컴파일러의 전체적인 과정을 살펴보았다. 이 장에서는 인터프리터라는 번역기가 프로그램을 직접 실행하는 인터프리팅 과정을 살펴본다. 이미 언급한 것과 같이 **인터프리터**는 컴파일러처럼 기계어 코드를 생성하는 것이 아니다. 어휘 분석과 파싱을 마치면서 프로그램을 직접 실행한다. 즉, 메모리에 프로그램에 대한 **추상 신택스 트리**가 만들어지고, 인터프리터가 이 추상 신택스 트리를 실행한다. 이 장에서는 인터프리터와 **인터프리팅**이라는 용어를 구별하는데 인터프리터는 인터프리팅하는 소프트웨어를 말한다. 인터프리팅은 프로그래밍 언어를 **번역하면서 직접 실행**하는 과정과 방법을 말한다. 이 장에서 인터프리터 개요, 구조, 인터프리팅 개념을 살펴본다.

18.1 인터프리터 개요

프로그램을 실행하기 위해서는 아래와 같이 중간 코드를 생성할 때까지 전처리를 수행한 후, 인터프리터가 직접 실행하거나 기계어 코드를 생성한다. 이 장에서는 생성된 중간 코드에 대해 인터프리팅 과정을 살펴본다.

어휘 분석 → 구문 분석 → 의미 분석 → 중간 코드 생성 ↗ **인터프리팅** ↘ 기계어 코드 생성

앞에서 의미 규칙이 추가된 구문 트리를 만드는 방법을 언급했다. 파싱을 통해 생성되는 추상 신택스 트리는 원시 프로그램의 의미를 가지는 노드로 구성된다. 그리고 인터프리터는 프로그램에 의미 규칙이 추가된 추상 신택스 트리를 직접 실행한다. 순환구조, 함수 호출, 리스트 처리, 조건 계산, 병렬 선택문 같은 고수준의 문장 구조에 대해서는 추상 신택스 트리를 구성하는 노드와 그 노드의 서브 트리로 구성된다.

추상 신택스 트리를 처리하는 다음 단계는 중간 코드로의 변환이다. 변환 결과로 나오는 중간 코드는 트리로 구성되며 트리의 각 노드는 **의미를 실행하는 함수**이다. 즉, 추상 신택스 트리는 프로그램을 실행하기 위한 **함수들의 모음**이라 할 수 있다. 결국, 인터프리터는 원시 프로그램의 동작을 나타내는 추상 신택스 트리의 각 노드(함수)를 실행 순서에 따라 수행한다.

각 노드를 이루는 함수는 아래 내용이 있다.

- 선언된 전역 변수에 대한 메모리 할당(비실행문), 활성 레코드 할당
- 할당을 포함하는 수식
- 조건이나 무조건 분지
- 루틴 호출, 프로시저 헤드, 반환문
- 기타 모듈 연결 정보 같은 관리 기능

추상 신택스 트리가 실행 과정에서 필요한 함수는 프로그래밍 언어의 구조나 특성에 따라 다르지만 적용되는 방법은 같다.

인터프리터는 컴파일러와 달리 각 노드를 실행하는 동안에 처리될 자료가 있어야 하고, 필요하

면 실행하면서 읽어 들여야 한다. 이와 같이 인터프리터는 기계어 코드가 아닌 추상 신택스 트리의 각 노드에 대해 수행하는데 컴퓨터 처리기와 유사하게 동작한다.

인터프리터는 두 유형이 있는데, **재귀적** 인터프리터와 **반복적** 인터프리터이다. 재귀적 인터프리터는 추상 신택스 트리와 서브 트리에 대해 함수를 재귀적으로 직접 실행한다. 반면에 반복적 인터프리터는 기계어 코드가 나열된 것처럼 추상 신택스 트리를 저장하고, 처리기의 동작과 유사하게 노드를 순서대로 읽어 내어 실행한다. 아래에서 두 유형의 인터프리터에 대해 구조와 인터프리팅 과정을 간략하게 살펴보자.

실습문제

1 인터프리터와 컴파일러의 차이를 아래 각 항에 대해 비교하시오.

(a) 속도
(b) 소프트웨어 복잡도
(c) 사용하는 자료 구조의 종류와 표현 형식
(d) 에러 처리
(e) 대상 프로그래밍 언어

2 인터프리터로 수행하기 편한 프로그래밍 언어를 다섯 개 기술하고 이 언어들의 특성을 설명하시오. 또 이 언어들이 인터프리팅에 좋은 이유를 설명하시오.

3 알골 같은 블록 구조언어는 인터프리터로 수행하기 불편하다. 그 이유를 설명하시오.

4 자바 프로그래밍 언어는 인터프리터 언어라고 하는 것이 좋은지, 컴파일 언어라고 하는 것이 좋은지 기술하시오. 이유를 설명하시오.

18.2 재귀적 인터프리터

프로그램의 각 문장에 대해 문법의 의미 규칙이 추가된 추상 신택스 트리가 구성되면, 인터프리터는 이 트리를 확인하고 실행하게 된다. 이때 인터프리터의 전반적인 흐름은 추상 신택스 트리와 심볼 테이블을 인자로 가져와서 필요한 작업을 수행하고 결과 값을 반환한다. 이와 같이 인터프리터는 구문-직접 번역과 유사하게 문법 구문 하나를 함수로 실행한다. 함수의 실행 결과는 한 개가 될 수도 있고 여러 개가 될 수도 있다. 또한 결과는 수식의 값이 될 수도 있고, 변경된 심볼 테이블이 될 수도 있다.

각 함수는 수식의 부분 수식 값이나 문장의 중간 결과(조건 수식 등) 값을 알기 위해 추상 신택스 트리의 일부를 **재귀적**으로 호출하고, 변수 값은 심볼 테이블에서 가져온다. 함수는 수식뿐만 아니라 프로그램에서 사용하는 선언문과 여러 문장에도 적용되고, 입력이나 출력 같은 부가적인 기능도 수행한다.

이와 같이 재귀적 인터프리터는 추상 신택스 트리의 각 노드에 대해 인터프리팅하는 루틴이 있으며, 각 루틴은 서브 트리의 다른 루틴을 호출한다. 이 호출은 프로그램이 실행하는 순서에 따라 호출된다.

예를 들어, 아래의 if문 구조를 살펴보자. if문의 조건 수식, then 부분, else 부분을 실행하는 의미에 따라 각 루틴을 재귀적으로 호출한다.

```
void ExecIFstmt(IfNode)   /*  if문 노드에 대한 실행 함수  */
{
 Result = EvalExp(IfNode.cond);
 if (Status.mode != Normal) return;
 if (Result.type != Boolean)
        {
         errorRoutine("if문의 조건이 불리언 형이 아닙니다.");
         return;
        }
  /*  참이면 then 노드 부분을 실행하기 위해 다시 ExecStmt를 호출(재귀)한다.  */
 if (Result.bool.val == True)
        {
         if (IfNode.thenNode != NoNode)
```

```
            ExecStmt(IfNode.thenNode);
  /* Result.bool.value 가 거짓이면, else 노드 부분이 있는지 검사하고,    */
  /* 있으면 else 노드 부분을 실행하기 위해 ExecStmt를 호출(재귀)한다.  */
            else
              if (IfNode.elseNode != NoNode)
                  ExecStmt(IfNode.elseNode);
        }
 return;
}
```

위의 if문 구조를 시행하는 루틴에서 ExecIFstmt는 조건을 먼저 인터프리팅한 다음, 그 결과에 따라 then 노드와 else 노드를 수행할 수 있다. then 노드와 else 노드는 여러 문장으로 구성되므로 IfNode.thenNode 노드와 IfNode.elseNode를 인자로 하여 루틴 ExecStmt( )를 재귀적으로 호출한다. 이와 같이 재귀적 인터프리터는 추상 신택스 트리의 가장 위에 있는 노드를 인자로 하여 실행하면서 각 루틴을 재귀적으로 호출한다. 여기서는 간단하게 기술했지만, 실제 인터프리터에서의 에러 루틴은 조건 수식의 자료형과 원시 코드에서에서의 '에러' 위치 등을 자세히 알려주도록 해야 한다.

또한 변수, 이름이 정의된 상수, 기타 이름이 붙은 자료 즉, 식별자들은 디스크립터에 기술된 대로 심볼 테이블에 저장한다. 예를 들어, '어떤 자료형 type_T로 선언된 변수 var_V'에 대한 공간을 할당한다. **힙**에 필요한 공간을 할당하고, 심볼 테이블에 있는 변수 이름인 var_V와 연결하여 자료형에 대한 레코드를 넣는다.

레코드에는 아래 내용이 들어간다.

자료형 type_T에 대한 포인터
이름 var_V에 대한 포인터
선언 가능한 것(변수, 상수 등)들에 대한 표시
파일 이름과 파일이 선언된 줄 번호
var_V 값에 대해 새로 할당된 공간에 대한 포인터
var_V가 초기화 되었는지 아닌지를 알려주는 비트
각 프로그래밍 언어의 범위 규칙에 따른 범위와 스택 관련 포인터
기타 각 프로그래밍 언어에 따른 필요한 데이터

그리고 심볼 테이블에서 변수 이름 var_V를 찾는다. 즉, 이름 var_V는 변수 var_V의 주소이다. 심볼 테이블은 스택처럼 동작하며 인터프리터가 사용한다.

재귀적 인터프리터에서 식별자를 표현하는 것도 중요하다. 인터프리터는 프로그램에 선언되거나 정의된 자료도 처리해야 하는데, 실행을 시작할 시점에는 값의 자료형과 크기를 알 수 없다. 그러므로 인터프리터는 이런 자료 값에 대해 레코드를 구현하고, 실행 도중에 값들에 대한 자료형과 크기 등을 지정한다. 그리고 이 레코드에 대한 포인터를 인터프리팅 과정에서 '값'으로 사용한다.

예를 들어, 프로그램에 아래처럼 실수형 변수 phi를 정의한다고 하자.

```
float phi = 3.14;
```

실수형 변수 phi의 자료형과 크기는 그림 18.1처럼 표현할 수 있다. 즉, 변수 var_V의 이름, 자료형, 크기(바이트), 값, 다음 변수의 포인터 이며 실행하는 동안에 변경될 수 있다. 이런 구조는 모든 실수형 자료에 대해 동일하게 적용한다. 또한 이 레코드에는 각종 정보가 추가로 들어갈 수 있는데, 어떤 값이나 자료형을 사용하는 원시 프로그램 파일 이름이나 프로그램의 행 번호 같은 것들이다.

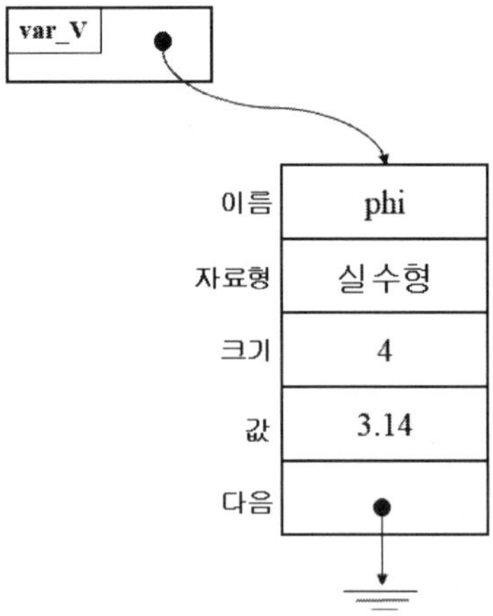

그림 18.1 실수형 변수 phi의 자료형과 크기 표현 레코드

재귀적 인터프리터에서는 정수형이나 실수형 같은 단순 자료형 값이라도 이와 같은 구조로 표현한다.

인터프리터의 동작을 파악하는 **상태 표시**기가 있는데, 인터프리터가 제대로 동작하는지를 알기 위한 **제어 흐름** 모드이다. 인터프리터에서는 **열거형** 값으로 표현한다. 제어 흐름이 순차적이면 Normal을 정상 값으로 나타내지만, 점프, 예외, 함수 반환, 이외 유형의 제어 흐름을 나타내기 위해서는 다른 값으로 표현할 수 있다. 즉, 리턴 모드 값, 예외 이름과 예외 모드 값, 점프 모드의 레이블일 수 있다. 즉, RetMode, ExceptMode, JumpMode이다.

이와 같이 인터프리터의 각 루틴은 다른 루틴을 호출한 후에는 상태 표시기를 점검하여 수행 과정을 확인한다. 상태 표시기가 Normal이면 루틴이 정상적으로 수행한 것이고, 그렇지 않으면, 어떤 루틴이 처리해야하는 모드인지 검사한다. 어떤 경우도 아니면 비정상 상태이므로 루틴은 즉시 반환하여 자기를 호출한 상위 루틴 중에서 해당 모드의 루틴이 처리할 수 있도록 한다.

예를 들어, 어떤 프로그래밍 언어에서 return a * b;와 같이 수식이 있는 return문은 루틴 안에서 수식을 먼저 연산한다. 그리고 상태 표시기(Status.mode)를 리턴 모드(RetMode)로 하고, 결과 값을 상태 값(Status.value)에 할당하여 상태 표시기와 결합한다. 수식 연산으로 반환된 상태는 Normal 값이다.

return문 자체는 특별하게 나타날 모드가 없지만, 수식 연산 EvalExp(RetExpNode.Exp)에서 어떤 비정상 모드(수식에서 점프, 산술 에러 등)가 반환될 수 있다. 그러면 정상 모드가 아니기 때문에 이 루틴은 즉시 반환되고 조상 노드(루틴) 중 하나가 해당 모드를 처리하도록 한다.

```
viod ExecRetExp(RetExpNode)     /*   RetExp: ReturnExpression   */
{
 Result = EvalExp(RetExpNode.Exp);
 if (Status.mode != Normal) return;
   {
    Status.mode = RetMode;
    Status.value = Result;
   }
}
```

위에 기술한 if문을 처리하는 루틴 ExecIFstmt(IfNode)에서도 상태 표시기가 있는데, 이 상태 표시기가 비정상적인 상태로 올 수 있기 때문에 ExecIFstmt(IfNode)는 곧 바로 반환된다. 또한 result의 자료형이 잘못될 수 있으므로, 이런 경우는 에러 메시지를 통지하고 반환한다. 에러 루틴은 발생한 에러로 인터프리팅을 종료하거나 새로운 상태 표시기(ErrorMode)를 구성한다. 만약 불리언 값이 올바르면, then 노드와 else 노드를 인터프리팅하고 상태 표시기는 그대로 둔다. 만약 then 노드와 else 노드가 없으면 아무것도 하지 않는다. 상태 표시기는 이미 Normal이다.

이와 같이 재귀적 인터프리터는 문법 구문의 의미 규칙에 따라 생성한 추상 신택스 트리에 대해 각 노드의 의미를 수행하는 함수들의 모임으로 재귀적으로 실행한다. 아래의 간단한 프로그램 Average는 그림 18.2와 같이 추상 신택스 트리의 최상위 노드부터 차례로 실행하기 위해 자손 노드를 재귀적으로 호출한다.

```
/* Average */
 main(viod)
 {
   int num, sum, ave=0;
   sum = 0;
   if (sum > 1000)
     {
      sum = sum + num;
      ave = sum / num;
      }
      else
       {
        ave = 0;
        if (num == 0)
          sum = sum * num;
       }
   ave = 0;
       return  0;
 }
```

그림 18.2는 Average 프로그램의 if문의 조건이 '참'인 결과에 따라 루틴을 실행하는 과정을 보인다. 즉, 노드의 순서에 따라 문장 실행 루틴 → 조건 실행 루틴 → 문장 실행 루틴 → 문장 실행 루틴 → 문장 실행 루틴 → 반환 → 반환 → 반환 → 반환 → 최종 결과이다.

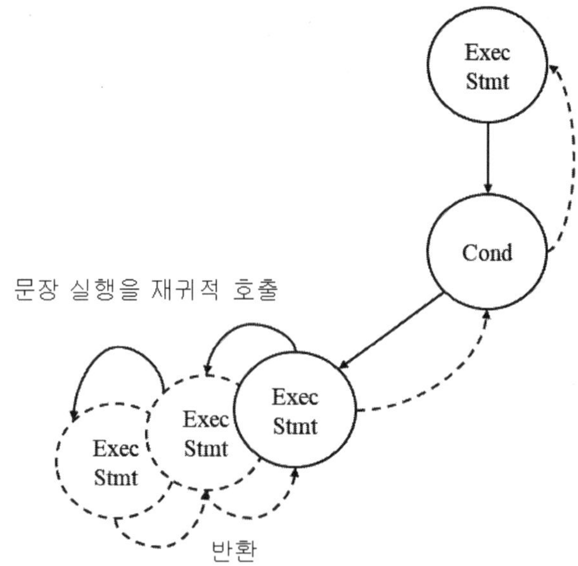

그림 18.2 프로그램 Average의 신택스 트리와 노드(루틴) 실행 과정 예

위에서 재귀적 인터프리터의 개념을 살펴보았으며, 임의의 프로그램에 대한 추상 신택스 트리로 된 프로그램을 어떻게 실행하는 살펴보자.

예로 사용할 프로그램(Total)은 0이 아닌 정수를 하나씩 입력하면서 그 합계를 계산하고, 입력한 정수의 개수를 구한다. 정수를 차례로 입력하다가 0이 입력되면 합계와 개수를 계산하는 과정을 멈추고, 지금까지 입력한 정수의 합계와 개수를 출력한다. 이 프로그램 흐름은 아래와 같다(이 프로그램은 다음 장에서도 사용한다).

```
int num, sum, cnt;
sum = 0;
cnt = 0;
read num;
while num ≠ 0 do
  sum = sum + num;
  cnt = cnt + 1;
  read num;
endwhile;
write cnt, sum;
stop;
```

이 프로그램의 추상 신택스 트리를 문장 레벨에서 간단하게 표현하면 그림 18.3과 같다. 또한 선언한 변수는 그림 18.4와 같은 자료 구조로 메모리 안에 저장된다. 변수 num의 값은 아직 할당되거나 읽어 들인 값이 없기 때문에 물음표(?)로 표기되어 있다.

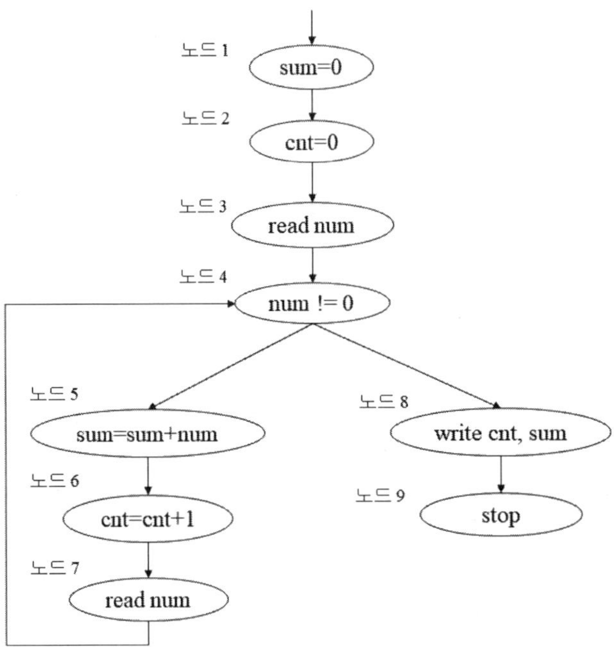

그림 18.3 프로그램 Total에 대한 문장 레벨의 추상 신택스 트리 표현

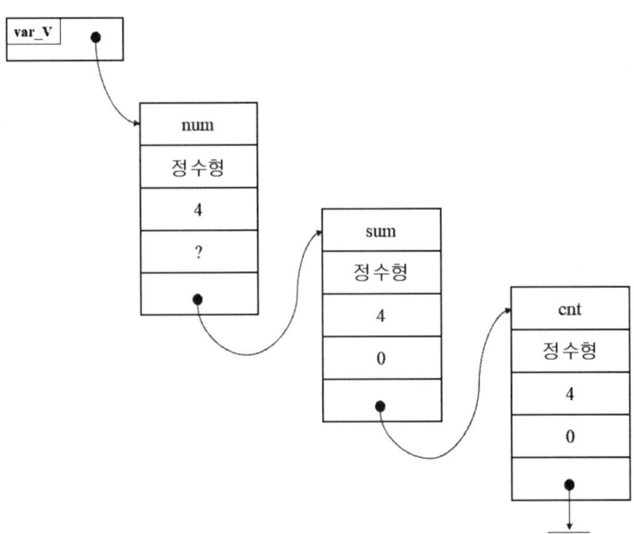

그림 18.4 프로그램 Total에 선언한 정수형 변수 num, sum, cnt의 자료형과 크기 표현

이미 언급한 것과 같이 주어진 프로그램을 인터프리팅하려면 프로그램에 대한 추상 신택스 트리 외에도 식별자에 해당하는 값을 **바인딩**하는 심볼 테이블과 각종 자료 테이블이 필요하다. 뿐만 아니라, 함수 호출도 처리할 수 있도록 함수 이름을 추상 신택스 트리에 바인딩하는 함수 테이블도 필요하다. 여기서는 변수 이름이나 상수 같은 터미널 심볼의 속성은 미리 안다고 가정한다. 즉, 터미널 심볼인 식별자의 이름을 가져오는 함수나 숫자 값을 반환하는 함수는 이미 있다.

아래는 인터프리팅 중에 필요한 기능을 수행하는 함수들 이다.

함수 이름	기능
SymTbl	심볼 테이블
FunTbl	함수 테이블
GetId( )	식별자 이름을 가져오는 함수
GetValue( )	숫자 값을 가져오는 함수
EvalExp( )	수식을 계산하고, 정수와 불리언 값을 반환하는 함수
AsnExp( )	수식을 계산한 결과 값을 할당하는 함수
CallFun( )	함수를 호출하는 함수

프로그램 Total에 대한 그림 18.3의 추상 신택스 트리를 수행하는 인터프리터는 각 노드에 대해 아래와 같은 함수의 모임으로 구성되고 수행한다.

	인터프리팅하는 함수

노드1	AsnExp(SymTbl, v.type, v.value, FunTbl)
	{
	  id = GetId(sum)
	  v.value = lookup(SymTbl, GetValue(id), id.type)
	  if (v.found == Nofound) errorRoutine( )
	      else v.type = id.type
	}

<table>
<tr><td>노드2</td><td><pre>AsnExp(SymTbl, v.type, v.value, FunTbl)
{
  id = GetId(cnt)
  v.value = lookup(SymTbl, GetValue(id), id.type)
  if (v.found == Nofound) errorRoutine( )
        else v.type = id.type
}</pre></td></tr>
<tr><td>노드3</td><td><pre>ReadID(SymTbl, v.type, v.value, FunTbl)
{
  id = read(cnt)
  v.value = lookup(SymTbl, GetValue(id), id.type)
  if (v.found ==Nofound) errorRoutine( )
        else v.type = id.type
}</pre></td></tr>
<tr><td>노드4</td><td><pre>COND(Exp, SymTbl, v.type, v.value, FunTbl)
{
  id = GetId(num)
  v.value = lookup(SymTbl, GetValue(id), id.type)
  if (v.found == Nofound) errorRoutine( )
        else if (v.type == 'integer' && v.value != 0)
             AsnExp(SymTbl, v.type, v.value, FunTbl)
}</pre></td></tr>
<tr><td>노드5</td><td><pre>AsnExp(SymTbl, v.type, v.value, FunTbl)
{
  id1 = GetId(sum)
  id2 = GetId(num)
  v1.value = lookup(SymTbl, GetValue(id1), id.type)
  v2.value = lookup(SymTbl, GetValue(id2), id.type)
  if (v1.found == Nofound && v2.found == Nofound)
             errorRoutine( )
        else
             v1.value + v2.value
}</pre></td></tr>
</table>

<table>
<tr><td>노드6</td><td><pre>AsnExp(SymTbl, v.type, v.value, FunTbl)
{
  id = GetId(cnt)
  v.value = lookup(SymTbl, GetValue(id), id.type)
  if (v.found == Nofound) errorRoutine( )
        else v.value + 1
}</pre></td></tr>
<tr><td>노드7</td><td><pre>ReadID(SymTbl, v.type, v.value, FunTbl)
{
  id = read(cnt)
  v.value = lookup(SymTbl, GetValue(id), id.type)
  if (v.found == Nofound) errorRoutine( )
        else v.type = id.type
}</pre></td></tr>
<tr><td>노드8</td><td><pre>WriteID(SymTbl, v.type, v.value, FunTbl)
{
  id1 = write(cnt)
  id2 = write(sum)
  v1.value = lookup(SymTbl, GetValue(id1), id1.type)
  v2.value = lookup(SymTbl, GetValue(id2), id2.type)
  if (v.found == Nofound) errorRoutine( )
        else
          {
           v1.type = id1.type
           v2.type = id2.type
          }
}</pre></td></tr>
<tr><td>노드9</td><td><pre>Stop(SymTbl, v.type, v.value, FunTbl)
{
 CallFun(stop)
}</pre></td></tr>
</table>

인터프리터가 그림 18.3의 각 노드를 실행하는 과정을 살펴보자.

- 숫자 값은 추상 신택스 트리에서 노드의 속성 값으로 알 수 있다.
- 변수 값은 심볼 테이블에서 변수 이름을 찾는다. 심볼 테이블 SymTbl에서 변수를 찾을 수 없으면 lookup 함수는 특수 값 Nofound를 반환한다. 이 경우 에러가 통지되고 인터프리터는 중지된다. 그렇지 않으면 lookup에서 찾은 식별자 값을 가져온다.
- 사칙 연산 중에서 더하기 연산에서는 두 인자가 모두 같은 정수형인지 확인한다. 모두 정수형이면 두 인자 값을 더한 결과 값을 반환한다. 그것도 아니면, 에러를 통지하고 중지한다.
- 비교에서는 두 인자의 자료형이 같아야 한다. 자료형이 같으면 두 값을 비교하고, 그렇지 않으면 에러를 통지한다.
- 조건식에서 조건은 불리언이어야 하고 '참'인지 '거짓'인지 검사한다. 참이면 then 분지를 실행하고, 거짓이면 else 분지를 실행한다. 조건이 불리언이 아니면 에러가 통지된다.

이와 같이 재귀적 인터프리터는 추상 신택스 트리와 심볼 테이블을 인자로 하여 각 노드의 함수를 실행하고 결과 값을 반환한다. 이 함수들을 모두 실행하면 인터프리터의 결과가 출력된다. 위의 Total 프로그램에 대한 인터프리터는 간단하게 기술하였지만, 확장하여 여러 프로그램에 적용 할 수 있다.

실습문제

1 아래 문장 구조를 인터프리팅하는 문법 구문과 의미를 실행하는 함수를 기술하시오.

```
for (i=0, i != 100, i++)
{
    k = k + i;
}
```

2 위 본문에서 함수에서는 형식 인자의 자료형과 함수 계산 결과를 선언한다. 그러면 인터프리터는 함수를 실행하기 전에 자료형의 선언과 개수를 확인한다. 이 과정을 수행하는 인터프리터 함수를 기술하고, 임의의 프로그래밍 언어로 구현하시오.

18.3 반복적 인터프리터

반복적 인터프리터 구조는 하드웨어 처리기의 동작 과정을 모방해 수행한다. 즉, 처리기가 메모리에서 프로그램 인스트럭션을 하나씩 꺼내어 실행하는 것과 유사하게 수행한다. 그러므로 처리기가 메모리에서 **인스트럭션 꺼내기**와 **실행**의 동작을 반복하듯이, 인터프리터의 메인 루틴은 가장 외부의 순환 구조 안에서 지정한 노드에 해당하는 루틴을 선택하여 실행한다. 다시 말하면, 순환은 switch문과 case문으로 구성되고, 실행 순서에 따라 지정되는 노드에 대해 같은 방법으로 수행한다.

프로그램에 대한 추상 신택스 트리의 각 노드는 각 문장의 의미를 가지고 있기 때문에, 인터프리터는 인터프리팅될 노드를 가리키는 **활성 노드 포인터**를 유지해야 한다. 이 활성 노드 포인터가 가리키는 노드에 해당하는 루틴을 실행한다. 그리고 활성 노드 포인터가 다음 실행할 노드를 가리키도록 한다. 이와 같이 활성 노드 포인터는 처리기의 **프로그램 카운터**와 유사하지만, 자동으로 증가하지는 않고 인터프리터에서 다음 노드를 지정해야 한다.

아래는 반복적 인터프리터에서 활성 노드 포인터가 지정한 if문 노드에 대한 루틴을 수행하는 과정이다. 즉, 추상 신택스 트리의 현재 활성 노드에 따라 case문이 노드에 해당하는 if 루틴 하나를 선택한다.

```
while (ActNodePtr != Stop)    /* ActNodePtr(활성 노드 포인터)가 Stop(마지막)이 아니면  */
{
 switch (ActNodePtr)
 {
  case: ExpNode:
   {
     ...
   }
  case: WhileNode:
   {
     ...
   }
   /* 활성 노드 포인터가 가리키는 노드가 if문 구조이면 아래 루틴 수행 */
   /* 조건을 계산한 불리언 결과는 스택에 있다.      */
```

```
  case IfNode:
    {
     Value = GetValue(Stack);
     if (Value.bool.val == true)
            ActNode = ActNode.thenNode;
         else   /* 불리언 값이 거짓이면  */
            if (ActNode.elseNode != NoNode)
                 ActNode = ActNode.elseNode;
                else  /* 활성 노드의 else부분이 없으면  */
                 ActNode = ActNode.nextNode; /* 활성 노드 다음 노드로 */
    }
      ...
      ...
  case OtherNodes:
    {
      ...
    }
  }
}
```

추상 신택스 트리에서 if문에 해당하는 노드의 '조건 부분'을 계산하는 루틴을 먼저 실행한다. 자료형은 전체적으로 이미 검사했으므로 조건 부분의 자료형을 검사할 필요는 없다. 그러므로 조건 계산 결과 값에 따라 활성 노드 포인터가 가리키는 분지에 해당하는 루틴을 호출한다. 추상 신택스 트리의 각 노드에 해당하는 다른 루틴도 같은 방식으로 실행한다.

아래는 반복적 인터프리터의 메인 부분으로 활성 노드 포인터로 제어하는 순환 구조이다. 여기서는 노드가 수식(Expression) 하나만 있으므로 프로그램은 간단하다.

```
#include "Parser.h"    /* 자료형 ASTNode와 Expression를 위한 것임 */
#include "GoExecute.h" /* ExecuteAST( )와 StartExecute를 위한 것임 */
#include "Stack.h"     /* put( )와 get( )를 위한 것임 */

static ASTNode *ActNodePtr;
static void Execute(void)
{
  while (ActNodePtr != 0)
```

```
{
 Ex *Exp = ActNodePtr;  /* 오직 수식 한 개의 노드만 있음 */
 switch (Exp->type)
 {
   case Declare:
    {
      put(Exp->Value);
      break;
    }
   case Compute:
    {
     int LeftValue = get( );
     int RightValue = get( );
     switch (Exp->operator)
       {
       case  ADD:
         {
           put(LeftValue + RightValue);
           break;
         }
       case SUB:
         {
           put(LeftValue - RightValue);
           break;
         }
       case MUL:
         {
           put(LeftValue * RightValue);
           break;
         }
       case SUB:
         {
           put(LeftValue / RightValue);
           break;
         }
```

```
            }
        }
        break;
    }
    ActNodePtr = ActNodePtr->nextNode;
  }
    printf ("%d\n", get( ));   /* 수식을 계산한 결과 출력 */
}

void Iterative_Interpret(ASTNode *iNode)
{
    ExecuteAST(iNode);
    ActNodePtr = StartExecute;
    Execute( );
}
```

위 인터프리터는 Iterative_Interpret( )에서 트리를 순회하면서 시작한다. 또한 스택에서 값을 가져오는 동작과 넣는 동작은 get( )과 put( ) 함수이다.

메인 부분에서 알 수 있듯이 반복적 인터프리터는 재귀적 인터프리터 보다 간단하다. 또한 사용하는 자료 구조도 컴파일된 프로그램이 사용하는 자료 구조와 유사하게 구성된다. 즉, 원시 프로그래밍 언어의 특성에 따라 전역 변수를 유지하거나, 변수 사용에서 스택-지향이면 지역 변수가 할당된 스택을 유지한다. 변수나 다른 객체에도 인터프리터 내부에서 메모리로 표현되는 배열의 위치(변위)가 있다. 이것은 반복적 인터프리터가 하드웨어 처리기와 메모리의 동작 방식을 흉내 내기 때문이다.

인터프리터가 처리하는 추상 신택스 트리는 여러 방식으로 저장한다. 트리 형태가 가장 널리 사용되지만, 일차원 배열 형식으로 저장할 수도 있다. 배열 형식으로 저장하는 방식과 트리 형식으로 저장하는 방식은 각각 배열 구조와 트리 구조의 특성과 같다. 그림 18.4는 if문 구조에 대한 추상 신택스 트리를 트리 형식과 일차원 배열 형식으로 표현(저장)하는 예이다.

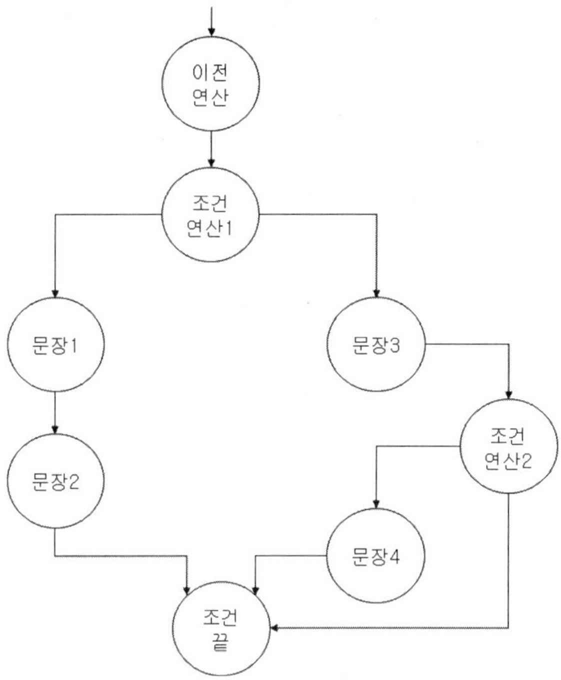

(a) 트리 형식으로 노드 표현

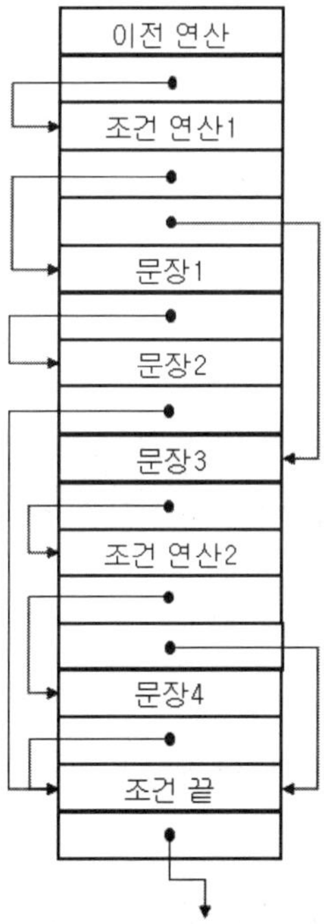

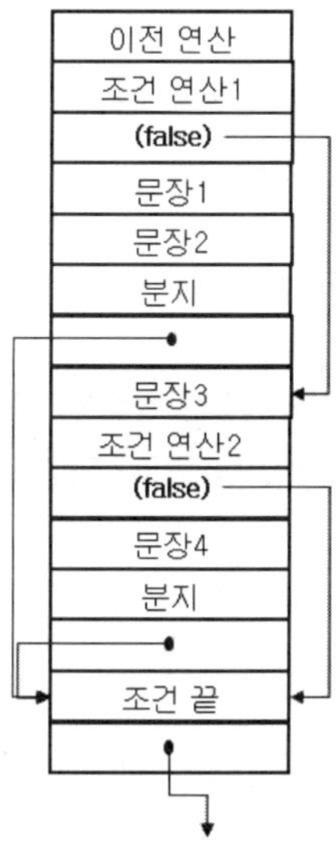

(b) 배열 형식으로 문장 단위 노드 할당　　(c) 배열 형식으로 블록 단위 노드 할당

그림 18.4 트리 구조와 배열 구조의 추상 신택스 트리 표현 방식

반복적 인터프리터에서 추상 신택스 트리를 배열로 저장하면, 컴파일한 기계어 코드를 처리기와 메모리가 동작하는 방식을 흉내 내기 쉽고 구현하기도 간단하다.

인터프리터에서 에러가 발생한다는 것은 실행 도중에 에러가 발견된다는 것이므로 실행 중에 에러를 처리하거나 수정해야 한다. 에러가 발견되면 인터프리터는 실행을 잠시 멈추고 실행 중인 프로그램에서 에러가 발견된 문장을 제거하거나 변경하여 에러를 수정한다. 간단하게는 현재 실행 중인 프로그램을 종료시키고, 추상 신택스 트리의 r최상위r 노드로 되돌아가서 에러를 수정한 후 프로그램을 다시 실행한다. 또 다른 방법으로 자료의 값을 변경해 봄으로써 실행을 계속할 수도 있다.

실습문제

1 어떤 프로그래밍 언어는 '이름에 의한 전달 방식' 함수 사이에서 인자를 전달한다. 이 이름에 의한 전달 방식을 인터프리터에서 수행하는 함수를 기술하시오.

2 인터프리팅 도중에 계산하고자하는 변수 값이 식별자 테이블에 존재하지 않으면 인터프리터는 어떤 행동을 하는지 설명하시오. 만약 인터프리팅을 계속하도록 하려면 어떻게 해야 하는지 설명하시오.

18.4 리커시브 디센트 파서에 의한 인터프리터

앞에서 이미 살펴본 리커시브 디센트 파서에서 파싱 도중에 직접 연산을 수행하는 구문 직접 번역을 간단하게 시뮬레이션해 본다. 즉, 직접 연산을 수행하는 간단한 인터프리터가 될 수 있다. 그러므로 문법 구문에서 각 넌터미널에 대응하는 r의미 규칙r 대신 해당 의미를 직접 수행하도록 함수를 호출하도록 한다.

예를 들어, raddr, rmulr,.. 등 코드를 생성(프린트)하는 부분에서 의미를 수행하는 함수를 호출하고, raddr나 rmulr를 생성하지 않고 함수에서 더하기나 곱하기 연산을 직접 수행한다. 실습 13.4

와 마찬가지로 입력으로 필요한 문법과 7+8+9*5#을 입력하여 실행한다. 여기서는 추상화 신택스 트리가 아닌 문법 구문을 입력한다.

리커시브 디센트 파서에 의한 인터프리터 시뮬레이션 프로그램은 아래와 같다.

```
#define _CRT_SECURE_NO_WARNINGS
#include <stdio.h>
#include <conio.h>
#include <string.h>
#include <stdlib.h>

int Top = −1;
int result;
int Stack[30];
char Terminal;
char temp;

void E( );
void Elist( );
void M( );
void Mlist( );
void F( );
void Error( );

int main(void)
{
    Terminal = getchar( );
    printf("Termianl : %c\n", Terminal);
    E( );
    printf("\n Stack[top] =%d\n", Stack[Top]);
     return 0;
}

void Error( )
{
    printf("\n Parsing error No.__");
```

```
    exit(1);
}

void E( )
{
    printf("E 안 \n Stack[top] =%d\n", Stack[Top]);
    if ((Terminal == r(r) || ((Terminal >= r0r) && (Terminal <= r9r)))
    {
        M( );
        Elist( );
    }
    else
        Error( );
}

void M( )
{
    printf("M 안 \n Stack[top] =%d\n", Stack[Top]);
    if ((Terminal == r(r) || ((Terminal >= r0r) && (Terminal <= r9r)))
    {
        F( );
        Mlist( );
    }
    else
        Error( );
}

void Elist( )
{
    printf("Elist( )\n");
    if (Terminal == r+r)
    {
        Terminal = getchar( );
        printf("Elist 안 Terminal : %c\n", Terminal);
        M( );
```

```
        printf("Top-1 = %d\n", Stack[Top - 1]);
        printf("Top = %d\n", Stack[Top]);
        Stack[Top - 1] = Stack[Top - 1] + Stack[Top];
        result = Stack[Top - 1];
        printf("Result = %d\n", result);
        Top = Top - 1;
        Elist( );
    }
    else if ((Terminal == r)r) || (Terminal == r#r)); /*do nothing*/
    else
        Error( );
}

void Mlist( )
{
    printf("Mlist( )\n");
    if (Terminal == r*r)
    {
        Terminal = getchar( );
        F( );
        Stack[Top - 1] = Stack[Top - 1] * Stack[Top];
        result = Stack[Top - 1];
        printf("Mlist 안 Result = %d\n", result);
        Top = Top - 1;
        Mlist( );
    }
    else if ((Terminal == r+r) || (Terminal == r)r) || (Terminal == 13) || (Terminal                == r#r))
/* 캐리지 리턴 */
    {
        printf("+ 또는 ) 또는 끝 \n");
    }
    else
    {
        Error( );
    }
```

```
}

void F( )
{
    printf("F 안 \n Stack[top] =%d\n", Stack[Top]);
    if (Terminal == r(r)
    {
        Terminal = _getche( );
        E( );
        if (Terminal == r)r)
            Terminal = _getche( );
        else
            Error( );
    }
    else if ((Terminal >= r0r) && (Terminal <= r9r))
    {
        Top = Top + 1;
        Stack[Top] = Terminal − 48; /* 문자 '0'을 십진수로 변환 */
        temp = Stack[Top];
        Terminal = getchar( );
        printf("F안 Terminal : %c\n", Terminal);
        printf("Result = %d\n", temp);
    }
}
```

이 시뮬레이션 프로그램은 입력 스트링 7+8+9*5#에 대해 아래와 같은 결과를 출력한다. 각 함수(넌터미널) 안에서는 해당하는 몇 개의 값을 확인하기 출력하고 있다. 이 출력한 값은 프로그램의 이해를 위해 각 함수의 실행 상황만 알아 볼 뿐 리커시브 파서나 인터프리터 개념과는 관련 없다.

```
Termianl : 7
E 안
Stack[top] =0

M 안
Stack[top] =0
```

F 안
Stack[top] =0
F안 Terminal : +
Result = 7
Mlist( )
+ 또는) 또는 끝
Elist( )
Elist 안 Terminal : 8
M 안
Stack[top] =7
F 안
Stack[top] =7
F안 Terminal : +
Result = 8
Mlist( )
+ 또는) 또는 끝
Top−1 = 7
Top = 8
Result = 15
Elist( )
Elist 안 Terminal : 9
M 안
Stack[top] =15
F 안
Stack[top] =15
F안 Terminal : *
Result = 9
Mlist( )
F 안
Stack[top] =9
F안 Terminal : #
Result = 5
Mlist 안 Result = 45
Mlist( )
+ 또는) 또는 끝

Top−1 = 15
Top = 45
Result = 60
Elist( )
Stack[top] =60

또한 다른 수식 두 개를 추가로 입력하고 실행 결과를 확인한다. 수식의 입력 스트링 3*4+7+8#에 대해서는 아래 결과를 출력한다.

Result = 27
Stack[top] =27

같은 방법으로 입력 스트링 5+8*3+4#에 대해서는 아래 결과를 출력한다.

Result = 33
Stack[top] =33

18.5 인터프리터와 컴파일러의 결합: Just-In-Time 컴파일

인터프리터로 번역된 코드는 실행할 목적 기계나 운영 체제와 완전히 독립 될 수 있다. 번역된 기계어 코드는 이 코드를 실행할 수 있는 인터프리터만 있으면 어떤 시스템에서도 사용될 수 있다. 다만, 인터프리터로 번역된 코드는 컴파일된 코드보다 느리게 실행된다. 인터프리터의 실행 속도를 높이는 방법 중 하나가 **JIT 컴파일**이다. JIT 컴파일은 인터프리터가 해당 코드를 실행하기 직전에 인터프리터 코드에 대해 기계어 코드를 생성하도록 한다.

이 JIT 방식은 사용자에게는 컴파일 과정을 안 보이게 하고, 생성된 코드를 특정 프로세서에 적당하게 할당한다. 이 기술은 프로그램의 실행 시간에 영향을 주는 일부 코드만 컴파일한다. 자바 언어에 구현되면서 많이 사용되지만, 자바에만 적용되는 것은 아니다. 이전에도 여러 인터프리터에서 이런 방식의 컴파일을 이미 적용했었다. 이제는 자바에의 JIT 구현 기술이 계속 개선되어 다른 언어의 인터프리터에도 적용되고 있다. 결국, 컴파일된 코드를 직접 실행함으로써 추상 신택스 트리를 인터프리팅하는 것보다 빠르게 한다. 인터프리터가 해당 루틴을 재귀 혹은 반복적으로 실행하는 것을 컴파일된 코드로 한 번에 실행하기 때문이다.

컴파일러는 프로그램이 지시하는 순서를 컴퓨터가 실행하도록 인스트럭션을 생성한다. 반면에 인터프리터는 프로그램을 트리로 표현하고 트리의 노드 순서에 따라 지시를 직접 실행한다. 즉, 작성된 프로그램을 실행하기 위해 컴퓨터 하드웨어에서 수행하는 과정을 흉내 내는 것과 같다. 이 개념으로 보면 인터프리팅 과정과 컴퓨터 동작의 차이는 크지 않다.

다음 장에서 컴퓨터의 구조, 구성 요소, 동작 등을 프로그램으로 표기하고, 가상적인 기계어 코드를 실행하는 **가상 컴퓨터**, 즉, **컴퓨터의 시뮬레이터**를 간단하게 구현해 본다.

실습문제

1 JIT 컴파일 방식과 특성을 설명하시오.

2 가상 컴퓨터의 개념을 설명하시오.

제19장

기계어 코드 실행 시뮬레이션

기계어 코드 실행 시뮬레이션

지금까지 프로그래밍 언어를 번역하는 방법과 여러 알고리즘을 설명하였다. 이 장에서는 번역한 프로그래밍 언어의 기계어 코드가 실행할 수 있는 컴퓨터 구조와 실행 과정을 프로그램으로 구현해 본다. 이 프로그램은 어떤 컴퓨터 구조의 **가상 기계**라 할 수 있으며, 특정 프로그래밍 언어의 기계어 코드를 실행할 수 있는 컴퓨터 **시뮬레이터**이다. 이 장에서는 컴퓨터 구조를 프로그램으로 구현하는 여러 자료 구조를 정의하고, 처리기가 기계어 코드를 실행하는 과정을 설계하고 구현한다.

19.1 개요

컴퓨터 환경이나 구조와 실행하는 과정을 구현한 프로그램은 가상 기계, 에뮬레이터, 시뮬레이터 등 여러 유형으로 말할 수 있다.

가상 기계는 사용자와 컴퓨터 하드웨어 사이에서 사용자와 컴퓨터의 상호작용을 도와주는 것으로 각종 **시스템 소프트웨어**는 가상 기계의 일종이다. 즉, 사용자가 기계어로 컴퓨터 하드웨어와 직접 상호작용을 하지 않고 가상 기계인 시스템 소프트웨어를 통해 상호작용한다. 사용자가 상호작용하는 시스템 소프트웨어가 하드웨어의 실행 과정을 모방하여 수행하고 있는 것이다.

가상 기계의 구조는 아래와 같다.

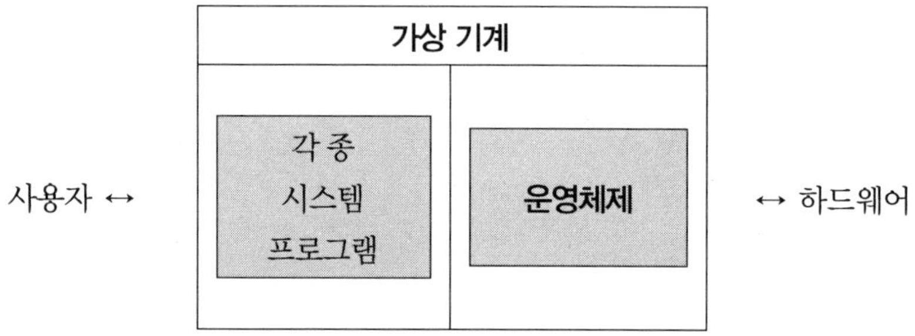

가상 기계는 이미 1960년대 중반에 나타났으며, 중간 코드(중간 언어)를 생성하고, 처리기를 모방하여 실행하도록 했다. 즉, 파스칼 언어의 p−code도 여기에 해당하는데 하드웨어를 가상으로 구현한다. 현대에서는 컴파일 과정의 중간 단계에서 인터프리터로 사용되기도 한다. 즉, 안드로이드 **런−타임**은 바이트 코드를 원래 기계의 코드로 컴파일하며, 초기 **달빅** 가상 기계는 바이트 코드를 변환한다.

에뮬레이션은 가상 기계의 한 방법이다. 어떤 컴퓨터에서 다른 컴퓨터의 운영체제나 응용 프로그램을 실행하도록 한다. 즉, 인스트럭션 셋이 다른 운영체제도 특정 컴퓨터의 운영체제처럼 실행할 수 있다. 사용자의 관점에서 볼 때, 에뮬레이션은 특정 운영체제를 수행하는 어떤 컴퓨터 Com−A(OS)가 다른 컴퓨터의 운영체제 Com−B(OS)를 수행할 수 있다. 에뮬레이션 구조는 아래와 같다.

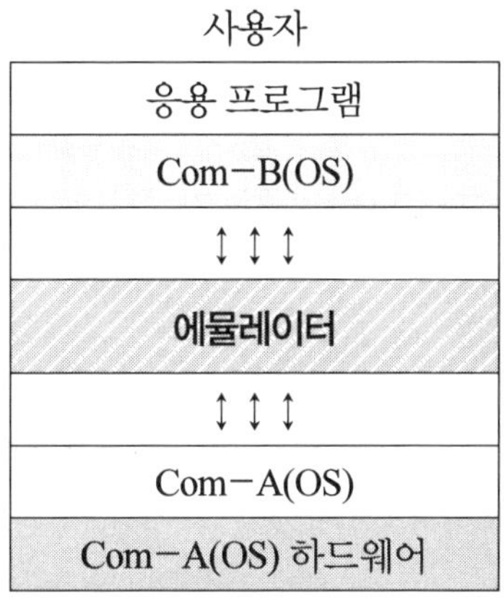

시뮬레이션은 인간을 둘러싸고 물리적인 여러 현상이나 상황을 수학이나 물리적인 공식으로 모델링하고, 그 모델을 프로그램으로 변환한다. 그러므로 어떤 **시스템의 추상적인 모델**이다. 실행 과정이나 결과를 시각적으로 표현할 수도 있으며, 실행 도중에 새로운 조건과 자료를 입력하거나 변환하여, 결과를 의사 결정에 활용할 수 있다. 시뮬레이션 과정은 아래와 같다.

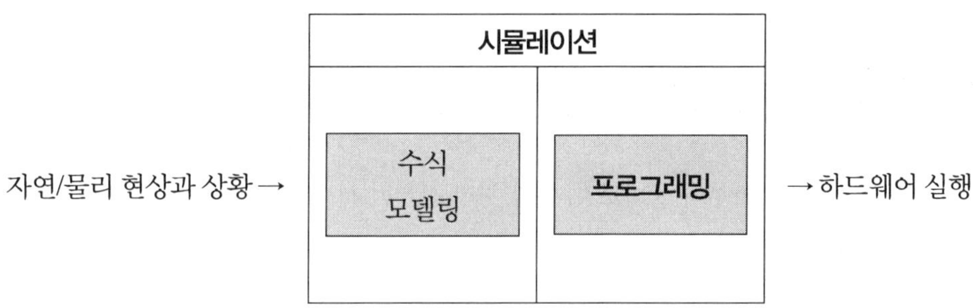

이와 같이 특정 컴퓨터 시스템의 구조와 실행하는 과정을 추상화 모델로 정의하고 시뮬레이션 할 수 있다. 또한 시뮬레이션 과정을 프로그래밍 함으로써, 컴파일러, 기계어 프로그램 실행, 컴퓨터 구조, 운영체제를 이해하는데 도움이 될 수 있다.

이 장에서는 가상 기계나 에뮬레이션보다는 독자의 이해를 돕기 위해 컴퓨터 시스템의 시뮬레이션에 대해 간단하게 살펴본다. 이 시뮬레이션에서는 컴퓨터 시스템의 각 장치를 고급 프로그래밍 언어의 문장으로 **정의**(혹은 **선언**)하고, 각 장치의 작동과 장치 사이의 자료 흐름을 기술한다. 그러면 고급 언어로 작성된 전체 프로그램은 컴퓨터 시스템을 시뮬레이션 하는 **가상 컴퓨터 구조**(**시뮬레이터**)가 된다. 또한 이 시뮬레이터가 목적 프로그램을 실행하도록 가상 인스트럭션 셋이 주어지고, 컴파일하기 위한 샘플 원시 프로그램을 사용한다.

실습문제

1 가상 기계를 설명하시오. 컴파일러를 일종의 가상기계라 할 수 있는지 있다면 이유를 설명하시오.

2 에뮬레이터를 사용하는 프로그래밍 언어(혹은 운영체제)를 예와 이름을 들어 설명하고, 각각의 특성과 차이를 비교하시오.

3 어떤 운영체제 OS1을 다른 운영체제 OS2가 실행되는 컴퓨터에서 구체적으로 어떻게 실행하는지를 설명하시오. 즉, OS1의 인스트럭션 셋이 OS2의 인스트럭션 셋과 같은지? OS1를 OS2로 변환하는지? OS1을 인터프리터로 실행하는지? 아니면 다른 방법이 있는지 등을 구체적으로 설명하시오.

19.2 간단한 컴퓨터 구조

먼저, 간단한 컴퓨터 구조부터 살펴보자. 순차 처리 컴퓨터 시스템은 그림 19.1과 같이 주요 장치인 처리기, 메모리, 버스, 대용량 저장 장치 외에 각종 입출력 장치로 구성되어 있다.

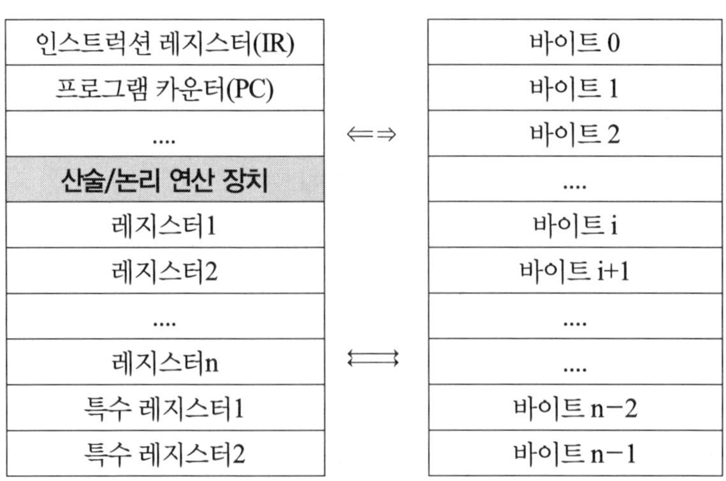

그림 19.1 간단한 컴퓨터 구조: 처리기와 메모리

프로그램 카운터(Program counter: PC), 누산기(Accumulator: ACC), 인스트럭션 레지스터(Instruction register: IR), 베이스 레지스터(Base register: B), 인덱스 레지스터(Index register: X)

컴퓨터 시스템은 그림 19.1에서 보듯이 크게 처리기와 메모리가 있다(제어기나 입출력 장치 등은 생략). 처리기에는 여러 레지스터가 있으며, 메모리는 주소가 있는 각 바이트의 연속이다. 또한 메모리, 처리기, 여러 레지스터는 두 개의 **버스**로 연결되어 있는데, 하나는 **자료 버스**(⟸⟹)이고, 하나는 **주소 버스**(⟸⟹)이다. 자료 버스는 레지스터와 메모리 혹은 다른 장치 사이에서 자료를 주고받는 통로로 자료를 주고받는다. 또한 **주소 버스**는 처리기가 전달한 주소를 필요한 장치(메모리, 입력 장치, 출력 장치 등)에 전달한다.

지금부터 그림 19.1의 컴퓨터 구조를 프로그램으로 시뮬레이션할 수 있도록, 각 장치를 고급 프로그래밍 언어(여기서는 C 프로그래밍 언어)의 문장으로 기술한다.

19.2.1 메모리 표현

메모리는 **주소**로 지정되는 **셀**의 연속으로 구성된 저장 장치로 **인스트럭션**과 **자료**를 저장하고, 처리기는 인스트럭션을 깨내어 실행하면서 필요한 자료를 처리한다. 이 셀을 보통 **바이트**라 한다. 이와 같이, 메모리는 8－비트로 이루어진 한 바이트에 주소 한 개를 부여한 저장 장치로 바이트의 연속이다.

그러므로 메모리를 고급 프로그래밍 언어의 문장으로 기술하려면, 아래처럼 한 바이트를 한 원소로 하는 일차원 배열로 표기할 수 있다. BYTE는 부호가 없는 8－비트 문자형을 자료형으로 정의한다. msize는 BYTE 8－비트가 주소를 지정할 수 있는 메모리의 최대 크기(용량) 256 바이트이다. ADDR은 주소이며, MEMORY는 256개의 주소를 지정할 수 있는 일차원 배열이다.

```
typedef unsigned char BYTE;
int msize=256;
unsigned ADDR;
BYTE MEMORY[msize];
```

19.2.2 처리기 표현

컴퓨터 시스템의 처리기에는 여러 개의 범용 레지스터와 프로그램 카운터, 누산기, 인스트럭션 레지스터, 베이스 레지스터, 인덱스 레지스터 등 특수 목적의 레지스터가 있다.

프로그래밍 언어로 표기하기 위해 레지스터들의 간략한 기능을 살펴본다.

- **범용 레지스터**는 산술 연산이나 논리 연산 도중에 발생하는 중간 결과를 일시적으로 저장한다. 즉, 처리기가 중간 결과를 일시적으로 저장함으로써 메모리에 저장하거나 메모리에서 꺼내오는 시간을 줄인다. 레지스터의 길이는 컴퓨터 구조에 따라 1-바이트, 2바이트, 4바이트, 8-바이트 등 다양하다.
- **누산기**는 인스트럭션이 피연산자를 한 개만 사용하는 컴퓨터에서 어떤 산술 연산이나 논리 연산을 수행한 결과를 일시적으로 저장한다. 그리고 다음 동작에 따라 누산기의 내용을 메모리나 다른 레지스터에 저장하거나, 다른 연산을 수행하여 결과를 다시 누산기에 저장한다. 예를 들어, A=B+C+D이면 B+C를 연산한 중간 결과 T를 누산기에 일시적으로 저장하고, 그 후 T와 D를 더하기 연산한 결과 (T+D)를 누산기에 저장한다. 그리고 (T+D) 값을 메모리 주소 A에 저장한다. 누산기의 개념은 아래와 같으며, ⊕는 산술/논리 연산 장치에서의 연산이다.

누산기 ← 현재 누산기의 내용 ⊕ 피연산자

- **프로그램 카운터**는 메모리에 있는 인스트럭션 중에서 **다음 실행**할 인스트럭션을 가리킨다. 이 레지스터의 **내용**은 다음 실행할 인스트럭션이 있는 **메모리 위치(주소)**이다.
- **인스트럭션 레지스터**는 메모리에서 **패치**(꺼내온)한 인스트럭션 하나를 저장한다. 그러므로 인스트럭션 레지스터의 내용은 처리기에서 현재 실행 중인 인스트럭션이다. 이 인스트럭션 레지스터의 내용에서 동작 코드 영역을 해석하여 필요한 동작을 수행하는데, 주소 영역에 있는 피연산자(자료의 주소, 레지스터 내용 등)에 대해 처리한다.

인스트럭션 형식은 이미 앞에서 살펴보았듯이 동작 코드 영역과 피연산자 영역으로 나누어진다. 피연산자는 메모리 주소나 레지스터 번호가 될 수 있으며, 컴퓨터 구조에 따라서는 피연산자 없이 동작 코드만 있을 수 있다.

이와 같이 여러 장치로 구성되는 처리기는 메모리에 저장된 '인스트럭션'과 '자료'로 프로그램을 수행한다. 처리기와 각종 레지스터는 프로그램에서 구조체로 선언하여 아래처럼 표현할 수 있다. PC는 프로그램 카운터로 8-비트, B는 베이스 레지스터로 8-비트, X는 인덱스 레지스터로 8-비트, ACC는 누산기로 8-비트 정수, IR은 인스트럭션 레지스터로 8-비트이며, R1, R2, R3, R4는 범용 레지스터로 8-비트이다. STX는 스택으로 일차원 배열이다.

```
struct processor {
        unsigned PC, B, X;
        unsigned IR;
        int ACC, STX;
        int R1, R2, R3, R4;
    };
processor CPU;
unsigned STX[100];
```

이와 같이 처리기와 메모리를 고급 프로그래밍 언어로 기술했으면 처리기가 인스트럭션을 처리하는 과정을 표현해 보자.

19.2.3 인스트럭션 실행 표현

인스트럭션 실행은 함수 EXECUTE에서 CPU.IR에 있는 동작 코드 영역을 **동작 코드 해석기**(디코더)가 해석한 동작을 처리기가 피연산자에 대해 수행한다. 그러면 시뮬레이터는 이 동작 코드를 수행하는 함수를 호출하는 것으로 표현할 수 있다. 즉, 메모리 주소 MEMORY[ADDR]나 레지스터 CPU.R1, CPU.R2, CPU.R3, CPU.R4의 내용을 피연산자로 하여 산술/논리 연산장치를 나타내는 함수 ALU에 인자로 전달한다. 그 후 ALU나 다른 장치에서 필요한 연산을 수행하도록 기술한다. 피연산자 operand는 연산될 '값'이고, 함수 EXECUTE를 통한 ALU의 결과는 아래처럼 누산기 CPU.ACC에 저장된다. ⊕는 CPU.ACC와 operand 사이에서 수행하는 각종 연산자이다.

$$CPU.ACC = CPU.ACC \oplus operand$$

고려할 사항은 시뮬레이터를 C/C++같은 고급 언어로 구현하려면 인자나 할당 연산에서 **포인터**가 필요할 수도 있다.

여기서는 컴퓨터가 수행하는 모든 동작 코드를 표현하지 않고, 산술/논리 연산 몇 개에 대해서 개념적인 수준에서 기술한다. 또한 메모리 안의 실제 기계어 코드가 아닌 어셈블리어 코드를 사용한다.

```
EXECUTE( )
 {
 BYTE opcode:
 unsigned operand;
 boolean stop = false;
 CPU.IR = MEMORY[CPU.PC];
 ADDR = CPU.PC + 1;
 opcode = CPU.IR;
 operand = MEMORY[ADDR];
 /* operand는 R1, R2, R3, R4 중에서 하나 일 수도 있음 */

 switch (opcode)
   {
     case LOD: ALU(opcode, operand);
             break;
     case STO: ALU(opcode, operand);
             break;
     case ADD: ALU(opcode, operand);
             break;
     case SUB: ALU(opcode, operand);
             break;
     case MUL: ALU(opcode, operand);
             break;
     case DIV: ALU(opcode, operand);
            break;
     case OTHER: /*  생략 */;
            break;
     case HLT: system_call(opcode);   /* 프로그램 종료 */
            stop = true;
            break;
     default: print("잘못된 코드입니다", %dd \n", ERROR);
   }
  return 0;
 }
```

모든 컴퓨터 구조가 이런 1-주소를 사용하는 것은 아니며, 0-주소를 사용하는 컴퓨터 구조도 있고, 2-주소나 3-주소를 사용하는 컴퓨터 구조도 있다. 대부분의 컴퓨터에서는 피연산자를 메모리 주소, 레지스터, 상수, 다른 장치의 주소 등 다양하게 나타낼 수 있다.

```
MOV    '=6'
MOV    R1
LOD
```

위 인스트럭션 코드는 피연산자로 상수를 사용하는 경우, 레지스터를 사용하는 경우, 아무 것고 표기하지 않는 경우로 고급 언어로 각각 아래의 의미이다.

- CPU.ACC = 6로 기술되며, 누산기에 상수 6을 넣어라.
- CPU.ACC = CPU.R1로 기술되며, 레지스터 R1 내용을 누산기로 이동하라.
- CPU.STX = MEMORY[ADDR]로 기술되며, 메모리 주소 ADDR의 내용을 스택 톱에 넣어라.

세 번째 코드에서는 동작 코드로 한 바이트만 사용하고, 피연산자는 아예 없는 것처럼 보인다. 그러나 피연산자는 스택에 있고, 스택 연산으로 수행한다.

19.2.4 산술/논리 연산 장치 표현

산술/논리 연산 장치는 처리기에서 동작 코드를 해석한 신호에 따라 산술/논리 연산과 관계 연산의 여러 동작(조건 비트 세팅 등)을 수행한다. 산술/논리 연산 장치 ALU에서 수행하는 연산은 두 개의 피연산자를 필요로 하는 경우가 많다. 피연산자 하나는 누산기인 CPU.ACC에 있으며, 하나는 메모리 주소 MEMORY[ADDR]나 레지스터 R1, R2, R3, R4에서 전달받는 값이다. 그러므로 함수 ALU는 동작 코드 opcode와 피연산자 operand를 인자로 하여 opcode에 따른 각 동작을 수행한다.

```
ALU(opcode, operand)
 {
  switch (opcode)
   {
    case LOD: CPU.ACC = MEMORY[operand];
```

```
            break;
    case STO: MEMORY[operand] = CPU.ACC;
            break;
    case ADD: CPU.ACC = CPU.ACC + MEMORY[operand];
            break;
    case SUB: CPU.ACC = CPU.ACC − MEMORY[operand];
            break;
    case MUL: CPU.ACC = CPU.ACC * MEMORY[operand];
            break;
    case DIV: CPU.ACC = CPU.ACC / MEMORY[operand];
            break;
    case OTHER: CPU.ACC = ............ /* 생략 */;
            break;
    default: print("수행할 수 없는 동작입니다", %dd \n", ERROR);
  }
}
```

19.2.5 기계 주기 표현

처리기가 인스트럭션 하나를 처리하는 과정은 인스트럭션 **꺼내기**와 **실행**을 반복하는 것으로 **기계 주기**라 하며 아래와 같다.

(1) 프로그램 카운터가 가리키는 메모리 주소의 인스트럭션을 꺼낸다.

(2) 이 인스트럭션을 인스트럭션 레지스터에 저장한다.

(3) 이 인스트럭션의 동작 코드를 해석한다.

(4) 피연산자 주소의 내용을 꺼내어 해석된 의미에 따라 실행한다.

(5) 다음 인스트럭션을 가리키도록 프로그램 카운터를 현재 실행 중인 인스트럭션의 길이만큼 증가한다.

(6) 이 과정을 반복한다.

어떤 인스트럭션은 바이트 여러 개가 연속하여 구성되기도 한다. 이런 인스트럭션을 실행하려면 연속된 바이트 전체를 꺼내온다. 그러므로 처리기에서 수행하는 기계 주기는 아래처럼 표현할 수 있다.

```
LOAD-and-EXECUTE( )
{
 CPU.PC = startaddress;
 repeat
    CPU.IR = MEMORY[CPU.PC];
    EXECUTE(CPU.IR);
    CPU.PC = CPU.PC + (size(CPU.IR) + 1);
 until stop == true;
}
```

위의 LOAD-and-EXECUTE 표현에서 각 줄의 의미는 아래와 같다.

- CPU.PC = startaddress는 기계어 코드의 맨 처음 인스트럭션 주소이다.
- CPU.IR = MEMORY[CPU.PC]는 프로그램 카운터가 가리키는 메모리 주소의 내용을 인스트 럭션 레지스터에 저장한다.
- EXECUTE(CPU.IR): 인스트럭션 레지스터의 동작 코드를 실행하도록 EXECUTE 함수를 호출한다.
- CPU.PC = CPU.PC + (size(CPU.IR) + 1)은 현재 인스트럭션 레지스터의 길이(현재 실행 중인 인스트럭션 길이)와 처리되는 자료 operand 주소가 들어 있는 그 다음 주소(한 바이트)를 더한 만큼 프로그램 카운터를 증가한다. 즉, 다음 실행할 인스트럭션의 메모리 주소를 저장한다.
- until stop == true: 동작 코드가 프로그램을 마치라는 HLT이면, EXECUTE 함수에서 stop 플래그가 true로 세팅된다. 그러면 프로그램이 종료된다는 의미이고, 동시에 시뮬레이터 실행을 종료한다.

이제, 컴퓨터 구조를 표현하는 위의 각 함수의 연결을 통한 인스트럭션 몇 개를 실행해 보자. 인스트럭션은 메모리에 프로그램 순서로 저장되기 때문에 프로그램 카운터는 현재 처리기에서 실행하고 있는 인스트럭션의 길이만큼 증가하는 것이 보통이다. 그러나 조건이나 반복에 따른 분지가 발생하는 경우는 분지에 의해 실행할 다음 주소로 변경된다.

아래 고급 프로그래밍 언어의 문장 하나를 살펴본다.

wage = 12 * value + month;

이 문장에 대한 어셈블리어 코드 프로그램은 아래와 같으며 피연산자는 한 개다. 각 동작 코드는 임의로 정의한 심볼이며, 004번지부터 시작한다고 가정한다.

(십진수) 주소	레이블	(1-바이트) 동작 코드	(1-바이트) 피연산자
…		……	
004		LOD	value
006		MUL	'=12'
008		ADD	month
010		STO	wage
…		……	
060	month	DATA	34
062	value	DATA	45
…		……	
080	wage	DATA	0

이 어셈블리어 코드의 각 인스트럭션 실행은 앞에서 정의하고 표현한 시뮬레이터의 여러 함수를 통해 아래 표처럼 순서에 따라 반복하여 실행한다. 이 표에서 각 주기별로 CPU.PC가 가리키는 주소에서 인스트럭션을 꺼내서 LOAD-and-EXECUTE, EXECUTE, ALU 함수를 반복한다.

- 변수 value로 나타낸 메모리 주소의 값을 처리기의 누산기 CPU.ACC에 탑재한다.
- 누산기 내용에 상수 12를 곱한 결과 540을 CPU.ACC에 저장한다.
- 누산기에 month로 나타낸 메모리 주소의 값 34을 더한 결과 574를 누산기에 저장한다.
- 누산기 내용 574를 메모리의 wage로 표현된 주소에 저장한다.

그러므로 이 프로그램에서는 최종 결과 574가 메모리 주소 080(wage)에 저장된다.

주기	함수	표현 문장	각 값	ACC
1	LOAD-and-EXECUTE	CPU.PC = startaddress;	004	?
		CPU.IR = MEMORY[CPU.PC];	LOD	
		CPU.PC = CPU.PC + (size(CPU.IR) +1);	006	
	EXECUTE	LOD: ALU(opcode, operand);	LOD, 45	?
	ALU	LOD: CPU.ACC = operand;	45	45
2	LOAD-and-EXECUTE	CPU.IR = MEMORY[CPU.PC];	MUL	45
		CPU.PC = CPU.PC + s(size(CPU.IR) +1);	008	
	EXECUTE	MUL: ALU(opcode, operand);	MUL, 12	45
	ALU	MUL: CPU.ACC = CPU.ACC * operand;	540	540
3	LOAD-and-EXECUTE	CPU.IR = MEMORY[CPU.PC];	ADD	540
		CPU.PC = CPU.PC + (size(CPU.IR) +1);	010	
	EXECUTE	MUL: ALU(opcode, operand);	ADD, 34	540
	ALU	MUL: CPU.ACC = CPU.ACC + operand;	574	574
4	LOAD-and-EXECUTE	CPU.IR = MEMORY[CPU.PC];	STO	574
		CPU.PC = CPU.PC + (size(CPU.IR) +1);	012	
	EXECUTE	STO: ALU(opcode, operand);	STO, 574	574
	ALU	STO: MEMORY[ADDR] = CPU.ACC;	574	574

또한 어셈블리어 코드 각각은 메모리에 이진수 문자열로 들어 있다(실제로는 전자 회로 신호지만, 의미상 이진수로 표현함). 그러므로 위 문장은 메모리 안에 아래와 같이 표현(코드는 임의 표현임)될 수 있다. 004번지부터 시작하는 각 바이트(8-비트)마다 4-비트로 표현되는 16-진수 두 개가 있다.

주소	내용
004	56
005	52
006	B3
007	77
008	34
009	26
00A	2D
00B	25
00C	45
00D	52
00E	0A
...	...
060	03
061	04
062	04
...	...

19.2.6 주소 지정 방식 표현

주소 지정 방식에서 **절대 주소** 지정 방식은 피연산자를 메모리 주소나 레지스터 번호(이름)로 직접 표현한다. 절대 주소는 메모리가 공장에서 생산될 때 메모리 자체에 부여된 주소로 아래처럼 기술할 수 있다. 165, 4521, 768은 메모리의 절대 주소이다.

```
LOD 165
STO 4521
ADD 768
```

각 줄의 의미는 아래와 같다.

- LOD 165는 메모리 절대 주소 165의 값을 누산기 CPU.ACC에 탑재하라.
- STO 4521는 메모리 절대 주소 4521에 누산기 CPU.ACC에 있는 값을 저장하라.
- ADD 768는 누산기 CPU.ACC의 현재 값에 메모리의 절대 주소 768의 값을 더하라.

그러면 시뮬레이터에서는 아래처럼 기술한다.

```
CPU.ACC = MEMORY[165]
MEMORY[4521] = CPU.ACC
CPU.ACC = CPU.ACC + MEMORY[768]
```

절대 주소는 메모리 MEMORY[ ]의 괄호 [ ] 안에 기술하여 상수 표현과 구별한다. 연산을 위한 값은 상수 앞에 '='를 앞에 붙여 '=상수'처럼 표현한다(예, '=6'). 그러므로 아래는 각각 다른 의미이다.

```
ADD '=165'
ADD [165]
```

두 인스트럭션은 시뮬레이터에서 각각 아래와 같이 기술한다. '상수 값 165를 누산기의 값과 더하는 것'과 '메모리의 절대 주소 165의 내용을 더하는 것'이다.

```
CPU.ACC = CPU.ACC + 165
CPU.ACC = CPU.ACC + MEMORY[165]
```

상대 주소 지정 방식 중에 **인덱스 레지스터** X를 사용하는 것은 인스트럭션의 동작 코드에 X가 붙어있으며 아래와 같다.

```
LOX 165
STX 4521
ADX 768
```

각 줄의 의미는 아래와 같다.

- '인덱스 레지스터 X의 내용 + 165'의 결과 값을 주소로 하여 그 내용을 누산기에 탑재한다.
- '인덱스 레지스터 X의 내용 + 4521'의 결과 값을 주소로 하여 누산기의 값을 저장한다.
- '인덱스 레지스터 X의 내용 + 768'의 결과 값을 주소로 하여 누산기의 값과 더한다.

그러므로 시뮬레이터에서 상대 주소 지정은 인덱스 레지스터 CPU.X로 아래와 같이 기술한다.

```
CPU.ACC = MEMORY[CPU.X + 165]
MEMORY[CPU.X + 4521] = CPU.ACC
CPU.ACC = CPU.ACC + MEMORY[CPU.X + 768]
```

순수 **간접 주소** 지정은 시뮬레이터에서 아래와 같이 기술한다.

```
CPU.ACC = MEMORY[MEMORY[589]]
```

메모리 주소 589에 있는 값(MEMORY[589]의 내용)을 피연산자의 메모리 주소 (MEMORY [MEMORY[589]])로 사용한다. 즉, 아래의 의미이다.

```
Y= MEMORY[589]
CPU.ACC = MEMORY[Y]
```

메모리 주소 589에 있는 값을 주소 Y로 하고, 다시 메모리 주소 MEMORY[Y]의 값을 피연산자의 최종 주소로 한다.

상대 주소 지정에서 최종으로 결정된 피연산자 주소는 현재의 프로그램 카운터 값을 증가시키거나 감소시켜 필요한 위치를 지정한다. 즉, 조건이나 반복 구조의 조건 연산으로 분지가 발생하면 분지할 인스트럭션의 주소를 새로 지정한다.

실습 19.1

인덱스 레지스터, 베이스 레지스터 등을 사용하거나 순수 간접 주소 지정 방식으로 상대 주소를 지정하는 함수를 C나 C++ 프로그래밍 언어로 구현해 보자.

```
/                                                  *
---------------------------------------------------
-------------- */
/*  간접 주소 지정 함수          */
/                                                  *
---------------------------------------------------
-------------- */
void IndirectADDRESSING(int operation)
{
  switch (operand)
  {
    case INDIRECT:
      operand = MEMORY[MEMORY[operand]];
      break;
    case INDEX:
      operand = MEMORY[operand + CPU.X];  /*  인덱스 레지스터 CPU.X 값 */
      break;
    case BASEAD:
      operand = MEMORY[CPU.B + disp];
      break;
    default:
```

```
            /* 직접 주소 지정,  operand  */
            break;
        }
    }
```

19.2.7 입력과 출력 표현

어셈블리어 코드로 입력과 출력하는 것은 입력 장치에서 메모리 주소에 직접 필요한 값을 넣거나, 메모리 주소에서 출력 장치로 직접 출력한다. 고급 프로그래밍 언어의 입력과 출력에 대한 아래 문장을 살펴보자.

```
read  Y
write  Z
```

위 문장에 대해 인스트럭션은 아래와 같다.

```
INP   Y   /* 입력 장치에서 어떤 값을 읽어서 메모리 주소 Y에 저장한다. */
OUT   Z   /* 메모리 주소 Y에 있는 값을 지정된 출력 장치로 출력한다. */
```

그러므로 시뮬레이터에서는 아래와 같이 표기할 수 있다.

```
read  MEMORY[Y]
write MEMORY[Z]
```

시뮬레이터를 C/C++ 프로그래밍 언어로 구현하는 경우는 포인터가 사용될 수 있다.

실습문제

1 컴퓨터 하드웨어의 동작 코드 해석기(디코더)는 동작 코드를 디코딩한다. 즉, 동작 코드가 4-비트이면 16개의 신호 0000~1111를 발생하고, 8-비트이면 00000000~11111111의 256개를 발생한다. 이 동작 코드 해석기의 기능을 고급 프로그래밍 언어로 표현하시오.

2 컴퓨터 하드웨어에서 메모리에서 인스트럭션이나 자료를 꺼내 올 때는 아래 과정으로 수행한다. 이 과정을 패치라 한다. MAR(Memory Address Register)은 접근할 메모리 주소를

일시 저장하는 레지스터이다. MBR(Memory Data Register)은 꺼낸(혹은 저장할) 자료를 일시 저장하는 레지스터이다.

> Fetch(주소)
> 단계1. MAR에 주소를 저장한다.
> 단계2. MAR에 있는 주소를 해석한다.
> 단계3. 해석한 주소가 가리키는 메모리 위치의 내용을 MBR에 탑재한다.

이 기능을 고급 프로그래밍 언어로 표현하시오.

3 R1←R1⊕R2와 같이 레지스터 두 개만 사용하는 컴퓨터가 있다. 이 컴퓨터가 인스트럭션을 수행하는 과정을 고급 프로그래밍 언어로 표현하시오. ⊕는 각종 연산자이다.

동작 코드	R1	R2

4 본문에서 정의한 각 동작에 어떤 주소 지정 방식이 적용되는지 설명하시오.

5 개인용 컴퓨터에는 8-비트, 16-비트 인덱스 레지스터와 1, 2, 3-바이트 길이(혹은 그 이상 길이)의 인스트럭션이 있다. 이런 컴퓨터와 비교하여 각 개인이 사용하는 컴퓨터는 어떤 특이한 기능 혹은 제한된 기능이 있는지 설명하시오.

6 아래 ADD 인스트럭션을 설명하고 고급 프로그래밍 언어로 기술하시오. 08h는 16진수 표기이다.

```
ADD 08h
```

7 위 컴퓨터 구조에서 누산기의 값을 사용하지 않는 인스트럭션을 만들어 보시오.

19.3 1-주소 컴퓨터 구조의 시뮬레이터 구현

이 절에서는 1−주소 컴퓨터 구조(스택 구조 컴퓨터)의 시뮬레이터를 개념적으로 간단하게 구현하고 주어진 프로그램을 실행해 보자. 지금까지 고급 프로그래밍 언어로 기술한 컴퓨터 장치 각각을 하나로 연결하면 컴퓨터 전체 구조가 구성된다. 이 컴퓨터 구조는 메모리와 처리기에 레지스터가 여러 개 있으며, 피연산자로 주소 한 개만 사용하며 누산기가 있는 컴퓨터 구조이다. 레지스터는 1−바이트로 가정한다.

19.3.1 내부 구조

이 컴퓨터는 그림 19.2와 같이 다이어그램으로 간단하게 표현할 수 있으며, 몇 개의 추가한 기능은 아래와 같다. 기타 레지스터는 처리기가 인스트럭션을 수행하는 보조 장치이다.

- 스택 포인터는 메모리의 일부인 스택을 가리키는 8−비트 레지스터이다(SP).
- 인덱스 레지스터는 배열의 시작 위치나 상대 위치를 지정하는 8−비트 레지스터이다(X).
- 1−비트 조건 플래그(GT, EQ, LT, C 혹은 상태 레지스터)는 동작 코드 실행 결과에 따라 비트가 0이나 1로 변경된다. 즉, operand > ACC이면 GT=1, 아니면 0이며, operand = ACC이면 EQ=1, 아니면 0이며, operand < ACC이면 LT=1, 아니면 0이다. 또한 캐리를 전달할 때는 'C = true'로 설정된다.
- 자료 주소 레지스터는 현재 인스트럭션이 처리 중인 피연산자의 바이트 주소가 있다(EAR).

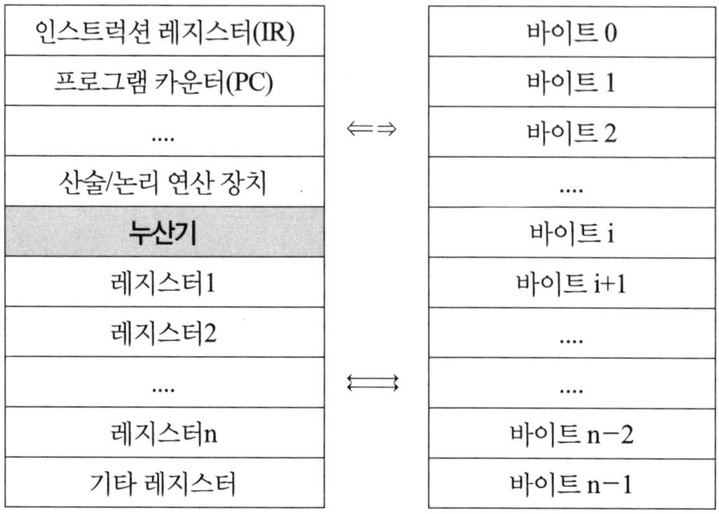

그림 19.2 단일 누산기가 있는 컴퓨터 구조

주소를 한 개만 사용하는 이런 유형의 컴퓨터 구조는 간단하게 시뮬레이터를 구현할 수 있다. C/C++ 언어로 메모리나 레지스터를 구현하는데, 각 변수와 주소를 1−바이트로 정의하거나 선언한다. 그러므로 메모리 용량은 256−바이트로 주소가 0에서 255까지 지정되며, 실행 중인 인스트럭션과 처리될 자료가 저장된다.

19.3.2 인스트럭션 셋

인스터럭션 셋은 해당 컴퓨터에서 실행할 모든 인스트럭션으로 동작 코드에 따라 다양하다. 인스트럭션 셋 중에서 사용자가 직접 사용할 수 있는 인스트럭션은 많지 않고, 시스템이 사용하거나 입력/출력 장치 등에서 사용한다. 이 시뮬레이터 컴퓨터에 사용하는 인스트럭션은 2−바이트 형식으로 아래와 같다.

1−바이트	1−바이트
동작 코드 영역	피연산자 주소 영역

예를 들어, 인스트럭션 셋은 모두 256개이며, 일부는 아래 표와 같이 동작 코드(8−비트)와 피연산자 주소 한 개(8−비트)로 구성된다. 나열된 인스트럭션은 보통 사용자가 연산 등에서 간단하게 사용하는 것들이며, 논리 연산은 조건 결과에 따라 캐리 비트에 영향을 준다.

동작 코드 (이진수)	동작 코드 (10진수)	동작 코드 (16진수)	어셈블리어 인스트럭션	의미 (MEM(A): MEM은 메모리, A는 주소)
00000000	00	00	LOD A	ACC ← MEM(A)
00000001	01	01	STO A	MEM(A) ← ACC
00000010	02	02	CLR A	MEM(A) ← 0
00000011	03	03	ADD A	ACC ← ACC + MEM(A)
00000100	04	04	INC A	MEM(A) ← MEM(A) + 1
00000101	05	05	SUB A	ACC ← ACC − MEM(A)
00000110	06	06	DEC A	MEM(A) ← MEM(A) − 1
00000111	07	07	CMP A	MEM(A)>ACC이면 GT=1, 아니면 0 MEM(A)=ACC이면 EQ=1, 아니면 0 MEM(A)<ACC이면 LT=1, 아니면 0
00001000	08	08	JMP A	메모리 위치 A부터 실행
00001001	09	09	JGT A	GT=1이면, 메모리 위치 A부터 실행
00001010	10	0A	JEQ A	EQ=1이면, 메모리 위치 A부터 실행
00001011	11	0B	JLT A	LT=1이면, 메모리 위치 A부터 실행
00001100	12	0C	JNQ A	EQ=0이면, 메모리 위치 A부터 실행
00001101	13	0D	INP A	어떤 값을 입력, 메모리 A에 저장
00001110	14	0E	OUT A	메모리 A의 값을 십진 값으로 출력
00001111	15	0F	HLT	프로그램 실행을 종료

실습 19.2

어셈블리어로 작성된 프로그램을 디스크에서 읽어 들이는 함수를 C나 C++ 프로그래밍 언어로 구현해 보자. 아래는 디스크에서 문자로 읽어 들인 어셈블리어 코드를 메모리에 숫자로 변환하여 저장하는 함수이다.

```
/                                                                 *
---------------------------------------------------------------------
---------------------------------------------------------------------
------ */
/*    문자로 작성된 어셈블리어 프로그램을 읽어 들여         */
/*          메모리에 숫자로 저장(입력)                  */
/                                                                 *
---------------------------------------------------------------------
---------------------------------------------------------------------
------ */

void LoadASMProg(FILE* fp)
{
  int Inst;
  char ASMCode[Line];
  char* AlphaCode;
  int i;
  while (NULL != fgets(ASMCode, Line, fp))
  {
    AlphaCode = strtok(ASMCode, " ");
    Inst = atoi(AlphaCode);
    i = 0;
    while ((AlphaCode = strtok(NULL, " \n")) != NULL)
     {
      MEMORY[Inst+i] = ToDigit(AlphaCode);
      i = i + 1;
     }
  }
}
```

19.2.3 시뮬레이터에서 실행할 프로그램

이제 이 시뮬레이터에서 실행할 프로그램 Total을 살펴보자. 앞 장에서 사용한 이 프로그램은 슈도 코드로 작성한 것으로, 누구나 다양한 고급 프로그래밍 언어로 쉽게 변환할 수 있다. 이 프로그램은 어셈블리어로 변환되어 메모리에 인스트럭션과 자료로 저장되고 시뮬레이터의 처리기에서 차례로 실행한다.

```
int num, sum, cnt;
sum = 0;
cnt = 0;
read num;
while num ≠ 0 do
  sum = sum + num;
  cnt = cnt + 1;
  read num;
endwhile;
write cnt, sum;
stop;
```

그리고 이 프로그램 Total이 어셈블리어 코드로 변환되면 아래와 같다(어셈블리어 코드로 변환하는 과정은 기술하지 않는다).

```
        LOD   zero        /* 누산기 ACC에 0 값을 넣어라.  */
        STO   sum         /* 정수 0을 메모리 sum에 저장하라.  */
        STO   cnt         /* 상수 0을 메모리 cnt에 저장하라.  */
REPEAT: INP   num         /* 정수 값을 읽어서 메모리 num에 저장하라. */
        LOD   zero        /* 누산기 ACC에 0을 넣어라.  */
        CMP   num         /* 누산기 ACC의 0과 방금 읽은 num를 비교한다.  */
        JEQ   PRINT       /* 같으면(0이면) PRINT로 가서 실행하라.  */
        LOD   sum         /* 누산기 ACC에 sum 값 0을 넣어라.  */
        ADD   num         /* 누산기 ACC = ACC + num를 수행하라.  */
        STO   sum         /* 누산기 ACC 값을 sum에 저장하라. */
        LOD   cnt         /* 누산기 ACC에 cnt 값 0을 넣어라.  */
        ADD   '=1'        /* 누산기 ACC = ACC + 1를 수행하라.  */
        STO   cnt         /* 누산기 ACC 값을 cnt에 저장하라. */
```

```
      JMP    REPEAT         /* 레이블 REPEAT로 가서 num 값을 다시 읽는다. */
PRINT: OUT   cnt            /* cnt를 출력한다. */
      OUT    sum            /* sum을 출력한다. */
 STOP: HLT                  /* 프로그램 정지한다. */
  num: DATA  0              /* 입력 정수 값 num를 위한 저장 공간 */
  cnt: DATA  0              /* 개수 cnt를 저장하는 메모리 공간 */
  sum: DATA  0              /* 합계 sum을 저장하는 공간 */
 zero: DATA  0
```

동작 코드 영역의 DATA는 명령을 실행하는 동작 코드가 아니라, 자료를 저장하는(또는 저장할) 공간을 확보하라는 **지시 코드**이다. 단지 메모리에 공간을 확보하며, 그 공간의 이름은 '레이블'이 된다.

아래 예를 살펴보자.

num: DATA 0

이 인스트럭션은 num라는 레이블 이름이 있는 메모리 공간(주소)에 0을 저장하라는 의미로 고급 프로그래밍 언어에서 선언문 int num = 0; 혹은 실행문 num = 0;이다.

이 어셈블리어 프로그램은 어셈블러를 통해 아래와 같이 2-바이트 기계어 인스트럭션으로 변환한다. 이 프로그램은 메모리 주소 0번지부터 저장한다고 가정한다.

주소	기계어 인스트럭션	해당 어셈블리어 인스트럭션
00000000	0000000000101110	LOD zero
00000010	0000000100101100	STO sum
00000100	0000000100101010	STO cnt
00000110	0000110100101000	REPEAT: INP num
00001000	0000000000101110	LOD zero
00001010	0000011100101000	CMP num
00001100	0000101000011100	JEQ PRINT
00001110	0000000000101100	LOD sum
00010000	0000001100101000	ADD num

00010100	0000000000101010	LOD cnt
00010110	0000001100000001	ADD '=1'
00011000	0000000100101010	STO cnt
00011010	0000100000000110	JMP REPEAT
00011100	0000111000101010	PRINT: OUT cnt
00011110	0000111000101100	OUT sum
00100000	0000111100000000	STOP: HLT
...	...	...
00101000	0000000000000000	num: DATA 0
00101010	0000000000000000	cnt: DATA 0
00101100	0000000000000000	sum: DATA 0
00101110	0000000000000000	zero: DATA 0

19.2.4 단일 누산기 컴퓨터 시뮬레이터

위에서 표기한 각 모듈을 결합하여 시뮬레이션하기 위해 처리기가 수행하는 기계 주기인 **꺼내기-실행**의 순서를 반복하도록 한다. 시뮬레이터를 C/C++ 프로그래밍 언어로 표현하면, 하드웨어처럼 레지스터나 메모리를 **주소** 단위나 **비트** 단위(혹은 **비트 열**)로 취급하기 쉽다. 또한 컴퓨터의 각 구성 요소를 명확하게 모듈화하기 편리하다.

아래는 C/C++ 언어로 간단하게 작성한 단일 누산기 컴퓨터의 시뮬레이터(SSOC: Software Simulation-Operating Computer 이다. 만약 필요하다면 사용자 인터페이스를 추가하여 시뮬레이터의 레지스터 상태, 각 인스트럭션의 실행 과정, 메모리의 내용을 살펴보도록 할 수 있다.

프로그램을 이해하기 쉽고 간단하게 표현하기 위해, 메모리 안의 인스트럭션은 두 바이트로 동작코드와 주소를 십진수로 저장하기 위해 일차원 배열 MEMORY[ ]로 선언한다. 즉, 인스트럭션 'ADD 40'을 십진수 쌍 (3, 40)으로 저장한다. 앞의 3은 동작 코드 ADD이고 뒤의 40은 주소이다. 또한 자료는 MEMORY[ ]의 40번째 원소부터 십진수 자료를 저장한다.

```
#define _CRT_SECURE_NO_WARNINGS
#include <stdio.h>
```

```
#include <string.h>
#include <iostream>
#include <stdlib.h>
typedef unsigned char BYTE;
struct processor {
    unsigned PC, B, X;
    unsigned IR;
    int ACC, STX;
    int R1, R2, R3, R4;
    };
processor CPU;

const int msize = 256;
unsigned JumpADDR = 0;
int GT=0, EQ=0, LT=0, NQ=0;

/                                                                              *
------------------------------------------------------------------------------
----------------------------------------------------------- */
/*  0은 동작코드 LOD, 43은 자료가 있는 메모리 주소       */
/                                                                              *
------------------------------------------------------------------------------
------------------------------------------------------------*/

int MEMORY[100] = {0,43, 1,42, 1,41, 13,40, 0,43, 7,40, 10,28, 0,42,
            3,40, 1,42, 0,41, 3,44, 1,41, 8,6, 14,41, 14,42, 15,0};
int startaddress = 0;
int opcode = 0;
int operand = 0;

/                                                                              *
------------------------------------------------------------------------------
--------------------------------------------------------------------------- */
/*          각 동작 코드에 대해 실행한다.                    */
/                                                                              *
```

```
-----------------------------------------------
-------------------------------------------- */
void EXECUTE( )
{
    switch (opcode)
    {
    case 0: /* LOD */
            CPU.ACC = MEMORY[operand];
            break;
    case 1: /* STO */
            MEMORY[operand] = CPU.ACC;
            break;
    case 2: /* CLR */
            CPU.ACC = 0;
            break;
    case 3: /* ADD */
            CPU.ACC = CPU.ACC + MEMORY[operand];
            break;
    case 4: /* INC */
            CPU.ACC = CPU.ACC + 1;
            break;
    case 5: /* SUB */
            CPU.ACC = CPU.ACC - MEMORY[operand];
            break;
    case 6: /* DEC */
            CPU.ACC = CPU.ACC - 1;
            break;
    case 7: /* CMP */
            if (MEMORY[operand] > CPU.ACC) GT = 1;
                      else if (MEMORY[operand] == CPU.ACC) EQ = 1;
                    else if (MEMORY[operand] < CPU.ACC) LT = 1;
            break;
    case 8: /* JMP */
            CPU.PC = operand;
            JumpADDR = 100;
```

```
            break;
        case 9: /* JGT */
            if (GT == 1) CPU.PC = operand;
            break;
        case 10: /* JEQ */
            if (EQ == 1) CPU.PC = operand;
            break;
        case 11: /* JLT */
            if (LT == 1) CPU.PC = operand;
            break;
        case 12: /* JNQ */
            if (EQ == 0) CPU.PC = operand;
            break;
        case 13: /* INP */
            scanf("%d", &MEMORY[operand]);
            break;
        case 14: /* OUT */
            printf("%d\n", MEMORY[operand]);
            break;
        case 15: /* HLT */
            printf("15-HLT 정상적으로 실행을 마칩니다.");
            exit;
            break;
        default:
            printf("default");
        }
    }

/                                                                    *
-----------------------------------------------------------------------
-----------------------------------------------------------------------
------------- */
/*          LOAD-and-EXECUTE( )                    */
/*  기계어 인스트럭션은 디스크에서 읽어 들여야 한다.          */
/*  이 프로그램에서는 이미 읽어서 10 진수로 저장된 것으로 가정한다.    */
```

```
/                                                                              *
------------------------------------------------------------------------------------
------------------------------------------------------------------------------------
----------------*/

int main(int argc, char* argv[])
{
    MEMORY[40] = 0; /* num */
    MEMORY[41] = 0; /* cnt */
    MEMORY[42] = 0; /* sum */
    MEMORY[43] = 0; /* zero */
    MEMORY[44] = 1; /* '=1' */

    for (int i = 0; i < 50; i++) {
        printf("MEMORY[%d]=%d\n", i, MEMORY[i]);
    }
    CPU.PC = startaddress;
    while (MEMORY[CPU.PC] != 15)
    {
        opcode = MEMORY[CPU.PC];        /* 동작 코드 영역 */
        operand = MEMORY[CPU.PC + 1];   /* 자료의 주소 영역 */
        EXECUTE( );
        if (JumpADDR == 100) {
                CPU.PC = operand;
                JumpADDR = 0;
                LT = 0;
                GT = 0;
                EQ = 0;
                NQ = 0;
        }
          else
                CPU.PC = CPU.PC + 2;  /* 다음 인스트럭션으로 */
    }
}
```

아래 표는 프로그램 Total의 기계어 코드를 이 시뮬레이터로 실행하는 과정에서 레지스터, 누산기, 플래그 등의 변화를 보인다.

CPU.PC	opcode	operand	CPU.ACC	GT	EQ	LT	대응 코드
0	0	43	0	0	0	0	LOD
2	1	42	0	0	0	0	STO
4	1	41	0	0	0	0	STO
6	13	40	0	0	0	0	INP
8	0	43	0	0	0	0	LOD
10	7	40	0	1	0	0	CMP
12	10	28	0	0	0	0	JEQ
14	0	42	0	0	0	0	LOD
16	3	40	5	0	0	0	ADD
18	1	42	5	0	0	0	STO
20	0	41	0	0	0	0	LOD
22	3	44	1	0	0	0	ADD
24	1	41	1	0	0	0	STO
26	8	6	1	0	0	0	JMP
6	13	40	1	0	0	0	INP
8	0	43	0	0	0	0	LOD
10	7	40	0	1	0	0	CMP
12	10	28	0	0	0	0	JEQ
14	0	42	5	0	0	0	LOD
16	3	40	12	0	0	0	ADD
18	1	42	12	0	0	0	STO
20	0	41	1	0	0	0	LOD
22	3	44	2	0	0	0	ADD
24	1	41	2	0	0	0	STO
26	8	6	2	0	0	0	JMP
6	13	40	2	0	0	0	INP
8	0	43	0	0	0	0	LOD
10	7	40	0	1	0	0	CMP
12	10	28	0	0	0	0	JEQ

14	0	42	12	0	0	0	LOD
16	3	40	20	0	0	0	ADD
18	1	42	20	0	0	0	STO
20	0	41	2	0	0	0	LOD
22	3	44	3	0	0	0	ADD
24	1	41	3	0	0	0	STO
26	8	6	3	0	0	0	JMP
6	13	40	3	0	0	0	INP
8	0	43	0	0	0	0	LOD
10	7	40	0	0	1	0	CMP
12	10	28	0	0	0	0	JEQ
30	14	42	0	0	0	0	OUT

최종으로 메모리에 저장된 실행 결과는 아래와 같다.

MEMORY의 위치	저장 값	대응 변수
[40]	0	num
[41]	3	cnt
[42]	20	sum
[43]	0	zero
[44]	1	'=1'

이 시뮬레이터의 기능을 확장하려면 실행에 필요한 변수와 함수가 추가되어야 한다.

실습문제

1 만약 곱셈과 나눗셈에 대한 인스트럭션이 없다고 하자. 다른 인스트럭션을 사용하여 곱셈이나 나눗셈을 수행하는 어셈블리어 프로그램을 작성하시오. 그리고 곱셈이나 나눗셈에 대한 인스트럭션을 사용하는 것과 비교하여 결과가 정확한지 보이시오.

2 누산기를 사용하는 컴퓨터 구조의 인스트럭션 셋과 스택을 사용하는 컴퓨터 구조의 인스트럭션 셋을 이용하여 아래를 수행하는 어셈블리어 프로그램을 각각 작성하시오.

(1) 숫자 세 개를 입력한 후, 그 중에서 가장 큰 숫자를 찾는다.
(2) N 팩토리얼(N!)를 계산하시오. N은 13 보다 작다.
(3) 아래와 같은 숫자 열에서 같은 수가 몇 개 있는지 알아낸다.

1222456433555522340000511422

3 누산기를 사용하는 컴퓨터 구조의 인스트럭션 셋을 이용하여 아래를 수행하는 어셈블리어 프로그램을 작성하시오.

(1) 어떤 전화번호부에서 마지막 수가 0으로 끝나는 전화 번호를 리스트에서 삭제한다.
(2) Computer Science라는 단어를 읽고, ecneicS retupmoC와 같이 거꾸로 하시오. 스택을 사용하면 편리하다.

4 문항 2에서 작성한 각 프로그램을 보고 아래 각각으로 비교하시오,

(1) 프로그램 전체 길이
(2) 각 인스트럭션의 길이
(3) 프로그램 전체의 복잡성
(4) 피연산자 수

5 스택 컴퓨터 구조의 시뮬레이터를 개발하시오. 각 인스트럭션의 실행 과정을 볼 수 있는 기능이 추가되도록 인터페이스를 추가하시오.

6 프로그램으로 작성한 시뮬레이터는 사칙 연산에서 0으로 나누기나 오버플로우를 시뮬레이터의 실행 중에 어떻게 알아낼 수 있는지 설명하시오. 또한 이 기능을 임의의 고급 프로그래밍 언어의 함수로 구현하시오.

참고 및 인용 문헌

[1] 김상욱, 컴파일러 설계, 홍릉과학출판사, 2009.

[2] A. V. Aho, J. E. Hopcroft, J. D. Ullman. The Design and Analysis of Computer Algorithms. Addison－Wesley, 1974.

[3] A. V. Aho, M. S. Lam, R. Sethi, J. D. Ullman. Compilers; Principles, Techniques and Tools. Addison－Wesley, 1986, 2007(Edition).

[4] A. T. Schreiner, H. G. Friedman, Introduction to Compiler Construction with UNIX, 1985.

[5] A. I. Holub, Compiler Design in C, Prentice Hall, 1990.

[6] B. W. Kerninghan, D. M. Ritchie, The C Programming Language, Prentice Hall, 1988.

[7] D. A. Patterson, J. L. Hennessy, Computer Orgarnization & Design, the Hardware/Software Interface, Morgan Kaufmann, 1998.

[8] D. Grune, K. van Reeuwijk, H E. Bal, C. J. H. Jacobs, K. Langendoen, Modern Compiler Design(Second Edition), Springer New York Heidelberg Dordrecht London, 2012.

[9] D. Thain, Introduction to Compilers and Language Design, 2019. http://compilerbook.org

[10] F. J. F. Benders, J. W. Haaring, T. H. Janssen, D. Meffert, A. C. van Oostenrijk, Compiler Construction A Practical Approach, Report of University of Arnhem and Nijmegen, 2003.

[11] H. Mössenböck, Compiler Construction(Handouts), Johannes Kepler University Linz, 2019. http://ssw.jku.at/Misc/CC/.

[12] https://en.wikipedia.org/wiki/APL_(programming_language).

[13] https://tourspace.tistory.com/61.

[14] J. McCAthy., P. W. Abrahams, D. J. Edwards, T. P. Hart, M. I. Leven, LISP 1.5 Prgrammer's Manual, M.I.T. Press, 1962

[15] K. Jensen, N. Wirth, Pascal User Manual Report(Second Edition), Springer－Verlag, 1975.

[16] K. Louden, Compiler Construction: Principles and Practice, 1994.

[17] L. W. Friedman, "From Babbage to Babel and Beyond: A Brief History of Programming Languages," Computer Languages, Vol. 17, No. 1, pp. 1－17, 1992.

[18] M. E. Lesk, Lex: A Lexical Analyzer Generator, Technocal Report 39, AT&T Bell Laboratories, Murray Hill, N.J. 1975

[19] N. Wirth, Compiler Construction(Revised Version in 1996), Addison－Wesley, 2005.

[20] P. D. Terry, Compilers and Compiler Generators,－An Introduction with C++, International Thomson Computer Press, 1997. http://www.scifac.ru.ac.za/compilers/

[21] R. Bornat, Understanding and Writing Compilers, Internet edition, 2007.

[22] S. D. Bergmann, Compiler Design: Theory, Tools, and Examples, Wm. C. Brown Publishers, 1994. https://rdw.rowan.edu/oer/1/, 2017.

[23] S. S. Muchnick, Advanced Compiler Design and Implementation, Morgan Kaufmann, 1977.

[24] T. Mogensen, Basics of Compiler Design , Lulu, 2010. http://www.diku.dk/~torbenm/Basics.

[25] V. Paxson, W. Estes, J. Millaway, Lexical Analysis with Flex, The Regents of the University of California, 2012.

[26] W. M. Waite, G. Goos, Compiler Construction, Springer−Verlag, Berlin, New York Inc, 1995. ftp://i44ftp.info.uni−karlsruhe.de/pub/papers/ggoos/ Compiler Construction.ps.gz.

[27] Y. Chu, "Concepts of High−level−Language Computer Architecture," Academic Press Inc (Elsevier Inc), pp. 1−14, 1975.

[28] http://HitHub.com

용 어

정확한 의미 전달과 독자의 이해를 돕기 위해, 이 책에서 사용된 주요 용어를 영어로 기술한다. 용어는 우리말의 '가나다' 순이다. 또한 용어가 국제적으로나 학술적으로 어떻게 사용되고 표현되는지를 아는 것도 중요하다.

가

가지치기 Pruning
간접 주소 지정 Indirect Addressing
강세 감소 Strength Reduction
결정 터미널 Deterministic terminals
결정형 기계 Deterministic Machine
공식 번역기 FORMULA TRANSLATION(FORTAN)
공통 리스프 Common LISP
구문 분석 Syntax Analysis
구문-직접 번역 Syntax-Directed Translation
기계어 코드 Machine Language Code
기본 블록 Basic Block

나

넌터미널 Nonterminal
누산기 Accumulator

다

달빅 Dalvik
단순 LR 파서 Simple LR Parser
단일 누산기 Single Accumulator
데이터 흐름 Data Flow
동적 할당 Dynamic Allocation
딜런 Dylan

라

라트포 RATional FORTRAN, RATFOR

레지스터 할당 Register Allocation

로더 Loader

루비 Ruby

리눅스 LINUX

리스프 LIST–Processing, LISP

리커시브 디센트 파싱 Recursive Decent Parsing

마

매쓰-매틱 MATH–MATICi

모듈라 Modula

목적 프로그램 Object Program

무제한 문법 Unrestricted Grammar

문맥-민감 문법 Context–Sensitive Grammar

문맥-자유 문법 Context–Free Grammar

문법 표현 Grammar Representation

문자의 연속 Sequence of Strings

문장 Sentence

문장 형식 Sentential Form

미리보기 LR 파서 Lookahead LR Parser

바

바인딩 Binding

반복적 인터프리터 Iterative Interpreter

반사 이행적 폐포 Reflective Transitive Closure

백커스-나우어 폼 Backus–Naur Form, BNF

백트래킹 Backtracking

범위 규칙 Scope Rule

베이직 Basic

분리문자 Delimiter

불명확성 Ambiguity

비결정형 기계　Non－deterministic Machine
빈스트링　Empty String

사

산술 연산　Arithmetic Operation
상속 속성　Inherited Attributes
상수 접기　Constant Folding
상태 전이 다이어그램　State Transition Diagram
상향식 파싱 개념　Bottom－Up Parsing
생성규칙　Production Rule
속성　Attributes
속성 문법　Attribute Grammar
수식　Express
스노볼 String Oriented Symbolic Language, SNOBOL
스몰톡 Smalltalk
스킴　Scheme
스택 공간 할당　Stack Space Allocation
스트링　String
스펙　Specification
시뮬라　Simulation Programming Languages, Simula
시뮬레이션　Simulation
시작 레지스터　Base Register
식별자　Identifier
신택스 트리　Syntax Tree
실행 가능　Executable
실행 환경 지원　Runtime Environment Support
실행문　Executable Statement
실행하지 않는 코드(도달하지 않는 코드)　Unreachable Code
심볼 테이블　Symbol Table
쓰레기 모우기　Garbage Collection

아

아이템 Item

아톰 Atom

안드로이드 런-타임 Android Run-Time, ART

알골 Algorithmic Language, ALGOL

알테어 Altair

애매 모호성 Ambiguity

액션 루틴 Action Routine

액터 ACTOR

에뮬레이션 Emulation

어셈블리어 Assembly Language

어휘 분석 Lexical Analysis

에이다 ADA

에이피엘 A Programming Language, APL

에펠 Eiffel

엑세스 링크 Access Link

엔시 American National Standards Institute, ANSI

역 컴파일러 Reverse Compiler

연관규칙 Associativity

연산자 오버로딩 Operator Overloading

연산자 우선순위 Operator Preference

예측 파싱 Predictive Parsing

오베론 Oberon

오크 AWK

오토마타 Automata

우단 유도 Rightmost Derivation

우-선형 문법 Right-Linear Grammar

원시 프로그램 Source Program

유닉스 UNIX

유도 Derivation

유도 트리 Derivation Tree

유한 상태 기계 Finite State Machine

의미 분석　Semantic Analysis
이동-환원　Shift-Reduction
이동/이동 충돌 Shift/Shift Conflict
이동/환원 충돌 Shift/Reduction Conflict
이름 분리 테이블　Name Separation Table
인스트럭션　Instruction
인터프리터　Interpreter

자

자료형 검사　Type Checking
자바　Java
재귀적 인터프리터　Recursive Interpreter
전역 코드　Global Code
전위 표기법　Prefix Notation
절차형 언어　Procedure Language
점프 주소 지정　Jump Addressing
정규 수식　Regular Expression
정규 정의　Regular Definition
정적 공간 할당　Static Space Allocation
제어 구조　Control Structure
제어 링크　Control Link
제어흐름 그래프　Control Flow Graph
좌우단 유도　Leftmost Derivation
주소 상대 지정　Relative Addressing
죽은 코드 제거　Dead Code
중간 코드　Intermediate Code
중위 표기법　Infix Notation
지시코드　Non-executive code
지역 코드　Local Code
직접 주소 지정　Direct Addressing
짧은 코드　Short Code

차

촘스키 Chomsky

추상화 모델 Abstract Model

충돌 Conflict

카

캐노니컬 LR 파서 Canonical LR Parser

컴파일러 Compiler

컴파일러-컴파일러 Compiler-Compiler

코드 최적화 Code Optimization

코볼 Common Business Oriented Language, COBOL

코어 Core

코틀린 Kotlin

타

타당 아이템 Valid Item

탁상용 계산기 Desktop Calculator

탑재 Loading

터미널 Terminal

토큰 Token

튜링 기계 Turing Machine

파

파스 트리 Parse Tree

파스칼 PASCAL

파싱 드라이버 Parsing Driver

파싱 테이블 Parsing Table

파이썬 Python

패치 Fetch

포스트스크립트 PostScript

포트란 Fortran

폰 노이만 Von Neuman
푸시다운 기계 Pushdown Machine
프롤로그 Prolog
플랜 칼쿨 Plankalkul
피엘/1 Programming Language/1, PL/1

하

하이퍼텍스트 마크업 언어 Hyper Text Mark−Up Language, HTML
하향식 파싱 Top−Down Parsing
함수형 언어 Functional Language
합성 속성 Synthesized Attributes
핸들 Handle
형식 언어 Formal Language
환원/환원 충돌 Reduction/Reduction Conflict
활성 레코드 Activation Record
후위 표기법 Postfix Notation
힙 공간 할당 Heap Space Allocation

기타

3−주소 코드 Three−Address Code
PHP PHP−Hypertext Preprocessor
유데미 UDEMY